PRÁTICA JURÍDICA TRABALHISTA

O GEN | Grupo Editorial Nacional – maior plataforma editorial brasileira no segmento científico, técnico e profissional – publica conteúdos nas áreas de concursos, ciências jurídicas, humanas, exatas, da saúde e sociais aplicadas, além de prover serviços direcionados à educação continuada.

As editoras que integram o GEN, das mais respeitadas no mercado editorial, construíram catálogos inigualáveis, com obras decisivas para a formação acadêmica e o aperfeiçoamento de várias gerações de profissionais e estudantes, tendo se tornado sinônimo de qualidade e seriedade.

A missão do GEN e dos núcleos de conteúdo que o compõem é prover a melhor informação científica e distribuí-la de maneira flexível e conveniente, a preços justos, gerando benefícios e servindo a autores, docentes, livreiros, funcionários, colaboradores e acionistas.

Nosso comportamento ético incondicional e nossa responsabilidade social e ambiental são reforçados pela natureza educacional de nossa atividade e dão sustentabilidade ao crescimento contínuo e à rentabilidade do grupo.

JOUBERTO DE QUADROS PESSOA
CAVALCANTE

FRANCISCO FERREIRA
JORGE NETO

PRÁTICA JURÍDICA TRABALHISTA

13.ª edição revista, atualizada e ampliada

■ O autor deste livro e a editora empenharam seus melhores esforços para assegurar que as informações e os procedimentos apresentados no texto estejam em acordo com os padrões aceitos à época da publicação, e todos os dados foram atualizados pelo autor até a data de fechamento do livro. Entretanto, tendo em conta a evolução das ciências, as atualizações legislativas, as mudanças regulamentares governamentais e o constante fluxo de novas informações sobre os temas que constam do livro, recomendamos enfaticamente que os leitores consultem sempre outras fontes fidedignas, de modo a se certificarem de que as informações contidas no texto estão corretas e de que não houve alterações nas recomendações ou na legislação regulamentadora.

■ Fechamento desta edição: *14.10.2021*

■ O Autor e a editora se empenharam para citar adequadamente e dar o devido crédito a todos os detentores de direitos autorais de qualquer material utilizado neste livro, dispondo-se a possíveis acertos posteriores caso, inadvertida e involuntariamente, a identificação de algum deles tenha sido omitida.

■ Atendimento ao cliente: (11) 5080-0751 | faleconosco@grupogen.com.br

■ Direitos exclusivos para a língua portuguesa
Copyright © 2022 by
Editora Atlas Ltda.
Uma editora integrante do GEN | Grupo Editorial Nacional
Al. Arapoema, 659, sala 05, Tamboré
Barueri – SP – 06460-080
www.grupogen.com.br

■ Reservados todos os direitos. É proibida a duplicação ou reprodução deste volume, no todo ou em parte, em quaisquer formas ou por quaisquer meios (eletrônico, mecânico, gravação, fotocópia, distribuição pela Internet ou outros), sem permissão, por escrito, da Editora Forense Ltda.

■ Capa: Aurélio Corrêa

■ **CIP – BRASIL. CATALOGAÇÃO NA FONTE.**
SINDICATO NACIONAL DOS EDITORES DE LIVROS, RJ.

C364p
13.ed.
Cavalcante, Jouberto de Quadros Pessoa

Prática jurídica trabalhista / Jouberto de Quadros Pessoa Cavalcante, Francisco Ferreira Jorge Neto. – 13. ed. – Barueri [SP]: Atlas, 2022.

Inclui bibliografia e índice
ISBN 978-65-59-77140-0

1. Direito do trabalho – Brasil – Prática forense. 2. Justiça do trabalho – Brasil – Prática forense. I. Jorge Neto, Francisco Ferreira. II. Título.

21-73814   CDU: 349.2(81)

Leandra Felix da Cruz Candido – Bibliotecária – CRB-7/6135

A DEUS, por se fazer presente em minha vida.
Ao meu filho, Rafael, por todas as alegrias.

Jouberto de Quadros Pessoa Cavalcante

Sem Deus não há luz.
Sem Deus não há vida.
Agradeço a Deus por tudo o que Ele representa e proporciona à minha vida.
Sem o amor, nada somos e nada criamos.
Sem a luz, nada somos e nada criamos.
À Neire, amada esposa e luz da minha vida – Em ti, tudo sou e por todo o sempre tudo serei.
Como reflexo do nosso amor, nasce mais uma obra, a qual dedicamos ao nosso Deus, que nos permite viver em harmonia e participar da criação jurídica na seara literária e acadêmica do Brasil.
Ao nosso amado filho, Felipe, espírito de luz e sabedoria, dedico o meu amor, compreensão e amizade – Que o amor e a luz sempre estejam em seu caminho, querido filho.

Francisco Ferreira Jorge Neto

SOBRE OS AUTORES

JOUBERTO DE QUADROS PESSOA CAVALCANTE

Professor Doutor da Faculdade de Direito da Universidade Presbiteriana Mackenzie. Professor convidado na Faculdade de Direito da Universidade de Lisboa (ULisboa), no curso de pós-graduação *lato sensu* da Universidade Pontifícia Católica do Paraná (PUC/Curitiba) e em diversos cursos de pós-graduação *lato sensu*. Doutor em Direito do Trabalho pela Faculdade de Direito da Universidade de São Paulo (USP). Mestre em Direito Político e Econômico pela Universidade Presbiteriana Mackenzie. Mestre em Integração da América Latina pela USP/PROLAM. Membro da Academia Paulista de Letras Jurídicas.

FRANCISCO FERREIRA JORGE NETO

Desembargador Federal do Trabalho (TRT da 2ª Região). Mestre em Direito das Relações Sociais e em Direito do Trabalho pela PUC/SP.

NOTA DOS AUTORES À 13ª EDIÇÃO

A dinâmica do processo do trabalho, orientada pelo Texto Constitucional e subsidiada pelo processo civil, é desafiadora e exige um constante estudo e aprimoramento dos profissionais do Direito, tanto em questões práticas como em seus estudos acadêmicos.

Nestes últimos anos, os Diplomas Processuais Civil e Trabalhista passaram por diversas alterações.

O atual Código de Processo Civil, segundo os autores do anteprojeto, traz um processo mais célere e justo, porque mais rente às necessidades sociais e muito menos complexo. Contudo, não significa uma ruptura com o passado, mas um passo à frente, como acentua Elpídio Donizetti.

Sem dúvida, o CPC traz inegáveis avanços processuais e procedimentais, além de harmonizar o sistema infraconstitucional à Constituição Federal.

Apesar disso, a aplicação do CPC ao processo do trabalho ainda é objeto de inúmeros debates acadêmicos, doutrinários e jurisprudenciais.

Um passo inicial foi dado: com o objetivo de trazer "certa segurança jurídica", o TST editou as Instruções Normativas 39 e 40, as quais disciplinam a aplicação e ainda julgam existir algumas incompatibilidades do novo regramento processual civil ao processo do trabalho. Além disso, o TST editou a Resolução 208/16, fazendo uma revisão inicial de várias súmulas e orientações jurisprudenciais.

Na seara trabalhista, também ocorreram inovações legislativas, em especial a Lei 13.467/17, que promoveu significativas alterações no sistema jurídico material e processual, ao modificar e atualizar diversos institutos, além de trazer outros novos ao Direito Pátrio.

Com o objetivo de orientar a aplicação das normas processuais da CLT alteradas pela Reforma Trabalhista (Lei 13.467), o TST editou a Instrução Normativa 41/18.

Por fim, não se pode deixar de lado a atuação jurisprudencial dos Tribunais, em especial do TST, orientadora da atuação dos órgãos integrantes da Justiça do Trabalho.

Pensando nos desafios impostos aos advogados em sua atuação forense, os autores se debruçaram sobre o tema e compilaram suas experiências profissionais nesta obra, focando uma abordagem processual trabalhista prática, além de trazer várias orientações para a atuação forense, como modelos para atuação pré-processual e processual, modelos de ficha de clientes, de contratos e de todas as peças processuais.

SUMÁRIO

PARTE I | ORIENTAÇÕES EXTRAJUDICIAIS

1	**RELAÇÃO ADVOGADO-CLIENTE E A RELAÇÃO CONTRATUAL....**	3
1.1	O EXERCÍCIO DA ADVOCACIA..	3
1.2	ATUAÇÃO PROFISSIONAL	3
1.3	AS INFORMAÇÕES E OS DOCUMENTOS A SEREM FORNECIDOS PELO CLIENTE..	5
	1.3.1 Modelo de ficha de cliente..	5
1.4	CONTRATO DE PRESTAÇÃO DE SERVIÇOS	9
	1.4.1 Modelo de contrato de prestação de serviços.............................	9
	1.4.2 Modelo de termo de distrato contratual	11
1.5	INSTRUMENTO DE MANDATO..	12
	1.5.1 Modelo de procuração	15
	1.5.2 Modelo de substabelecimento...	15
	1.5.3 Modelo de termo de renúncia...	16
1.6	A REPRESENTAÇÃO DO EMPREGADOR EM AUDIÊNCIA E A CARTA DE PREPOSIÇÃO...	16
	1.6.1 Modelo de carta de preposição	17
1.7	OUTROS DOCUMENTOS...	17
	1.7.1 Modelo de declaração de pobreza...	17
	1.7.2 Modelo de carta ao cliente..	18
	1.7.3 Modelo de carta-convite à testemunha......................................	18
1.8	CONTROLE FINANCEIRO	18
	1.8.1 Modelo de recibo de pagamento	19
1.9	PARECER JURÍDICO..	19
	1.9.1 Modelo de um parecer jurídico...	20
1.10	SUSTENTAÇÃO ORAL..	22

PARTE II | PROCESSO TRABALHISTA

2 RECLAMAÇÃO TRABALHISTA 27
2.1 FUNDAMENTO JURÍDICO 27
2.2 RECLAMAÇÃO TRABALHISTA E PROCEDIMENTOS 27
2.3 REQUISITOS DA PETIÇÃO INICIAL NO PROCESSO CIVIL 28
2.4 REQUISITOS DA RECLAMAÇÃO TRABALHISTA NO PROCESSO DO TRABALHO 28
    2.4.1 Requisitos externos 28
    2.4.2 Requisitos internos 29
        2.4.2.1 Designação da autoridade judicial a quem é dirigida 30
        2.4.2.2 Qualificação das partes 30
        2.4.2.3 Causa de pedir: exposição dos fatos e fundamentos 31
        2.4.2.4 Tutela provisória 32
        2.4.2.5 O pedido 33
            2.4.2.5.1 Requisitos do pedido 36
            2.4.2.5.2 Pedidos determinados e genéricos 36
            2.4.2.5.3 Pedido fixo 37
            2.4.2.5.4 Pedido alternativo 37
            2.4.2.5.5 Pedidos sucessivos ou subsidiários 37
            2.4.2.5.6 Pedido único e pedidos cumulados 37
            2.4.2.5.7 Pedido de prestações sucessivas 38
            2.4.2.5.8 Pedido com cominação 38
        2.4.2.6 Requerimentos na reclamação trabalhista 39
            2.4.2.6.1 Opção do autor por audiência de conciliação ou de mediação 39
            2.4.2.6.2 Citação 39
            2.4.2.6.3 Assistência judiciária gratuita 40
            2.4.2.6.4 Intervenção do Ministério Público do Trabalho ... 41
            2.4.2.6.5 Provas 42
            2.4.2.6.6 Despesas processuais 42
            2.4.2.6.7 Honorários advocatícios 42
        2.4.2.7 Valor da causa no processo trabalhista 45
        2.4.2.8 Elaboração de cálculos em reclamação trabalhista e o PJe-calc 45
        2.4.2.9 Assinatura do autor ou de seu representante 46
2.5 DOCUMENTOS QUE ACOMPANHAM A RECLAMAÇÃO TRABALHISTA 46
2.6 PETIÇÃO INICIAL E O PROCESSO ELETRÔNICO 46
2.7 EMENDAS À RECLAMAÇÃO TRABALHISTA 48

2.8	ADITAMENTO À RECLAMAÇÃO TRABALHISTA	49
2.9	PROCESSO DE JURISDIÇÃO VOLUNTÁRIO PARA HOMOLOGAÇÃO DE ACORDO EXTRAJUDICIAL	49
2.10	MODELO DE RECLAMAÇÃO TRABALHISTA PELO PROCEDIMENTO ORDINÁRIO	51
2.11	MODELO DE RECLAMAÇÃO TRABALHISTA PELO PROCEDIMENTO SUMARÍSSIMO	53
2.12	MODELO DE RECLAMAÇÃO TRABALHISTA PELO PROCEDIMENTO SUMÁRIO	56
2.13	MODELO DE RECLAMAÇÃO TRABALHISTA COM TUTELA DE URGÊNCIA DE NATUREZA ANTECIPATÓRIA	59
2.14	MODELO DE RECLAMAÇÃO TRABALHISTA PARA HOMOLOGAÇÃO DE ACORDO EXTRAJUDICIAL	62
2.15	MODELO DE RECLAMAÇÃO TRABALHISTA COM TUTELA DE URGÊNCIA DE NATUREZA CAUTELAR	64
2.16	MODELO DE RECLAMAÇÃO TRABALHISTA COM PEDIDO DE DESCONSIDERAÇÃO DA PERSONALIDADE JURÍDICA	68
3	**TUTELA PROVISÓRIA**	**73**
3.1	FUNDAMENTO JURÍDICO	73
3.2	APLICABILIDADE AO PROCESSO DO TRABALHO	73
3.3	TUTELA PROVISÓRIA E SUAS ESPÉCIES	74
3.4	COMPETÊNCIA JURISDICIONAL	74
3.5	TUTELA PROVISÓRIA DE URGÊNCIA	75
	3.5.1 Tutela de urgência de natureza cautelar	75
	3.5.1.1 Tutela cautelar e sua finalidade	75
	3.5.1.2 Tutela cautelar e medida liminar	76
	3.5.1.3 Objeto da tutela provisória de natureza cautelar	76
	3.5.1.3.1 Modelo de requerimento de tutela provisória em caráter incidental – modelo genérico	76
	3.5.1.3.2 Arresto	78
	3.5.1.3.3 Sequestro	80
	3.5.1.3.4 Busca e apreensão	81
	3.5.1.3.5 Exibição	84
	3.5.1.3.6 Produção antecipada de provas	85
3.6	TUTELA DE URGÊNCIA DE NATUREZA ANTECIPATÓRIA	92
3.7	REQUISITOS LEGAIS	92
3.8	DANO PROCESSUAL E PREJUÍZO SOFRIDO	93
3.9	TUTELA DE EVIDÊNCIA	93
3.10	PROCEDIMENTO DA TUTELA DE URGÊNCIA	94

3.10.1	Procedimento da tutela antecipada requerida em caráter antecedente	94
3.10.2	Procedimento da tutela cautelar requerida em caráter antecedente.	95
3.11	CUSTAS PROCESSUAIS	96
3.12	RECURSO CONTRA A DECISÃO DE TUTELA PROVISÓRIA	96
3.13	MODELO DE TUTELA DE URGÊNCIA DE NATUREZA ANTECIPATÓRIA EM CARÁTER ANTECEDENTE	97
3.14	MODELO DE ADITAMENTO (RECLAMAÇÃO TRABALHISTA) À TUTELA DE URGÊNCIA CONCEDIDA (DE NATUREZA ANTECIPATÓRIA EM CARÁTER ANTECEDENTE)	99
3.15	MODELO DE TUTELA DE EVIDÊNCIA – TÓPICO ESPECÍFICO DA RECLAMAÇÃO TRABALHISTA	103
4	**RESPOSTA DA RECLAMADA: CONTESTAÇÃO**	**105**
4.1	FUNDAMENTO JURÍDICO	105
4.2	RESPOSTA DA RECLAMADA: ESPÉCIES E APRESENTAÇÃO	105
	4.2.1 Citação e resposta no processo eletrônico (PJe)	107
	4.2.2 Resposta, revelia e confissão quanto à matéria de fato	109
4.3	DAS PARTES	111
4.4	CONTESTAÇÃO	111
	4.4.1 Conteúdo necessário da contestação	111
	4.4.2 Preliminares processuais	112
	4.4.2.1 Inexistência ou nulidade de citação	112
	4.4.2.2 Incompetência absoluta e relativa	114
	4.4.2.3 Incorreção do valor da causa	115
	4.4.2.4 Inépcia da petição inicial	115
	4.4.2.5 Extrínsecos à relação processual	116
	4.4.2.6 Relativos às partes: incapacidade da parte, defeito de representação ou falta de autorização	116
	4.4.2.7 Convenção de arbitragem	117
	4.4.2.8 Condições da ação	117
	4.4.2.9 Indevida a concessão do benefício de gratuidade de justiça	118
	4.4.3 Prejudiciais de mérito	118
	4.4.4 Defesa de mérito	119
	4.4.5 Elaboração de cálculos em contestação e o PJe-calc	121
	4.4.6 Documentos que acompanham a resposta da reclamada	121
4.5	MODELO DE PETIÇÃO DE CONTESTAÇÃO	121
4.6	MODELO DE PETIÇÃO DE CONTESTAÇÃO	125
4.7	MODELO DE PETIÇÃO DE CONTESTAÇÃO	129

5	**RESPOSTA DA RECLAMADA: PRELIMINARES E TEMAS ESPECÍFICOS**..	135
5.1	FUNDAMENTO JURÍDICO..	135
5.2	RESPOSTA DA RECLAMADA: ESPÉCIES E APRESENTAÇÃO................	136
5.3	PRELIMINAR DE INCOMPETÊNCIA TERRITORIAL (*RATIONE LOCI*)...	137
	5.3.1 Critérios de fixação da competência territorial..........................	137
5.4	PRELIMINAR E IMPUGNAÇÃO AO PEDIDO DE ASSISTÊNCIA JURÍDICA INTEGRAL E GRATUITA..	138
	5.4.1 Assistência jurídica integral e gratuita.......................................	139
	5.4.2 Concessão do benefício da assistência jurídica integral e gratuita...	139
	5.4.3 Procedimento do pedido, da preliminar e da impugnação ao pedido de assistência jurídica integral e gratuita...............................	140
5.5	EXCEÇÃO DE SUSPEIÇÃO E EXCEÇÃO DE IMPEDIMENTO................	141
	5.5.1 Imparcialidade do juiz..	141
	5.5.2 Procedimento da exceção de impedimento ou suspeição do juiz....	143
	5.5.3 Impedimento e suspeição de outras pessoas.............................	144
5.6	RECONVENÇÃO..	145
	5.6.1 Reconvenção e o processo do trabalho......................................	145
	5.6.2 Admissibilidade e procedimento...	145
	5.6.3 Revelia e a reconvenção..	146
	5.6.4 Reconvenção e compensação..	147
	5.6.5 Reconvenção e o litisconsórcio..	147
	5.6.6 Reconvenção e o processo de execução.....................................	147
5.7	MODELO DE PRELIMINAR DE EXCEÇÃO DE INCOMPETÊNCIA EM RAZÃO DO LOCAL...	148
5.8	MODELO DE IMPUGNAÇÃO AO PEDIDO DE ASSISTÊNCIA JURÍDICA INTEGRAL E GRATUITA	149
5.9	MODELO DE PETIÇÃO DE EXCEÇÃO DE IMPEDIMENTO...................	150
5.10	MODELO DE PETIÇÃO DE RECONVENÇÃO (PARTE DA CONTESTAÇÃO)...	151
6	**QUESTÕES PROCESSUAIS NA FASE DE CONHECIMENTO**...............	153
6.1	PROTESTO "NÃO PRECLUSIVO"...	153
	6.1.1 Modelo de protesto escrito..	155
6.2	O COMPARECIMENTO DAS TESTEMUNHAS NO PROCESSO TRABALHISTA..	156
	6.2.1 Modelo de petição de rol de testemunhas.................................	158
6.3	RÉPLICA..	159
	6.3.1 Modelo de petição de réplica...	160

6.4	A PROVA PERICIAL E OS QUESITOS			161
	6.4.1	Conceito		161
	6.4.2	Admissibilidade da prova pericial		161
	6.4.3	Procedimento da perícia, do assistente técnico e dos quesitos		162
	6.4.4	Modelo de petição de indicação de assistente técnico e quesitos		163
6.5	ALEGAÇÕES FINAIS			164
	6.5.1	Modelo de petição de razões finais escritas		165
6.6	INTERVENÇÃO DE TERCEIROS			167
	6.6.1	Conceito de terceiro		167
	6.6.2	Tipos de intervenção de terceiro		170
		6.6.2.1	Assistência	170
			6.6.2.1.1 Assistência simples	170
			6.6.2.1.2 Assistência litisconsorcial	173
		6.6.2.2	Oposição	175
			6.6.2.2.1 Petição do opoente	178
			6.6.2.2.2 Modelo de oposição	178
		6.6.2.3	Nomeação à autoria	181
			6.6.2.3.1 Preliminar de ilegitimidade passiva	184
			6.6.2.3.2 Modelo de contestação, com preliminar de ilegitimidade passiva e a indicação do sujeito passivo da relação jurídica discutida	185
		6.6.2.4	Denunciação à lide	186
			6.6.2.4.1 Conceito	186
			6.6.2.4.2 Hipóteses legais	187
			6.6.2.4.3 Procedimento	187
			6.6.2.4.4 O cabimento da denunciação da lide no processo do trabalho	188
			6.6.2.4.5 Petição da denunciação à lide	188
			6.6.2.4.6 Modelo de denunciação da lide	188
			6.6.2.4.7 *Factum principis* e a denunciação à lide	191
		6.6.2.5	Chamamento ao processo	193
			6.6.2.5.1 Petição do chamamento ao processo	195
			6.6.2.5.2 Modelo de chamamento ao processo	195
		6.6.2.6	Incidente de desconsideração da personalidade jurídica	197
			6.6.2.6.1 Desconsideração da personalidade jurídica	197
			6.6.2.6.2 Incidente de desconsideração da personalidade jurídica e sua aplicação ao processo do trabalho	199

		6.6.2.6.3	Modelo de incidente de desconsideração da personalidade jurídica	201
	6.6.2.7	Intervenção do *amicus curiae*		203
		6.6.2.7.1	Modelo de intervenção na qualidade de *amicus curiae*	204

6.7 CARTAS PRECATÓRIAS E ROGATÓRIAS 205
    6.7.1 Forma dos atos de comunicação 205
    6.7.2 Requisitos das cartas 205
    6.7.3 Cumprimento das cartas 206
    6.7.4 Cartas urgentes 206
    6.7.5 Cooperação internacional e as cartas rogatórias 207
        6.7.5.1 Cooperação internacional no CPC 207
        6.7.5.2 Cartas rogatórias 208
        6.7.5.3 Procedimento 209

7 EMBARGOS DECLARATÓRIOS 211
7.1 FUNDAMENTO JURÍDICO 211
7.2 CONCEITO E NATUREZA JURÍDICA 211
7.3 CABIMENTO 212
7.4 EFETIVO CONTRADITÓRIO 215
7.5 JULGAMENTO 216
7.6 EFEITO MODIFICATIVO OU EFEITO INFRINGENTE 216
7.7 EMBARGOS DECLARATÓRIOS PREQUESTIONATÓRIOS 217
7.8 A DECISÃO DOS EMBARGOS DE DECLARAÇÃO 219
7.9 PRINCÍPIO DA IDENTIDADE FÍSICA DO JUIZ NA APRECIAÇÃO DOS EMBARGOS DE DECLARAÇÃO 219
7.10 PRAZO RECURSAL 220
7.11 EMBARGOS PROTELATÓRIOS 220
7.12 PROCESSAMENTO 221
7.13 MODELO DE EMBARGOS DECLARATÓRIOS POR CONTRADIÇÃO E POR OMISSÃO (FATO SUPERVENIENTE) 222
7.14 MODELO DE EMBARGOS DECLARATÓRIOS POR OMISSÃO (COM EFEITO MODIFICATIVO) 224
7.15 MODELO DE EMBARGOS DECLARATÓRIOS PREQUESTIONATÓRIOS 226
7.16 MODELO DE EMBARGOS DECLARATÓRIOS POR OBSCURIDADE ... 228
7.17 MODELO DE EMBARGOS DECLARATÓRIOS COM EFEITO MODIFICATIVO EM RELAÇÃO AOS PRESSUPOSTOS DE ADMISSIBILIDADE RECURSAL 229

8	**RECURSO ORDINÁRIO**	231
8.1	FUNDAMENTO JURÍDICO	231
8.2	CABIMENTO	231
8.3	OBJETO	232
	8.3.1 Elaboração de cálculos em recurso ordinário e o PJe-calc	233
8.4	RECURSO ORDINÁRIO CONTRA SENTENÇA PARCIAL DE MÉRITO	233
8.5	RECURSO ORDINÁRIO NO PROCEDIMENTO SUMARÍSSIMO	234
8.6	RECURSO ORDINÁRIO DA UNIÃO. A DECISÃO HOMOLOGATÓRIA DE ACORDO E A SENTENÇA TRABALHISTA. OS RECOLHIMENTOS DAS CONTRIBUIÇÕES PREVIDENCIÁRIAS E DO IMPOSTO DE RENDA	234
8.7	RECURSO ORDINÁRIO CONSTITUCIONAL	237
8.8	PRAZO RECURSAL	239
8.9	PREPARO RECURSAL	239
	8.9.1 Recolhimento das custas processuais	241
	8.9.1.1 Custas processuais em caso de inversão de sucumbência	243
	8.9.1.2 Modelo de Guia de Recolhimento da União (GRU Judicial)	243
	8.9.2 Garantia recursal e o depósito recursal	244
	8.9.2.1 Modelo de Guia de Recolhimento	247
	8.9.2.2 Requisitos – seguro garantia judicial e carta de fiança	248
	8.9.3 Substituição do depósito recursal por outra forma de garantia	250
	8.9.4 Multas processuais e o preparo recursal	250
8.10	EFEITOS	251
	8.10.1 Modelo de pedido de concessão de efeito suspensivo ao recurso ordinário	252
8.11	PROCEDIMENTO	255
8.12	ESTRUTURA	256
8.13	CONTRARRAZÕES AO RECURSO ORDINÁRIO	257
8.14	SUSTENTAÇÃO ORAL	257
8.15	MODELO DE RECURSO ORDINÁRIO	257
8.16	MODELO DE CONTRARRAZÕES AO RECURSO ORDINÁRIO (OU CONTRARRAZÕES AO RECURSO ORDINÁRIO ADESIVO)	260
8.17	MODELO DE RECURSO ORDINÁRIO DA TESTEMUNHA POR MULTA APLICADA	263
9	**AGRAVO DE INSTRUMENTO**	269
9.1	FUNDAMENTO JURÍDICO	269
9.2	CABIMENTO	269
	9.2.1 Agravo de instrumento contra decisão que admite apenas parcialmente o recurso de revista	270

9.3	PRAZO RECURSAL	271
9.4	PREPARO RECURSAL	271
	9.4.1 Custas processuais	271
	9.4.2 Garantia recursal e o depósito recursal	271
9.5	FORMAÇÃO DO AGRAVO DE INSTRUMENTO	272
9.6	EFEITOS	274
9.7	PROCESSAMENTO	274
9.8	ESTRUTURA	276
9.9	CONTRAMINUTA AO AGRAVO DE INSTRUMENTO	276
9.10	MODELO DE PETIÇÃO DE AGRAVO DE INSTRUMENTO	276
9.11	MODELO DE PETIÇÃO DE CONTRARRAZÕES AO AGRAVO DE INSTRUMENTO	278
10	**AGRAVO INTERNO**	**281**
10.1	FUNDAMENTO JURÍDICO	281
10.2	HIPÓTESES DE CABIMENTO	281
10.3	PREPARO	284
10.4	PROCESSAMENTO	284
10.5	AGRAVO MANIFESTAMENTE INADMISSÍVEL OU INFUNDADO	284
10.6	ESTRUTURA	284
10.7	CONTRAMINUTA AO AGRAVO	285
10.8	MODELO DE PETIÇÃO DE AGRAVO (ART. 896, §§ 12 E 14, CLT)	285
10.9	MODELO DE AGRAVO INTERNO	287
11	**AGRAVO DE PETIÇÃO**	**291**
11.1	FUNDAMENTO JURÍDICO	291
11.2	CABIMENTO	291
11.3	OBJETO DO AGRAVO DE PETIÇÃO	293
11.4	O AGRAVO DE PETIÇÃO E A EXECUÇÃO DAS CONTRIBUIÇÕES PREVIDENCIÁRIAS	294
11.5	PRAZO RECURSAL	295
11.6	PREPARO RECURSAL	295
	11.6.1 Custas processuais	295
	11.6.2 Depósito recursal	295
11.7	EFEITOS	296
11.8	PROCEDIMENTO	297
11.9	ESTRUTURA	297
11.10	CONTRARRAZÕES AO AGRAVO DE PETIÇÃO	298
11.11	MODELO DE PETIÇÃO DE AGRAVO DE PETIÇÃO	298

11.12 MODELO DE PETIÇÃO DE CONTRARRAZÕES AO AGRAVO DE PETIÇÃO 303

12 RECURSO DE REVISTA 307
12.1 FUNDAMENTO JURÍDICO 307
12.2 CABIMENTO 307
    12.2.1 Divergência jurisprudencial (art. 896, alínea *a*) 308
    12.2.2 Divergência jurisprudencial (art. 896, alínea *b*) 312
    12.2.3 Violação literal de dispositivo de lei federal ou afronta direta e literal da Constituição Federal (art. 896, alínea *c*) 313
    12.2.4 Recurso de revista em procedimento sumaríssimo 314
    12.2.5 Recurso de revista em execução trabalhista 314
    12.2.6 Recurso de revista nas execuções fiscais e nas controvérsias que envolvam a CNDT 315
    12.2.7 Recurso de revista em agravo de instrumento 315
    12.2.8 Recurso de revista em incidente de resolução de demandas repetitivas (IRDR) 315
12.3 NOÇÕES SOBRE A UNIFORMIZAÇÃO DE JURISPRUDÊNCIA 316
12.4 PREQUESTIONAMENTO 319
12.5 TRANSCENDÊNCIA 322
12.6 RECURSOS DE REVISTA (E DE EMBARGOS NO TST) REPETITIVOS ... 325
    12.6.1 Seleção dos múltiplos recursos com idêntica questão de direito ... 326
    12.6.2 Órgão julgador 326
    12.6.3 Procedimento do incidente de recursos repetitivos 326
    12.6.4 Incidente de não afetação do recurso e prosseguimento da ação ... 329
    12.6.5 Acórdão paradigma 330
12.7 PRAZO RECURSAL 333
12.8 PREPARO RECURSAL 333
    12.8.1 Recolhimento das custas processuais 335
        12.8.1.1 Modelo de Guia de Recolhimento da União (GRU Judicial) 337
    12.8.2 Garantia recursal e o depósito recursal 337
        12.8.2.1 Modelo de Guia de Recolhimento 340
        12.8.2.2 Requisitos – seguro garantia judicial e carta de fiança 341
    12.8.3 Substituição do depósito recursal por outra forma de garantia 343
    12.8.4 Multas processuais e o preparo recursal 343
12.9 EFEITOS 344
12.10 PROCEDIMENTO 344
12.11 ESTRUTURA 348

12.12 CONTRARRAZÕES AO RECURSO DE REVISTA..................................	349
12.13 MODELO DE PETIÇÃO DE RECURSO DE REVISTA.............................	349
12.14 MODELO DE PETIÇÃO DE CONTRARRAZÕES AO RECURSO DE REVISTA..	352
12.15 MODELO DE PETIÇÃO DE RECURSO DE REVISTA EM PROCEDIMENTO SUMARÍSSIMO..	356
12.16 MODELO DE PETIÇÃO DE CONTRARRAZÕES EM RECURSO DE REVISTA EM PROCEDIMENTO SUMARÍSSIMO...	359
13 EMBARGOS NO TRIBUNAL SUPERIOR DO TRABALHO...................	**361**
13.1 FUNDAMENTO JURÍDICO...	361
13.2 CABIMENTO...	361
13.2.1 Embargos de divergência...	362
13.2.2 Embargos infringentes...	365
13.3 PRAZO RECURSAL..	366
13.4 PREPARO DOS EMBARGOS DE DIVERGÊNCIA................................	366
13.5 EFEITOS DOS EMBARGOS DE DIVERGÊNCIA..................................	366
13.6 PROCESSAMENTO DOS EMBARGOS DE DIVERGÊNCIA...................	366
13.7 ESTRUTURA DOS EMBARGOS DE DIVERGÊNCIA............................	368
13.8 CONTRARRAZÕES AOS EMBARGOS DE DIVERGÊNCIA...................	368
13.9 EMBARGOS NO TST (E RECURSOS DE REVISTA) REPETITIVOS......	368
13.10 MODELO DE PETIÇÃO DE EMBARGOS POR DIVERGÊNCIA.............	369
13.11 MODELO DE PETIÇÃO DE CONTRARRAZÕES AOS EMBARGOS DE DIVERGÊNCIA...	371
14 RECURSO EXTRAORDINÁRIO...	**375**
14.1 FUNDAMENTO JURÍDICO...	375
14.2 HIPÓTESES DE CABIMENTO DO RECURSO EXTRAORDINÁRIO......	375
14.2.1 Contrariar dispositivo da Constituição Federal.................	377
14.2.2 Declarar a inconstitucionalidade de tratado ou lei federal....	378
14.2.3 Julgar válida lei ou ato de governo local contestado em face da Constituição ou de lei federal...	378
14.3 O RECURSO EXTRAORDINÁRIO E A REPERCUSSÃO GERAL..........	378
14.4 RECURSO EXTRAORDINÁRIO E O PROCESSO DO TRABALHO.........	379
14.5 RECURSOS EXTRAORDINÁRIOS REPETITIVOS................................	381
14.6 DISSÍDIO JURISPRUDENCIAL..	382
14.7 PRAZO RECURSAL..	382
14.8 PREPARO RECURSAL..	382
14.9 EFEITOS...	383
14.10 PROCEDIMENTO...	384

14.10.1	Admissibilidade pelo tribunal *a quo*	384
14.10.2	Admissibilidade pelo tribunal *ad quem*	385
14.11	ESTRUTURA	386
14.12	CONTRARRAZÕES	386
14.13	MODELO DE PETIÇÃO DE RECURSO EXTRAORDINÁRIO	387
14.14	MODELO DE PETIÇÃO DE CONTRARRAZÕES AO RECURSO EXTRAORDINÁRIO	389

15 CORREIÇÃO PARCIAL 393

15.1	FUNDAMENTO JURÍDICO	393
15.2	CABIMENTO	393
15.3	PRAZO RECURSAL	395
15.4	PREPARO	395
15.5	EFEITOS	396
15.6	PROCEDIMENTO	396
15.7	ESTRUTURA	397
15.8	MODELO DE PETIÇÃO DE CORREIÇÃO PARCIAL	397

16 PEDIDO DE REVISÃO 401

16.1	FUNDAMENTO JURÍDICO	401
16.2	CABIMENTO	401
16.3	ELABORAÇÃO DE CÁLCULOS NO PEDIDO DE REVISÃO E O PJE-CALC	402
16.4	PRAZO RECURSAL	403
16.5	PREPARO RECURSAL	403
16.6	EFEITOS	403
16.7	PROCEDIMENTO	403
16.8	ESTRUTURA	403
16.9	CONTRARRAZÕES	404
16.10	MODELO DE PETIÇÃO DE PEDIDO DE REVISÃO	404

17 RECURSO ADESIVO 407

17.1	FUNDAMENTO JURÍDICO	407
17.2	CABIMENTO	407
17.3	OBJETO	408
17.4	PRAZO RECURSAL	409
17.5	PREPARO RECURSAL	409
17.6	EFEITOS	409
17.7	PROCEDIMENTO	409
17.8	ESTRUTURA	409

17.9	CONTRARRAZÕES	409
17.10	MODELO DE PETIÇÃO DE RECURSO ORDINÁRIO ADESIVO	410
18	**LIQUIDAÇÃO DE SENTENÇA**	**413**
18.1	CONCEITO DE LIQUIDAÇÃO E A SUA NATUREZA JURÍDICA	413
18.2	REGRAS GERAIS QUANTO À LIQUIDAÇÃO TRABALHISTA	413
18.3	LIQUIDAÇÃO POR CÁLCULOS	415
	18.3.1 Sistema de cálculos trabalhistas – Pje-Calc	417
	18.3.2 Modelo de petição de apresentação de cálculos de liquidação	417
18.4	LIQUIDAÇÃO POR ARBITRAMENTO	418
	18.4.1 Modelo de petição de liquidação por arbitramento	419
18.5	LIQUIDAÇÃO PELO PROCEDIMENTO COMUM ("POR ARTIGOS DE LIQUIDAÇÃO")	419
	18.5.1 Modelo de petição de liquidação por artigos de liquidação	421
18.6	LIQUIDAÇÃO MISTA	423
18.7	LIQUIDAÇÕES AUTÔNOMAS	423
18.8	LIQUIDAÇÃO DAS OBRIGAÇÕES ALTERNATIVAS	423
19	**EMBARGOS DO DEVEDOR E IMPUGNAÇÃO À SENTENÇA DE LIQUIDAÇÃO**	**425**
19.1	EMBARGOS DO DEVEDOR	425
	19.1.1 Fundamento jurídico	425
	19.1.2 Cabimento	425
	19.1.3 Objeto	428
	19.1.4 Legitimação	433
	19.1.5 Competência	435
	19.1.6 Prazo	435
	19.1.7 Garantia do juízo	436
	19.1.8 Custas processuais	437
	19.1.9 Efeitos dos embargos à execução	437
	19.1.10 Procedimento	438
	19.1.11 Estrutura	440
	19.1.12 Resposta do embargado	440
	19.1.13 Modelo de embargos à execução	441
19.2	IMPUGNAÇÃO À SENTENÇA DE LIQUIDAÇÃO	443
	19.2.1 Fundamento jurídico	443
	19.2.2 Cabimento	443
	19.2.3 Objeto	444
	19.2.4 Prazo	444
	19.2.5 Custas processuais	445

19.2.6	Efeitos	445
19.2.7	Procedimento	445
19.2.8	Estrutura	446
19.2.9	Manifestação da parte contrária	446
19.2.10	Modelo de impugnação à sentença de liquidação	446

20 EXPROPRIAÇÃO TRABALHISTA E A IMPUGNAÇÃO À ARREMATAÇÃO E À ADJUDICAÇÃO 449

20.1	EXPROPRIAÇÃO	449
	20.1.1 Arrematação	449
	20.1.1.1 Edital	449
	20.1.1.2 Praça e leilão	451
	20.1.1.3 Credor hipotecário	451
	20.1.1.4 Aspectos procedimentais da arrematação	452
	20.1.1.5 Lanço vil na arrematação trabalhista	453
	20.1.1.6 Auto de arrematação	454
	20.1.1.7 Desfazimento da arrematação	454
	20.1.1.8 Carta de arrematação	455
	20.1.1.9 Consequências da arrematação	455
	20.1.2 Adjudicação	455
	20.1.2.1 Legitimação para a adjudicação	456
	20.1.2.2 Procedimento	457
	20.1.3 Alienação por iniciativa particular ou em leilão judicial	457
	20.1.4 Remição	458
20.2	IMPUGNAÇÃO À ARREMATAÇÃO E À ADJUDICAÇÃO	459
	20.2.1 Fundamento jurídico	459
	20.2.2 Cabimento	459
	20.2.3 Custas processuais	460
	20.2.4 Procedimento	460
	20.2.5 Estrutura	460
	20.2.6 Contraminuta	460
20.3	MODELO DE IMPUGNAÇÃO À ARREMATAÇÃO	461

21 EMBARGOS DE TERCEIRO 463

21.1	FUNDAMENTO JURÍDICO	463
21.2	CABIMENTO	463
21.3	OBJETO	464
21.4	LEGITIMIDADE	464
21.5	COMPETÊNCIA	466

21.6	PRAZO	466
21.7	CUSTAS PROCESSUAIS	467
21.8	EFEITOS	467
21.9	PROCEDIMENTO	467
21.10	ESTRUTURA	467
21.11	RESPOSTA	468
21.12	RECURSO	468
21.13	MODELO DE EMBARGOS DE TERCEIRO	469
22	**EXCEÇÃO DE PRÉ-EXECUTIVIDADE**	**471**
22.1	FUNDAMENTO JURÍDICO	471
22.2	CABIMENTO	471
22.3	PRAZO	472
22.4	CUSTAS PROCESSUAIS	472
22.5	PROCEDIMENTO	472
22.6	ESTRUTURA	473
22.7	CONTRAMINUTA	473
22.8	MODELO DE EXCEÇÃO DE PRÉ-EXECUTIVIDADE	473

PARTE III | AÇÕES CONSTITUCIONAIS NO PROCESSO DO TRABALHO

23	**MANDADO DE SEGURANÇA**	**479**
23.1	FUNDAMENTO JURÍDICO	479
23.2	CABIMENTO E ATOS ATACÁVEIS	479
23.3	LEGITIMIDADE ATIVA	484
	23.3.1 *Writ* individual	484
	23.3.1.1 Capacidade postulatória	485
	23.3.2 *Writ* coletivo	485
23.4	LEGITIMIDADE PASSIVA	485
23.5	LITISCONSÓRCIO	488
23.6	COMPETÊNCIA	488
23.7	PRAZO PARA AJUIZAMENTO	489
23.8	MEDIDA LIMINAR	490
23.9	RECURSOS CONTRA A DECISÃO LIMINAR	491
	23.9.1 Agravo de instrumento	491
	23.9.2 Pedido de suspensão dos efeitos da liminar	492
23.10	DECISÃO	493
23.11	RECURSOS CONTRA SENTENÇA	494

23.12	HONORÁRIOS ADVOCATÍCIOS	496
23.13	PROCESSAMENTO	496
23.14	MODELO DE MANDADO DE SEGURANÇA	498

24 *HABEAS CORPUS* 501

24.1	FUNDAMENTO JURÍDICO	501
24.2	ASPECTOS DO *HABEAS CORPUS*	501
24.3	CABIMENTO	502
24.4	OBJETO	505
24.5	COMPETÊNCIA FUNCIONAL	505
24.6	LEGITIMIDADE ATIVA	506
24.7	LEGITIMIDADE PASSIVA	506
24.8	PEDIDO LIMINAR	506
24.9	CUSTAS PROCESSUAIS	506
24.10	RECURSOS	507
24.11	NOMEAÇÃO DO DEPOSITÁRIO	507
24.12	MODELO DE *HABEAS CORPUS*	509
24.13	MODELO DE *HABEAS CORPUS*	511

25 *HABEAS DATA* 515

25.1	FUNDAMENTO JURÍDICO	515
25.2	CABIMENTO	515
25.3	O *HABEAS DATA* E A COMPETÊNCIA DA JUSTIÇA DO TRABALHO	516
25.4	SUJEITO PASSIVO	518
25.5	CUSTAS PROCESSUAIS	520
25.6	PROCEDIMENTO	520
25.7	ESTRUTURA	521
25.8	MODELO DE *HABEAS DATA*	522

26 DISSÍDIO COLETIVO DE TRABALHO 525

26.1	FUNDAMENTO JURÍDICO	525
26.2	CONCEITO E ESPÉCIES	525
	26.2.1 Dissídio de greve	526
26.3	COMPETÊNCIA JURISDICIONAL	527
26.4	PRAZO PARA INSTAURAÇÃO DO DISSÍDIO	528
26.5	CONDIÇÕES DA AÇÃO	529
	26.5.1 Legitimidade	529
	26.5.1.1 Deliberação da assembleia	531
	26.5.2 Interesse de agir	532

      26.5.2.1 Negociação prévia frustrada 533
   26.5.3 Possibilidade jurídica do pedido 534
   26.5.4 Ajuizamento de "comum acordo" 535
26.6 PROCEDIMENTO 537
   26.6.1 Instauração do dissídio coletivo 537
      26.6.1.1 Dissídio de extensão 538
      26.6.1.2 Dissídio de revisão 539
   26.6.2 Pedido de instauração 540
      26.6.2.1 Custas processuais 543
      26.6.2.2 Depósito recursal 543
   26.6.3 Audiência 543
   26.6.4 Resposta 545
      26.6.4.1 Contestação 546
      26.6.4.2 Reconvenção 547
      26.6.4.3 Exceção 548
   26.6.5 Diligências necessárias 548
   26.6.6 Sentença normativa 549
      26.6.6.1 A coisa julgada da sentença normativa 552
   26.6.7 Recursos cabíveis 553
      26.6.7.1 Efeito suspensivo do recurso ordinário 554
26.7 MODELO DE DISSÍDIO COLETIVO DE NATUREZA ECONÔMICA 554
26.8 MODELO DE DISSÍDIO COLETIVO DE GREVE 559

PARTE IV | AÇÕES DE PROCEDIMENTO ESPECIAL NO PROCESSO DO TRABALHO

27 INQUÉRITO DE APURAÇÃO DE FALTA GRAVE 565
27.1 FUNDAMENTO JURÍDICO 565
27.2 CABIMENTO 565
27.3 PRAZO 566
27.4 DESPESAS PROCESSUAIS E HONORÁRIOS ADVOCATÍCIOS 566
27.5 PROCEDIMENTO 567
27.6 ESTRUTURA 567
27.7 MODELO DE INQUÉRITO DE APURAÇÃO DE FALTA GRAVE 568

28 AÇÃO DE CUMPRIMENTO 571
28.1 FUNDAMENTO JURÍDICO 571
28.2 CABIMENTO 571

28.3	NATUREZA JURÍDICA	572
28.4	COMPETÊNCIA	572
28.5	LEGITIMIDADE	572
28.6	AJUIZAMENTO	572
28.7	PRAZO PRESCRICIONAL	573
28.8	EFEITOS DA ALTERAÇÃO DA SENTENÇA NORMATIVA NA AÇÃO DE CUMPRIMENTO	573
28.9	ESTRUTURA	574
28.10	MODELO DE AÇÃO DE CUMPRIMENTO	574
29	**AÇÃO DE CONSIGNAÇÃO DE PAGAMENTO**	**577**
29.1	FUNDAMENTO JURÍDICO	577
29.2	CABIMENTO	577
29.3	CONSIGNAÇÃO EXTRAJUDICIAL	579
29.4	DESPESAS PROCESSUAIS E HONORÁRIOS ADVOCATÍCIOS	579
29.5	PROCEDIMENTO	579
29.6	ESTRUTURA	581
29.7	MODELO DE AÇÃO DE CONSIGNAÇÃO EM PAGAMENTO	581
30	**AÇÃO DE EXIGIR CONTAS**	**583**
30.1	FUNDAMENTO JURÍDICO	583
30.2	CABIMENTO	583
30.3	DESPESAS PROCESSUAIS E HONORÁRIOS ADVOCATÍCIOS	583
30.4	PROCEDIMENTO	584
30.5	ESTRUTURA	584
30.6	MODELO DE AÇÃO DE PRESTAÇÃO DE CONTAS	585
31	**AÇÃO REVISIONAL**	**587**
31.1	FUNDAMENTO JURÍDICO	587
31.2	CABIMENTO	587
31.3	DESPESAS PROCESSUAIS E HONORÁRIOS ADVOCATÍCIOS	589
31.4	PROCEDIMENTO	589
31.5	ESTRUTURA	590
31.6	MODELO DE AÇÃO REVISIONAL	590
32	**HABILITAÇÃO INCIDENTAL**	**593**
32.1	FUNDAMENTO JURÍDICO	593
32.2	CABIMENTO	593
32.3	COMPETÊNCIA	594
32.4	DESPESAS PROCESSUAIS E HONORÁRIOS ADVOCATÍCIOS	594

32.5	PROCEDIMENTO	594
32.6	ESTRUTURA	595
32.7	MODELO DE REQUERIMENTO DE HABILITAÇÃO INCIDENTAL	595

33 AÇÃO RESCISÓRIA 597

33.1	FUNDAMENTO JURÍDICO	597
33.2	ASPECTOS DA AÇÃO RESCISÓRIA	597
33.3	CABIMENTO	600
	33.3.1 Prevaricação, concussão ou corrupção do juiz	600
	33.3.2 Impedimento ou incompetência absoluta do juiz	600
	33.3.3 Dolo ou coação da parte vencedora em detrimento da parte vencida ou, ainda, de simulação ou colusão entre as partes, a fim de fraudar a lei	601
	33.3.4 Ofensa à coisa julgada	603
	33.3.5 Violar manifestamente norma jurídica	604
	33.3.6 Falsidade da prova	609
	33.3.7 Prova nova	609
	33.3.8 Erro de fato verificável do exame dos autos	610
	33.3.9 Confissão, desistência ou transação	610
33.4	PRAZO DE AJUIZAMENTO	611
33.5	LEGITIMIDADE	613
33.6	COMPETÊNCIA JURISDICIONAL	614
33.7	NATUREZA JURÍDICA DA DECISÃO	615
33.8	VALOR DA CAUSA	615
33.9	CUSTAS PROCESSUAIS E HONORÁRIOS SUCUMBENCIAIS	615
33.10	DEPÓSITO PRÉVIO	615
	33.10.1 Modelo de guia de depósito prévio	616
33.11	PROCEDIMENTO	616
33.12	ESTRUTURA	618
	33.12.1 Tutela provisória na ação rescisória	619
	33.12.2 Os pedidos da ação rescisória	619
33.13	MODELO DE AÇÃO RESCISÓRIA	620

34 AÇÃO ANULATÓRIA 625

34.1	FUNDAMENTO JURÍDICO	625
34.2	CABIMENTO	625
34.3	AÇÃO ANULATÓRIA DE NEGÓCIO OU ATO JUDICIAL	626
34.4	AÇÃO ANULATÓRIA DE CLÁUSULA CONVENCIONAL	626
34.5	AÇÃO ANULATÓRIA DE DÉBITO FISCAL	627

34.6 PRAZO	627
34.7 LEGITIMIDADE ATIVA	627
34.8 COMPETÊNCIA	629
34.9 DESPESAS PROCESSUAIS E HONORÁRIOS ADVOCATÍCIOS	629
34.10 PROCEDIMENTO	630
34.11 ESTRUTURA	630
34.12 MODELO DE AÇÃO ANULATÓRIA	630
BIBLIOGRAFIA	633

Parte I

ORIENTAÇÕES EXTRAJUDICIAIS

RELAÇÃO ADVOGADO-CLIENTE E A RELAÇÃO CONTRATUAL

1.1 O EXERCÍCIO DA ADVOCACIA

A atividade da advocacia, além dos advogados, é exercida pelos integrantes da Advocacia-Geral da União (AGU), da Procuradoria da Fazenda Nacional, da Defensoria Pública e das Procuradorias e Consultorias Jurídicas dos Estados, do Distrito Federal, dos Municípios e das respectivas entidades da Administração indireta e fundacional (art. 3º, § 1º, Lei 8.906/94).

Os estagiários de advocacia, desde que regularmente inscritos, podem praticar atos em conjunto com o advogado e sob a responsabilidade deste na forma do Regulamento Geral (art. 3º, § 2º, Lei 8.906).

Os serviços profissionais de advogado são, por sua natureza, técnicos e singulares, quando comprovada sua notória especialização, nos termos da lei (art. 3º-A, *caput*, Lei 8.906).

Considera-se com notória especialização o profissional ou a sociedade de advogados cujo conceito no campo de sua especialidade, decorrente de desempenho anterior, estudos, experiências, publicações, organização, aparelhamento, equipe técnica ou de outros requisitos relacionados com suas atividades, permita inferir que o seu trabalho é essencial e indiscutivelmente o mais adequado à plena satisfação do objeto do contrato (art. 3º-A, parágrafo único, Lei 8.906).

A atuação profissional judicial ou extrajudicial é disciplinada pelo Código Civil, mas também pelo Estatuto da Advocacia e a Ordem dos Advogados do Brasil (OAB) (Lei 8.906) e pelo Código de Ética e Disciplina da OAB (Resolução 2, de 19-10-2015).

O Provimento 205 do Conselho Federal da OAB, de 15-7-2021, trouxe regras sobre a publicidade e a informação da advocacia, inclusive sobre o marketing digital.

1.2 ATUAÇÃO PROFISSIONAL

Diferentemente do magistrado que, na qualidade de representante do Estado, é o responsável pela prestação jurisdicional no caso concreto, o advogado é o mandatário do seu cliente e cabe a ele defender os interesses deste perante a sociedade e a parte contrária, sempre respeitando os preceitos éticos e legais.

Após séculos de trabalho árduo em prol da sociedade, o advogado tem o seu papel reconhecido como indispensável à administração da Justiça (art. 133, CF; art. 2º, Lei

8.906, e art. 2º, do Código de Ética Profissional), estando em igualdade com o juiz e os membros do Ministério Público (art. 6º, Lei 8.906).

O coração de um verdadeiro advogado, em sua eterna e incansável busca pelo ideal de Justiça, se inflama e se renova de paixão a cada novo fato. É capaz de passar horas debruçado sobre os livros e outros meios de pesquisa, com o único objetivo de encontrar a solução mais adequada e justa para o seu cliente.

O advogado é independente no exercício da profissão. Nenhum receio de desagradar o magistrado ou qualquer outra autoridade, nem mesmo seu prestígio pessoal, deve deter o profissional em sua função (arts. 18 a 31, Lei 8.906).

Não se trata de uma profissão cheia de louros ou mesmo glória, como possam pensar, mas com muitos sacrifícios e renúncias, sempre em uma busca incansável, em que a cada dia o profissional é obrigado a dar mais de si, privando-se de sua vida e interesses pessoais.

Ao escrever sobre o advogado, Tales Castelo Branco[1] diz: *"Há uma verdade irrefragável que deve ser, mais uma vez, proclamada: piloto ou não, solitário ou não, supondo-se ou não um renegado, pouco importa, o essencial é que o advogado, sempre zeloso no cultivo dos preceitos éticos de sua profissão e de sua consciência, não se acovarde, jamais, sempre que necessário levar aos atribulados que carecem de amparo a sua boa vontade, a sua ciência e, principalmente, o destemor, a sua coragem que, inegavelmente, como apregoava John Kennedy, é 'a mais rara de todas as virtudes humanas'."*

Nas palavras de José Roberto Batochio,[2] *"o Conselho Federal da Ordem dos Advogados do Brasil, ao instituir o Código de Ética e Disciplina, norteou-se por princípios que formam a consciência profissional do advogado e representam um imperativo de sua conduta, tais como: os de lutar sem receio pelo primado da Justiça; pugnar pelo cumprimento da Constituição e pelo respeito à lei, fazendo com que esta seja interpretada com retidão, em perfeita sintonia com os fins sociais a que se dirige e as exigências do bem comum; ser fiel à verdade para poder servir à Justiça como um de seus elementos essenciais; proceder com lealdade e boa-fé em suas relações profissionais e em todos os atos de seu ofício; empenhar-se na defesa das causas confiadas ao seu patrocínio, dando ao constituinte o amparo do Direito, e proporcionando-lhe a realização prática de seus legítimos interesses; comportar-se, nesse mister, com independência e altivez, defendendo com o mesmo denodo humildes e poderosos; exercer a advocacia com o indispensável senso profissional, mas também com desprendimento, jamais permitindo que o anseio de ganho material sobreleve à finalidade social do seu trabalho; aprimorar-se no culto dos princípios éticos e no domínio da ciência jurídica, de modo a tornar-se merecedor da confiança do cliente e da sociedade como um todo, pelos atributos intelectuais e pela probidade pessoal; agir, em suma, com a dignidade das pessoas de bem e a correção dos profissionais que honram e engrandecem a sua classe".*

A atuação profissional deve ser pautada pelos deveres éticos e profissionais.

---

[1] BRANCO, Tales Castelo. *Prisão em Flagrante*, 4. ed., 1988, p. 217.
[2] BATOCHIO, José Roberto. Código de Ética e Disciplina da Ordem dos Advogados do Brasil, *Diário da Justiça da União*, de 1º de março de 1995.

1.3 AS INFORMAÇÕES E OS DOCUMENTOS A SEREM FORNECIDOS PELO CLIENTE

A relação advogado-cliente deve ser de confiança mútua e transparência na troca de informações. Trata-se de uma relação jurídica profissional.

O advogado deve informar o cliente, de modo claro, transparente e inequívoco, quanto aos seus direitos, aos eventuais riscos da sua pretensão e das consequências que poderão advir da demanda (art. 9º, Código de Ética e Disciplina).

Sempre que necessário, consulte o cliente sobre as informações prestadas. Se conveniente, agende uma nova reunião. Porém, lembre-se de que reuniões desnecessárias acabam por tomar tempo de todos os interessados.

No dia a dia, não se deve confiar na memória ou em anotações aleatórias; o advogado deve organizar as informações prestadas, as quais devem ser arquivadas na pasta do cliente.

Sugerimos que as informações sempre sejam organizadas em uma ficha de cliente, com seus dados pessoais, informações gerais da relação com o empregador e outras informações que sejam necessárias e possam auxiliar a postulação judicial.

A partir dessas informações é que o profissional elaborará a petição inicial e as demais peças processuais.

É importante também já solicitar ao cliente que traga todos os documentos da relação de empregado e cópia de seus documentos pessoais.

A experiência profissional sugere que se solicite ao cliente sempre cópia dos documentos e não os originais.

1.3.1 Modelo de ficha de cliente

Dados Pessoais

Nome: _____

Nacionalidade: _____ Estado civil: _____

RG: _____ Órgão expedidor: _____ CPF: _____

CTPS: _____ série: _____ PIS: _____

Data de nascimento: _____

Endereço completo: _____

_____

Bairro: _____ Cidade: _____ UF: _____

CEP: _____ E-mail: _____

Tel. res.: _____ Cel.: _____ Tel. com.: _____

Nome da mãe: _____

Nome do cônjuge: _____
Nome dos filhos: _____
_____
_____

Informações do empregador
Empregador: _____
CNPJ/CPF: _____ CEI: _____
Endereço: _____ E-mail: _____
CEP: _____ Bairro: _____ Cidade: _____ UF: _____
Nome do superior hierárquico: _____
_____

Empresas do mesmo grupo econômico:
CNPJ/CPF: _____ CEI: _____
Endereço: _____ E-mail: _____
CEP: _____ Bairro: _____ Cidade: _____ UF: _____
Empresas tomadoras de serviços:
CNPJ/CPF: _____ CEI: _____
Endereço: _____ E-mail: _____
CEP: _____ Bairro: _____ Cidade: _____ UF: _____

ENTREVISTA COM O RECLAMANTE

1. Qual foi o período trabalhado (início e término)? Possuía registro em CTPS?
   _____

2. Quais foram as funções exercidas e períodos de exercício de cada uma delas na empresa?
   _____

3. Qual era o local da prestação de serviço?
   _____

   3.1 Quais foram os setores em que trabalhou na empresa?
   _____

4. Em caso de prestação de serviços terceirizados, quais foram as empresas tomadoras e os respectivos períodos de prestação de serviços?
   _____

5. Qual era o horário de trabalho? Fazia intervalo para refeição?
   _____

   5.1 Havia cartão de ponto? _____

5.2 Em caso negativo, havia mais de 20 empregados no local de trabalho/empresa? _____
   5.3 O cartão e os horários nele inseridos estão corretos? _____
6. Fazia horas extras? Se positivo, recebia por elas? _____
   6.1 O pagamento das horas extras era feito "por fora" ou no holerite? _____
7. Qual foi o último salário? _____
   7.1 Colocar toda a evolução salarial _____

   7.2 Havia salários "por fora" ou outras formas de salários? _____
8. Já foi transferido para outra localidade? _____
   8.1 Essa transferência acarretou a mudança de endereço? _____
   8.2 Foi provisória ou definitiva? _____
   8.3 As despesas com o deslocamento foram pagas pela empresa? _____
9. Descrever o local de trabalho _____

10. No local de trabalho, existiam agentes físicos, químicos ou biológicos, como ruídos, calor excessivo, umidade? Existia algum elemento de risco no local de trabalho, como produtos químicos, combustíveis? _____

    10.1 Recebia quais EPIs? _____
    10.2 Recebeu treinamento para utilização? _____
    10.3 Os EPIs eram substituídos? _____
    10.4 Você usava efetivamente os EPIs? _____
    10.5 A empresa exigia que você utilizasse os EPIs? _____
11. Exercia alguma atividade que considere de risco? O local de trabalho era seguro? _____

12. Já sofreu algum acidente de trabalho? Quando?

    12.1 Já teve algum problema de saúde relacionado com o trabalho/profissão? Em qual período?

    12.2 Houve a emissão de alguma CAT pela empresa ou outra pessoa? _____
13. Tem algum problema de saúde? Faz tratamento médico? Toma medicamentos?

14. Esteve afastado do trabalho com benefício pago pelo INSS? Qual o motivo? Em qual período?

15. Sabe dizer qual o tempo de contribuição para o INSS até a data da saída da empresa?

16. Sabe dizer se o empregador estava recolhendo corretamente os depósitos do FGTS?

17. Tinha algum colega que exercia as mesmas atividades e recebia salário maior?

   17.1 Quais são o nome e o cargo do colega?

   17.2 Qual a diferença de tempo na função entre você e o colega de trabalho?

18. Já trabalhou em desvio de função? Em qual período?

19. Já trabalhou em acúmulo de função? Em qual período?

20. Quando ocorreu a extinção do contrato de trabalho? Qual foi a causa da extinção do contrato de trabalho?

21. Recebeu corretamente as verbas rescisórias? Em qual data? Como se deu o pagamento?

22. Outros fatos e informações:

23. Já promoveu ou promove ação contra o empregador:

24. Já foi testemunha ou preposto em processos envolvendo o empregador:

25. Relação de documentos entregues:

(Obs.: Solicitar cópia do RG, CPF, CTPS, recibos de salários, extrato do FGTS, recibos de férias, termo de rescisão do contrato de trabalho e outros documentos que se mostrarem necessários)

26. Nome das testemunhas e indicar os períodos de trabalho:

27. Outras informações:
Declaro que são verdadeiras as informações prestadas acima.
Local e data
Assinatura do cliente

1.4 CONTRATO DE PRESTAÇÃO DE SERVIÇOS

O contrato de prestação de serviços jurídicos irá reger, juntamente com todo o sistema normativo, a relação entre o profissional de Direito e seu cliente.

Um contrato objetivo, claro e detalhado pode evitar muitos problemas futuros na relação advogado-cliente.

A qualquer tempo, tanto contratante como contratado poderá requerer a alteração ou a dissolução do contrato de prestação de serviços. Em caso de alteração do contrato, sugerimos fazer um aditivo contratual. Na hipótese de dissolução, é necessária a celebração de um instrumento de dissolução, estipulando suas condições, prazos, pagamento e outras questões.

1.4.1 Modelo de contrato de prestação de serviços

CONTRATO PARTICULAR DE PRESTAÇÃO DE SERVIÇOS E
HONORÁRIOS ADVOCATÍCIOS

Neste ato e na melhor forma de direito, tem o presente Contrato Particular de Serviços e Honorários Advocatícios:

MARIA ALDENIR DE QUADROS CAVALCANTE, brasileira, divorciada, enfermeira, portadora do RG nº _____, inscrita no CPF sob o nº _____, residente e domiciliada à Rua _____, bairro, cidade, estado, CEP _____, tel. _____, cel. _____, e-mail: _____, aqui, doravante, simplesmente denominada **CONTRATANTE**.

ORLANDO GOMES, brasileiro, solteiro, advogado, portador do RG nº _____, inscrito no SPF sob o no _____, regularmente inscrito na OAB/SP sob o nº _____, domiciliado à Rua _____, bairro, cidade, estado, CEP _____, tel. _____, cel. _____, e-mail: _____, doravante, denominado simplesmente **CONTRATADO**.

Cláusula 1ª Os serviços contratados não envolvem apenas a propositura da presente demanda, como também todos os atos necessários na fase de conhecimento (exemplos: audiências; réplicas; manifestações; rol de testemunhas; impugnação de documentos e/ou de laudos; recursos ordinário, revista e agravo de instrumento; além de embargos declaratórios) e/ou na fase de execução (exemplos: cálculos; impugnação aos cálculos da parte contrária; impugnação à sentença de liquidação; manifestação sobre petições da parte contrária; contrarrazões aos embargos do executado; agravo de petição e agravo de instrumento).

Cláusula 2ª A prestação de serviços advocatícios é atividade de meio, e não de resultado. Dessa forma, o Contratado fica obrigado a desempenhar suas funções da melhor forma possível, respeitando os princípios éticos e profissionais, bem como as disposições constitucionais e legais vigentes.

Cláusula 3ª Por ocasião do recebimento, a título de honorários, a Contratante pagará o valor correspondente a 15% (quinze por cento) do proveito econômico bruto (o valor incidirá sobre todas as verbas brutas auferidas pela Contratante, inclusive sobre parcelas do seguro-desemprego e soerguimento do FGTS, bem como as parcelas vencidas e vincendas decorrentes de responsabilidade civil e estabilidade normativa) decorrente da reclamação trabalhista.

I – Em caso de desconstituição do Contratado sem justo motivo, serão devidos os honorários na seguinte proporção, dependendo da fase processual em que ocorrer a desconstituição: (a) até a data da prolação da sentença – 5% (cinco por cento) do proveito econômico auferido; (b) da data da prolação da sentença até a data do trânsito em julgado – 10% (dez por cento) do proveito econômico auferido; (c) da data do trânsito em julgado até a data da extinção da ação – 15% (quinze por cento) do proveito econômico auferido.

II – Se a Contratante não comparecer à audiência, fica estipulado o valor de 5% (cinco por cento) sobre o valor da causa pelos serviços já executados. O valor só não será cobrado se o motivo da ausência for um justo motivo e comunicado com 24 horas de antecedência ao advogado, ou na hora do fato ocorrido, com posterior comprovação para ser juntado aos autos se deferido pelo Juiz. Caso contrário, o presente se prestará como título executivo.

III – Caso a Contratante desista da demanda em curso, ou venha a dar causa ao arquivamento por inércia, ou outros meios que levem a extinção da demanda, causando prejuízo ao Contratado, obriga-se a Contratante a pagar ao Contratado o valor de 5% (cinco por cento) sobre o valor da causa a título de honorários pelo trabalho já realizado. O presente contrato se prestará como título executivo.

IV – Em sendo improcedente a ação, nada será devido a título de honorários advocatícios. As despesas com assistentes técnicos (contadores, engenheiros e médicos), se necessários forem, ficarão a cargo da Contratante, que adiantará os respectivos valores ou providenciará o correlato reembolso, mediante a apresentação de recibos, sendo a ação procedente ou improcedente.

V – Em sendo procedente ou improcedente a ação, todas as despesas processuais relacionadas com o objeto do presente contrato serão de responsabilidade exclusiva da Contratante, que adiantará os respectivos valores ou providenciará o correlato reembolso, ao final da demanda, à base de ½ salário mínimo. São consideradas despesas processuais: extração de cópias, transporte, quilômetro jurídico, estacionamento, bem como outras que se fizerem necessárias para prestação dos serviços ora contratados.

VI – Fica expressamente autorizado o Contratado receber diretamente do devedor o crédito e abater os honorários contratados e as despesas processuais, pagando à Contratante o valor líquido no primeiro dia útil subsequente da data do recebimento, seja por meio de depósito bancário, no banco _____ ag. _____, c/c, ou pessoalmente.

VII – Os valores aqui estipulados não se confundem com eventuais honorários advocatícios de sucumbência, a teor do Estatuto da Ordem dos Advogados do Brasil (Lei 8.906/94; art. 791-A, CLT).

VIII – A Contratante se obriga a comunicar, por escrito, o Contratado, sobre qualquer mudança de endereço residencial ou comercial e mudança de telefone. Em caso de omissão da Contratante, fica o Contratado desobrigado de qualquer responsabilidade por danos causados no processo ou por eventual demora na final prestação de contas.

Cláusula 4ª O Contratado obriga-se a atender a Contratante, em seu escritório, para quaisquer esclarecimentos necessários, em horário comercial, ressalvando-se as ausências decorrentes de compromissos em juízo.

Cláusula 5ª A Contratante assina procuração com amplos poderes, que poderá ser substabelecida a critério do Contratado, o qual se obriga a prestar seus serviços profissionais com toda a presteza legal, não respondendo, entretanto, pela eventual demora dos órgãos do Poder Judiciário. Caso a Contratante venha a necessitar de novos serviços do Contratado, deverá celebrar novo contrato. Os herdeiros e/ou sucessores respeitarão o presente contrato.

I – A prestação de serviços contratados abrange somente as cidades da região da grande São Paulo. A realização de serviços fora desta área deverá ser previamente ajustada pelas Partes.

Cláusula 6ª O Contratante obriga-se a fornecer todos os elementos, informações, esclarecimentos, indicar testemunhas, apresentar documentos e certidões, para o bom andamento da ação judicial, objeto do presente instrumento, que se fizerem necessários.

I – O contratante declara que todas as informações prestadas são verdadeiras e têm por objetivo a defesa de seus interesses tratados no presente contrato;

II – O contratante declara estar ciente que todas as informações prestadas e os dados pessoais, inclusive os dados tidos como sensíveis (LGPD, Lei 13.709/18), serão levados ao processo judicial (consentimento expresso).

Cláusula 7ª O presente Instrumento poderá ser rescindido por qualquer uma das partes, por meio de uma comunicação escrita à outra parte, com 10 (dez) dias de antecedência.

Cláusula 8ª Fica eleito o foro do domicílio do Município de São Paulo, São Paulo, para dirimir qualquer dúvida oriunda do presente Instrumento.

As partes, pessoas capazes, por concordarem com as disposições acima transcritas, assinam o presente Instrumento de forma espontânea e consciente.

Local e data

Cliente   Advogado

Testemunhas:

_____   _____

Nome: Nome:
RG: RG:

1.4.2 Modelo de termo de distrato contratual

TERMO DE DISTRATO DE CONTRATO PARTICULAR DE PRESTAÇÃO DE SERVIÇOS E HONORÁRIOS ADVOCATÍCIOS

Neste ato e na melhor forma de direito, tem o presente Termo de Distrato de Contrato Particular de Serviços e Honorários Advocatícios:

MARIA ALDENIR DE QUADROS CAVALCANTE, brasileira, divorciada, enfermeira, portadora do RG nº _____, inscrita no CPF sob o nº _____, residente e domiciliada à Rua _____, bairro, cidade, estado, CEP _____, tel. _____, cel. _____, e-mail: _____, outrora **CONTRATANTE**.

ORLANDO GOMES, brasileiro, solteiro, advogado, portador do RG nº _____, inscrito no SPF sob o nº _____, regularmente inscrito na OAB/SP sob o nº _____, domiciliado à Rua _____, bairro, cidade, estado, CEP _____, tel. _____, cel. _____, e-mail: _____, outrora **CONTRATADO**.

Cláusula 1ª De comum acordo, as Partes resolvem pôr fim à relação contratual firmada pela parte aos (data), cujo objeto é a defesa de seus interesses em reclamação trabalhista que move em face de _____.

Cláusula 2ª Por força do presente instrumento, o Contratado se compromete a atuar na defesa dos interesses da Contratante por 10 (dez) dias, a partir da presente data, ficando totalmente desincumbindo de suas atribuições após essa data.

Cláusula 3ª O Contratado transmitirá os poderes que lhe foram outorgados pela Contratante ao profissional que ela indicar, no prazo de 24 horas após a solicitação expressa.

Cláusula 4ª Pelos serviços prestados, a Contratante paga, no presente ato, ao Contratado o valor de R$ (_____), sendo que o Contratado nada mais poderá reclamar.

As partes, pessoas capazes, por concordarem com as disposições acima transcritas, assinam o presente Instrumento de forma espontânea e consciente.

Local e data

Cliente   Advogado

Testemunhas:

Nome:	Nome:
RG:	RG:

1.5 INSTRUMENTO DE MANDATO

Para representar os interesses do seu cliente em juízo ou fora dele, o advogado deverá fazer prova do mandato. No entanto, afirmando urgência, poderá atuar sem procuração, obrigando-se a apresentá-la no prazo de 15 dias, prorrogável por igual período (art. 5º, Lei 8.906/94, arts. 103 a 107, CPC).

A procuração geral para o foro, conferida por instrumento público ou particular assinado pela parte, habilita o advogado a praticar todos os atos do processo, salvo para receber citação inicial, confessar, reconhecer a procedência do pedido, transigir, desistir, renunciar ao direito sobre que se funda a ação, receber, dar quitação, firmar compromisso e assinar a declaração de hipossuficiência econômica (art. 105, CPC; art. 5º, § 2º, Lei 8.906).

Em caso de renúncia do mandatário, não é necessária a apresentação de um motivo, mas deve ser comunicada a tempo ao mandante, para que seja providenciado um substituto, sob pena de o mandatário renunciante responder por perdas e danos, resultantes da inoportunidade ou da falta de tempo para a sua substituição, salvo se provar que não podia continuar no mandato sem prejuízo considerável e que não lhe era dado substabelecer (art. 688, CC).

No caso de mandato judicial, não existe nenhuma restrição para que ocorra a renúncia por parte do advogado. No entanto, deverá fazer prova nos autos que cientificou o mandante, a fim de que nomeie um substituto e, se necessário, para evitar prejuízos, o profissional deverá continuar a representar o mandante por mais dez dias (art. 112, CPC; art. 5º, § 3º, Lei 8.906; art. 6º, Regulamento Geral). A comprovação de notificação pode ser feita por entrega direta ao outorgante ou por telegrama com cópia e aviso de recebimento ou ainda por uma notificação notarial.

De acordo com a OJ 255, SDI-I, é desnecessária a juntada de contrato social da empresa, visto que o art. 75, VII, CPC, não determina a exibição dos estatutos da empresa em juízo como condição de validade do instrumento de mandato outorgado ao seu procurador, salvo se houver impugnação da parte contrária.

Segundo posição do TST, é inválido o instrumento de mandato firmado em nome de pessoa jurídica que não contenha, pelo menos, o nome do outorgante e do signatário, pois estes dados constituem elementos que os individualizam (Súm. 456, I). Verificada a irregularidade de representação da parte na instância originária, o juiz designará prazo de cinco dias para que seja sanado o vício. Descumprida a determinação, extinguirá o processo, sem resolução de mérito, se a providência couber ao reclamante, ou considerará revel o reclamado, se a providência lhe couber (art. 76, § 1º, CPC) (Súm. 456, II). Caso a irregularidade de representação da parte seja constatada em fase recursal, o relator designará prazo de cinco dias para que seja sanado o vício. Descumprida a determinação, o relator não conhecerá do recurso, se a providência couber ao recorrente, ou determinará o desentranhamento das contrarrazões, se a providência couber ao recorrido (art. 76, § 2º, CPC) (Súm. 456, III).

De acordo com a OJ 349, SDI-I, a juntada de nova procuração aos autos, sem ressalva de poderes conferidos ao antigo patrono, implica revogação tácita do mandato anterior.

Não caracteriza a irregularidade de representação a ausência da data de outorga de poderes, pois, no mandato judicial, ao contrário do mandato civil, não é condição de validade do negócio jurídico. Assim, a data a ser considerada é aquela em que o instrumento for juntado aos autos, conforme preceitua o art. 409, parágrafo único, IV, CPC, sendo inaplicável o disposto no art. 654, § 1º, do CC (OJ 371 SDI-I).

O mandato é um documento vital para a presença do advogado em uma demanda judicial (art. 104, CPC).[3] Os atos praticados pelo advogado, sem o competente mandato judicial, são tidos por inexistentes. Ato inexistente é o que não possui os mínimos requisitos de fato para a sua existência no mundo jurídico. Não se indaga a respeito da eficácia do ato jurídico. A inexistência situa-se no campo da própria vida do fato.

Por outro lado, não se deve confundir a situação de um mandato irregular com a não juntada do mandato. Se há vício na representação, o ato é sanável. Só se pode

---

[3] Sem instrumento de mandato, o advogado não será admitido a procurar em juízo. Poderá, todavia, em nome da parte, intentar ação, a fim de evitar preclusão, decadência ou prescrição, bem como para intervir, no processo, para praticar atos reputados urgentes. Nesses casos, o advogado se obrigará, independentemente de caução, a exibir o instrumento de mandato no prazo de 15 dias, prorrogável até outros 15, por despacho do juiz (art. 104, CPC).

validar algo que existiu. Quando o mandato é juntado aos autos, apesar da ocorrência de defeitos formais, tem-se que o mesmo existiu no mundo jurídico.

A representação da parte quando se encontra irregular, pelo prisma da lei, pode e deve ser sanada. Verificada a incapacidade processual ou a irregularidade da representação da parte, o juiz suspenderá o processo, designará prazo razoável para ser sanado o vício (art. 76, CPC). Aliás, quando a tese da irregularidade do autor vem arguida em defesa (art. 351, CPC), o magistrado deverá mandar supri-las, fixando-se um prazo, nunca superior a 15 dias. O art. 76, CPC aplica-se às partes (capacidade processual) e à capacidade postulatória.

Não há a exigência da juntada da procuração ou ato de nomeação para o procurador da União, Estados, Municípios, Distrito Federal, suas autarquias e fundações, contudo, é essencial que o signatário declare exercer o cargo de procurador (Súm. 436, I e II, TST).

O ato não ratificado no prazo será considerado ineficaz àquele em cujo nome foi praticado, respondendo o advogado pelas despesas e por perdas e danos (art. 104, § 2º, CPC).

A constituição de procurador com poderes para o foro em geral poderá ser efetivada, mediante simples registro em ata de audiência, a requerimento verbal do advogado interessado, com anuência da parte representada (art. 791, § 3º, CLT).

No processo trabalhista, a eventual irregularidade de representação quanto ao advogado não pode gerar as consequências previstas no processo civil (art. 76, CPC), diante da capacidade postulatória dada às partes (art. 791, CLT), exceto em se tratando de ação rescisória, de ação cautelar, de mandado de segurança e de recursos de competência do TST (Súm. 425, TST).

É inadmissível recurso firmado por advogado sem procuração juntada aos autos até o momento da sua interposição, salvo mandato tácito. Em caráter excepcional (art. 104, CPC), admite-se que o advogado, independentemente de intimação, exiba a procuração no prazo de cinco dias após a interposição do recurso, prorrogável por igual período mediante despacho do juiz. Caso não a exiba, considera-se ineficaz o ato praticado e não se conhece do recurso (Súm. 383, I, TST).

Verificada a irregularidade de representação da parte em fase recursal, em procuração ou substabelecimento já constante dos autos, o relator ou o órgão competente para julgamento do recurso designará prazo de cinco dias para que seja sanado o vício. Descumprida a determinação, o relator não conhecerá do recurso, se a providência couber ao recorrente, ou determinará o desentranhamento das contrarrazões, se a providência couber ao recorrido (art. 76, § 2º, CPC) (Súm. 383, II, TST).

Quanto ao mandato e o substabelecimento, a jurisprudência do TST indica que: (a) válido é o instrumento de mandato com prazo determinado que contém cláusula estabelecendo a prevalência dos poderes para atuar até o final da demanda (art. 105, § 4º, CPC); (b) diante da existência de previsão, no mandato, fixando termo para sua juntada, o instrumento de mandato só tem validade se anexado ao processo dentro do aludido prazo; (c) são válidos os atos praticados pelo substabelecido, ainda que não haja, no mandato, poderes expressos para substabelecer (art. 667, CC); (d) configura-se a irregularidade de representação se o substabelecimento é anterior à outorga passada ao substabelecente; (e) verificada a irregularidade de representação nas hipóteses "b" e "d", o juiz deve suspender o processo e designar prazo razoável para que seja sanado o vício, ainda que em instância recursal (art. 76, CPC) (Súm. 395, I a V, TST).

Válidos são os atos praticados por estagiário se, entre o substabelecimento e a interposição do recurso, sobreveio a habilitação, do então estagiário, para atuar como advogado (OJ 319, SDI-I).

No processo trabalhista, por falta de previsão legal, a juntada do instrumento de mandato e de substabelecimento não tem taxas a serem recolhidas.

1.5.1 Modelo de procuração

PROCURAÇÃO *AD JUDICIA*

Outorgante: **RAIMUNDO FLORIANO PESSOA CAVALCANTE**, brasileiro, casado, contador, portador do RG nº _____, inscrito no CPF sob nº _____, portador da CTPS nº _____, série _____, residente e domiciliado à (endereço completo) e *e-mail*: _____,

Outorgado: **ORLANDO GOMES**, brasileiro, solteiro, advogado, regularmente inscrito na OAB/SP sob o nº _____, inscrito no CPF sob o nº _____, domiciliado à Rua (endereço completo), *e-mail*: _____, tel. _____.

a quem confere amplos poderes para o foro geral com cláusula *ad judicia*, em qualquer Juízo, Instância ou Tribunal, podendo propor, contra quem de direito, as ações competentes e defendê-lo nas contrárias, seguindo umas e outras até a decisão final, usando os recursos legais e acompanhando-os, conferindo-lhes ainda poderes especiais, para confessar, desistir, transigir, firmar compromissos ou acordos, requerer alvarás, receber e dar quitação, podendo ainda substabelecer esta em outrem, com ou sem reservas de iguais poderes, dando tudo por bom, firme e valiosos, e, em especial, ingressar com reclamação trabalhista, assinar declaração de hipossuficiência econômica, bem como defender seus interesses em face de (nome da empresa).

Local e data

Outorgante

1.5.2 Modelo de substabelecimento

SUBSTABELECIMENTO

ORLANDO GOMES, brasileiro, casado, advogado inscrito na OAB/SP _____, **SUBSTABELEÇO SEM RESERVA OS PODERES** a mim outorgados a Dra. DANIELA RÚBIA CAVALCANTE, brasileira, solteira, advogada inscrita na OAB/SP _____, com escritório a (endereço completo), tel. _____, por **RAIMUNDO FLORIANO PESSOA CAVALCANTE**, nos autos do processo no _____, em trâmite perante a _____ Vara do Trabalho de Santo André, que move em face de _____.

Data e local

Advogado

1.5.3 Modelo de termo de renúncia

> **TERMO DE RENÚNCIA**
>
> Eu, **LUCIA CAVALCANTE NOLETO**, advogada regularmente inscrita na OAB sob o nº_____, notifico V. Sa., **RAIMUNDO FLORIANO PESSOA CAVALCANTE**, que estou **renunciando expressamente** aos poderes que me foram outorgados, nos autos da reclamação trabalhista movida por _____, em trâmite perante a Vara do Trabalho de São Paulo, processo nº _____.
>
> Outrossim, informo ainda que permanecerei acompanhando o feito por 10 (dez) dias, a fim de que V. Sa. possa nomear outro procurador e evitar qualquer prejuízo processual (art. 5º, § 3º, Lei 8.906/94; art. 6º, Regulamento Geral do Estatuto da Advocacia e da OAB; art. 112, § 1º, CPC).
>
> Local e data
>
> Advogado
>
> Ciente do outorgante/cliente:
>
> (Comprovação de entrega, v. g., telegrama com cópia e comprovante de recebimento ou notificação notarial)

1.6 A REPRESENTAÇÃO DO EMPREGADOR EM AUDIÊNCIA E A CARTA DE PREPOSIÇÃO

É facultado ao empregador fazer-se substituir pelo gerente, ou qualquer outro preposto que tenha conhecimento do fato e cujas declarações obrigarão o proponente (art. 843, § 1º, CLT).

Como representante do empregador, o preposto pode praticar todos os atos processuais necessários em prol do seu representado durante a realização da audiência trabalhista.

Após o término da audiência, cessam-se os poderes da preposição, não podendo, assim, o preposto assinar uma petição ou praticar outros atos processuais, como, por exemplo, as razões do recurso ordinário.

Não há obrigatoriedade de que o preposto tenha, por alguma forma, participado dos fatos.

A LC 123/06, Estatuto Nacional da Microempresa e da Empresa de Pequeno Porte, em seu art. 54, ao dispor do acesso à Justiça do Trabalho, determina que é facultado ao empregador fazer-se substituir ou representar perante a Justiça do Trabalho por terceiros que conheçam dos fatos, ainda que não possuam vínculo trabalhista ou societário.

Com a Lei 13.467/2017 (Reforma Trabalhista), o preposto não precisa ser empregado da reclamada (art. 843, § 3º, CLT), superando o entendimento jurisprudencial (Súm. 377, TST).

Antes da Reforma Trabalhista (Lei 13.467), a presença do advogado, sem o comparecimento do empregador ou de seu preposto, não elidia a caracterização da revelia (Súm. 122, TST).

Após a Lei 13.467, ainda que ausente o reclamado, presente o advogado na audiência, serão aceitos a contestação e os documentos eventualmente apresentados (art. 844,

§ 5º, CLT). De acordo com a IN 41 (art. 12, *caput*), TST, essa alteração legislativa é aplicável às ações ajuizadas a partir de 11-11-2017 (vigência da Lei 13.467).

É comum se exigir a exibição da carta de preposição, como forma de nomeação do representante da empresa em juízo, no dia a dia forense.

1.6.1 Modelo de carta de preposição

CARTA DE PREPOSIÇÃO

A Empresa ABC Ltda., inscrita no CNPF sob o nº_____, CEI nº_____, domiciliada em (endereço completo), por seu representante legal (sócio, diretor com poderes expressos etc.) (qualificação completa), nomeia como seu preposto seu empregado Sr. SILVANO ALCANTARA NOLETO, nacionalidade, estado civil, profissão, portador do RG nº _____, inscrito no CPF sob o nº _____, nos autos da reclamação trabalhista nº_____, movida por _____, em trâmite perante a 99ª Vara do Trabalho de São Paulo.

Local e data

Nome do reclamado, nome do representante legal e assinatura

1.7 OUTROS DOCUMENTOS

Além da ficha de cliente e do contrato de prestação de serviços, existem outros documentos importantes à fase extrajudicial. São eles: declaração de pobreza feita pelo cliente (declaração de próprio punho), cartas de comunicação com o cliente e cartas-convites para as testemunhas.

As comunicações aos clientes ou terceiros devem ser claras, evitando-se termos técnicos, quando desnecessários, sempre em duas vias e protocoladas/assinadas pelo cliente ou testemunha no momento do recebimento.

Via de regra, as cartas são comunicações singelas e resolvem os problemas do dia a dia. Contudo, se o profissional julgar necessário, poderá fazer uso de telegrama, com cópia e aviso de recebimento expedido pelos Correios, ou de intimações cartoriais.

1.7.1 Modelo de declaração de pobreza

Eu, Maria Gorete, brasileira, solteira, auxiliar administrativa (desempregada), portadora do RG nº_____, inscrita no CPF sob o nº _____, portadora da CTPS nº _____, série _____, residente e domiciliada à Rua (endereço completo), declaro para todos os fins que não possuo recursos financeiros que me permitam postular em juízo sem prejuízo do meu sustento e de minha filha.

Faço a presente declaração ciente das cominações legais.

Local e data

Declarante

1.7.2 Modelo de carta ao cliente

São Paulo, 10 de março de 2022.

Ao Sr.

Ref. Reclamação Trabalhista

Comunicamos a V. Sa. que foi designada para o **dia 12 de maio de 2022, às 14 horas**, a audiência judicial da reclamação trabalhista que move em face de _____.

Trata-se de audiência una, sendo necessário retirar no escritório de advocacia as cartas-convites para as testemunhas.

Solicitamos comparecer com 30 minutos de antecedência no local e à data designada.

Levar os seguintes documentos: RG e Carteira de Trabalho.

Em caso de dúvida, entrar em contato pelo tel. _____.

Atenciosamente,

Advogado

Local: 99ª Vara do Trabalho de São Paulo

Processo nº

Av. Marquês de São Vicente, 235, próximo à estação do Metrô Barra Funda.

1.7.3 Modelo de carta-convite à testemunha

São Paulo, 20 de março de 2022.

Ao Sr.

Ref. Reclamação Trabalhista

Fica V. Sa. convidada a comparecer, na qualidade de testemunha, nos autos da reclamação trabalhista movida por _____ em face de _____, no **dia 12 de maio de 2022, às 14 horas**, nos termos do art. 825 e 852-H, § 3º, CLT.

Caso seja necessário, solicitar no dia declaração de comparecimento a ser entregue ao empregador justificando a falta.

Levar os seguintes documentos: RG e Carteira de Trabalho.

Em caso de dúvida, entrar em contato pelo tel. _____.

Atenciosamente,

Advogado

Local: 99ª Vara do Trabalho de São Paulo

Processo nº _____

Av. Marquês de São Vicente, 235, próximo à estação do Metrô Barra Funda.

1.8 CONTROLE FINANCEIRO

É recomendável ao advogado que mantenha controle rígido sobre os honorários pagos e as despesas efetuadas no transcorrer do seu contrato de prestação com o cliente. Não é justo ao causídico não cobrar os valores de tais despesas do seu cliente.

Desnecessário lembrar sobre a importância de arquivar notas fiscais e recibos das despesas realizadas, até porque é direito do cliente exigir a prestação de contas.

1.8.1 Modelo de recibo de pagamento

> **RECIBO**
> Eu, (nome), (estado civil), (profissão), inscrito no CPF sob o no (informar) e no RG no (informar), declaro que recebi de (nome) (estado civil), (advogado), (no RG), (no CPF), inscrito na OAB/ _____ sob o no _____, a importância de R$ _____ (por extenso), referente aos direitos trabalhistas oriundos do Processo no (informar) em trâmite na _____ Vara do Trabalho de _____.
> Local e data
> Assinatura do cliente
> Obs.: Caso o pagamento se refira a uma parcela, indicar por exemplo "... referente ao pagamento da segunda parcela...".

1.9 PARECER JURÍDICO

Para a teoria geral do direito, parecer é uma "*opinião escrita ou verbal emitida por jurista sobre pontos controvertidos de certo assunto, analisando-o juridicamente e apresentando uma solução [...]*".[4]

No dia a dia da advocacia, parecer é um pronunciamento escrito, elaborado por um advogado e que retrata um estudo meticuloso e fundamentado a respeito de um dado assunto na seara jurídica.

É comum ao advogado, respeitado o seu campo de atuação na Ciência do Direito, elaborar estudos sob a forma de pareceres para os seus clientes, fundamentando-os na legislação, doutrina e jurisprudência aplicáveis ao tema discutido no parecer.

O parecer adota uma redação dissertativa e cuja estrutura formal contém:

(a) prelúdio: no qual se tem a indicação da numeração, do assunto, das referências e de quem é o interessado. Exemplo: Parecer nº 11; Assunto: Convênio Médico; Referência: Processo 1.211/20 – 1ª Vara do Trabalho de Santo André; Interessado: Metalúrgica A. Francisco Dias dos Santos e Associados LTDA;

(b) núcleo – é a própria resposta à consulta formulada ao advogado e cujo desenvolvimento adota a forma escrita e dissertativa. A dissertação deve conter o objeto da consulta e todos os temas jurídicos necessários para o desenvolvimento da resposta, analisando-se a legislação, a doutrina e a jurisprudência. O advogado deve abordar os institutos que se apresentam face ao contexto da consulta formulada e expor como os citados institutos são vistos e debatidos na ciência jurídica. Autores e obras pesquisados, quando citados, devem ser mencionados, com a identificação exata da obra pesquisada. Seja claro e articulado na exposição da resposta à consulta formulada;

(c) finalização: data e assinatura do advogado e o número da OAB.

---

[4] DINIZ, Maria Helena. *Dicionário Jurídico*, v. 3, p. 517.

1.9.1 Modelo de um parecer jurídico

Parecer: n° 11.
Assunto: Bombeiro contratado e o Horário de Intervalo.
Referência: Processo 1.211/2021 – 1ª Vara do Trabalho de Santo André.
Interessado: Metalúrgica A. Francisco Dias dos Santos e Associados LTDA.
Consulta:

Anteriormente, os bombeiros trabalhavam no regime de escala 4×2. O horário era das 6hs às 18hs e das 18hs às 6hs, com hora corrida, ou seja, sempre ficavam à disposição no horário de intervalo. Os bombeiros trabalhavam durante o intervalo e recebiam como hora extra 50% diante da imposição legal (art. 71, § 4°, CLT e Súm. 437, II, TST).

Atualmente, o regime de labor é 12x36, com 1 hora de intervalo. Os bombeiros usufruirão uma hora de intervalo para refeição e descanso.

A empresa pode suprimir o pagamento da hora extra pela violação do art. 71 da CLT?

Resposta:

É inquestionável que o empregado, na qualidade de bombeiro, além da jornada normal, recebe uma hora extra diária pela inexistência do horário de intervalo intrajornada.

Esta sistemática era válida quando os bombeiros laboravam no regime 4x2 e com o horário das 6hs às 18hs ou das 18hs às 6hs.

1.1 O intervalo intrajornada e a ordem jurídica trabalhista

Intervalo intrajornada é o descanso concedido dentro da própria jornada de trabalho.

Dentro de cada jornada laboral, o ordenamento determina a concessão do intervalo para repouso ou alimentação. Esse repouso destina-se à recomposição física do trabalhador, por intermédio da alimentação, dentro da jornada diária de trabalho. Citados descansos obedecerão ao critério estabelecido no art. 71, CLT, ou seja, a duração do trabalho.

Na jornada de trabalho com até 4 horas não existe obrigatoriedade para a concessão de intervalo, salvo disposição específica de lei ou norma coletiva de trabalho.

Duração de trabalho superior a 4 horas e inferior a 6 horas, o intervalo será de 15 minutos. Por fim, quando o trabalho for prestado por mais de 6 horas contínuas, o intervalo para refeição e descanso será de 1 hora, podendo estender-se até 2 horas.

Atendendo todas as exigências referentes à organização de refeitório, o Ministro do Trabalho, ouvida a Secretaria de Segurança e Medicina do Trabalho, poderá autorizar intervalos inferiores a uma hora, quando os empregados não estiverem em regime de trabalho prorrogado de horas suplementares (art. 71, § 3°, CLT).

Os intervalos não são considerados na somatória da jornada de trabalho (art. 71, § 3°, CLT).

Como regra, o intervalo intrajornada é tido como suspensão do contrato de trabalho, pois há paralisação de serviços pelo obreiro, sem qualquer obrigatoriedade quanto ao pagamento dos salários.

Com a inserção do § 4° no art. 71, CLT, por intermédio da Lei 8.923/94, a não concessão ou restrição do intervalo por parte do empregador, independente da prestação de horas suplementares, implica o pagamento do período como jornada extraordinária.

A princípio, essa inovação legislativa tem a natureza jurídica de punição ao empregador que não propicia o intervalo mínimo para repouso e alimentação dos seus trabalhadores.

Todavia, não deve ser realçado somente o aspecto punitivo.

É evidente, por outro lado, que o valor está remunerando os serviços prestados durante o intervalo não usufruído, logo, também é parcela salarial integrante da sua remuneração, justificando as incidências em férias, 13º salário, FGTS, aviso prévio e nos DSR e feriados.

Vide o disposto na Súmula 437, II, a qual determina: *"É inválida cláusula de acordo ou convenção coletiva de trabalho contemplando a supressão ou redução do intervalo intrajornada porque este constitui medida de higiene, saúde e segurança do trabalho, garantido por norma de ordem pública (art. 71 da CLT e art. 7º, XXII, da CF/1988), infenso à negociação coletiva".*

Pela Súm. 437, III, o TST fixou a posição de que a parcela prevista no art. 71, § 4º, CLT, tem natureza salarial. Logo, há de repercutir em outras parcelas salariais.

O adicional a ser observado é o de 50% (art. 7º, XVI, CF).

Portanto, quando não é concedido ao empregado o intervalo mínimo dentro da jornada diária, o empregador tem a obrigação de pagar a sua inexistência como hora extra.

A partir da vigência da Lei 13.467/2017 (desde 11 de novembro de 2017), tem-se a possibilidade de ajustar o intervalo intrajornada em 30 minutos, com o pagamento apenas do período suprimido, sendo que essa verba passa a ter natureza indenizatória (art. 71, § 4º, CLT).

1.2 Jornada atual dos bombeiros e o intervalo intrajornada

Na situação anterior, quando a empresa procedia ao pagamento dessa inexistência, como hora extra, somente estava cumprindo com a legislação trabalhista. Em outras palavras: o empregado recebia as horas normais de trabalho dentro do regime 4´2, bem como as horas extras pela inexistência do horário de intervalo.

Atualmente, os bombeiros passaram a ter o intervalo intrajornada, logo, nada mais justo que a empresa deixe de pagar a inexistência do intervalo como hora extra.

Vale dizer: pela cláusula 54ª do instrumento normativo, a nova jornada do bombeiro civil no regime 12x36 engloba o intervalo intrajornada. O empregado labora 11 horas, descansa uma hora e recebe o equivalente a uma carga de 12 horas diárias normais de trabalho e no mês o equivalente a 180 horas normais.

Não se trata de uma alteração contratual ou supressão salarial ilícita.

O mais importante não é o salário do trabalhador e sim o empregador respeitar o horário de intervalo intrajornada.

Recomenda-se a supressão do pagamento da hora extra (pela inexistência do intervalo intrajornada), visto que haverá a regular e efetiva concessão do intervalo para os bombeiros, o qual deverá ser no mínimo de uma hora.

Neste novo regime (cláusula normativa), o trabalhador deve laborar 11 horas diárias, além de ter uma hora diária de descanso para o intervalo intrajornada e receber o equivalente a 12 horas diárias (no mês: 180 horas).

Esse é o nosso entendimento.

Local e data

Advogado

OAB nº _____

1.10 SUSTENTAÇÃO ORAL

Nos tribunais, o advogado pode expor oralmente os argumentos expostos nas razões ou nas contrarrazões recursais. É a última oportunidade para persuadir os juízes. A esta oportunidade dá-se o nome de sustentação oral.

Recomenda-se ao advogado que, como forma de preparação da sustentação oral, enumere por escrito as suas ideias e argumentos os quais serão utilizados no dia da sustentação oral, contudo, durante a sua realização nunca leia o texto escrito, exceto se for o caso de pequenas citações jurisprudenciais ou doutrinárias. O brilho da sustentação está na própria demonstração firme e oral do advogado, dos seus argumentos.

Durante a sustentação oral, o advogado deve expor os seus argumentos com eloquência, evidenciando aos magistrados a objetividade das razões e/ou das contrarrazões.

Em linhas objetivas, a sustentação oral possui as seguintes fases: (a) abertura, em que cumprimenta os magistrados, o representante do Ministério Público e a parte contrária e o seu representante, se presente, bem como indica por quem faz a sustentação, salientando se é pelo recorrente ou recorrido ou por ambos, se for o caso de recurso comum pelas partes; (b) exposição, aduzindo os temas que serão sustentados; (c) confirmação, em que o advogado enumera as questões fáticas e jurídicas, bem como os argumentos, como forma de ratificar as suas convicções quanto aos temas, objeto da sustentação; (d) epílogo, na qual o orador faz um resumo de toda a argumentação, expondo as suas conclusões.

No âmbito do TST, a sustentação oral está regulamentada nos arts. 156 a 161 do Regimento Interno. As regras são: (a) na sustentação oral, ou para dirigir-se ao Colegiado, vestirão beca, que lhes será posta à disposição; (b) os pedidos de preferência para os julgamentos de processos na sessão presencial deverão ser formulados pelos advogados até a hora prevista para o seu início e serão concedidos com observância da ordem de registro. O pregão do processo em preferência vincula-se à presença, na sala de sessões, do advogado que a requereu ou de outro advogado constituído. Em qualquer sessão, ainda que em prosseguimento ou não sendo o caso de sustentação oral, mas desde que munido de procuração, o advogado que acompanhar o julgamento de seu processo poderá requerer o registro de sua presença em ata; (c) os requerimentos de preferência formulados por um mesmo advogado ou por advogados integrantes de uma mesma sociedade (art. 272, § 1º, CPC), em relação a mais de três processos, poderão ser deferidos de forma alternada, considerados os pedidos formulados pelos demais advogados; (d) os pedidos de adiamento de julgamento, se dirigidos à Presidência no início da sessão, somente serão admitidos se devidamente justificados, com a concordância do relator e da parte contrária, se presente; (e) o advogado sem mandato nos autos, ou que não o apresentar no ato, não poderá proferir sustentação oral; (f) a sustentação oral será feita de uma só vez, ainda que arguida matéria preliminar ou prejudicial, e observará as seguintes disposições: (1) ao proferir seu voto, o relator fará um resumo da matéria em discussão e antecipará sua conclusão, hipótese em que poderá ocorrer a desistência da sustentação, ante a antecipação do resultado. Havendo, porém, qualquer voto divergente daquele anunciado pelo relator, o presidente voltará a facultar a palavra ao advogado desistente. Não desistindo os advogados da sustentação, o presidente concederá a palavra a cada um dos representantes das partes, por 10 minutos, sucessivamente; (2) usará da palavra, em primeiro lugar, o advogado do recorrente; se ambas as partes o forem, o do reclamante; (3) aos litisconsortes representados por mais de um advogado, o tempo lhes será proporcionalmente distribuído, podendo haver prorrogação até o máximo de 20 minutos, ante a relevância da matéria; (4) quando for parte o Ministério Público, seu representante poderá proferir sustentação oral após as demais partes, sendo-lhe concedido prazo igual ao destas; (5) não haverá sustentação oral em: embargos de declaração; conflito de competência; agravo de instrumento; agravos internos previstos no Regimento, salvo se interpostos contra decisão do relator que extinga a ação rescisória, o mandado de segurança e a relação ou que denegue seguimento ao recurso de revista que não demonstrar transcendência; arguição de suspeição ou de impedimento; tutelas provisórias; incidentes de desconsideração da personalidade jurídica; (6) o presidente do órgão julgador cassará a palavra do advogado que, em sustentação oral, conduzir-se de maneira desrespeitosa ou, por qualquer motivo, inadequada.

Junto ao TRT da 2ª Região, a sustentação está regulada pelos arts. 99 a 102 do Regimento Interno, os quais contêm: (a) não participará do julgamento o desembargador que não tenha assistido ao relatório e aos debates, exceto quando, não tendo havido debates, considerar-se esclarecido sobre a matéria; (b) findo o relatório, o presidente da sessão dará a palavra aos advogados para debates, pelo prazo de 10 minutos a cada um, prorrogável por mais 5 minutos quando a matéria for considerada relevante; (c) a sustentação oral será feita pela ordem de recorrente e recorrido; havendo recurso de vários litigantes, falará primeiro o autor. Havendo litisconsortes representados por mais de um advogado, o tempo será computado em dobro e distribuído proporcionalmente entre eles; (d) não haverá sustentação oral em agravo de instrumento, agravo regimental, embargos de declaração e agravo interno (exceto nas hipóteses de interposição contra decisão do Relator que extinga ação rescisória e mandado de segurança); (e) o representante do Ministério Público, atuando como fiscal da lei, poderá falar após a sustentação oral; atuando como parte, terá prazo igual ao dos litigantes em geral para falar, sem necessidade de ocupar a tribuna; (g) o presidente da sessão poderá facultar que o relator antecipe a conclusão do voto, restituindo-lhe a palavra após os debates; (h) o direito à sustentação oral independe de prévia inscrição, bastando que o advogado esteja presente no início da sessão e oralmente o requeira; (i) o advogado não poderá fazer sustentação oral sem estar regularmente constituído. A apresentação de procuração no dia da sessão deverá ser feita antes do julgamento e perante a secretaria do órgão julgador, a tempo de ser conferida; (j) a prévia inscrição para sustentação oral assegura ao advogado o direito de preferência, pela ordem de inscrição, e o direito de sustentação, enquanto não esgotado 1/5 do número de processos em pauta; (l) o julgamento terá início após a sustentação oral, com os votos do Relator e dos demais Desembargadores do Trabalho em ordem decrescente de antiguidade a partir do relator.

Parte II

PROCESSO TRABALHISTA

2

RECLAMAÇÃO TRABALHISTA

2.1 FUNDAMENTO JURÍDICO

A reclamação trabalhista encontra fundamento no princípio da inafastabilidade do controle jurisdicional (art. 5º, XXXV, CF) e regramento infraconstitucional (art. 840, CLT, com as alterações da Lei 13.467/17). No CPC, os requisitos da peça inicial estão elencados no art. 319.

Considerando o regramento processual civil e a necessidade do TST se posicionar, ainda que não de forma exaustiva, sobre a aplicação de várias regras e de institutos disciplinados pelo CPC/15 ao processo do trabalho, foi editada a IN 39, de 15-3-2016.

Além disso, diante da necessidade de se preservar a segurança jurídica e do TST se posicionar sobre diversos aspectos processuais da Reforma Trabalhista (Lei 13.467), o TST editou a IN 41, de 21-6-2018.

Nesse aspecto, o TST entendeu aplicável ao processo do trabalho o art. 292, V, CPC (valor pretendido na ação indenizatória, inclusive a fundada em dano moral) e art. 292, § 3º, CPC (correção de ofício do valor da causa) (art. 3º, IV e V, IN 39; art. 12, § 2º, IN 41/18, TST).[1]

2.2 RECLAMAÇÃO TRABALHISTA E PROCEDIMENTOS

A reclamação trabalhista (petição inicial) é o meio material de que o cidadão dispõe para ativar a prestação jurisdicional, expondo a relação jurídica material controvertida e os seus fundamentos jurídicos e legais, além do requerimento da respectiva solução pelo Estado.

Existem três procedimentos no processo do trabalho, os quais são fixados em função do valor da causa: (a) sumário (dois salários mínimos, art. 2º, Lei 5.584/70);[2]

---

[1] A IN 39/16, TST, é objeto da ação direta de inconstitucionalidade promovida pela Associação Nacional dos Magistrados da Justiça do Trabalho – ANAMATRA (ADI 5.516, Rel. Min. Cármen Lúcia).
[2] O art. 2º, § 4º, da Lei 5.584 foi recepcionado pela CF/88, sendo lícita a fixação do valor da alçada com base no salário mínimo (Súm. 356, TST).

(b) sumaríssimo (40 salários mínimos, art. 852-A, CLT); (c) ordinário (acima de 40 salários mínimos).

O valor da causa é critério obrigatório na fixação do procedimento.

Não existe a fixação de procedimentos pelo critério material.

Estão excluídas do procedimento sumaríssimo as demandas em que é parte a Administração Pública (direta, autárquica e fundacional) (art. 852-A, parágrafo único, CLT).

2.3 REQUISITOS DA PETIÇÃO INICIAL NO PROCESSO CIVIL

Na teoria geral do direito processual, a petição inicial deve observar os requisitos:

a) externos (forma) – escrita ou verbal (oral);

b) internos (conteúdo) – são divididos em: (1) relativos ao processo, ou seja, as informações necessárias na elaboração da petição inicial, tais como: o juiz ou tribunal a que é dirigida; os nomes, prenomes, estado civil, profissão, CPF ou CNPJ, domicílio do autor e do réu (domicílio físico e eletrônico – *e-mail*); o valor da causa; as provas com que o autor pretende demonstrar a verdade dos fatos alegados; a opção do autor pela realização ou não de audiência de conciliação ou de mediação (art. 319, CPC); (2) relativos ao mérito: o fato e os fundamentos jurídicos do pedido; o pedido, com as suas especificações (art. 319, III e IV); a apresentação de planilha de cálculos em arquivo PDF;

c) complementares – referem-se aos elementos que acompanham a petição inicial, tais como: documentos indispensáveis à propositura da demanda (art. 320, CPC); o instrumento de mandato do advogado que subscreve a peça (arts. 103 e 104) etc.

2.4 REQUISITOS DA RECLAMAÇÃO TRABALHISTA NO PROCESSO DO TRABALHO

2.4.1 Requisitos externos

A petição inicial trabalhista pode ser escrita (datilografada, digitada ou manuscrita) ou verbal (art. 840, *caput*, CLT).

Nos termos da CLT, a peça inicial deverá ser formulada em duas vias (art. 787), ou seja, uma cópia para o reclamante e a outra irá acompanhar a citação da reclamada. Se for o caso de mais de uma reclamada, será fornecida uma via para cada uma.

A petição inicial poderá ser apresentada: (a) pelos empregados e empregadores, pessoalmente, ou por seus representantes, e pelos sindicatos de classe; (b) por intermédio das Procuradorias Regionais do Trabalho (art. 839).

A petição inicial verbal será distribuída antes de sua redução a termo (art. 786, *caput*). Distribuída a reclamação,[3] o reclamante deverá, salvo por motivo de força

---

[3] É comum haver um funcionário que faça a redução a termo da reclamação verbal, não sendo necessário o interessado comparecer até a vara do trabalho.

maior, apresentar-se no prazo de cinco dias, ao cartório ou à secretaria, para reduzi-la a termo, sob pena de perda do seu direito de reclamar pelo prazo de seis meses (arts. 786, parágrafo único, e 731).

Não se admite a forma verbal para o inquérito para apuração de falta grave (art. 853).

A distribuição das petições iniciais será feita entre as varas do trabalho ou os juízes de direito, quando investidos da jurisdição trabalhista (arts. 668 e ss.), pela ordem rigorosa de sua apresentação ao distribuidor, quando o houver[4] (art. 783).

Feita a distribuição, a reclamação será remetida à vara ou juízo competente (art. 788).

2.4.2 Requisitos internos

Os requisitos internos da petição inicial (escrita) trabalhista são os seguintes: (a) a designação da vara do trabalho ou do juiz de direito,[5] a quem for dirigida; (b) a qualificação do reclamante e do reclamado; (c) uma breve exposição dos fatos de que resulte o dissídio (causa de pedir); (d) o pedido certo, determinado e com a indicação de seu valor; (e) a data e a assinatura do reclamante ou de seu representante. Se verbal, a reclamação será reduzida a termo, em duas vias datadas e assinadas pelo escrivão ou chefe da Secretaria (art. 840, §§ 1º e 2º, CLT, Lei 13.467).

A diferença básica dos requisitos internos da petição inicial trabalhista em relação ao processo civil repousa nos seguintes aspectos: o requerimento do autor para a realização de audiência de conciliação ou de mediação e o requerimento de provas que se pretendem produzir.

Apesar da distinção que há entre o processo civil e o trabalhista, a prudência recomenda ao operador do Direito que observe em sua petição inicial os requisitos previstos no CPC (art. 319, CPC). Desnecessária a opção para a realização (ou não) de audiência de conciliação ou mediação, vez que esta é obrigatória na sistemática da CLT.

É importante frisar que, na reclamação trabalhista, em todos os procedimentos, os pedidos passaram a ser líquidos com a Lei 13.467.

No procedimento sumaríssimo, além dos requisitos já citados, tem-se: (a) o pedido deverá ser certo ou determinado e indicará o valor correspondente; (b) não se fará a citação por edital, incumbindo ao autor a correta indicação do nome e endereço do reclamado (art. 852-B, I e II, CLT). O não atendimento de tais exigências importará no arquivamento da demanda (extinção sem resolução de mérito) e condenação do autor ao pagamento de custas sobre o valor da causa (arts. 840, § 3º, e 852-B, § 1º).

---

[4] A distribuição é o meio de fixação de competência quando há mais de um órgão jurisdicional para conhecer o feito (art. 783, CLT; art. 284, CPC).

[5] Nas localidades não abrangidas pela jurisdição das varas do trabalho, os juízes de direito são os responsáveis pela administração da Justiça do Trabalho, observadas as regras de jurisdição que lhes for determinada pela lei de organização judiciária local (art. 668, CLT).

2.4.2.1 Designação da autoridade judicial a quem é dirigida

A petição inicial, como mola propulsora do processo, deve ser encaminhada à autoridade judicial competente para apreciar a demanda trabalhista.

Nos locais onde se tem mais de um órgão jurisdicional competente, torna-se imperiosa a apresentação da petição inicial junto ao distribuidor (art. 783, CLT).

A competência territorial segue os parâmetros fixados no art. 651 da CLT, tendo como regra geral o local da prestação de serviços.

A competência material está delineada no art. 114 da CF e no art. 652, *a*, III, da CLT.[6]

2.4.2.2 Qualificação das partes

Quando da propositura da demanda trabalhista, se o reclamante for pessoa natural, a petição inicial indicará: (a) nome completo, sem abreviaturas; (b) estado civil; (c) profissão; (d) número de inscrição no Cadastro Nacional de Pessoas Físicas (CPF); (e) número do documento de identidade (RG) e respectivo órgão expedidor; (f) número da CTPS; (g) endereço completo, inclusive com código de endereçamento postal (CEP); (h) domicílio eletrônico (*e-mail*); (i) se houver, nome completo do assistente ou do representante, sem abreviaturas, o respectivo número de CPF ou CNPJ e domicílio físico e eletrônico.

No caso do reclamante, como pessoa jurídica, as exigências são: (a) nome completo, sem abreviaturas; (b) número de inscrição no Cadastro Nacional de Pessoas Jurídicas (CNPJ); (c) endereço completo, inclusive com código de endereçamento postal (CEP); (d) domicílio eletrônico; (e) nome do representante legal e sua qualificação; (f) no caso de Sindicato, o número de registro.

Para o reclamado, pessoa jurídica, a petição inicial deve ter: (a) nome completo, sem abreviaturas; (b) número de inscrição no Cadastro Nacional de Pessoas Jurídicas (CNPJ); (c) nome completo, sem abreviaturas, e qualificação do representante legal; (d) endereço completo, inclusive com CEP; (e) domicílio eletrônico; (f) no caso de Sindicato, o número de registro.

Em se tratando de reclamado, pessoa natural, a petição inicial conterá: (a) nome completo, sem abreviaturas; (b) número de inscrição no Cadastro Nacional de Pessoas Físicas (CPF); (c) número do documento de identidade (RG) e respectivo órgão expedidor; (d) endereço completo, inclusive com CEP; (e) domicílio eletrônico; (f) se houver, nome completo do assistente ou do representante, sem abreviaturas, o respectivo número de CPF ou CNPJ e domicílio físico e eletrônico.

Quando não se tem a possibilidade da obtenção dos dados acima indicados, a parte deverá indicar essa circunstância na petição e que o declarante responde pela veracidade da afirmação, sob as penas da lei.

Os dados detalhados sobre reclamante são exigidos pelo Provimento 61/2017, do Conselho Nacional de Justiça.

---

[6] Consultar JORGE NETO, Francisco Ferreira e CAVALCANTE, Jouberto de Quadros Pessoa. *Direito Processual do Trabalho*. 8. ed. São Paulo: Atlas, 2019.

No âmbito do TRT da 2ª Região (São Paulo), a petição inicial trabalhista deverá ter informações complementares (Consolidação dos Provimentos e alterações – Provimento GP/CR 5/2008) (art. 339), como o nome da mãe do trabalhador e a data de nascimento.

Salvo impossibilidade que comprometa o acesso à justiça, a parte deverá informar, ao distribuir a petição inicial de qualquer ação judicial, o número no cadastro de pessoas físicas ou jurídicas, conforme o caso, perante a Secretaria da Receita Federal (art. 15, Lei 11.419/06).

Na Justiça do Trabalho, as partes possuem capacidade postulatória (*ius postulandi*), sendo dispensada a figura do advogado (art. 791, CLT, Súm. 425, TST). Contudo, devido à complexidade das questões jurídicas (materiais e processuais), não se recomenda a atuação sem a orientação e acompanhamento de profissional qualificado em qualquer das instâncias da Justiça do Trabalho.

O entendimento atual é que *ius postulandi* das partes é limitado às varas do trabalho e aos TRTs (instâncias ordinárias), não alcançando a ação rescisória, o mandado de segurança e os recursos de competência do TST (Súm. 425, TST). Além disso, no procedimento de homologação de acordo extrajudicial, a figura do advogado é indispensável (art. 855-B, CLT; Lei 13.467).

Com a Lei 13.467, o processo trabalhista, apesar de manter a capacidade postulatória das partes, caso se tenha a representação por advogado constituído, passou a contemplar a verba honorária advocatícia pela sucumbência (art. 791-A, CLT). Pela IN 41/18 (art. 6º), essa exigência é aplicável para os processos ajuizados a partir de 11-11-2017.

Devidamente representado por advogado, compete ao mesmo declarar o endereço físico e eletrônico em que receberá intimações (art. 106, CPC). Não atendida essa determinação, antes de determinar a citação do réu, o juiz mandará que supra a omissão em 15 dias, sob pena de indeferimento da petição inicial (arts. 321 e 330, IV, CPC).

Se houver pedido expresso de que as intimações e publicações sejam realizadas exclusivamente em nome de determinado advogado, a comunicação em nome de outro profissional constituído nos autos é nula, salvo se constatada a inexistência de prejuízo (Súm. 427, TST).

Caso não disponha de informações ou dados do réu, o autor, na petição inicial, poderá requerer ao juiz diligências necessárias à sua obtenção.

A petição inicial não será indeferida se, a despeito da falta de informações ou dados pessoais do réu, for possível a citação, ou ainda se a obtenção de tais informações tornar impossível ou excessivamente oneroso o acesso à justiça.

2.4.2.3 Causa de pedir: exposição dos fatos e fundamentos

Na exposição da petição inicial, o reclamante deve narrar os fatos (causa de pedir remota – *fundamentum actionis remotum*) e os fundamentos jurídicos (causa de pedir próxima – *fundamentum actionis proximum*) de sua pretensão, de tal modo que resulte o pedido certo e determinado.

Não só o CPC, como a CLT, quanto aos fundamentos da pretensão, adota a teoria da substanciação (fundamentos fáticos e fundamentos jurídicos: legal, doutrinário e jurisprudencial).

A exposição dos fatos deve ser clara e precisa, isto é, da narração dos fatos deve decorrer, logicamente, a conclusão. A falta de coerência ou lógica dos fatos ou, ainda, a falta de pedido configura a inépcia da inicial (art. 330, I e § 1º, III, CPC).

O uso do vernáculo (língua oficial) é obrigatório (art. 192); a exceção é o latim. Tecnicamente, expressões em outro idioma devem ser acompanhadas da versão em português.

A ausência da causa de pedir ou sua imprecisão e clareza implicam a inépcia da petição inicial (art. 330, I e § 1º, I) e consequentemente sua resolução sem julgamento de mérito (art. 485, I).

No desenvolvimento da causa de pedir, as partes devem expor os fatos em juízo conforme a verdade (art. 77, I), sendo defeso o uso de expressões injuriosas (art. 78).

Considerando a complexidade das questões jurídicas atuais e o acúmulo de pretensões no processo do trabalho, sugerimos a seguinte estrutura de desenvolvimento da reclamação trabalhista:

> 1. Da Passagem na Comissão de Conciliação Prévia (passou na CCP, não passou na CCP porque não existe, porque é inconstitucional etc.). Em 1º de agosto de 2018, o STF (ADI 2160/DF) fixou o entendimento de que: (a) contraria a Constituição Federal interpretação do previsto no art. 625-D e parágrafos da Consolidação das Leis do Trabalho que reconhecesse a submissão da pretensão à Comissão de Conciliação Prévia como requisito para ajuizamento de ulterior reclamação trabalhista; (b) a Comissão de Conciliação Prévia constitui meio não obrigatório de solução de conflitos, permanecendo o acesso à Justiça resguardado para todos os que venham a ajuizar demanda diretamente ao órgão judiciário competente;
>
> 2. Do Contrato de Trabalho (informações fundamentais: início do contrato de trabalho, função exercida, alterações, jornada de trabalho, data de extinção, causa de extinção e último salário);
>
> 3. Das Horas Extras, Das Férias, Dos Depósitos do FGTS etc. (em cada tópico, além da narrativa fática, são necessários os fundamentos jurídicos próprios e o fechamento do tópico: por ex.: assim, espera a condenação da reclamada ao pagamento das horas extras e seus reflexos em...). Cada pretensão deve estar em tópico próprio e com o nome do tópico de forma elucidativa (ex.: Das Férias no Período de 2004 a 2009 ou Das Horas Extras pela Supressão do Intervalo para Refeição e Descanso).

2.4.2.4 *Tutela provisória*

No âmbito da CLT, tem-se a previsão expressa da concessão de medidas de urgência para tornar sem efeito transferência (art. 469, CLT) considerada abusiva e para determinar a reintegração de dirigente sindical estável afastado, suspenso ou dispensado pelo empregador (art. 659, IX e X).

Nas demais situações, o reclamante deverá invocar os arts. 294 ss. e 498 do CPC. Isso poderá ocorre em situações como: (a) reintegração de empregado estável (legal, normativa ou contratual), com a fixação de multa diária; (b) levantamento dos depósitos fundiários por alvará judicial; (c) levantamento do seguro-desemprego por alvará judicial; (d) anotação do contrato de trabalho na CTPS; (e) anotação de baixa ou retificações na CTPS; (f) anotação de evolução salarial na CTPS; (g) fixação de multas, em dissídios coletivos, para que os grevistas mantenham parte dos serviços em caso dos serviços ou atividades essenciais (art. 11, Lei 7.783/89) etc.

No CPC, a tutela provisória pode ser de urgência (antecipatória ou cautelar) e de evidência, a qual poderá ser concedida em caráter antecipatório ou incidental em relação à ação principal (arts. 294 ss., CPC). As ações cautelares nominadas deixam de existir.

A temática legal da tutela provisória na CLT e no CPC será desenvolvida no Capítulo 3.

A IN 39 do TST determina que são aplicáveis ao processo do trabalho os arts. 294 a 311, CPC (art. 3º, VI).

2.4.2.5 O pedido

O pedido (*petitum*), como expressão da pretensão do reclamante, é o objeto da demanda proposta em Juízo (objeto da ação e do processo).

Como decorrência lógica da causa de pedir, o pedido deve ser certo e determinado (art. 319, II, CPC), sob pena de inépcia da inicial (art. 330, I e § 1º, I, CPC; art. 840, § 3º, CLT, Lei 13.467).

O pedido imediato (direto) consiste na própria providência jurisdicional solicitada, podendo ser de conhecimento (declaratória, constitutiva ou condenatória) e executória. Enquanto o pedido mediato (indireto) é a tutela de um bem jurídico (reparação do direito violado ou cessação de ameaça a direito), ou seja, aquilo que se pretende obter com a prestação jurisdicional.

Pela aplicação do princípio da iniciativa processual ou princípio dispositivo (art. 2º, CPC), o juiz está subordinado ao pedido da parte (princípio da congruência), ou seja, deverá decidir a lide nos limites em que foi proposta, sendo-lhe defeso conhecer de questões, não suscitadas, a cujo respeito a lei exige a iniciativa da parte (arts. 141 e 492, CPC).

Em caso de dúvida, o pedido deve ser interpretado restritivamente (art. 322).

É importante lembrar que existem pedidos implícitos, os quais são conhecidos pelo juiz, independentemente da solicitação expressa da parte: multa do art. 467 da CLT (a multa de 50% quanto aos títulos rescisórios incontroversos não adimplidos quando da audiência inaugural); pagamento da indenização em dobro, quando se torna inviável a reintegração (art. 496, CLT; Súm. 396, II, TST); juros legais[7]

---

[7] Juros representam o fator de remuneração dos créditos trabalhistas em face da situação de mora do empregador, bem como para remunerar o próprio capital, que está representado pelos direitos reconhecidos em juízo.

(art. 322, § 1º, CPC; Súm. 211, TST); correção monetária[8,9] (Súm. 211, TST); honorá-

---

[8] Para fins de atualização monetária, a época própria surge da exigibilidade do crédito, ou seja, do momento em que a obrigação contratual trabalhista não é adimplida. A época própria legal: quando o pagamento houver sido estipulado por mês, deverá ser efetuado, o mais tardar, até o quinto dia útil subsequente ao vencido (art. 459, § 1º, CLT; Súm. 381, TST). Se os salários são pagos antes do prazo previsto no art. 459 da CLT, por imposição normativa (convenção coletiva, acordo coletivo de trabalho, sentença normativa) ou cláusula contratual, a época própria deve observar o referido momento, por ser uma condição mais benéfica, a qual adere ao contrato individual de trabalho. Outras épocas próprias legais: (a) verbas rescisórias – o 1º dia útil ou o 10º dia após o término do contrato de trabalho (art. 477, § 6º, CLT); (b) 13º salário (na vigência do contrato) – 1ª parcela (30 de novembro ou a data em que a empresa costuma pagá-la ao empregado); 2ª parcela (20 de dezembro) (art. 1º, Lei 4.749/65); (c) férias e abono (na vigência do contrato) – 2º dia antes do início do respectivo período de gozo (art. 145, *caput*, CLT).

[9] É discutível a definição do índice de atualização monetária dos débitos trabalhistas, em decorrência da regra prevista no art. 39 da Lei 8.177/91, que o vincula à variação da Taxa Referencial – TR, também utilizada para o reajustamento dos depósitos efetuados em Cadernetas de Poupança. A matéria foi objeto de decisão proferida pelo STF, ao analisar nos autos das Ações Diretas de Inconstitucionalidade 4.357, 4.372, 4.400 e 4.425 a alegação de inconstitucionalidade da regra inserida no art. 100, CF, por força da EC 62, no seu art. 1º, § 12, quanto à expressão "índice oficial de remuneração básica da caderneta de poupança" nele contida. No mês de maio de 2015, no julgamento da Ação Cautelar 3.764 MC/DF, o STF, com base na decisão proferida nas ADIs anteriormente citadas, afastou a aplicação da TR como índice de correção monetária.

A matéria foi posta em discussão no STF no âmbito das ADCs 58 e 59 e das ADIs 5.867 e 6.021. O mérito das demandas foi julgado em 18-12-2020, sendo o acórdão publicado no dia 7-4-2021. Pela decisão proferida, tem-se dois momentos distintos: (a) fase extrajudicial: nesta fase, como mérito da ADC, tem-se o IPCA-E, como parâmetro de atualização e a TR (art. 39, *caput*, Lei 8.177/91) como parâmetro de juros; (b) fase judicial, após a citação, aplica-se, como parâmetros simultâneos de juros e correção monetária, a taxa SELIC. Como a SELIC compreende atualização e juros (jurisprudência do STF e do STJ), deixa de ser aplicável o percentual de juros de 1% ao mês (art. 39, § 1º, Lei 8.177) aos créditos trabalhistas. Por fase extrajudicial, compreenda-se a atualização pelo IPCA-E e o cômputo da TR da época própria (art. 459, CLT; Súmula 381, TST) até a data da citação. Na sequência, a partir da citação e até o pagamento (fase judicial), sobre o crédito atualizado aplica-se a SELIC. Quando cabível o IPCA-E, deverá ser utilizado como indexador o IPCA-E acumulado no período de janeiro a dezembro de 2000. A partir de janeiro de 2001, deverá ser utilizado o IPCA-E mensal (IPCA-15/IBGE), em razão da extinção da UFIR como indexador, nos termos do art. 29, § 3º, da MP 1.973-67/2000. Além da indexação, serão aplicados os juros legais (art. 39, *caput*, da Lei 8.177, de 1991). Os critérios da ADC são inaplicáveis aos créditos trabalhistas contra a Fazenda Pública, como devedor principal (ADIs 4.357 e 4.425; RE 870.940) (Administração Pública Direta e a Indireta – Autarquias e Fundações Públicas). Nestas hipóteses, os parâmetros são: (a) correção monetária: IPCA-E; (b) juros: os previstos para a poupança (art. 1º-F, Lei 9.494/97). Fundamentos para a adoção de tais parâmetros: o art. 1º-F da Lei 9.494 e art. 100, § 12, da CF foram impugnados pelas ADIs 4.357 e 4.425 e pelo RE 870.947, com repercussão geral declarada (Tema 810). Quando do processo, a Fazenda Pública atua como devedor subsidiário, deve ser aplicável os critérios de atualização e de juros como previstos no mérito da ADC 58. A Fazenda Pública assume a responsabilidade pelo pagamento dos débitos trabalhistas na qualidade de devedora subsidiária, assim, por aplicação da inteligência da OJ 382, SDI, TST, há de ser aplicável os idênticos parâmetros legais do devedor principal. À luz dessas considerações, impõe-se a adoção do índice IPCA-E e TR na fase extrajudicial e, a partir da citação, a incidência da taxa SELIC (art. 406, CC) para a atualização e juros dos créditos trabalhistas.

rios advocatícios[10] (arts. 85 e 322, § 1º, CPC; art. 791-A, CLT, pela Lei 13.467, passou a prever os honorários advocatícios sucumbenciais na Justiça do Trabalho; a IN 41, TST, art. 6º, acentua que o art. 791-A, CLT, somente deve ser aplicável para as ações ajuizadas a partir de 11-11-2017).

---

[10] Anteriormente à Lei 13.467/17, a matéria era disciplinada pelo art. 14, § 1º, Lei 5.548/70, e Súmulas 219 e 329, TST, e OJ 421, SDI-I.
Em 23-8-2021, o TST, quando do julgamento do IRR 341-06.2013.5.04.0011, fixou as seguintes teses jurídicas quanto aos honorários advocatícios antes da Lei 13.467/17: (1) Nas lides decorrentes da relação de emprego, os honorários advocatícios, com relação às ações ajuizadas no período anterior ao início de vigência da Lei 13.467, somente são cabíveis na hipótese prevista no art. 14 da Lei 5.584/70 e na Súmula 219, item I, do TST, tendo por destinatário o sindicato assistente, conforme disposto no art. 16 do referido diploma legal, até então vigente (revogado expressamente pela Lei 13.725/18) e no caso de assistência judiciária prestada pela Defensoria Pública da União ao beneficiário da Justiça gratuita, consoante os arts. 17 da Lei 5.584/70 e 14 da LC 80/94, revelando-se incabível a condenação da parte vencida ao pagamento dessa verba honorária, seja pela mera sucumbência, seja a título de indenização por perdas e danos, seja pela simples circunstância de a parte ser beneficiária da justiça gratuita; (2) A ampliação da competência da Justiça do Trabalho pela EC 45/04 acarretou o pagamento de honorários advocatícios com base unicamente no critério da sucumbência apenas com relação às lides não decorrentes da relação de emprego, conforme sedimentado nos itens III e IV da Súmula 219 do TST; (3) Às demandas não decorrentes da relação de emprego, mas que já tramitavam na Justiça do Trabalho por força de norma legal expressa, relativas aos trabalhadores avulsos e portuários, são inaplicáveis o item 5 da IN 27/05 e o item III da Súmula 219 do TST, porquanto a Constituição Federal, em seu art. 7º, inciso XXXIV, equipara o avulso ao trabalhador com vínculo empregatício, sendo-lhe aplicável, portanto, o entendimento previsto no item I da Súmula 219; (4) Às lides decorrentes da relação de emprego, objeto de ações propostas antes do início da vigência da Lei 13.467, não se aplica a Súmula 234 do STF, segundo a qual *"são devidos honorários de advogado em ação de acidente de trabalho julgada procedente"*; (5) Não houve derrogação tácita do art. 14 da Lei 5.584/70 em virtude do advento da Lei 10.288/01, que adicionou o § 10 ao art. 789 da CLT, reportando-se à assistência judiciária gratuita prestada pelos sindicatos, e a superveniente revogação expressa desse dispositivo da CLT pela Lei 10.537/02 sem que esta disciplinasse novamente a matéria, pelo que a assistência judiciária prestada pela entidade sindical no âmbito da Justiça do Trabalho ainda permanece regulamentada pela referida lei especial; (6) São inaplicáveis os arts. 389, 395 e 404 do Código Civil ao Processo do Trabalho para fins de condenação ao pagamento de honorários advocatícios, nas lides decorrentes da relação de emprego, objeto de ações ajuizadas antes do início da vigência da Lei 13.467, visto que, no âmbito da Justiça do Trabalho, essa condenação não se resolve pela ótica da responsabilidade civil, mas sim da sua legislação específica, notadamente a Lei 5.584/70; (7) A condenação em honorários advocatícios sucumbenciais prevista no art. 791-A, *caput* e parágrafos, da CLT será aplicável apenas às ações propostas na Justiça do Trabalho a partir de 11 de novembro de 2017, data do início da vigência da Lei 13.467, conforme já decidiu o Tribunal Pleno, de forma unânime, por ocasião da aprovação do art. 6º da IN 41/18; (8) A deliberação neste incidente a respeito da Lei 13.467 limita-se estritamente aos efeitos de direito intertemporal decorrentes das alterações introduzidas pela citada lei, que generalizou a aplicação do princípio da sucumbência em tema de honorários advocatícios no âmbito da Justiça do Trabalho, não havendo emissão de tese jurídica sobre o conteúdo em si e as demais peculiaridades da nova disposição legislativa, tampouco acerca da inconstitucionalidade do art. 791-A, *caput* e § 4º, da CLT.

2.4.2.5.1 Requisitos do pedido

O pedido deve ser certo (expresso) e determinado (aspectos qualitativos e quantitativos) (art. 324, CPC).

Como já ocorria com o procedimento sumaríssimo (art. 852-B, I, CLT), a partir da vigência da Lei 13.467, os pedidos precisam ser líquidos em todos os procedimentos trabalhistas (reclamação escrita) (art. 840, § 1º), sob pena de arquivamento da reclamação (resolução sem julgamento de mérito) e condenação ao pagamento de custas sobre o valor da causa (arts. 840, § 3º, e 852-B, § 1º).

No processo civil, quando o autor tiver formulado pedido certo, é vedado ao juiz proferir sentença ilíquida (art. 490, CPC).

Mesmo quando a petição inicial formula um pedido líquido, as sentenças trabalhistas não indicam os valores do principal quanto aos títulos deferidos, relegando para a liquidação o *quantum debeatur*. Isso é decorrência da combinação de vários fatores: o elevado número de processos, logo, de várias sentenças a serem prolatadas pelo magistrado; a falta de funcionários habilitados para os cálculos; a impugnação na defesa quanto aos cálculos da inicial; o número exagerado de pedidos nas iniciais trabalhistas etc.

2.4.2.5.2 Pedidos determinados e genéricos

Pedido determinado é o que está definido em seu aspecto qualitativo e quantitativo. Por sua vez, pedido genérico é aquele indeterminado na sua quantidade, contudo, determinado em sua qualidade.

O objeto imediato do pedido não pode ser genérico. Mesmo que a parte não tenha condições de quantificar o seu pedido, deve formular, expressamente, o tipo de prestação jurisdicional invocada.

É lícito, porém, formular pedido genérico mediato (indireto): (a) nas ações universais, se não puder o autor individuar na petição os bens demandados; (b) quando não for possível determinar, de modo definitivo, as consequências do ato ou do fato ilícito; (c) quando a determinação do valor da condenação depender de ato que deva ser praticado pelo réu (art. 324, § 1º, I a III, CPC).

No processo trabalhista, não é muito comum a presença das ações universais,[11] o que é possível quanto às demais hipóteses: (a) as ações de reparação de ato ilícito pelo acidente de trabalho, no caso de culpa ou dolo do empregador (art. 7º, XXVIII, CF); (b) as ações de prestação de contas ajuizadas pelo empregador contra o empregado.

Em tais situações, não é possível ao reclamante mensurar o valor do pedido da indenização (perdas e danos; lucros cessantes) ou dos valores devidos pelo empregado pela prestação de contas.

De qualquer forma, com o intuito de se evitar sentenças líquidas em muitos casos (art. 492, CPC), sugere-se que haja indicação expressa na peça inicial que os valores

---

[11] Ações universais são as que versam sobre coisas coletivas de fato (rebanho, gêneros reunidos num armazém) ou de direito (coisas corpóreas ou incorpóreas que, reunidas, formam um patrimônio, uma herança).

indicados (pedido líquido) são estimados, vez que o trabalhador não possui todos os documentos e as informações que lhe permitam a quantificação exata do pedido inicial (art. 324, § 1º, II e III, CPC) e que o crédito seja apurado em regular fase de liquidação por cálculos.

2.4.2.5.3 Pedido fixo

Pedido fixo é o que consiste em um só resultado imediato e mediato, como, por exemplo, o pagamento da indenização adicional (art. 9º, Lei 7.238/84).

2.4.2.5.4 Pedido alternativo

O pedido será alternativo quando, pela natureza da obrigação, o devedor puder cumprir a prestação de mais de um modo (art. 325, CPC).

Quando, pela lei ou pelo contrato, a escolha couber ao devedor, o juiz lhe assegurará o direito de cumprir a prestação de um ou de outro modo, ainda que o autor não tenha formulado pedido alternativo (art. 325, parágrafo único).

O pedido alternativo é uma decorrência da obrigação alternativa (arts. 252 a 256, CC).

No processo trabalhista, temos como exemplos de pedidos alternativos: a comprovação dos recolhimentos fundiários, sob pena de pagamento da indenização equivalente; o fornecimento das guias do seguro-desemprego, sob pena de pagar a quantia equivalente ao benefício prejudicado.

2.4.2.5.5 Pedidos sucessivos ou subsidiários

O reclamante pode acumular com o pedido principal um outro pedido, o qual é denominado sucessivo ou subsidiário, para que seja conhecido pela impossibilidade do conhecimento do primeiro (art. 326, CPC).

No pedido subsidiário ou sucessivo, a alternância está presente apenas na forma e não na essência, o que não ocorre no pedido alternativo, onde a obrigação poderá ser cumprida pela forma desejada pelo devedor.

No processo trabalhista, como exemplos de pedidos subsidiários ou sucessivos, tem-se: (a) reintegração, decorrência de uma forma de estabilidade ou sua conversão em pecúnia (art. 496, CLT); (b) o tempo à disposição, como hora extra ou a aplicação analógica do sobreaviso do trabalhador ferroviário (art. 244).

2.4.2.5.6 Pedido único e pedidos cumulados

Em tese, para cada ação corresponde um determinado pedido. Contudo, é lícita a cumulação, num único processo, contra o mesmo réu, de vários pedidos, ainda que entre eles não haja conexão (art. 327, CPC). Isso é uma decorrência da aplicação dos princípios da economia e celeridade processuais.

São requisitos de admissibilidade da cumulação dos pedidos: (a) compatibilidade; (b) competência do juízo; (c) adequação do tipo de procedimento (art. 327, § 1º).

No processo civil, quando, para cada pedido, corresponder tipo diverso de procedimento, admitir-se-á a cumulação, se o autor empregar o procedimento ordinário (art. 327, § 2º).

Na seara trabalhista, qualquer que seja a natureza do procedimento (ordinário, sumário ou sumaríssimo), a prática forense indica a presença de vários pedidos acumulados (em uma só demanda), tais como: reconhecimento da relação de emprego e anotação na CTPS, horas extras, férias, adicionais de insalubridade ou periculosidade, adicional noturno, FGTS, verbas rescisórias etc.

2.4.2.5.7 Pedido de prestações sucessivas

Quando a obrigação consistir em prestações sucessivas (prestações periódicas), essas serão consideradas incluídas no pedido, independentemente de declaração expressa do autor; se o devedor, no curso do processo, deixar de pagá-las ou de consigná-las, a sentença as incluirá na condenação, enquanto durar a obrigação (art. 323, CPC).

No processo do trabalho, devemos observar: (a) nas prestações sucessivas por tempo determinado, a execução pelo não pagamento de uma prestação compreenderá as que lhe sucederem (art. 891, CLT); (b) tratando-se de prestações sucessivas, por tempo indeterminado, a execução compreenderá inicialmente as prestações devidas até a data do ingresso na execução (art. 892).

2.4.2.5.8 Pedido com cominação

Se o autor pedir que seja imposta ao réu a abstenção da prática de algum ato, tolerar alguma atividade, prestar ato ou entregar coisa, poderá requerer cominação de pena pecuniária em seu favor a qualquer momento do processo (tutela provisória, sentença, execução etc.), desde que seja suficiente e compatível com a obrigação e que se determine prazo razoável para cumprimento do preceito (art. 537, CPC). A multa pode ser fixada *ex officio*.

O juiz poderá, de ofício ou a requerimento, modificar o valor ou a periodicidade da multa vincenda ou até mesmo excluí-la, caso verifique que se tornou insuficiente ou excessiva, ou ainda que o obrigado demonstrou cumprimento parcial superveniente da obrigação ou justa causa para o descumprimento.

A decisão que fixa a multa é passível de cumprimento provisório, devendo ser depositada em juízo, permitido o levantamento do valor após o trânsito em julgado da sentença favorável à parte ou na pendência do agravo.

A multa será devida desde o dia em que se configurar o descumprimento da decisão e incidirá enquanto não for cumprida a decisão que a tiver cominado.

Para efetivar a decisão judicial, o magistrado poderá determinar, entre outras medidas, a busca e apreensão, a remoção de pessoas e coisas, o desfazimento de obras e o impedimento de atividade nociva, podendo, caso necessário, requisitar o auxílio de força policial (art. 536, § 1º, CPC).

Tais dispositivos são aplicáveis ao processo trabalhista, ante a aplicação subsidiária do processo civil (art. 769, CLT).

No processo trabalhista, é comum a solicitação do pedido cominatório para a entrega das guias do fundo de garantia e do seguro-desemprego, como também dos pedidos de antecipação de tutela para a reintegração de empregador portador de estabilidade legal ou contratual.

2.4.2.6 Requerimentos na reclamação trabalhista

2.4.2.6.1 Opção do autor por audiência de conciliação ou de mediação

Na nova sistemática processual, o autor deverá indicar a opção pela realização de audiência de conciliação ou de mediação (art. 319, VII, CPC).

A exigência legal procura valorizar os meios alternativos de solução de conflitos.

Contudo, considerando as peculiaridades do processo do trabalho, o requisito é desnecessário, vez que a audiência conciliatória trabalhista realizada pelo magistrado é obrigatória (art. 846, CLT) (art. 2º, IV, IN 39/16, TST).

2.4.2.6.2 Citação

No processo civil, com a Lei 14.195, de 26-8-2021, a citação será feita preferencialmente por meio eletrônico, no prazo de até dois dias úteis, contado da decisão que a determinar, por meio dos endereços eletrônicos constantes no banco de dados do Poder Judiciário, conforme regulamento do CNJ (CPC, art. 246).

As empresas públicas e privadas, bem como União, aos Estados, ao Distrito Federal, aos Municípios e às entidades da administração indireta, passaram a ter a obrigação de manter cadastro nos sistemas de processo em autos eletrônicos, para efeito de recebimento de citações e intimações (art. 246, §§ 1º e 2º).

As microempresas e as pequenas empresas somente se sujeitam a tal regra quando não possuírem endereço eletrônico cadastrado no sistema integrado da Rede Nacional para a Simplificação do Registro e da Legalização de Empresas e Negócios (Redesim). Nesse caso, a citação se fará no endereço eletrônico constante do Redesim (246, §§ 5º e 6º).

A citação por meio eletrônico não ocorrerá: (a) nas ações de estado; (b) quando o citando for incapaz; (c) quando o citando for pessoa de direito público; (d) quando o citando residir em local não atendido pela entrega domiciliar de correspondência; (e) quando o autor, justificadamente, a requerer de outra forma; e (f) para os confinantes na ação de usucapião de imóvel (arts. 246, § 3º, e 247).

Sem a confirmação de recebimento em até três dias úteis, contados do recebimento da citação eletrônica, a citação será: (a) pelo correio; (b) por oficial de justiça; (c) pelo escrivão ou chefe de secretaria, se o citando comparecer em cartório; e (d) por edital.

Em primeira oportunidade, se for o caso, o requerido citado deverá apresentar justa causa para a ausência de confirmação do recebimento da citação enviada eletronicamente. Considera-se ato atentatório à dignidade da justiça, passível de multa de até 5% do valor da causa, deixar de confirmar no prazo legal, sem justa causa, o recebimento da citação recebida por meio eletrônico.

No processo do trabalho, como regra, o requerimento da citação é desnecessário (art. 840, CLT), uma vez que não se tem o recebimento da petição inicial pelo magistrado do trabalho e o mandado de citação é expedido pela vara do trabalho (citação pelo correio).

Em situações diferenciadas do dia a dia, as quais podem ensejar uma citação de forma diversa (por oficial ou edital), devem ser requeridas e justificadas logo de início.

Na prática forense, essa situação exigirá do advogado um acompanhamento diferenciado, podendo se fazer necessário um novo requerimento direto ao juiz competente.

A citação por meio eletrônico (art. 246, CPC) é compatível com o processo do trabalho.

2.4.2.6.3 Assistência judiciária gratuita

Como mecanismo de acesso e efetividade da jurisdição, o Estado prestará a assistência judiciária integral e gratuita aos que comprovarem insuficiência de recursos (art. 5º, LXXIV, CF), atribuindo tal delegação à Defensoria Pública (art. 134, CF; art. 185, CPC).

Assim, todos os necessitados (pessoa natural, jurídica ou ente despersonalizado) fazem jus ao benefício (art. 98, CPC).[12,13]

Presume-se verdadeira (presunção relativa), a declaração destinada a fazer prova de vida, residência, pobreza, dependência econômica, homonímia ou bons antecedentes, quando firmada pelo próprio interessado (pessoa natural) ou por procurador bastante, e sob as penas da Lei (art. 1º, Lei 7.115/83; art. 99, § 3º, CPC).

A assistência judiciária também pode ser prestada por advogados (Lei 1.060/50, Lei 8.906/94).

Disciplinada pela Lei 1.060/50 e pelo CPC/15, tem regramento específico na CLT (art. 790, § 3º, e 790-A, 790-B, Lei 13.467).

No processo do trabalho, a assistência judiciária gratuita também poderá ser prestada pela entidade sindical (arts. 14 ss., Lei 5.584/70).

O CPC prevê que a gratuidade da justiça compreende: a) as taxas ou as custas judiciais; b) os selos postais; c) as despesas com publicação na imprensa oficial, dispensando-se a publicação em outros meios; d) a indenização devida à testemunha que, quando empregada, receberá do empregador salário integral, como se em serviço estivesse; e) as despesas com a realização de exame de código genético (DNA) e de outros exames considerados essenciais; f) os honorários do advogado e do perito e a remuneração do intérprete ou do tradutor nomeado para apresentação de versão em português de documento redigido em língua estrangeira; g) o custo com a elaboração de memória de cálculo, quando exigida para instauração da execução; h) os depósitos previstos em lei para interposição de recurso, para propositura de ação e para a prática de outros atos processuais inerentes ao exercício da ampla defesa e do contraditório; i) os emolumentos devidos a notários ou registradores em decorrência da prática de registro, averbação ou qualquer outro ato notarial necessário à efetivação de decisão judicial ou à continuidade de processo judicial no qual o benefício tenha sido concedido (art. 98, § 1º).

A União é responsável pelo pagamento dos honorários de perito quando a parte sucumbente no objeto da perícia for beneficiária da assistência judiciária gratuita,

---

[12] Consultar JORGE NETO, Francisco Ferreira e CAVALCANTE, Jouberto de Quadros Pessoa. *Direito Processual do Trabalho*. 8. ed. São Paulo: Atlas, 2019.

[13] Pela Súm. 481, STJ, faz jus ao benefício da justiça gratuita a pessoa jurídica com ou sem fins lucrativos que demonstrar sua impossibilidade de arcar com os encargos processuais.

observado o procedimento disposto nos arts. 1º, 2º e 5º da Resolução 66/2010 do Conselho Superior da Justiça do Trabalho – CSJT (Súm. 457, TST).

Antes da Reforma Trabalhista (Lei 13.467), de acordo com o art. 790, § 3º, CLT, a concessão da justiça gratuita seria deferida a quem percebesse salário igual ou inferior ao dobro do mínimo legal, ou mediante declaração, sob as penas da lei, de que não estivesse em condições de pagar o valor das custas do processo sem prejuízo do sustento próprio ou de sua família.

Com a Lei 13.467, a CLT passará a contemplar novas regras, as quais são:

(a) nova redação ao § 3º do art. 790, além da inclusão do § 4º: (1) é facultado aos juízes, órgãos julgadores e presidentes dos tribunais do trabalho de qualquer instância conceder, a requerimento ou de ofício, o benefício da justiça gratuita, inclusive quanto a traslados e instrumentos, àqueles que perceberem salário igual ou inferior à 40% do limite máximo dos benefícios do Regime Geral da Previdência; (2) o benefício da justiça gratuita será concedido à parte que comprovar insuficiência de recursos para o pagamento das custas processuais;

(b) nova redação ao art. 790-B, CLT, em que a responsabilidade pelo pagamento dos honorários periciais é da parte sucumbente na pretensão objeto da perícia, ainda que beneficiária da justiça gratuita. Contudo, somente no caso em que o beneficiário da justiça trabalhista não tenha obtido em juízo créditos capazes de suportar o pagamento dos honorários periciais, ainda que em outro processo, é que a União responderá pelo encargo. As novas regras são aplicáveis para os processos ajuizados a partir de 11-11-2017 (art. 5º, IN 41, TST);

(c) inovação processual, em que se tenha a condenação do vencido na verba honorária sucumbencial, caso seja vencido o beneficiário da justiça gratuita, desde que não obtidos em juízo, ainda que em outro processo, créditos capazes de suportar a despesa, as obrigações decorrentes de sua sucumbência ficarão sob condição suspensiva de exigibilidade e somente poderão ser executadas se, nos dois anos subsequentes ao trânsito em julgado da decisão que as certificou, o credor demonstrar que deixou de existir a situação de insuficiência de recursos que justificou a concessão da gratuidade, extinguindo-se, passado esse prazo, tais obrigações do beneficiário (art. 791-A, § 4º, CLT). As novas regras são aplicáveis para os processos ajuizados a partir de 11-11-2017 (art. 6º, IN 41);

(d) inovação processual, em que diante da ausência do Reclamante à audiência, ainda que beneficiário da justiça gratuita, será condenado ao pagamento das custas processuais, salvo se comprovar, no prazo de quinze dias, que a ausência ocorreu por motivo legalmente justificável (art. 844, § 2º, CLT). As novas regras são aplicáveis para os processos ajuizados a partir de 11-11-2017 (art. 12, *caput*, IN 41).

2.4.2.6.4 Intervenção do Ministério Público do Trabalho

No exercício de suas atribuições constitucionais (arts. 127 e 129, CF) e defesa dos interesses metajurídicos (difusos, coletivos e individuais homogêneos), o Ministério Público do Trabalho intervém no processo do trabalho de natureza individual em situação envolvendo incapazes, acidente do trabalho (com interesse coletivo), ambiente do trabalho etc. (LC 75/93; arts. 176 e ss., CPC).

2.4.2.6.5 Provas

Como regra, as provas somente serão deferidas em audiência, com a fixação da *litiscontestatio*. De modo que, na petição inicial, o reclamante se limita a fazer um protesto genérico de provas (art. 319, VI, CPC).

É muito comum a necessidade de exibição de documentos. Por ser uma relação jurídica na qual o empregador é o detentor dos documentos, até para fins da fiscalização do trabalho, quando tais documentos forem necessários ao processo, o reclamante deverá fazer uso do pedido de exibição de documento (art. 396, CPC), como controle de frequência.

A prova documental pelo reclamante deverá acompanhar a petição inicial (art. 787, CLT; art. 320, CPC).

O requerimento de provas outras, como depoimentos pessoais, prova testemunhal, prova pericial etc., deve ser feito em audiência.

2.4.2.6.6 Despesas processuais

Como regra, não há despesas processuais realizadas antes da postulação judicial, por falta de previsão legal.

As custas processuais serão pagas quando da interposição do recurso ou ao final do processo (arts. 789 ss., CLT), de modo que não existem custas processuais no momento da distribuição da ação.

Ao contrário do que ocorre no processo civil (justiça estadual e na federal), no processo trabalhista, por falta de amparo legal, também não há despesas de juntada do instrumento do mandato e diligência de oficial de justiça. A CLT prevê algumas despesas para o processo de execução (art. 789-A, CLT).

2.4.2.6.7 Honorários advocatícios

Antes da Reforma Trabalhista (Lei 13.467), os honorários advocatícios (art. 85, CPC) sofriam restrições na Justiça do Trabalho. Segundo o entendimento consolidado pelo TST, a condenação não decorre pura e simplesmente da sucumbência, devendo a parte, concomitantemente: (a) estar assistida por sindicato da categoria profissional; (b) comprovar a percepção de salário inferior ao dobro do salário mínimo ou encontrar-se em situação econômica que não lhe permita demandar sem prejuízo do próprio sustento ou da respectiva família (Lei 5.584/70, Súms. 219 e 329, TST).

De forma excepcional, era cabível a condenação em honorários advocatícios (Súm. 219, TST): (a) na Justiça do Trabalho, a condenação ao pagamento de honorários advocatícios não decorre pura e simplesmente da sucumbência, devendo a parte, concomitantemente: (1) estar assistida por sindicato da categoria profissional; (2) comprovar a percepção de salário inferior ao dobro do salário mínimo ou encontrar-se em situação econômica que não lhe permita demandar sem prejuízo do próprio sustento ou da respectiva família (art. 14, § 1º, Lei 5.584); (b) é cabível a condenação ao pagamento de honorários advocatícios em ação rescisória no processo trabalhista; (c) são devidos os honorários advocatícios nas causas em que o ente sindical figure como substituto processual e nas lides que não derivem da relação de emprego; (d) na ação rescisória e nas lides que não derivem de relação de emprego, a responsabilidade pelo pagamento dos honorários advocatícios da sucumbência submete-se à disciplina dos arts. 85, 86, 87 e 90 do CPC; (e) em caso de assistência judiciária sindical, revogado o art. 11 da Lei 1.060/50 (art. 1.072, III, CPC), os honorários advocatícios assistenciais são devidos entre o mínimo de 10% e o máximo de 20% sobre o valor da condenação, do proveito econômico obtido ou, não sendo possível mensurá-lo, sobre o valor atualizado da causa (art. 85, § 2º, CPC); (f) nas causas em que a Fazenda Pública for parte, aplicar-se-ão os percentuais específicos de honorários advocatícios contemplados no Código de Processo Civil.

Por sua vez, a OJ 421, SDI-I indica que na ação de indenização por danos morais e materiais decorrentes de acidente de trabalho ou de doença profissional, remetida à Justiça do Trabalho após ajuizamento na Justiça comum, antes da vigência da EC 45/04, os honorários advocatícios decorrem da mera sucumbência (art. 85, CPC), não se sujeitando aos requisitos da Lei 5.584 (OJ 421, SDI-I).

Em 23-8-2021, o TST, quando do julgamento do IRR 341-06.2013.5.04.0011, fixou as seguintes teses jurídicas quanto aos honorários advocatícios antes da Lei 13.467/17: (1) Nas lides decorrentes da relação de emprego, os honorários advocatícios, com relação às ações ajuizadas no período anterior ao início de vigência da Lei 13.467, somente são cabíveis na hipótese prevista no art. 14 da Lei 5.584/70 e na Súmula 219, item I, do TST, tendo por destinatário o sindicato assistente, conforme disposto no art. 16 do referido diploma legal, até então vigente (revogado expressamente pela Lei 13.725/18) e no caso de assistência judiciária prestada pela Defensoria Pública da União ao beneficiário da Justiça gratuita, consoante os arts. 17 da Lei 5.584/70 e 14 da LC 80/94, revelando-se incabível a condenação da parte vencida ao pagamento dessa verba honorária, seja pela mera sucumbência, seja a título de indenização por perdas e danos, seja pela simples circunstância de a parte ser beneficiária da justiça gratuita; (2) A ampliação da competência da Justiça do Trabalho pela EC 45/2004 acarretou o pagamento de honorários advocatícios com base unicamente no critério da sucumbência apenas com relação às lides não decorrentes da relação de emprego, conforme sedimentado nos itens III e IV da Súmula 219 do TST; (3) Às demandas não decorrentes da relação de emprego, mas que já tramitavam na Justiça do Trabalho por força de norma legal expressa, relativas aos trabalhadores avulsos e portuários, são inaplicáveis o item 5 da IN 27/05 e o item III da Súmula 219 do TST, porquanto a Constituição Federal, em seu art. 7º, inciso XXXIV, equipara o avulso ao trabalhador com vínculo empregatício, sendo-lhe aplicável, portanto, o entendimento previsto no item I da Súmula 219; (4) Às lides decorrentes da relação de emprego, objeto de ações propostas antes do início da vigência da Lei 13.467, não se aplica a Súmula 234 do STF, segundo a qual *"são devidos honorários de advogado em ação de acidente de trabalho julgada procedente"*; (5) Não houve derrogação tácita do art. 14 da Lei 5.584/70 em virtude do advento da Lei 10.288/01, que adicionou o § 10 ao art. 789 da CLT, reportando-se à assistência judiciária gratuita prestada pelos sindicatos, e a superveniente revogação expressa desse dispositivo da CLT pela Lei 10.537/02 sem que esta disciplinasse novamente a matéria, pelo que a assistência judiciária prestada pela entidade sindical no âmbito da Justiça do Trabalho ainda permanece regulamentada pela referida lei especial; (6) São inaplicáveis os arts. 389, 395 e 404 do Código Civil ao Processo do Trabalho para fins de condenação ao pagamento de honorários advocatícios, nas lides decorrentes da relação de emprego, objeto de ações ajuizadas antes do início da vigência da Lei

13.467, visto que, no âmbito da Justiça do Trabalho, essa condenação não se resolve pela ótica da responsabilidade civil, mas sim da sua legislação específica, notadamente a Lei 5.584/70; (7) A condenação em honorários advocatícios sucumbenciais prevista no art. 791-A, *caput* e parágrafos, da CLT será aplicável apenas às ações propostas na Justiça do Trabalho a partir de 11 de novembro de 2017, data do início da vigência da Lei 13.467, conforme já decidiu o Tribunal Pleno, de forma unânime, por ocasião da aprovação do art. 6º da IN 41/18; (8) A deliberação neste incidente a respeito da Lei 13.467 limita-se estritamente aos efeitos de direito intertemporal decorrentes das alterações introduzidas pela citada lei, que generalizou a aplicação do princípio da sucumbência em tema de honorários advocatícios no âmbito da Justiça do Trabalho, não havendo emissão de tese jurídica sobre o conteúdo em si e as demais peculiaridades da nova disposição legislativa, tampouco acerca da inconstitucionalidade do art. 791-A, *caput* e § 4º, da CLT.

Com a Lei 13.467, no processo do trabalho, ao advogado, ainda que atue em causa própria, serão devidos honorários de sucumbência, fixados entre o mínimo de 5% e o máximo de 15% sobre o valor que resultar da liquidação da sentença, do proveito econômico obtido ou, não sendo possível mensurá-lo, sobre o valor atualizado da causa (art. 791-A, CLT).

Os honorários são devidos também nas ações contra a Fazenda Pública e nas ações em que a parte estiver assistida ou substituída pelo sindicato de sua categoria.

Ao fixar os honorários, o juízo observará: (a) o grau de zelo do profissional; (b) o lugar de prestação do serviço; (c) a natureza e a importância da causa; (d) o trabalho realizado pelo advogado e o tempo exigido para o seu serviço.

Na hipótese de procedência parcial, o juízo arbitrará honorários de sucumbência recíproca, vedada a compensação entre os honorários.

Vencido o beneficiário da justiça gratuita, desde que não tenha obtido em juízo, ainda que em outro processo, créditos capazes de suportar a despesa, as obrigações decorrentes de sua sucumbência ficarão sob condição suspensiva de exigibilidade e somente poderão ser executadas se, nos dois anos subsequentes ao trânsito em julgado da decisão que as certificou, o credor demonstrar que deixou de existir a situação de insuficiência de recursos que justificou a concessão de gratuidade, extinguindo-se, passado esse prazo, tais obrigações do beneficiário.

São devidos honorários de sucumbência na reconvenção.

Na vigência da Lei 5.584, os honorários advocatícios, decorrentes da assistência judiciária prestada pela entidade sindical, eram destinados ao próprio sindicato (art. 16).

No processo civil, a verba honorária é do advogado (art. 85, *caput* e § 14, CPC), e não é devida em caso de sucumbência mínima (art. 86, parágrafo único, CPC).

Com a inclusão do art. 791-A, CLT, acrescido pela Lei 13.467, os honorários, mesmo os decorrentes da assistência ou da substituição, pertencem ao advogado (art. 791-A, § 1º), de modo que houve uma revogação tácita da regra anterior (art. 16, Lei 5.584). Com a Lei 13.725/18, houve a revogação expressa do art. 16, Lei 5.584, e a alteração da Lei 8.906/94 (Estatuto da Advocacia).

Com a alteração do Estatuto da Advocacia, foi estabelecido que: (a) os honorários assistenciais, decorrentes das ações coletivas propostas por entidades de classe em substituição processual, pertencem ao advogado, sendo que essa verba não exclui os honorários convencionados com a parte; (b) os honorários, os quais tenham sido ajustados de forma contratual com entidades de classe, objetivando a atuação em substituição processual, poderão prever a faculdade de indicar os beneficiários que, ao optarem por adquirir os direitos, assumirão as obrigações decorrentes do contrato originário a partir do momento em que este foi celebrado, sem a necessidade de mais formalidades (art. 22, §§ 6º e 7º).

2.4.2.7 Valor da causa no processo trabalhista

As expressões *valor de alçada, valor da causa* e *valor da condenação* não se confundem.

O valor de alçada indica a competência atribuída ao juízo, em face do valor da causa (não utilizado pelo processo do trabalho).

Valor da causa é a importância pecuniária que se atribui ao pedido. Não sendo conhecido, deverá ser calculado por estimativa.

Valor da condenação é o montante estabelecido pelo juízo, quando da prolação da sentença, para o cálculo das custas processuais. Esse valor também atua como critério de referência para o recolhimento do depósito recursal.

No processo civil, o valor da causa deve ser indicado na petição inicial (art. 319, V, CPC).

A CLT não contempla o valor da causa como requisito (art. 840), contudo, atualmente, pela existência de diversos procedimentos, é inegável a aplicação subsidiária do CPC (art. 291, CPC). De acordo com o art. 12, § 2º, IN 41, do TST, para fins de aplicação do art. 840, §§ 1º e 2º, da CLT, o valor da causa será estimado, observando-se, no que couber, o disposto nos arts. 291 a 293, CPC.

Assim, o valor da causa será fixado: (a) havendo cumulação de pedidos, a quantia correspondente à soma dos valores de todos eles; (b) sendo alternativos os pedidos, o de maior valor; (c) se houver também pedido subsidiário, o valor do pedido principal; (d) quando houver prestações vencidas e vincendas, será tomado em consideração o valor de umas e outras. O valor das prestações vincendas será igual a uma prestação anual, se a obrigação for por tempo indeterminado, ou por tempo superior a um ano; se, por tempo inferior, será igual à soma das prestações; (e) havendo interesse exclusivamente moral, o autor estimará o valor.

Não existem custas ou despesas processuais no momento da distribuição da reclamação trabalhista, as quais serão pagas ao final ou quando da interposição do recurso.

2.4.2.8 Elaboração de cálculos em reclamação trabalhista e o PJe-calc

Para atuação no processo do trabalho, sempre se recomendou ao profissional um bom conhecimento de cálculos trabalhistas. Com o PJe-calc, o conhecimento de cálculos passou a ser uma exigência maior.

A pedido do Conselho Superior da Justiça do Trabalho, o TRT da 8ª Região desenvolveu o sistema de cálculos visando sua utilização no âmbito nacional da Justiça do Trabalho, denominado de PJe-calc.

Com isso, sempre que possível, as sentenças e os acórdãos serão líquidos, fixando os valores relativos a cada um dos pedidos acolhidos, indicando o termo inicial e os critérios para correção monetária e juros de mora, além de determinar o prazo e as condições para o seu cumprimento (arts. 1º e 2º, Recomendação GCGJT 4, de 26-9-2018).

Para tanto, a partir de janeiro de 2021, os cálculos de liquidação de sentença apresentados por usuários internos e peritos judiciais deverão ser juntados obrigatoriamente em PDF e com o arquivo "pjc" exportado pelo PJe-calc (art. 22, § 6º, Resolução CSJT 185/17).

Já os cálculos apresentados pelas partes e outros (usuários externos) em primeira oportunidade deverão estar em arquivo PDF e, a critério dos interessados, preferencialmente acompanhados do arquivo "pjc" exportado pelo PJe-calc (art. 22, § 7º).

Em outras palavras, a reclamação trabalhista deverá estar acompanhada de cálculos de liquidação, os quais poderão ser pontualmente impugnados com outros cálculos em contestação, se houver interesse. Com isso, sempre que possível, as sentenças também estarão acompanhadas de sua liquidação, dispensando a fase de liquidação de sentença.

2.4.2.9 Assinatura do autor ou de seu representante

O último requisito interno da petição inicial trabalhista escrita é a assinatura do reclamante (*ius postulandi*) ou do representante, a quem delegou a capacidade postulatória da qual é detentor, na Justiça do Trabalho.

2.5 DOCUMENTOS QUE ACOMPANHAM A RECLAMAÇÃO TRABALHISTA

A reclamação trabalhista deverá estar acompanhada com os documentos necessários à sua propositura (art. 787, CLT; art. 320, CPC). A análise dos documentos pertinentes e necessários em cada caso concreto é de responsabilidade do advogado.

2.6 PETIÇÃO INICIAL E O PROCESSO ELETRÔNICO

A Resolução CSJT 185, de 24-3-2017, dispõe sobre a padronização do uso, governança, infraestrutura e gestão do Sistema Processo Judicial Eletrônico (PJe) instalado na Justiça do Trabalho e dá outras providências.

As partes ou terceiros interessados desassistidos de advogado poderão apresentar peças processuais e documentos em papel, segundo as regras ordinárias, nos locais competentes para recebê-los, que serão inseridos nos autos eletrônicos pela unidade judiciária, em arquivo eletrônico que utilize linguagem padronizada de marcação genérica (art. 4º, Res. CSJT 185).

O peticionamento avulso deve ser utilizado somente por advogados que não tenham poderes nos autos para representar qualquer das partes (art. 107, I, CPC) (art. 5º, § 9º, Res. CSJT 185).

Ato do presidente do CSJT definirá o tamanho máximo dos arquivos e extensões suportadas pelo PJe (art. 12, Res. CSJT 185).

O PJe deve dispor de funcionalidade que permita o uso exclusivo de documento digital que utilize linguagem padronizada de marcação genérica, garantindo-se, de todo modo, a faculdade do peticionamento inicial e incidental mediante juntada de arquivo eletrônico *portable document format* (.pdf) padrão ISO-19005 (PDF/A), sempre com a identificação do tipo de petição a que se refere, a indicação do juízo a que é dirigida, nomes e prenomes das partes e número do processo.

O agrupamento de documentos em um mesmo arquivo eletrônico *portable document format* (.pdf) sempre deverá corresponder a documentos de mesmo tipo, com classificação disponível no PJe.

Está autorizado o uso do tipo "documento diverso" apenas para agrupamento de documentos que não contenham tipo de documento específico no PJe.

É sempre necessário o preenchimento do campo "descrição", identificando-se resumidamente a informação correspondente ao conteúdo dos documentos agrupados, além dos períodos a que se referem, sendo vedada a descrição que não possibilite a correta identificação do conteúdo do arquivo.

As petições e os documentos enviados sem observância da Res. CSTJ 185 poderão ser excluídos por expressa determinação do magistrado, com o registro respectivo, assinalando-se, se for o caso, novo prazo para a adequada apresentação da petição, e em se tratando de petição inicial (art. 321, parágrafo único, CPC; art. 15, Res. CSTJ 185).

A distribuição da ação e a juntada da resposta, dos recursos e das petições em geral, todos em formato digital, nos autos de processo eletrônico, serão feitas diretamente por aquele que tenha capacidade postulatória, sem necessidade da intervenção da secretaria judicial, de forma automática (art. 19, Res. CSJT 185).

A petição inicial conterá, além dos requisitos do art. 840, § 1º, da CLT, a indicação do CPF ou CNPJ das partes (art. 15, *caput*, Lei 11.419/2006). No lançamento de dados do processo pelo usuário externo, sempre que possível, serão fornecidos: a) o CEI (Cadastro Específico do INSS contendo número da matrícula do empregador pessoa física); b) o Número de Identificação do Trabalhador (NIT) perante o INSS; c) o PIS ou PASEP; d) o número da CTPS do empregado; e) o CNAE (Classificação Nacional de Atividades Econômicas – código do ramo de atividade) do empregador; f) a profissão; g) a nacionalidade; h) o estado civil, existência de união estável e filiação; i) o *e-mail* (correio eletrônico) (art. 19, §§ 1º e 3º, Res. CSJT 185).

É de responsabilidade exclusiva do autor cadastrar corretamente todos os assuntos abordados na petição inicial, bem como indicar a correta e precisa atividade econômica do réu exercida pelo autor, conforme opções disponibilizadas pelo Sistema (art. 19, § 2º, Res. CSJT 185).

Na distribuição, o PJe fornecerá o número atribuído ao processo, o órgão julgador para o qual foi distribuída e, se for o caso, o local, a data e o horário de realização da audiência, da qual estará a parte autora imediatamente intimada.

Os dados da autuação automática serão conferidos pela unidade judiciária, que procederá, com determinação do magistrado e registro no PJe, à intimação da parte para alteração em caso de desconformidade com a petição e documentos.

A ausência de retificação dos dados da autuação automática, referente à petição inicial, no prazo de 15 dias, ensejará a aplicação do disposto no art. 321, parágrafo único, CPC.

A retificação dos dados da autuação será acompanhada de juntada automática de certidão contendo as alterações, inclusive quando houver inclusão ou exclusão de advogado ou parte.

O reclamante poderá atribuir segredo de justiça ao processo no momento da propositura da ação, cabendo ao magistrado, após a distribuição, decidir sobre a manutenção ou exclusão dessa situação, nos termos dos arts. 189, CPC, e 770, *caput*, CLT (art. 22, § 2º, Res. CSJT 185). Com exceção da petição inicial, as partes poderão atribuir sigilo às petições e documentos, nos termos do parágrafo único do art. 773, CPC (art. 22, § 3º). Com exceção da defesa, da reconvenção e dos documentos que os acompanham, o magistrado poderá determinar a exclusão de petições e documentos indevidamente protocolados sob sigilo, observado o art. 15 desta Resolução (art. 22, § 4º).

Os tipos de classe, petição, documentos, movimentos e complementos de movimentos disponibilizados no PJe devem corresponder aos previstos nas tabelas processuais unificadas publicadas pelo CNJ, cujas alterações serão realizadas apenas pela Coordenação Técnica do Sistema PJe (CTPJe) no CSJT e disponibilizadas a cada nova versão do Sistema (art. 24, Res. CSJT 185).

2.7 EMENDAS À RECLAMAÇÃO TRABALHISTA

No processo do trabalho, os pedidos que não sejam certos, determinados e líquidos ensejam a extinção do feito sem resolução de mérito (art. 840, § 3º, CLT, Lei 13.467).

No processo civil, se o juiz constatar que a petição inicial não atende aos requisitos exigidos na lei (arts. 319 e 320, CPC), ou que apresenta defeitos e irregularidades capazes de dificultar o julgamento de mérito, determinará que o autor a emende, ou a complete, no prazo de quinze dias (art. 321).

Se o autor não cumprir a diligência, o juiz indeferirá a petição inicial (art. 321, parágrafo único).

Alegando o réu, na contestação, ser parte ilegítima ou não ser o responsável pelo prejuízo invocado, o juiz facultará ao autor a alteração da petição inicial para substituição do réu no prazo de quinze dias (art. 338). No mesmo prazo, poderá o autor optar em alterar a petição inicial para incluir o sujeito indicado pelo réu (litisconsorte passivo).

A CLT é omissa, devendo ser aplicado subsidiariamente o CPC (art. 796, CLT).

No processo do trabalho, recebida e protocolada a reclamação, o serventuário da Vara do Trabalho, dentro de 48 horas, remeterá a segunda via da petição, ou do termo, ao reclamado, citando-o, ao mesmo tempo, para comparecer à audiência de julgamento, que será a primeira desimpedida, depois de cinco dias (art. 841, *caput*, CLT).

Pela sistemática processual trabalhista, ao contrário do que ocorre no processo comum, o juiz não tem contato com a peça inicial após a sua entrega no cartório. Geralmente, o conhecimento da demanda pelo juiz só ocorre quando da realização da audiência trabalhista.

O magistrado trabalhista, ao tomar conhecimento do conteúdo da demanda e, após o seu exame, constatar a sua inépcia ou que apresenta defeitos e irregularidades capazes de dificultar o julgamento do mérito, deverá utilizar o CPC (art. 321, CPC), concedendo à parte o prazo de quinze dias para a emenda, com a indicação precisa do que deve ser corrigido ou completado, sob pena do indeferimento da petição inicial (Súm. 263, TST).

No processo civil, a extinção do processo, pelo indeferimento da petição inicial, não obsta a que o autor proceda ao ajuizamento de uma nova demanda, desde que haja a comprovação do pagamento dos honorários advocatícios e das custas processuais (art. 486, CPC).

No processo do trabalho, o ajuizamento será possível nesse caso, sem a necessidade do pagamento das custas, já que a perempção trabalhista é regulada pelo disposto nos arts. 731 e 732 da CLT.

2.8 ADITAMENTO À RECLAMAÇÃO TRABALHISTA

Aditamento da petição inicial representa um acréscimo (um *plus*) ao pedido inicial (ampliar, adição, acrescer, aumentar e completar). Ocorre por meio de uma outra petição, com a exposição dos fundamentos jurídicos e fáticos e o respectivo pedido.

No processo civil, antes da citação, o autor poderá aditar o pedido livremente, ocorrendo à sua conta as custas acrescidas em razão dessa iniciativa (art. 329, CPC). Após a citação, poderá fazê-lo somente com anuência do réu, tendo como limite máximo no processo o despacho saneador (art. 329, II).

Pela aplicação subsidiária do CPC, o reclamante, na demanda trabalhista, deverá efetuar o aditamento antes da citação. Após a citação, com a anuência da reclamada.

Como no procedimento trabalhista não há o saneamento formal do processo, entende-se que, após a audiência trabalhista (inicial ou una), o aditamento não mais será possível.

O amplo direito de defesa sempre deverá ser preservado, inclusive com a devolução do prazo para elaboração da defesa.

2.9 PROCESSO DE JURISDIÇÃO VOLUNTÁRIO PARA HOMOLOGAÇÃO DE ACORDO EXTRAJUDICIAL

Com a Lei 13.467, a CLT passou a prever a possibilidade de processo de jurisdição voluntária, com o objetivo de homologar acordo extrajudicial firmado pelos sujeitos da relação de emprego (arts. 855-B a 855-E, CLT).

O objeto dos acordos extrajudiciais deve se relacionar com a competência da Justiça do Trabalho (art. 114, CF, art. 652, *f*, CLT).

O processo de homologação de acordo extrajudicial terá início por petição conjunta, sendo obrigatória a representação das partes por advogado, facultando-se ao trabalhador estar assistido pelo advogado do sindicato de sua categoria. As partes não poderão estar representadas por advogado comum e, no nosso modo de ver, advogados integrantes do mesmo escritório de advocacia.

A petição deve apresentar os termos do acordo extrajudicial (objeto do acordo, valores, prazos, multas, custas processuais, honorários advocatícios etc.) e atender todos os requisitos legais (art. 840, CLT; art. 319, CPC), sendo ainda que as Partes deverão apresentar documentos essenciais (procurações, contrato social da empresa, documentos pessoais do trabalhador e do representante legal da empresa) e documentos comprobatórios da relação de emprego (*v.g.*, cópia do contrato de trabalho, da CTPS, do termo de rescisão etc.) e outros pertinentes aos direitos conciliados. Também se faz necessário apresentar os descritivos de cálculos referentes aos descontos de Imposto de Renda e das contribuições previdenciárias, se for o caso. Cabem às Partes também indicar o responsável pelo pagamento das custas processuais, pois, em caso de omissão, a regra legal determina que o pagamento é de responsabilidade dos litigantes em partes iguais (art. 789, § 3º, CLT).

No prazo de quinze dias a contar da distribuição da petição, o juiz analisará o acordo, designará audiência se entender necessário e proferirá sentença. Considerando o princípio da motivação das decisões judiciais, o magistrado deverá fundamentar sua decisão em caso de homologação parcial ou de não homologação do acordo proposto.

A homologação de acordo constitui uma faculdade do juiz, inexistindo direito líquido e certo tutelável pela via do mandado de segurança (Súm. 418, TST). *Em setembro/2019,* a 4ª Turma do TST entendeu que não é possível a "homologação parcial" de acordo firmado pelas partes (Min. Ives Gandra Martins Filho), por considerar que: *"A atuação do Judiciário na tarefa de jurisdição voluntária [acordo extrajudicial] é binária: homologar, ou não, o acordo. Não lhe é dado substituir-se às partes [empregado ou empresa] e homologar parcialmente o acordo."* (RR 1000015-96.2018.5.02.0435).

Por sua vez, a matéria tem se mostrado controvertida no âmbito dos TRTs (TRT – 3ª R. – 2ª T. – RO 010441-11.2019.5.03.0149 – Rel. Maristela Iris S. Malheiros – j. 3-9-2019; TRT – 21ª R. – 2ª T. – RO 0000227-73.2020.5.21.0003 – Rel. Ronaldo Medeiros de Souza – DJe 25-8-2020 – p. 874).

O procedimento de jurisdição voluntária não afeta os prazos e as multas fixados na CLT para pagamento das verbas rescisórias (art. 477, §§ 6º e 8º).

A petição de homologação de acordo extrajudicial suspende o prazo prescricional da ação quanto aos direitos nela especificados (pedidos idênticos), o qual voltará a fluir no dia útil seguinte ao do trânsito em julgado da decisão que negar a homologação do acordo.

Com a homologação do pedido de acordo extrajudicial, tem-se a solução do conflito e, em regra, a quitação de todos os direitos decorrentes da relação de trabalho ou de emprego (OJ 132, SDI-II). Em sentido contrário ao espírito da proposta legislativa, parte da jurisprudência tem atribuído interpretação restritiva aos efeitos liberatórios, ou seja, a quitação total apenas às verbas declinadas expressamente do pedido de homologação, pois tem considerado, com fundamento no art. 843, CC, que *"a homologação do acordo extrajudicial não possui o condão de dar ampla e irrestrita quitação a todos direitos trabalhistas, eximindo o reclamado de responder à ação judicial futura. Isso porque, ainda haja expressa concordância das partes com o teor do acordo, não há como se admitir a renúncia prévia a direitos não relacionados no ajuste entabulado."* (TRT – 3ª R. – 10ª T. – RO 0010225-20.2019.5.03.0062 – Rel. Rosemary de O. Pires – j. 3-9-2019).

De idêntica forma: *"Autocomposição extrajudical – Art. 855-B da CLT – Homologação – Efeitos – Tratam-se os autos de 'autocomposição extrajudicial', nos termos do art. 855-B da CLT, para Homologação de Acordo Extrajudicial, com indeferimento do pedido de 'quitação ampla para alcançar parcelas de todo o contrato de trabalho'. Pois Bem. De plano friso que a r. sentença não merece qualquer reparo, uma vez que a quitação envolvendo relação jurídica não deduzida em juízo somente é possível em 'autocomposição judicial', em decisão homologatória de processo contencioso, consoante art. 515, II e III e § 2º, do NCPC. Destarte, nas decisões homologatórias de 'autocomposição extrajudicial' a quitação é limitada aos direitos (verbas) nele especificadas. Nessa linha é o disposto no art. 843 do Código Civil, que determina que a transação seja interpretada restritivamente, não sendo possível a quitação genérica de verbas que não constem da petição de acordo. Aplicação analógica do entendimento trazido pela Súmula 330 do C.TST. Por fim, reforça a tese de quitação apenas em relação às parcelas acordadas (constantes da petição comum), a interpretação analógica do art. 855-E da CLT, no qual o próprio legislador determina a suspensão do prazo prescricional restrita aos direitos especificados na petição de acordo. Mantenho. Nego Provimento"* (TRT – 2ª R. – RO 1000711-10.2018.5.02.0702 – Relª Ivani Contini Bramante – *DJe* 1-11-2018 – p. 18740).

2.10 MODELO DE RECLAMAÇÃO TRABALHISTA PELO PROCEDIMENTO ORDINÁRIO

EXCELENTÍSSIMO SENHOR DOUTOR JUIZ DA _____
VARA DO TRABALHO DE _____

(10 cm)

FELIPE DIAS, (nacionalidade), (estado civil), (profissão), (nº do CPF), (nº do RG e órgão expedidor), (nº da CTPS), (nº do PIS/PASEP ou do NIT), (data de nascimento), (nome da mãe), (domicílio físico e eletrônico – *e-mail*), por seu advogado (nome completo), o qual receberá as intimações e notificações (domicílio físico e eletrônico – *e-mail* do advogado) (procuração anexa), vem, à presença de Vossa Excelência, com fulcro no artigo 840, *caput* e § 1º, da Consolidação das Leis do Trabalho, combinado com o artigo 319 do Código de Processo Civil, propor a presente *RECLAMAÇÃO TRABALHISTA, pelo procedimento ordinário*, contra **CISPLATINA TRANSPORTES LTDA.**, (nº do CNPJ), (nº do CEI), (domicílio físico e eletrônico – *e-mail*), pelos fundamentos de fato e de direito abaixo expostos:

1 DOS FATOS E FUNDAMENTOS

1.1 Contrato de Trabalho

O Reclamante foi contratado em 1º de janeiro de 1999. Sempre executou os serviços de mecânico de veículos.

A jornada de trabalho era das 6:00 às 14:00, de segunda a sexta-feira, com 30 minutos de intervalo, e nos sábados, das 6:00 às 10:00.

No dia 20 de abril de 2020, o Reclamante foi dispensado de forma injusta pela Reclamada, não recebendo os seus direitos trabalhistas rescisórios na íntegra.

As verbas rescisórias foram pagas no vigésimo dia após o término do contrato de trabalho.

Recebeu a título de último salário o valor de R$ 2.000,00.

1.2 Supressão do Intervalo para Refeição e Descanso

Na vigência do contrato de trabalho, o Reclamante tinha intervalo de apenas meia hora para refeição e descanso.

Quando a jornada diária é superior a seis horas, de acordo com o art. 71 da CLT, o intervalo intrajornada deverá ter a duração mínima de uma e a máxima de duas horas.

Até a data de 10-11-2017, pela violação do texto legal (art. 71, caput, CLT), o Reclamante faz jus ao intervalo suprimido integral (de segunda a sexta-feira), com adicional de 50%, ante o teor do art. 71, § 4º da CLT, combinado com o entendimento jurisprudencial cristalizado na Súmula 437, com reflexos em férias e abono de férias (art. 142, § 5º, CLT), 13º salário (Súm. 45, TST), depósitos fundiários e multa de 40% (Súm. 63), domingos e feriados (Súm. 172 e art. 7º, Lei 605/49), e no aviso prévio (art. 487, § 5º, CLT). Posteriormente a 11-11-2017 (alteração da redação do § 4º, art. 71, pela Reforma Trabalhista, Lei 13.457/2017), o Reclamante tem direito à meia hora com o adicional de 50% sem as incidências.

As diferenças de 13º salário, de domingos e feriados e de aviso prévio (Súm. 305) devem incidir no FGTS + 40%.

1.3 Multa do Artigo 477 da CLT

As verbas rescisórias foram pagas em 10 de maio de 2020.

O art. 477, § 6º, da CLT, estabelece que quando o aviso prévio é indenizado, as verbas rescisórias devem ser pagas em até dez dias após o término do contrato.

Diante da violação do prazo legal para o pagamento dos títulos rescisórios, o Reclamante faz jus ao pagamento da multa à base de um salário normal.

1.4 Gratuidade Judiciária

A assistência judiciária engloba o teor da justiça gratuita, como bem aponta Valentin Carrion, *in verbis*:

> *"Assistência judiciária é o benefício concedido ao necessitado de, gratuitamente, movimentar o processo e utilizar os serviços profissionais de advogado e dos demais auxiliares da Justiça, inclusive os peritos. Assistência judiciária é o gênero e justiça gratuita a espécie; esta é a isenção de emolumentos dos serventuários, custas e taxas"* (Comentários à Consolidação das Leis do Trabalho. 25. ed. São Paulo, Saraiva, 2000, p. 577).
>
> A justiça gratuita pode ser reconhecida em qualquer fase processual (OJ 269, I, SDI-I) (art. 99, CPC).

De acordo com a Lei 7.115/83, no seu art. 1º, *caput*, a declaração pode ser firmada pelo próprio interessado ou por seu procurador, desde que munido de procuração com poderes específicos para esse fim (Súm. 463, I, TST) (art. 105, CPC).

O Reclamante é pessoa humilde, não estando em condições de arcar com as despesas processuais, portanto, requer a concessão dos benefícios da justiça gratuita (art. 5º, LXXIV, CF; art. 14 ss, Lei 5.584/70; Lei 7.115/83; art. 98, CPC).

A declaração de pobreza (doc. 02) atende ao disposto na legislação.

1.5. Honorários Sucumbenciais

Nos termos do art. 791-A, CLT, requer a condenação da Reclamada ao pagamento de honorários advocatícios em favor do Patrono do Reclamante.

1.6. Pedidos líquidos e limites da execução

Considerando que os valores dos pedidos são apresentados por mera estimativa, vez que o trabalhador não possui todos os documentos e as informações necessárias para declinar de forma precisa os pedidos líquidos, nos termos do art. 324, § 1º, II e III, CPC, o Reclamante requer a apuração do crédito em regular fase de liquidação por cálculos.

2 PEDIDOS E REQUERIMENTOS

Ante o exposto, espera o regular processamento da presente reclamação trabalhista, com a citação da Reclamada no endereço indicado, para que compareça em Juízo, em audiência designada por Vossa Excelência e apresente sua defesa em audiência sob pena de incorrer nos efeitos da revelia.

O Reclamante espera a procedência dos pedidos para condenar a Reclamada ao pagamento:

a) do intervalo para refeição e descanso suprimido, com adicional de 50% – R$ 4.000,00;
b) reflexo das horas extras em férias, abono de férias, 13º salário, domingos e feriados e aviso prévio – R$ 1.250,00;
c) de FGTS + 40% sobre as horas extras e reflexo das horas extras (13º salário, DSR e feriados e no aviso prévio) – R$ 400,00;
d) de multa do art. 477 da CLT – R$ 2.000,00.

Outrossim, requer a condenação da Reclamada ao pagamento de honorários advocatícios, bem como de despesas processuais e custas processuais.

Requer-se a concessão dos benefícios da assistência judiciária. Pretende-se provar o alegado por todos os meios em Direito permitidos (art. 5º, LVI, CF) (documentos, testemunhas, vistorias etc.), em especial, para o depoimento da Reclamada, sob pena de confissão (Súm. 74, TST).

Dá-se à causa o valor de R$ _____ (...).

Nestes termos,

pede deferimento.

Local e data

Advogado.

OAB nº _____

Obs. Acompanhada da planilha de cálculos em arquivo PDF (preferencialmente, extraída do PJe-calc).

2.11 MODELO DE RECLAMAÇÃO TRABALHISTA PELO PROCEDIMENTO SUMARÍSSIMO

EXCELENTÍSSIMO SENHOR DOUTOR JUIZ DA
VARA DO TRABALHO DE

(10 cm)

NILTON DOS SANTOS, (nacionalidade), (estado civil), (profissão), (nº do CPF), (nº do RG e órgão expedidor), (nº da CTPS), (nº do PIS/PASEP ou do NIT), (nome da mãe), (data de nascimento), (nome da mãe), (domicílio físico e eletrônico), por seu advogado subscrito (nome do advogado), o qual receberá as intimações e notificações (domicílio físico e eletrônico – *e-mail*) (procuração anexa), vem à presença de Vossa Excelência, com fulcro nos artigos 840, *caput* e § 1º, e 852-A, da Consolidação das Leis do Trabalho, combinado com o artigo 319 do Código de Processo Civil, propor a presente *RECLAMAÇÃO TRABALHISTA, pelo procedimento sumaríssimo*, contra **BOA VIAGEM TRANSPORTES LTDA**. (nº do CNPJ), (nº do CEI), (domicílio físico e eletrônico), pelos fundamentos de fato e de direito abaixo expostos:

1 DOS FATOS E FUNDAMENTOS

1.1 Contrato de Trabalho

O Reclamante foi contratado em 3-1-2007 e sempre exerceu a função de ajudante de mecânico.

No dia 10-5-2020, o Reclamante foi dispensado de forma injusta pela Reclamada, não recebendo os seus direitos trabalhistas rescisórios.

No ato da dispensa, o Reclamante recebeu tão somente o saldo de salário (dez dias relativos ao mês de maio de 2020).

O último salário do Reclamante foi de R$ 1.000,00.

1.2 Férias do Período Aquisitivo 2019/2020

Na vigência do contrato de trabalho, o Reclamante não usufruiu das férias relativas ao período aquisitivo de 3-1-2019 a 2-1-2020 e não as recebeu.

A CLT assegura ao trabalhador o direito à percepção das férias simples quando da dispensa (art. 146, CLT; art. 7º, XVII, CF).

Assim, o Reclamante espera a condenação da Reclamada ao pagamento das férias 2018/2019 de forma simples, com o acréscimo constitucional de 1/3.

1.3 Extinção do Contrato e das Verbas Rescisórias

O Reclamante foi dispensado de forma imotivada (doc.) e não recebeu os seus direitos trabalhistas.

Ao empregado dispensado de forma imotivada, a legislação trabalhista assegura o pagamento dos direitos trabalhistas: aviso prévio – 66 dias (art. 487 ss., CLT; art. 7º, XXI, CF e a Lei 12.506/11); férias proporcionais, acrescidas de 1/3 constitucional (art. 147, CLT; art. 7º, XVII, CF); 13º salário proporcional (art. 1º, Lei 4.090/62; art. 7º, VIII, CF); liberação dos depósitos fundiários pelo código 01 + 40% (art. 7º, I, CF; art. 10, II, ADCT; art. 18, Lei 8.036/90).

Na apuração das verbas trabalhistas, o aviso prévio deverá ser considerado para todos os efeitos legais (OJs 82 e 83, SDI-I).

Dessa forma, o Reclamante espera a condenação da Reclamada ao pagamento das verbas rescisórias, a saber: aviso prévio, 13º salário proporcional (6/12), férias proporcionais e 1/3 (6/12) e a liberação do FGTS código 01 e a multa de 40%.

O FGTS e a multa de 40% também são devidos sobre o aviso prévio (Súm. 305, TST) e o 13º salário proporcional (art. 15, § 6º, Lei 8.036/90).

1.4 Seguro-Desemprego

O Reclamante foi injustamente dispensado pela Reclamada, sendo que preenche os requisitos do art. 3º da Lei 7.998/90.

A legislação assegura ao empregado dispensado de forma imotivada e que atenda aos requisitos legais (art. 3º, Lei 7.998/90) o direito à percepção do seguro-desemprego.

O Reclamante solicita a entrega do formulário do seguro-desemprego ou a expedição de alvará judicial para o levantamento das parcelas, sob pena de indenização equivalente.

1.5 Multa do Artigo 477 da CLT

As verbas rescisórias foram pagas em 27 de maio de 2020.

O art. 477, § 6º, da CLT estabelece que quando o aviso prévio é indenizado, as verbas rescisórias devem ser pagas em até dez dias após o término do contrato.

Diante da violação do prazo legal para o pagamento dos títulos rescisórios, o Reclamante faz jus ao pagamento da multa à base de um salário normal.

1.6 Artigo 467 da CLT

A legislação consolidada determina que as verbas rescisórias incontroversas sejam pagas na primeira audiência.

Se a empresa não vier a satisfazer as verbas solicitadas na presente demanda, em primeira audiência, como se trata de títulos incontroversos, a sentença deverá observar o acréscimo de 50%, nos termos do art. 467 da CLT.

1.7 Assistência Judiciária Gratuita

O Reclamante é pessoa humilde, não estando em condições de arcar com as despesas processuais, portanto, requer a concessão dos benefícios da justiça gratuita (art. 5º, LXXIV, CF; arts. 14 ss., Lei 5.584/70; art. 1º, Lei 7.115/83; art. 98, CPC).

De acordo com a Lei 7.115/83, no seu art. 1º, *caput*, a declaração pode ser firmada pelo próprio interessado ou por seu procurador, desde que munido de procuração com poderes específicos para esse fim (Súm. 463, I, TST) (art. 105, CPC).

A justiça gratuita pode ser reconhecida em qualquer fase processual (OJ 269, SDI-I, TST) (art. 99, CPC).

A declaração de pobreza (doc. 02) atende ao disposto na legislação.

1.8 Honorários Sucumbenciais

Nos termos do art. 791-A, CLT, requer a condenação da Reclamada ao pagamento de honorários advocatícios em favor do Patrono do Reclamante.

1.9 Pedidos Líquidos e Limites da Execução

Considerando que os valores dos pedidos são apresentados por mera estimativa, vez que o trabalhador não possui todos os documentos e as informações necessárias para declinar de forma precisa os pedidos líquidos, nos termos do art. 324, § 1º, II e III, CPC, o Reclamante requer a apuração do crédito em regular fase de liquidação por cálculos.

2 PEDIDOS E REQUERIMENTOS

Ante o exposto, o Reclamante espera o regular processamento da presente reclamação trabalhista, com a citação da Reclamada no endereço citado, para que compareça em Juízo, em audiência designada por V. Exª, e apresente sua defesa em audiência sob pena de incorrer nos efeitos da revelia.

O Reclamante espera a procedência dos pedidos para condenar a Reclamada ao pagamento de:

a) férias 2019/2020 + 1/3 (forma simples) — R$ 1.333,33

b) verbas rescisórias:

    férias proporcionais (7/12) + 1/3 — R$ 777,77

    aviso prévio (66 dias) — R$ 2.200,00

    13º salário proporcional (7/12) + 1/3 — R$ 583,33

    FGTS + 40% sobre aviso prévio + 13º salário — R$ 289,33

c)	multa do art. 477 da CLT	R$ 1.000,00
d)	liberação do FGTS pelo código 01 + 40% ou o equivalente em pecúnia	R$ 1.792,00
e)	liberação da documentação para o saque do seguro-desemprego ou o alvará judicial	R$ 2.400,00
f)	aplicação do art. 467 da CLT	R$ 3.387,88
	TOTAL	R$ 13.563,64

Outrossim, requer a condenação da Reclamada ao pagamento de honorários advocatícios, bem como de despesas processuais e custas processuais.

Requer também a concessão dos benefícios da assistência judiciária.

O Reclamante pretende provar o acima exposto por todos os meios em direito permitidos (art. 5º, LVI, CF) (documentos, testemunhas, vistorias etc.), com destaque, em especial, para o depoimento da Reclamada, sob pena de confissão (Súm. 74, TST).

Dá-se à causa o valor de R$ 11.114,97.

Nestes termos,

pede deferimento.

Local e data
Advogado
OAB nº _____

Obs. Acompanhada da planilha de cálculos em arquivo PDF (preferencialmente, extraída do PJe-calc).

2.12 MODELO DE RECLAMAÇÃO TRABALHISTA PELO PROCEDIMENTO SUMÁRIO

EXCELENTÍSSIMO SENHOR DOUTOR JUIZ DA _____
VARA DO TRABALHO DE _____

(10 cm)

NELSON DOS SANTOS, (nacionalidade), (estado civil), (profissão), (nº do CPF), (nº do RG e órgão expedidor), (nº da CTPS), (nº do PIS/PASEP ou do NIT), (nome da mãe), (data de nascimento), (domicílio físico e eletrônico – *e-mail*), por seu advogado subscrito (nome completo), o qual receberá as intimações e notificações (domicílio físico e eletrônico – *e-mail*), (procuração anexa), vem à presença de Vossa Excelência, com fulcro no art. 840, *caput* e § 1º, da Consolidação das Leis do Trabalho, combinado com o art. 319 do Código de Processo Civil e art. 2º, da Lei 5.584/70, propor a presente *RECLAMAÇÃO TRABALHISTA, pelo procedimento sumário*, em face de **DIAS DOS SANTOS TRANSPORTES LOGÍSTICOS LTDA.** (nº do CNPJ), (nº do CEI), (domicílio físico e eletrônico – *e-mail*), pelos fundamentos de fato e de direito abaixo expostos:

1 DOS FATOS E FUNDAMENTOS

1.1 Do Contrato de Trabalho

O Reclamante foi contratado pela Reclamada em 1º-2-1999 e sempre exerceu as funções de ajustador mecânico.

No dia 20-5-2020, o Reclamante foi irregularmente suspenso por um dia por faltar ao trabalho no dia 19 de maio, o que é inadmissível, visto que apresentou o competente atestado médico (doc. 03).

O último salário do Reclamante foi de R$ 1.000,00.

1.2 Da Falta Justificada e da Injusta Suspensão

No recibo do mês de maio (doc. 04), a Reclamada descontou do salário do Reclamante o valor de R$ 66,66 (a falta do dia 19 e o correspondente DSR), além de um dia de suspensão (desconto de R$ 33,33) pela ausência no dia 19 de maio.

A Reclamada não aceitou o atestado médico sob o fundamento de que não foi emitido por médico do convênio médico por ela fornecido aos seus empregados.

Em caso de seguro-doença ou auxílio-enfermidade, o empregado é considerado em licença não remunerada durante o prazo desse benefício (art. 476, CLT).

Os primeiros 15 dias de afastamento do empregado em relação ao trabalho serão pagos pelo empregador (art. 60, § 3º, Lei 8.213/91). Para tanto é necessária a apresentação do atestado médico. Em caso de a incapacidade laborativa ser superior ao limite de 15 dias, o trabalhador será encaminhado a perícia médica, para fins de avaliação da necessidade quanto à percepção do auxílio-doença.

As faltas decorrentes de problemas de saúde são justificadas mediante a apresentação de atestado médico.

Como documento, o atestado médico deve conter: (a) tempo de dispensa concedida ao segurado, por extenso e numericamente; (b) diagnóstico codificado, conforme o Código Internacional de Doença (CID), desde que haja a expressa concordância do paciente; (c) assinatura do médico ou dentista sobre carimbo do qual conste nome completo e registro no respectivo Conselho Profissional.

A rigor, para que o atestado seja válido, deve ser emitido pelo médico na seguinte ordem: da empresa, do convênio fornecido pela empresa ou por profissional da Previdência Social (art. 60, § 4º, Lei 8.213/91; Súmulas 15 e 282, TST).

Apesar do rigor legal, a jurisprudência tem acatado o atestado médico emitido por médico particular:

"ATESTADO MÉDICO. VALIDADE. FALTAS JUSTIFICADAS. DESCONTOS SALARIAIS INDEVIDOS. Considera-se válido o atestado médico apresentado pelo empregado, mesmo que subscrito por profissional não vinculado à empregadora. As faltas são justificadas e os descontos efetuados são indevidos" (TRT – 22ª R. – RO 00591-2006-103-22-00-6 – Rel. Laercio Domiciano – *DJU* 11-10-2007 – p. 3).

Portanto, deverá ser considerada justificada a falta ocorrida no dia 19-5-2020 para todos os efeitos legais, consequentemente, cancelada a suspensão ocorrida no dia 20 de maio e determinada a restituição dos valores descontados a título de falta, do descanso semanal remunerado e do dia da suspensão (R$ 99,99).

1.3 Honorários sucumbenciais

Nos termos do art. 791-A, CLT, requer a condenação da Reclamada ao pagamento de honorários advocatícios em favor do Patrono do Reclamante.

1.4 Pedidos líquidos e limites da execução

Considerando que os valores dos pedidos são apresentados por mera estimativa, vez que o trabalhador não possui todos os documentos e as informações necessárias para declinar de forma precisa os pedidos líquidos, nos termos do art. 324, § 1º, II e III, CPC, o Reclamante requer a apuração do crédito em regular fase de liquidação por cálculos.

2 PEDIDOS E REQUERIMENTOS

Ante o exposto, espera o regular processamento da presente reclamação trabalhista, com a citação da Reclamada no endereço citado, para que compareça em Juízo, em audiência designada por Vossa Excelência, e apresente sua defesa em audiência sob pena de incorrer nos efeitos da revelia.

O Reclamante espera a procedência dos pedidos para:

a) que a falta ocorrida no dia 19-5-2020 seja considerada justificada para todos os efeitos legais;

b) cancelar a suspensão ocorrida no dia 20-5-2020;

c) restituição dos valores descontados a título de falta, do descanso semanal remunerado e do dia da suspensão (R$ 99,99).

Outrossim, requer a condenação da Reclamada ao pagamento de honorários advocatícios, bem como de despesas processuais e custas processuais.

O Reclamante pretende provar o acima exposto por todos os meios em direito permitidos (art. 5º, LVI, CF) (documentos, testemunhas, vistorias etc.), com destaque, em especial, para o depoimento da Reclamada, sob pena de confissão (Súm. 74, TST).

Dá-se à causa o valor de R$ _____ (_____).

Nestes termos,

pede deferimento.

Local e data

Advogado

OAB nº _____

Obs. Acompanhada da planilha de cálculos em arquivo PDF (preferencialmente, extraída do PJe-calc).

2.13 MODELO DE RECLAMAÇÃO TRABALHISTA COM TUTELA DE URGÊNCIA DE NATUREZA ANTECIPATÓRIA

EXCELENTÍSSIMO SENHOR DOUTOR JUIZ DA ____
VARA DO TRABALHO DE ____

(10 cm)

AMANDA SANTOS, (nacionalidade), (estado civil), (profissão), (nº do CPF), (nº do RG e órgão expedidor), (nº da CTPS), (nº do PIS/PASEP ou do NIT), (nome da mãe), (data de nascimento), (domicílio físico e eletrônico – *e-mail*), por seu advogado subscrito (nome e endereço completo do advogado) (procuração anexa), vem, à presença de Vossa Excelência, com fulcro no art. 840, *caput* e § 1º, da Consolidação das Leis do Trabalho, combinado com o art. 319 do Código de Processo Civil, propor a presente *RECLAMAÇÃO TRABALHISTA, pelo procedimento ordinário*, em face de **TICIO E CAIO LTDA.**, (nº do CNPJ), (nº do CEI), (domicílio físico e eletrônico – *e-mail*), pelos fundamentos de fato e de direito infraexpostos:

1 DOS FATOS E FUNDAMENTOS

1.1 Do Contrato de Trabalho

A Reclamante foi contratada pela Reclamada em 17-12-2005 para executar as tarefas de promotora de vendas.

Exercia suas funções das 8:00 às 17:00 de segunda-feira a sexta-feira, com uma hora de intervalo, e aos sábados das 8:00 às 12:00, totalizando, assim, 44 horas semanais.

No dia 16-5-2020, a Reclamante, após comentar com as colegas de trabalho que estava grávida de dois meses, veio a ser repreendida verbalmente pelo superior hierárquico (Sr. Gustavo Massa), que a acusou de estar atrapalhando o serviço.

No dia 20-5-2020, a Reclamante foi dispensada de forma injusta, não recebendo os seus direitos trabalhistas rescisórios na íntegra. Recebeu tão somente o saldo de salário (doc. 05 – termo de rescisão).

Recebeu como último salário o valor de R$ 1.000,00.

1.2 Da Estabilidade pela Condição de Gestante

Quando houve a dispensa sem justa causa em 20-5-2020, a Reclamante estava grávida de dois meses.

A empregada grávida tem garantia de emprego a partir da confirmação da gravidez e até cinco meses após o parto (art. 10, II, *b*, ADCT; Súm. 244, TST; RE 629053, STF).

Portanto, a Reclamante deverá ser reintegrada ao local e à função que ocupava na empresa, além de receber o pagamento dos salários pelo período de afastamento, e que seja respeitado o seu direito à estabilidade por todo o período, com o direito aos salários vencidos e vincendos e com suas incidências em férias, abono de férias, 13º salário e FGTS (8%, a ser depositado).

Se a reintegração se mostrar desaconselhável (art. 496, CLT; Súm. 244, TST), que a estabilidade seja convertida em pecúnia, com o direito à percepção dos salários desde o dia da dispensa e até o término da estabilidade (art. 10, II, *b*, ADCT), com observância dos reajustes legais e normativos e com incidência desse período em férias, 13º salário, abono de férias e FGTS + 40%.

Além da conversão da estabilidade em pecúnia, a Reclamante também terá direito à percepção de: aviso prévio, 13º salário proporcional com a inclusão do aviso prévio, férias proporcionais e abono com a inclusão do aviso prévio, FGTS código 01 + 40%, além da liberação do seguro-desemprego.

1.3 Da Tutela de Urgência de Natureza Antecipatória – Reintegração

Como já se verificou, a Reclamante, apesar do seu estado gravídico, foi injustamente demitida de forma imotivada.

Presentes os requisitos dos arts. 294, 300 ss., CPC/15, isto é, probabilidade do direito (aviso prévio do empregador – doc. 03; exame de ultrassonografia comprobatório da gravidez – doc. 04) e o fundado perigo de dano (ou o risco ao resultado útil do processo), o não restabelecimento imediato do contrato de trabalho (*status quo ante*) poderá futuramente tornar a reintegração da Reclamante inviável.

Assim, a Reclamante requer a concessão *liminar inaudita altera pars* de tutela antecipada para fins de reintegração ao emprego.

Requer ainda a fixação de multa diária em caso de descumprimento da ordem judicial, no importe de R$ 100,00 por dia, em favor da Reclamante.

1.4 Da Multa do Artigo 477 da CLT

Até a presente data, as verbas rescisórias não foram pagas.

O art. 477, § 6º, da CLT estabelece que quando o aviso prévio é indenizado, as verbas rescisórias devem ser pagas em até dez dias após o término do contrato.

Diante da violação do prazo legal para o pagamento dos títulos rescisórios, a Reclamante faz jus ao pagamento da multa à base de um salário normal.

A multa é solicitada em caso de não haver a reintegração.

1.5 Assistência Judiciária Gratuita

A Reclamante é pessoa humilde e encontra-se desempregada, não estando em condições de arcar com as despesas processuais, portanto, requer a concessão dos benefícios da justiça gratuita (art. 5º, LXXIV, CF; arts. 14 ss., Lei 5.584/70; Lei 7.115/83; art. 98, CPC).

De acordo com a Lei 7.115/83, no seu art. 1º, *caput*, a declaração pode ser firmada pelo próprio interessado ou por seu procurador, desde que munido de procuração com poderes específicos para esse fim (Súm. 463, I, TST) (art. 105, CPC).

A justiça gratuita pode ser reconhecida em qualquer fase processual (OJ 269, I, SDI-I, TST) (art. 99, CPC).

A declaração de pobreza (doc.) atende ao disposto na legislação.

1.6 Honorários Sucumbenciais

Nos termos do art. 791-A, CLT, requer a condenação da Reclamada ao pagamento de honorários advocatícios em favor do Patrono do Reclamante.

1.7 Pedidos Líquidos e Limites da Execução

Considerando que os valores dos pedidos são apresentados por mera estimativa, vez que o trabalhador não possui todos os documentos e as informações necessárias para declinar de forma precisa os pedidos líquidos, nos termos do art. 324, § 1º, II e III, CPC, o Reclamante requer a apuração do crédito em regular fase de liquidação por cálculos.

2 PEDIDOS E REQUERIMENTOS

Requer-se a citação da Reclamada no endereço citado, para que compareça em Juízo, em audiência designada por Vossa Excelência, e apresente sua defesa em audiência sob pena de incorrer nos efeitos da revelia.

Requer-se a concessão de tutela de urgência, determinando a reintegração imediata da Reclamante no local e na função anteriormente exercida, com fixação de multa diária, em caso de descumprimento da obrigação, de R$ 100,00, bem com a intimação da Reclamada para ciência e cumprimento da decisão antecipatória.

A Reclamante espera a procedência dos pedidos para:

a) declarar a nulidade do ato demissional e, consequentemente, determinar a reintegração no local e na função que ocupava na empresa;

b) pagamento dos salários pelo período de afastamento e com respeito ao seu direito à estabilidade por todo o período, observando-se os salários vencidos e vincendos e com suas incidências em férias, abono de férias, 13º salário e FGTS (8%, a ser depositado) – valor de R$ 12.000,00;

c) *ad cautelam*, se a reintegração se mostrar desaconselhável (art. 496, CLT; Súm. 244, TST), a conversão da estabilidade em pecúnia, com o pagamento dos salários desde a data da dispensa e até o fim da garantia, com observância dos reajustes legais e normativos e com a incidência desse período em férias, 13º salário, abono de férias e FGTS + 40%, além do pagamento das verbas rescisórias: aviso prévio, 13º salário proporcional com a inclusão do aviso prévio, férias proporcionais e abono, com a inclusão do aviso prévio, FGTS código 01 + 40%, além da liberação do seguro-desemprego – valor de R$ 17.000,00;

d) multa do art. 477 da CLT – valor de R$ 1.000,00.

Requer a concessão do benefício da assistência judiciária gratuita.

A Reclamante pretende provar o acima exposto por todos os meios em direito permitidos (art. 5º, LVI, CF) (documentos, testemunhas, vistorias etc.), com destaque, em especial, para o depoimento da Reclamada, sob pena de confissão (Súm. 74, TST).

Outrossim, requer a condenação da Reclamada ao pagamento de honorários advocatícios, bem como de despesas processuais e custas processuais.

Dá-se à causa o valor de R$ _____ (...).

Nestes termos,

pede deferimento.

Local e data

Advogado

OAB nº _____

Obs. Acompanhada da planilha de cálculos em arquivo PDF (preferencialmente, extraída do PJe-calc).

2.14 MODELO DE RECLAMAÇÃO TRABALHISTA PARA HOMOLOGAÇÃO DE ACORDO EXTRAJUDICIAL

EXCELENTÍSSIMO SENHOR DOUTOR JUIZ DA ____
VARA DO TRABALHO DE ____

10 cm

ALINE SANTOS, (nacionalidade), (estado civil), (profissão), (nº do CPF), (nº do RG e órgão expedidor), (nº da CTPS), (nº do PIS/PASEP ou do NIT), (nome da mãe), (data de nascimento), (domicílio físico e eletrônico – *e-mail*), por seu advogado subscrito (nome e endereço completo do advogado) (procuração anexa), e

TIAGO E TALES IRMÃO LTDA. (nº do CNPJ), (nº do CEI), (domicílio físico e eletrônico – *e-mail*), **representada pelo diretor Tiago Cavalcante**, (nacionalidade), (estado civil), (profissão), (nº do CPF), (nº do RG e órgão expedidor), (nº da CTPS), (nº do PIS/PASEP ou do NIT), (nome da mãe), (data de nascimento), (domicílio físico e eletrônico – *e-mail*), por seu advogado subscrito (nome e endereço completo do advogado) (procuração anexa),

vêm, à presença de Vossa Excelência, com fulcro nos arts. 855-B e seguintes, da Consolidação das Leis do Trabalho, combinado com o art. 840, CLT, e com o art. 319 do Código de Processo Civil de 2015, propor a presente *RECLAMAÇÃO TRABALHISTA PARA HOMOLOGAÇÃO DE ACORDO EXTRAJUDICIAL*, pelos fundamentos de fato e de direito infraexpostos:

1 DOS FATOS E FUNDAMENTOS

1.1 Do contrato de trabalho

A Reclamante foi contratada para a função de gerente de loja em 1º de agosto de 2013, com o salário fixo de R$ 4.000,00, acrescido de comissões de 3% sobre as vendas realizadas pelos empregados integrantes de sua equipe (doc. anexos).

O contrato de trabalho foi extinto em 30 de abril de 2020 por iniciativa da trabalhadora, momento no qual recebeu todas as verbas trabalhistas devidas (doc. anexos).

1.2. Objeto do acordo: diferenças de comissões no período de setembro/2017 a janeiro/2019

Após auditoria externa na empresa realizada em agosto/2020, verificou-se a existência de vendas realizadas no período de setembro/2017 a janeiro/2019 que não foram computadas para a apuração de comissões da trabalhadora por erro do setor contábil.

O total de vendas do período não computadas soma o valor de R$ 120.000,00 (valores atualizados até a presente data).

1.3 Termos do acordo entre as Partes

As Partes declaram que foram orientadas por seus advogados sobre os termos e efeitos do presente acordo.

Com o objetivo de evitar demandas judiciais desnecessárias e com base no princípio da boa-fé, as Partes resolvem se conciliar nos seguintes termos:

a) O empregador pagará à ex-empregada, a título de diferenças de comissões sobre as vendas, o valor bruto de R$ 3.600,00 no prazo de 10 dias após a homologação do acordo judicial;

b) O pagamento será feito em conta bancária (indicar os dados bancários), sendo que o comprovante bancário é suficiente para comprovar a quitação da obrigação firmada;

c) No mesmo prazo, o empregador comprovará nos autos o recolhimento do Imposto de Renda, das contribuições previdenciárias e das custas processuais;

d) A ex-empregada autoriza os descontos legais (IR e INSS) sobre os valores acordados, conforme planilha anexa;

e) Em caso de inadimplemento da obrigação, as Partes estabelecem uma multa de 30% sobre o valor total do presente acordo;

f) As custas processuais são de responsabilidade dos litigantes em partes iguais, ficando o empregador autorizado a descontar tais valores do crédito da trabalhadora, conforme planilha anexa;

g) As Partes se responsabilizam pelo pagamento dos honorários advocatícios de seus respectivos patronos.

Com a homologação do presente acordo e o cumprimento da obrigação nos termos fixados, a ex-empregada dá por quitada toda e qualquer diferença de comissão sobre as vendas realizadas no período de setembro/2017 a janeiro/2019.

2 REQUERIMENTOS

As Partes esperam o regular processamento da presente reclamação trabalhista para homologação do acordo extrajudicial firmado pelas Partes nos termos propostos. Caso V. Exª julgue conveniente a designação de audiência trabalhista, as Partes requerem a intimação dos Patronos com o prazo mínimo de 5 dias antes.

No que tange aos recolhimentos fiscais (IR e INSS), requerem a intimação da União.

Requerem ainda a juntada as procurações, contrato social da empresa, cópia do RG, do CPF da trabalhadora e do representante legal da empresa, bem como dos documentos pertinentes ao contrato de trabalho (cópia do contrato de trabalho, da CTPS, do termo de rescisão e das planilhas de cálculos).

Dá-se a causa o valor de R$ 3.600,00.

São Paulo,

Empregada

Advogado da empregada

Empregador

Advogado do empregador

Obs. Acompanhada da planilha de cálculos em arquivo PDF (preferencialmente, extraída do PJe-calc).

2.15 MODELO DE RECLAMAÇÃO TRABALHISTA COM TUTELA DE URGÊNCIA DE NATUREZA CAUTELAR

EXCELENTÍSSIMO SENHOR DOUTOR JUIZ DA ____
VARA DO TRABALHO DE ____

10 cm

THIAGO TRINDADE LONGEVALDO, (nacionalidade), (estado civil), (profissão), (n° do CPF), (n° do RG e órgão expedidor), (n° da CTPS), (n° do PIS/PSEP ou do NIT), (nome da mãe), (data de nascimento), (domicílio físico e eletrônico – e-mail), por seu advogado subscrito (nome e endereço completo do advogado) (procuração anexa), vem à presença de Vossa Excelência, com fulcro no art. 840, *caput* e § 1°, da Consolidação das Leis do Trabalho, combinado com o art. 319 do Código de Processo Civil, propor a presente RECLAMAÇÃO TRABALHISTA, pelo procedimento ordinário, em face de **OURIQUE PRODUTOS ALIMENTÍCIOS LTDA.**, (n° do CNPJ), (n° do CEI), (domicílio físico e eletrônico – e-mail), pelos fundamentos de fato e de direito infra expostos:

1 DOS FATOS E FUNDAMENTOS

1.1 Do contrato de trabalho

O Reclamante foi contratado para a função de "oficial de manutenção pleno" em 1°-4-2014.

Recebeu como último e maior salário a quantia de R$ 3.000,00.

Foi demitido sem justa causa em 31-3-2020. Com a projeção do aviso prévio indenizado a data da demissão prorrogou-se para 30-4-2020 (30 dias).

1.2. Ausência dos depósitos do Fundo de Garantia

O Reclamante foi dispensado de suas atividades e, para sua surpresa, quando consultou o extrato analítico da sua conta vinculada do FGTS (doc.), descobriu que desde outubro de 2018, com exceção no período de janeiro/março de 2019, a Reclamada não lhe deposita as parcelas do FGTS.

Desta forma, pugna pela condenação da Reclamada ao pagamento do FGTS calculado a base de 8% da sua remuneração desde janeiro de 2018 até a data de sua demissão, considerando para isso a projeção do seu aviso prévio.

As parcelas do FGTS deverão ser corrigidas monetariamente de acordo com os índices trabalhistas aplicáveis, conforme determina a OJ 302 da SDI-I.

1.3 Verbas Rescisórias

A Reclamada está passando por graves dificuldades financeiras. Por conta disso, realizou a demissão em massa de diversos empregados e nada vem pagando a título de verbas rescisórias. Com o Reclamante não foi diferente.

Conforme se pode depreender do TRCT, o Reclamante deveria ter recebido o montante de R$ 20.750,00, contudo a Reclamada apenas liberou as guias do TRCT e do Seguro-desemprego, mas nada lhe pagou a título de verbas rescisórias.

O extrato bancário do Reclamante é prova de que nada recebeu a título de verbas rescisórias.

Desta forma, pugna pela condenação da Reclamada ao pagamento das verbas rescisórias elencadas no TRCT.

1.4. Multa de 40% sobre o saldo do FGTS

Assim como as verbas rescisórias, a Reclamada também não efetuou o pagamento da multa de 40% sobre o saldo do FGTS.

Verifica-se que a dispensa ocorreu sem justa causa (art. 10, I, ADCT; art. 18, § 1º, Lei 8.036/90), de modo que o direito ao recebimento da multa é incontroverso.

Deste modo, pugna pela condenação da Reclamada ao pagamento da multa de 40% sobre o saldo do FGTS, considerando inclusive os depósitos não efetuados já mencionados nesta demanda.

1.5. Multa do artigo 477 da CLT

Diante do não pagamento das verbas rescisórias no prazo legal (art. 477, § 6º, CLT), o Reclamante faz jus ao pagamento da multa prevista no § 8º do mesmo artigo. Desta forma, pugna pela condenação da Reclamada ao pagamento da multa correspondente.

1.6. Multa do artigo 467 da CLT

Caso não ocorra o pagamento das verbas rescisórias na primeira audiência, espera a condenação da Reclamada ao pagamento previsto no artigo 467 da CLT, considerando, inclusive, para efeito do cálculo, a multa fundiária.

1.7. Assistência Jurídica Gratuita

O Reclamante é pessoa humilde e encontra-se desempregado, não estando em condições de arcar com as despesas processuais, portanto, requer a concessão dos benefícios da justiça gratuita (art. 5º, LXXIV, CF; arts. 14 ss., Lei 5.584/70; Lei 7.115/83; art. 98, CPC).

De acordo com a Lei 7.115/83, no seu art. 1º, *caput*, a declaração pode ser firmada pelo próprio interessado ou por seu procurador, desde que munido de procuração com poderes específicos para esse fim (Súm. 463, I, TST) (art. 105, CPC).

A justiça gratuita pode ser reconhecida em qualquer fase processual (OJ 269, I, SDI-I, TST) (art. 99, CPC).

A declaração de pobreza (doc.) atende ao disposto na legislação.

1.8. Concessão de tutela provisória de natureza cautelar de arresto com pedido liminar *inaudita altera parte*

Conforme mencionado acima, o Reclamante foi demitido sem justa causa.

Ao demitir seus empregados, especialmente o Reclamante, não lhe depositou FGTS desde janeiro/2018 (exceção janeiro a março/2019), não pagou seus haveres rescisórios indicados no TRCT, nem mesmo a multa de 40% sobre o saldo do FGTS.

Diante dos fatos narrados e do objeto da presente ação, o Reclamante é credor da Reclamada no importe de **R$ 29.486,00**.

A Reclamada é do ramo alimentício e fornece refeições a diversos órgãos públicos.

Ao longo do tempo, face aos atrasos de pagamento por parte do Estado, aliada à má gestão de seus negócios, passou a enfrentar graves problemas financeiros, socorrendo-se das instituições bancárias para tentar sobreviver o que lhe custou um verdadeiro desequilíbrio financeiro.

De acordo com o art. 300 do CPC, a concessão da tutela de urgência, na qual se enquadra o arresto, nos termos do art. 301 do CPC, exige a demonstração de elementos que evidenciem a probabilidade do direito e o perigo de dano ou o risco ao resultado útil do processo.

Com relação à probabilidade do direito, resta cabalmente demonstrado o direito líquido e certo do Reclamante no que tange à percepção das verbas pleiteadas em face da farta documentação acostada. Frise-se o caráter alimentar das verbas perseguidas.

O extrato bancário da conta corrente do trabalhador referente ao mês de abril/2020 indica que a Reclamada não depositou em sua conta o valor líquido indicado no TRCT (R$ 20.750,00), bem como extrato do FGTS que indica ausência de depósitos fundiários e a multa dos 40%.

Já o perigo de dano ou risco ao resultado útil do processo, conforme se pode extrair da certidão anexa obtida pelo *site* do TRT da 2ª Região, no final de maio/2020, a Reclamada tinha contra si 103 reclamações trabalhistas (doc.).

Já da certidão extraída do mesmo *site* poucos dias depois verifica-se que o número de ações ajuizadas já subiu para 117 (doc.). Por fim, a certidão emitida em 8-6-2020 já revela que a Reclamada é parte em 127 reclamações trabalhistas (doc.).

Já se tem notícia de que a Reclamada está descumprindo acordos realizados em alguns processos trabalhistas.

Para agravar a situação, o que corrobora com a condição do perigo da demora, o Banco do Brasil, instituição na qual a Reclamada possui conta bancária, passou a reter todos os valores creditados, com a finalidade de salvaguardar vultosos empréstimos bancários concedidos.

Nos autos do processo 1008315-77.2019.8.26.0554, cujas peças principais estão acostadas com a presente petição inicial (doc.), em que a Reclamada litiga com o Banco do Brasil, verifica-se que esta busca liberação de dinheiro bloqueado de sua conta, declarando que será utilizado no pagamento de suas dívidas inclusive, verbas rescisórias.

Na citada demanda cível houve determinação para que todos os recebíveis oriundos da Secretaria de Saúde do Estado de São Paulo fossem direcionados àquele processo, permanecendo a disposição daquele Juízo, conforme decisão anexada.

Pondere-se que a determinação é específica no sentido de que "havendo a possibilidade de crédito futuro a favor da requerente, relativo à ação judicial que intentou contra a Prefeitura Municipal da Ostra Azul, processo nº 1005289-57.2019.8.26.0477, no importe de R$ 16.868.487,05, oficie-se ao MM. Juízo com a solicitação de BLOQUEIO daquele crédito, quando eventualmente disponível, devendo ser encaminhado à disposição desse Juízo".

Como se pode notar, o crédito da Reclamada está sendo direcionado para a conta daquele juízo em cumprimento ao comando judicial exarado, pois o Banco do Brasil tem bloqueado os recebíveis da Reclamada inviabilizando o pagamento das verbas rescisórias de seus empregados.

Os comprovantes demonstram que a Secretaria da Saúde do Estado de São Paulo já foi oficiada e está destinando os pagamentos devidos à Reclamada na conta judicial (doc.).

Diante dos elementos trazidos e da farta documentação juntada, existe a evidente possibilidade da concessão da medida cautelar de arresto a fim de assegurar os créditos do Reclamante.

Neste sentido, o TRT da 2ª Região:

"MANDADO DE SEGURANÇA. PEDIDO DE CASSAÇÃO DA ORDEM DE EFETIVAÇÃO DE MEDIDA CAUTELAR DE ARRESTO. CABIMENTO. Age legitimamente o juiz que, diante do fato incontroverso do não pagamento das verbas rescisórias e calcado no poder geral de cautela que lhe é atribuído pelos artigos 297 e 300 do CPC em vigor, determina o arresto de bens da reclamada, com o fito de garantir ao reclamante a percepção de seus direitos. Segurança denegada para o fim de manter incólume a ordem de arresto" (TRT – 2ª R. – MS 1001444 -84.2014.5.02.0000 – SDI-1 – Rel. Rilma Aparecida Hemeterio – Public. 8-6-2016).

Desta forma, pugna pela concessão da tutela provisória *inaudita altera parte* de natureza cautelar de arresto, a fim de oficiar COM URGÊNCIA o juízo da 1ª Vara Cível da Comarca de Santo André para que proceda a penhora no rosto dos autos do processo 1008315-77.2019.8.26.0554, a totalidade dos créditos devidos ao Reclamante representados nesta demanda.

1.9. Pedidos com indicação de valores genéricos

Diante dos fatos e fundamentos apresentados, considerando que o Reclamante não possui todas as informações necessárias para a postulação judicial e existem questões nas quais não é possível determinar, de modo definitivo, as consequências do ato ou do fato ilícito praticado pelo empregador, os valores indicados em cada um dos pedidos são meras estimativas, de modo que não se pode limitar a execução futura (art. 324, § 1º, I a III, CPC).

2 PEDIDOS E REQUERIMENTOS

Requer-se a citação da Reclamada para que compareça em Juízo, em audiência designada por Vossa Excelência, e apresente sua defesa em audiência, sob pena de incorrer nos efeitos da revelia.

Requer-se a concessão da tutela provisória *inaudita altera parte* de natureza cautelar de arresto, a fim de assegurar os créditos trabalhistas do Reclamante, enviando ofícios COM URGÊNCIA ao juízo da 1ª Vara Cível da Comarca de Santo André para que proceda a penhora no rosto dos autos do processo nº 1008315-77.2019.8.26.0554, a totalidade dos créditos devidos ao Reclamante representados nesta demanda.

Diante dos fatos e fundamentos apresentados, espera a procedência da presente ação, com a condenação, acrescida de juros e correção, ao pagamento de:

1) verbas rescisórias indicadas no TRCT .... R$ 20.750,00

– Saldo de salário (30 dias) R$ 3.000,007

– Aviso Prévio indenizado (45 dias) R$ 4.500,00

– Férias sobre aviso prévio R$ 250,00

– Férias vencidas em dobro (2018/2019) R$ 6.000,00, acrescida de 1/3 (R$ 2.000,00);

– Férias vencidas simples 2019/2020 R$ 3.000,00, acrescidas de 1/3 (R$ 1.000,00);

– 13º salário proporcional (3/12) R$ 750,00;

– 13º salário sobre Aviso Prévio R$ 250,00;

TOTAL R$ 20.750,00

2) multa prevista no § 8º do artigo 477 da CLT................. R$ 3.000,00;

3) FGTS não depositado desde janeiro/2018 (exceto janeiro/2019) até a data da demissão do Reclamante .... R$ 6.240,00;

4) Pagamento da multa do FGTS no importe de 40% sobre o saldo para fins rescisórios.. R$ 2.496,00;

Solicita-se, ainda, a multa do art. 467, CLT, caso as verbas rescisórias, as quais são incontroversas, não sejam pagas na primeira audiência.

Requer a concessão do benefício da assistência judiciária gratuita.

O Reclamante pretende provar o acima exposto por todos os meios em direito permitidos (art. 5º, LVI, CF) (documentos, testemunhas, vistorias etc.), com destaque, em especial, para o depoimento da Reclamada, sob pena de confissão (Súm. 74, TST).

Outrossim, requer a condenação da Reclamada ao pagamento de honorários advocatícios, bem como de despesas processuais e custas processuais.

Dá-se à causa o valor de R$ 29.486,00.

Nestes termos,

Pede deferimento.

Local e data

Advogado

OAB n° ___

Obs. Acompanhada da planilha de cálculos em arquivo PDF (preferencialmente, extraída do PJe-calc).

2.16 MODELO DE RECLAMAÇÃO TRABALHISTA COM PEDIDO DE DESCONSIDERAÇÃO DA PERSONALIDADE JURÍDICA

EXCELENTÍSSIMO SENHOR DOUTOR JUIZ DA ___

VARA DO TRABALHO DE ___

10 cm

FELIPE TRINDADE DOS SANTOS, (nacionalidade), (estado civil), (profissão), (n° do CPF), (n° do RG e órgão expedidor), (n° da CTPS), (n° do PIS/PSEP ou do NIT), (nome da mãe), (data de nascimento), (domicílio físico e eletrônico – e-mail), por seu advogado subscrito (nome e endereço completo do advogado) (procuração anexa), vem à presença de Vossa Excelência, com fulcro nos artigo 840, caput e § 1°, e 852-A, da Consolidação das Leis do Trabalho, combinado com o artigo 319 do Código de Processo Civil, propor a presente RECLAMAÇÃO TRABALHISTA, pelo procedimento sumaríssimo, em face de **SUPERMERCADO ESTRELA DO NORTE**, (n° do CNPJ), (n° do CEI), (domicílio físico e eletrônico – e-mail), e seus sócios **FABIO COSTA DAS DORES DO NORTE**, (nacionalidade), (estado civil), (profissão), (n° do CPF), (n° do RG e órgão expedidor), (domicílio físico e eletrônico – e-mail) e **RICARDO OURIQUE DA BOA MORTE**, (nacionalidade), (estado civil), (profissão), (n° do CPF), (n° do RG e órgão expedidor), (domicílio físico e eletrônico – e-mail), pelos fundamentos de fato e de direito infra expostos:

1 DOS FATOS E FUNDAMENTOS

1.1. Polo Passivo. Desconsideração da personalidade jurídica

A responsabilidade patrimonial pelo adimplemento das obrigações trabalhistas devidas ao Reclamante recai sobre a 1ª Reclamada, que é, por excelência, a legitimada a figurar no polo passivo da ação e de quem se deve buscar a satisfação dos valores que lhes são devidos por força do contrato de trabalho.

É por essa razão que a CLT, no *caput* do seu art. 2°, considera "empregador a empresa, individual ou coletiva, que, assumindo os riscos da atividade econômica, admite, assalaria e dirige a prestação pessoal do serviço".

Necessário ressaltar ainda que, embora não haja qualquer vedação legal à inclusão dos sócios no polo passivo da ação, já na fase de conhecimento, na atualidade, essa inclusão é expressamente permitida (art. 134, CPC):

Os pressupostos legais previstos (art. 134, § 4º, CPC) estão elencados no art. 28 da Lei 8.078/1990 (Código de Defesa do Consumidor), o qual prevê a desconsideração da personalidade jurídica "quando, em detrimento do consumidor, houver abuso de direito, excesso de poder, infração da lei, fato ou ato ilícito ou violação dos estatutos ou contrato social [...]".

De rigor, a desconsideração da personalidade jurídica da 1ª Reclamada se faz necessária para a efetivação dos direitos do Reclamante.

A 1ª Reclamada tinha vários estabelecimentos, compondo a renomada e antiga rede de supermercados "ESTRELA DO NORTE", consoante as informações extraídas do sítio eletrônico (http://www.estreladonorte1sp.com.br) (doc.).

O Reclamante laborava na unidade "Morgado Mateus", localizada à Rua Morgado Mateus, nº 365, Centro.

A referida unidade e as demais da rede de supermercados foram extintas no início da semana face às dificuldades financeiras do grupo, as quais são decorrentes não só da má gestão empresarial, como da prática de reiteradas fraudes fiscais, como noticiado em matérias jornalísticas recentes (doc.).

É cristalino que a 1ª Reclamada não possuirá condições de arcar com as verbas trabalhistas postuladas nesta demanda, as quais dizem respeito às verbas rescisórias, "direito sagrado" do trabalhador.

O encerramento irregular das atividades da 1ª Reclamada, sem a devida baixa perante a Junta Comercial e a Receita Federal, trata-se de um dos motivos arrolados pelo art. 28 do CDC, aplicável subsidiariamente à espécie, a fim de subsidiar a desconsideração pleiteada.

Outrossim, a ficha de breve relato da 1ª Reclamada evidencia que o encerramento irregular das atividades foi devidamente preparado e calculado justamente com a finalidade de frustrar o pagamento das verbas rescisórias dos trabalhadores (doc.).

Não bastassem os diplomas legais acima, que dão respaldo à desconsideração da personalidade jurídica, há ainda o art. 4º, V, Lei 6.830/80 (Lei de Execução Fiscal), também subsidiariamente aplicável ao processo do trabalho (art. 889, CLT), a atribuir responsabilidade subsidiária aos sócios, pelas obrigações tributárias e trabalhistas do empreendimento.

Há de se ressaltar que a inclusão dos sócios, já na fase de conhecimento, não lhes traz qualquer prejuízo, ao contrário, lhes traz grande vantagem processual, porque poderão não apenas se defender alegando a ausência de sua responsabilidade como também do próprio mérito da reclamação trabalhista, o que lhes garantirá a plena do amplo direito de defesa (art. 5º, LV, CF).

Como é sabido, o art. 855-A, CLT, prevê a aplicação do incidente de desconsideração da personalidade jurídica disciplinado pelos arts. 133 a 137 do CPC.

Em razão do exposto, o Reclamante requer a declaração judicial da desconsideração da personalidade jurídica da 1ª Reclamada, com a inclusão dos sócios na relação processual e, consequentemente, a declaração de sua responsabilidade subsidiária.

1.2 Contrato de Trabalho

O Reclamante foi admitido para exercer a função de repositor em 1-12-2007.

A jornada de trabalho era das 7:00 às 15:20 horas, de segunda a sábado, com um intervalo de uma hora para descanso e refeição.

O seu último salário era no importe de R$ 1.381,00.

Houve a dispensa injusta em 27-7-2020, sem a correspondente comunicação do aviso prévio, além do não pagamento das verbas rescisórias.

1.3 Verbas rescisórias

Até o presente momento, o Reclamante não recebeu nenhuma das verbas rescisórias a que tem direito.

A rescisão contratual foi homologada com ressalvas perante o sindicato da categoria apenas e tão somente com a finalidade de permitir ao Reclamante levantar os valores depositados do fundo de garantia e dar entrada no seguro-desemprego.

Não houve o pagamento de nenhuma das verbas rescisórias discriminadas no TRCT.

Portanto, o Reclamante faz jus ao pagamento do saldo salarial de julho/2020 (27 dias); aviso prévio indenizado de 60 dias; 13º salário proporcional de 2019 (09/12), férias vencidas + 1/3 de 2018/19 e férias proporcionais + 1/3 de 2019/20 (10/12).

A proporcionalidade das verbas rescisórias foi calculada observando-se a projeção de 60 dias do aviso prévio.

No que se refere ao FGTS, a Reclamada deixou de efetuar o recolhimento dos meses de abril a julho de 2020, dos valores incidentes sobre as verbas rescisórias, bem como da multa de 40% (extrato) (doc.), razão pela qual deverá ser condenada ao pagamento de tais diferenças e da multa de 40%, confeccionando o competente TRCT para soerguimento dos valores, sob pena de indenização correspondente.

1.4. Danos Morais. Não pagamento das verbas rescisórias

Evidente que a moral do Reclamante foi atingida, impondo-se uma justa reparação.

Houve ruptura imotivada do contrato de trabalho, sem o pagamento das verbas rescisórias. Os títulos rescisórios representam um direito sagrado do empregado, sendo inadmissível a recusa de seu pagamento.

Patente que este universo fático implica no denominado dano *in re ipsa*, eis que retira do empregado o valor que seria indispensável à sua sobrevivência e de seus familiares até nova colocação no mercado.

Evidente o abalo moral sofrido pelo Reclamante (art. 5º, V e X, CF, art. 186, CC), razão pela qual impõe-se a condenação da Reclamada ao pagamento de indenização por danos morais, no importe de R$ 13.810,00, quantia equivalente a dez vezes o valor de seu salário, a qual se afigura justa e suficiente à reparação moral do Reclamante e que atende ao caráter tríplice da indenização extrapatrimonial, qual seja: compensatório, punitivo e pedagógico.

1.5 Multa do artigo 477 da CLT

Diante do não pagamento das verbas rescisórias no prazo legal (art. 477, § 6º, CLT), o Reclamante faz jus ao pagamento da multa prevista art. 477, § 8º. Desta forma, pugna pela condenação da Reclamada ao pagamento da multa correspondente.

1.6 Multa do artigo 467 da CLT

Em não havendo o pagamento das verbas rescisórias na primeira audiência, pleiteia-se a condenação da Reclamada ao pagamento previsto no artigo 467 da CLT, considerando inclusive, para efeito do cálculo, a multa fundiária.

1.7 Assistência Jurídica Gratuita

O Reclamante é pessoa humilde e encontra-se desempregado, não estando em condições de arcar com as despesas processuais, portanto, requer a concessão dos benefícios da justiça gratuita (art. 5º, LXXIV, CF; arts. 14 ss., Lei 5.584/70; Lei 7.115/83; art. 98, CPC).

De acordo com a Lei 7.115/83, no seu art. 1º, *caput*, a declaração pode ser firmada pelo próprio interessado ou por seu procurador, desde que munido de procuração com poderes específicos para esse fim (Súm. 463, I, TST) (art. 105, CPC).

A justiça gratuita pode ser reconhecida em qualquer fase processual (OJ 269, I, SDI-I) (art. 99, CPC).

A declaração de pobreza (doc.) atende ao disposto na legislação.

Pedidos com indicação de valores genéricos

Diante dos fatos e fundamentos apresentados, considerando que o Reclamante não possui todas as informações necessárias para a postulação judicial e existem questões, nas quais não é possível determinar, de modo definitivo, as consequências do ato ou do fato ilícito praticado pelo empregador, os valores indicados em cada um dos pedidos são meras estimativas, de modo que não se pode limitar a execução futura (art. 324, § 1º, I a III, CPC).

2 PEDIDOS E REQUERIMENTOS

Requer-se a citação da Reclamada e dos sócios, para que compareçam em Juízo, em audiência designada por Vossa Excelência, e apresentem suas defesas sob pena de incorrer nos efeitos da revelia.

Requer-se a desconsideração da personalidade jurídica da 1ª Reclamada, para determinar a inclusão dos sócios na relação processual e, consequentemente, a declaração da responsabilidade subsidiária dos sócios (2º e o 3º Reclamados).

Diante dos fatos apresentados, pede-se a esta Egrégia Vara do Trabalho, se digne em julgar os pedidos procedentes, condenando a Reclamada, com juros e correção, ao pagamento de:

a) Saldo salarial de julho/2020 (27 dias) – R$ 1.242,89;

b) Aviso prévio de 60 dias – R$ 2.762,00;

c) 13º salário proporcional de 2020, com a projeção do aviso prévio (09/12) – R$ 1.035,74;

d) Férias vencidas + 1/3 de 2018/2019 – R$ 1.841,33;

e) Férias proporcionais + 1/3 de 2019/2020 (10/12) – R$ 1.534,44;

f) Depósitos do FGTS dos meses em aberto de abril a julho de 2020 e sobre as verbas rescisórias – R$ 1.115,23;

g) Multa de 40% do FGTS – R$ 3.247,43;

h) Multa do Art. 477 da CLT – R$ 1.381,00;

i) Indenização por danos morais – R$ 13.810,00;

Solicita-se a multa do art. 467, CLT, caso as verbas rescisórias, as quais são incontroversas, não sejam pagas na primeira audiência.

Requer a concessão do benefício da assistência judiciária gratuita.

O Reclamante pretende provar o acima exposto por todos os meios em direito permitidos (art. 5º, LVI, CF) (documentos, testemunhas, vistorias etc.), com destaque, em especial, para os depoimentos das Reclamadas, sob pena de confissão (Súm. 74, TST).

Outrossim, requer a condenação das Reclamadas ao pagamento de honorários advocatícios, bem como de despesas processuais e custas processuais.

Dá-se à causa o valor de R$ 23.341,63.

Nestes termos,

Pede deferimento.

Local e data

Advogado

OAB nº ___

Obs. Acompanhada da planilha de cálculos em arquivo PDF (preferencialmente, extraída do PJe-calc).

3

TUTELA PROVISÓRIA

3.1 FUNDAMENTO JURÍDICO

O CPC/15 (arts. 294 a 311) trata da tutela provisória de forma diversa daquela encontrada no CPC/73 (arts. 273 e 461). Além disso, com a nova sistemática legal, a ação cautelar autônoma (arts. 796 ss, CPC/73) deixa de existir.

Considerando o novo regramento processual civil e a necessidade do TST de se posicionar, ainda que não de forma exaustiva, sobre a aplicação de várias regras e de institutos disciplinados pelo CPC/15 ao processo do trabalho, foi editada a IN 39,[1] de 15-3-2016.

Além disso, diante da necessidade de se preservar a segurança jurídica e de o TST se posicionar sobre diversos aspectos processuais da Reforma Trabalhista (Lei 13.467/17), o TST editou a IN 41, de 21-6-2018.

Nesse aspecto, o TST entendeu aplicável ao processo do trabalho os arts. 294 a 311, CPC (art. 3º, VI, IN 39).

A CLT prevê a concessão de tutela provisória em casos específicos (art. 659, IX e X).

3.2 APLICABILIDADE AO PROCESSO DO TRABALHO

No âmbito da CLT, tem-se a previsão expressa da concessão de medidas de urgência para tornar sem efeito transferência (art. 469, CLT) considerada abusiva e para determinar a reintegração de dirigente sindical estável afastado, suspenso ou dispensado pelo empregador (art. 659, IX e X).

Nas demais situações, o reclamante deverá invocar o regramento processual civil (art. 294 ss, CPC). Isso poderá ocorrer em situações como: (a) reintegração de empregado estável (legal, normativa ou contratual), com a fixação de multa diária; (b) levantamento dos depósitos fundiários por alvará judicial; (c) levantamento do

---

[1] A IN 39/16, TST, é objeto da ação direta de inconstitucionalidade promovida pela Associação Nacional dos Magistrados da Justiça do Trabalho – ANAMATRA (ADI 5516, Rel. Min. Cármen Lúcia).

seguro-desemprego por alvará judicial; (d) anotação do contrato de trabalho na CTPS; (e) anotação de baixa ou retificações na CTPS; (f) anotação de evolução salarial na CTPS; (g) fixação de multas, em dissídios coletivos, para que os grevistas mantenham parte dos serviços em caso dos serviços ou atividades essenciais (art. 11, Lei 7.783/89) etc.

O art. 3º, VI, da IN 39, do TST, determina que os arts. 294 a 311, CPC, são aplicáveis ao processo trabalhista.

3.3 TUTELA PROVISÓRIA E SUAS ESPÉCIES

Dentro da nova sistemática legal, a tutela provisória pode ser de urgência (de natureza cautelar ou antecipatória) ou de evidência (arts. 294 ss, CPC).

A tutela provisória de urgência (de natureza cautelar ou antecipatória) será requerida em caráter antecipatório (em relação à ação judicial) ou incidental (no curso da ação).

Concedida a tutela provisória, ela mantém sua eficácia na pendência do processo, mas pode ser revogada ou modificada a qualquer momento. Em regra, a tutela provisória conservará a eficácia durante o período de suspensão do processo (art. 296, CPC). Para que se tenha a revogação da tutela antecipatória, pelo exame do processado, é necessária a alteração da situação de fato. Vale dizer, deve se ater à supressão dos pressupostos que levaram à concessão da antecipação de tutela, visto que não se tem a simples alteração da decisão e sim uma nova decisão para uma outra situação existente nos autos. Portanto, é inadmissível a alteração da decisão somente pela assertiva de que o magistrado mudou quanto ao seu entendimento sobre a matéria discutida nos autos. É necessária a alteração na situação fática discutida nos autos. Por fim, o magistrado, para que proceda a alteração da decisão concessiva ou denegatória da antecipação, deverá ser provocado. Isso representa que a alteração não poderá ser de ofício.

O juiz poderá determinar as medidas que considerar adequadas para efetivação da tutela provisória (art. 297, CPC). A efetivação da tutela provisória observará as normas referentes ao cumprimento provisório da sentença, no que couber. Vale dizer, a execução será processada como a definitiva, com a ressalva de que: (a) de forma objetiva, o exequente responde pelos danos causados ao executado, caso a decisão seja reformada; (b) via de regra, os atos executivos e/ou expropriatórios, que causarem grave prejuízo ao executado são precedidos de caução. No processo trabalhista, em que o crédito tem natureza alimentar, é mister que a execução fundada em uma tutela provisória de urgência antecipada, de fato, assegure ao seu titular a efetividade na antecipação do direito, pena de se ter, como letra morta, a aplicação desse instituto na Justiça do Trabalho.

3.4 COMPETÊNCIA JURISDICIONAL

A tutela provisória, incidental ou antecedente, pretendida deve observar os limites da competência material da Justiça do Trabalho (art. 114, CF).[2]

---

[2] Sobre a competência material da Justiça do Trabalho, sugerimos consultar JORGE NETO, Francisco Ferreira e CAVALCANTE, Jouberto de Quadros Pessoa. *Direito Processual do Trabalho*. 8. ed. São Paulo: Atlas, 2019.

Como regra, a tutela provisória será requerida ao juízo da causa e, quando antecedente, ao juízo competente para conhecer do pedido principal, observando os critérios de fixação de competência territorial (art. 651, CLT).

Caso o processo já esteja no tribunal, o requerimento de tutela provisória deverá ser feito ao relator do processo (OJ 68, SDI-II).

3.5 TUTELA PROVISÓRIA DE URGÊNCIA

A tutela de urgência (natureza cautelar ou antecipatória) será concedida quando houver elementos que evidenciem a probabilidade do direito (*fumus boni iuris*) e o perigo de dano ou o risco ao resultado útil do processo (*periculum in mora*) (art. 300, CPC).

A tutela de urgência pode ser concedida liminarmente ou após justificação prévia (audiência).

A tutela de urgência de natureza cautelar pode ser efetivada mediante arresto, sequestro, arrolamento de bens, registro de protesto contra alienação de bem e qualquer outra medida idônea para asseguração do direito (art. 301).

3.5.1 Tutela de urgência de natureza cautelar

3.5.1.1 Tutela cautelar e sua finalidade

Os órgãos jurisdicionais, enquanto não decidem uma lide de forma definitiva, dispõem de meios eficazes para que possam assegurar a permanência ou conservação do estado das pessoas, coisas e provas, de modo que as futuras decisões jurisdicionais não se tornem inócuas.

Na vigência do CPC/73, não ocorrendo a prestação da tutela jurisdicional imediatamente, existia a figura da ação cautelar (ação autônoma), cuja finalidade única era garantir a efetividade dos processos de conhecimento e de execução (função auxiliar e subsidiária ao processo principal). Apesar disso, existiam alguns processos considerados cautelares, mas possuíam cunho satisfativo (ex. busca e apreensão de incapaz).

O processo cautelar era considerado um *tertium genus*, ao lado do processo de conhecimento e de execução (autônomo), e podia ser instaurado de forma preparatória ou no curso do processo principal (incidental).

O processo cautelar tinha as seguintes características: instrumentalidade (instrumento de realização do processo principal – instrumento do instrumento, o que não descaracteriza sua autonomia), temporariedade (não dura para sempre), revogabilidade (possibilidade de revogação diante de uma nova realidade ou alteração das condições que ensejaram a concessão da medida), modificabilidade (possibilidade de modificação diante de uma nova necessidade) e fungibilidade (admissibilidade de substituição por caução; *substituição de cautelar nominada por inominada*).

Pela sistemática do CPC/73, as medidas cautelares podiam ser de dois tipos: as cautelares nominadas (ou típicas) e as inominadas (ou atípicas), sendo que as primeiras dizem respeito àquelas expressamente tratadas pelo legislador processual civil, como arresto e sequestro, e estas, mesmo sem tratamento legal expresso, eram concedidas com fundamento no poder geral de cautela do juiz para garantir a eficácia do processo principal.

Com o CPC/15, não existe mais a ação cautelar (ação autônoma), contudo, o instituto foi mantido como tutela provisória de natureza cautelar.

3.5.1.2 Tutela cautelar e medida liminar

Medida cautelar (tutela cautelar) é todo provimento jurisdicional que visa assegurar a efetividade de uma futura decisão jurisdicional, a qual geralmente é concedida no processo cautelar, de forma liminar ou não, mas que também pode ser encontrada no processo de conhecimento, de execução ou especiais, como no caso do mandado de segurança, interdito possessório etc.

A CF prevê a possibilidade de medida cautelar na ação direta de inconstitucionalidade (art. 102, I, *p*, CF; arts. 10 a 12, Lei 9.868/99).

É possível a concessão de medida liminar no mandado de segurança (Lei 12.016/09), na ação popular (Lei 4.717/65) e na ação civil pública (Lei 7.347/85).

Frise-se que a "medida cautelar" (tutela cautelar) não tem o mesmo significado de "medida liminar", a qual representa uma decisão *prima facie* no processo, mas pode ter um cunho antecipatório (satisfativo) e não cautelar. Ademais, a tutela cautelar pode ser deferida no curso do processo de conhecimento ou execução.

3.5.1.3 Objeto da tutela provisória de natureza cautelar

A tutela cautelar pode compreender: (a) medidas de impedimento à provável mutação da situação (sequestro, antecipação de prova, exibição de documento); (b) medidas de eliminação de mutação já ocorrida na situação fática (atentado, busca e apreensão etc.); (c) medidas de antecipação de provável ou possível mutação da situação.

Atendidos os requisitos legais, a tutela de urgência de natureza cautelar pode ser efetivada mediante arresto, sequestro, arrolamento de bens, registro de protesto contra alienação de bem e qualquer outra medida idônea para asseguração do direito (art. 301, CPC).

3.5.1.3.1 Modelo de requerimento de tutela provisória em caráter incidental – modelo genérico

---

EXCELENTÍSSIMO SENHOR DOUTOR JUIZ DA 99ª
VARA DO TRABALHO DE SÃO PAULO

(10 cm)

Processo nº_____

ALINE SANTOS, já qualificada nos autos, por seu advogado, vem, à presença de Vossa Excelência, requerer a **CONCESSÃO DE TUTELA PROVISÓRIA DE NATUREZA CAUTELAR EM CARÁTER INCIDENTAL COM PEDIDO LIMINAR INAUDITA ALTERA PARTE**, nos termos dos arts. 301 e 303, CPC, em face de **TECELAGEM VIRGÍLIA RODRIGUES ALVES DE CARVALHO PINTO LTDA.**, pelas razões de fato e direito que passa a expor.

1 DO CONTRATO DE TRABALHO E DA RECLAMAÇÃO TRABALHISTA

A Requerente trabalhou para a Requerida no período de 1º-8-2000 a 30-6-2020, quando teve seu contrato de trabalho rescindido por iniciativa do empregador (doc. anexo).

No exercício do direito de ação, ingressou em juízo postulando seus direitos trabalhistas, entre eles, horas extras, diferenças salariais e adicional de insalubridade (doc. anexo).

A reclamação trabalhista tramita perante a 99ª Vara do Trabalho de São Paulo (processo nº_____), atualmente, aguardando a finalização do laudo pericial (adicional de insalubridade) (doc. anexo).

2 DA FRAUDE DE EXECUÇÃO

No curso da reclamação trabalhista estimada em R$ 200.000,00, a Requerida está dilapidando seu patrimônio, com a venda de maquinários e outros bens que pudessem garantir o efetivo cumprimento da futura decisão trabalhista, a tal ponto de ficar em estado de insolvência (art. 792, IV, CPC).

Acrescente-se que, na última semana, a Requerida dispensou mais de 50 empregados, como foi noticiado no Jornal *O Diário* (doc. anexo).

3 DA CONCESSÃO DE MEDIDA LIMINAR

Pela simples análise da documentação constante dos autos e das provas que se pretende produzir em audiência de justificação, notamos que a Requerida está praticando atos que impedirão a efetivação da tutela jurisdicional do Estado, vez que se encontrará desprovida de patrimônio (*periculum in mora*).

Além disso, no caso concreto, pela leitura das peças processuais constantes da reclamação trabalhista, salta aos olhos o direito que a Requerente tem aos créditos trabalhistas pleiteados.

Assim, requer a concessão de medida liminar, *inaudita altera parte*, para suspender os efeitos jurídicos das alienações do maquinário e de outros bens realizados na última semana, bem como a determinação de todas as medidas necessárias para seu cumprimento.

4 DO PEDIDO E DOS REQUERIMENTOS

Ante o exposto, espera a concessão de medida liminar, *inaudita altera parte*, para suspender os efeitos jurídicos das alienações do maquinário e de outros bens realizados na última semana, bem como a determinação de todas as medidas necessárias para seu cumprimento.

Caso julgue necessário, requer a designação de audiência de justificação, em caráter de urgência, com o objetivo exclusivo de comprovar as alienações realizadas pela Requerida.

Pretende-se provar o alegado por todos os meios em Direito permitidos (art. 5º, LVI, CF) (documentos, testemunhas, vistorias etc.).

Nestes termos,

pede deferimento.

Local e data

Advogado

OAB nº _____

3.5.1.3.2 Arresto

O arresto é a medida judicial que visa garantir a execução judicial futura por quantia certa pela apreensão de bens do devedor. A tutela de arresto também é possível em outras situações previstas pelo legislador, como ocorre no arresto de bens de administradores do conselho fiscal de instituições financeiras em intervenção, liquidação extrajudicial ou falência (arts. 45 a 49, Lei 6.024/74), no caso de executivos fiscais (arts. 7º e 14, Lei 6.830/80), arresto de bens do acusado para assegurar a reparação do dano *ex delicto* (arts. 136 e 137, CPP) etc.

Apesar do legislador não mencionar expressamente, a concessão da medida depende de prova literal da dívida líquida e certa (*fumus boni iuris*), admitindo-se a sentença líquida ou ilíquida que ainda esteja pendente de recurso ou de homologação, condenando o devedor no pagamento de dinheiro ou de prestação que em dinheiro possa converter-se. Os títulos executivos extrajudiciais previstos na CLT (termo de ajuste de conduta firmado perante o Ministério Público do Trabalho e o termo conciliatório firmado na Comissão de Conciliação Prévia) demonstram a comprovação de dívida líquida e certa.

3.5.1.3.2.1 Modelo de requerimento de tutela provisória em caráter antecedente – medida de arresto

EXCELENTÍSSIMO SENHOR DOUTOR JUIZ DA ____
VARA DO TRABALHO DE ____

(10 cm)

PEDRO BARRETO (nacionalidade), (estado civil), (profissão), (nº do CPF), (nº do RG e órgão expedidor), (nº da CTPS), (nº do PIS/PASEP ou do NIT), (data de nascimento), (nome da mãe), (endereço físico e eletrônico), por seu advogado (nome completo), o qual receberá as intimações e notificações (endereço físico e eletrônico), vem, à presença de Vossa Excelência, requerer a CONCESSÃO TUTELA DE PROVISÓRIA DE NATUREZA CAUTELAR EM CARÁTER ANTECEDENTE DE ARRESTO *COM PEDIDO LIMINAR INAUDITA ALTERA PARTE*, nos termos dos arts. 301 e 303, CPC, em face de **DIÁRIO DE BAURU LTDA.** (nº do CNPJ), (nº do CEI), (endereço físico e eletrônico), pelas razões de fato e direito que passa a expor.

1 DOS FATOS E FUNDAMENTOS JURÍDICOS

O Requerente trabalhou para o Requerido no período de 1º-8-1989 a 30-4-2020, na função de jornalista, regido pela CLT, bem como no Decreto-Lei 972, de 17-10-1969, e o seu Regulamento – Decreto 83.284, de 13-3-1979 (doc. anexo).

Após a extinção do contrato de trabalho, diante da violação de direitos trabalhistas, as Partes, devidamente acompanhadas por seus advogados, se conciliaram perante a Comissão de Conciliação Prévia do Sindicato dos Trabalhadores (14-7-2020), nos seguintes termos: (a) o Requerido pagará ao Requerente o valor de R$ 100.000,00 (cem mil reais); (b) o valor será pago em 20 parcelas de R$ 5.000,00 (cinco mil) cada uma, a ser paga todo dia 10 de cada mês, a partir de junho/2020; (c) em caso de não cumprimento, haverá o vencimento automático das parcelas vincendas, acrescidas de multa de 30% sobre o valor devido; (d) o Requerente dá total e plena quitação a todas as verbas do contrato de trabalho, nada mais podendo reclamar (termo de conciliação anexo).

Até a presente data, a Requerente vem cumprindo suas obrigações com o Requerente.

Ocorre que, no último domingo, o Requerido anunciou nos jornais de circulação na Região de Bauru que os sócios remanescentes, após a retirada de dois outros sócios, estão vendendo o Jornal e suas instalações (doc. anexo).

A situação financeira instável e delicada pela qual passa o Requerido é de conhecimento de todos na Região, inclusive pela existência de protestos cartorários de títulos de fornecedores (doc. anexo) e ações de cobrança (doc. anexo).

Diante disso, considerando o estado de insolvência que envolve o Requerido, requer a concessão do arresto de bens necessários e suficientes para cumprimento integral das obrigações constantes do termo firmado pelas Partes perante a Comissão de Conciliação Prévia.

2 DA LIMINAR *INAUDITA ALTERA PARTE*

Considerando a existência da prova literal da dívida líquida e certa, bem como da prova documental demonstrando o estado de insolvência do Requerido, requer a concessão de medida liminar *inaudita altera parte* para determinar o arresto de bens necessários e suficientes para o cumprimento integral das obrigações de natureza trabalhista.

Outrossim, caso julgue necessário, os bens arrestados deverão ser removidos.

3 DOS PEDIDOS E REQUERIMENTOS

Ante o exposto, espera o regular processamento do presente requerimento de tutela provisória antecedente de arresto, com a citação do Requerido, para que compareça em Juízo, em audiência designada por Vossa Excelência, e apresente sua defesa em audiência sob pena de incorrer nos efeitos da revelia.

Espera a concessão de medida liminar, *inaudita altera parte*, para determinar o arresto de bens que sejam necessários e suficientes para o cumprimento da obrigação trabalhista no importe atualizado de R$ ... .

Caso se mostre necessário, os bens arrestados deverão ser removidos.

A fim de demonstrar os requisitos da medida cautelar, requer a designação de audiência de justificação.

Requer a intimação do Requerido da medida cautelar concedida *inaudita altera parte*.

Dá-se à causa o valor de R$ _____ (_____).

Nestes termos,

pede deferimento.

Local e data

Advogado

OAB nº _____

Obs. Acompanhada da planilha de cálculos em arquivo PDF (preferencialmente, extraída do PJe-calc).

3.5.1.3.3 Sequestro

A tutela provisória de natureza cautelar de sequestro visa à apreensão de bem determinado para assegurar a efetividade de futura execução para a entrega da coisa (certa).

O CPC/73 (art. 822) previa expressamente que, diante do requerimento da parte, o juiz pode determinar o sequestro de: (a) bens móveis, semoventes ou imóveis, quando lhes for disputada a propriedade ou a posse, havendo fundado receio de rixas ou danificações; (b) frutos e rendimentos do imóvel reivindicando, se o réu, depois de condenado por sentença ainda sujeita a recurso, os dissipar; (c) bens do casal, nas ações de desquite e de anulação de casamento, se o cônjuge os estiver dilapidando; etc.

3.5.1.3.3.1 Modelo de requerimento de tutela provisória em caráter antecedente – medida de sequestro

EXCELENTÍSSIMO SENHOR DOUTOR JUIZ DA _____
VARA DO TRABALHO DE _____

(10 cm)

DOMINGOS PORTELA ARTE EM MADEIRA LTDA. (nº do CNPJ), (nº do CEI), (endereço físico e eletrônico), por seu advogado (nome completo), o qual receberá as intimações e notificações (endereço físico e eletrônico), vem, à presença de Vossa Excelência, requerer a *CONCESSÃO DE TUTELA PROVISÓRIA DE NATUREZA CAUTELAR EM CARÁTER ANTECEDENTE DE SEQUESTRO COM PEDIDO LIMINAR* **INAUDITA ALTERA PARTE**, nos termos dos arts. 301 e 303, CPC, em face de **TALES CAVALCANTE SANTOS** (nacionalidade), (estado civil), (profissão), (nº do CPF), (nº do RG e órgão expedidor), (nº da CTPS), (nº do PIS/PASEP ou do NIT), (data de nascimento), (nome da mãe), (endereço físico e eletrônico), pelas razões de fato e direito que passa a expor.

1 DOS FATOS E FUNDAMENTOS JURÍDICOS

O Requerido trabalhou, regido pela CLT, para a Requerente, na função de marceneiro, no período de 1º-7-2000 a 1º-4-2020 (doc. anexo).

Na função de marceneiro, o Requerido era responsável pela montagem de guarda-roupas, estantes etc. na residência e escritório de clientes, além disso, era responsável pelo trabalho de dois outros ajudantes.

No dia 1º-4-2020, o Requerido telefonou para a Requerente e informou a ruptura unilateral do contrato de trabalho (pedido de demissão), alegando motivos particulares.

Informou também que naquela semana compareceria à empresa para fazer os acertos e devolver a caixa de ferramentas importadas da Argentina, com 200 peças, da Marca KLP, modelo 12WR, no valor aproximado de R$ 50.000,00 (nota fiscal anexa).

No dia 10-4-2020, o Requerido compareceu à empresa para entregar pedido formal de demissão (doc. anexo), fazer os acertos das verbas trabalhistas e dar baixa na CTPS.

Quando indagado sobre a caixa de ferramentas, alterando a conversa anterior, alegou que comprou a caixa de ferramentas do ex-sócio (sr. Robson Crusoé), sem, contudo, apresentar qualquer prova disso.

Com o justo receio de que o Requerido possa vender ou danificar as ferramentas, requer o sequestro da caixa de ferramentas, determinando a remoção da mesma e que a Requerente fique como depositário dela.

2 DA LIMINAR *INAUDITA ALTERA PARTE*

Apesar da "dúvida" que possa existir sobre a legítima propriedade do bem móvel, considerando que o Requerente possui nota fiscal de compra em seu nome e o justo receio de extravio e dano ao bem, requer a concessão de medida cautelar *inaudita altera parte* para determinar o sequestro da caixa de ferramentas descrita, com sua remoção imediata e em depósito com o Requerente.

3 DOS PEDIDOS E REQUERIMENTOS

Ante o exposto, espera o regular processamento do requerimento de tutela antecipada de natureza cautelar em caráter antecedente, com a citação do Requerido, para que compareça em Juízo, em audiência designada por Vossa Excelência, e apresente sua defesa em audiência sob pena de incorrer nos efeitos da revelia.

Espera a concessão de medida liminar, *inaudita altera parte*, para determinar o sequestro da caixa de ferramentas importadas da Argentina, com 200 peças, da Marca KLP, modelo 12WR, no valor aproximado de R$ 50.000,00 (nota fiscal anexa), com a remoção do bem e depósito com o Requerente.

A fim de demonstrar os requisitos da medida cautelar, requer a designação de audiência de justificação.

Requer a intimação do Requerido da medida cautelar concedida *inaudita altera parte*.

Pretende-se provar o alegado por todos os meios em Direito permitidos (art. 5º, LVI, CF) (documentos, testemunhas, vistorias etc.).

Dá-se à causa o valor de R$ _____ (_____).

Nestes termos,

pede deferimento.

Local e data

Advogado

OAB nº _____

Obs. Acompanhada da planilha de cálculos em arquivo PDF (preferencialmente, extraída do PJe-calc).

3.5.1.3.4 Busca e apreensão

A tutela antecipada de natureza cautelar de busca e apreensão pode envolver pessoas (menores de idade ou interditos) ou coisas de qualquer tipo, podendo por meio dela se resguardar "*a produção de prova documental (apreensão de quaisquer papéis) ou da prova pericial que da apreensão desses documentos ou de outras coisas móveis (livros comerciais, o bem destruído) dependa para se realizar*".[3]

---

[3] MACHADO, Antônio Cláudio da Costa. *Código de Processo Civil interpretado: artigo por artigo. Parágrafo por parágrafo*, 5. ed., p. 1.423.

O sistema jurídico prevê ainda a busca e apreensão de bens alienados fiduciariamente, com natureza satisfativa (Decreto-Lei 911/69).

Na vigência do CPC/73, Sergio Pinto Martins defendia,[4] "*a busca e apreensão poderá ocorrer na execução, mas não como medida cautelar*". Da mesma forma, Wagner Giglio e Claudia Giglio[5] se posicionam.

Estão com a razão Wilson de Souza Campos Batalha e Manoel Antonio Teixeira Filho, que a admitem no processo de trabalho, exclusivamente, sobre coisas.

3.5.1.3.4.1 Modelo de requerimento de tutela provisória em caráter antecedente – medida de busca e apreensão

EXCELENTÍSSIMO SENHOR DOUTOR JUIZ DA _____
VARA DO TRABALHO DE _____

(10 cm)

MARIA BARRETO (nacionalidade), (estado civil), (profissão), (nº do CPF), (nº do RG e órgão expedidor), (nº da CTPS), (nº do PIS/PASEP ou do NIT), (data de nascimento), (nome da mãe), (endereço físico e eletrônico), por seu advogado (nome completo), o qual receberá as intimações e notificações (endereço físico e eletrônico), vem, à presença de Vossa Excelência, requerer a *CONCESSÃO DE TUTELA PROVISÓRIA DE NATUREZA CAUTELAR EM CARÁTER ANTECEDENTE DE BUSCA E APREENSÃO COM PEDIDO LIMINAR* **INAUDITA ALTERA PARTE**, nos termos dos arts. 301 e 303, CPC, em face de **DAISY SANTOS NOBREGA & GABRIELLY CAVALCANTE LTDA**. (nº do CNPJ), (nº do CEI), (endereço físico e eletrônico), pelas razões de fato e direito que passa a expor.

1 DOS FATOS E FUNDAMENTOS JURÍDICOS

A Requerente trabalhou para a Requerida no período de 1975 a 2007, na função de gerente, nos termos da legislação trabalhista (doc. anexo).

Em janeiro de 2020, a Requerente requereu junto ao INSS sua aposentadoria. Dias após, o INSS exigiu complemento das anotações da Requerida na CTPS, como requisito para concessão do benefício previdenciário.

Por conta disso, a Requerente dirigiu-se à Requerida e, após explicar os motivos da necessidade de complementar as anotações da CTPS, deixou sua Carteira de Trabalho no departamento pessoal, com a Sra. Giane Simone Batista, no dia 18-2-2020 (doc. anexo).

A CTPS da Requerente é a de nº 1234, série 00012/SP.

Segundo informações recebidas posteriormente, a referida funcionária acabou sendo desligada da empresa no dia 22-2-2020.

---

[4] MARTINS, Sergio Pinto. *Direito Processual do Trabalho*, 26. ed., p. 594.
[5] GIGLIO, Wagner; CORRÊA, Claudia Giglio Veltri. *Direito Processual do Trabalho*, 15. ed., p. 396.

Dias após a entrega da CTPS, a Requerente retornou à empresa para retirar o documento. Contudo, ninguém sabia do documento.

No dia seguinte, a Requerente foi informada, via telefone, que sua CTPS estava com o sócio da empresa e que seria necessário aguardar dois ou três dias.

Passado esse período, novamente a Requerente entrou em contato. Novamente, as informações foram contraditórias.

Diante da legítima propriedade da CTPS, prova cabal de que ela foi entregue na empresa, requer a concessão da busca e apreensão da CTPS, com sua entrega nas mãos da Requerente.

2 DA LIMINAR *INAUDITA ALTERA PARTE*

Considerando que se trata de documento (CTPS) de propriedade da Requerente e a recusa de entrega por parte da Requerida, requer a concessão de medida cautelar *inaudita altera parte* para determinar a busca e apreensão do documento, com sua entrega imediata à Requerente.

3 DOS PEDIDOS E REQUERIMENTOS

Ante o exposto, espera o regular processamento do requerimento de tutela provisória de natureza cautelar em caráter antecedente de busca e apreensão, com a citação do Requerido, para que compareça em Juízo, em audiência designada por Vossa Excelência, e apresente sua defesa em audiência sob pena de incorrer nos efeitos da revelia.

Espera a concessão de medida liminar, *inaudita altera parte*, para determinar a busca e apreensão da CTPS (nº 1234, série 00012/SP) da Requerente, a qual se encontra na posse da Requerida, com sua entrega imediata.

A fim de demonstrar os requisitos da medida cautelar, requer a designação de audiência de justificação.

Requer a intimação da Requerida da medida cautelar concedida *inaudita altera parte*.

Pretende-se provar o alegado por todos os meios em Direito permitidos (art. 5º, LVI, CF) (documentos, testemunhas, vistorias etc.).

Dá-se à causa o valor de R$ _____ (_____).

Nestes termos,

pede deferimento.

Local e data

Advogado

OAB nº _____

Obs. Acompanhada da planilha de cálculos em arquivo PDF (preferencialmente, extraída do PJe-calc).

3.5.1.3.5 Exibição

Pela medida de exibição, a parte busca ter acesso a documentos que estejam na posse da outra parte, tanto empregado como empregador, como de terceiro (arts. 396 e ss., CPC, com as alterações advindas da Lei 14.195/21).

3.5.1.3.5.1 Modelo de requerimento de tutela provisória em caráter antecedente – medida de exibição

EXCELENTÍSSIMO SENHOR DOUTOR JUIZ DA ____ VARA DO TRABALHO DE ____

(10 cm)

RAFAEL CAVALCANTE (nacionalidade), (estado civil), (profissão), (nº do CPF), (nº do RG e órgão expedidor), (nº da CTPS), (nº do PIS/PASEP ou do NIT), (data de nascimento), (nome da mãe), (endereço físico e eletrônico), por seu advogado (nome completo), o qual receberá as intimações e notificações (endereço físico e eletrônico), vem, à presença de Vossa Excelência, requerer a CONCESSÃO DE TUTELA PROVISÓRIA DE NATUREZA CAUTELAR EM CARÁTER ANTECEDENTE DE EXIBIÇÃO COM PEDIDO LIMINAR **INAUDITA ALTERA PARTE**, nos termos dos arts. 301, 303 e 396, CPC, em face de **ALINE SANTOS & ISABELLY SANTOS LTDA**. (nº do CNPJ), (nº do CEI), (endereço físico e eletrônico), pelas razões de fato e direito que passa a expor:

1 DOS FATOS E FUNDAMENTOS JURÍDICOS

O Requerente trabalhou para a Requerida no período de 19-6-2002 até 21-10-2020, na função de auxiliar de manutenção, conforme contrato de trabalho anexo.

Ocorre que o Requerente, durante sua jornada de trabalho, era obrigado a desempenhar suas funções perto da linha de produção de sapatos do setor "C".

Apesar do alto ruído/barulho a que era exposto, nunca recebeu o adicional de insalubridade, nos termos da legislação trabalhista vigente.

Por conta do grande número de empregados, a Requerida possui SESMET, ou seja, um grupo de empregados que formam o Serviço Especializado em Engenharia de Segurança e Medicina do Trabalho, o qual é responsável, entre outros, pela elaboração do Programa de Controle Médico de Saúde Ocupacional (PCMSO, NR 7) e Programa de Prevenção de Riscos Ambientais (PPRA, NR 9).

A fim de se verificar a real situação de exposição do Requerente, espera que a Requerida seja compelida a exibir judicialmente os documentos PCMSO e PPRA do setor "C" da fábrica, no período de 2002 a 2020.

2 DA LIMINAR *INAUDITA ALTERA PARTE*

Considerando que se trata de documento decorrente de norma impositiva e diretamente relacionado ao ambiente de trabalho e a relação jurídica que existiu entre as Partes, requer a concessão de medida cautelar *inaudita altera parte* para determinar a exibição imediata dos PCMSO e PPRA o setor "C" da fábrica, no período de 2002 a 2020.

3 DOS PEDIDOS E REQUERIMENTOS

Ante o exposto, espera o regular processamento do requerimento de tutela provisória de natureza cautelar em caráter antecedente de exibição, com a citação do Requerido, para que compareça em Juízo, em audiência designada por Vossa Excelência, e apresente sua defesa em audiência sob pena de incorrer nos efeitos da revelia.

Espera a concessão de medida liminar, *inaudita altera parte*, para determinar a exibição imediata dos PCMSO e PPRA o setor "C" da fábrica, no período de 2002 a 2020.

A fim de demonstrar os requisitos da medida cautelar, requer a designação de audiência de justificação.

Requer a intimação da Requerida da medida cautelar concedida *inaudita altera parte*.

Pretende-se provar o alegado por todos os meios em Direito permitidos (art. 5º, LVI, CF) (documentos, testemunhas, vistorias etc.).

Dá-se à causa o valor de R$ _____ (_____).

Nestes termos,

pede deferimento.

Local e data

Advogado

OAB nº _____

Obs. Acompanhada da planilha de cálculos em arquivo PDF (preferencialmente, extraída do PJe-calc).

3.5.1.3.6 Produção antecipada de provas

A produção antecipada de provas é disciplinada pelo CPC (arts. 381 ss). É admissível quando: (a) haja fundado receio de que venha a tornar-se impossível ou muito difícil a verificação de certos fatos na pendência da ação; (b) a prova a ser produzida seja suscetível de viabilizar a autocomposição ou outro meio adequado de solução de conflito; (c) o prévio conhecimento dos fatos possa justificar ou evitar o ajuizamento de ação. Citadas hipóteses são compatíveis com o processo trabalhista.

A antecipação pode ser utilizada por quem pretenda justificar a existência de algum fato ou relação jurídica para simples documento e sem caráter contencioso, que exporá, em petição circunstanciada, a sua intenção. Trata-se do procedimento da justificação (medida cautelar específica) prevista no art. 381, § 5º, CPC. Regra aplicável é aplicável ao processo trabalhista.

Na prática forense, a tutela provisória de natureza cautelar de produção antecipada de provas consiste em interrogatório da parte, inquirição de testemunhas e exame pericial, de modo que se garante o direito da parte à prova, que poderia vir a ser prejudicado caso não se proceda à sua produção naquele momento. Imagine a situação: a única testemunha está preste a sofrer uma intervenção cirúrgica de alto risco de vida ou o local de trabalho será desativado pela empresa. Em ambos os casos, a produção antecipada de provas visa a assegurar o exercício do direito.

Quanto ao procedimento: (a) pelo CPC, a competência da produção antecipada de prova será requerida ao juízo do foro onde a prova deva ser produzida ou do foro de domicílio do réu, sendo que não haverá prevenção do juízo para a ação principal que venha a ser proposta. No processo trabalhista, a demanda deverá ser proposta de acordo com o foro da prestação dos serviços (art. 651, *caput*, CLT); (b) na petição inicial, o requerente apresentará as razões que justificam a necessidade de antecipação da prova e mencionará com precisão os fatos sobre os quais a prova há de recair; (c) de ofício ou a requerimento da parte, o juiz deve determinar a citação de interessados na produção da prova ou no fato a ser provado, salvo se inexistente caráter contencioso; (d) os interessados poderão requerer a produção de qualquer prova no mesmo procedimento, desde que relacionada ao mesmo fato, salvo se a sua produção conjunta acarretar excessiva demora; (e) na sentença, o juiz não se pronunciará sobre a ocorrência ou a inocorrência do fato, nem sobre as respectivas consequências jurídicas; (f) não se admitirá defesa ou recurso, salvo contra decisão que indeferir totalmente a produção da prova pleiteada pelo requerente originário; (g) os autos permanecerão em cartório durante um mês para extração de cópias e certidões pelos interessados. Findo o prazo, os autos serão entregues ao promovente da medida. O procedimento não é incompatível com o processo trabalhista.

3.5.1.3.6.1 Modelo de requerimento de tutela provisória em caráter antecedente – medida de produção antecipada de provas

EXCELENTÍSSIMO SENHOR DOUTOR JUIZ DA ____
VARA DO TRABALHO DE ____

(10 cm)

DOMINGOS PORTELA (nacionalidade), (estado civil), (profissão), (nº do CPF), (nº do RG e órgão expedidor), (nº da CTPS), (nº do PIS/PASEP ou do NIT), (data de nascimento), (nome da mãe), (endereço físico e eletrônico), por seu advogado (nome completo), o qual receberá as intimações e notificações (endereço físico e eletrônico), vem, à presença de Vossa Excelência, requerer a *CONCESSÃO DE TUTELA PROVISÓRIA DE NATUREZA CAUTELAR EM CARÁTER ANTECEDENTE DE PROVAS COM PEDIDO LIMINAR* **INAUDITA ALTERA PARTE**, nos termos dos arts. 301 e 303, CPC, em face de **ABC LTDA.** (nº do CNPJ), (nº do CEI), (endereço físico e eletrônico), pelas razões de fato e direito que passa a expor.

1 DOS FATOS E FUNDAMENTOS JURÍDICOS

O Requerente trabalha para a Requerida desde 1º-2-1990, na função de supervisor de produção (doc. anexo).

No dia 20-10-2020, por volta das 15 horas, quando exercia suas funções regularmente, sofreu um acidente de trabalho.

Ao circular pela fábrica (Alameda JK), o Requerente foi atropelado por uma empilhadeira, a qual estava sendo guiada por uma pessoa inabilitada para tal função (Sr. João Cruz) (doc. anexo), em local sem adequada sinalização de segurança.

Por problemas decorrentes do acidente, encontra-se afastado pelo INSS até a presente data (doc. anexo).

A Requerida pretende encerrar suas atividades naquela localidade no prazo de 2 meses, transferindo o módulo de produção para a matriz, em Mauá – Município da Grande São Paulo.

Assim, considerando o fundado receio de que venha a se tornar impossível a verificação do local do acidente de trabalho e suas causas, em especial, no que se refere à sinalização de segurança, o Requerente ingressa com o presente requerimento de produção antecipada de provas, a fim de se verificarem as condições do local onde ocorreu o acidente de trabalho (prova pericial).

2 DA LIMINAR *INAUDITA ALTERA PARTE*

Considerando a possibilidade de perda da chance de realizar a prova pericial, com efetivo prejuízo para apuração dos fatos relacionados ao acidente, pela desativação do local de trabalho, requer a concessão de medida cautelar *inaudita altera parte* para determinar a realização de perícia judicial no local.

3 ASSISTENTE TÉCNICO E QUESITOS

Desde já, o Requerente indica como assistente técnico a engenheira civil, dra. Daniela Noleto, CRE 100.123-G, com telefone 11 445566788, cel. 11 9999999999, *e-mail* daniela.noleto@daniela.noleto.com.br, com escritório na Av. Brasil, 1.100, São Paulo – Capital.

Quesitos ao Sr. Perito Judicial

a) Descreva o local do acidente de trabalho.

b) O local é utilizado por pedestres regularmente?

c) O local é adequado para o deslocamento de empilhadeiras?

d) O local apresenta sinalização para pedestres?

e) O local apresenta sinalização para deslocamento de veículos?

f) Em caso afirmativo, a sinalização observa as normas previstas no Código Nacional de Trânsito?

g) Em caso afirmativo, a sinalização é adequada?

h) Caso houvesse sinalização adequada, o acidente poderia ter sido evitado?

4 DOS PEDIDOS E REQUERIMENTOS

Ante o exposto, espera o regular processamento do requerimento de tutela provisória de natureza cautelar em caráter antecedente de produção de provas, com a citação da Requerida, para que compareça em Juízo, em audiência designada por Vossa Excelência, e apresente sua defesa em audiência sob pena de incorrer nos efeitos da revelia.

Espera a concessão de medida liminar, *inaudita altera parte*, para determinar a realização da perícia judicial. Desde já, o Requerente indica seu assistente técnico (dra. Daniela Noleto) e apresenta seus quesitos.

O Requerente e a assistente técnica deverão ser intimados da data e horário da pericial que se realizará no local de trabalho.

A fim de demonstrar os requisitos da medida cautelar, requer a designação de audiência de justificação.

> Requer a intimação da Requerida da medida cautelar concedida *inaudita altera parte*.
>
> Pretende-se provar o alegado por todos os meios em Direito permitidos (art. 5º, LVI, CF) (documentos, testemunhas, vistorias etc.).
>
> Dá-se à causa o valor de R$ _____ (_____).
>
> Nestes termos,
>
> pede deferimento.
>
> Local e data
>
> Advogado
>
> OAB nº _____

3.5.1.3.6.2 Modelo de requerimento de produção antecipada de prova – demais hipóteses do art. 381, CPC

> EXCELENTÍSSIMO SENHOR DOUTOR JUIZ DA ____
>
> VARA DO TRABALHO DE ____
>
> (10 cm)
>
> **FRANCISCO JOÃO DA SILVA**, (nacionalidade), (estado civil), (profissão), (nº do CPF), (nº do RG e órgão expedidor), (nº da CTPS), (nº do PIS/PSEP ou do NIT), (nome da mãe), (data de nascimento), (domicílio físico e eletrônico – e-mail), por seu advogado subscrito (nome e endereço completo do advogado) (procuração anexa), vem à presença de Vossa Excelência, requerer a *PRODUÇÃO ANTECIPADA DE PROVAS*, nos termos do art. 381, II e III, do CPC, em face de **SUPERMERCADO ESTRELA DO NORTE**, (nº do CNPJ), (nº do CEI), (domicílio físico e eletrônico – e-mail), pelos fundamentos de fato e de direito infra expostos:
>
> ### 1 DOS FATOS E FUNDAMENTOS JURÍDICOS
>
> **1.1. Contrato de Trabalho**
>
> O Requerente foi contratado para a função operador de empilhadeira em 1-12-2007.
>
> O seu último salário era no importe de R$ 1.381,00.
>
> Houve a dispensa injusta em 27-7-2020, com o pagamento dos seus direitos trabalhistas.
>
> **1.2. Do Cabimento da Presente Ação**
>
> O Requerente, em decorrência das fortes dores em seu joelho esquerdo, passou por exame médico no dia 12-02-2019, sendo afastado mediante auxílio-doença em decorrência da lesão (período de afastamento: 12-05-2019 a 30-11-2019).
>
> Apesar da alta concedida pela entidade autárquica (INSS), referida lesão compromete seu estado de saúde, não podendo precisar a reversibilidade da lesão, tampouco sua extensão, vez que foi recomendado procedimento cirúrgico, o qual não foi realizado até a presente data.
>
> Existe o justo receio de que a lesão tenha se agravado, sendo necessária a determinação de produção de prova prévia por meio de perícia médica para se apurar a extensão da lesão, o nexo causal com as atividades exercidas na Requerida, bem como o percentual de redução da capacidade laboral, nos moldes dos arts. 381 e 382 do CPC, que viabilizam a produção antecipada de prova.

Por seu turno, na função de operador de empilhadeira, o Requerente manuseava empilhadeiras e efetuava troca de cilindro de gás (GLP), contudo, nunca percebeu o adicional de periculosidade (art. 193, CLT).

Na sistemática adotada pelo CPC/73, a produção antecipada da prova dependia da demonstração de que a possibilidade da produção da prova estava em risco, ou seja, o Requerente deveria demonstrar o periculum in mora. No entanto, o CPC/2015 criou um verdadeiro procedimento probatório autônomo ou independente, o que tem como corolário o reconhecimento do direito autônomo à prova, no sentido de direito cujo exercício não se vincula necessariamente a um processo judicial instaurado ou a ser instaurado ou a uma situação de perigo em relação à produção de determinada prova.

Desse modo, consoante o art. 381, I, II e III, do CPC/2015, a prova poderá ser produzida de forma antecipada quando: (a) haja fundado receio de que venha tornar-se impossível ou muito difícil a verificação de certos fatos na pendência do processo; (b) a prova a ser produzida seja suscetível de viabilizar a autocomposição ou outro meio adequado de solução de conflito; (c) o prévio conhecimento dos fatos possa justificar ou evitar o ajuizamento de ação.

Observa-se que o CPC de 2015 não tratou do tema ao disciplinar a tutela de urgência, o que significa dizer que a antecipação da prova não depende de tal requisito (denominado *periculum in mora*). Essa demonstração somente será exigida quando a pretensão tiver como fundamento o art. 381 do CPC, ou seja, o fundado receio de que venha tornar-se impossível ou muito difícil a verificação de certos fatos na pendência do processo.

Assim, a prova pode ser produzida com o objetivo de viabilizar a autocomposição ou outro meio adequado de solução de conflito ou verificar a existência de fatos que justificam o ajuizamento de demanda, mesmo que não haja fundado receio de que venha tornar-se impossível ou muito difícil a verificação de certos fatos na pendência do processo (art. 381, II e III, CPC).

Em suma, resta presente o interesse do Requerente na produção da prova com o objetivo de obter provas que possam justificar o ajuizamento de demanda contra seu empregador.

1.2.1 Apuração da atividade periculosa

O Requerente, na função de operador de empilhadeira, manuseava empilhadeiras e efetuava troca de cilindro de gás (GLP), fazendo jus ao adicional de periculosidade (art. 193, CLT).

De forma permanente e todos os dias (habitual), o Requerente tinha contato com as áreas de risco derivada de líquidos inflamáveis, em função de realizar o abastecimento das empilhadeiras (item 1º, alínea "d", como também em face do item 2, alínea "s", do Anexo nº 2, NR 16, Portaria 3.214/1978).

Esse enquadramento se destina a toda e qualquer atividade em que se tenha o abastecimento de combustíveis, sendo que a permanência do Requerente na área de risco era habitual e diária.

Aliás, o conceito jurídico de permanência, contido no art. 193 da CLT, não implica a prestação de serviços durante toda a jornada em área de risco, mas o trabalho ou ingresso em local perigoso em virtude do exercício da própria função desempenhada na empresa.

Após a constatação de prova pericial in loco, portanto, o Requerente fará jus ao recebimento do adicional de periculosidade no percentual de 30% sobre os salários percebidos durante toda a vigência do contrato de trabalho.

Sendo assim, requer a produção prévia de perícia técnica para auferir as condições do ambiente de trabalho e averiguação se a atividade era periculosa, uma vez que a perícia é essencial para poder fazer a liquidação de ação futura se restar comprovada a atividade periculosa.

1.2.2 Doença ocupacional

O Requerente, ao operar a empilhadeira, realizava movimentos bruscos e repetitivos, ao acionar o pedal de embreagem, sendo que a mudança de marchas ocorria de 1.000 a 2.000 vezes durante a jornada diária, fator que lhe causou lesão no joelho esquerdo.

Em razão das fortes dores, houve afastamento do labor, com concessão de auxílio-doença (INSS, código 91), contudo, faz-se necessária a produção de prova prévia por meio de perícia médica para se apurar a extensão da lesão, o nexo causal e a redução da capacidade laboral, com o objetivo de fundamentar ação futura de indenização por danos materiais e morais fulcrada na responsabilidade civil do empregador.

Desse modo, a perícia judicial médica é necessária para apurar o nexo e a extensão da lesão, averiguando se esta foi ocasionada pelos movimentos repetitivos e pelas condições de trabalho que o Requerente era submetido diariamente.

1.3. Necessidade e do objeto da produção antecipada da prova pericial

A presente ação se faz necessária para a apuração da real redução da capacidade laboral do Requerente, a qual somente será possível após a realização de perícia médica, bem como a apuração da existência de labor em condições periculosas, mediante a realização de perícia técnica, de forma a propiciar lastro probatório mínimo para o ajuizamento de futura demanda na qual se pleitearão indenizações por danos morais e materiais, bem como adicional de periculosidade, possibilitando ainda a correta liquidação da inicial, devido às alterações impostas pela Lei 13.467/2017.

Portanto, para a propositura da referida ação, é indispensável a realização de provas técnicas, para que seja apurada a lesão, o nexo causal e a redução da capacidade laborativa, bem como se a atividade do Requerente era periculosa.

Desse modo, resta ao Requerente produzir antecipadamente a prova pericial, com fito único de viabilizar a veracidade dos fatos que irá alegar em ação principal.

1.4 Juntada de documentos pelo empregador

No prazo para a resposta, a Requerente deverá juntar, sob as penas do art. 400 do CPC, os seguintes documentos, seguindo a orientação do Programa Trabalho Seguro do C. TST, conforme seu Enunciado 6:

I – Programa de Prevenção de Riscos Ambientais – PPRA, previstos na NR-9 da Portaria 3.214/78 do MTE; II – Laudo Técnico de Condições Ambientais do Trabalho – LTCAT, previstos na NR-15 da Portaria 3.214/78 do MTE; III – Programa de Controle Médico de Saúde Ocupacional – PCMSO, nos termos da NR-7 da Portaria 3.214/78, acompanhado dos respectivos relatórios; IV – Perfil Profissiográfico Previdenciário – PPP; V – AET – Análise Ergonômica do Trabalho (NR 17); VI – Prontuário médico do (a) Requerente, com transcrição legível das anotações, inclusive exames admissional, demissional e periódicos (art. 168 da CLT e NR-7 da Portaria 3.214/78); VII – comprovante de instrução aos seus empregados; VIII – treinamento por meio de ordem de serviços, art. 157, II da CLT e Portaria 3.214/78, item 1.7.b; IX – ficha de registro; IX – Ficha de entrega de EPI's; X – Recibos de pagamento de todo o período trabalhado.

1.5 Assistência jurídica gratuita

O Requerente é pessoa humilde e encontra-se desempregado, não estando em condições de arcar com as despesas processuais, portanto, requer a concessão dos benefícios da justiça gratuita (art. 5º, LXXIV, CF; arts. 14 ss., Lei 5.584/70; Lei 7.115/1983; art. 98, CPC).

De acordo com a Lei 7.115/1983, no seu art. 1º, caput, a declaração pode ser firmada pelo próprio interessado ou por seu procurador, desde que munido de procuração com poderes específicos para esse fim (Súm. 463, I, TST) (art. 105, CPC).

A justiça gratuita pode ser reconhecida em qualquer fase processual (OJ 269, I, SDI-I, TST) (art. 99, CPC).

A declaração de pobreza (doc.) atende ao disposto na legislação.

2 PEDIDOS E REQUERIMENTOS

Ante o exposto, espera o regular processamento do requerimento de produção antecipada de provas, com a citação da Requerida, para que compareça em Juízo, em audiência designada por Vossa Excelência, e apresente sua defesa sob pena de incorrer nos efeitos da revelia.

Diante dos fatos apresentados, pede-se a esta Egrégia Vara do Trabalho se digne em deferir os pedidos solicitados, nos seguintes termos:

a) a designação de perícia médica para apuração da redução da capacidade laborativa, se permanente ou temporária, bem como o nexo causal da doença com as atividades laborais, facultando-se as partes a indicação de assistentes técnicos e formulação de quesitos;

b) a designação de perícia técnica para apuração da periculosidade, devendo o Requerente ser intimado da vistoria a ser realizada, para acompanhamento, com a faculdade de formulação de quesitos e a indicação de assistentes técnicos;

c) que a Requerida seja intimada para apresentar, sob pena da aplicação do art. 400 do CPC, o seguintes documentos: I – Programa de Prevenção de Riscos Ambientais – PPRA, previstos na NR-9 da Portaria 3.214/1978 do MTE; II – Laudo Técnico de Condições Ambientais do Trabalho – LTCAT, previstos na NR-15 da Portaria 3.214/1978 do MTE; III – Programa de Controle Médico de Saúde Ocupacional – PCMSO, nos termos da NR-7 da Portaria 3.214/1978, acompanhado dos respectivos relatórios; IV – Perfil Profissiográfico Previdenciário – PPP; V – AET – Análise Ergonômica do Trabalho (NR 17); VI – Prontuário médico do (a) Requerente, com transcrição legível das anotações, inclusive exames admissional, demissional e periódicos (art. 168 da CLT e NR-7 da Portaria 3.214/1978). VII – comprovante de instrução aos seus empregados; VIII – treinamento por meio de ordem de serviços, art. 157, II da CLT e Portaria 3.214/1978, item 1.7.b; IX – ficha de registro. IX – Ficha de entrega de EPI's. X – Recibos de pagamento de todo o período trabalhado.

Requer a concessão do benefício da assistência judiciária gratuita.

O Requerente pretende provar o acima exposto por todos os meios em direito permitidos (art. 5º, LVI, CF) (documentos, testemunhas, vistorias etc.).

Outrossim, requer a condenação da Requerida ao pagamento de honorários advocatícios, bem como de despesas processuais e custas processuais.

Dá-se à causa o valor de R$ ( ).

Nestes termos,

pede deferimento.

Local e data

Advogado

OAB nº ___

3.6 TUTELA DE URGÊNCIA DE NATUREZA ANTECIPATÓRIA

Apesar de o legislador exigir os mesmos requisitos legais da tutela de urgência de natureza cautelar, a tutela de natureza antecipatória tem maior evidência na plausibilidade do direito (*fumus boni iuris*), de modo que será concedido ao autor os efeitos, ainda que parciais, do futuro provimento jurisdicional definitivo.

A tutela antecipada não deve ser confundida com a cautelar. A tutela antecipada é satisfativa, enquanto a medida cautelar não assegura o direito, mas a possibilidade de sua realização efetiva, ou seja, o seu intuito é resguardar o efeito futuro do pedido principal, daí o caráter instrumental da tutela cautelar.

3.7 REQUISITOS LEGAIS

A tutela de urgência (de natureza cautelar ou antecipatória) será concedida quando houver elementos que evidenciem a probabilidade do direito (*fumus boni iuris*) e o perigo de dano ou o risco do resultado útil do processo (*periculum in mora*) (art. 300, *caput*, CPC).

Tanto no processo civil como no trabalhista, a concessão da tutela provisória poderá ocorrer: (a) liminarmente, sem a oitiva da parte contrária, desde que se tenha a presença dos seus requisitos legais; (b) após a resposta do réu, quando se tenha a demonstração do receio de dano irreparável ou de difícil reparação (tutela de urgência) ou a demonstração da evidência do direito alegado na petição inicial (tutela de evidência); (c) entre o encerramento da instrução e antes da prolação da sentença; (d) na própria sentença; (e) após a sentença, a tutela antecipada pode ser concedida pelo juiz relator, ou caso não tenha ocorrido a distribuição do recurso pelo juiz presidente do tribunal.

O *fumus boni iuris* não significa a demonstração plena do direito substancial, mas a demonstração da aparência do direito, lembrando que basta a cognição sumária do julgado e não a cognição exauriente, a qual será prestada ao final do processo principal.

O *periculum in mora* representa o risco que corre a efetividade do processo principal pela demora da prestação jurisdicional, mas é preciso que o perigo de dano seja iminente, grave, de difícil ou impossível reparação (utilidade do processo).

Na vigência do CPC/73, o TST entendia ser indispensável a instrução da ação cautelar com as provas documentais necessárias à aferição da plausibilidade de êxito na rescisão do julgado, de modo que, em se tratando de ação cautelar visando à suspensão de execução trabalhista no curso da ação rescisória, deve vir acompanhada de cópias da petição inicial da ação rescisória principal, da decisão rescindenda, da certidão do trânsito em julgado da decisão rescindenda e informação do andamento atualizado da execução (OJ 76, SDI-II).

Para a concessão da tutela de urgência, o juiz pode exigir caução real ou fidejussória idônea para ressarcir os danos que a outra parte possa vir a sofrer, podendo a caução ser dispensada se a parte economicamente hipossuficiente não puder oferecê-la. Essa regra é aplicável ao processo do trabalho (art. 769, CLT; art. 15, CPC).

Além disso, não será concedida a tutela de urgência de natureza antecipada quando houver perigo de irreversibilidade dos efeitos da decisão (art. 300, § 3º, CPC). Evidentemente, tal questão deve ser analisada em cada caso concreto. Trata-se de um pressuposto negativo, porém, assevere-se que a irreversibilidade não é um atributo da decisão, mas da consequência fática que dela decorra. Com prudência, ao conceder a tutela antecipada, o magistrado deve aquilatar as consequências advindas dessa decisão, ponderando, se for o caso, do retorno ao estado anterior, se houver a sua revogação. A reversão deve ser analisada diante de cada caso concreto. Na dúvida, a doutrina pondera que o magistrado deve evitar a lesão ao direito do autor, concedendo a antecipação solicitada, visto que a irreversibilidade é relativa. Toda vez que o seu indeferimento faça com que seja completamente inoperante a prestação jurisdicional para o autor, deve a antecipação ser deferida, ainda que, de certa forma, seja prejudicial ao réu.

3.8 DANO PROCESSUAL E PREJUÍZO SOFRIDO

Independentemente da reparação por dano processual, a parte responde pelo prejuízo (dano patrimonial e dano extrapatrimonial) que a efetivação da tutela de urgência causar à parte adversa, se: a) a sentença lhe for desfavorável; b) obtida liminarmente a tutela em caráter antecedente, não fornecer os meios necessários para a citação do requerido no prazo de cinco dias; c) ocorrer a cessação da eficácia da medida em qualquer hipótese legal; d) o juiz acolher a alegação de decadência ou prescrição da pretensão do autor (art. 302, CPC).

Sempre que possível, a indenização será liquidada nos autos em que a medida tiver sido concedida.

Apesar do legislador não mencionar de forma expressa, entendemos que a regra do art. 302, também se aplica à tutela de evidência.

3.9 TUTELA DE EVIDÊNCIA

Ao contrário da tutela provisória de urgência antecipada, a tutela da evidência será concedida, independentemente da demonstração de perigo de dano ou de risco ao resultado útil do processo. Vale dizer, para a sua concessão não se cogita da demonstração do *periculum in mora*. É aplicável ao processo do trabalho (art. 769, CLT; art. 15, CPC).

Por lei (art. 311, I a IV, CPC), as hipóteses de concessão ocorrem quando:

(a) ficar caracterizado o abuso do direito de defesa ou o manifesto propósito protelatório da parte. São as hipóteses em que o exercício do direito de resposta está abusivo, excessivo, inadequado, ou seja, incongruente com a celeridade da prestação jurisdicional;

(b) as alegações de fato puderem ser comprovadas apenas documentalmente e houver tese firmada em julgamento de casos repetitivos ou em súmula vinculante. Não se cogita da atitude do réu para a sua concessão, contudo, os dois requisitos devem ocorrer de forma simultânea: (a) prova documental da situação fática; (b) a tese jurídica, como causa de pedir próxima, esteja pacificada via precedente exarado em sede de julgamento de casos repetitivos (art. 896-B, CLT), seja por decorrência de súmula vinculante do STF. É razoável estender citadas hipóteses às demais situações previstas no art. 927, CPC (adaptadas ao processo trabalhista, de acordo com o art. 15, IN 39/16, TST): (1) entendimento firmado em incidente de assunção de competência; (2) decisão do STF em controle concentrado de constitucionalidade; (3) tese jurídica prevalecente em TRT e não conflitante com súmula ou orientação jurisprudencial do TST (art. 896,

§ 6º, CLT);[6] (4) decisão do plenário, do órgão especial ou de seção especializada para uniformizar a jurisprudência do tribunal a que o juiz estiver vinculado do TST;

(c) se tratar de pedido reipersecutório fundado em prova documental adequada do contrato de depósito, caso em que será decretada a ordem de entrega do objeto custodiado, sob cominação de multa. Essa hipótese não é compatível com o processo trabalhista;

(d) a petição inicial for instruída com prova documental suficiente dos fatos constitutivos do direito do autor, a que o réu não oponha prova capaz de gerar dúvida razoável. A defesa é inconsistente, desprovida de argumentos e provas razoáveis, os quais possam elidir a força probatória dos documentos produzidos pelo autor.

O juiz está autorizado a decidir liminarmente nas hipóteses "b" e "c". Não se exige a resposta do réu.

3.10 PROCEDIMENTO DA TUTELA DE URGÊNCIA

A tutela de urgência (de natureza cautelar ou antecipatória) pode ser requerida em caráter incidental (no curso da ação) ou em caráter antecedente (art. 294, parágrafo único, CPC).

No curso da ação, a tutela será requerida por mera petição, na qual serão apresentados os fundamentos jurídicos pertinentes e apresentadas as provas das alegações.

3.10.1 Procedimento da tutela antecipada requerida em caráter antecedente

Com a nova sistemática legal (arts. 303 ss., CPC), nos casos em que a urgência for contemporânea à propositura da ação, a petição inicial pode limitar-se ao requerimento da tutela antecipada e à indicação do pedido de tutela final, com a exposição da lide, do direito que se busca realizar e do perigo de dano ou do risco ao resultado útil do processo.

Uma vez concedida a tutela antecipada em caráter antecedente, o autor deverá aditar a petição inicial, com a complementação de sua argumentação, a juntada de novos documentos e a confirmação do pedido de tutela final, em 15 dias ou em outro prazo maior que o juiz fixar, sob pena de extinção sem resolução de mérito.

Após o aditamento, o réu será citado e intimado para a audiência de conciliação ou de mediação. Resultando infrutífera a autocomposição, inicia-se o prazo para a contestação (art. 303, § 1º, III, CPC).

Contudo, caso entenda que não há elementos para a concessão de tutela antecipada, o autor deverá emendar da petição inicial em até cinco dias, sob pena de ser indeferida e de o processo ser extinto sem resolução de mérito.

No processo civil, a tutela antecipada concedida torna-se "estável" se não for interposto o agravo de instrumento. Nesse caso, o processo será extinto e qualquer das

---

[6] O § 6º do art. 896 da CLT foi revogado expressamente pela Lei 13.467/17.

partes poderá demandar a outra com o intuito de rever, reformar ou invalidar a tutela antecipada estabilizada. Trata-se da "estabilização da lide" ("não haverá coisa julgada").

A doutrina processual civil tem se mostrado divergente sobre a possibilidade de outras formas de impugnação da decisão, com a apresentação da contestação, não ensejarem a estabilização da lide.

A tutela antecipada conservará seus efeitos enquanto não revista, reformada ou invalidada por decisão de mérito.

No prazo de dois anos, qualquer das partes poderá requerer o desarquivamento dos autos em que foi concedida a medida, para instruir a petição inicial da ação, sendo prevento o juízo em que a tutela antecipada foi concedida.

A nova sistemática legal se aplica ao processo do trabalho (art. 769, CLT), com adequação ao procedimento previsto na CLT. Assim, caso não exista a conciliação entre as partes em audiência, a reclamada deverá apresentar imediatamente (audiência inicial trabalhista) a defesa (oral ou escrita) (art. 847, CLT). Não se fará a contagem do prazo para a contestação da forma prevista no CPC (art. 335, I).

No processo do trabalho, considerando o cabimento restrito do recurso de agravo de instrumento, a parte deverá impugnar a decisão concessiva ou não da tutela antecedente por mandado de segurança (Súm. 414, II, TST).

Sobre os requisitos da reclamação trabalhista, sua estrutura, elementos quanto ao aditamento da peça inicial e outros modelos, sugerimos a leitura do Capítulo 2.

3.10.2 Procedimento da tutela cautelar requerida em caráter antecedente

Nas situações em que autor pretenda a concessão tutela cautelar em caráter antecedente, a peça inicial indicará a lide e seu fundamento, a exposição sumária do direito que se objetiva assegurar e o perigo de dano ou o risco ao resultado útil do processo (art. 305 ss., CPC).

Caso o juiz entenda se tratar de tutela de natureza antecipada, deverá aplicar o regramento específico (art. 303).

Admitida a pretensão cautelar antecedente, o réu será citado e poderá contestar no prazo de cinco dias, sob pena de serem considerados verdadeiros os fatos alegados. Nesse caso, o magistrado decidirá em cinco dias.

Contestado o pedido, a ação tramitará pelo procedimento comum.

Efetivada a tutela cautelar, o pedido principal terá de ser formulado pelo autor no prazo de 30 dias, caso em que será apresentado nos mesmos autos em que deduzido o pedido de tutela cautelar.

O indeferimento da tutela cautelar não obsta o pedido principal, nem influi no julgamento deste, salvo se o motivo do indeferimento for o reconhecimento de decadência ou de prescrição (art. 310, CPC).

Apresentado o pedido principal, as partes serão intimadas para a audiência de conciliação ou de mediação. Caso não ocorra a autocomposição, inicia-se o prazo para a defesa.

A tutela concedida em caráter antecedente cessa a eficácia se: a) o autor não deduzir o pedido principal no prazo legal; b) não for efetivada dentro de 30 dias; c) o juiz julgar improcedente o pedido principal formulado pelo autor ou extinguir o processo sem resolução de mérito.

Se por qualquer motivo cessar a eficácia da tutela cautelar, é vedado à parte renovar o pedido, salvo sob novo fundamento.

De forma semelhante à tutela antecipada requerida em caráter antecedente, a nova sistemática legal se aplica ao processo do trabalho (art. 769, CLT), com adequação ao procedimento previsto na CLT. Dessa forma, não havendo a conciliação das partes em audiência, a reclamada deverá apresentar imediatamente (audiência inicial trabalhista) a defesa (oral ou escrita) (art. 847).

Sobre os requisitos da Reclamação Trabalhista, sua estrutura, elementos quanto ao aditamento da peça inicial e outros modelos, sugerimos a leitura do Capítulo 2.

3.11 CUSTAS PROCESSUAIS

As custas processuais seguirão o regramento específico do processo do trabalho (arts. 789 ss., CLT), ou seja, serão pagas quando da interposição do recurso ou ao final pela parte sucumbente.

3.12 RECURSO CONTRA A DECISÃO DE TUTELA PROVISÓRIA

Diferentemente do processo civil, contra a decisão interlocutória do juiz do trabalho que acolhe ou rejeita, ou ainda revoga tutela provisória, seja em caráter antecedente ou não, é incabível o recurso de agravo de instrumento, face à irrecorribilidade das decisões interlocutórias no processo do trabalho. No processo do trabalho, a decisão interlocutória é impugnável por mandado de segurança (Súm. 414, II, TST).

Por sua vez, para o TST, na vigência do CPC/73, a antecipação da tutela concedida na sentença não comportava impugnação pela via do mandado de segurança, por ser impugnável mediante recurso ordinário. A ação cautelar era o meio próprio para se obter efeito suspensivo a recurso (Súm. 414, I).

Contudo, o CPC/15 extinguiu a ação cautelar autônoma.

Assim, nos parece que, dentro do sistema positivado vigente, não é possível atribuir ao recurso ordinário trabalhista efeito suspensivo (art. 899, CLT), ainda que a sentença tenha concedido tutela provisória, por ser inaplicável o previsto no art. 1.012, V, CPC, ao processo do trabalho (art. 769, CLT; art. 15, CPC). Demonstrando a ausência dos requisitos legais para a concessão da medida ou equívoco em sua concessão, o recorrente deverá solicitar excepcionalmente o efeito suspenso ao recurso ordinário em razões recursais dirigidas ao Tribunal e requerer em petição, devidamente instruída, o efeito suspensivo ao recurso imediatamente à Corte Regional (incidente de efeito suspensivo) (art. 1.012, § 3º, CPC).

Em abril de 2017, o TST deu nova redação à Súmula 414, I (pela Resolução 217/17), ao dispor que: *"A tutela provisória concedida na sentença não comporta impugnação pela via do mandado de segurança, por ser impugnável mediante recurso ordinário. É admissível a obtenção de efeito suspensivo ao recurso ordinário mediante requerimento dirigido ao tribunal, ao relator ou ao presidente ou ao vice-presidente do tribunal recorrido, por aplicação subsidiária ao processo do trabalho do art. 1.029, § 5º, do CPC de 2015".*

Pela jurisprudência do TST, o efeito devolutivo ao recurso ordinário deve ser dirigido: (a) ao tribunal respectivo, no período compreendido entre a publicação da decisão de admissão do recurso e sua distribuição, ficando o relator designado para seu exame prevento para julgá-lo; (b) ao relator, se já distribuído o recurso; (c) ao presidente ou ao vice-presidente do tribunal recorrido, no período compreendido entre a interposição do recurso e a publicação da decisão de admissão do recurso, assim como no caso de o recurso ter sido sobrestado (art. 1.037, CPC). Por analogia, se o recurso ordinário for interposto de decisão da Vara do Trabalho, nessa hipótese o pedido de efeito devolutivo deverá ser dirigido ao juiz da Vara do Trabalho.

Tratando-se de requerimento feito no âmbito dos tribunais, a decisão do relator é atacável por agravo interno.

3.13 MODELO DE TUTELA DE URGÊNCIA DE NATUREZA ANTECIPATÓRIA EM CARÁTER ANTECEDENTE

EXCELENTÍSSIMO SENHOR DOUTOR JUIZ DA ____
VARA DO TRABALHO DE ____

(10 cm)

DOMINGOS PORTELA, (nacionalidade), (estado civil), (profissão), (nº do CPF), (nº do RG e órgão expedidor), (nº da CTPS), (nº do PIS/PASEP ou do NIT), (nome da mãe), (data de nascimento), domicílio físico e eletrônico – *e-mail*), por seu advogado subscrito (nome e endereço físico e eletrônico – *e-mails*) (procuração anexa), vem, à presença de Vossa Excelência, com fulcro nos arts. 292 e seguintes do Código de Processo Civil de 2015, combinado com art. 840, *caput* e § 1º, da Consolidação das Leis do Trabalho, e o art. 319 do CPC, requerer a *CONCESSÃO DE TUTELA DE URGÊNCIA DE NATUREZA ANTECIPADA EM CARÁTER ANTECEDENTE*, em face de **TICIO E CAIO LTDA.**, (nº do CNPJ), (nº do CEI), (domicílio físico e eletrônico – *e-mail*), pelos fundamentos de fato e de direito infraexpostos:

1 DOS FATOS E FUNDAMENTOS

1.1 Do Contrato de Trabalho

O Reclamante foi contratado pela Reclamada em 20-2-2010 para a função de operador de empilhadeira (doc. 01).

No dia 10-2-2021, o Reclamante foi dispensado sem justa causa (doc. 02), com a determinação para cumprimento do aviso prévio, com a opção de redução de 7 dias corridos.

O salário bruto recebido em janeiro/2021 foi de R$ 1.500,00.

1.2 Do convênio médico

Durante toda a vigência do contrato de trabalho, o empregado aderiu ao convênio médico empresarial oferecido pelo empregador (docs. 03/10), com desconto em folha de pagamento.

Atualmente, o empregado paga pelo Plano "C", da empresa KLLGG Convênio Médico e Saúde Empresarial S/A., com sede à Av. Paulista, 120, 38º andar, São Paulo.

1.3 Da Estabilidade Decorrente do Acidente de Trabalho

No curso do aviso prévio (26-2-2021, por volta das 7:20/7:30 horas), quando se dirigia ao local de trabalho, o Reclamante foi atropelado pelo veículo Volare W8, Placa ABCD 1234, ano 2014/2015, de propriedade da empresa Guanabara e América Transporte Coletivo Ltda., na esquina da Av. Ipiranga com a Av. São João, Região Central de São Paulo, conforme boletim de ocorrência e relatório médico anexo (doc. 04).

Em virtude do acidente, o Reclamante sofreu várias lesões e quebrou a perna direita em três lugares diferentes, sendo submetido a dois procedimentos cirúrgicos de urgência. Além disso, continua internado no hospital São Paulo, com as despesas arcadas pelo convênio médico.

Conforme relatório médico, existe uma estimativa de internação por mais 10/13 dias, com previsão de recuperação em três meses (doc. 04).

No dia seguinte ao acidente, a sra. Alice Portela, esposa do Reclamante, comunicou o empregador sobre o ocorrido e solicitou a expedição do comunicado de acidente de trabalho (CAT).

Apesar disso, o empregador negou-se a expedir a CAT e reconhecer a estabilidade acidentária (art. 118, Lei 8.213/91), nos exatos termos da Súm. 378, II, TST.

O trabalhador continua internado no hospital São Paulo, contudo, não tem condições financeiras de arcar com as despesas de internação e tratamento médico sequer por um dia.

1.4 Tutela provisória de natureza antecipatória

Considerando a existência do acidente *in itinere*, com a incapacidade total do Reclamante pelo prazo superior a 15 dias (*fumus boni iuris*) e o risco do exaurimento do prazo legal da estabilidade e da perda do convênio médico, com prejuízo ao tratamento médico e à saúde do trabalhador (*periculum in mora*), sem prejuízo de outras pretensões, inclusive as de natureza indenizatória, requer a concessão de tutela de urgência de natureza antecipatória *inaudita altera parte*, reconhecimento a estabilidade acidentária e anulando/suspendendo os efeitos da dispensa imotivada, com a determinação de reintegração imediata do trabalhador e a manutenção do convênio médico da empresa (Plano de Saúde "C").

Outrossim, requer a determinação de todas as medidas que forem adequadas para a efetivação da tutela concedida, requerendo, desde já, a fixação de *astreintes* no valor de R$ 1.000,00 por dia de descumprimento da ordem judicial, em favor do trabalhador.

2 PEDIDOS E REQUERIMENTOS

Requer-se a citação da Reclamada, para que compareça em Juízo, em audiência designada por Vossa Excelência, e apresente sua defesa em audiência sob pena de incorrer nos efeitos da revelia.

Espera a concessão de tutela de urgência de natureza antecipatória *inaudita altera parte* reconhecendo a estabilidade acidentária e anulando/suspendendo os efeitos da dispensa imotivada, com a determinação de reintegração imediata do trabalhador e a manutenção do convênio médico da empresa (Plano de Saúde "C").

Outrossim, requer a determinação de todas as medidas que forem adequadas para a efetivação da tutela concedida, requerendo, desde já, a fixação de *astreintes* no valor de R$ 1.000,00 por dia de descumprimento da ordem judicial, em favor do trabalhador.

Solicita ainda a intimação da empresa KLLGG Convênio Médico e Saúde Empresarial S/A. para que tome ciência da medida judicial concedida por V. Exa.

Dá-se à causa o valor de R$ _____ (_____).

Nestes termos,

pede deferimento.

Local e data

Advogado

OAB nº _____

Obs. Acompanhada da planilha de cálculos em arquivo PDF (preferencialmente, extraída do PJe-calc).

3.14 MODELO DE ADITAMENTO (RECLAMAÇÃO TRABALHISTA) À TUTELA DE URGÊNCIA CONCEDIDA (DE NATUREZA ANTECIPATÓRIA EM CARÁTER ANTECEDENTE)

EXCELENTÍSSIMO SENHOR DOUTOR JUIZ DA _____ VARA DO TRABALHO DE _____

(10 cm)

Processo nº

DOMINGOS PORTELA, (nacionalidade), (estado civil), (profissão), (nº do CPF), (nº do RG e órgão expedidor), (nº da CTPS), (nº do PIS/PASEP ou do NIT), (nome da mãe), (data de nascimento), domicílio físico e eletrônico – *e-mail*), por seu advogado subscrito (nome e endereço físico e eletrônico – *e-mails*) (procuração anexa), vem, à presença de Vossa Excelência, com fulcro nos arts. 292 e seguintes do Código de Processo Civil de 2015, combinado com art. 840, *caput* e § 1º, da Consolidação das Leis do Trabalho, e o art. 303 do CPC, promover o *ADITAMENTO (RECLAMAÇÃO TRABALHISTA)* ao requerimento de *CONCESSÃO DE TUTELA DE URGÊNCIA DE NATUREZA ANTECIPADA EM CARÁTER ANTECEDENTE*, em face de **TICIO E CAIO LTDA.**, (nº do CNPJ), (nº do CEI), (domicílio físico e eletrônico – *e-mail*), pelos fundamentos de fato e de direito infraexpostos:

1 CONCESSÃO DE TUTELA DE URGÊNCIA DE NATUREZA ANTECIPADA EM CARÁTER ANTECEDENTE. ADITAMENTO

Considerando a concessão de tutela de urgência de natureza antecipada em caráter antecedente requerida e concedida por V. Exa. (fls. 20), o Reclamante apresenta seu **ADITAMENTO AO REQUERIMENTO DE TUTELA DE URGÊNCIA**, nos termos do art. 303, § 1º, CPC, pelas razões de fato e de direito que seguem.

Friso que, somente com a concessão da tutela de urgência, houve a manutenção do plano de saúde e a cobertura integral do tratamento médico pelos dias em que o trabalhador permaneceu internado no Hospital São Paulo.

2 DOS FATOS E FUNDAMENTOS

2.1 Do Contrato de Trabalho

O Reclamante foi contratado pela Reclamada em 20-2-2010 para a função de operador de empilhadeira (doc. 02).

No dia 10-2-2021, o Reclamante foi dispensado sem justa causa (doc. 03), com a determinação para cumprimento do aviso prévio, com a opção de redução de sete dias corridos.

O salário bruto recebido em janeiro/2021 foi de R$ 1.500,00.

2.2. Do acidente de trabalho e da estabilidade legal

Como já noticiado, no dia 26-2-2021, por volta das 7:20/7:30 horas, no curso do aviso prévio, quando se dirigia ao local de trabalho, o Reclamante foi atropelado pelo veículo Volare W8, Placa ABCD 1234, ano 2014/2015, de propriedade da empresa Guanabara e América Transporte Coletivo Ltda., na esquina da Av. Ipiranga com a Av. São João, Região Central de São Paulo, conforme boletim de ocorrência e relatório médico anexo (doc. 07).

Em virtude do acidente, o Reclamante sofreu várias lesões e quebrou a perna direita em três lugares diferentes, sendo submetido a dois procedimentos cirúrgicos de urgência.

Conforme relatório médico/internação, o trabalhador permaneceu internado por 10 dias, com previsão de tratamento fisioterapêutico e com recuperação total em três meses (doc. 08).

No dia seguinte ao acidente, a sra. Alice Portela, esposa do Reclamante, comunicou o empregador sobre o ocorrido e solicitou a expedição do comunicado de acidente de trabalho (CAT).

Apesar disso, o empregador negou-se a expedir a CAT e reconhecer a estabilidade acidentária (art. 118, Lei 8.213/91), nos exatos termos da Súm. 378, II, TST.

Diante do acidente ocorrido e dos relatórios médicos, requer o reconhecimento da estabilidade acidentária, com a decretação da nulidade da dispensa imotivada e a reintegração imediata do trabalhador, reestabelecendo a relação jurídica existente entre as Partes.

2.3 Estabilidade acidentária. Reintegração. Tutela de evidência

No presente caso, pelos diversos documentos apresentados, inexiste dúvida sobre o acidente de trabalho *in itinere* sofrido pelo Reclamante.

Com isso, o direito do trabalhador à proteção jurídica (estabilidade acidentária – art. 118, Lei 8.213/91; Súm. 378, II, TST) é uma mera decorrência lógica dos fatos comprovados.

Diante dos fatos relatados e até mesmo da tutela de urgência concedida em caráter antecedente (reconhecendo liminarmente o acidente *in itinere*), requer a concessão de tutela da evidência (art. 311, CPC), determinando a reintegração imediata do trabalhador, no prazo de 48 horas, sob pena de multa diária de R$ 500,00.

2.4 Do convênio médico

Durante toda a vigência do contrato de trabalho, o empregado aderiu ao convênio médico empresarial oferecido pelo empregador (docs. 12/18), com desconto em folha de pagamento.

Atualmente, o empregado paga pelo Plano "C", da empresa KLLGG Convênio Médico e Saúde Empresarial S/A., com sede à Av. Paulista, 120, 38º andar, São Paulo.

Com a reintegração, o convênio médico deverá ser mantido durante o período da estabilidade acidentária e por todo o contrato de trabalho.

2.5 Do convênio médico. Tutela provisória de natureza antecipatória concedida

Diante das alegações apresentadas em sede de requerimento de tutela antecipada requerida em caráter antecedente, verificando os requisitos legais, V. Exa. concedeu a medida liminar reconhecendo o acidente de trabalho *in itinere* e determinando a manutenção do convênio médico, sob pena de multa diária de R$ 1.000,00. Determinou-se ainda a intimação da empresa de Convênio Médico (fls. 20).

De plano, cumpre informar que a determinação judicial vem sendo cumprida até a presente data.

Espera a manutenção de tutela provisória concedida até a decisão final da presente ação.

2.6 Danos morais

A conduta ilícita do empregador em não emitir a CAT, não reconhecer o acidente de trabalho *in itinere* e, consequentemente, obstar a aquisição da estabilidade legal e dificultar o tratamento médico, além de violar o sistema de proteção social, causou ao trabalhador inúmeras preocupações, tristezas e transtornos quando estava internado.

Lembro que somente pela atuação sensível do Poder Judiciário foi possível garantir ao trabalhador o mínimo de dignidade no tratamento médico.

Como é de notório saber, o dano moral, espécie do gênero extrapatrimonial, não repercute nos bens patrimoniais da vítima, atingindo os bens de ordem moral ou o foro íntimo da pessoa, tais como: a honra, a liberdade, a intimidade e a imagem.

Wilson Melo da Silva considera danos morais as "lesões sofridas pelo sujeito físico ou pessoa natural de direito em seu patrimônio ideal, em contraposição ao patrimônio material, o conjunto de tudo aquilo que não seja suscetível de valor econômico." (*Dano Moral e a sua Reparação*. 3ª ed. Rio de Janeiro: Forense, 1983, p. 11).

Nos ensinamentos de Maria Helena Diniz: "O dano moral vem a ser lesão de interesse não patrimonial de pessoa física ou jurídica, provocada pelo fato lesivo." (*Curso de Direito Civil Brasileiro*. 10ª ed. São Paulo: Saraiva, 1995. v. 7º, p. 67).

Dalmartello enuncia os elementos caracterizadores do dano moral, "segundo sua visão, como a privação ou diminuição daqueles bens que têm um valor precípuo na vida do homem e que são a paz, a tranquilidade de espírito, a liberdade individual, a integridade física, a honra e os demais sagrados afetos, classificando-os em dano que afeta a parte social do patrimônio moral (honra, reputação etc.); dano que molesta a parte afetiva do patrimônio moral (dor, tristeza, saudade etc.); dano moral que provoca direta ou indiretamente dano patrimonial (cicatriz deformante etc.) e dano moral puro (dor, tristeza etc.)." (*apud* Rui Stocco. *Responsabilidade Civil e a sua Interpretação Jurisprudencial*. 2ª ed. São Paulo: Revista dos Tribunais, 1995, p. 523).

No presente caso, é inegável que a conduta ilícita do empregador tenha causado danos morais ao trabalhador (art. 186 e 927, CC).

Estimando a lesão causada, o tipo e sua extensão, a capacidade econômica do ofensor, o caráter pedagógico da indenização e o princípio da razoabilidade, desde já, requer a fixação dos danos morais em R$ 15.000,00 (10 vezes o salário do empregado).

2.7 Adicional de periculosidade

O Reclamante exerce a função de operador de empilhadeira, sendo que é obrigado a proceder a troca dos cilindros de gás GLP (01/02 vezes ao dia), com risco acentuado e existência de exposição constante e permanente ao agente periculoso.

Apesar disso, o empregador nunca lhe pagou o adicional de periculosidade, nos termos dos arts. 193 e seguintes, da CLT, e NR 16, anexo 2, item 1, A e B, item 2, parágrafos IV e VIII, item 3, J, do Ministério do Trabalho.

Destarte, espera a condenação da Reclamada ao pagamento do adicional de periculosidade (30% sobre o salário contratual) (parcela vencidas) e com reflexos em outras verbas do contrato de trabalho (DSRs, férias, acrescidas de 1/3, 13º salário e depósitos do FGTS).

As parcelas vincendas deverão ser incluídas na folha de pagamento, com os reflexos legais.

3 PEDIDOS E REQUERIMENTOS

Espera o deferimento do presente ADITAMENTO ao requerimento de tutela de urgência requerido às fls.

Requer-se a citação da Reclamada, para que compareça em Juízo, em audiência designada por Vossa Excelência, e apresente sua defesa em audiência sob pena de incorrer nos efeitos da revelia.

Espera a manutenção da tutela de urgência de natureza antecipatória *inaudita altera parte* concedida (fls. 20) até o julgamento em definitivo da lide.

Requer a concessão de tutela de evidência, determinando a reintegração, decorrente da estabilidade legal, no prazo de 48 horas, sob pena de multa diária de R$ 500,00 em favor do trabalhador.

No mérito, espera o reconhecimento da estabilidade acidentária e a decretação de nulidade da dispensa imotivada.

Além disso, a Reclamada deverá ser condenada:

a) danos morais, desde já requerendo seu arbitramento em R$ 15.000,00, com correção monetária a partir do arbitramento e isento de descontos legais (IR e INSS);

b) adicional de periculosidade pelo período imprescrito e inclusão na folha de pagamento (salários vincendos), com reflexos em DSRs, férias, acrescidas de 1/3, 13º salário e depósitos do FGTS – valor R$ 20.000,00;

c) juros legais, a partir do ajuizamento da ação;

d) correção monetária apurada a partir do mês subsequente à prestação de serviços.

Requer a concessão do benefício da assistência judiciária gratuita.

O Reclamante pretende provar o acima exposto por todos os meios em direito permitidos (art. 5º, LVI, CF) (documentos, testemunhas, vistorias etc.), com destaque, em especial, para o depoimento da Reclamada, sob pena de confissão (Súm. 74, TST).

Outrossim, requer a condenação da Reclamada ao pagamento de honorários advocatícios, bem como de despesas processuais e custas processuais.

Dá-se à causa o valor de R$ _____ (_____)

Nestes termos,

pede deferimento.

Local e data

Advogado

OAB nº _____

Obs. Acompanhada da planilha de cálculos em arquivo PDF (preferencialmente, extraída do PJe-calc).

3.15 MODELO DE TUTELA DE EVIDÊNCIA – TÓPICO ESPECÍFICO DA RECLAMAÇÃO TRABALHISTA

1 TUTELA DE EVIDÊNCIA

Como já mencionado, o Reclamante integra o quadro da Reclamada há 10 anos e 5 meses, exercendo atualmente a função de engenheiro químico II, no setor de pesquisa e desenvolvimento da empresa.

Depois de alguns meses de dedicação, o Reclamante foi aprovado em processo seletivo para o curso de pós-graduação em engenharia química industrial na Universidade Presbiteriana Mackenzie e realizou sua matrícula no dia 10 de fevereiro de 2020 (docs. 8/9).

A Reclamante dispendeu o valor de R$ 1.800,00 no ato da matrícula e o pagamento de duas mensalidades no mesmo valor (docs. 10/13).

Nos termos da norma coletiva de trabalho (cláusula 32ª, CCT 2019/2021, após 8 anos na empresa, caso o empregado tenha interesse em estudar e aprimorar seus conhecimentos na área em que trabalha, o empregador acará com 50% da matrícula e das mensalidades do curso (doc. 10).

Prevê expressamente a norma coletiva invocada:

Cláusula 32ª – Qualificação e Estudo.

Após 08 (oito) anos de vigência do contrato individual de trabalho, o empregado tem direito ao reembolso de 50% das despesas realizadas com matrícula e estudo (graduação, pós-graduação e curso de aperfeiçoamento), desde que direcionado à área de atuação profissional.

Considerando o exercício da função de engenheiro químico na Reclamada por mais de 10 anos e o curso de pós-graduação iniciado (engenharia química industrial) nesse semestre, resta evidente a plausibilidade do direito do direito pretendido (art. 311, CPC).

Assim, requer a concessão de tutela de evidência, determinando o reembolso das despesas realizadas (matrícula e mensalidades pagas) e de todas que doravante venham a ser pagas pelo Reclamante, após a devida comprovação junto ao departamento pessoal do empregador, no prazo de dois dias após a comprovação, sob pena de multa diária de R$ 200,00 em favor do trabalhador.

4

RESPOSTA DA RECLAMADA: CONTESTAÇÃO

4.1 FUNDAMENTO JURÍDICO

O direito de defesa encontra fundamento no princípio do amplo direito de defesa e princípio do contraditório (art. 5º, LV, CF), sendo que ninguém será processado senão por autoridade competente (art. 5º, LIII) e não será privado da liberdade ou de seus bens sem o devido processo legal (art. 5º, LIV).

No plano infraconstitucional, a resposta do réu, como regra geral, está disciplinada no art. 335, CPC e art. 847 da CLT, com as alterações da Lei 13.467/17.

Considerando o regramento processual civil e a necessidade do TST se posicionar, ainda que não de forma exaustiva, sobre a aplicação de várias regras e de institutos disciplinados pelo CPC ao processo do trabalho, foi editada a IN 39/16.[1]

Além disso, diante da necessidade de se preservar a segurança jurídica e de o TST se posicionar sobre diversos aspectos processuais da Reforma Trabalhista (Lei 13.467), o TST editou a IN 41, de 21-6-2018.

Nesse aspecto, o TST entendeu inaplicável ao processo do trabalho o prazo para a contestação (art. 335, CPC) (art. 2º, V, IN 39).

4.2 RESPOSTA DA RECLAMADA: ESPÉCIES E APRESENTAÇÃO

Na vigência do CPC/73, a resposta (do requerido) consistia em contestação, reconvenção e exceção de incompetência territorial e exceções de suspeição e impedimento do juiz (art. 297, CPC). Além disso, ainda existiam outras formas de defesa, como a impugnação ao valor da causa (art. 261) e a impugnação ao benefício da assistência judiciária gratuita (art. 4º, Lei 1.060/50).

Com a nova sistemática processual, a contestação é a única forma de defesa, sendo que todas as matérias e alegações do requerido devem ser concentradas nessa peça processual (arts. 336 e 337, CPC/15).

---

[1] A IN 39/16, TST, é objeto da ação direta de inconstitucionalidade promovida pela Associação Nacional dos Magistrados da Justiça do Trabalho – ANAMATRA (ADI 5516, Rel. Min. Cármen Lúcia).

No processo civil, o prazo legal para apresentar a contestação é de 15 dias (art. 335, CPC), o qual se inicia: a) da audiência de conciliação ou de mediação, ou da última sessão de conciliação, quando qualquer parte não comparecer ou, comparecendo, não houver autocomposição; b) do protocolo do pedido de cancelamento da audiência de conciliação ou de mediação apresentado pelo réu (art. 334, § 4º, I); c) da data de juntada aos autos do aviso de recebimento (citação pelo Correio) ou do mandado cumprido (citação por oficial de justiça), nos demais casos.

No caso de litisconsórcio passivo, em caso de desinteresse na realização da audiência de autocomposição (art. 334, § 6º), o prazo terá início, para cada um dos réus, a data de apresentação de seu respectivo pedido de cancelamento da audiência.

Na hipótese de não ocorrer a audiência de autocomposição, pela natureza da controvérsia (art. 334, § 4º, II), havendo litisconsórcio passivo e o autor desistir da ação em relação a réu ainda não citado, o prazo para resposta correrá da data de intimação da decisão que homologar a desistência.

Em havendo pluralidade de requeridos, com procuradores distintos, os prazos serão contados em dobro (art. 229, CPC). Segundo o TST, essa regra é inaplicável ao processo do trabalho (OJ 310, SDI-I).

No processo do trabalho, em todos os procedimentos (ordinário, sumário e sumaríssimo), nos termos da CLT, a resposta da reclamada é feita oralmente em audiência (arts. 847 e 852-F, CLT, e 2º, Lei 5.584/70), no prazo de 20 minutos, após a tentativa frustrada da conciliação e da leitura da reclamação (via de regra, se dispensa tacitamente até porque se mostra desnecessária).[2] Na prática, a resposta da reclamada é apresentada por escrito, devidamente acompanhada da prova documental. Pela Lei 13.467, a parte poderá apresentar defesa escrita pelo sistema de processo judicial eletrônico até a audiência (art. 847, parágrafo único, CLT).

De acordo com o conteúdo do art. 841, *caput*, da CLT, é de observância necessária o prazo mínimo de cinco dias entre a data do recebimento da citação e a designação da audiência.

Para a União, os Estados, o Distrito Federal, os Municípios e as autarquias ou fundações de direito público federais, estaduais ou municipais que não explorem atividade econômica, o prazo será de 20 dias (art. 1º, II, Decreto-Lei 779/69).

Em regra geral, o não comparecimento do reclamado em audiência inicial importa revelia, além de confissão, quanto à matéria de fato (art. 844, *caput*, CLT), e não intimação dos demais atos processuais, salvo da sentença. Pela Reforma Trabalhista (Lei 13.467), ainda que ausente o reclamado, presente o advogado em audiência serão aceitos a contestação e os documentos eventualmente apresentados (art. 844, § 5º, CLT), sendo que essa nova disposição é aplicável para as ações ajuizadas a partir de 11-11-2017 (art. 12, *caput*, IN 41, TST).

---

[2] A leitura da reclamação trabalhista em audiência é desnecessária, na medida em que a reclamada toma ciência de suas alegações (fatos e fundamentos) quando da citação, a qual é acompanhada pela cópia da petição inicial (contrafé).

No exercício do direito de defesa, recomenda-se a abordagem das questões processuais e de mérito na seguinte ordem lógica:

a) inexistência ou nulidade de citação;
b) pressupostos processuais subjetivos: (1) relativos ao juiz: imparcialidade (impedimento e suspeição) e competência (absoluta ou relativa); (2) relativos às partes (autor): capacidade de ser parte, capacidade processual e capacidade de postular em juízo;
c) pressupostos processuais objetivos: (1) intrínsecos à relação processual (subordinação do procedimento às normas legais). Nessa parte, entra a inépcia da inicial: falta do pedido ou de causa de pedir, pedidos indeterminados (ressalvada a hipótese de pedido genérico), falta de lógica entre a narração dos fatos e a conclusão e pedidos incompatíveis entre si; (2) extrínsecos à relação processual: falta de caução ou de outra prestação que a lei exige como preliminar; coisa julgada; litispendência; perempção e a convenção de arbitragem; incorreção do valor da causa; impugnação ao benefício de gratuidade de justiça;
d) condições da ação (carência de ação): interesse de agir; legitimidade ativa e passiva;
e) preliminares ou prejudiciais de mérito: prescrição, decadência, compensação e retenção;
f) defesa de mérito: (1) direta: impugnação ao fato constitutivo do direito do autor; (2) indireta: reconhecimento do fato constitutivo, mas oposição de fato impeditivo, modificativo ou extintivo do pedido do autor.

4.2.1 Citação e resposta no processo eletrônico (PJe)

As partes ou terceiros interessados desassistidos de advogado poderão apresentar peças processuais e documentos em papel, segundo as regras ordinárias, nos locais competentes para recebê-los, que serão inseridos nos autos eletrônicos pela unidade judiciária, em arquivo eletrônico que utilize linguagem padronizada de marcação genérica (art. 4º, Res. CSJT 185/17).

O peticionamento avulso deve ser utilizado somente por advogados que não tenham poderes nos autos para representar qualquer das partes (art. 107, I, CPC; art. 5º, § 9º, Res. CSJT 185).

Ato do presidente do CSJT definirá o tamanho máximo dos arquivos e extensões suportadas pelo PJe (art. 12, Res. CSJT 185).

O PJe deve dispor de funcionalidade que permita o uso exclusivo de documento digital que utilize linguagem padronizada de marcação genérica, garantindo-se, de todo modo, a faculdade do peticionamento inicial e incidental mediante juntada de arquivo eletrônico *portable document format* (.pdf) padrão ISO-19005 (PDF/A), sempre com a identificação do tipo de petição a que se refere, a indicação do juízo a que é dirigida, nomes e prenomes das partes e número do processo.

O agrupamento de documentos em um mesmo arquivo eletrônico *portable document format* (.pdf) sempre deverá corresponder a documentos de mesmo tipo, com classificação disponível no PJe.

Está autorizado o uso do tipo "documento diverso" apenas para agrupamento de documentos que não contenham tipo de documento específico no PJe.

É sempre necessário o preenchimento do campo "descrição", identificando-se resumidamente a informação correspondente ao conteúdo dos documentos agrupados, além dos períodos a que se referem, sendo vedada a descrição que não possibilite a correta identificação do conteúdo do arquivo.

No processo eletrônico, as citações, intimações e notificações, inclusive as destinadas à União, Estados, Distrito Federal, Municípios e suas respectivas autarquias e fundações de direito público serão feitas por meio eletrônico, sem prejuízo da publicação no *Diário Eletrônico da Justiça do Trabalho* (*DEJT*) nas hipóteses previstas em lei (art. 17, Res. CSJT 185).

É vedada às sociedades de advogados a prática eletrônica de atos processuais, sendo considerada usuária externa apenas para recebimento de intimações, na forma dos arts. 106, I e 272, § 2º, CPC.

No PJe, a contestação ou a reconvenção e seus respectivos documentos deverão ser protocolados até a realização da proposta de conciliação infrutífera, com a utilização de equipamento próprio, sendo automaticamente juntados, facultada a apresentação de defesa oral (art. 847, CLT; art. 22, Res. CSJT 185). A CLT assegura à parte apresentar a sua defesa escrita pelo sistema de processo judicial eletrônico até a audiência (art. 847, parágrafo único).

No mandado de citação[3] em PJe, constará orientação para que a contestação, outros meios de defesa e documentos sejam protocolados com pelo menos 48h de antecedência da audiência (art. 22, § 1º).

Os prazos processuais são computados em dias úteis (art. 775, CLT; art. 219, CPC; art. 12-A, Lei 9.099/95).

No PJe, a resposta do réu é um ato complexo, visto que se desdobra em dois momentos: (a) o da apresentação da resposta antes da audiência; (b) o do recebimento formal da resposta em audiência.

Luis Fernando Feóla[4] ensina: "*No processo eletrônico, o ato de apresentação e recebimento formal da defesa passa a ser um ato complexo.*

O advogado tem o dever de anexar a contestação no sistema eletrônico antes da audiência. Esta, contudo, até que seja rejeitada a proposta de acordo, não é recebida formalmente pelo magistrado.

A apresentação da defesa decorre de uma forma e em determinado momento, distinto do recebimento da defesa pelo juiz. O juiz recebe formalmente a defesa quando dá por esgotada a fase de tentativa de conciliação, via de regra, rompendo o sigilo atribuído à defesa e possibilitando o acesso da parte autora a seu conteúdo.

---

[3] No expediente de notificação inicial ou de citação constará indicação da forma de acesso ao inteiro teor da petição inicial no endereço referente à consulta pública do PJe, cujo acesso também será disponibilizado nos sítios dos TRTs e do CSJT na rede mundial de computadores (art. 18, Res. CSJT 185).

[4] FEÓLA, Luis Fernando. *Prática jurídica no PJe/JT* – processo judicial eletrônico da justiça do trabalho. São Paulo: LTr, 2014, p. 121.

Em ata de audiência, o termo apresentada a contestada *deve ser substituído pelo termo recebida a contestação. A apresentação não ocorre em audiência, salvo em restritas hipóteses que adiante se estudará. O ato é complexo porque não se pode definir previamente que não seja praticado por pessoas distintas, até porque a defesa é inserida no sistema por um advogado (regra geral) e somente é recebida em audiência com a presença do reclamado ou seu preposto".*

Será que se mantém o teor da Súmula 122, TST, diante da ausência da parte ao processo mesmo que a parte tenha protocolizado a defesa nos autos de forma eletrônica?

De acordo com a Súmula 122, a reclamada, ausente à audiência em que deveria apresentar defesa, é revel, ainda que presente seu advogado munido de procuração, podendo ser ilidida à revelia mediante a apresentação de atestado médico, que deverá declarar, expressamente, a impossibilidade de locomoção do empregador ou do seu preposto no dia da audiência.

A defesa pode ser apresentada no PJe antes da audiência (art. 847, parágrafo único, CLT) por uma questão operacional, a qual não implica, necessariamente, a mudança procedimental prevista no arts. 844 e 847.

Vale dizer, mesmo com a apresentação da defesa antes da audiência, a Reclamada deveria estar presente na audiência, por meio do seu representante legal ou preposto, observadas as ponderações da Súmula 377. Caso contrário, a sua ausência implicaria revelia, além da confissão, quanto à matéria de fato (Súm. 122, TST).

Com a Lei 13.467, ainda que ausente a reclamada na audiência inicial, mas presente o advogado, a defesa e os documentos serão aceitos (art. 844, § 5º, CLT), o que não afasta a pena de confissão. Assim, a partir da vigência da Lei 13.467, deixa de ter aplicabilidade o teor da Súmula 122 do TST.

A reclamada poderá atribuir segredo de justiça ou sigilo à contestação, petições incidentais e documentos, desde que, justificadamente, fundamente (art. 770, *caput*, CLT; arts. 189 e 773, CPC). O magistrado poderá determinar a exclusão de petições e documentos indevidamente protocolados sob sigilo (arts. 22, §§ 2º, 4º, e 15, Res. CSJT 185).

4.2.2 Resposta, revelia e confissão quanto à matéria de fato

A formulação da resposta não é uma obrigação por parte do reclamado, mas sim um ônus processual.

A revelia é uma situação processual decorrente da omissão do réu em contestar a ação. São efeitos da revelia: presunção de veracidade dos fatos alegados na petição inicial (art. 344, CPC) e não intimação dos demais atos processuais (art. 346).

Pela estrutura do CPC, não haverá a presunção de veracidade dos fatos alegados na petição inicial (revelia não *operandi*) quando: (a) havendo pluralidade de réus, algum deles contestar a ação; (b) o litígio versar sobre direitos indisponíveis;[5] (c) a

---

[5] "Embora haja alguma divergência na doutrina, é praticamente consenso de que o Direito do Trabalho pertence ao ramo do Direito Privado, embora muitas de suas normas tenham natureza cogente (arts. 9º, 444 e 468, da CLT). No nosso sentir, o fato de existirem normas de ordem pública no Direito do Trabalho não significa dizer que os Direitos Trabalhistas são indisponíveis.

petição inicial não estiver acompanhada do instrumento público, que a lei considere indispensável à prova do ato;[6] d) as alegações de fato formuladas pelo autor forem inverossímeis ou estiverem em contradição com prova constante dos autos (art. 345).

Com a Lei 13.467, não ocorre revelia nas seguintes hipóteses: (a) havendo pluralidade de reclamados, algum deles contestar a ação; (b) o litígio versar sobre direitos indisponíveis; (c) a petição inicial não estiver acompanhada de instrumento que a lei considere indispensável à prova do ato; (d) as alegações de fato formuladas pelo reclamante forem inverossímeis ou estiverem em contradição com prova constante dos autos (art. 844, § 4º, CLT).

Poderá o requerido, entretanto, intervir no processo em qualquer fase, recebendo-o no estado em que se encontra.

A revelia gera a presunção de veracidade dos fatos articulados pelo autor na fundamentação da petição inicial, contudo, não se confunde com a confissão *ficta*. Enquanto a revelia é a ausência de defesa ante a inércia do reclamado (réu) (situação jurídica), a confissão *ficta* é a consequência advinda dessa situação jurídica (a presunção de veracidade quanto à matéria fática), a qual também ocorre quando a parte não comparece para prestar depoimento pessoal, observados os requisitos jurisprudenciais inseridos na Súmula 74, I, do TST.

Há julgados, em sede trabalhista, os quais entendem que a revelia é inaplicável ao Poder Público, sob o fundamento de o litígio versar sobre direitos indisponíveis (art. 345, II, CPC). Esse entendimento não só viola a lei (art. 844, CLT), como a natureza jurídica alimentar do crédito trabalhista, o qual é privilegiado (art. 186, CTN). Não se pode esquecer que quando a Administração Pública contrata pelo regime celetista, se equipara ao empregador comum, ficando, como regra, sujeita às mesmas regras processuais. A revelia aplica-se a pessoa jurídica de direito público (OJ 152, SDI-I). De forma contrária à OJ 152, pela Lei 13.467, a qual introduziu o § 4º, II, ao art. 844, CLT, a revelia não produzirá a confissão quando o litígio versar sobre direitos indisponíveis.

Mesmo diante da formulação da resposta, o requerido deve impugnar (princípio da impugnação específica) as razões de fato e de direito narradas na peça inicial (art. 336, CPC), sob pena de incorrer na veracidade da matéria fática aduzida pelo autor e não impugnada (art. 341). Acrescente-se que toda a matéria de defesa deve ser apresentada (princípio da eventualidade), sob pena de preclusão.

Não haverá a presunção de veracidade dos fatos alegados na peça inicial quando: (a) havendo pluralidade de reclamados, algum deles contestar a ação; (b) o litígio versar sobre direitos indisponíveis; (c) a petição inicial não estiver acompanhada de instrumento que a lei considere indispensável à prova do ato; (d) as alegações de fato

---

Alguns Direitos, na esfera trabalhista são indisponíveis, como os direitos da personalidade do trabalhador, difusos, coletivos e também os relacionados com as normas que se referem à medicina, segurança e ao meio ambiente do trabalho" (SCHIAVI, Mauro. *Manual de Direito Processual do Trabalho*, p. 408).

6 "Em sede trabalhista, são exemplos de documentos essenciais os acordos e convenções coletivas, a prova da filiação por meios de juntada de certidão de nascimento para dar suporte à pretensão do salário-família" (SCHIAVI, Mauro. Ob. cit., p. 408).

formulados pelo reclamante forem inverossímeis ou estiverem em contradição com prova constante dos autos (art. 844, § 4º, CLT, redação dada pela Lei 13.467).

4.3 DAS PARTES

O *ius postulandi* (capacidade postulatória das partes: reclamante e reclamada) (art. 791, CLT) limita-se às varas do trabalho e aos TRTs (instâncias ordinárias), não alcançando a ação rescisória, o mandado de segurança e os recursos de competência do TST (Súm. 425, TST).

Contudo, devido à complexidade das questões jurídicas (materiais e processuais), não se recomenda a atuação sem a orientação e sem o acompanhamento de profissional qualificado em qualquer das instâncias da Justiça do Trabalho.

4.4 CONTESTAÇÃO

Para Emílio Gonçalves, contestação é a *"defesa geral, por meio da qual o réu deve apresentar todos os seus argumentos e alegações, ressalvadas as exceções de incompetência relativa, suspeição e impedimento, as quais devem ser apresentadas em separado".*[7]

É aplicável à contestação o denominado princípio da eventualidade: todas as matérias processuais e meritórias de defesa (questões de fato e de direito), em caráter alternativo ou subsidiário, devem ser apresentadas (art. 336, CPC), além da manifestação precisa (princípio da impugnação especificada) do réu sobre os fatos narrados na petição inicial (art. 341), sob pena de preclusão.

Os fatos não impugnados presumem-se verdadeiros, salvo se: (a) não for admissível, a seu respeito, a confissão; (b) a petição inicial não estiver acompanhada do instrumento público que a lei considerar da substância do ato; (c) estiverem em contradição com a defesa, considerada em seu conjunto, ou dos autos. Também não podem ser consideradas verdadeiras as alegações inverossímeis ou que estiverem em contradição com prova constante dos autos.

A regra ou o princípio da impugnação especificada dos fatos não se aplica ao advogado dativo, ao curador especial e ao órgão do Ministério Público (art. 341, parágrafo único).

Depois da contestação, só é lícito deduzir novas alegações quando: (a) relativas a direito ou a fato superveniente; (b) competir ao juiz conhecer delas de ofício; (c) por expressa autorização legal, puderem ser formuladas em qualquer tempo e juízo (art. 342, I a III).

4.4.1 Conteúdo necessário da contestação

Na contestação, deverá haver a identificação do juízo competente, bem como o número do processo e a qualificação das partes.

---

[7] GONÇALVES, Emílio. *Exceção, Contestação e Reconvenção no Processo Trabalhista*: teoria e prática. 3. ed., p. 27.

Em alguns casos, poderá haver o pedido de retificação dos dados da reclamada ou até mesmo das partes, quando houver alguma informação incompleta, equivocada ou desatualizada.

Além das partes, também é necessário constar o nome e endereço físico e eletrônico do advogado que receberá a intimação e notificações (art. 106, I, CPC).

No âmbito do TRT da 2ª Região (São Paulo), a contestação trabalhista deverá ter informações complementares (Consolidação dos Provimentos e alterações – Provimento GP/CR 5/2008) (art. 339).

Nos termos do art. 339, da Consolidação dos Provimentos do TRT da 2ª Região, a contestação deverá obrigatoriamente conter os seguintes dados:

> I – reclamado pessoa jurídica: (a) nome completo, sem abreviaturas; (b) número de inscrição no Cadastro Nacional de Pessoas Jurídicas (CNPJ); (c) número do CEI (Cadastro Específico do INSS); (d) endereço completo, inclusive com código de endereçamento postal (CEP); (e) cópia do contrato social ou da última alteração feita no contrato original, constando o número do CPF dos proprietários e dos sócios da empresa; (f) no caso de Sindicato, o número de registro;
>
> II – reclamado pessoa natural: (a) nome completo, sem abreviaturas; (b) número de inscrição no Cadastro Nacional de Pessoas Físicas (CPF); (c) número do documento de identidade (RG) e respectivo órgão expedidor; (d) endereço completo, inclusive com CEP; (e) se houver, nome completo do assistente ou do representante, sem abreviaturas, o respectivo número de CPF ou CNPJ e endereço completo, inclusive com CEP.

Na hipótese de inexistência ou na impossibilidade de obtenção de inscrições e de documentos previstos nesta Seção, tal circunstância deverá ser declarada na petição, respondendo o declarante pela veracidade da afirmação, sob as penas da lei.

4.4.2 Preliminares processuais

Antes da defesa de mérito, compete à reclamada aduzir preliminarmente o rol de matérias elencadas no art. 337, CPC.

4.4.2.1 Inexistência ou nulidade de citação

A citação é o ato pelo qual se chama a juízo o réu, o executado ou o interessado, a fim de integrar a relação processual (art. 238, CPC). De acordo com a Lei 14.195/21, a citação será efetivada em até 45 dias a partir da propositura da demanda (art. 238, parágrafo único).

A relação jurídica processual se forma na medida em que a citação é válida. Sua validade implica a prevenção do juízo, no induzimento da litispendência, e faz litigiosa a coisa (art. 240).

Para a validade do processo, é indispensável a citação válida (art. 239). O comparecimento espontâneo do réu ou do executado supre a falta da citação. Contudo, comparecendo o réu para arguir a nulidade e, sendo esta decretada, considerar-se-á feita a citação na data em que ele ou seu advogado for intimado da decisão (art. 239, §§ 1º e 2º).

A CLT utiliza o termo *notificação* para se referir não só à citação, como também à intimação, como se fossem termos sinônimos.

Recebida e protocolada a reclamação, o escrivão ou chefe de secretaria, dentro de 48 horas, remeterá a segunda via da petição, ou do termo, ao reclamado, notificando-o ao mesmo tempo, para comparecer à audiência de julgamento, que será a primeira desimpedida, depois de cinco dias (art. 841, *caput*, CLT).

A citação para a reclamada, no processo trabalhista, independe de despacho do juiz.[8] Ocorre por iniciativa do servidor da Vara do Trabalho. Como regra, a citação ocorre pelos Correios (art. 841, § 1º). Se o reclamado residir fora dos limites da competência da vara do trabalho, poderá ser adotada a carta precatória ou carta rogatória.

No processo civil, quando se adota a citação do réu pelo correio, a carta será registrada para a entrega ao citando, exigindo-lhe o carteiro, ao fazer a entrega, que assine o recibo (art. 248, CPC), o que não ocorre com as lides trabalhistas, em que a citação não necessita ser pessoal. Basta à entrega da notificação postal no endereço indicado com a assinatura da pessoa que a recebeu (teoria da aparência). Vale dizer, a assinatura não precisa ser do citando. Contudo, no caso de não ser encontrado o destinatário ou no caso de recusa de recebimento, o correio ficará obrigado, sob pena de responsabilidade do servidor, a devolvê-la no prazo de 48 horas, ao tribunal de origem (art. 774, parágrafo único, CLT).

Pela jurisprudência trabalhista (Súm. 16, TST) presume-se o recebimento da notificação 48 horas depois de sua postagem, sendo que o seu não recebimento ou a entrega após o decurso desse prazo constitui ônus de prova do destinatário.

Como a legislação trabalhista não exige, de forma literal que a assinatura no recibo de postagem seja do citando, por questão de justiça e de coerência, para que a presunção da Súmula 16 possa ser aplicável, no mínimo, é exigível que esteja juntado aos autos da demanda trabalhista ou arquivado na Secretaria da Vara, o comprovante de entrega da postagem com a assinatura de quem tenha recebido efetivamente a citação. Essa exigência é imperiosa para se ter a comprovação efetiva de que a correspondência foi entregue no endereço.

Quando do julgamento dos autos E-RR 619.698/2000.2, Rel. Ministra Cristina Peduzzi, a SDI-II, fixou o entendimento de que a leitura atenta da Súmula 16, TST demonstra que a presunção de entrega do aviso de recebimento está condicionada à realização de ato anterior, ou seja, a postagem. Vale dizer, após a comprovação da postagem, é que se tem a constituição da presunção, cabendo ao destinatário provar que o recebimento não se deu de forma adequada (por erro, culpa ou dolo). No caso analisado, a recorrente pediu à vara do trabalho que houvesse a apresentação do comprovante da postagem, contudo, nada foi providenciado pelo órgão jurisdicional. A relatora deliberou no sentido de que toda presunção há de estar calcada em um mínimo

---

[8] A citação poderá ser determinada pelo magistrado trabalhista em caso de processos distribuídos por dependência, na denunciação da lide, chamamento ao processo etc.

de materialidade, o qual repousa na existência nos autos do aviso de recebimento da citação no endereço que consta dos autos. Por tais fundamentos, a SDI-I concluiu pela declaração de nulidade, a partir da citação, acolhendo, assim, os embargos opostos pelas empresas.

Convém ser dito que o STJ, por meio da Súmula 429, fixou a posição de que a citação postal, quando autorizada por lei, exige o aviso de recebimento. Apesar da Súmula 16 do TST não indicar, de forma literal, a exigência do aviso de recebimento, do ponto de vista teleológico, é razoável, que, no caso concreto, o operador do direito entenda que este comprovante deva existir dentro do processo para que a presunção possa ser aplicável contra o destinatário.

Se o reclamado criar embaraços ao seu recebimento ou não for encontrado, será efetuada a notificação por edital, inserto no jornal oficial ou no que publicar o expediente forense, ou, na falta, afixado na sede da vara (art. 841, § 1º, CLT).

Na prática trabalhista, adota-se a citação por oficial de justiça (art. 249, CPC), em casos de dificuldades de localização de endereço ou do reclamado. Só após o esgotamento de todas as formas reais de citação é que o magistrado trabalhista deve determinar a citação por edital.

A CLT proíbe a citação por edital no procedimento sumaríssimo (art. 852-B, II, CLT).

Nas comarcas contíguas, de fácil comunicação, e nas que se situem na mesma região metropolitana, as citações e as intimações poderão ser efetuadas por oficial de justiça (art. 255, CPC).

Toda e qualquer forma de citação, observados os critérios legais, deve ser adotada pela processualística trabalhista. A citação por hora certa é mais eficiente do que a citação por edital, portanto, há de ser aplicada subsidiariamente (art. 769, CLT).

O reclamante será intimado da audiência no ato da apresentação da reclamação ou pelos Correios (art. 841, § 2º). Ante a informatização do Judiciário Trabalhista, o reclamante é intimado por meio de publicação na imprensa oficial, no caso de estar representado por advogado.

Após a realização da audiência trabalhista, as partes são intimadas dos demais atos processuais pelos Correios (intimação postal) (art. 774, *caput*). Também pela informatização do Judiciário Trabalhista, se a parte estiver representada por advogado, a intimação ocorrerá por meio da imprensa oficial.

Aplicam-se ao processo trabalhista as citações e intimações por meio eletrônico (arts. 4º a 7º e 9º, Lei 11.419/06; a nova redação do art. 246, CPC, dada pela Lei 14.195/21).

4.4.2.2 Incompetência absoluta e relativa

Nos termos da CF, ninguém será processado nem sentenciado senão pela autoridade competente (art. 5º, LIII).

No sistema processual civil, existem quatro critérios de fixação de competência: material, funcional (ou hierárquico), territorial e valor da causa (arts. 42 ss do CPC).

Os critérios (material e funcional) são considerados de caráter absoluto, enquanto os critérios (territorial e valor da causa) são tidos como relativos.

Com o CPC/15, todas as questões relativas à competência absoluta e relativa devem ser aduzidas em preliminar de contestação (art. 337, II).

Além desse momento processual (contestação), a incompetência absoluta pode ser alegada em qualquer grau de jurisdição ou conhecida de ofício (art. 64, § 1º).

Cabe ação rescisória contra coisa julgada formada em processo julgado por juiz absolutamente incompetente (art. 966, II).

Não alegada incompetência relativa no momento processual adequado, opera-se a preclusão, tornando o juiz (relativamente incompetente) competente (prorrogação de competência – art. 65).

Os critérios (material e funcional) são determinados pela CF e CLT e legislação especial.[9] O critério material tem como eixo central as controvérsias individuais e coletivas que decorram da relação de trabalho (art. 114, I, CF).

No processo do trabalho, o critério valor da causa não é utilizado e o critério territorial está disciplinado no art. 651 da CLT. Como regra geral, a fixação da competência territorial se dá pelo local da prestação dos serviços, sendo que todos os critérios legais são analisados na Parte II, capítulo 5, item 5.3 – Incompetência territorial.

4.4.2.3 Incorreção do valor da causa

Apesar de o art. 840 da CLT não exigir que conste na reclamação trabalhista o valor da causa de forma expressa, atualmente, por conta da necessidade de fixação do procedimento pelo valor da causa (ordinário, sumário ou sumaríssimo), tornou-se indispensável a indicação expressa do valor da causa na petição inicial, nos moldes do processo civil (art. 319, V, CPC).

Lembrando que os procedimentos trabalhistas são determinados pelo valor da causa de forma compulsória e seguem os seguintes parâmetros: (a) sumário, até dois salários mínimos (art. 2º, Lei 5.584/70);[10] (b) sumaríssimo, até 40 salários mínimos (art. 852-A, CLT); (c) ordinário, acima de 40 salários mínimos.

Ante a ausência da CLT sobre os parâmetros para a fixação do valor da causa, devem ser observados os arts. 291 ss., CPC, subsidiariamente.

4.4.2.4 Inépcia da petição inicial

Os pressupostos processuais objetivos intrínsecos à relação processual estão relacionados com a inépcia da petição inicial.

Considera-se inepta a petição inicial quando (art. 330, I e § 1º, CPC): (a) lhe faltar pedido ou causa de pedir – tais elementos são essenciais na petição inicial (art. 840, § 1º, CLT; art. 319, III e IV, CPC); (b) o pedido for indeterminado, ressalvadas as hipóteses legais de pedido genérico; (c) da narração dos fatos não decorrer logicamente a conclusão

---

[9] Consultar JORGE NETO, Francisco Ferreira e CAVALCANTE, Jouberto de Quadros Pessoa. *Direito Processual do Trabalho*. 8. ed. São Paulo: Atlas, 2019.
[10] O art. 2º, § 4º, da Lei 5.584 foi recepcionado pela CF/88, sendo lícita a fixação do valor da alçada com base no salário mínimo (Súm. 356, TST).

– deve existir um nexo de adequação entre os fatos alegados, como base constitutiva do direito invocado, e o pedido posto na fundamentação da petição inicial; (d) contiver pedidos incompatíveis entre si – se entre o pedido e a causa de pedir deve haver um nexo de adequação, também é imperiosa a articulação de pedidos compatíveis entre si, já que o pedido deve ser certo (expresso) e determinado (quantificado e qualificado). Não se podem acatar pedidos incongruentes, tais como: (1) pedido de reintegração e o pagamento de diferenças de verbas rescisórias; o correto seria um pedido sucessivo, no caso de não ser possível o reconhecimento da estabilidade, que haja o pagamento das diferenças de verbas rescisórias; (2) o pedido de tempo à disposição como hora extra e o sobreaviso dos ferroviários (art. 244, CLT); o correto é a indicação sucessiva, o tempo à disposição como jornada suplementar ou a aplicação analógica do regime do sobreaviso dos ferroviários (1/3 da remuneração das horas normais em que o empregado fica à disposição do empregador, aguardando o chamado para cumprir ordens).

Com a Lei 13.467, tem-se a inépcia da reclamação trabalhista, quando os pedidos não forem certos, determinados e líquidos (art. 840, §§ 1º e 3º, CLT).

O juiz somente poderá declarar a inépcia (art. 485, I, CPC) se conceder à parte o prazo de 15 dias para a respectiva emenda (Súm. 263, TST; art. 321, CPC).

4.4.2.5 Extrínsecos à relação processual

Os pressupostos processuais objetivos extrínsecos à relação processual relacionam-se com as seguintes hipóteses: perempção; litispendência; coisa julgada; conexão; convenção de arbitragem; falta de caução ou de outra prestação, que a lei exige como preliminar.

Citadas matérias são alegadas como preliminares, sendo que o seu acolhimento enseja o julgamento do processo sem resolução de mérito (art. 485, IV e V, CPC).

4.4.2.6 Relativos às partes: incapacidade da parte, defeito de representação ou falta de autorização

Os pressupostos processuais subjetivos relativos às partes estão relacionados com a capacidade de ser parte, processual e de postular em juízo, além de defeito na representação do autor ou falta de autorização.

Defeito de representação é a ausência de procuração pela parte ou quando se tem a exigência de procuração por instrumento público.

Na prática forense, não é comum a falta de autorização pelo autor no processo do trabalho. Exemplo da "falta de autorização" no processo do trabalho é a falta de carta para o preposto representar o empregador em audiência.

A inobservância desses requisitos é arguida como preliminar na contestação (art. 337, IX, CPC).

Verificando a incapacidade processual ou a irregularidade da representação das partes, o juiz, suspendendo o processo, marcará prazo razoável para ser sanado o defeito (art. 76, CPC). Afirmando urgência, o advogado pode atuar sem procuração, obrigando-se a apresentá-la no prazo de 15 dias, prorrogável por igual período (art. 5º, § 1º, Lei 8.906/94; art. 106, CPC).

Se o autor não cumprir a determinação judicial, o juiz decidirá pela extinção do processo sem julgamento de mérito (art. 485, IV, CPC). Para o réu, o juiz irá decretar a sua revelia (art. 76, § 1º, II).

4.4.2.7 Convenção de arbitragem

No Direito Civil, a arbitragem é admitida para solução de litígios relativos a direitos patrimoniais disponíveis (art. 1º, Lei 9.307/96).

A convenção de arbitragem (art. 3º) é a cláusula que estabelece a solução dos litígios mediante o juízo arbitral compreendendo tanto a cláusula compromissória como o compromisso arbitral.

Cláusula compromissória é a convenção pela qual as partes em um contrato comprometem-se a submeter à arbitragem os litígios que possam vir a surgir, relativamente a tal contrato (art. 4º, *caput*).

Compromisso arbitral é a convenção pela qual as partes submetem um litígio à arbitragem de uma ou mais pessoas, podendo ser judicial ou extrajudicial (art. 9º).

A existência de convenção arbitral deve ser alegada pela parte de forma expressa (art. 337, § 5º, CPC).

Como forma de solução dos conflitos coletivos de trabalho, a arbitragem não é obrigatória e, sim, facultada às partes quando estiver frustrada a negociação coletiva (art. 114, § 1º, CF).

O entendimento predominante da Justiça do Trabalho é no sentido de não admitir a arbitragem para os conflitos individuais, por se tratar de direito indisponível e considerar viciada a cláusula arbitral celebrada no momento da contratação do empregado ou na vigência do contrato de trabalho.[11]

A Lei 13.467 prevê a possibilidade de cláusula compromissória de arbitragem nos contratos individuais de trabalho cuja remuneração seja superior a duas vezes o limite máximo estabelecido para os benefícios do Regime Geral de Previdência Social, desde que por iniciativa do empregado ou mediante a sua concordância expressa (art. 507-A, CLT).

4.4.2.8 Condições da ação

As condições da ação relacionam-se com os requisitos para o exercício do direito de ação: interesse de agir e legitimidade ativa e passiva (arts. 17 e 19, CPC).

Quando alegar sua ilegitimidade, incumbe ao réu indicar o sujeito passivo da relação jurídica discutida sempre que tiver conhecimento, sob pena de arcar com as despesas processuais e de indenizar o autor pelos prejuízos decorrentes da falta de indicação (art. 339).

A ausência das condições da ação resulta em carência (da ação).

Esses requisitos devem ser alegados como preliminar na contestação (art. 337) e implicam na extinção do processo sem resolução de mérito (art. 485, VI).

---

[11] Consultar JORGE NETO, Francisco Ferreira e CAVALCANTE, Jouberto de Quadros Pessoa. *Direito Processual do Trabalho*. 8. ed. São Paulo: Atlas, 2019.

4.4.2.9 Indevida a concessão do benefício de gratuidade de justiça

As questões relacionadas à assistência judiciária gratuita e os seus benefícios na nova sistemática processual devem ser alegadas em preliminar de contestação (art. 337, XIII, CPC). Trataremos do tema na Parte II, capítulo 5, item 5.4 – Impugnação ao pedido de assistência jurídica integral e gratuita.

4.4.3 Prejudiciais de mérito

Como matérias prejudiciais típicas de mérito têm-se a prescrição e a decadência. Essas matérias devem ser alegadas na contestação e, se acolhidas, implicam a extinção do processo com resolução de mérito (art. 487, II, CPC).

Atualmente, a decadência e a prescrição podem ser conhecidas de ofício (arts. 332, § 1º, e 487, II, e parágrafo único, CPC; art. 11-A, § 2º, CLT, com as alterações da Lei 13.467 – prescrição intercorrente; art. 7º, parágrafo único, IN 39 – decadência).

Além da decadência e da prescrição trabalhista (art. 7º, XXIX, CF, art. 11, CLT),[12] a compensação e a retenção também podem ser alegadas como prejudiciais atípicas de mérito (art. 767, CLT). No processo civil, tais hipóteses não constam, expressamente, dos moldes legais de extinção do processo.

A compensação efetua-se entre dívidas líquidas, vencidas e de coisas fungíveis (art. 369, CC). É um meio indireto da extinção das obrigações no Direito Civil.

No processo do trabalho, as dívidas compensáveis são as de natureza trabalhista (Súm. 18, TST) e devem constar da defesa (Súm. 48), portanto, não podem ser alegadas nas razões finais ou em recurso.

A respeito da natureza jurídica da compensação como matéria de defesa, Emílio Gonçalves[13] ensina: *"Discute-se a respeito da compensação no sentido de saber se constitui defesa direta ou indireta de mérito. Entendemos que a compensação configura defesa indireta de mérito, por constituir fato extintivo do direito do reclamante, até o limite em que se iguala ao respectivo crédito, implicando, em princípio, o reconhecimento da juridicidade do pedido do reclamante, embora a alegação de compensação não impeça o reclamado de opor outras defesas contra o pedido. Poderá o reclamado, utilizando-se do princípio da eventualidade, arguir compensação como uma defesa de segundo plano, mesmo que contraditória, tendo em vista que todas as defesas devem ser apresentadas na contestação. Poderá, desta forma, alegar que o crédito pleiteado na inicial é inexistente, porque o fato constitutivo não ocorreu, mas que, se tivesse ocorrido, fora extinto pela compensação."*

---

[12] Consultar JORGE NETO, Francisco Ferreira e CAVALCANTE, Jouberto de Quadros Pessoa. *Direito Processual do Trabalho*. 8. ed. São Paulo: Atlas, 2019.
[13] GONÇALVES, Emílio. Ob. cit., p. 67.

A compensação não se confunde com a dedução. A dedução pode ser decretada de ofício pelo magistrado. É uma forma de se evitar o enriquecimento ilícito.[14,15]

A retenção é uma modalidade de direito de defesa e que consiste "*na faculdade de reter uma coisa a outrem devida, até a satisfação de um crédito do retentor, desde que a coisa retida guarde relação de conexidade com o crédito. Na retenção o credor conserva em seu poder coisa, cuja posse detinha legitimamente, pertencente ao seu devedor, além do momento em que a deveria restituir, se o seu crédito não existisse e até que o devedor satisfaça a obrigação. A retenção se encontra limitada a casos especiais que são fixados na lei. Para a existência do direito de retenção exigem-se os seguintes requisitos: (a) que o retentor seja o credor; (b) que o credor detenha legitimamente em seu poder a coisa retida; (c) que o crédito guarde com a coisa uma relação de conexidade; (d) que não exista nenhuma exclusão legal ou convencional de seu exercício*".[16]

A compensação e a retenção não podem ser confundidas. Na compensação, o reclamante e o reclamado se pagam, diante da reciprocidade das dívidas trabalhistas líquidas e certas, ao contrário da retenção, onde há uma garantia para que haja o cumprimento da obrigação por parte do devedor. O direito de retenção é um mecanismo para garantir a própria compensação. Exemplos de retenção no processo do trabalho: (a) quando o empregado não cumpre o aviso prévio (art. 487, § 2º, CLT); (b) nos danos dolosos ou culposos causados pelo empregado (art. 462). Nessas situações, o empregador está autorizado a efetuar tais descontos.

Na ótica de Emílio Gonçalves,[17] o que ocorre em tais casos "*não é propriamente retenção, mas sim, desconto autorizado por lei. Retenção propriamente dita ocorreria na hipótese de o empregador reter o instrumento de trabalho do empregado para garantir-se do débito deste, não satisfeito, nos casos de rescisão do contrato de trabalho, quando não houvesse crédito de salários em favor do empregado, não ensejando ao empregador a possibilidade de efetuar descontos. Entretanto, a retenção dos instrumentos de trabalho do empregado só seria admissível se os mesmos se encontrassem legitimamente em poder do empregador, no momento da retenção*".

4.4.4 Defesa de mérito

Na elaboração da sua contestação, após o exame das questões processuais (art. 337, CPC) e das prejudiciais de mérito, o reclamado deverá impugnar, especificadamente, as razões de fato e de direito invocadas pelo autor (arts. 336 e 341).

---

[14] "A compensação não se confunde com a dedução, embora sejam semelhantes. Consiste a dedução na possibilidade do Juiz do Trabalho, uma vez verificando os recibos e o pagamento de parte das verbas postuladas, determinar que sejam abatidos, do total da condenação, os valores já pagos constantes dos recibos dos autos, a fim de evitar o enriquecimento sem causa do reclamante. A dedução pode ser determinada de ofício pelo Juiz do Trabalho, enquanto a compensação depende de requerimento em defesa" (SCHIAVI, Mauro. Ob. cit., p. 429).

[15] "A dedução das horas extras comprovadamente pagas daquelas reconhecidas em juízo não pode ser limitada ao mês da apuração, devendo ser integral e aferida pelo total das horas extraordinárias quitadas durante o período não prescrito do contrato de trabalho" (OJ 415, SDI-I).

[16] GONÇALVES, Emílio. Ob. cit., p. 68.

[17] GONÇALVES, Emílio. Ob. cit., p. 69.

É inadmissível a defesa genérica, em que o réu contesta a ação, sem a manifestação explícita sobre a matéria fática aduzida na fundamentação da exordial.

A defesa de mérito rege-se pelos princípios da impugnação específica e da eventualidade.

Defesa direta de mérito é a que se dirige contra o pedido, atacando-o nos seus fundamentos de fato e de direito.

Na defesa de mérito, o reclamado poderá: (a) negar os fatos constitutivos do direito do autor. Exemplos: (1) o reclamante solicita verbas rescisórias, alegando a dispensa imotivada. O reclamado nega a dispensa; (2) o reclamante pleiteia horas extras. Por sua vez, o empregador nega a prestação de horas suplementares; (b) reconhecer os fatos narrados na petição inicial trabalhista e suas consequências jurídicas. O empregador confessa a dispensa imotivada e alega o não pagamento por falta de numerário. É o caso de extinção do processo com resolução de mérito (art. 487, III, "a", CPC); (c) admitir os fatos narrados na inicial como verdadeiros, alegando outros fatos, os quais se opõem às consequências jurídicas do fato constitutivo do reclamante. Nessa linha de defesa, "*o réu pode opor fato modificativo, extintivo ou impeditivo do direito do autor. O fato impeditivo dá-se quando o reclamante alega ter sido demitido, porém a empresa alega a despedida por justa causa, que impede o pagamento das verbas rescisórias. O fato modificativo ocorre quando o autor pede o pagamento de comissões. Vem a empresa em juízo opondo o fato modificativo: de que as comissões foram ajustadas para serem pagas a prazo. Há também fato modificativo da pretensão do autor, quando este pede indenização de antiguidade, e a empresa alega que o autor era optante do FGTS. Por último, o fato extintivo. Podemos exemplificar com a hipótese de o reclamante pedir horas extras e a empresa alegar que aquelas já estão pagas*".[18]

Ainda quanto a essa forma de linha de defesa de mérito, Emílio Gonçalves[19] declina outros exemplos: "*[...] suponhamos o caso de uma empregada que tenha sido contratada mediante contrato de experiência e venha, após a extinção do contrato, e sob a alegação de que se encontrava grávida, pleitear o pagamento do salário-maternidade; o reclamado, em sua contestação, confessa o fato (a extinção do contrato de experiência e a gravidez), mas nega as consequências jurídicas pretendidas pela reclamante, sob o fundamento de que, em se tratando de extinção normal do contrato a termo, o Direito não ampara a pretensão da reclamante quanto ao recebimento do salário-maternidade. Outro exemplo: empregada pleiteia a reintegração no emprego, sob a alegação de que, ao ser despedida sem justa causa, se encontrava grávida, sendo defeso ao reclamado despedi-la, em face de cláusula da convenção coletiva de trabalho em vigor para sua categoria profissional; em defesa, o reclamado reconhece ambos os fatos (a despedida da reclamante e a gravidez), mas alega que a pretensão quanto à estabilidade provisória no emprego não encontra amparo legal, uma vez que a cláusula da convenção coletiva de trabalho lhe faculta escolher entre a reintegração da empregada despedida e o pagamento da indenização correspondente ao valor dos salários do período da estabilidade provisória, o que efetivamente ocorreu.*"

---

[18] MARTINS, Sergio Pinto. *Direito Processual do Trabalho*, 20. ed., p. 274.
[19] GONÇALVES, Emílio. Ob. cit., p. 70.

4.4.5 Elaboração de cálculos em contestacão e o PJe-calc

Para atuação no processo do trabalho, sempre se recomendou ao profissional um bom conhecimento de cálculos trabalhistas. Com o PJe-calc, o conhecimento de cálculos passou a ser uma exigência maior.

A pedido do Conselho Superior da Justiça do Trabalho, o TRT da 8ª Região desenvolveu o sistema de cálculos no âmbito nacional da Justiça do Trabalho, denominado de PJe-calc.

Com isso, sempre que possível, as sentenças e os acórdãos serão líquidos, fixando os valores relativos a cada um dos pedidos acolhidos, indicando o termo inicial e os critérios para correção monetária e juros de mora, além de determinar o prazo e as condições para o seu cumprimento (arts. 1º e 2º, Recomendação GCGJT 4, de 26-9-2018).

Para tanto, a partir de janeiro de 2021, os cálculos de liquidação de sentença apresentados por usuários internos e peritos judiciais deverão ser juntados obrigatoriamente em PDF e com o arquivo "pjc" exportado pelo PJe-calc (art. 22, § 6º, Resolução CSJT 185/17).

Já os cálculos apresentados pelas Partes e outros (usuários externos) em primeira oportunidade deverão estar em arquivo PDF e, a critério dos interessados, preferencialmente acompanhados do arquivo "pjc" exportado pelo PJe-calc (art. 22, § 7º).

Em outras palavras, a reclamação trabalhista deverá estar acompanhada de cálculos de liquidação, os quais poderão ser pontualmente impugnados com outros cálculos em contestação, se houver interesse. Com isso, sempre que possível, as sentenças também estarão acompanhadas de sua liquidação, dispensando a fase de liquidação de sentença.

4.4.6 Documentos que acompanham a resposta da reclamada

A prática forense trabalhista exige atenção em relação aos documentos, isso porque os documentos referentes à qualidade de parte (de reclamada), como cópia do RG, CPF, contrato social, atas de eleição do diretor, procuração e carta de preposição, não vão encartados na contestação, mas são apresentados no início da audiência (antes da tentativa conciliatória).

A contestação será acompanhada da prova documental.

4.5 MODELO DE PETIÇÃO DE CONTESTAÇÃO

EXCELENTÍSSIMO SENHOR DOUTOR JUIZ DA _____
VARA DO TRABALHO DE SÃO PAULO – SP

(10 cm)

Processo nº _____

TIAGO & ALINE LTDA., (nº CNPJ), (nº CEI), (endereço físico e eletrônico), nos autos da demanda em epígrafe proposta por **TALES CAVALCANTE**, por seu advogado (nome completo), (endereço físico e eletrônico e telefone), vem, à presença de Vossa Excelência, com base nos arts. 847 e 335, respectivamente, da CLT e do CPC, apresentar *CONTESTAÇÃO*, pelos fatos e fundamentos que passa a expor:

1 SINOPSE FÁTICA

Na petição inicial, o reclamante aduz que: (a) foi contratado em 8-1-2003, contudo, registrado em 2-5-2005, para o exercício das tarefas de auxiliar de manutenção I; (b) foi dispensado imotivadamente em 11-7-2020, com a percepção das verbas rescisórias de forma irregular no importe de R$ 5.873,60; (c) laborava das 7:00 às 17:00, de segunda a sexta-feira, e aos sábados até às 12:00, 15:00 horas, com uma hora de intervalo; (d) não recebeu o 13º salário de 2016; (e) teve acesso ao benefício do seguro-desemprego.

A inicial pleiteia: (a) aviso prévio, saldo de salário, férias, abono de férias, 13º salário de 2020; (b) horas extras e suas incidências (aviso prévio, 13º salário, férias, abono de férias, domingos e feriados e nos depósitos fundiários + 40%); (c) seguro-desemprego; (d) multa do art. 477; (e) a comprovação do FGTS de forma direta, além da entrega do seguro-desemprego.

O valor da causa foi arbitrado em R$ 10.000,00.

2 DAS PRELIMINARES

O legislador consolidado não contempla regras quanto à inépcia da petição inicial, logo, vamos invocar a aplicação subsidiária da lei processual civil, de acordo com o disposto no art. 769 da CLT.

2.1 Inépcia da Inicial por Falta de Pedido – Reconhecimento do Período sem Registro

Como causa de pedir, a inicial solicita o período sem registro, contudo, na formulação do pedido, não indica a tutela declaratória quanto ao reconhecimento do período sem registro e as suas consequentes anotações na Carteira de Trabalho e Previdência Social (CTPS).

A petição inicial há de conter o pedido com as suas especificações (art. 319, IV, CPC; art. 840, § 1º, CLT).

Diante da ausência expressa do pedido de tutela declaratória (art. 322, CPC) (pedido imediato) e a consequente anotação da CTPS (pedido mediato), pleiteia-se a decretação da inépcia da inicial.

A inépcia há de ser decretada quando a petição inicial não contiver o pedido (art. 330, I, § 1º, I, CPC).

Pleiteia-se a extinção do feito sem resolução de mérito na forma do art. 485, I, do CPC.

2.2 Inépcia da Petição Inicial por Contradição – Concessão de Intervalos

A petição inicial contém um aspecto contraditório na sua causa de pedir.

O primeiro parágrafo do tópico "DA JORNADA DE TRABALHO, HORAS EXTRAS E REFLEXOS" menciona, expressamente, que: *"Usufruía intervalo de uma hora para refeições e descanso."*

Na sequência, a petição inicial indica: *"Tendo em vista o fato de a reclamada não conceder ao reclamante o intervalo de uma hora para refeições e descanso, faz jus o mesmo ao recebimento desses intervalos em indenização equivalente a uma hora extra, nos termos do art. 71 da CLT."*

A petição inicial na sua causa de pedir não contém a menor lógica quanto a essa temática.

Vale dizer: o reclamante declina que tinha uma hora de intervalo e, na sequência, menciona a sua inexistência, solicitando, assim, o seu pedido de horas extras.

Evidente que da narração dos fatos não decorre logicamente a sua conclusão, o que, de forma concreta, implica na inépcia da petição inicial, em face do que consta do art. 330, I, § 1º, II, do CPC.

Portanto, solicita a extinção do feito, sem resolução de mérito, com base no art. 485, I, do CPC.

2.3 Inépcia da Petição Inicial por Falta de Causa de Pedir – Seguro-Desemprego

A petição inicial não possui a menor técnica quanto ao item relativo ao seguro-desemprego.

Como se denota da sua fundamentação, a petição inicial pleiteia o valor de forma pecuniária e a entrega do formulário para a percepção do seguro-desemprego. A inicial contém pedidos sucessivos ou subsidiários.

O reclamante deveria ter formulado a demonstração da causa de pedir sob a forma de pedido sucessivo, a saber: a entrega do formulário do seguro-desemprego ou a conversão dessa obrigação de fazer em dar, com o pagamento em pecúnia do benefício pleiteado.

Evidente a sua inépcia (art. 330, I, § 1º, IV, CPC), impondo-se, assim, a extinção do feito sem resolução de mérito (art. 485, I, CPC).

2.4 Impugnação ao valor da causa

Em sua aplicação subsidiária ao processo trabalhista, o art. 291 do CPC assevera que a toda causa será atribuído um valor certo, ainda que não tenha conteúdo econômico imediatamente aferível.

Mesmo que não exista a obrigação de liquidação dos pedidos (art. 319, V, CPC; art. 840, CLT), o valor da ação deverá corresponder à somatória dos pedidos acumulados (art. 292, VI, CPC), não se prestando meros valores estimados de R$ 10.000,00, por serem incompatíveis com os pedidos feitos e sem base econômica.

Trata-se de um valor incompatível com o objeto da ação, sem observância da razoabilidade.

Assim, espera que o valor da causa seja fixado em R$ 50.000,00, conforme planilha de cálculos anexa, de acordo com a Súmula 71 do TST e o art. 2º da Lei 5.584/70.

3 DA PRESCRIÇÃO

No que for compatível com a causa de pedir e pedido, por cautela, a contestante articula os fatores prescricionais (bienal e quinquenal) na forma do art. 7º, XXIX, da CF, art. 11, CLT.

A prescrição há de ser computada a partir do ajuizamento da ação para trás de acordo com o estabelecido na Súmula 308, I, do TST: *"Respeitado o biênio subsequente à cessação contratual, a prescrição da ação trabalhista concerne às pretensões imediatamente anteriores a cinco anos, contados da data do ajuizamento da reclamação e, não, às anteriores ao quinquênio da data da extinção do contrato."*

Espera que a prescrição seja reconhecida nos termos da CF e da CLT.

4 MÉRITO

Em atendimento ao princípio da eventualidade (art. 341, CPC), se não atendidas as preliminares acima expostas, passamos a expor as nossas articulações pertinentes ao mérito da presente demanda.

4.1 Período sem Registro

O reclamante foi admitido e registrado em 2-5-2005.

A anotação do contrato de trabalho gera presunção *iuris tantum* quanto à sua veracidade nos termos da Súmula 12 do TST.

Caberá ao autor a prova irrefutável da alegação posta na inicial (art. 818, CLT).

Improcede todo e qualquer pedido com base na tese da existência de período sem registro.

4.2 Dispensa imotivada e o Pagamento Correto dos Títulos Rescisórios

O reclamante autor foi dispensado de forma imotivada no dia 11-7-2020, com a percepção integral dos seus direitos trabalhistas (doc. 02, em anexo, termo da rescisão), nada mais lhe sendo devido a título de 13º salário, férias, abono de férias, FGTS + 40%, saldo de salário, aviso prévio.

Requer-se a improcedência de tais pedidos (férias, abono de férias, 13º salário, FGTS + 40%, saldo de salário e aviso prévio).

4.3 Multa do Artigo 477 da CLT

O reclamante foi regularmente cientificado da sua demissão (aviso prévio do empregador ao empregado e de forma indenizada, doc. 03), com o pagamento dos direitos rescisórios (doc. 02) dentro do prazo previsto no art. 477, § 6º, CLT.

Evidente ser incabível a multa do art. 477 da CLT.

4.4 Seguro-desemprego

Quando da rescisão, a reclamada entregou ao reclamante toda a documentação necessária para que pudesse sacar as parcelas relativas ao seguro-desemprego (doc. 04).

Por outro lado, a título argumentativo, torna-se totalmente incabível o pedido do seguro--desemprego de forma pecuniária.

A jurisprudência indica:

"GUIAS DO SEGURO DESEMPREGO. INDENIZAÇÃO SUBSTITUTIVA. Nos termos do art. 4º, IV, da Resolução CODEFAT/MTE 467/2005, a reclamante deverá, de posse do acórdão que confirma a sentença de primeiro grau quanto ao vínculo e à dispensa sem justa causa, habilitar-se perante o Ministério do Trabalho e Emprego. A comprovação dos demais requisitos será feita mediante declaração firmada pelo trabalhador, no Requerimento do Seguro-Desemprego (RSD), a teor do disposto no parágrafo único do art. 4º da referida Resolução. Logo, não há de se falar em entrega de guias ou conversão em indenização. Recurso patronal provido, neste ponto. (TRT – 18ª R. – 2ª T. – RO 1791-55.2012.5.18.0002 – Rel. Platon Teixeira de A. Filho – DJe 14-5-2013 – p. 96).

Sob qualquer enfoque improcede o pedido de indenização do seguro-desemprego ou a entrega de formulários.

4.5 Horas Extras

O reclamante laborava das 8:00 às 17:00 e de segunda a sexta-feira, com uma hora diária de labor. Aos sábados, a jornada ocorria das 8:00 às 12:00.

Evidente que a jornada efetivamente laborada encontra-se dentro dos limites normais da duração normal do trabalho (art. 7º, XIII, CF).

Descabe o pedido de horas extras e de suas incidências em 13º salário, férias, abono de férias, aviso prévio, domingos e feriados e nos depósitos fundiários + 40%.

5 CONCLUSÃO

Diante do exposto, solicita que sejam acatadas as preliminares e declara extinto o processo, sem resolução de mérito, na forma do art. 485, I, CPC.

Espera o acolhimento da impugnação ao valor da causa.

Requer ainda o reconhecimento da prescrição dos créditos trabalhistas.

Ad cautelam, na remota hipótese de serem superadas as preliminares processuais e de mérito, que os pedidos sejam julgados improcedentes, um a um, inclusive, quanto aos tópicos de verba honorária advocatícia.

Se Vossa Excelência entender ser cabível o pedido da verba honorária advocatícia, que a verba também seja deferida à reclamada quanto aos pedidos rejeitados em atendimento ao princípio da igualdade.

Por argumentação, no caso de eventual procedência, solicita-se que: (a) os valores sejam apurados por meros cálculos e com a observância da evolução salarial; (b) haja o desconto das contribuições previdenciárias e do imposto de renda dos créditos do trabalhador; (c) a compensação de todo e qualquer valor pago em função dos títulos eventualmente deferidos; (d) a observância da efetiva frequência do trabalhador; (e) juros legais, a partir do ajuizamento da demanda e de forma simples; (f) a contagem da época própria na forma da Súmula 381 do TST.

Pretende-se provar o alegado por todos os meios em direito permitidos, tais como: juntada de documentos, oitiva de testemunhas e, em especial, pelo depoimento da parte contrária, sob pena de confissão.

Nestes termos,

pede deferimento.

Local e data

Advogado

OAB nº _____

Obs. Acompanhada da planilha de cálculos em arquivo PDF (preferencialmente, extraída do PJe-calc).

4.6 MODELO DE PETIÇÃO DE CONTESTAÇÃO

EXCELENTÍSSIMO SENHOR DOUTOR JUIZ DA
VARA DO TRABALHO DE SÃO PAULO – SP

(10 cm)

Processo nº_____

MATEUS NOLETO E MORGANA NOLETO LTDA., (nº CNPJ), (nº CEI), (endereço físico e eletrônico), nos autos da demanda em epígrafe proposta por **DANIEL CAVALCANTE**, por seu advogado (nome completo), (endereço físico e eletrônico e telefone), vem, à presença de Vossa Excelência, com base nos arts. 847 e 335, respectivamente, da CLT e do CPC, apresentar *CONTESTAÇÃO*, pelas razões de fato e de direito que passa a expor.

1 SINOPSE DA PETIÇÃO INICIAL

A presente demanda versa sobre uma demanda trabalhista na qual o autor, sob o fundamento da existência do contrato de trabalho a partir de 16-3-2004, invoca como elementos fáticos da causa de pedir os seguintes fatos: (a) afastamento, por acidente de trabalho, desde 16 de julho de 2019; (b) a empregadora teria quebrado o seu armário individual e colocado os seus pertences pessoais em um saco plástico, causando-lhe, assim, prejuízos, os quais devem ser ressarcidos pela aplicação da teoria da responsabilidade civil.

Após a exposição dos fatos falaciosos e dos artificiosos fundamentos jurídicos, em linhas objetivas, pretende o autor da contestante o direito à percepção dos seguintes títulos: (a) dano moral no equivalente a 100 vezes o valor do último salário; (b) dano material no equivalente a R$ 800,00 (oitocentos reais).

A petição vestibular informa que o valor da demanda está em torno de R$ 158.660,00.

2 PRESCRIÇÃO TRABALHISTA

No que for compatível com a causa de pedir e pedido, por cautela, a contestante articula os prazos prescricionais (bienal e quinquenal) na forma do art. 7º, XXIX, da CF, art. 11, CLT.

A prescrição há de ser computada a partir do ajuizamento da ação para trás de acordo com o estabelecido na Súmula 308, I, do TST: *"Respeitado o biênio subsequente à cessação contratual, a prescrição da ação trabalhista concerne às pretensões imediatamente anteriores a cinco anos, contados da data do ajuizamento da reclamação e, não, às anteriores ao quinquênio da data da extinção do contrato."*

Espera que a prescrição seja reconhecida nos termos da CF e da CLT.

3 MÉRITO

Em atendimento ao disposto no art. 341, do CPC, apresentaremos manifestação explícita quanto aos tópicos desenvolvidos na fundamentação da petição inicial, com as competentes impugnações, na forma infraexposta.

3.1 Do contrato de trabalho

O reclamante foi admitido em 16-3-2004 e se encontra afastado desde o dia 16-7-2019 em face de percepção de auxílio-doença acidentário. O acidente de trabalho implicou na perda de três dedos da sua mão.

3.2 Ausência de Responsabilidade do Empregador

3.2.1 Culpa Exclusiva da Suposta Vítima

Em primeiro lugar, causa-nos estranheza um funcionário que esteja afastado por acidente de trabalho e, desde o ano de 2019, deixa objetos de uso pessoal no seu armário de trabalho.

Além disso, se não fosse estranha a citada atitude do funcionário, somente no ano de 2021 (cerca de dois anos após) é que o autor compareceu para tirar do seu armário os seus objetos pessoais.

Frise-se: ninguém deixaria objetos pessoais de valor ou de estima, muito menos documentos, em um armário, quando sequer sabe a data de suspensão da percepção do benefício previdenciário.

E, por fim, o mais importante.

No ato da contratação, quando é entregue para o trabalhador admitido um armário, na sequência, têm-se as seguintes orientações: *"A Empresa, como não se responsabiliza pelo conteúdo do armário, solicita ao funcionário que use um cadeado."*

A Empresa, como não se responsabiliza pelo conteúdo do armário, orienta ao funcionário que não deixe no seu armário documentos ou materiais de valor.

3.2.2 Da Conduta Zelosa, Prudente e Honesta da Reclamada

A empresa, como sempre o faz, agiu com prudência e honestidade.

Diferentemente do alegado inicialmente, os fatos:

a) a reclamada teve a necessidade de reforma do vestiário antigo;

b) o vestiário onde o armário do reclamante se encontrava estava sem condições de uso e de higiene, daí, por uma questão de higiene, todos os armários dos empregados foram transferidos para o novo vestiário, inclusive, com armários novos;

c) por tais fatos, a reclamada, com a sua cautela habitual, colocou nos quadros de aviso dentro do vestiário, como também na porta dos armários, um COMUNICADO no sentido de que os seus empregados, dentro do período de dois meses, retirassem os seus pertences pessoais;

d) o comunicado foi colocado tanto nos quadros de aviso como no vestiário, pelo lapso de seis meses;

e) tendo em vista que vários armários estavam fechados e sem a devida identificação, como é o caso do armário do reclamante, a reclamada, por intermédio do líder da segurança patrimonial, o Sr. Asdrúbal juntamente do representante do sindicato e da CIPA, além de outros empregados da fábrica, efetuaram a abertura dos armários;

f) os materiais que estavam no interior dos armários foram guardados e estão à disposição dos seus proprietários (= empregados), inclusive, os relativos à pessoa do reclamante;

g) os materiais encontrados no interior dos armários que estavam sem condições de uso (botas, uniformes etc.) e que poderiam exalar um cheiro desagradável ou ocasionar problemas ambientais, por questão de higiene e de saúde, foram queimados.

Destarte, não é verdade que a empresa tenha agido sem qualquer escrúpulo, como se fosse desidiosa ou imprudente em suas atitudes. Negamos, com veemência, as palavras postas no item 4º da causa de pedir.

3.3 Inexistência de Danos Materiais e Morais

3.3.1 *Ausência da Demonstração de Dano Material*

Passados quase dois anos após o acidente e o afastamento, pelo gozo do benefício previdenciário, o reclamante veio à empresa e tentou localizar o seu armário.

Pelo suposto sumiço de objetos pessoais, o reclamante pretende a quantia de R$ 158.660,00.

Como dano material, pretende o valor de R$ 800,00, para ressarcimento de: (a) um par de calçados (botas); (b) documentos; (c) óculos de segurança; (d) uma máquina calculadora portátil; (e) duas blusas de moletom; (f) uma calça social; (g) uma camisa de manga curta; (h) uma jaqueta jeans; (i) dois conjuntos (uniformes de trabalho).

Não se tem a menor demonstração de que todos os citados objetos estavam no seu armário.

Não há a menor demonstração de quais seriam os valores de cada um dos objetos.

A inicial indica um valor de R$ 800,00, contudo, não indica o valor específico de cada objeto que teria sido incinerado.

Vale dizer: não há a menor possibilidade de reparação do citado valor.

Fica, pois, impugnada essa argumentação jurídica e fática.

Não há nenhum dano material a ser ressarcido pela empresa, ora contestante.

3.3.2 Ausência da Demonstração de Dano Moral

Não concordamos com a tese posta na fundamentação da petição inicial.

Mesmo que os bens do reclamante tenham sido incinerados, onde é que repousa o dano moral???

Qual é a parte do patrimônio extrapatrimonial que foi violentado?

Qual é o exato direito de personalidade do reclamante desrespeitado?

Não há a menor razoabilidade para se falar em dano moral.

O simples aborrecimento pelo fato de que o seu armário tenha sido aberto não justifica e nunca justificará o dano moral.

A jurisprudência indica:

"DANO MORAL. NÃO CARACTERIZADO. Estão excluídos da órbita do dano moral mera mágoa, descontentamento, aborrecimento, contrariedade, uma vez que fazem parte da normalidade do dia a dia, no mercado do trabalho, no trânsito, no núcleo familiar, sendo que tais circunstâncias não constituem danos provocados pela empresa até porque são inevitáveis diante das expectativas dos seres humanos em contraste com a realidade. Recurso ordinário a que se nega provimento" (TRT – 2ª R. – Proc. 0240400-26.2009.5.02.0083 – Relª Regina Maria Vasconcelos Dubugras – DJe 25-6-2012).

"INDENIZAÇÃO POR DANOS MORAIS. MERO DISSABOR. IMPROCEDÊNCIA. Se a prova dos autos demonstra que o ato do empregador em restringir o acesso ao alojamento não é conduta lesiva à esfera extrapatrimonial do empregado, o mero dissabor, aborrecimento, ou desconforto emocional suportado por este não gera dano moral, passível de indenização" (TRT – 3ª R. – RO 321/2009-089-03-00.0 – Relª Maria Laura F. L. de Faria – DJe 23-4-2010 – p. 84).

Aliás, a presente ação, sem dúvidas, caracteriza o que se denomina de banalização do dano moral, que é uma garantia constitucional para o legislador (art. 5º, V e X, CF).

3.4 Do Arbitramento do Dano Moral

No mérito, por argumentação, se procedente o pedido, é ele por demais exagerado e destituído de razoabilidade.

A fixação do dano moral deverá considerar a necessidade de reforma do vestiário, bem como a conduta zelosa da reclamada e ainda a negligência do reclamante com seus pertences pessoais.

Dessa forma, *ad cautelam*, espera a fixação dos danos morais em valor não superior a R$ 1.000,00 e não a estapafúrdia quantia de R$ 157.860,00, como requer o reclamante.

4 IMPUGNAÇÃO AOS DOCUMENTOS

Ficam impugnados todos os documentos juntados à inicial que não tenham atendido ao determinado pelo art. 830 da CLT ou que tenham sido obtidos por violação aos direitos e garantias fundamentais (art. 5º, XII e LVI, CF).

5 CONCLUSÕES

Pelo exposto e tudo o mais que dos autos consta, espera que seja acolhida a preliminar de prescrição e, no mérito, que seja julgada improcedente a presente ação, impondo-se, assim, a condenação do reclamante nas custas e despesas processuais.

Requer a intimação em nome de (advogado e OAB), com escritório em (endereço completo).

Protesta provar o alegado por todos os meios em direito admitidos, em especial, pelo depoimento pessoal da autora, sob pena de confesso (aplicando-se a Súm. 74, TST), perícias, juntada de novos documentos, oitiva de testemunhas etc.

Nestes termos,

pede deferimento.

Local e data

ADVOGADO

OAB nº _____

Obs. Acompanhada da planilha de cálculos em arquivo PDF (preferencialmente, extraída do PJe-calc).

4.7 MODELO DE PETIÇÃO DE CONTESTAÇÃO

EXCELENTÍSSIMO SENHOR DOUTOR JUIZ DA _____
VARA DO TRABALHO DE SÃO PAULO – SP

(10 cm)

Processo nº

DANIELA RUBIA CAVALCANTE (nº CPF), (endereço físico e eletrônico) e **LUCIA NOLETO CAVALCANTE** (nº CPF), (endereço físico e eletrônico), nos autos da demanda em epígrafe proposta por **MARIA ESTELA**, por seu advogado (nome completo), (endereço físico e eletrônico e telefone), vêm, à presença de Vossa Excelência, com base nos arts. 847 e 335, respectivamente, da CLT e do CPC, apresentar *CONTESTAÇÃO*, pelos fatos e fundamentos que passam a expor:

1 RETIFICAÇÃO DO NOME DA RECLAMADA

O nome correto da segunda reclamada é ..., e não como constou na petição inicial (doc).

Assim, deverá ser determinada a retificação do polo passivo (nome da segunda reclamada), inclusive com a comunicação ao setor da distribuição em São Paulo.

2 SINOPSE DA PETIÇÃO INICIAL

A reclamante menciona que foi admitida em 15-6-1995, para o exercício das funções de empregada doméstica, auferindo o salário último de R$ 294,00, e com a dispensa injustificada em 27-7-2020, sem nada receber.

Menciona o labor em três vezes por semana e no horário das 7:30 às 18:00 horas.

Após um falacioso corpo fático, a reclamante pleiteia a quantia de R$ 8.350,00.

3 PRELIMINARES PROCESSUAIS

O legislador consolidado não contempla regras específicas quanto à inépcia da petição inicial, logo, vamos invocar a aplicação subsidiária da lei processual civil, de acordo com o disposto no art. 769 da CLT.

3.1 Inépcia da Inicial por Falta de Pedido – Vínculo Empregatício

A petição inicial, na causa de pedir, indica que: *"Durante todo o pacto laboral, trabalhou a reclamante sem o devido registro em CTPS, o que requer."*

Tem-se a causa de pedir, contudo, não há o pedido de reconhecimento do vínculo de emprego doméstico e as regulares anotações para fins de CTPS.

Com a falta do pedido certo e determinado, tem-se a inépcia da petição inicial, o que é invocado com base no art. 485, I, combinado o art. 330, I, § 1º, I, CPC.

Espera a extinção do processo sem resolução de mérito.

3.2 Inépcia da Inicial por Falta de Pedido – Férias e 13º Salário

O pedido há de ser certo e determinado, consoante as lições do art. 324, CPC, combinado com o art. 319, IV, também do mesmo Diploma Legal.

Os itens "B" e "C" da petição inicial indicam, respectivamente, as rubricas de 13º salário e de férias, contudo, não indicam quais são os períodos requeridos (ano civil para o 13º salário; período aquisitivo e o concessivo para as férias).

Sem a indicação dos períodos, não há como se dizer que a inicial atenda ao rigor da lei, que exige a indicação do pedido de forma especificada.

Diante da violação dos artigos citados, requer-se, pois, a decretação da inépcia da petição inicial e a extinção do feito sem resolução de mérito (art. 485, I, CPC).

4 PRESCRIÇÃO TRABALHISTA

No que for compatível com a causa de pedir e pedido, por cautela, as reclamadas articulam a prescrição bienal e quinquenal na forma do art. 7º, XXIX, da CF.

5 MÉRITO

Na remota hipótese de serem superadas as questões preliminares, como se verificará, no mérito, a reclamação está fadada ao insucesso. Senão vejamos.

5.1 Do Contrato de Trabalho: Início e Término

Diferentemente do alegado inicialmente, o início do contrato de trabalho se deu em 20-8-1996 e foi extinto aos 27-7-2020.

No dia 20-7-2020, a reclamante disse à primeira reclamada que a semana seguinte seria a última que trabalharia, pois a partir de então receberia de sua filha salário para cuidar de seu neto de forma integral. Ou seja, a reclamante extinguiu o contrato de trabalho por sua vontade (demissão por motivos particulares).

Em outras palavras, é inverídica e falaciosa a assertiva fática de que a reclamante teria sido dispensada de forma imotivada.

5.2 Da Jornada de Trabalho: Semanal e Diária

São inverídicas as alegações de: (a) trabalho três vezes por semana e no horário das 7:30 às 18:00 horas; (b) que sempre recebeu o salário de R$ 294,00 por mês.

A verdade é a seguinte e será provada pelo depoimento da reclamante.

A reclamante trabalhava uma vez por semana durante cinco anos e quatro meses (período de 20-8-1996 a 31-12-2017), auferindo o salário de R$ 50,00 por dia de labor. Nos primeiros anos, o comparecimento da reclamante ocorria sempre às terças-feiras.

Em janeiro de 2018, a reclamante procurou a primeira reclamada, dizendo que havia perdido várias casas onde trabalhava, oferecendo, assim, os serviços de passadeira.

A partir de então, a reclamante passou a executar os serviços de passadeira (passar roupa) às terças-feiras e as tarefas de faxineira, às quintas-feiras. Vale dizer, a partir de janeiro de 2002, a reclamante passou a laborar duas vezes por semana.

A reclamante não quis receber como passadeira e pediu um acréscimo no valor que recebia, inclusive, pedindo que esse valor fosse pago quinzenalmente, pois, assim, seria mais fácil proceder ao controle de suas despesas e receitas.

A partir de janeiro de 2018, a reclamante passou a receber o valor de R$ 500,00 por quinzena, representando, assim, um ganho mensal de R$ 1.000,00 ao mês, para laborar duas vezes por semana, ao término do mês equivalendo ao montante de oito dias.

O horário de trabalho da reclamante era 8:00 às 17:00, assim, inadmissível o horário como posto na fundamentação da postulação.

Assevere-se ainda que, necessitando de um aumento de carga nos seus dias de trabalho, a partir de julho de 2018, solicitou da segunda reclamada a realização de serviços de limpeza no escritório situado na Rua Segundo Irmão, 224, ou seja, uma sala de 34 metros quadrados.

Ficou acertado entre a reclamante e o segundo reclamado que a reclamante limparia a sala a cada 15 dias e sempre aos sábados, no horário das 10:00 às 12:00 horas e com o salário de R$ 140,00 por dia.

A reclamante não pode pretender a inclusão desse dia para fins de caracterização do vínculo de empregada doméstica, na medida em que laborava como trabalhadora não mais na casa do casal (reclamadas) e sim no escritório da segunda reclamada (atividade de cunho empresarial).

No escritório, a segunda reclamada não mais atua como pretenso empregador doméstico, e sim como um eventual contratante.

Por todo o exposto, impugna-se a argumentação de que a reclamante sempre laborou três vezes por semana e no horário descrito na petição inicial, além da percepção do salário de R$ 1.140,00.

A reclamante sempre foi uma diarista, vez que a prestação de serviços não se enquadra na conceituação do empregado doméstico (os serviços não eram prestados de forma contínua – art. 1º, Lei 5.859/72, vigente até 1º-6-2015; pela atual legislação, art. 1º, *caput*, LC 150/15, como o número de dias da prestação de serviços não era superior a dois na semana, não se caracteriza a relação de trabalho doméstico).

5.3 Inexistência da Relação de Emprego – Inexistência da Continuidade

Como já dito, a reclamante não comparecia todos os dias na semana e, muito menos, no número de dias mencionado na petição inicial.

Pela dicção legal: doméstico era o empregado que prestava serviços de natureza contínua e de finalidade não lucrativa à pessoa ou à família no âmbito residencial destas (art. 1º, Lei 5.859/72, vigente até 1º-6-2015, revogada pela LC 150/15).

Quanto ao conceito legal (art. 1º, Lei 5.859/72), Alice Monteiro de Barros[20] ensina:

---

[20] BARROS, Alice Monteiro de. *Curso de Direito do Trabalho*. 5. ed. São Paulo: LTr, 2009, p. 34.

"Do conceito de empregado doméstico emergem os seguintes pressupostos: (a) o trabalho é realizado por pessoa física; (b) em caráter contínuo; (c) no âmbito residencial de uma pessoa ou família, pouco importando tratar-se de residência consular, pois a imunidade de jurisdição de que gozam os cônsules restringe-se aos atos de ofício; (d) sem destinação lucrativa."

Podia-se denotar que serviços de natureza contínua eram os que ocorriam todos os dias na semana e não em alguns dos dias.

Prossegue a ilustre autora:

"Não nos parece esteja incluída no art. 1º da Lei nº 5.859 a trabalhadora chamada, impropriamente, de 'diarista' (faxineira, lavadeira, passadeira, etc.), que trabalha nas residências, em dias quaisquer, para diversas famílias. É que a Lei nº 5.859, de 1972, considera doméstico 'quem presta serviços de natureza contínua e de finalidade não lucrativa à pessoa ou à família, no âmbito residencial destas...' (art. 1º).

De acordo com o Novo Dicionário Aurélio, o vocábulo 'contínuo' significa 'em que não há interrupção, seguido, sucessivo'.

É necessário, portanto, que o trabalho executado seja seguido, não sofra interrupção. Portanto, um dos pressupostos do conceito de empregado doméstico é a continuidade, inconfundível com a não eventualidade exigida como elemento da relação jurídica advinda do contrato de emprego firmado entre empregado e empregador, regido pela CLT. Ora, a continuidade pressupõe ausência de interrupção, enquanto a não eventualidade diz respeito ao serviço que se vincula aos fins normais da atividade da empresa. 'Não é o tempo em si que desloca a prestação de trabalho de efetivo para eventual, mas o próprio nexo da prestação desenvolvida pelo trabalhador com a atividade da empresa' (Cf. Ribeiro de Vilhena, Paulo Emílio. Revista de Direito do Trabalho, nov./dez. 1982, v. 7, nº 40, p. 38/43). Logo, se a não eventualidade é uma característica que não depende do tempo, o mesmo não se pode dizer da continuidade, já que a interrupção tem natureza temporal.

Assim, não é doméstica a trabalhadora de residência que lá comparece em alguns dias da semana, por faltar na relação jurídica o elemento continuidade."[21]

Mauricio Godinho Delgado[22] lecionava que:

"Ora, ao não adotar a expressão celetista consagrada (natureza não eventual) – que importava o afastamento da teoria da descontinuidade no tocante à caracterização do trabalhador eventual –, elegendo, ao revés, exatamente a expressão rejeitada pela CLT (natureza contínua), a Lei Especial dos Domésticos (5.859/72) fez claramente uma opção doutrinária, firmando o conceito de trabalhador eventual doméstico em conformidade com a teoria da descontinuidade. Essa opção doutrinária não se chocaria com o sistema, não seria com ele incompatível; apenas daria tratamento diferenciado a um elemento fático-jurídico geral, no contexto de uma relação jurídica empregatícia particular (tratamento diferenciado, aliás, que a ordem jurídica confere ao doméstico em quase tudo: jornada, adicionais legais, FGTS etc.). Ou seja: o elemento da não eventualidade na relação de emprego doméstica deve ser compreendido como efetiva continuidade, por força da ordem jurídica especial regente da categoria.

---

[21] BARROS, Alice Monteiro de. *Curso de Direito do Trabalho*. 5. ed. São Paulo: LTr, 2009. p. 347.
[22] DELGADO. Mauricio Godinho. *Curso de Direito do Trabalho*. 18. ed. São Paulo: LTr, 2019, p. 445.

À luz, portanto, desta vertente interpretativa, configuraria trabalhador eventual doméstico – por incidência da teoria da descontinuidade, adotada expressamente pelo art. 1º, Lei nº 5.859/72 – a chamada diarista doméstica, que labora em distintas residências, vinculando-se a cada uma delas apenas uma ou duas vezes por semana."

Na jurisprudência, encontrávamos:

"VÍNCULO EMPREGATÍCIO. DIARISTA EMPREGADA DOMÉSTICA. Art. 1º DA LEI 5.859/72. NÃO CONHECIMENTO. 1 – De acordo com reiterada jurisprudência desta Corte, não há vínculo de emprego doméstico entre o tomador dos serviços e a diarista que labora em sua residência apenas dois ou três dias na semana, ante o não preenchimento do requisito da continuidade, previsto no art. 1º da Lei 5.859/72. 2 – In casu, o Regional consignou que não há vínculo empregatício da Reclamante com os Reclamados, na medida em que a Obreira laborava como diarista apenas dois dias por semana. Desse modo, de acordo com o art. 1º da Lei 5.859/72, para existir vínculo doméstico é necessário haver continuidade no exercício das tarefas no âmbito residencial. 3 – Assim, tendo o Regional entendido pela não caracterização do vínculo empregatício em razão da não continuidade do labor da Obreira, exigência do art. 1º da Lei 5.859/72, se perfilhou ao entendimento da jurisprudência desta Corte. Recurso de revista não conhecido" (TST – RR 247.500-88.2007.5.02.0087 – Relª Minª Maria Doralice Novaes – DJe 13-5-2011 – p. 1434).

A LC 150/15 (art. 1º, *caput*), ao dispor a respeito do conceito de empregado doméstico, pôs fim à discussão relacionada com o número de dias da semana em que o trabalhador presta serviços à família ou à pessoa. Vale dizer, quando a prestação for superior a dois dias por semana, tem-se a configuração da "continuidade" na caracterização do vínculo de emprego doméstico.

Pela nova legislação, empregado doméstico é aquele que presta serviços de forma contínua, subordinada, onerosa, pessoal e de finalidade não lucrativa à pessoa ou à família, no âmbito residencial destas, por mais de dois dias por semana.

Portanto, como a Reclamante nunca laborou mais de dois dias na semana, não se pode ter o reconhecimento da relação de emprego.

5.4 Diferenças Salariais – Salário Mínimo

As diferenças são indevidas na medida em que a reclamante não era empregada, bem como nunca laborou a jornada total na semana, ou seja, 44 horas.

5.5 Direitos Trabalhistas: 13º Salário, Férias e Abono

Tais títulos são indevidos ante a argumentação de que a reclamante não é empregada doméstica e sim eventual.

A título de mera liberalidade e por argumentação, convém ser dito que os reclamados sempre pagaram o 13º salário em todo o período da prestação dos serviços, como forma de liberalidade e auxílio à autora.

Portanto, dentro do princípio da eventualidade (art. 341, CPC), requer-se a improcedência do 13º salário ante o seu regular pagamento (dedução).

5.6 Aviso Prévio

É indevido qualquer valor a título de aviso prévio, ante a inexistência do vínculo empregatício e ante o fato de que a reclamante requereu expressamente sua demissão por motivos particulares.

5.7 Descontos Legais: Contribuição Previdenciária e Imposto sobre a Renda

Em respeito ao princípio da eventualidade e na remota hipótese de condenação, as reclamadas devem ser autorizadas a proceder aos descontos dos valores referentes à contribuição previdenciária e a título de imposto sobre a renda sobre as verbas de natureza salarial a serem oportunamente pagas.

5.8 Atualização Monetária

Ressalta que, em caso de eventual condenação, a correção monetária incidente sobre os valores apurados deverá respeitar a época em que cada pagamento seria devido, tal qual definida pelo art. 459 da CLT, assim como a legislação pertinente vigente em cada uma, bem como o cômputo de juros moratórios deverá ser efetuado a partir da propositura da ação, *pro rata die* e considerando o disposto na legislação vigente em cada mês de cômputo.

5.9 Dedução dos Valores Pagos

Requerem as reclamadas, por cautela e dever de ofício deste patrono, seja deferida a dedução de todos os valores já pagos à reclamante, em caso de malfadada condenação.

6 CONCLUSÕES

Pelo exposto e tudo o mais que dos autos consta, espera que seja acolhida a preliminar de prescrição e, no mérito, que seja julgada improcedente a presente reclamatória, impondo a condenação da reclamante em custas, despesas processuais, honorários periciais e advocatícios.

Protesta provar o alegado por todos os meios em direito admitidos, em especial, pelo depoimento pessoal da autora, sob pena de confissão (aplicando-se a Súm. 74, TST), perícias, juntada de novos documentos e oitiva de testemunhas a serem oportunamente arroladas.

Nestes termos,

pede deferimento.

Local e data

Advogado

OAB nº _____

Obs. Acompanhada da planilha de cálculos em arquivo PDF (preferencialmente, extraída do PJe-calc).

5

RESPOSTA DA RECLAMADA: PRELIMINARES E TEMAS ESPECÍFICOS

5.1 FUNDAMENTO JURÍDICO

O direito de defesa encontra fundamento no princípio do amplo direito de defesa e princípio do contraditório (art. 5º, LV, CF), sendo que ninguém será processado senão por autoridade competente (art. 5º, LIII) e não será privado da liberdade ou de seus bens sem o devido processo legal (art. 5º, LIV).

No plano infraconstitucional, a resposta do réu está disciplinada nos arts. 335 ss, CPC e no art. 847, CLT, com as alterações da Lei 13.467/17.

Considerando o regramento processual civil e a necessidade do TST se posicionar, ainda que não de forma exaustiva, sobre a aplicação de várias regras e de institutos disciplinados pelo CPC ao processo do trabalho, foi editada a IN 39/16.[1]

Além disso, diante da necessidade de se preservar a segurança jurídica e de o TST se posicionar sobre diversos aspectos processuais da Reforma Trabalhista (Lei 13.467), o TST editou a IN 41/18.

Nesse aspecto, o TST entendeu inaplicável ao processo do trabalho o prazo para a contestação (art. 335, CPC) (art. 2º, V, IN 39).

O *ius postulandi* (capacidade postulatória das partes: reclamante e reclamada) (art. 791, CLT) limita-se às varas do trabalho e aos TRTs (instâncias ordinárias), não alcançando a ação rescisória, a ação cautelar, o mandado de segurança e os recursos de competência do TST (Súm. 425, TST).

Contudo, devido à complexidade das questões jurídicas (materiais e processuais), não se recomenda a atuação sem a orientação e acompanhamento de profissional qualificado em qualquer das instâncias da Justiça do Trabalho.

Em todas as formas de defesa, deverá haver a identificação do juízo competente, bem como o número do processo e a qualificação das partes.

---

[1] A IN 39/16, TST, é objeto da ação direta de inconstitucionalidade promovida pela Associação Nacional dos Magistrados da Justiça do Trabalho – ANAMATRA (ADI 5516, Rel. Min. Cármen Lúcia).

Além das partes, também é necessário constar o nome e endereço físico e eletrônico do advogado que receberá intimação e notificações (art. 106, I, CPC).

5.2 RESPOSTA DA RECLAMADA: ESPÉCIES E APRESENTAÇÃO

Nos termos do CPC, a resposta do requerido consiste em contestação e exceções de suspeição e impedimento do juiz (art. 144 ss, CPC).

Na atual sistemática do processo civil, dentre outras matérias, as alegações de incompetência absoluta e relativa, incorreção do valor da causa e indevida a concessão do benefício de gratuidade de justiça se enquadram como preliminares de contestação (art. 337).

As exceções de suspeição e impedido do magistrado são incidentes processuais e devem ser alegados em peça autônoma, apresentada em primeira oportunidade, tramitando em separado (art. 148, §§ 1º e 2º).

Neste capítulo serão analisadas as seguintes alegações de defesa: a preliminar de incompetência territorial; a preliminar e a impugnação ao pedido de assistência judiciária gratuita; a exceção de impedimento; a exceção de suspeição e a reconvenção. No CPC/15, são matérias a serem alegadas em preliminar de contestação (art. 337).

5.3 PRELIMINAR DE INCOMPETÊNCIA TERRITORIAL (*RATIONE LOCI*)

A jurisdição, como expressão do poder estatal, é uma só. Cada juiz, cada tribunal, é investido da jurisdição. Porém, o seu exercício é distribuído, pelas normas constitucionais e ordinárias, para vários órgãos jurisdicionais. Essa distribuição se faz em função de vários critérios.

De acordo com esses critérios, cada órgão jurisdicional poderá exercer sua jurisdição em função de determinados limites, ou seja, grupo de litígios; logo, competência é o pleno exercício da jurisdição, que se concretiza por meio de órgãos incumbidos de resolver determinados grupos de litígios.

Os critérios para a fixação da competência são estabelecidos em função dos seguintes elementos: território, valor, material e funcional.

Os critérios (territorial e valor) ligam-se à competência relativa, sendo que os critérios (material e funcional) são tidos como absolutos (alegados em preliminar de contestação ou conhecidos de ofício).

A competência relativa pode ser prorrogada, quando não alegada oportunamente pelas partes (art. 62, CPC).

No processo do trabalho, o critério valor da causa não é utilizado para fixação da competência.

Com a nova sistemática processual, a incompetência absoluta e relativa do juízo será alegada em preliminar de contestação (art. 799, *caput*, CLT; art. 337, II, CPC).

A CLT prevê as exceções de suspeição e de incompetência territorial em peças autônomas (arts. 799). Apesar do regramento específico da CLT, entendemos que a matéria pode ser alegada em preliminar de contestação. Por extrema cautela, o advogado poderá fazer a alegação preliminar e ainda levar para a audiência a peça autônoma (exceção de incompetência territorial), de modo a evitar prejuízo para seu cliente.

Com a Lei 13.467, a exceção de incompetência territorial deve ser apresentada no prazo de cinco dias a contar da efetiva citação (art. 800, CLT).[2]

Com a apresentação da exceção, o processo fica suspenso, não se realizando a audiência previamente designada (art. 843, CLT), até que seja dirimida a exceção (art. 800, § 1º, CLT).

Os autos serão imediatamente conclusos ao juiz, que intimará o reclamante e, se existentes, os litisconsortes, para manifestação no prazo comum de cinco dias.

Se entender necessária a produção de prova oral, o juízo designará audiência, garantindo o direito de o excipiente e de suas testemunhas serem ouvidos, por carta precatória, no juízo que este houver indicado como competente.

Decidida a exceção de incompetência territorial, o processo retomará seu curso, com a designação de audiência, a apresentação de defesa e a instrução processual perante o juízo competente.

Quanto à decisão que rejeita ou acolhe a preliminar de incompetência relativa, não cabe recurso por se tratar de uma decisão interlocutória (arts. 799, § 2º, 893, § 1º, CLT; Súm. 214, TST), exceto se a decisão determinar que o processo seja remetido para TRT distinto daquele que se vincula o juízo excepcionado. Exemplo: o juiz da 1ª Vara do Trabalho de São Caetano do Sul (TRT da 2ª Região – São Paulo) acolhe a exceção em razão do local, com a determinação da remessa dos autos para a localidade de Belo Horizonte (TRT da 3ª Região). Contra essa decisão interlocutória cabe recurso ordinário para o TRT de São Paulo.

5.3.1 Critérios de fixação da competência territorial

Como regra geral, a competência territorial é fixada em função do "local da prestação de serviços" (art. 651, *caput*, CLT).[3]

Em havendo localidades simultâneas de prestação de serviços, a reclamação trabalhista pode ser ajuizada em qualquer das localidades. No caso de localidades sucessivas, a competência é do último local de trabalho.

Além da regra geral, a CLT possui regras especificadas sobre a competência territorial (art. 651, §§ 1º a 3º).

Quando for parte no dissídio agente ou viajante comercial, a competência será da vara da localidade em que a empresa tenha agência ou filial e a esta o empregado esteja

---

[2] "ART. 800 DA CLT ALTERADO PELA LEI Nº 13.467/2017. EXCEÇÃO DE INCOMPETÊNCIA. O artigo 800 da CLT, com redação alterada pela Lei nº 13.467/2017, determina que a exceção de incompetência territorial deve ser apresentada no prazo de cinco dias a contar da notificação, antes da audiência e em peça que sinalize a existência desta exceção. Referida regra, até por força do preconizado no artigo 11 da Instrução Normativa nº 41/2018 do Col. TST, é aplicável aos processos em curso, desde que a notificação inicial tenha sido realizada após 11.11.2017" (TRT – 18ª R. – ROPS 0010330-28.2018.5.18.0122 – Rel. Eugenio Jose Cesario Rosa – *DJe* 1/10/2019 – p. 1338).

[3] Consultar JORGE NETO, Francisco Ferreira e CAVALCANTE, Jouberto de Quadros Pessoa. *Direito Processual do Trabalho*. 8. ed. São Paulo: Atlas, 2019.

subordinado e, na falta, será competente a vara da localização em que o empregado tenha domicílio ou a localidade mais próxima (art. 651, § 1º).

A competência das varas do trabalho estende-se aos dissídios ocorridos em agência ou filial no estrangeiro, desde que o empregado seja brasileiro e não haja convenção internacional dispondo em contrário (art. 651, § 2º).

Por fim, caso o empregador promova atividades fora do local de celebração do contrato de trabalho, é assegurado ao empregado a opção em ajuizar reclamação no foro de celebração ou no local onde se dá a prestação de serviços (art. 651, § 3º).

5.4 PRELIMINAR E IMPUGNAÇÃO AO PEDIDO DE ASSISTÊNCIA JURÍDICA INTEGRAL E GRATUITA

5.4.1 Assistência jurídica integral e gratuita

O Estado prestará assistência jurídica integral e gratuita aos que comprovarem insuficiência de recursos (art. 5º, LXXIV, CF; art. 98, CPC), atribuindo à Defensoria Pública a orientação jurídica e a defesa, em todos os graus, dos necessitados (art. 134, CF), regulamentada no âmbito da União pela LC 80/94, alterada pela LC 132/09.

Além da assistência judiciária e da justiça gratuita, a assistência jurídica integral e gratuita também se relaciona com serviços jurídicos não relacionados ao processo, tais como: orientações individuais ou coletivas, esclarecimento de dúvidas e até mesmo um programa de informações a toda a comunidade.

É importante que o cidadão não só tenha acesso à Justiça. Há de ser assegurado ao cidadão o direito de ser informado e de se informar a respeito dos seus direitos; ter um profissional competente e habilitado para o patrocínio dos seus interesses de forma judicial ou extrajudicial; isenção quanto ao pagamento dos encargos processuais ou extraprocessuais existentes na busca da tutela dos seus direitos.

Para a concessão dos benefícios da assistência judiciária, não é necessário que a pessoa esteja em péssimas condições econômicas, como se fosse totalmente desprovida de qualquer recurso econômico. Vale dizer, necessitado não é sinônimo de pessoa que não tenha recursos e, sim, de quem passará por dificuldades econômicas no seu sustento ou de seus familiares, se vier à demanda em juízo assumindo todas as despesas processuais.

A assistência jurídica gratuita integral entrelaça-se com a assistência judiciária e a justiça gratuita.

Em linhas objetivas, a assistência judiciária consiste no benefício gratuito concedido ao necessitado de utilizar os serviços profissionais de advogado e demais auxiliares do Poder Judiciário, além da movimentação processual.

Vale dizer, a assistência judiciária é o gênero, enquanto a justiça gratuita, como espécie, é o direito quanto à isenção de todas as despesas (taxas judiciárias, custas, emolumentos, honorários de perito, despesas com editais etc.) necessárias quanto ao encadeamento processual. A justiça gratuita é um instituto de direito processual.

No plano infraconstitucional, a Lei 1.060/50, os arts. 98 ss., CPC e o art. 790, §§ 3º e 4º, CLT (Lei 13.467) disciplinam a concessão da assistência judiciária gratuita, indicando seus requisitos e abrangência.

Do ponto de vista sistêmico, presume-se verdadeira a declaração destinada a fazer prova de vida, residência, pobreza, dependência econômica, homonímia ou bons antecedentes, quando firmada pelo próprio interessado (pessoa natural) ou por procurador bastante, e sob as penas da Lei (art. 1º, Lei 7.115/83; art. 99, § 3º, CPC).[4]

Importante mencionar que o CPC prevê a concessão do benefício às pessoas jurídicas, sejam brasileiras ou estrangeiras (art. 98).

Na Justiça do Trabalho, a assistência judiciária é prestada pelo sindicato profissional a que pertencer o trabalhador (art. 14, *caput*, Lei 5.584/70).

Atualmente, a justiça gratuita encontra-se prevista no art. 790, §§ 3º e 4º, CLT, e na Súmula 463, TST.

5.4.2 Concessão do benefício da assistência jurídica integral e gratuita

Além da previsão constitucional, da Lei 1.060/50 e do CPC, a justiça gratuita no processo do trabalho encontra previsão no art. 790, § 3º, da CLT. No processo do trabalho, em qualquer grau de jurisdição, é facultado aos magistrados conceder, a requerimento ou de ofício, o benefício da justiça gratuita, inclusive quanto a traslados e instrumentos, àqueles que perceberem salário igual ou inferior a 40% do limite máximo dos benefícios do Regime Geral de Previdência Social.

Sem limites fixados pelo Constituinte e de eficácia plena, a assistência judiciária integral e gratuita prevista na própria CF também poderá beneficiar o empregador, seja ele pessoa jurídica ou natural.

---

[4] "RECURSO DE REVISTA DO RECLAMANTE. LEI 13.467/2017. JUSTIÇA GRATUITA. COMPROVAÇÃO DE INSUFICIÊNCIA DE RECURSOS. ART. 790, § 4º, DA CLT. RECLAMAÇÃO TRABALHISTA AJUIZADA APÓS A EFICÁCIA DA LEI 13.467/2017 . DECLARAÇÃO DE HIPOSSUFICIÊNCIA ECONÔMICA. TRANSCENDÊNCIA JURÍDICA. No caso em tela, o debate acerca da concessão dos benefícios da justiça gratuita nos termos do novel art. 790, § 4º, da CLT, em reclamação trabalhista proposta após a eficácia da Lei 13.467/2017, configura a transcendência jurídica, nos termos do art. 896-A, § 1º, IV, da CLT. Transcendência reconhecida. JUSTIÇA GRATUITA. COMPROVAÇÃO DE INSUFICIÊNCIA DE RECURSOS. ART. 790, § 4º, DA CLT. RECLAMAÇÃO TRABALHISTA INTERPOSTA APÓS A EFICÁCIA DA LEI 13.467/2017. DECLARAÇÃO DE HIPOSSUFICIÊNCIA ECONÔMICA. REQUISITOS DO ARTIGO 896, § 1º-A, DA CLT, ATENDIDOS. Trata-se de debate acerca da concessão dos benefícios da Justiça Gratuita ao trabalhador em reclamação trabalhista ajuizada após a eficácia da Lei 13.467/2017, que alterou o art. 790, § 3º, e incluiu o § 4º na CLT. De acordo com a nova redação, o benefício da Justiça Gratuita somente será concedido àqueles que perceberem salário igual ou inferior a 40% do limite máximo dos benefícios do Regime Geral de Previdência Social ou no caso de comprovação de insuficiência de recursos. Contudo, tem se firmado nesta Corte Superior o entendimento de que, mesmo após a vigência da Lei 13.467/2017, a declaração do empregado de que não dispõe de recursos suficientes para o pagamento das custas do processo goza de presunção *juris tantum* de veracidade e se revela suficiente para comprovar tal condição. Viabiliza-se, dessa forma, o pleno acesso do trabalhador ao Poder Judiciário no intuito de dar concretude aos direitos fundamentais inscritos no art. 5º, XXXV e LXXIV, da Constituição Federal. Precedentes. Recurso de revista conhecido e provido" (TST – 6ª T. – ARR-1000290-58.2018.5.02.0463 – Relator Ministro Augusto Cesar Leite de Carvalho – *DEJT* 18/9/2020).

Apesar disso, equivocadamente, parte da jurisprudência trabalhista tem criado embaraços à concessão do benefício da assistência judiciária gratuita à pessoa jurídica.[5,6]

O CPC prevê expressamente a assistência judiciária da pessoa jurídica (arts. 98 ss.).

Pela Lei 13.467 foi acrescido o § 10 ao art. 899, CLT, dispondo que são isentos do depósito recursal os beneficiários da justiça gratuita, logo, o empregador, a quem se dirige esse encargo, quando da interposição do recurso, passou a ser beneficiado pela assistência judiciária no processo trabalhista. Contudo, no caso de ser o empregador (pessoa jurídica) não basta a mera declaração de pobreza, sendo necessária a demonstração cabal de impossibilidade de a parte arcar com as despesas do processo (Súm. 463, II, TST).

5.4.3 Procedimento do pedido, da preliminar e da impugnação ao pedido de assistência jurídica integral e gratuita

Para a concessão da assistência judiciária, basta a simples afirmação do declarante ou de seu advogado, na petição inicial, na contestação, na petição para ingresso de terceiro no processo ou em recurso, para considerar configurada a sua situação econômica (art. 99, CPC; Súm. 463, I, TST).

Não era necessária a outorga de poderes especiais ao patrono da causa para firmar declaração de insuficiência econômica, destinada à concessão dos benefícios da justiça gratuita (OJ 331, SDI-I, cancelada pela Res. 210/16, TST). A nova sistemática processual civil exige poderes especiais para firmar a declaração de insuficiência econômica (art. 105, CPC; Súm 463, I, TST).

Geralmente, o trabalhador, não estando em condições de arcar com as despesas processuais, para fins da concessão dos benefícios da justiça gratuita (art. 5º, LXXIV, CF; arts. 14 ss. da Lei 5.584/70; Lei 7.115/83), costuma proceder à juntada aos autos da declaração de pobreza. Com a Lei 13.467, o benefício da justiça gratuita será concedido à parte que comprovar a insuficiência econômica (art. 790, § 4º, CLT). No caso de pessoa jurídica, a mera declaração é insuficiente, é necessária a demonstração cabal de impossibilidade de a parte arcar com as despesas do processo (Súm. 463, II, TST).

A presunção de veracidade da declaração em relação às suas condições financeiras milita a seu favor (art. 1º, Lei 7.115/83). Nesse sentido é a lição de Valentim Carrion[7] a seguir colacionada: "*Verificação do estado de necessidade da parte pelo juiz, autorizado implicitamente pela L. 1.060/50. Não é 'faculdade do juiz', como diz o texto da CLT (art. 790, § 3º), mas norma cogente. Declaração de pobreza, assinada pelo interessado, ou por procurador bastante 'sob as penas da lei' presume-se verdadeira (L. 7.115/83; art. 4º da L. 1.060/50; CLT, art. 790, § 3º).*"

O fato de o trabalhador não se encontrar assistido pela entidade sindical não é motivo para se indeferir a concessão da gratuidade judiciária. Como dito, não se pode confundir a assistência judiciária com a justiça gratuita. Se assim o fosse, como se

---

[5] Consultar JORGE NETO, Francisco Ferreira e CAVALCANTE, Jouberto de Quadros Pessoa. *Direito Processual do Trabalho*. São Paulo: Atlas, 8. ed. 2019.
[6] Pela Súm. 481, do STJ, faz jus ao benefício da justiça gratuita a pessoa jurídica com ou sem fins lucrativos que demonstrar sua impossibilidade de arcar com os encargos processuais.
[7] CARRION, Valentin. *Comentários à Consolidação das Leis do Trabalho*, 34. ed., p. 604.

justifica a faculdade legal que é dada ao magistrado de conceder o benefício de justiça gratuita (art. 790, § 3º, CLT)?

Inexistindo os requisitos que permitem à parte usufruir do direito da assistência jurídica integral e gratuita (art. 790, § 3º, CLT; art. 98, CPC), o requerimento deve ser indeferido.

Deferido o pedido, a parte contrária poderá oferecer impugnação na contestação (preliminar – indevida concessão do benefício de gratuidade de justiça, art. 337, XIII, CPC), na réplica, nas contrarrazões de recurso ou, nos casos de pedido superveniente ou formulado por terceiro, por meio de petição simples (impugnação a assistência judiciária gratuita), a ser apresentada no prazo de 15 dias, nos autos do próprio processo, sem efeito suspensivo (art. 100, CPC).

Revogado o benefício, a parte arcará com as despesas processuais que tiver deixado de adiantar e pagará, em caso de má-fé, até o décuplo de seu valor a título de multa, que será revertida em benefício da Fazenda Pública estadual ou federal e poderá ser inscrita em dívida ativa.

Contra a decisão que indeferir a gratuidade ou a que acolher pedido de sua revogação caberá agravo de instrumento, exceto quando a questão for resolvida na sentença, contra a qual caberá apelação (art. 101, CPC).

No processo do trabalho, considerando a regra específica da CLT (art. 790, § 3º), o pedido de assistência judiciária integral e gratuita é um mero incidente processual, o qual, atendidos os requisitos legais, deve ser concedido mediante pedido da parte ou de ofício.

Por conta da informalidade que reveste o processo do trabalho e da liberdade das formas dos atos processuais, é comum, na atuação forense trabalhista, que o pedido de assistência jurídica gratuita seja feito no corpo da própria reclamação trabalhista, por mera petição ou quando da interposição do recurso.

Da mesma forma, até porque não existem autos em apenso no processo do trabalho com essa finalidade, da informalidade que reveste o processo do trabalho e da liberdade das formas dos atos processuais, a impugnação ao pedido de assistência jurídica, na prática forense trabalhista, é feita no próprio corpo da contestação.

Assim, a decisão trabalhista que acolhe ou rejeita o pedido de assistência jurídica gratuita é meramente interlocutória. Como as decisões interlocutórias são irrecorríveis (art. 893, § 1º, CLT; Súm. 214, TST), da decisão caberá mandado de segurança.

5.5 EXCEÇÃO DE SUSPEIÇÃO E EXCEÇÃO DE IMPEDIMENTO

5.5.1 Imparcialidade do juiz

No desempenho de suas atribuições,[8] o magistrado deve atuar com isenção de ânimo, lisura e probidade. Portanto, a plena capacidade subjetiva do juiz é um dos pressupostos processuais.

---

[8] A relação jurídico-processual envolve o Estado, demandante e demandado. É através do processo que o Estado exerce a sua função jurisdicional. O Estado é representado pela figura do juiz, que comanda toda a atividade processual. O juiz atua na condição de órgão do Estado.

Quando não se tem a plena capacidade subjetiva do juiz, a parte pode e deve denunciá-la. A denúncia ocorre por meio da exceção de impedimento ou suspeição (arts. 801 e 802, CLT; arts. 144 ss., CPC).

Ao contrário do que ocorre com o processo civil, a CLT não efetua uma diferenciação explícita quanto aos motivos de impedimento ou suspeição em relação ao magistrado.

Nesse sentido, o art. 801 assevera que o juiz é obrigado a dar-se por suspeito, e pode ser recusado, por algum dos seguintes motivos, em relação à pessoa dos litigantes: (a) inimizade pessoal; (b) amizade íntima; (c) parentesco por consanguinidade ou afinidade até o terceiro grau civil; (d) interesse particular na causa.

Por questão de técnica, hão de ser adotados os motivos e as respectivas distinções inseridas no CPC, que são compatíveis com o processo trabalhista (art. 769, CLT).

Impedimento é quando a lei estabelece a presunção absoluta de parcialidade do juiz.

É defeso ao magistrado exercer as suas funções no processo contencioso ou voluntário: (a) em que interveio como mandatário da parte, oficiou como perito, funcionou como membro do Ministério Público ou prestou depoimento como testemunha; (b) de que conheceu em outro grau de jurisdição, tendo proferido decisão; (c) quando nele estiver postulando, como defensor público, advogado ou membro do Ministério Público, seu cônjuge ou companheiro, ou qualquer parente, consanguíneo ou afim, em linha reta ou colateral, até o terceiro grau, inclusive; (d) quando for parte no processo ele próprio, seu cônjuge ou companheiro, ou parente[9], consanguíneo ou afim, em linha reta ou colateral, até o terceiro grau, inclusive; (e) quando for sócio ou membro de direção ou de administração de pessoa jurídica parte no processo; (f) quando for herdeiro presuntivo, donatário ou empregador de qualquer das partes; (g) em que figure como parte instituição de ensino com a qual tenha relação de emprego ou decorrente de contrato de prestação de serviços; (h) em que figure como parte cliente do escritório de advocacia de seu cônjuge, companheiro ou parente, consanguíneo ou afim, em linha reta ou colateral, até o terceiro grau, inclusive, mesmo que patrocinado por advogado de outro escritório; (i) quando promover ação contra a parte ou seu advogado (art. 144, CPC; Resolução 200/15, CNJ).

---

[9] Parentes são as pessoas ligadas entre si por vínculos de consanguinidade ou de afinidade e os decorrentes de lei (adoção). Na linha reta, temos os parentes que descendem uns dos outros, na relação de: (a) ascendentes – quando se sobe do filho para o pai, deste para o avô etc.; (b) descendente – quando se desce da pessoa para os seus descendentes: do avô para o filho, deste para o neto etc. Os colaterais ou transversos são os parentes originários de um só tronco, sem descenderem um do outro (irmãos, tios, sobrinhos e primos). Nas duas linhas de parentesco, os graus de parentesco são contados por gerações, mas existe uma diferença: (a) na reta, cada geração é contada uma só vez; (b) na colateral é computada duas vezes, porque se sobe de um parente até o ascendente comum, descendo depois até encontrar o outro parente. Por essa razão é que não há primeiro grau na linha colateral. Exemplo: irmãos são colaterais em 2º grau; tios e sobrinhos são colaterais de 3º grau; primos são colaterais em 4º grau. Afinidade é o vínculo de parentesco de um cônjuge com os parentes naturais do outro cônjuge. Como ocorre na consanguinidade, as linhas podem ser: reta ou colateral. Exemplos: (a) o sogro é parente em linha reta da nora (primeiro grau); (b) o cônjuge (cunhado ou cunhada) é parente colateral (2º grau) do irmão do outro cônjuge.

Na hipótese do item "c", o impedimento só se verifica quando o defensor público, o advogado ou o membro do Ministério Público já integrava o processo antes do início da atividade judicante do juiz.

Ainda em relação ao item "c", também se verifica no caso de mandato conferido a membro de escritório de advocacia que tenha em seus quadros advogado que individualmente ostente a condição nele prevista, mesmo que não intervenha diretamente no processo.

Suspeição ocorre quando o juiz está em situação de dúvida quanto ao seu bom procedimento. Ao contrário do impedimento, na suspeição o que se tem é uma suspeita da parcialidade do magistrado.

Reputa-se fundada a suspeição de parcialidade do juiz quando: (a) amigo íntimo ou inimigo de qualquer das partes ou de seus advogados; (b) receber presentes de pessoas que tiverem interesse na causa antes ou depois de iniciado o processo, que aconselhar alguma das partes acerca do objeto da causa ou que subministrar meios para atender às despesas do litígio; (c) quando qualquer das partes for sua credora ou devedora, de seu cônjuge ou companheiro ou de parentes destes, em linha reta até o terceiro grau, inclusive; (d) interessado no julgamento do processo em favor de qualquer das partes (art. 145, CPC).

Poderá o juiz ainda se declarar suspeito por motivo de foro íntimo, sem necessidade de declarar suas razões.

5.5.2 Procedimento da exceção de impedimento ou suspeição do juiz

A exceção poderá ser apresentada em qualquer tempo ou grau de jurisdição, cabendo à parte oferecê-la, no prazo de 15 dias, contado do fato que ocasionou o impedimento ou a suspeição (art. 146, CPC).

Na suspeição, se o excipiente houver praticado algum ato pelo qual haja consentido na pessoa do juiz, não mais poderá alegar exceção de suspeição, salvo sobrevindo novo motivo. A suspeição não será também admitida se do processo constar que o excipiente deixou de alegá-la anteriormente, quando já a conhecia, ou que, depois de conhecida, aceitou o juiz suspeito ou, finalmente, se procurou de propósito o motivo de que ela se originou (art. 801, parágrafo único, CLT). Essa regra é inaplicável ao impedimento, ante a inteligência do art. 966, II, CPC.

A parte oferecerá a exceção de impedimento ou de suspeição, especificando o motivo da recusa. A petição, dirigida ao juiz da causa, poderá ser instruída com documentos em que o excipiente fundar a alegação e conterá o rol de testemunhas (art. 146, CPC).

No processo trabalhista, quando da formulação da defesa em audiência, à exceção de impedimento ou de suspeição, poderá ser por escrito ou oral. Se for oral, deverá ser formulada no prazo de 20 minutos para a resposta (art. 847, CLT).

Apresentada a exceção de impedimento ou suspeição, o relator declarará seus efeitos, podendo lhe atribuir (ou não) efeito suspensivo (art. 799, CLT; art. 146, § 2º, II, CPC), devendo o juiz ou tribunal designar audiência, dentro de 48 horas, para instrução e julgamento da exceção (art. 802, *caput*, CLT).

No caso de não haver a necessidade de outras provas, a exceção poderá ser julgada de plano ou com a designação de uma data para o seu julgamento.

A junta de conciliação e julgamento, atualmente denominada de vara do trabalho (art. 653, c, CLT), é o órgão competente para apreciar a exceção de suspeição ou impedimento de qualquer um de seus membros, mesmo quando dirigida à pessoa do juiz presidente.

Como o órgão jurisdicional colegiado não podia atuar sem a presença do juiz presidente (art. 649, *caput*), por uma "questão de ética e de bom senso", o seu afastamento é razoável, com a vinda de um juiz de trabalho substituto para atuar na instrução e julgamento da exceção. Em decorrência da interpretação do art. 653, c, CLT, a exceção apresentada acaba sendo instruída e julgada pelo próprio magistrado "tido por suspeito ou impedido".

Se a exceção for rejeitada, o processo terá o andamento normal. No caso da sua procedência nas varas do trabalho e nos TRTs, será logo convocado, para a mesma audiência ou sessão, ou para a seguinte, o suplente do membro impedido ou suspeito, o qual continuará a funcionar no feito até decisão final. Proceder-se-á da mesma maneira quando algum dos membros se declarar suspeito ou impedido (art. 802, § 1º).

Tratando-se de suspeição ou impedimento de juiz de direito, no exercício da competência trabalhista (arts. 668 e 669, CLT), será este substituído na forma da organização judiciária local. Nessa hipótese, despachando a petição, o juiz de direito, se reconhecer o impedimento ou a suspeição, ordenará a remessa dos autos ao seu substituto legal. Em caso contrário, dentro de 15 dias dará as suas razões, acompanhadas de documentos e de rol de testemunhas, se houver, ordenando a remessa do incidente ao tribunal (art. 146, § 1º, CPC). O julgamento dessa exceção será efetuado pelo TRT que tiver jurisdição sobre a localidade onde estiver situado o juiz de direito, pois é o órgão competente para o exame de recurso ordinário da sentença prolatada por aquele magistrado.

Ao contrário da suspeição, o impedimento, como matéria de ordem pública, não necessita ser arguido, explicitamente, pela parte interessada. Não se pode esquecer que a sentença de mérito proferida por juiz impedido é passível de ação rescisória (art. 966, II, CPC).

De acordo com o Regimento Interno do TRT de São Paulo (2ª Região), a exceção de suspeição ou de impedimento oposta ao juiz de primeiro grau será por ele decidida, podendo a parte interessada pedir a revisão quando do recurso que couber da decisão final (art. 113).

5.5.3 Impedimento e suspeição de outras pessoas

Aplicam-se também os motivos de impedimento e de suspeição: (a) ao órgão do Ministério Público; (b) aos auxiliares da justiça; (c) aos demais sujeitos do processo (arts. 148 e 465, CPC).

A parte interessada deverá arguir o impedimento ou a suspeição, em petição fundamentada e devidamente instruída, na primeira oportunidade em que lhe couber falar nos autos; o juiz mandará processar o incidente em separado e sem suspensão da causa, ouvindo o arguido no prazo de 15 dias, facultando a prova quando necessária e julgando o pedido (art. 148, § 1º). Nos tribunais, caberá ao relator processar e julgar o incidente (art. 148, § 3º).

Quanto ao procedimento da exceção, aplicam-se as regras analisadas no item anterior.

5.6 RECONVENÇÃO

5.6.1 Reconvenção e o processo do trabalho

No sistema processual vigente, a reconvenção é parte da própria contestação (art. 343, CPC), na qual se tem o reconvinte (requerente na reconvenção) e o reconvindo (requerido na reconvenção).

Considerando a omissão da CLT sobre a reconvenção, aplicam-se as regras do processo civil (art. 769, CLT).

A prática forense trabalhista indica vários exemplos de reconvenção no processo trabalhista:

a) o empregado estável solicita a reintegração, sob alegação de que não houve o inquérito para apuração de falta grave; o empregador, além de contestar a ação, apresenta o inquérito na reconvenção;

b) o empregador propõe o inquérito para apuração de falta grave contra o empregado; na sua resposta, o empregado contesta o inquérito, como também ajuíza a reconvenção, na qual indica que a justa causa é do empregador, postulando, assim, o pagamento da indenização (art. 496, CLT);

c) o empregado ingressa em juízo pleiteando o pagamento das verbas rescisórias; o empregador contesta a demanda, argumentando a ocorrência de justa causa, além de propor a reconvenção na qual solicita a condenação do autor no pagamento dos prejuízos decorrentes da prática de ato doloso (art. 462);

d) o empregador ajuíza ação de consignação em pagamento, objetivando o depósito judicial das verbas rescisórias, com a finalidade de elidir a futura demanda judicial quanto à multa do art. 477 pelo atraso no pagamento da quitação; o empregado contesta a ação, aduzindo a inexistência da sua mora, além de oferecer a reconvenção na qual indica a existência de outros direitos trabalhistas não adimplidos pelo empregador na rescisão. Por exemplo: as incidências das horas extras, a ausência da parcela salarial paga "por fora".

Com o novo regramento processual civil, as questões relativas ao cabimento da reconvenção no procedimento sumaríssimo e no procedimento sumário trabalhista estão superadas. Na medida em que o pedido reconvencional passa a fazer parte da contestação, não havendo mais que se falar em "pedido contraposto".

Com a Lei 13.467, tem-se a previsão de honorários advocatícios na reconvenção (art. 791-A, § 5º, CLT).

5.6.2 Admissibilidade e procedimento

O requerido na ação principal (reconvinte) pode reconvir ao requerido no mesmo processo, toda vez que a reconvenção seja conexa com a ação principal ou com o fundamento da defesa (art. 343, CPC).

Se o autor for substituto processual, o reconvinte deverá afirmar ser titular de direito em face do substituído, e a reconvenção deverá ser proposta em face do autor, também na qualidade de substituto processual (art. 343, § 5º).

Com o oferecimento da reconvenção, a solução do processo não fica restrita aos limites pretendidos pelo autor. Alarga-se o universo da temática a ser decidida pelo magistrado.

O conteúdo da conexão, como causa de pedir e pedido da reconvenção, será consentâneo com a competência material da Justiça do Trabalho.[10]

O empregador-reconvinte não pode pleitear a condenação do empregado-reconvindo em dívidas de natureza não trabalhista. É o caso de aluguéis pagos pelo empregador, na qualidade de fiador do empregado, quando o contrato de locação do imóvel nada tenha a ver com a relação empregatícia. Ou de cobrança de dívidas pessoais.

Apesar da nova sistemática legal, para a reconvenção é necessária a presença dos pressupostos processuais de existência e validade e das condições da ação.

No processo trabalhista, a reconvenção será apresentada forma escrita ou oral como parte da contestação (art. 847, CLT).

Com a apresentação da reconvenção, a audiência será suspensa. O reconvindo fica intimado a apresentar a sua contestação no prazo de 15 dias (art. 343, § 1º, CPC). Se não o fizer, será considerado revel quanto ao pedido reconvencional.

Na audiência em prosseguimento, haverá a instrução simultânea da ação e da reconvenção. No corpo da sentença, caso venham a ser julgadas em conjunto, cada uma deverá ter fundamentos e conclusões próprias.

A desistência da ação ou a existência de qualquer causa que a extinga não obsta o prosseguimento da reconvenção (art. 343, § 2º). Isso significa que a reconvenção pode ser instruída e julgada independentemente da apreciação do mérito da ação.

O arquivamento da ação pela ausência do reclamante (art. 844, CLT) implica a extinção do processo sem julgamento de mérito, logo, o reclamado estará impossibilitado de apresentar a sua reconvenção.

5.6.3 Revelia e a reconvenção

Como o exercício do direito de defesa é uma faculdade para o réu, a contestação poderá se limitar às questões relacionadas à reconvenção (art. 343, § 6º, CPC). Nessa hipótese, o elemento de conexão só poderá ser com os fundamentos da ação.

Exemplo: o empregador não contesta o pedido de verbas rescisórias pela dispensa imotivada do empregado, contudo, propõe um pedido reconvencional, em que pleiteia a condenação do reconvindo no pagamento de danos decorrentes da prática de ato culposo ou doloso (art. 462, CLT).

---

[10] Sobre a competência material da Justiça do Trabalho, sugerimos consultar JORGE NETO, Francisco Ferreira e CAVALCANTE, Jouberto de Quadros Pessoa. *Direito Processual do Trabalho.* 8. ed. São Paulo: Atlas, 2019.

5.6.4 Reconvenção e compensação

Nos processos trabalhistas, a reclamada costuma solicitar a compensação de créditos,[11] em função dos títulos requeridos pelo reclamante.

A compensação é arguida de forma oportuna quando o crédito da reclamante for igual ou superior ao da reclamada.

Contudo, há situações em que o crédito da reclamada é superior. Esse excedente não pode ser aduzido como matéria de defesa. Deverá sê-lo por intermédio de um pedido reconvencional, em que o juiz reconhecerá o valor pago a maior pelo empregador e condenará o empregado nessa diferença.

Nesse sentido, Mauro Schiavi[12] ensina: "*A compensação, na esfera processual trabalhista, conforme o art. 767, da CLT, deve ser arguida em contestação, mas se o crédito do reclamado superar o do reclamante, este poderá propor a reconvenção*".

5.6.5 Reconvenção e o litisconsórcio

Nada obsta a formulação da reconvenção em caso de litisconsórcio, seja ativo ou passivo (art. 343, §§ 3º e 4º, CPC).

A reconvenção pode ser proposta contra o autor e terceiro e pelo réu em litisconsórcio com terceiro. No caso do processo do trabalho, os sujeitos e objeto da reconvenção ficam restritos à competência material da Justiça Especializada (art. 114, CF).[13]

Se o autor for substituto processual, o reconvinte deverá afirmar ser titular de direito em face do substituído, e a reconvenção deverá ser proposta em face do autor, também na qualidade de substituto processual.

5.6.6 Reconvenção e o processo de execução

A Lei 6.830/80, a qual dispõe sobre a cobrança judicial da dívida ativa da Fazenda Pública e outras providências, é aplicável ao processo de execução trabalhista (art. 889, CLT).

Na execução da dívida ativa não se admitem: reconvenção, compensação e as exceções, como exceção de suspeição, incompetência e impedimentos (as quais devem ser arguidas como matéria preliminar, com o processamento e respectivo julgamento com os embargos) (art. 16, § 3º, Lei 6.830/80).

Portanto, o pedido reconvencional deve ser também feito em sede de embargos à execução.

---

[11] A compensação efetua-se entre dívidas líquidas, vencidas e de coisas fungíveis (art. 369, CC).
[12] SCHIAVI, Mauro. *Manual de Direito Processual do Trabalho*, p. 441.
[13] Sobre a competência material da Justiça do Trabalho, sugerimos consultar JORGE NETO, Francisco Ferreira e CAVALCANTE, Jouberto de Quadros Pessoa. *Direito Processual do Trabalho*. 8. ed. São Paulo: Atlas, 2019.

5.7 MODELO DE PRELIMINAR DE EXCEÇÃO DE INCOMPETÊNCIA EM RAZÃO DO LOCAL

EXCELENTÍSSIMO SENHOR DOUTOR JUIZ DA _____
VARA DO TRABALHO DE SÃO PAULO – SP

(10 cm)

OAB nº _____

ABC Ltda. (nº CNPJ), (nº CEI), (endereço físico e eletrônico), nos autos da demanda em epígrafe proposta por **MIGUEL QUADROS, MARIA QUADROS E ROQUE QUADROS**, por seu advogado (nome completo), (endereço físico e eletrônico e telefone), vem, à presença de Vossa Excelência, apresentar *EXCEÇÃO DE INCOMPETÊNCIA TERRITORIAL* pelos fatos e fundamentos que passa a expor.

DAS RAZÕES DE EXCEÇÃO DE INCOMPETÊNCIA TERRITORIAL

O Reclamante, na qualidade de ex-empregado, ajuizou uma ação trabalhista, a qual foi distribuída para a presente Vara do Trabalho de São Paulo.

Ocorre, entretanto, que o Reclamante nunca prestou os serviços na localidade de São Paulo e, sim, no Município de Lorena.

A competência territorial, para fins de ajuizamento de uma demanda individual trabalhista, é fixada pelo local no qual se dá a prestação dos serviços.

O Reclamante sempre prestou serviços na localidade de Lorena, assim, não poderia ajuizar a presente ação em São Paulo, de acordo com a regra inserida no art. 651, *caput*, da CLT.

A competência territorial é fixada pelo local da prestação de serviços (art. 651, *caput*, CLT).

Não é aplicável aos presentes autos a exceção prevista no art. 651, § 3º, da CLT, a qual determina que no caso de o empregador promover atividades fora do local de celebração do contrato de trabalho, é assegurada ao empregado a opção em ajuizar reclamação no foro de celebração ou no local onde se dá a prestação de serviços.

O disposto no citado parágrafo deve ser interpretado em sintonia com a regra inserida no *caput* do art. 651, ou seja, se há ou não limites para a opção que foi dada ao empregado.

A hipótese contida no parágrafo é aplicável aos casos em que o empregador desenvolva seus trabalhos em locais incertos, eventuais ou transitórios, o que não é a hipótese da excipiente.

Nesse sentido, Valentin Carrion[14] afirma que:

> "[...] a opção do empregado só pode ser entendida nas raras hipóteses em que o empregador desenvolve seu trabalho em locais incertos, eventuais ou transitórios, como é o caso das atividades circenses, artísticas, feiras, exposições, promoções etc."

Assim, espera o acolhimento da presente exceção de incompetência territorial, com a remessa dos autos para o juízo trabalhista competente.

---

[14] CARRION, Valentin. *Comentários à Consolidação das Leis do Trabalho*. 25. ed. p. 489.

CONCLUSÃO

Pelo exposto, espera o regular processamento da presente exceção de incompetência territorial, com sua procedência e com a remessa dos autos para o juízo trabalhista competente.

Nestes termos,

pede deferimento.

Local e data

Advogado

OAB nº _____

5.8 MODELO DE IMPUGNAÇÃO AO PEDIDO DE ASSISTÊNCIA JURÍDICA INTEGRAL E GRATUITA

EXCELENTÍSSIMO SENHOR DOUTOR JUIZ DA
VARA DO TRABALHO DE SÃO PAULO – SP

(10 cm)

OAB nº _____

ABC Ltda. (nº CNPJ), (nº CEI), (endereço físico e eletrônico), nos autos da demanda em epígrafe proposta por **MIGUEL QUADROS, MARIA QUADROS E ROQUE QUADROS**, por seu advogado (nome completo), (endereço físico e eletrônico e telefone), vem, à presença de Vossa Excelência, apresentar ***IMPUGNAÇÃO AO PEDIDO DE ASSISTÊNCIA JURÍDICA INTEGRAL E GRATUITA***, pelos fatos e fundamentos que passa a expor.

DO FUNDAMENTO FÁTICO E JURÍDICO

No uso do seu direito de ação, os Requerentes pretendem o pagamento de direitos trabalhistas, nos termos da petição inicial.

De plano, requereram a concessão do benefício de assistência jurídica integral e gratuita, com fundamento no art. 98, CPC, e art. 790, § 3º, da CLT.

Contudo, os Requerentes não demonstraram preencher os requisitos mínimos para usufruir de tal benefício (art. 790, § 4º, CLT, com alteração da Lei 13.467/17).

Acrescente-se que os Requerentes possuem rendimentos superiores a 40% do limite máximo dos benefícios do Regime Geral de Previdência Social.

Assim, requer-se a exibição da CTPS dos Requerentes, com o objetivo de verificar a renda mensal.

Esclarecida a real situação econômica dos Requerentes, não há que se falar em insuficiência de recursos dela, sendo que sua situação financeira permite-lhe pagar o valor das custas do processo e outras despesas da postulação judicial.

CONCLUSÃO

Pelo exposto, espera que a presente impugnação seja conhecida e provida para indeferir o pedido de assistência jurídica gratuita pleiteado.

Outrossim, requer-se a exibição da CTPS dos Requerentes, nos termos da legislação processual vigente.

Nestes termos,

pede deferimento.

Local e data

Advogado

OAB nº _____

5.9 MODELO DE PETIÇÃO DE EXCEÇÃO DE IMPEDIMENTO

EXCELENTÍSSIMO SENHOR DOUTOR JUIZ DA
VARA DO TRABALHO DE SÃO PAULO – SP

(10 cm)

OAB nº _____ .

FELIPE ACESSÓRIOS PARA AUTOS LTDA. (nº CNPJ), (nº CEI), (endereço físico e eletrônico), na qualidade de reclamada nos autos da ação trabalhista movida por **FRANCISCO DAS DORES FORTE**, por seu advogado (endereço físico e eletrônico e telefone), vem, mui respeitosamente à presença de Vossa Excelência, apresentar *EXCEÇÃO DE IMPEDIMENTO* (arts. 799, 800, 801, *d*, CLT, e art. 144, III, CPC), pelos fatos e fundamentos que passa a expor.

DOS FATOS E FUNDAMENTOS

O excepto, na qualidade de ex-empregado, ajuizou uma ação trabalhista contra a presente empresa, ora excipiente, a qual foi distribuída a este Juízo.

O Juiz do Trabalho, Titular da Vara do Trabalho, para a qual foi distribuída a presente ação, é cônjuge da advogada do excepto.

A imparcialidade do Magistrado é um dos pressupostos de validade processual, logo, a presente ação não pode ser conhecida, instruída e julgada pelo Juiz do Trabalho Dr. João Pessoa da Silva, titular da Vara do Trabalho.

A formulação do impedimento é questão evidente nos presentes autos, na medida em que o Juiz do Trabalho Dr. João Pessoa da Silva é cônjuge da advogada do excepto, de acordo com o art. 801, *d*, da CLT, e art. 144, III, CPC.

A inobservância das regras processuais, ou seja, se ação julgada por juiz impedido, é passível de uma ação rescisória (art. 966, II, CPC).

CONCLUSÃO

Espera o regular processamento da presente exceção de impedimento, com a intimação da parte contrária para que se manifeste no prazo legal, bem como a manifestação de Vossa Excelência.

Após, deverá ser reconhecida a condição de impedido para atuar na presente ação por parte do Juiz do Trabalho Dr. João Pessoa da Silva, ante os teores das informações acima expostas.

Caso seja outro o entendimento desse Juízo, requer o sobrestamento do presente feito, até que a presente exceção de impedimento seja julgada pelo Egrégio TRT, de acordo com a aplicação subsidiária do art. 146, § 1º, CPC.

Pretende-se provar o alegado por todos os meios em Direito permitidos, principalmente, pela exibição do documento de casamento do Juiz do Trabalho.

Nestes termos,

pede deferimento.

Local e data

Advogado

OAB nº _____

5.10 MODELO DE PETIÇÃO DE RECONVENÇÃO (PARTE DA CONTESTAÇÃO)

1 DO CABIMENTO DO PEDIDO RECONVENCIONAL

A presente reconvenção tem fundamento no art. 343, CPC, bem como encontra respaldo no próprio contrato de trabalho (relação jurídica existente entre as partes), e tem por objeto o cumprimento das obrigações estipuladas no contrato e previstas em lei.

No caso *in concreto*, o reconvindo foi dispensado com justa causa por ter causado sensível prejuízo ao empregador, quando estava dirigindo embriagado.

2 DOS DANOS CAUSADOS: ACIDENTE DE VEÍCULO (ART. 462, § 1º, CLT)

De acordo com a defesa apresentada e vasta prova documental, o reconvinte procedeu à dispensa com justa causa do reconvindo. O suporte fático da justa causa foi a ocorrência de uma batida com o veículo da empresa, a qual foi ocasionada pelo reconvindo, visto que estava dirigindo embriagado (art. 482, *f*, CLT).

A batida ocorreu no dia 19 de fevereiro de 2020, por volta das 17:30, conforme informações constantes do boletim policial de ocorrência da batida (doc. 02).

Em função da batida, o reconvinte sofreu um grande prejuízo, visto que foi obrigado a custear as despesas com funilaria, pintura e mecânica da perua Saveiro (dirigida pelo reconvindo), além de também pagar as despesas do outro veículo (Honda Civic, do Sr. Francisco Pinto Chagas). Os comprovantes das despesas estão em anexo (docs. 03 a 06).

O reconvinte mandou fazer os serviços de reparo na empresa Reparadora Azul Celeste, a qual deu o melhor orçamento. Os outros orçamentos estão em anexo (docs. 07 e 08).

Cumpre destacar que a empresa contratada já prestou inúmeros outros serviços ao reconvinte, sempre com ótima qualidade.

Pelo histórico da batida e pelo fato de o reconvindo estar embriagado durante o período de trabalho, não há dúvida de que o ex-empregado foi o único responsável pela batida, atuando, inclusive, de forma dolosa, devendo, assim, assumir todos os encargos decorrentes desse evento (art. 462, § 1º, CLT; art. 186, CC).

Diante do estabelecido no art. 767 da CLT, e nas Súmulas 18 e 48 do TST, o reconvinte espera a condenação do reconvindo ao ressarcimento das despesas, as quais importam no montante exato de R$ 9.500,00, inclusive, com juros e correção monetária, na sistemática dos débitos trabalhistas.

3 PEDIDOS E REQUERIMENTOS

Espera o regular processamento da reconvenção, com a intimação do reconvindo para que tome ciência e, caso julgue conveniente, que apresente sua defesa em audiência a ser designada por Vossa Excelência, nos termos do art. 343, § 1º, CPC.

Por todo o exposto, o presente pedido deverá ser julgado procedente, para condenar o reconvindo:

a) ao ressarcimento das despesas pagas pelo reconvinte em relação ao acidente causado nos valores de R$ 9.500,00;

b) que a quantia seja atualizada a partir da data do pagamento das despesas e na forma do crédito trabalhista (Lei 8.177/91);

c) aos juros a partir da data da audiência e na forma do crédito trabalhista;

d) às custas, às despesas processuais e aos honorários advocatícios.

Protesta provar o alegado por todos os meios em Direito admitidos, em especial, pelo depoimento pessoal do reconvindo, sob pena de confissão (aplicando-se a Súm. 74, TST), perícias, juntada de novos documentos, oitiva de testemunhas etc.

Requer a intimação e notificação em nome de (advogado), com domicílio físico e eletrônico.

Dá-se a presente reconvenção o valor de R$ 9.500,00.

Nestes termos,

pede deferimento.

Local e data

Advogado

OAB nº _____

Obs. Acompanhada da planilha de cálculos em arquivo PDF (preferencialmente, extraída do PJe-calc).

6

QUESTÕES PROCESSUAIS NA FASE DE CONHECIMENTO

6.1 PROTESTO "NÃO PRECLUSIVO"

Diferentemente do que ocorre no CPC, a CLT é expressa no sentido que a apreciação das decisões interlocutórias somente ocorrerá em recurso da decisão definitiva (art. 893, § 1º). Ou seja, tem-se a irrecorribilidade das decisões interlocutórias.

Dessa forma, diante de uma decisão interlocutória, a parte prejudicada deverá fazer constar nos autos sua insatisfação (contrariedade ou impugnação) em primeira oportunidade (arts. 794[1] e ss. 817), figura conhecida na prática como "protesto" ou "protesto nos autos" ("protesto não preclusivo" ou "protesto antipreclusivo"), que lembra o agravo no auto do processo do CPC de 1939. Wagner Giglio e Claudia Corrêa[2] afirmam que *"esse pronunciamento consiste num protesto contra o ato inquinado de nulo, numa tentativa vitoriosa, segundo a praxe trabalhista imperante, de criar um substitutivo para o agravo no auto do processo, inexistente no procedimento trabalhista"*.

Com a impugnação da decisão interlocutória, salvo a reconsideração por parte do juízo, os efeitos da decisão não ocorrem, mas ficam aguardando o interesse da parte prejudicada em alegar a nulidade na fase recursal. A não alegação da impugnação feita gera a preclusão da matéria.

---

[1] "Diz o art. 794 que, nos processos sujeitos à apreciação da Justiça do Trabalho, só haverá nulidade quando resultar dos atos inquinados manifesto prejuízo às partes litigantes. É a consagração do princípio da transcendência, formulado por Couture (Fundamentos, p. 315): 'Não há nulidade formal se o desvio não tem transcendência quanto às garantias essenciais da defesa. [...] As nulidades – estabelece o art. 795 – não serão declaradas senão mediante provocação das partes, as quais deverão argui-las à primeira vez em que tiverem de falar em audiência ou no autos (*Ex officio*, porém, deverá ser declarada a nulidade fundada em incompetência absoluta de foro, caso em que serão considerados nulos os atos decisórios). É o princípio da convalidação, a que se refere Couture (p. 316): toda a nulidade, em princípio, fica sanada pelo consentimento (cf. também MATTIROLO, op. cit., p. 176)" (BATALHA, Wilson de Souza Campos. *Tratado de Direito Judiciário do Trabalho*, v. 1, 3. ed., p. 746).

[2] GIGLIO, Wagner; CORRÊA, Claudia Giglio Veltri. *Direito Processual do Trabalho*, 15. ed., p. 170.

A insatisfação da parte expressa por escrito ou de forma verbal em audiência não tem natureza jurídica de recurso, mas de mera impugnação não preclusiva da matéria que poderá ser suscitada em recurso próprio.

Por isso, a não impugnação da decisão em primeira oportunidade enseja a preclusão.

A ausência de qualquer requerimento contrário ao decidido, aponta Valentin Carrion,[3] *"implica concordância tácita, acarretando preclusão e impossibilidade de justificar a reforma na instância superior, pelo que o protesto tem juridicidade e razão de ser".*

Quando se falar em preclusão pela ausência de manifestação de contrariedade da parte, também poderá ocorrer a preclusão lógica e não apenas a temporal. Evidentemente que não se tem a preclusão nas matérias de ordem pública, as quais devem ser conhecidas de ofício, em qualquer grau de jurisdição. Portanto, com a aplicação subsidiária do CPC, entendemos que as nulidades envolvendo matérias de ordem pública (absoluta) também devem ser conhecidas de ofício e não apenas a nulidade fundada em incompetência de foro – absoluta (art. 795, § 1º, CLT).

Assim, concluímos que, na verdade, refere-se às anulabilidades que estão sujeitas a preclusão e são passíveis de convalidação (art. 794).

A insatisfação apresentada pela parte, em havendo interesse recursal, poderá ser suscitada em preliminar de recurso ordinário.

No processo do trabalho, as nulidades devem ser arguidas na primeira vez em que a parte tiver que falar em audiência (protesto oral) ou nos autos (protesto escrito) (art. 795, CLT).

O art. 278, CPC, prevê que a nulidade dos atos deve ser alegada na primeira oportunidade em que couber à parte falar nos autos, sob pena de preclusão. Dentro da sistemática processual civil, as questões resolvidas na fase de conhecimento, se a decisão a seu respeito não comportar agravo de instrumento, não são cobertas pela preclusão e devem ser suscitadas em preliminar de apelação, eventualmente interposta contra a decisão final, ou nas contrarrazões (art. 1.009, § 1º).

Assim, além de outras matérias, o recurso ordinário também será o momento adequado para se questionar a decisão interlocutória impugnada oportunamente pela parte prejudicada (arts. 794 ss, CLT), contra a qual inexiste recurso específico – princípio da irrecorribilidade das decisões interlocutórias (art. 893, § 1º).

Na prática, o protesto oral não costuma ser motivado (motivação diferida – preliminar de recurso ordinário), salvo expressa determinação do magistrado trabalhista. Já o protesto escrito deve detalhar as razões de insatisfação da parte, até para que se permita, diante do caso concreto, a reconsideração da decisão por parte do magistrado.

---

[3] CARRION, Valentin. *Comentários à Consolidação das Leis do Trabalho*, atualizado por Eduardo Carrion, 31. ed., p. 771.

6.1.1 Modelo de protesto escrito

EXCELENTÍSSIMO SENHOR DOUTOR JUIZ DA _____
VARA DO TRABALHO DE SÃO PAULO – SP

(10 cm)

Processo nº _____

NDFJ ARTIGOS DE DECORAÇÃO LTDA., reclamada na demanda trabalhista proposta por **FRANCISCO COSTA BRAVA**, por seu advogado, vem, à presença de Vossa Excelência, diante da determinação de fls. 515, apresentar seu ***PROTESTO NÃO PRECLUSIVO***, com fundamento nos arts. 893, § 1º, 794 ss, todos da CLT, os quais estão consubstanciados nos argumentos abaixo expostos.

1 NULIDADE PROCESSUAL: NEGATIVA DO AMPLO DIREITO DE DEFESA

A reclamada (fls. 498/500) solicitou que: (a) o perito judicial respondesse a uma série de quesitos complementares; (b) fosse oficiado à Secretaria da Saúde de Santo André para o complemento de uma série de informações também requeridas.

Contudo, a decisão de fls. 515, abruptamente, procedeu ao encerramento da instrução processual, sem qualquer fundamento específico quanto ao indeferimento das provas solicitadas às fls. 498/500.

A determinação limita-se a um lacônico conteúdo: "*Vistos, etc. As provas de fls. 498/500 são indeferidas visto que a matéria está elucidada pela prova técnica (laudo pericial). Determino o encerramento da instrução processual. À pauta para julgamento, sendo que a intimação será pelo DOEJT. Santo André, data. (a) Juiz do Trabalho.*"

Patente a violação ao amplo direito de defesa. Norma constitucional, consoante disciplina o art. 5º, LV, *in verbis*: "*aos litigantes, em processo judicial ou administrativo, e aos acusados em geral são assegurados o contraditório e ampla defesa, com os meios e recursos a ela inerentes*".

Por dever jurisdicional do magistrado, o mais adequado seria evitar o encerramento abrupto da instrução e determinar as provas requeridas.

2 CONCLUSÃO

Diante do acima exposto, espera a reconsideração da decisão de fls., determinando a realização das provas necessárias ao esclarecimento dos fatos, requeridas oportunamente.

Em sendo outro o entendimento de Vossa Excelência, a Reclamada requer que sejam consignados os seus protestos pela determinação de fls. 515, a qual violou o seu amplo direito de defesa.

Termos em que requer a juntada desta aos autos para evitar a preclusão quanto à futura e oportuna arguição de nulidade processual por cerceamento do amplo direito de defesa (art. 893, § 1º, combinado com o art. 794 e seguintes, CLT).

> Nestes termos,
> pede deferimento.
> Local e data
> Advogado
> OAB n° _____

6.2 O COMPARECIMENTO DAS TESTEMUNHAS NO PROCESSO TRABALHISTA

Quanto ao comparecimento da testemunha, no processo civil tem-se as seguintes regras:

a) incumbe às partes, no prazo que o juiz fixará ao designar a data da audiência, depositar em cartório o rol de testemunhas, precisando-lhes, sempre que possível, o nome, a profissão, o estado civil, a idade, o CPF, o número de registro de identidade e o endereço completo da residência e do local de trabalho, no prazo fixado pelo juiz, não superior a 15 dias (arts. 450 ss., CPC);

b) cabe ao advogado da parte informar ou intimar a testemunha arrolada quanto ao dia, hora e local da audiência designada, com a dispensa da intimação pelo Juízo (art. 455, *caput*, CPC). A intimação será efetuada por carta com aviso de recebimento, devendo o advogado juntar aos autos, com antecedência mínima de três dias da data da audiência, cópias (correspondência de intimação e do comprovante de recebimento (art. 455, § 1º). Por outro lado, a parte pode comprometer-se a levar à audiência a testemunha, independentemente de intimação, presumindo-se, caso não compareça, que desistiu de ouvi-la (art. 455, §§ 2º e 3º);

c) depois de apresentado o rol de testemunhas, a parte só pode substituir a testemunha que: (1) falecer; (2) por enfermidade, não estiver em condições de depor; (3) tendo mudado de residência ou de local de trabalho, não for encontrada (art. 451, CPC).

No processo trabalhista, a matéria será apreciada de acordo com os procedimentos (ordinário e sumaríssimo).

No procedimento ordinário: as testemunhas comparecerão à audiência independentemente de notificação ou intimação (art. 825, *caput*). As que não comparecerem serão intimadas, de ofício ou a requerimento da parte, ficando sujeitas à condução coercitiva, além de às penalidades do art. 730 da CLT (multa), caso, sem motivo justificado, não atendam à intimação (art. 825, parágrafo único).

Há duas hipóteses:

a) comparecimento espontâneo (a parte convida a testemunha). Como leciona Valentin Carrion, se a parte assumir o compromisso de trazer a testemunha, independentemente de intimação, e ela vier a faltar, presumir-se-á que houve a desistência em ouvi-la (art. 455, § 2º, CPC). De fato, essa presunção somente é aplicável se houver, nos autos, a expressão *manifestação da parte interessada*. Em caso contrário, se a testemunha não comparecer, haverá a redesignação da audiência, a requerimento da parte ou por determinação judicial. Do ponto de vista da lei, não existe obrigatoriedade da prova do convite. Contudo, para parte da jurisprudência, é imperioso que a parte comprove o convite à testemunha.[4] A testemunha fica sujeita à multa e à condução coercitiva;

b) testemunha intimada pelo órgão jurisdicional – a requerimento da parte ou por determinação judicial, diante da ausência da testemunha, haverá a redesignação da audiência, ficando a testemunha sujeita à multa e à condução coercitiva.

Já no procedimento sumaríssimo, as testemunhas comparecerão à audiência de instrução e julgamento independentemente de intimação (art. 852-H, § 2º, CLT). Só será deferida intimação de testemunha se, comprovadamente convidada, deixar de comparecer. Não comparecendo a testemunha intimada, o juiz poderá determinar sua imediata condução coercitiva (art. 852-H, § 3º).

Diante das regras do procedimento trabalhista (ordinário ou sumaríssimo), não se tem a necessidade de rol prévio das testemunhas e respectiva qualificação, bem como se tem a possibilidade da ampla substituição independentemente das hipóteses legais elencadas no art. 451, CPC.

Na prática forense trabalhista, é muito comum alguns magistrados determinarem que a parte apresente rol de testemunhas, observando o regramento processual civil.[5]

Nos termos do CPC, no rol de testemunhas deve constar, sempre que possível: (a) nome das testemunhas; (b) profissão; (c) estado civil; (d) idade; (e) número de inscrição no Cadastro de Pessoa Física (CPF); (f) número de registro de identidade; (g) endereço completo da residência e do local de trabalho (art. 450).

Se a testemunha for funcionário público civil ou militar e tiver de depor em hora de serviço, será requisitado ao chefe da repartição para comparecer à audiência marcada (art. 823, CLT; art. 455, § 4º, III, CPC).

Quando for arrolado como testemunha o juiz da causa, este: (a) declarar-se-á impedido, se tiver conhecimento de fatos que possam influir na decisão; caso em que será vedado à parte que o incluiu no rol desistir de seu depoimento; (b) se nada souber, mandará excluir o seu nome (art. 452, I e II, CPC).

As testemunhas depõem, na audiência de instrução, perante o juiz da causa, exceto: (a) as que prestam depoimento antecipadamente (produção antecipada de provas); (b) as que são inquiridas por carta; (c) as que, por doença, ou outro motivo relevante, estão impossibilitadas de comparecer em juízo (art. 449, CPC); (d) as designadas no art. 454 (art. 453).

---

[4] Veja modelo de carta-convite para a testemunha no Capítulo 1 desta obra.
[5] O TST, diante do previsto no art. 825, CLT, entende ser inaplicável as regras do processo civil.

São inquiridos em sua residência ou onde exercem sua função: (a) o Presidente e o Vice-presidente da República; (b) os Ministros de Estado; (c) os Ministros do STF, os conselheiros do Conselho Nacional de Justiça e os Ministros do STJ, do STM, do TSE, do TST e do Tribunal de Contas da União; (d) o procurador-geral da República e os conselheiros do Conselho Nacional do Ministério Público; (e) o advogado-geral da União, o procurador-geral do Estado, o procurador-geral do Município, o defensor público-geral federal e o defensor público-geral do Estado; (f) os senadores e os deputados federais; (g) os governadores dos Estados e do Distrito Federal; (h) o prefeito; (i) os deputados estaduais e distritais; (j) os desembargadores dos TJs, dos TRFs, dos TRTs e dos TREs e os conselheiros dos Tribunais de Contas dos Estados e do Distrito Federal; (k) o procurador-geral de justiça; (l) o embaixador de país que, por lei ou tratado, concede idêntica prerrogativa a agente diplomático do Brasil (art. 454).

O juiz solicitará à autoridade que designe dia, hora e local, a fim de ser inquirida, remetendo-lhe cópia da petição inicial ou da defesa oferecida pela parte, que arrolou como testemunha (art. 454, § 1º).

6.2.1 Modelo de petição de rol de testemunhas

EXCELENTÍSSIMO SENHOR DOUTOR JUIZ DA _____
VARA DO TRABALHO DE SÃO PAULO – SP

(10 cm)

Processo nº _____

NDFJ ARTIGOS ESPORTIVOS LTDA., Reclamada nos autos da demanda trabalhista ajuizada por **FRANCISCO COSTA BRAVA**, por seu advogado, vem, à presença de Vossa Excelência, apresentar **ROL DE TESTEMUNHAS**, conforme decisão judicial de fls. _____ e art. 450, CPC.

Em atendimento à decisão judicial de fls. _____, a Reclamada apresenta o rol de testemunhas, as quais deverão ser intimadas para comparecerem à audiência a ser designada.

As testemunhas são:

a) Sr. Olavo Fontoura das Chagas

Técnico em segurança do trabalho, solteiro, 27 anos, inscrito no CPF sob n. ____, RG n._____.

Local de Trabalho: _____ (endereço completo)

Domicílio: _____ (endereço completo)

b) Sr. Rafael Cavalcante Junior

Supervisor, casado, 42 anos, inscrito no CPF sob n. ____, RG n. ____

Local de Trabalho: _____ (endereço completo)

Domicílio: _____ (endereço completo)

Nestes termos,

pede deferimento.

Local e data
Advogado
OAB n° _____

6.3 RÉPLICA

Considerando a necessidade do contraditório (art. 5°, LV, CF), apresentada a resposta do réu, a parte contrária tem o direito de se manifestar (réplica).

No âmbito do processo civil, a réplica ocorre, por determinação judicial, após a apresentação da contestação (arts. 350 e 351, CPC; art. 430, CPC).

Na visão de Misael Montenegro Filho,[6] como manifestação processual importante, a réplica tem por objetivo *"evitar a intitulada confissão ficta, ou seja, que os fatos afirmados pelo réu na contestação sejam considerados verdadeiros. Através da réplica, o autor tem condições de impugnar os documentos atados aos autos pelo seu adversário processual, em termos formais e/ou de conteúdo, documentos que podem definir a sorte do processo em favor de uma das partes do embate jurídico".*

No processo trabalhista, por influência do art. 845 da CLT, tem-se a concentração dos atos na audiência[7] (resposta da reclamada; réplica do reclamante; depoimentos pessoais e testemunhais etc.), de modo que a réplica é feita oralmente.

No procedimento sumaríssimo, de acordo com o art. 852-H, § 1° da CLT, sobre os documentos apresentados por uma das partes, a parte contrária apresentará a sua manifestação (réplica) de imediato, sem que se tenha a interrupção da audiência. Se houver absoluta impossibilidade, a audiência poderá ser adiada.

Contudo, na prática forense trabalhista, o juiz concede prazo ao reclamante para que apresente sua manifestação sobre o conteúdo da defesa e dos documentos com ela juntados aos autos. O CPC prevê o prazo de 15 dias para réplica (arts. 350 e 351).

A réplica é o momento processual para impugnar as questões processuais (preliminares e prejudiciais) postas na defesa da reclamada, como também para indicar se procedem ou não as assertivas fáticas postas no mérito da contestação apresentada e impugnar o conteúdo dos documentos trazidos aos autos.

---

[6] MONTENEGRO FILHO, Misael. *Processo Civil: Técnicas e Procedimentos*, 3. ed., p. 74.

[7] "O artigo 845 da CLT acolhe a regra da concentração dos atos na audiência. A regra é as partes comparecerem à audiência levando suas testemunhas. As testemunhas devem comparecer independentemente de intimação. Apenas as que não comparecerem serão intimadas (art. 825 da CLT). É na audiência que são apresentadas provas. O autor não precisa requerer na petição inicial as provas que pretende produzir, pois elas devem ser apresentadas na audiência. Mesmo a perícia será requerida ao juiz na própria audiência, salvo no caso de insalubridade e periculosidade, que devem ser determinadas de ofício (§ 2° do artigo 195 da CLT). O momento de o autor juntar documentos é com a inicial (art. 787 da CLT). A empresa deverá apresentar seus documentos na audiência, que são as provas que possui. Não deveria ser admitida a juntada de documentos em outros momentos, salvo em se tratando de documentos novos" (Martins, Sergio Pinto. *Comentários à CLT*. 9. ed., p. 900).

6.3.1 Modelo de petição de réplica

EXCELENTÍSSIMO SENHOR DOUTOR JUIZ DA
VARA DO TRABALHO DE SÃO PAULO – SP

(10 cm)

Processo nº

FRANCISCO COSTA BRAVA, Reclamante nos autos da demanda trabalhista que promove em face de **NDFJ ARTIGOS ESPORTIVOS LTDA.** por seu advogado, vem, à presença de Vossa Excelência, apresentar a sua *RÉPLICA* ao teor da contestação apresentada, com fundamento no art. 5º, LV, da CF e arts. 350 e 351, CPC, pelas razões de fato e fundamento que passa a expor.

1 PRELIMINAR DE INÉPCIA DA PETIÇÃO INICIAL

A contestação aduz a inépcia quanto ao pedido das incidências das horas extras.

É válida a adoção da expressão "em todas as verbas decorrentes do contrato de trabalho" para se justificarem os reflexos das horas extras solicitadas.

O formalismo do processo civil (arts. 319 e 324, CPC) não é aplicável ao processo trabalhista. Nesse sentido, temos o disposto no art. 840, § 1º, da CLT.

Portanto, a preliminar processual deverá ser afastada.

2 MÉRITO

2.1 Impugnação aos Cartões de Ponto

O exame dos cartões de ponto indica a inserção de horários invariáveis.

Em face do dinamismo da realidade, não é admissível que se tenha a existência de cartões de ponto cujos horários anotados, via anotação mecânica, sejam, literalmente, "redondos", como se o Reclamante fosse um trabalhador pontual. Ao contrário, o que é comum é se ter a existência de minutos residuais (os minutos que antecedem ou sucedem à jornada de trabalho).

Os cartões de ponto são inadmissíveis como prova a elidir o horário de trabalho inserido na petição inicial. Nesse sentido, temos a Súmula 338, II, do TST.

Portanto, tem-se a inversão quanto ao ônus da prova, na medida em que o horário da inicial é tido por verdadeiro (Súm. 338, III).

Dessa forma, a Reclamada deverá ser condenada ao pagamento das horas extras e seus reflexos em 13º salário, férias, acrescidas de 1/3, depósitos do FGTS, aviso prévio indenizado.

2.2 Equiparação Salarial

O Reclamante solicitou a equiparação com o Sr. Joroastro Vivaldo Paz, sob o fundamento de que havia a plena identidade de tarefas e dos demais requisitos do art. 461 da CLT.

A defesa limitou-se a indicar que há a diferença de dois anos na empresa, o que seria um fator a elidir a equiparação (Súm. 6, II, TST; art. 461, CLT).

A tese da defesa há de ser rejeitada. A diferença de dois anos não é na empresa e sim na função. Pelo exame da ficha de registro do paradigma, o Sr. Joroastro, a diferença é de apenas 11 meses.

De acordo com a inteligência do art. 341, CPC, já que a Reclamada não impugnou de forma específica o restante da postulação, os fatos presumem-se verdadeiros. Logo, os requisitos da identidade de tarefas e do trabalho de igual valor são tidos por verídicos.

Destarte, espera a condenação da Reclamada quanto ao pagamento das diferenças salariais e suas incidências em horas extras, 13º salário, férias, acrescidas de 1/3, depósitos do FGTS, aviso- -prévio indenizado.

3 CONCLUSÃO

O Reclamante espera a procedência dos pedidos formulados na petição inicial, com a rejeição de todas as matérias postas na defesa.

Outrossim, reiteram-se as alegações já apresentadas.

Nestes termos,

pede deferimento.

Local e data

Advogado

OAB nº _____

6.4 A PROVA PERICIAL E OS QUESITOS

6.4.1 Conceito

Perícia é o meio de prova onde técnicos capacitados, por determinação judicial, manifestam o seu parecer sobre determinado fato ou coisa, apresentando-o ao juízo da causa.

A prova pericial consiste em exames, vistorias ou avaliações (art. 464, CPC).

6.4.2 Admissibilidade da prova pericial

O objeto da prova pericial são os fatos descritos pelo autor na inicial, e pelo réu em sua defesa (*litiscontestatio*), que necessitem de uma opinião técnica para a sua confirmação.[8]

Para o deferimento do pedido de perícia formulado por uma das partes, devem estar presentes os pressupostos específicos de sua realização: (a) imprescindibilidade de conhecimentos técnicos ou científicos; (b) necessidade de que os fatos a serem provados por seu intermédio necessitem de tais esclarecimentos e interpretação.

Em outras palavras, a perícia será indeferida quando: (a) a prova do fato não depender de conhecimento técnico específico; (b) for desnecessária em vista de outras provas constantes dos autos; (c) a sua realização for impraticável (art. 464, CPC).

---

[8] "Nem sempre dispõem as partes dos meios necessários para provar determinados fatos que, por sua própria natureza, não podem ser positivados por documentos ou testemunhas. Por outro lado, nem sempre estará o juiz em condições de verificar o fato, por lhe faltarem os esclarecimentos técnicos indispensáveis. Em todas essas oportunidades a prova pericial surge como o instrumento adequado e indispensável, louvando-se o magistrado nos trabalhos elaborados por especialistas denominados peritos" (ALMEIDA, Amador Paes de. *Curso Prático de Processo do Trabalho*. 19. ed., p. 248).

Poderá ocorrer a dispensa da realização da prova pericial se as partes, no momento processual adequado, apresentarem pareceres técnicos ou documentos elucidativos que sejam suficientes para a convicção do juiz (art. 472, CPC).

No processo trabalhista, a prova pericial é obrigatória nas demandas judiciais onde se discutem os adicionais de insalubridade e periculosidade (art. 195, § 2º, CLT) e nas ações em que se discute:

a) a reintegração, por cláusula normativa (convenção ou acordo coletivo de trabalho ou sentença normativa), decorrente de acidente de trabalho ou doença profissional; a constatação da responsabilidade civil por acidente de trabalho ou doença profissional. Nessas duas hipóteses, a necessidade repousa na avaliação médica das lesões causadas no trabalhador e o respectivo nexo causal, além da aferição da negligência do empregador quanto ao cumprimento das normas de medicina e segurança do trabalho. Recomenda-se que a perícia seja efetuada por dois peritos: (1) pelo médico, para avaliar a lesão, o tipo de incapacidade etc.; (2) pelo engenheiro, para análise do nexo causal e inobservância das normas de medicina e segurança do trabalho. A dupla nomeação deriva da aplicação subsidiária do CPC (art. 475, CPC), por ser uma perícia complexa e que exige conhecimento especializado de mais de uma área do conhecimento humano;

b) valores pecuniários controvertidos (horas extras e apuração de controles de frequência; diferenças de comissões; reclassificação salarial por quadro de carreira etc.), onde se tem a necessidade da designação de um perito contábil;

c) sentença trabalhista ilíquida (no todo ou em parte), na fase de liquidação, diante da controvérsia dos cálculos apresentados pelas partes ou por outros motivos;

d) a autenticidade ou a falsidade de documento (grafotécnica). O perito será escolhido, de preferência, entre os técnicos dos estabelecimentos oficiais especializados. O juiz autorizará a remessa dos autos, bem como do material sujeito a exame, ao diretor do estabelecimento (art. 478, CPC). Quando o exame tiver por objeto a autenticidade da letra e firma, o perito poderá requisitar, para efeito de comparação, documentos existentes em repartições públicas; na falta destes, poderá requerer ao juiz que a pessoa, a quem se atribuir à autoria do documento, lance em folha de papel, por cópia, ou sob ditado, dizeres diferentes, para fins de comparação (art. 478, § 3º).

6.4.3 Procedimento da perícia, do assistente técnico e dos quesitos

Na estrutura do processo civil, há dois tipos de perícias:

a) simplificada – quando a natureza do fato o permitir, a perícia poderá consistir apenas na inquirição, pelo juiz e dos assistentes, por ocasião da audiência de instrução e julgamento, a respeito das coisas que houverem informalmente examinado ou avaliado (art. 464, §§ 2º e 3º, CPC). Não se tem a necessidade de laudo escrito e detalhado. A sua adoção não é comum no processo trabalhista;

b) **por laudo** – ao determinar a perícia, o juiz nomeará o perito de sua confiança, fixando-lhe um prazo para entrega do laudo (art. 465, CPC). A data de entrega do laudo poderá ser prorrogada por motivo justificado (art. 476). Esse tipo de perícia é a mais comum no processo trabalhista.

Quesitos são questões formuladas pelas partes ou pelo juiz no sentido de colher elementos fáticos ou jurídicos para a instrução da demanda em assuntos técnico-científicos.

Ciente da designação judicial, em 15 dias, as partes poderão arguir o impedimento ou a suspeição do perito, indicar assistentes técnicos e apresentar quesitos (art. 465). Poderá haver quesitos suplementares (art. 469), os quais serão deferidos ou indeferidos pelo juiz da causa (art. 470, I).

Além das partes, o juiz poderá formular quesitos para esclarecimento do litígio (art. 470, II, CPC).

Quando a prova tiver de realizar-se por carta, poderá proceder-se à nomeação do perito e indicação de assistentes técnicos no juízo, ao qual se requisitar a perícia (art. 465, § 6º).

Para o desempenho de sua função, o perito e os assistentes técnicos podem valer-se de todos os meios necessários, ouvindo testemunhas, obtendo informações, solicitando documentos que estejam em poder da parte, de terceiros ou em repartições públicas, bem como instruir o laudo com planilhas, mapas, plantas, desenhos, fotografias ou outros elementos necessários ao esclarecimento do objeto da perícia (art. 473, § 3º).

Tratando-se de perícia complexa que esteja relacionada com mais de uma área de conhecimento especializado, o juiz poderá nomear mais de um perito e a parte indicar mais de um assistente técnico (art. 475).

Com a apresentação dos laudos (do perito e dos assistentes técnicos), se a matéria não lhe parecer suficientemente esclarecida, o juiz poderá determinar a realização de uma segunda perícia (art. 480), a qual terá por objeto os mesmos fatos sobre os quais recaiu a primeira perícia e destina-se tão somente a corrigir eventual omissão ou inexatidão dos resultados a que esta conduziu (art. 480, § 1º), não substituindo por completo a primeira (art. 480, § 3º).

De qualquer forma, o juiz não está vinculado à conclusão do laudo pericial ou dos pareceres técnicos dos assistentes das partes, devendo formar a sua convicção por todos os demais elementos probatórios constantes dos autos (arts. 479 e 371).

6.4.4 Modelo de petição de indicação de assistente técnico e quesitos

EXCELENTÍSSIMO SENHOR DOUTOR JUIZ DA _____
VARA DO TRABALHO DE SÃO PAULO – SP

(10 cm)

Processo nº _____

FRANCISCO COSTA BRAVA, por seu advogado, nos autos em epígrafe em que contende contra **NDFJ ARTIGOS ESPORTIVOS LTDA.**, vem, à presença de Vossa Excelência, em atendimento ao teor da ata de fls. EXCELENTÍSSIMO SENHOR DOUTOR JUIZ DA _____ VARA DO TRABALHO DE SÃO PAULO – SP, a qual determinou a realização de perícia técnica, e previsão do art. 465, § 1º, II, CPC, **indicar assistente técnico e apresentar seus quesitos**:

O Reclamante indica seu assistente técnico:

Dr. _____ , CRM

Médico do trabalho

Endereço físico e eletrônico (profissional): _____ , telefone:

Desde já, requer a intimação do assistente técnico, de modo que possa acompanhar os procedimentos da perícia, bem como se utilizar de todos os meios necessários, como testemunhas, informações, documentos que estejam em poder de parte ou em repartições públicas, instruindo o laudo com plantas, desenhos, fotografias e outras quaisquer peças (art. 473, § 3º, CPC).

O Reclamante apresenta os seguintes quesitos (art. 465, § 1º, III, CPC):

1. Qual era o local de trabalho do Reclamante?
2. Descreva as atividades executadas pelo Reclamante no desempenho diário de suas funções.
3. Quais eram os equipamentos de proteção utilizados pelo Reclamante?
4. Havia fiscalização efetiva quanto à utilização dos equipamentos de proteção?
5. Os equipamentos de proteção eram substituídos? Com qual periodicidade?
6. Os equipamentos de proteção adotados pela empresa tinham certificado de aprovação?
7. Quais são os agentes insalubres existentes no local de trabalho no qual o Reclamante executava suas atividades diárias?
8. Quais são os agentes periculosos existentes no local de trabalho?

Protesta-se por quesitos complementares se for o caso após a entrega do laudo e a regular manifestação (arts. 469 e 477, § 1º, CPC).

Nestes termos,

pede deferimento.

Local e data

Advogado

OAB nº _____

6.5 ALEGAÇÕES FINAIS

De acordo com o art. 850 da CLT, após o término da instrução, as partes poderão formular alegações finais (também conhecida como "razões finais") de forma oral, no prazo de dez minutos.

Na prática forense trabalhista, é comum ser concedido à parte um prazo para a elaboração de razões finais por escrito. Pode-se invocar a aplicação subsidiária do art. 364, § 2º, CPC, isto é, quando a causa apresentar questões complexas de fato ou de direito, o debate oral poderá ser substituído por memoriais, que serão apresentados pelas partes e pelo Ministério Público, em prazo sucessivo de 15 dias, assegurada a vista dos autos.

No dia a dia, muitos profissionais fazem uso das denominadas "alegações finais remissivas", ou seja, por não terem nada a acrescentar, limitam-se a reiterar as alegações feitas no curso do processo.

Em sede de alegações finais, caberá à parte interessada: (a) a impugnação de documentos ainda não contestados; (b) a consignação de protestos por eventuais provas indeferidas; (c) a indicação de diferenças de horas extras, de outras verbas requeridas etc.; (d) suscitar nulidades processuais.

6.5.1 Modelo de petição de razões finais escritas

EXCELENTÍSSIMO SENHOR DOUTOR JUIZ DA _____
VARA DO TRABALHO DE SÃO PAULO – SP

(10 cm)

Processo nº _____

FRANCISCO COSTA BRAVA, por seu advogado, nos autos da reclamação trabalhista que move em face de **NDFJ ARTIGOS ESPORTIVOS LTDA.**, vem, à presença de Vossa Excelência, em atendimento ao disposto no art. 850 da CLT e ao prazo concedido na ata de fls. _____, apresentar as suas ***ALEGAÇÕES FINAIS***, pelas razões de fato e de direito que passa a expor:

1 PRELIMINARMENTE

1.1 Protestos por Nulidade Processual: Violação do Amplo Direito de Defesa

O depoimento é gênero, do qual temos o depoimento pessoal propriamente dito e o interrogatório.

No depoimento pessoal, a parte pretende obter a confissão real espontânea ou provocada da parte contrária (art. 385, CPC).

O Juízo entendeu que a parte, no processo trabalhista, não tem direito ao depoimento pessoal da parte contrária e rejeitou o pedido formulado pelo Reclamante em audiência para que a Reclamada prestasse depoimento pessoal (art. 848, CLT).

Além de a sistemática do processo civil ser aplicável (art. 769, CLT), não se pode esquecer que o art. 820 da CLT autoriza que a parte seja reinquirida, por intermédio do juiz, pela outra parte.

A jurisprudência indica:

"DEPOIMENTO PESSOAL. INDEFERIMENTO. CERCEAMENTO DO DIREITO DE DEFESA. NULIDADE. Ainda que a literalidade do art. 848 da CLT aponte no sentido de ser uma faculdade do juiz colher o depoimento pessoal das partes, tal dispositivo deve ser interpretado sistematicamente com o art. 820 da referida consolidação e os princípios da ampla defesa e do contraditório, previstos no inciso LV do art. 5º da CF. Assim, havendo matéria de fato controvertida, a colheita do depoimento pessoal das partes não deve ser considerada como mera faculdade do juízo e o seu indeferimento importa em violação ao direito da parte à ampla defesa e ao contraditório, ensejando nulidade processual" (TRT – 5ª R. – 1ª T. – RO 0000107-20.2011.5.05.0511 – Rel. Desª Suzana Inácio – DJe 17/8/2015).

Assim, evidente a nulidade, visto que o Reclamante não pode ouvir a Reclamada, cerceando, assim, o seu amplo direito de defesa, causando-lhe sensível prejuízo pela impossibilidade de produção da prova.

2 MÉRITO

2.1 Justa Causa: Ofensas Verbais ao Superior Hierárquico

A Reclamada, em sua contestação, afirmou que o Reclamante teria praticado ofensa verbal ao superior hierárquico, causando a extinção motivada do contrato de trabalho (art. 482, j, CLT).

O encargo probatório da falta grave alegada é da Reclamada ante a combinação exegética do art. 818, II, da CLT e art. 373, II, CPC.

Não procede a tese defensiva.

O Reclamante não agrediu de forma verbal o Sr. Silva, superior hierárquico.

As duas declarações manuscritas e assinadas por dois outros empregados, a bem da verdade, não comprovam a justa causa. O documento somente comprova a própria declaração e não o conteúdo (art. 408, parágrafo único, CPC). Os signatários de tais documentos não foram trazidos a Juízo, como testemunhas, logo, os documentos nada comprovam quanto à justa causa.

A única testemunha ouvida pela Reclamada, o Sr. Baltazar, disse textualmente que ouviu comentários na empresa de que o Reclamante teria agredido de forma verbal o Sr. Silva. Vale dizer: não presenciou o fato. Trata-se de uma testemunha circunstancial.

Como se denota, a Reclamada não provou a tese da dispensa motivada, de modo que a dispensa deverá ser convertida em dispensa sem justa causa (dispensa imotivada), com o pagamento das verbas rescisórias: aviso prévio, 13º salário proporcional, férias vencidas e proporcionais, com 1/3, depósitos FGTS e multa, além da entrega das guias de saque FGTS código 01 + 40% e do seguro-desemprego.

2.2 Horas Extras: Duração do Intervalo para Refeição e Descanso

É incontroverso, pela leitura da defesa, que a duração do intervalo era de 30 minutos.

A Reclamada aduz a validade da negociação coletiva (art. 7º, XXVI, CF) para a redução da duração do intervalo intrajornada.

Essa negociação é inadmissível, vez que a duração do intervalo é matéria de ordem pública e somente Ministério do Trabalho pode reduzi-la (art. 73, § 3º, CLT). Nesse sentido, temos a Súmula 437, II, TST.

Portanto, o Reclamante, de acordo com o art. 71, § 4º, da CLT, e Súm. 437, II, tem direito à percepção do intervalo suprimido (1 hora), com adicional de 50%, e suas incidências em férias, acrescida de 1/3, 13º salário, depósitos fundiários + 40% e aviso prévio.

3 CONCLUSÃO

Diante do exposto, o Reclamante espera que a preliminar de inépcia seja rejeitada e que a presente demanda seja julgada procedente, nos termos da petição inicial.

Nestes termos,

pede deferimento

Local e data

Advogado

OAB nº _____

6.6 INTERVENÇÃO DE TERCEIROS

Intervenção de terceiros é o fenômeno processual pelo qual alguém ingressa, como parte ou coadjuvante da parte, em processo pendente entre outras partes.

A intervenção de terceiros *"ocorre quando uma pessoa, física ou jurídica, que não seja parte originária no processo, nele ingressa para defender interesse próprio ou de uma das partes primitivas da lide. Em outras palavras, a intervenção consiste no ingresso nos autos de quem não é parte. [...] Nesta esteira, a intervenção de terceiros pode gerar algumas consequências para o processo, provocando algumas vezes a substituição da parte primitiva, com a inclusão do terceiro em seu lugar, ou mesmo a ampliação da relação processual, com a inclusão do terceiro num dos polos da demanda, sem a retirada da parte primitiva".*[9]

Há duas modalidades de intervenção de terceiros: (a) a voluntária (espontânea), nas hipóteses da assistência e da oposição; (b) forçada ou coacta, como é o caso da denunciação à lide, da nomeação à autoria e do chamamento ao processo.

6.6.1 Conceito de terceiro

Para se ter ideia do que é "terceiro", é imperioso o exame do termo "parte".

No sentido restrito, parte é quem: (a) participa ou intervém na realização de um negócio jurídico ou ato jurídico; (b) é representado por outra pessoa.

Pela relativização dos negócios jurídicos (a rigor, os negócios jurídicos não prejudicam nem beneficiam os terceiros), é importante examinarmos se a sucessão[10] interage ou não com a noção de parte.

---

[9] SARAIVA, Renato. *Curso de Direito Processual do Trabalho*, 6. ed., p. 281.

[10] Tudo o que representa um bem da vida, ou seja, uma utilidade ou um valor econômico, seja móvel ou imóvel, pode ser objeto de direito, logo passível de ser transferido de um titular para outro. Em tese, todos os direitos são transmissíveis, passando de um titular a outro, refletindo a própria dinâmica da vida em sociedade, trazendo repercussões na órbita jurídica. A sucessão ou transmissão de direitos pressupõe uma modificação subjetiva, ou seja, a mudança do sujeito de direito, seja ativo ou passivo. Em sentido amplo, a sucessão representa a substituição de uma pessoa por outra na mesma relação jurídica. No sentido restrito, a sucessão tem os seguintes requisitos: (a) a existência de uma relação jurídica, ou seja, a presença de direitos e obrigações entre credor e devedor; (b) a substituição de um sujeito por outro, o que pode ocorrer nos direitos como nas obrigações; (c) a permanência da relação, ou seja, que não haja mudança no objeto e conteúdo do vínculo; (d) existência de um vínculo de causalidade entre as duas situações, ou seja, a substituição na titularidade, seja nos direitos como nas obrigações, não altera o conteúdo da relação. Como o antecessor não pode transferir mais direitos do que possui, o objeto permanece inalterado, sendo que o sucessor terá plena identidade de vantagens e ônus. O que fenece para o antecessor renasce para o sucessor em uma relação de dependência. É importante ressaltar que a sucessão não depende, necessariamente, da existência de ato volitivo entre as partes, uma vez que o ordenamento jurídico, diante de algumas circunstâncias, reconhece tal fenômeno. Nesse sentido, de forma objetiva, podemos falar em sucessão voluntária (intenção das partes) e involuntária ou coativa (as impostas pela ordem jurídica). A sucessão pode ser caracterizada: (a) por ato voluntário do antecessor com aceitação pelo sucessor; (b) por ato decorrente de negociação jurídica entre o antecessor e o sucessor; (c) por ato de apropriação imposto pelo Estado; (d) pelo reconhecimento expresso da norma jurídica.

Para o Direito Civil, o termo "herdeiro" possui vários significados: *"a) sucessor legítimo ou testamentário do de cujus; b) legatário; c) aquele que tem direito de suceder bens, no todo ou em parte, após a morte de seu proprietário; d) aquele que sucede na totalidade da herança, ou, em parte dela, sem determinação do valor e do objeto, parte que apenas será individualizada com a partilha".*[11]

Herdeiro é um sucessor *mortis causa*, adquirindo bens a título universal como particular.

A sucessão tem um aspecto universal e particular.

Universal é a que ocorre quando se tem a transmissão total ou de parte indeterminada da herança, incluindo-se o ativo e o passivo. O herdeiro sucede no todo ou em uma cota-parte do patrimônio do *de cujus*.

A sucessão a título singular ou particular é *"a que se dá quando o testador transfere ao beneficiário apenas objetos certos e determinados. Nessa espécie de sucessão é o legatário que sucede ao de cujus em bens ou direitos determinados ou individuados, ou em fração do patrimônio devidamente individuada, sub-rogando-se de modo concreto, na titularidade jurídica de determinada relação de direito, sem representar o falecido, pois não responde pelas dívidas e encargos da herança".*[12]

Será que podemos equiparar o sucessor ao herdeiro?

A equiparação não oferece dificuldades quando é a sucessão a título universal, isto é, as obrigações também são transmissíveis ao sucessor.

Surge, todavia, uma questão: o sucessor *inter vivos* seria a título singular ou universal?

Há duas correntes doutrinárias: (a) o sucessor é considerado parte somente quando a sucessão se dá a título universal; (b) o sucessor é parte tanto a título singular como universal. A solução para o impasse reside em se considerar o sucessor, a título singular, parte quanto aos direitos e terceiro quanto às dívidas.

Em sentido amplo, a noção de parte engloba: (a) os sujeitos da relação jurídica; (b) os representados; (c) os herdeiros; (d) os sucessores a título universal e os a título singular (só quanto aos direitos).

Concluímos, então, que o princípio da relatividade dos negócios jurídicos deve ser aplicado considerando-se a palavra parte no sentido amplo.

Retornando à noção do termo "terceiro", consideramos como um termo equívoco, ou seja, pode ser interpretado de várias formas; logo, é uma palavra que não pode ser utilizada sem uma definição prévia.

Evaristo de Moraes Filho[13] afirma que terceiro é *"assim, em geral, todo o sujeito, necessariamente indeterminado, estranho à relação jurídica dada. Por isso mesmo, é impossível dar uma noção unitária de terceiro, que não seja simplesmente negativa. E foi procedendo desta forma que eliminamos aquelas figuras do conceito de terceiro, como*

---

[11] DINIZ, Maria Helena. *Dicionário Jurídico*, v. 1, p. 713.
[12] DINIZ, Maria Helena. Ob. cit., v. 4, p. 450.
[13] MORAES FILHO, Evaristo de. *Sucessão nas Obrigações e a Teoria da Empresa*, v. 1, p. 189.

tributário da res inter alios acta. *Neste sentido, então, terceiro é toda pessoa que não esteve presente à realização do contrato, por si ou por seus representantes (voluntários ou legais), ou não é herdeiro, nem sucessor das partes".*

Terceiro é a pessoa que não deve sofrer nenhuma consequência jurídica em função da obrigação estabelecida entre duas pessoas (*primus* – sujeito ativo; *secundus* – sujeito passivo).

Em relação a essa questão, José Martins Catharino[14] declina: *"O relativismo contratual não pode ser separado da relatividade do conceito de terceiro, determinável por exclusão: terceiro é quem não é primeiro nem segundo, em se tratando de contrato entre dois. 'Terceiro' não é apenas quem não contratou, mas também a quem os efeitos de determinado contrato não alcançam. Em poucas palavras, terceiro desinteressado ou absoluto."*

Do ponto de vista processual, a respeito dos conceitos de parte e de terceiro, Luiz Guilherme Marinoni e Sérgio Cruz Arenhart[15] ensinam que: *"Pode-se concluir que será parte no processo aquele que demandar em seu nome (ou em nome de quem for demandada) a atuação de uma ação de direito material e aquele outro em face de quem essa deva ser atuada. Terceiro interessado será, por exclusão, aquele que não efetivar semelhante demanda no processo, mas, por ter interesse jurídico próprio na solução do conflito (ou, ao menos, afirmar possuí-lo), é autorizado a dele participar sem assumir a condição de parte."*

Manoel Antonio Teixeira Filho[16] indica que parte é *"a pessoa que deduz em juízo, em seu nome, pretensões de direito material, próprio ou de outrem, ou puramente processuais, e aquele em face de quem essas pretensões são formuladas".*

Por outro lado, indica que *"terceiro é todo aquele que não seja parte no processo. Nota-se, assim, que o conceito de terceiro se baseia no critério da exclusão: quem não é parte, é terceiro".*[17]

Para Carlos Zangrando:[18] *"Numa acepção bastante ampla e genérica, na ciência do Direito, terceiro é qualquer pessoa estranha à relação jurídica entre duas ou mais pessoas. Quem nunca foi parte na relação jurídica (substancial ou processual), ou quem licitamente deixou de sê-lo, é 'terceiro' relativamente àquela relação jurídica. [...] Em princípio, é terceiro qualquer um que não seja titular daquelas situações jurídicas ativas ou passivas que, numa relação jurídica, interligam os sujeitos. Se observamos com precisão, considerada uma determinada relação jurídica material ou processual, serão 'terceiros' em relação a ela, todas as pessoas naturais ou formais existentes, exceto aquelas que se apresentem como partes na própria relação jurídica. O 'terceiro', portanto, se encontra em posição diametralmente oposta à da 'parte', enquanto não intervém no processo, é claro. Em suma, no Direito Processual, determina-se a qualidade de terceiro, por exclusão; aquele que não é parte, é 'terceiro'."*

---

[14] CATHARINO, José Martins. *Compêndio Universitário de Direito do Trabalho*, v. 1, p. 171.
[15] MARINONI, Luiz Guilherme; ARENHART, Sérgio Cruz. *Curso de Processo Civil Processo de Conhecimento*, 7. ed., v. 2, p. 165.
[16] TEIXEIRA FILHO, Manoel Antonio. *Curso de Direito Processual do Trabalho*, v. 1, p. 254.
[17] TEIXEIRA FILHO, Manoel Antonio. Ob. cit., p. 255.
[18] ZANGRANDO, Carlos. *Processo do trabalho*: processo de conhecimento, t. 1, p. 518.

Carlos Zangrando[19] ensina que o terceiro mantém a condição de terceiro até o momento em que a sua intervenção no processo é deferida pelo magistrado.

6.6.2 Tipos de intervenção de terceiro

Os casos de intervenção de terceiro estabelecidos pelo CPC são: assistência, denunciação da lide, chamamento ao processo, incidente de desconsideração da personalidade jurídica e *amicus curiae*.

O recurso do terceiro prejudicado (art. 996, CPC) pode ser visto como uma forma de intervenção voluntária de terceiro.

No CPC, as figuras de intervenção de terceiros estão disciplinadas a partir dos arts. 119 ss (Título III – Da Intervenção de Terceiros).

6.6.2.1 Assistência

6.6.2.1.1 Assistência simples

Ocorre a assistência simples quando o terceiro, pendendo uma causa entre duas ou mais pessoas, tiver interesse jurídico em que a sentença seja favorável a uma delas, poderá intervir no processo para assisti-la (arts. 119 ss., CPC).

Reputa-se à assistência simples a mais autêntica forma de intervenção de terceiro, na medida em que o assistente permanece na condição de terceiro, sendo disciplinada em conjunto com o litisconsórcio – pela estrutura do CPC.

O interesse do assistente repousa na vitória do assistido, sendo que não formula pretensão ou defesa, sendo originário da perspectiva de sofrer efeitos indiretos da decisão que seja desfavorável ao assistido, afetando a sua esfera jurídica.[20,21] A sua presença não implica a constituição de outra lide.

---

[19] ZANGRANDO, Carlos. Ob. cit., t. 1, p. 521.

[20] A intervenção assistencial simples ou adesiva só é admissível se demonstrado o interesse jurídico e não o meramente econômico perante a Justiça onde é postulada (Súm. 82, TST). A doutrina aponta três tipos de terceiros: (a) os indiferentes, ou seja, não há qualquer vinculação fática ou jurídica entre o terceiro e a relação jurídica de direito material controvertida que foi aduzida em juízo; (b) interessados praticamente, em que o terceiro tem um interesse econômico, visto que a eventual procedência ou improcedência lhe trará repercussões materiais. É o caso de um credor do empregador; (c) juridicamente interessados. Nesta categoria há dois tipos. A primeira, denominada dos que têm interesse igual ao das partes. Como exemplo, um empregado que se opõe a uma pendência judicial pelo direito autoral de um invento entre outro empregado e o empregador comum. A segunda, em que o interesse dos terceiros é inferior ao das partes. À título exemplificativo, é a hipótese de um empregado público, o qual é o responsável pelo ato danoso em uma demanda em que outro empregado público pleiteia a responsabilidade do Estado pelos atos de seus agentes.

[21] "Na assistência simples ou adesiva (intervenção *ad adjuvandum*) não se encontra em litígio, no processo, direito ou pretensão do assistente. Porém, mesmo assim, este intervém em auxílio da parte, pois sua vitória lhe interessa (art. 50, CPC). Nesse passo, poderá, por exemplo, complementar defesa por esta apresentada, e que, por alguma razão, entende deficiente" (ZANGRANDO, Carlos. Ob. cit., t. 1, p. 541).

Em linhas gerais, na assistência simples temos: (a) não há relação jurídica entre o assistente e o adversário do assistido; (b) o direito posto e discutido em juízo pertence ao assistido; (c) não pode o assistente ter oposição em relação à desistência da ação pelo assistido, à procedência do pedido ou à transação celebrada pelo assistido e o seu adversário; (d) não pode o assistente assumir posição jurídica distinta da do assistido.

A assistência tem lugar em qualquer dos tipos de procedimento e em todos os graus da jurisdição, recebendo o assistente o processo no estado em que se encontra (art. 119, parágrafo único, CPC).

Não havendo impugnação dentro de 15 dias, o pedido do assistente será deferido, salvo se não for rejeitado liminarmente.

No entanto, se por qualquer das partes houver a alegação de que o assistente não tem interesse jurídico para intervir a bem do assistido, o juiz decidirá, sem suspensão do processo (art. 120).

O assistente simples atua como auxiliar da parte principal, exercendo os mesmos poderes e estando sujeito aos mesmos ônus processuais que o assistido. Na revelia do assistido, o assistente será considerado seu substituto processual (art. 121).

A participação do assistente simples é acessória, não tendo poderes para impedir que a parte assistida possa exercitar a faculdade de dispor tanto do direito material como do processual (art. 122).

Com o trânsito em julgado da sentença, na causa em que interveio o assistente, este não poderá, em processo posterior, discutir a justiça da decisão (art. 123, *caput*). Trata-se da eficácia preclusiva da intervenção, sendo que o assistente simples, em qualquer outro processo, não poderá questionar os fatos e fundamentos jurídicos da sentença proferida contra o assistido. Não se trata de coisa julgada, visto que: (a) a eficácia preclusiva alcança os fundamentos da sentença, ao contrário da coisa julgada, que atinge a parte dispositiva (arts. 503 e 504); (b) a eficácia preclusiva pode ser afastada em outra demanda nas exceções previstas no art. 123, I e II, sendo que a coisa julgada somente pode ser desconstituída pela ação rescisória (art. 966).

Não se aplica a eficácia preclusiva, quando o assistido alegar e provar que: (a) pelo estado em que recebeu o processo ou pelas declarações e atos do assistido, foi impedido de produzir provas suscetíveis de influir na sentença; (b) desconhecia a existência de alegações ou de provas, de que o assistido, por dolo ou culpa, não se valeu (art. 123, I e II).

No processo do trabalho, a hipótese mais comum de assistência simples é a participação da entidade sindical, coadjuvando o empregado em juízo.

6.6.2.1.1.1 Petição do assistente simples

A intervenção (assistente simples) consiste na entrega ou protocolização de uma petição em que apresenta: (a) a autoridade a quem dirige o seu pedido; (b) a sua qualificação; (c) os fundamentos fáticos e jurídicos quanto ao seu pedido de assistência (demonstrar seu interesse jurídico). A petição deve ser instruída com cópias para as partes, além do instrumento de mandato (procuração) e os documentos necessários para a demonstração do seu pedido de assistência.

6.6.2.1.1.2 Modelo de assistência simples

EXCELENTÍSSIMO SENHOR DOUTOR JUIZ DA _____
VARA DO TRABALHO DE _____

(10 cm)

Processo n° _____

SINDICATO DOS METALÚRGICOS DE SÃO CAETANO DO SUL E SANTO ANDRÉ, (n° do CNPJ), (endereço físico e eletrônico), por seu advogado (nome completo), o qual receberá as intimações e notificações (endereço físico e eletrônico) (procuração anexa), vem, à presença de Vossa Excelência, com fulcro nos arts. 121 ss. CPC e art. 769, da CLT, requerer sua admissão como ASSISTENTE SIMPLES do Reclamante **Frederico Jorge dos Santos**, na reclamação trabalhista que move em face de **METALÚRGICA FELIPE DIAS LTDA.**, em virtude das razões que passa a aduzir:

1 DOS FATOS E FUNDAMENTOS

1.1 Da petição inicial

Na petição inicial, o Reclamante pleiteia a percepção da verba denominada adicional de periculosidade e suas incidências em 13° salário, férias, abono de férias, aviso prévio e nos depósitos fundiários com o acréscimo da multa de 40%.

Como suporte fático, o Reclamante aduz que laborava como eletricista de manutenção.

O fundamento jurídico repousa no agente – eletricidade (Lei 12.740/12 e o seu regulamento – Portaria MTE 1.885, de 2-12-2013, Anexo 3 da NR 16, Portaria MTE 3.214/78).

1.2 A tutela sindical e a medicina e a segurança no trabalho

A entidade associativa, quando expressamente autorizada, tem legitimidade para representar os seus filiados (judicial ou extrajudicialmente, art. 5°, XXI, CF), sendo que ao sindicato cabe a defesa dos direitos e interesses coletivos ou individuais da categoria, inclusive em questões judiciais ou administrativas (art. 8°, III).

Os direitos sociais envolvem as questões relativas à educação, à saúde, a alimentação, ao trabalho, à moradia, ao transporte, ao lazer, à segurança, à previdência social, à proteção à maternidade e à infância, e à assistência aos desamparados (art. 6°, CF).

O art. 7° estabelece quais são os direitos dos trabalhadores urbanos e rurais, além de outros que visem à melhoria de sua condição social, sendo que no elenco indica a redução dos riscos inerentes ao trabalho, por meio de normas de saúde, higiene e segurança (inciso XXII).

A segurança e medicina do trabalho relacionam-se com o direito tutelar do trabalho, pois o seu intuito é zelar pela vida do trabalhador, evitando acidentes, preservando a saúde, bem como propiciando a humanização do trabalho.

Como sujeito do contrato individual de trabalho, o empregador tem a obrigação de zelar pela segurança, saúde e higiene de seus trabalhadores, cumprindo e fazendo cumprir os dispositivos legais, além de criar as condições necessárias referentes à medicina e segurança do trabalho.

A saúde e a incolumidade física do trabalho são fatores integrantes do próprio direito à vida. A vida humana possui um valor inestimável e deve ser protegida por todos os meios, portanto, a sistemática técnico-jurídica corporificada nas normas da segurança e medicina do trabalho representa um instrumental de grande valia, a valorizar e dignificar a vida humana, além do patrimônio jurídico do trabalho, representado pela sua força de trabalho.

As condições insalubres e periculosas de trabalho relacionam-se com a medicina e a segurança do trabalho, reputando-se uma matéria de suma importância não só para o reclamante, como para o universo dos trabalhadores que laboram na empresa reclamada, Metalúrgica Felipe Dias LTDA.

Como entidade representativa dos direitos individuais e coletivos da categoria, a entidade sindical profissional tem o pleno interesse jurídico (Súmula 82, TST), em atuar, na presente demanda, como Assistente do Reclamante, visto que um local de trabalho deve respeitar as normas de medicina e segurança do trabalho.

2 PEDIDOS E REQUERIMENTOS

Assim exposto, espera o regular processamento deste pedido de assistência, com a intimação das partes, para que no prazo legal, apresentem a concordância ou não com o solicitado.

Como Assistente, a entidade sindical espera o acolhimento do seu pedido, por ser medida da mais lídima e coesa justiça.

Nestes termos,

pede deferimento.

Local e data

Advogado

OAB n° _____

6.6.2.1.2 Assistência litisconsorcial

Na assistência litisconsorcial, o assistente possui interesse próprio, na medida em que a sentença irá influir na relação jurídica entre ele e o adversário do assistido (arts. 124 ss., CPC).[22]

O terceiro assume a posição de assistente, defendendo direito próprio contra uma das partes, passando à condição de litisconsorte – como parte.

---

[22] "Em duas situações ocorrerá a assistência litisconsorcial: quando o terceiro assistente é cotitular do direito objeto do litígio; quando o terceiro assistente é o único titular do direito objeto do litígio, mas a demanda foi proposta por substituto processual, devidamente autorizado por lei. Em ambos os casos, o direito em litígio é do assistente. Poderia ele ter sido demandado individualmente, ou em litisconsórcio com o réu, mas não foi. Poderia ele, ainda, ter demandado pessoalmente, mas um substituto processual, autorizado por lei, demandou em nome próprio, pleiteando o direito do assistente. A assistência litisconsorcial em demanda efetuada por substituto processual é deveras conhecida dos pretórios trabalhistas, sendo por isso necessário um estudo mais apurado. De qualquer modo, nesse caso, o terceiro assistente, por ser titular do direito, figurará no processo em posição idêntica à da parte a que assiste, formando um litisconsórcio facultativo superveniente, o que lhe concede os poderes, direitos e ônus inerentes (CPC, art. 48). Em relação à posição das partes no plano do direito material, o litisconsórcio será unitário. Não resta dúvida de que, nessa modalidade de assistência, o interesse jurídico do terceiro é evidente, pois que ou é titular do direito, ou cotitular com alguma das partes. A decisão judicial, portanto, influenciará decisivamente na sua situação jurídica, em relação à parte que pretende assistir" (ZANGRANDO, Carlos. Ob. cit., t. 1, p. 547).

Vale dizer, em linhas gerais, na assistência litisconsorcial temos que: (a) há uma relação jurídica entre o assistente e o adversário do assistido; (b) o direito posto e discutido em juízo pertence tanto ao assistente como ao assistido; (c) o assistente litisconsorcial pode ser opor à desistência da ação pelo assistido, como também à procedência ou à transação; (d) a atuação processual do assistente não precisa ser igual à do assistido.

Após o trânsito em julgado da sentença, não poderá o assistente litisconsorcial, em processo posterior, discutir a justiça da decisão, salvo se alegar e provar que: (a) pelo estado em que recebera o processo, ou pelas declarações e atos do assistido, fora impedido de produzir provas suscetíveis de influir na sentença; (b) desconhecia a existência de alegações ou de provas, de que o assistido, por dolo ou culpa, não se valeu (art. 123, CPC).

Como exemplos de assistência litisconsorcial: (a) o substituído ingressa na demanda em que o sindicato atua como substituto processual. A Súmula 255 do TST, cancelada em 28-10-2003, indica que o substituído poderia, antes da sentença, desistir da ação. O tópico VI da Súmula 310, cancelada em 1º-10-2003, indicava ser lícito aos substituídos integrar a lide como assistente litisconsorcial, como também acordar, transigir e renunciar, independentemente de autorização ou anuência do substituído; (b) a empresa participante de grupo econômico (art. 2º, § 2º, CLT) na demanda proposta contra uma das empresas; (c) o sócio, quando o reclamado é a empresa; (d) o sucessor ou o sucedido, dependendo de quem seja o réu na demanda.

6.6.2.1.2.1 Modelo de assistência litisconsorcial

EXCELENTÍSSIMO SENHOR DOUTOR JUIZ DA _____
VARA DO TRABALHO DE _____

(10 cm)

Processo nº _____

FREDERICO INOCÊNCIO DOS PRAZERES, (nacionalidade), (estado civil), (profissão), (nº CPF), (nº do RG e órgão expedidor), (nº da CTPS), (nº do PIS/PASEP ou do NIT), (data de nascimento), (nome da mãe), (endereço físico e eletrônico), por seu advogado (nome completo), o qual receberá as intimações e notificações (endereço físico e eletrônico) (procuração anexa), vem, à presença de Vossa Excelência, com fulcro nos arts. 123 e 124, CPC, e art. 769, da CLT, requerer sua admissão como ASSISTENTE LITISCONSORCIAL do Reclamante **Sindicato dos Metalúrgicos de Santo André e São Caetano do Sul**, em ação que move em face de **METALÚRGICA FELIPE DIAS LTDA.**, em virtude das razões que passa a aduzir:

1 DOS FATOS E FUNDAMENTOS

1.1 Da petição inicial

Na petição inicial, a entidade sindical, como substituta processual (art. 8º, III, CF; art. 872, parágrafo único, CLT), pleiteia da empresa (Metalúrgica Felipe Dias Ltda.), o pagamento das diferenças de horas extras e com as repercussões destas diferenças em: domingos e feriados, 13º salário, férias, abono de férias, aviso prévio e nos depósitos fundiários com o acréscimo da multa de 40%.

Como suporte fático, a entidade sindical articula que é comum a prática de horas extras para os empregados desta empresa, sendo que é observado tão somente o adicional legal (art. 7º, XVI, CF; adicional de 50%).

O fundamento jurídico repousa na temática de que o adicional devido é de 70%, ante a cláusula 7ª das convenções coletivas dos últimos 3 anos. Como no Direito do Trabalho há de prevalecer à norma mais benéfica, os substituídos têm o direito à percepção dessas diferenças e suas incidências.

1.2 Substituição processual e a legitimação concorrente

A substituição processual trabalhista pela entidade sindical é: autônoma, concorrente e primária. É autônoma, porque se admite a possibilidade de acordo, transação e renúncia, independente de autorização ou anuência do substituto (aplicação: o tópico VI da ex-súmula 310 do TST). O direito material não pertence à entidade sindical. Como o substituído pode integrar a lide como assistente litisconsorcial, justifica-se o caráter de ser concorrente. A atuação da entidade sindical não exclui a possibilidade do substituído na relação jurídica processual. A substituição processual também é primária, visto que o substituto não necessita aguardar a inércia do substituído em relação ao exercício do direito de ação.

O Assistente, como empregado da Reclamada, detém o direito material quanto à percepção das diferenças de horas extras ante a aplicação da cláusula 7ª dos instrumentos normativos. Os documentos (docs. ___) comprovam a relação de emprego com a Metalúrgica.

Como titular do direito material invocado em juízo, o Assistente tem o pleno interesse jurídico (Súmula 82, TST), em atuar, na presente demanda, como assistente do Reclamante, para a comprovação das horas extras e o direito à percepção da diferença do adicional e suas incidências.

2 PEDIDOS E REQUERIMENTOS

Assim exposto, espera o regular processamento deste pedido de assistência, com a intimação das partes, para que no prazo legal, apresentem a concordância ou não com o solicitado.

O Assistente, como empregado da Reclamada, espera o acolhimento do seu pedido, por ser medida da mais lídima e coesa justiça.

Nestes termos,

pede deferimento.

Local e data

Advogado

OAB nº _____

6.6.2.2 Oposição

Com o CPC/15, a oposição não está elencada dentre as figuras de intervenção de terceiros (arts. 119 e ss). Apesar disso, o CPC tratou da matéria e a sua natureza de intervenção não pode ser desconsiderada pelos aplicadores do Direito.

Ocorre a oposição quando o terceiro pretenda, no todo ou em parte, a coisa ou o direito sobre que controvertem autor e réu, podendo ser aduzida até ser proferida a sentença (art. 682, CPC). O terceiro pretende a exclusão tanto do autor como do réu.

Há um nexo de prejudicialidade[23] entre a ação e a oposição, na medida em que a segunda deverá ser julgada em primeiro lugar (art. 686, CPC). Representa uma nova e verdadeira ação, com pretensão e partes diferentes, sendo que o terceiro intitula-se opoente e os réus (autor e réu da ação originária) são tidos como opostos.[24]

O opoente deduzirá o seu pedido, observando os requisitos exigidos para a propositura da ação (art. 319, CPC). Distribuída a oposição por dependência, serão os opostos citados, na pessoa dos seus respectivos advogados, para contestar o pedido no prazo comum de 15 dias (art. 683, parágrafo único).

Se um dos opostos reconhece a procedência do pedido, contra o outro prosseguirá o opoente (art. 684).

A oposição quando admitida, será apensada aos autos principais e correrá simultaneamente com a ação, sendo ambas julgadas pela mesma sentença (art. 685).

Se a oposição for proposta após o início da audiência de instrução, o juiz suspenderá o curso do processo ao fim da produção das provas, salvo se concluir que a unidade da instrução atende melhor ao princípio da duração razoável do processo (art. 685, parágrafo único).

No processo trabalhista, a doutrina não era pacífica quanto à aceitação da oposição.

A esse respeito, Wagner Giglio[25] afirmava: *"Campos Batalha entende que a oposição é inadmissível no processo do trabalho porque só tem cabimento nas ações reais, repersecutórias ou pessoais* in rem scriptae, *e porque a cessão de direitos é vedada no*

---

[23] "O que determina o cabimento e a admissibilidade da oposição é a incompatibilidade entre a pretensão do opoente, e aquela das partes no processo original. Quer dizer, o opoente pleiteia para si, aquilo que os opostos controvertem, entre si. O opoente basicamente diz às partes: 'é meu o direito ou o bem que vocês estão disputando, e por isso vem reivindicá-lo'. O opoente revela pretensão toda sua, e pede o que está em contradição com o que, no processo principal, o autor pede, e o réu refuta, bem como com aquilo que o réu afirma, defendendo-se. No fundo, há demanda em face de uma parte, e em face da outra, só que cumuladas. A controvérsia entre os opostos, sobre o direito ou o bem da vida, não é elemento essencial à admissibilidade da oposição. De fato, pouco importa se, por exemplo, o réu-oposto contestou, excepcionou ou reconheceu o direito do autor-oposto. Nada disso é impeditivo ao exercício do direito de ação pelo opoente, nem desnatura o objeto da oposição. O que importa é que o opoente demonstre interesse e legitimidade" (ZANGRANDO, Carlos. Ob. cit., t. 1, p. 557).

[24] "Oposição (do latim *oppositio*), significa originariamente um estado de antinomia, quer dizer, de contrariedade, de antagonismo, de incompatibilidade, de rivalidade, de objetivos ou vontades contrárias, de coisas colocadas face a face, mas que se contrariam, como a luz e a sombra. No Direito Processual, podemos definir a oposição como o remédio processual à disposição do terceiro que pretender, no todo ou em parte, o direito ou o bem sobre o qual pende demanda entre outras pessoas. A pretensão do opoente é, assim, incompatível com os interesses em conflito entre autor e réu, num processo pendente. Ele, o opoente, deseja para si, aquilo que as partes, no processo original, estão disputando. A oposição, como ação que é (remédio processual), é sempre voluntária. Aquele que se opõe, o faz sempre em relação a alguém, ou alguma coisa. Não há oposição em relação a si mesmo. A oposição é sempre relacional. Outrossim, inexiste hipótese de oposição necessária. Só há oposição em face de ambas as partes, na relação processual originária (opostos). Estas figuram como litisconsortes passivos necessários na oposição, sendo autor o opoente" (ZANGRANDO, Carlos. Ob. cit., t. 1, p. 556).

[25] GIGLIO, Wagner; CORRÊA, Cláudia Giglio Veltri. *Direito Processual do Trabalho*, 15. ed., p. 145.

Direito do Trabalho (Tratado, cit., p. 347). *Christovão Piragibe Tostes Malta e Gustavo Lanat Cerqueira, ao contrário, entendem cabível a intervenção principal, na hipótese de discussão de adicional de produtividade, formulando um exemplo concreto: o empregado o reivindica alegando haver excedido a quota de 20.000 peças, o empregador contesta afirmando que o adicional não é devido porque não ultrapassou essa produção e o terceiro intervém, alegando que o reclamante não ultrapassou, realmente, a quota (excluindo o direito deste), mas que ele, opoente, sim, ultrapassou a produção de 20.000 peças, excluindo, assim, o direito do reclamado* (apud Coqueijo Costa, *Direito judiciário do trabalho*, cit., p. 157). *Amauri Mascaro Nascimento também admite a intervenção de terceiro ad excludendum, no caso de se discutir direitos sobre invenção a que se julga com direito o opoente, afastando as pretensões do reclamante e do reclamado* (in 'Elementos de Direito Processual do Trabalho', 2. ed., p. 106). *Parece-nos que existiriam outras hipóteses em que a admissão dessa figura seria possível, como na ação para obter promoção, baseada em quadro de carreira, em que o opoente argumentasse ser seu, e não do reclamante, o direito de obter a promoção contestada pelo empregador."*

Manoel Antonio Teixeira Filho entendia que os exemplos acima enunciados não contemplam a aplicação da oposição ao processo trabalhista, visto que a Justiça do Trabalho era incompetente para dirimir a questão entre dois trabalhadores, tornando, assim, a adoção desse instituto. Após a edição da EC 45, o citado autor ensina: "*Admitamos que o empregador reconheça a 'procedência do pedido' do opoente: diante disto, afasta-se do processo o empregador e aí permanecem a litigar dois empregados. No passado, não hesitamos em concluir pela incompetência da Justiça do Trabalho para solucionar um conflito de interesses envolvendo dois empregados, levando-se em conta o disposto no art. 114, caput, da Constituição Federal (dirimir conflitos estabelecidos entre trabalhadores e empregadores – sendo certo que inexistia lei ordinária a dar-lhe competência de apreciar lides entre dois empregados). Com o advento da EC nº 45/04, entretanto, é possível sustentar-se à competência dessa Justiça para solucionar litígios entre trabalhadores, desde que oriundo de uma relação de trabalho (art. 114, I). Sendo assim, no exemplo analisado, fica removido o obstáculo, até então existente, à admissibilidade da oposição no processo do trabalho. Vejamos, todavia, esse mesmo exemplo sob um novo ângulo. Um vendedor autônomo promove ação na Justiça do Trabalho, vindicando para si um mostruário que lhe pertenceria, e a empresa (ré) contesta, alegando pertencer a ela mostruário. [...] Se, porém, uma outra pessoa jurídica intervier no processo, na qualidade de opoente, e o vendedor autônomo reconhecer que o mostruário pertence à opoente, desapareceria, a nosso ver, a competência da Justiça do Trabalho, uma vez que o conflito de interesses passaria a envolver duas pessoas jurídicas. Como se vê, o problema do cabimento da oposição na Justiça do Trabalho não pode receber solução uniforme, pois esta variará segundo sejam as partes envolvidas no conflito.*"[26]

Carlos Henrique Bezerra Leite[27] possui posição contrária: "*Não obstante a autoridade e o respeito que nutrimos pelo referido jurista, parece-nos que não há razão para admitir a*

---

[26] TEIXEIRA FILHO, Manoel Antonio. *Breves Comentários à Reforma do Poder Judiciário com Ênfase à Justiça do Trabalho*: Emenda Constitucional nº 45/04, p. 151.
[27] LEITE, Carlos Henrique Bezerra. *Curso de Direito Processual do Trabalho*, 4. ed., p. 377.

oposição no processo do trabalho, pois as regras constitucionais de competência da Justiça do Trabalho continuam sendo, mesmo com o advento da EC nº 45/2004, em razão da matéria e das pessoas, uma vez que lhe compete processar e julgar as ações oriundas: a) da relação de emprego, o que pressupõe dois sujeitos em posições antagônicas entre si, isto é, o empregado e empregador; b) da relação de trabalho, ou seja, entre trabalhador e tomador do seu serviço. Logo, não há previsão constitucional ou infraconstitucional para a Justiça do Trabalho processar e julgar ações entre dois tomadores de serviço ou entre dois trabalhadores, pois em ambas as hipóteses não há relação de trabalho ou relação de emprego entre eles."

6.6.2.2.1 Petição do opoente

Em linhas gerais, a intervenção do opoente exige a formulação de uma petição inicial com a observância dos requisitos dos arts. 319 e 840, respectivamente, do CPC e da CLT.

6.6.2.2.2 Modelo de oposição

EXCELENTÍSSIMO SENHOR DOUTOR JUIZ DA _____
VARA DO TRABALHO DE _____

(10 cm)

Processo nº _____

MOISES SINFRÔNIO DOS SINOS, (nacionalidade), (estado civil), (profissão), (nº CPF), (nº do RG e órgão expedidor), (nº da CTPS), (nº do PIS/PASEP ou do NIT), (data de nascimento), (nome da mãe), (endereço físico e eletrônico), por seu advogado (nome completo), o qual receberá as intimações e notificações (endereço físico e eletrônico) (procuração anexa), vem, à presença de Vossa Excelência, com fulcro nos arts. 682 ss. e 319, todos do CPC e art. 840, § 1º, da CLT, propor a presente **OPOSIÇÃO** contra **SILVIO NAZARENO LASAR**, (nacionalidade), (estado civil), (profissão), (nº CPF), (nº do RG e órgão expedidor), (nº da CTPS), (nº do PIS/PASEP ou do NIT), (data de nascimento), (nome da mãe), (endereço físico e eletrônico) e **MÁQUINAS E INJETORAS FRACAPANI LTDA.**, (nº do CNPJ), (nº do CEI), (endereço físico e eletrônico), na **RECLAMAÇÃO TRABALHISTA** em curso nesta Vara do Trabalho, na qual os opostos figuram como reclamante e reclamada, respectivamente, pelos seguintes fatos e fundamentos.

1 DOS FATOS E FUNDAMENTOS

1.1 Da reclamação trabalhista

Considerando que foi empregado da Reclamada (oposta), no período de 15-1-2003 a 5-5-2020, o Reclamante (oposto) ajuizou a demanda trabalhista postulando a quantia de R$ 100.000,00. O Reclamante foi contratado como analista de sistemas.

Como fundamento fático, o Reclamante articula que tem direito aos direitos autorais sobre um determinado projeto por ele idealizado e criado, o qual seria utilizado pela Reclamada, a qual nada lhe paga pela utilização da sua criação. Essa criação seria a otimização de recursos mecânicos e manuais no processo de produção da empresa, o qual está descrito na petição inicial.

O projeto consiste em um programa de computador, o qual otimiza uma série de etapas quanto à produção e ao controle de qualidade da empresa Reclamada.

O suporte jurídico seria o respeito que a ordem constitucional assegura ao direito intelectual (art. 5º, XXVII, XXVIII e XXIX).

Na sua defesa, a Reclamada articula que: (a) o Reclamante foi contratado para atuar em novos projetos, sendo que qualquer invento por ele criado seria um invento de serviço, logo, a ele não pertenceria nenhum direito intelectual; (b) de fato houve a criação de um invento, contudo, em área distinta da qual o Reclamante laborava. O *software* é uma criação da equipe de informática que atuava no setor de aços galvanizados, enquanto o Reclamante laborava no laboratório virtual do setor de aços planos.

1.2 Software. Idealização e criação do requerente (opoente)

O programa de computação citado na petição inicial não é criação do Reclamante, bem como não pode ser enquadrado como uma invenção de serviço (arts. 88 ss., Lei 9.279/96; art. 4º, § 2º, Lei 9.609/98).

O Requerente, como empregado da Reclamada (oposta) desde 15 de janeiro de 2003, atua no setor de aços galvanizados, exercendo as funções de gerente do laboratório de informática deste setor.

Como gerente, o Requerente tinha as seguintes atribuições: (a) supervisão direta do trabalho dos analistas de sistema; (b) supervisão e execução de todos os projetos da área de informática; (c) controle de custos quanto aos projetos; (d) solução de questões profissionais e disciplinares havidas entre os analistas de sistema. Como se denota, as tarefas contratuais eram eminentemente burocráticas, não atuando o requerente na criação e desenvolvimento de novos sistemas de informática.

Apesar das tarefas burocráticas, o Requerente, como opoente, tinha pleno conhecimento das deficiências enfrentadas pelos empregados no setor de aços galvanizados. Como tinha as soluções para determinados problemas, o Requerente foi o idealizador e o mentor do projeto. O projeto teve início em agosto de 2018 e a sua elaboração durou de seis meses a um ano. O requerente informa que o projeto começou a ser criado nos corredores da fábrica, onde percebia as necessidades dos outros funcionários. Foi necessário que o início do projeto fosse aprovado pela fábrica. Quem deu o aval para o início foi o gerente geral da informática, o engenheiro eletrônico, o Sr. Renato Solimões. O término do *software* deu-se em julho de 2020. Todo o trabalho intelectual foi realizado nos finais de semana na residência do Requerente e com a utilização de equipamentos e outros programas de computação de sua propriedade.

Pelos elementos que constam do DVD (doc. 02), o resultado final com a implementação do *software* pela reclamada levou a um lucro anual de R$ 400.000,00, sendo que a empresa investiu a quantia módica de R$ 20.122,00. Para se ter uma ideia, com os lucros, a empresa reembolsou as suas despesas em apenas duas semanas.

Convém ser dito que o processo continua a ser utilizado e a comprovação da sua utilização é comprovada pelo DVD. A implantação do projeto implicou na redução de 103 horas/ano para 42 horas/ano (*set-up*), representando, assim, um ganho de 738 horas de produção/ano.

O relatório anual da empresa (docs. 03/10) comprova a participação do requerente no 3º Encontro Anual dos Laboratórios de Informática da Reclamada onde ficou patente a atuação do opoente na idealização e criação deste *software*.

Mauricio Godinho Delgado ensina: *"Direitos intelectuais – ou direitos derivados da propriedade intelectual – são os que se relacionam à autoria e utilização de obra decorrente da produção mental da pessoa. São vantagens jurídicas concernentes aos interesses morais e materiais resultantes de qualquer produção científica, literária ou artística"* (Curso de Direito do Trabalho. São Paulo: LTr, 5. ed., p. 607).

A Carta Política de 1988 impõe: (a) aos autores pertence o direito exclusivo de utilização, publicação ou reprodução de suas obras, transmissível aos herdeiros pelo tempo que a lei fixar (art. 5º, XXVII); (b) proteção às participações individuais em obras coletivas e à reprodução da imagem e voz humanas, inclusive nas atividades desportivas (art. 5º, XXVIII, *a*); (c) direito de fiscalização do aproveitamento econômico das obras que criaram ou de que participaram os criadores, aos intérpretes e às respectivas representações sindicais e associativas (art. 5º, XXVIII, *b*); (d) a lei assegurará aos autores de inventos industriais privilégio temporário para sua utilização, bem como proteção às criações industriais, à propriedade das marcas, aos nomes de empresas e a outros signos distintivos, tendo em vista o interesse social e o desenvolvimento tecnológico e econômico do País (art. 5º, XXIX).

Este *software* reputa-se uma invenção livre, já que foi desenvolvida pelo Requerente, como empregado da reclamada, contudo, totalmente desvinculada das tarefas contratuais e não decorrente de utilização de recursos, meios, dados, materiais, instalações ou equipamentos do empregador (art. 90, Lei 9.279/96; art. 4º, § 2º, Lei 9.609/98).

O Requerente tem o direito a uma justa retribuição pelo seu trabalho intelectual junto à elaboração deste projeto da reclamada. Por este trabalho intelectual o requerente estima que a sua remuneração deve ser o equivalente a 1/5 dos lucros do primeiro ano de utilização do projeto, o que implica no valor de R$ 80.000,00 (oitenta mil reais). Este valor é válido para o primeiro ano (2013/2014), sendo que nos demais anos, os valores serão apurados em liquidação de sentença, por arbitramento ou por artigos de liquidação.

Pela exposição acima, o direito intelectual a este *software* pertence ao requerente (opoente) e não aos opostos (reclamante e reclamada).

A doutrina entende que é viável a oposição, na forma dos arts. 682 ss. do CPC, como forma de requerer a tutela jurisdicional quanto aos direitos discutidos no curso de uma demanda trabalhista:

"*A Lei nº 9.609/98 regulamentou a proteção da propriedade intelectual de programa de computador, revogando a antiga Lei nº 7.646/87 (Política Nacional de Informática). Quando o programa de computador é desenvolvido pelo empregado, fora da prestação de serviços e sem utilização de recursos do empregador, a autoria pertencerá ao empregado (Lei nº 9.609/98, art. 4º, § 2º). Porém, nada impede que o empregado contrate com o empregador a sua exploração, mediante cessão de direitos autorais, paralelo ao contrato de trabalho, recebendo os royalties correspondentes. Imaginando que a empresa se quede inadimplente, e o empregado demande o pagamento, é admissível que um terceiro ofereça oposição, alegando ter sido ele quem desenvolveu o software, e pleiteando não só a declaração da propriedade do mesmo, como os royalties eventualmente devidos pelo seu uso*" (ZANGRANDO, Carlos. Processo do trabalho: processo de conhecimento. São Paulo: LTr, 2009, t. 1, p. 573).

1.3 Assistência judiciária gratuita

O Requerente é pessoa humilde, não estando em condições de arcar com as despesas processuais, portanto, requer a concessão dos benefícios da justiça gratuita (art. 5º, LXXIV, CF; arts. 14 ss., Lei 5.584/70; arts. 98 ss., CPC; Lei 7.115/83).

A declaração pode ser firmada pelo próprio interessado ou por procurador com poderes expressos (Súm. 463, I, TST; art. 105, CPC).

A justiça gratuita pode ser reconhecida em qualquer fase processual, consoante o teor do art. 99, CPC (OJ 269, I, SDI-I, TST).

A declaração de pobreza (doc. 11) atende ao disposto na legislação.

2 PEDIDOS E REQUERIMENTOS

Assim exposto, o Requerente (opoente) espera o regular processamento da presente oposição, com a citação do Reclamante e da Reclamada (opostos), na pessoa de seus advogados, para que contestem a demanda, sob pena de incorrer nos efeitos da revelia.

O Requerente (opoente) espera a procedência dos pedidos, para reconhecer o seu direito intelectual sobre o *software* (programa de computador), condenando a Reclamada ao pagamento da remuneração equivalente a 1/5 dos lucros do primeiro ano de utilização do *software* no valor de R$ 80.000,00 (oitenta mil reais). Este valor é válido para o primeiro ano (2013/2014), sendo que nos demais anos, os valores serão apurados em liquidação de sentença, por arbitramento ou por artigos de liquidação.

Outrossim, requer a condenação do Reclamante e da Reclamada ao pagamento de honorários advocatícios, bem como de despesas processuais e custas processuais.

Requer também a concessão dos benefícios da assistência judiciária.

O Requerente (opoente) pretende provar o acima exposto por todos os meios em direito permitidos (art. 5º, LVI, CF) (documentos, testemunhas, vistorias etc.), com destaque, em especial, para o depoimento do Reclamante e da Reclamada (opostos), sob pena de confissão (Súm. 74, TST).

Dá-se à causa o valor de R$ 80.000,00.

Nestes termos,

pede deferimento.

Local e data

Advogado

OAB nº _____

Obs. Acompanhada da planilha de cálculos em arquivo PDF (preferencialmente, extraída do PJe-calc).

6.6.2.3 Nomeação à autoria

Apesar do legislador processual civil não mencionar expressamente a nomeação à autoria e parte expressiva da doutrina defender sua extinção, parece-me que o instituto continua a existir de forma implícita nos arts. 338 e 339, CPC/15.

A nomeação à autoria representa a intervenção em que o terceiro é convocado a fazer parte da relação jurídica processual pelo réu.

No CPC/73, era admitida a nomeação à autoria quando: (a) aquele que possui a coisa demandada em nome de outrem, indica à autoria o proprietário, para que ele venha ao processo (art. 62, CPC); (b) na ação de indenização, intentada pelo proprietário ou pelo titular de um direito sobre a coisa, toda vez que o responsável pelos prejuízos alegar que praticou o ato por ordem, ou em cumprimento de instruções de terceiro (art. 63, CPC).

No CPC/15, caso o réu alegue ser parte ilegítima ou não ser o responsável pelo prejuízo invocado, o juiz facultará ao autor, em 15 dias, a alteração da petição inicial para substituição do réu (art. 338).

Realizada a substituição, o autor reembolsará as despesas e pagará os honorários ao procurador do réu excluído, que serão fixados entre 3% a 5% por cento do valor da causa ou, sendo este irrisório, o juiz fixará o valor dos honorários por apreciação equitativa (arts. 85, §§ 2º e 8º, e 338, parágrafo único, CPC).

Aduzida a alegação preliminar de ilegitimidade, deverá o réu indicar o sujeito passivo da relação jurídica discutida sempre que tiver conhecimento, sob pena de arcar com as despesas processuais e de indenizar o autor pelos prejuízos decorrentes da falta de indicação (art. 339, CPC).

O autor, ao aceitar a indicação, procederá emenda da petição inicial para a substituição do réu no prazo de 15 dias e será responsável pelas despesas processuais e honorários advocatícios que deu causa.

Diante do caso concreto, o autor pode optar por alterar a petição inicial para incluir, como litisconsorte passivo, o sujeito indicado pelo réu no prazo de 15 dias.

Antes da EC 45, Wagner Giglio já entendia cabível a nomeação à autoria nas matérias pertinentes às ações possessórias de competência material do Judiciário Trabalhista.[28]

Em sentido contrário, Manoel Antonio Teixeira Filho[29] ensinava que a Justiça do Trabalho não possuía *"competência para apreciar ações reais ou que visem a obter reparação de prejuízos acarretados a certa coisa. Só uma interpretação aberrante do art. 114 da Constituição Federal poderia ensejar semelhante ilação".*

---

[28] "Já Eduardo Gabriel Saad e Wagner Giglio, em obras já mencionadas neste capítulo, admitem a nomeação à autoria nos domínios do processo do trabalho, cabendo destacar dois exemplos dados pelos autores, quais sejam: • O primeiro exemplo consistiria na retomada de um imóvel, o qual, como contraprestação salarial *in natura*, foi cedido ao empregado pelo subempreiteiro, mas a propriedade do imóvel era do empreiteiro. Na ação de reintegração de posse proposta pelo empregado, é notificado o subempreiteiro, cabendo a este nomear à autoria o empreiteiro; • O segundo exemplo seria o do empregado que, na realização de sua tarefa na empresa, utiliza-se, por empréstimo, de máquina ou ferramenta pertencente a outro empregado. Caso o empregador almejasse reintegrar-se à posse desse material, o empregado deveria nomear à autoria o verdadeiro dono do bem" (SARAIVA, Renato. Ob. cit., p. 291).

[29] TEIXEIRA FILHO, Manoel Antonio. *Litisconsórcio, Assistência e Intervenção de Terceiros no Processo do Trabalho,* p. 176.

Atualmente, Manoel Antonio Teixeira Filho[30] discorre: *"Imaginemos que uma ação seja ajuizada na Justiça do Trabalho por um trabalhador rural. Este, por equívoco, indica como réu não o proprietário da fazenda, mas, o capataz. Pode-se imaginar que, diante disso, caberia ao capataz nomear à autoria o proprietário do imóvel e, com isso, ver-se excluído do processo. Ora, em primeiro lugar, já dissemos que a nomeação à autoria não foi concebida por corrigir ilegitimidades* ad causam, *em segundo, o pressuposto dessa espécie de intervenção de terceiros é a existência de uma lide, tendo como objeto a coisa; no exemplo em exame, a ação trabalhista não tem por objeto a coisa, senão que os alegados direitos do trabalhador; em terceiro, se o nomeado (proprietário) não reconhecer a qualidade que lhe é atribuída pelo nomeante (capataz), a lide prosseguirá com as partes originárias, quais sejam, o trabalhador rural e o capataz, como determina o art. 66, do CPC, fato que viria em detrimento dos interesses do trabalhador rural e do próprio capataz. Vale dizer, a aceitação da nomeação à autoria, no processo do trabalho, poderia constituir um expediente para que o verdadeiro empregador rural se eximisse das responsabilidades que lhe são inerentes, nessa qualidade.*

Por isso, sempre sustentamos a opinião de que a nomeação à autoria é incompatível como o processo do trabalho, no que diz respeito a conflito entre empregado e empregador. Esclareça-se que, no exemplo referido, o problema da ilegitimidade passiva do capataz poderia ser perfeitamente solucionado mediante a determinação do juiz para que fosse citado o proprietário rural (empregador), excluindo-se da lide o capataz. Essa modificação subjetiva no polo passivo da relação jurídica processual poderia ser realizada, portanto, com a simplicidade que é característica do processo do trabalho, sem a necessidade de utilização da figura formal da nomeação à autoria, que além de ser inconciliável com esse processo, conduziria a resultados desastrosos para ambas as partes originárias (trabalhador rural e capataz).

Quanto aos conflitos oriundos das relações de trabalho lato sensu, *poder-se-ia admitir a nomeação à autoria, desde que não implique: a) relação de emprego (contrato de trabalho); b) não provocasse um litígio entre duas pessoas jurídicas que não estejam vinculadas, uma em relação à outra, a uma relação de trabalho."*

Mauro Schiavi entende que a nomeação à autoria deve ser aplicável ao processo trabalhista nas hipóteses em que a parte indicada pelo trabalhador, como sendo o empregador, de fato não tenha a referida qualidade. Seria uma forma de correção do polo passivo da demanda: *"A nosso ver, a nomeação à autoria, embora de difícil ocorrência no Processo do Trabalho, não é com ele incompatível. O referido instituto pode ser compatibilizado com o Processo do Trabalho (art. 769 da CLT), inclusive para beneficiar o próprio reclamante, mesmo sem os contornos dos arts. 62 e 63 do CPC, mas como medida de correção do polo passivo da ação, sem a necessidade de extinção prematura do processo em razão da ilegitimidade. Muitas vezes, o autor postula verbas trabalhistas em face do reclamado que não é o empregador, e este em defesa indica quem é o verdadeiro empregador. Desse modo, havendo a concordância do reclamante ou até se estiver convencido o juiz, este poderá determinar o acertamento do polo passivo, sem precisar extinguir o processo por ilegitimidade* ad causam *do demandado. Em hipóteses de terceirização ou*

---

[30] TEIXEIRA FILHO, Manoel Antonio. *Curso de Direito Processual do Trabalho.* Ob. cit., t. 1, p. 342.

de contrato de subempreitada, é comum o reclamante postular o vínculo de emprego em face de um determinado empregador, e este indicar, em defesa, o verdadeiro empregador."[31]

Carlos Zangrando indica várias hipóteses concretas de nomeação à autoria: (a) usufruto de empresa[32] em recuperação judicial; (b) empresa arrematada[33] em hasta pública; (c) outorga de concessão[34] de serviços públicos.

6.6.2.3.1 Preliminar de ilegitimidade passiva

No sistema processual vigente, a ilegitimidade ativa e passiva são matérias que devem ser alegadas em preliminar de contestação (art. 337, XI, CPC). Aduzida a preliminar de ilegitimidade passiva, cabe ao réu indicar o sujeito passivo da relação jurídica discutida sempre que tiver conhecimento, sob pena de arcar com as despesas processuais e de indenizar o autor pelos prejuízos decorrentes da falta de indicação (art. 339, CPC).

No que se refere aos requisitos, às matérias e à estrutura da Contestação, sugerimos a leitura dos Capítulos 4 e 5.

Em relação à emenda à reclamação trabalhista, sugerimos a leitura do Capítulo 2.

---

[31] SHIAVI. Mauro. *Manual de Direito Processual do Trabalho*, 4. ed., p. 356.

[32] "No caso de usufruto da empresa pelos credores, ou por administrador por eles eleito, ou até pelo próprio empresário, os contratos de trabalho *permanecem* inalterados (CLT, art. 449), e a partir do momento em que o usufrutuário assume a direção do trabalho, torna-se empregador, havendo sucessão trabalhista, ainda que temporária. Todavia, o usufrutuário será responsável pelas prestações trabalhistas inadimplidas durante o período em que vigorou o usufruto. Demandado o proprietário, por empregado seu, relativamente a prestações trabalhistas inadimplidas durante o período de usufruto, tem ele direito a nomear à autoria o usufrutuário. Em contrapartida, demandado o usufrutuário, por prestação trabalhista inadimplida anterior ou posteriormente ao período do usufruto, deve ele nomear à autoria o proprietário" (ZANGRANDO, Carlos. Ob. cit., p. 590).

[33] "Dessa forma, a aquisição da propriedade em hasta pública não guarda relação com o transmitente. Reconhecer a sucessão em tal caso, sem a prova de ser a operação fraudulenta, significaria ampliar o alcance do instituto para todas as hipóteses em que uma empresa quebrasse e seus bens fossem leiloados e adquiridos por terceiros, o que não é razoável. Demandado o arrematante, por empregado do antigo proprietário da empresa ou estabelecimento arrematado, tem aquele o direito de nomear à autoria o original proprietário" (ZANGRANDO, Carlos. Ob. cit., p. 591).

[34] "Segundo a OJ SDI-1 n. 225, celebrado contrato de concessão de serviço público em que uma empresa (primeira concessionária) outorga a outra (segunda concessionária), no todo ou em parte, mediante arrendamento, ou qualquer outra forma contratual, a título transitório, bens de sua propriedade. No caso de rescisão de contrato de trabalho após a entrada em vigor da concessão, a segunda concessionária, na condição de sucessora, responde pelos direitos decorrentes do contrato de trabalho, sem prejuízo da responsabilidade subsidiária da primeira concessionária pelos débitos trabalhistas contraídos até a sucessão. No tocante ao contrato de trabalho extinto antes da vigência da concessão, a responsabilidade pelos direitos dos trabalhadores será exclusivamente da antecessora. Daí que, demandado o cessionário, por empregado cujo contrato foi extinto antes da concessão, cabível a nomeação à autoria da antecessora" (ZANGRANDO, Carlos. Ob. cit., p. 592).

6.6.2.3.2 Modelo de contestação, com preliminar de ilegitimidade passiva e a indicação do sujeito passivo da relação jurídica discutida

EXCELENTÍSSIMO SENHOR DOUTOR JUIZ DA _____
VARA DO TRABALHO DE _____

(10 cm)

Processo nº _____

RENATO SILVA TOLDE, (nacionalidade), (estado civil), (profissão), (nº do CPF), (nº do RG e órgão expedidor), (nº da CTPS), (nº do PIS/PASEP ou do NIT), (domicílio físico e eletrônico), por seu advogado (nome completo), o qual receberá as intimações e notificações (domicílio físico e eletrônico) (procuração anexa), nos termos dos arts. 847, CLT, e art. 335, CPC, vem, à presença de Vossa Excelência, apresentar *CONTESTAÇÃO*, na *RECLAMAÇÃO TRABALHISTA* proposta pela empresa **METALÚRGICA FFJN LTDA.** em curso nesta Vara do Trabalho, pelos seguintes fatos e fundamentos.

1 DOS FATOS E FUNDAMENTOS

1.1 Da reclamação trabalhista

A empresa, **METALÚRGICA FFJN LTDA.**, ajuizou a demanda trabalhista em que postula a devolução dos seguintes equipamentos: (a) LAP TOP, marca TPSA, modelo ATMX, nº série: 101.001; (b) PALM TOP, marca TPSA, modelo XLZ, nº série: 202.002.

Como fundamento fático, a Reclamante articula: (a) no dia 10-1-2020, houve a dispensa do Reclamado, Sr. Renato Silva; (b) na execução das suas tarefas, o Sr. Renato utilizava os citados equipamentos, os quais não lhe foram devolvidos quando do término do contrato individual de trabalho.

Como fundamento jurídico, a empresa articula o seu direito de propriedade, logo, tem o direito de postular a devolução das ferramentas de trabalho, como forma de reintegração desses objetos ao seu patrimônio.

1.2 Ilegitimidade passiva do Reclamado

De fato, como ex-empregado da Reclamante, no caso, a ex-empregadora, utilizava dos equipamentos citados na formulação da petição inicial.

Contudo, tais equipamentos nunca foram de propriedade da empresa.

Os equipamentos foram cedidos à pessoa do nomeante, a título de comodato, pelo nomeado, o Sr. Silvio Nazareno Lasar.

As notas fiscais juntadas com a presente petição (docs. 02 e 03) comprovam que os equipamentos foram adquiridos pelo Sr. Silvio junto à empresa comercial – Casas Sofia S.A., em 10-1-2019.

Assim, caso a Reclamante pretenda discutir a propriedade dos bens indicados na peça inicial, o ex-empregado não pode figurar no polo passivo, vez que não é o proprietário dos bens.

Diante disso, é de se admitir a aplicação do previsto no art. 339, CPC, quando o empregador pretende a reintegração de equipamentos ao seu patrimônio, quando de fato, citados equipamentos não sejam de sua propriedade: *"Já Eduardo Gabriel Saad e Wagner Giglio, em obras já mencionadas neste capítulo, admitem a nomeação à autoria nos domínios do processo do trabalho, cabendo destacar dois exemplos dados pelos autores, quais sejam: • O primeiro exemplo consistiria na retomada de um imóvel, o qual, como contraprestação salarial* in natura, *foi cedido ao empregado pelo subempreiteiro, mas a propriedade do imóvel era do empreiteiro. Na ação de reintegração de posse proposta pelo empregado, é notificado o subempreiteiro, cabendo a este nomear à autoria o empreiteiro;* • *O segundo exemplo seria o do empregado que, na realização de sua tarefa na empresa, utiliza-se, por empréstimo, de máquina ou ferramenta pertencente a outro empregado. Caso o empregador almejasse reintegrar-se à posse desse material, o empregado deveria nomear à autoria o verdadeiro dono do bem"* (Saraiva, Renato. *Curso de Direito Processual do Trabalho,* 6. ed., p. 291).

2 PEDIDOS E REQUERIMENTOS

Diante do exposto, espera que sejam acatadas a preliminar de ilegitimidade passiva e declarado extinto o processo, sem resolução de mérito, na forma do art. 485, X, CPC.

Requer ainda a aplicação do previsto no art. 339, CPC, de modo que a Reclamante possa aceitar a indicação e emendar a peça inicial.

Pretende-se provar o alegado por todos os meios em direito permitidos, tais como: juntada de documentos, oitiva de testemunhas e, em especial, pelo depoimento da parte contrária, sob pena de confissão.

Nestes termos,

pede deferimento.

Local e data

Advogado

OAB n° _____

6.6.2.4 Denunciação à lide

6.6.2.4.1 Conceito

Denunciação da lide representa a *"ação incidental, ajuizada pelo autor ou pelo réu, em caráter obrigatório, perante terceiro, com o objetivo de fazer com que este seja condenado a ressarcir os prejuízos que o denunciante vier a sofrer, em decorrência da sentença, pela evicção, ou para evitar posterior exercício da ação regressiva, que lhe assegura a norma legal ou disposição do contrato".*[35]

Como decorrência do princípio da economia processual, o objetivo da denunciação da lide é a reunião, num só procedimento, de duas lides.

A natureza jurídica da denunciação à lide é complexa: (a) denúncia da lide – uma das partes comunica à outra a respeito da existência de uma dada relação jurídica processual. Com essa comunicação tem-se a modificação do polo originário dessa relação jurídica; (b) demanda de garantia – o objeto da própria denunciação, ou seja, a prestação jurisdicional requerida pelo denunciante contra o denunciado.[36]

---

[35] TEIXEIRA FILHO, Manoel Antonio. Ob. cit., v. 1, p. 328.
[36] "A relação entre o denunciante e o denunciado, no plano do direito material (pré-processual), é qualquer relação jurídica de propriedade, ou de posse, ou de indenização em ação regressiva. A

6.6.2.4.2 Hipóteses legais

Na nova sistemática processual, é admissível a denunciação da lide, promovida por qualquer das partes: (a) ao alienante imediato, no processo relativo à coisa cujo domínio foi transferido ao denunciante, a fim de que possa exercer os direitos que da evicção lhe resultam; (b) àquele que estiver obrigado, por lei ou pelo contrato, a indenizar, em ação regressiva, o prejuízo de quem for vencido no processo (art. 125, CPC). O direito regressivo será exercido por ação autônoma quando a denunciação da lide for indeferida, deixar de ser promovida ou não for permitida.

Admite-se uma única denunciação sucessiva, promovida pelo denunciado, contra seu antecessor imediato na cadeia dominial ou quem seja responsável por indenizá-lo, não podendo o denunciado sucessivo promover nova denunciação, hipótese em que eventual direito de regresso será exercido por ação autônoma.

6.6.2.4.3 Procedimento

A citação do denunciado será requerida na peça inicial, se o denunciante for o autor, ou na contestação, se o denunciante for o réu (art. 126, CPC).

Com o deferimento da citação, o processo ficará suspenso (art. 126).

Quando a denunciação ocorrer pelo autor, o denunciado poderá assumir a posição de litisconsorte do denunciante e acrescentar novos argumentos à petição inicial, procedendo-se em seguida à citação do réu (art. 127).

Feita a denunciação pelo réu, poderá ocorrer do denunciado: (a) contestar o pedido formulado pelo autor, o processo prosseguirá tendo, na ação principal, em litisconsórcio, denunciante e denunciado; (b) for revel, o denunciante pode deixar de prosseguir com sua defesa, eventualmente oferecida, e abster-se de recorrer, restringindo sua atuação à ação regressiva; (c) confessar os fatos alegados pelo autor na ação principal, o denunciante poderá prosseguir com sua defesa ou, aderindo a tal reconhecimento, pedir apenas a procedência da ação de regresso (art. 128, I a III).

---

denunciação não se limita a 'noticiar' o litígio ao terceiro, mas também e principalmente revelar as pretensões do denunciante, em relação ao terceiro denunciado. Essas pretensões, todavia, derivam da lei ou do contrato. Tomemos uma demanda indenizatória, entre autor e réu. Este, por sua vez, denuncia ao terceiro que, por força de contrato, está obrigado a indenizar-lhe em regresso. Nesse caso, deverá o denunciante pretender a condenação do terceiro denunciado, a indenizar-lhe, regressivamente. Nesse caso, a demanda de garantia proposta pelo denunciante se aproxima da oposição, pois ambos são remédios processuais. Porém, na oposição, o terceiro tem pretensão em face das partes; e na demanda de garantia, é o denunciante que tem pretensão em face do terceiro. O denunciante, ou tem um direito que deve ser garantido pelo denunciado, ou é titular de eventual ação regressiva em face do terceiro, porque demandada em virtude de ato deste. Desta forma, o denunciante revela pretensão garantitória ou indenizatória em relação ao denunciado, fundada em vínculo jurídico negocial, ou legal. Por isso, visa o denunciante: • a vincular o denunciado ao que ficar decidido na causa entre o denunciante e o adversário; • à condenação do denunciado a indenizar o denunciante, se acaso quedar vencido no processo. A controvérsia entre as partes sobre o bem ou direito litigioso não é elemento essencial à admissibilidade da denunciação. O que realmente importa é a existência, entre o denunciante e o denunciado, de uma relação jurídica material (pré-processual), determinada pela lei ou pelo contrato, devendo este, ainda demonstrar interesse e legitimidade" (ZANGRANDO, Carlos. Ob. cit., p. 600).

No julgamento, temos as seguintes situações: (a) caso venha a ser procedendo o pedido da ação principal, pode o autor, se for o caso, requerer o cumprimento da sentença também contra o denunciado, nos limites da condenação deste na ação regressiva; (b) se o denunciante for vencido na ação principal, o juiz passará ao julgamento da denunciação da lide; (c) se o denunciante for vencedor, a ação de denunciação não terá o seu pedido examinado, sem prejuízo da condenação do denunciante ao pagamento das verbas de sucumbência em favor do denunciado (arts. 128 e 129).

6.6.2.4.4 O cabimento da denunciação da lide no processo do trabalho

A hipótese do inciso I, art. 125, CPC é inaplicável no processo do trabalho. Não há competência material para o Judiciário Trabalhista (art. 114, CF) dirimir eventual discussão entre denunciante e alienante.

Entretanto, no que tange ao inciso II, art. 125, CPC, há divergências no que se refere à sua aplicação pela Justiça do Trabalho.

A jurisprudência anterior à EC/45 era firme em impedir a denunciação da lide nos casos afetos à jurisdição trabalhista. O TST não admitia a denunciação da lide (OJ 227, SDI-I). Com o advento da EC 45, a OJ 227 foi cancelada, passando o TST a permitir a denunciação da lide nas causas obreiras. Contudo, sua aplicação há de ser analisada em face do caso concreto:

Como exemplo: o empregador reclamado pode denunciar à lide o empregado que causou o dano, quando esteja sendo demandado pela vítima do dano.

Deferida a denunciação, pouco importa que o denunciado negue sua qualidade. Na motivação da sentença, o juiz terá de apreciar a responsabilidade deste e, no dispositivo, compor duas demandas: uma entre reclamado e reclamante e outra entre o denunciante e o denunciado.

6.6.2.4.5 Petição da denunciação à lide

Em linhas gerais, a denunciação da lide exige a formulação de uma petição inicial com a observância dos requisitos dos arts. 319 e 840, respectivamente, do CPC e da CLT.

6.6.2.4.6 Modelo de denunciação da lide

EXCELENTÍSSIMO SENHOR DOUTOR JUIZ DA _____
VARA DO TRABALHO DE _____

(10 cm)

Processo n° _____

MÁQUINAS E INJETORAS FRACAPANI LTDA., (n° do CNPJ), (n° CEI), (endereço físico e eletrônico), por seu advogado (nome completo), o qual receberá as intimações e notificações (endereço físico e eletrônico) (procuração anexa), vem, à presença de Vossa Excelência, com fulcro nos arts. 125 e 319, todos do CPC e art. 840, § 1°, da CLT, propor a presente DENUNCIAÇÃO À LIDE contra **PAULO JOSÉ LASAR**, (nacionalidade), (esta do civil), (profissão), (nº CPF), (nº do RG e órgão expedidor), (nº da CTPS), (nº do PIS/PASEP ou do NIT), (data de nascimento), (nome da mãe), (endereço físico e eletrônico), na ***RECLAMAÇÃO TRABALHISTA*** que lhe foi proposta por **JUDSON JOSÉ DA SILVA**, mediante as seguintes razões de fato e de direito:

1 DOS FATOS E FUNDAMENTOS

1.1 Da reclamação trabalhista

Em linhas gerais, a petição inicial indica que:

a) o Reclamante foi contratado pela Reclamada em 2 de dezembro de 2005 para exercer as funções de ajudante geral, sendo que continua como empregado da Reclamada;

b) como vendedor, o Reclamante atendia os clientes, vendia os produtos e fazia o transporte manual das mercadorias por ele vendidas até o veículo do cliente;

c) no dia 31-1-2020, por volta das 10:30 horas da manhã, após já ter laborado cerca de duas e trinta minutos, o Reclamante sofreu um acidente de trabalho típico (após a venda de um tanque de lavar roupas, quando estava levando o tanque para o veículo do cliente, infelizmente, o Reclamante foi vítima de um acidente de trabalho. Ao levantar o tanque e curvar o seu corpo para colocar o tanque dentro do veículo do cliente, ao se abaixar sofreu um travamento na sua coluna. Apesar de ser registrado como vendedor, o Reclamante, ao arrepio das tarefas pelas quais foi contratado, era obrigado a fazer o transporte das mercadorias até os veículos dos clientes. Neste transporte, a Reclamada não fornecia nenhum auxílio para o vendedor, visto que não havia: carrinho para o transporte; auxílio de um colega quando o produto era pesado. No dia do acidente, apesar de ter avisado ao seu superior que não era obrigado a levar o tanque até o veículo do cliente, o Sr. **PAULO JOSÉ LASAR**, gerente de vendas e superior imediato do Reclamante, determinou que esta ordem fosse cumprida, sob pena de uma dispensa sumária e por justa causa;

d) o Reclamante tem uma série de relatórios médicos, os quais atestam a sua total inaptidão para o retorno à função de vendedor, face às sequelas que o acidente lhe acarretou junto a sua coluna (docs. 10 a 47). O próprio convênio médico da empresa indica que o Reclamante não tem a menor condição de retornar ao trabalho face às sequelas decorrentes do acidente de trabalho (docs. 48 a 68). Citados exames indicam que o Reclamante, após o acidente, passou a ter em sua coluna a doença denominada de espondilolistese. Esta doença tem por concausa o trabalho e as condições dele decorrentes, tais como o excesso no carregamento de pesos das mercadorias vendidas pelo Reclamante.

Devido ao suposto acidente de trabalho, o Reclamante pretende da Reclamada a condenação em danos morais e materiais, sob o fundamento de que há os requisitos da responsabilidade civil (art. 7º, XXVIII, CF; arts. 186 e 927, CC).

Na sua defesa, a Reclamada contesta a demanda e nega que tenha ocorrido este acidente de trabalho, visto que:

a) orienta aos seus vendedores para que não executem tarefas fora dos limites contratuais, esperando, assim, que o pessoal da expedição leve os produtos aos veículos dos clientes;

b) não há o registro de nenhum acidente de trabalho no prontuário médico do Reclamante;

c) não houve a emissão de nenhuma CAT;

d) os documentos juntados indicam uma doença degenerativa;

e) o gerente, o Sr. PAULO JOSÉ LASAR, é orientado e treinado para exigir dos vendedores apenas as tarefas relacionadas com o ofício das vendas, tratando as pessoas com respeito e urbanidade.

Portanto, a Reclamada entende que não há os requisitos da responsabilidade civil.

1.2 O empregador e os atos dos seus prepostos

O art. 932, III, CC, estabelece a responsabilidade do empregador por atos de seus empregados, no exercício do trabalho que lhes competir, ou em razão dele.

Empregador representa a pessoa natural, a pessoa jurídica ou qualquer outro ente despersonalizado que admite, remunera e dirige a prestação pessoal dos serviços de trabalhadores, na qualidade de empregados ou não. Não se tem a exigência do vínculo de emprego formal. Basta que haja a subordinação entre quem toma os serviços (empregador) e quem presta os serviços (trabalhador). Não se pode esquecer que a relação de empregado é o gênero em relação ao qual a relação de emprego é uma espécie.

Como pessoa física, empregado é o contratado para a prestação de serviços de natureza habitual e subordinada, mediante salário e sob a direção do empregador. Não há a necessidade da caracterização formal da relação empregatícia.

O empregador será responsável pelos atos de seus empregados quando: (a) houver um prejuízo causado a um terceiro, que pode ser outro empregado; (b) o ato lesivo seja decorrência das funções por eles (empregados, serviçais e prepostos) exercidas ou das atividades prestadas em horário de trabalho; (c) a ocorrência do dolo ou da culpa por parte do autor do ato; (d) da existência de relação de emprego ou de subordinação entre o responsável pelo dano e o empregador.

Com a vigência do CC/2002, a responsabilidade do empregador pelos atos de seus empregados e prepostos é objetiva. Vale dizer, a vítima não tem a necessidade de se indagar a respeito da culpa do empregador (art. 933).

Claro está que a Reclamada, na qualidade de empregador e denunciante, não concorda com os fatos narrados na petição inicial.

Contudo, por argumentação, se for o caso do acidente, o responsável único e direto é o **Sr. PAULO JOSÉ LASAR.**

A doutrina entende que é viável a regressividade do empregador contra o empregado responsável pelo acidente de trabalho: *"Quanto à interposição de ação regressiva do empregador referente a empregado que causou prejuízo a terceiros, tal possibilidade se encontra prevista no art. 934 do novo Código Civil, assim grafado: 'Aquele que ressarcir o dano causado por outrem pode reaver o que houver pago daquele por quem pagou, salvo se o causador do dano for descendente seu, absoluta ou relativamente incapaz'. A ação regressiva do empregador contra o seu empregado é o meio adequado para reaver a quantia paga a título de ressarcimento de dano a terceiro causado por seu subalterno, desde que mediante dolo ou culpa, pela utilização da ação nos casos em que o crédito patronal subsista mesmo após a rescisão contratual"* (DALLEGRAVE NETO, José Affonso. *Responsabilidade Civil no Direito do Trabalho*, p. 226).

De acordo com o art. 125, II, CPC, esta regressividade deve ser exercida mediante a denunciação da lide, sendo que a Justiça do Trabalho é competente para dirimir esta pendência, visto que se trata de uma controvérsia decorrente das condições de trabalho.

A doutrina entende que é cabível a denunciação à lide quando se tem a reparação de danos proposta pela vítima contra o empregador pela prática de um ato por outro empregado: *"Entendemos que a denunciação da lide, em algumas hipóteses, pode ser compatível com o processo do trabalho, não gerando a incompetência material da Justiça do Trabalho para julgar a segunda lide (ação regressiva), conforme acentuado pelos críticos do instituto. Nessa esteira, imaginemos que uma empregada promova uma ação de danos morais no âmbito da Justiça do Trabalho em face do seu empregador, por ter sido assediada sexualmente por um gerente da empresa (seu superior hierárquico). Neste caso, entendemos que o empregador poderá denunciar à lide o seu empregado gerente, tendo a Justiça Laboral competência para processar e julgar a segunda lide, ou seja, aquela que surge entre o denunciante (empregador) e o denunciado (gerente empregado)"* (SARAIVA, Renato. *Curso de Direito Processual do Trabalho*, 6. ed., p. 295).

2 PEDIDOS E REQUERIMENTOS

Assim exposto, o Reclamado (denunciante) espera o regular processamento da presente denunciação à lide, com a citação do **Sr. PAULO JOSÉ LASAR**, na qualidade de denunciado, para que conteste a demanda, sob pena de incorrer nos efeitos da revelia.

O Reclamado (denunciante), se a sentença não lhes for favorável na reclamação proposta pelo Reclamante, que se tenha a decretação da procedência desta denunciação à lide, para que o Sr. PAULO JOSÉ LASAR seja condenado a restituir ao Reclamado: (a) o valor dos prejuízos decorrentes com o pagamento dos danos morais e materiais ao Reclamante; (b) as despesas processuais com custas, honorários advocatícios etc. ocorridas na demanda proposta pelo Reclamante.

Que o Sr. PAULO JOSÉ LASAR, na qualidade de denunciado, também seja condenado com: custas processuais, honorários advocatícios e todas as demais despesas processuais ocorridas com a presente denunciação.

O Reclamado (denunciante) pretende provar o acima exposto por todos os meios em direito permitidos (art. 5º, LVI, CF) (documentos, testemunhas, vistorias etc.), com destaque, em especial, para o depoimento do Reclamante e da Reclamada (opostos), sob pena de confissão (Súm. 74, TST).

Dá-se à causa o valor de R$ _____.

Nestes termos,

pede deferimento.

Local e data

Advogado

OAB nº _____

6.6.2.4.7 *Factum principis* e a denunciação à lide

Antigamente, a expressão *factum principis* (fato do príncipe) representava o ato arbitrário da autoridade executiva. Atualmente, compreende todo ato voluntário da administração pública que vem onerar as partes que com ela contratam. A teoria do fato do príncipe tem grande importância no campo dos contratos administrativos, para permitir ao prejudicado obter reparação do Estado.

A Lei Anticorrupção (Lei 12.846/13) prevê que em razão da prática de atos que atentem contra o patrimônio público nacional ou estrangeiro, contra princípios da administração pública ou contra os compromissos internacionais assumidos pelo Brasil (art. 5º), a União, os Estados, o Distrito Federal e os Municípios, por meio das respectivas Advocacias Públicas ou órgãos de representação judicial, ou equivalentes, e o Ministério Público, poderão ajuizar ação com vistas à aplicação de sanções às pessoas jurídicas infratoras, entre outras, suspensão ou interdição parcial de suas atividades e dissolução compulsória da pessoa jurídica (art. 19).

No campo do direito do trabalho, *factum principis* compreende a paralisação temporária ou definitiva do trabalho, motivada por ato de autoridade municipal, estadual ou federal, ou pela promulgação de lei ou resolução que impossibilite a continuação da atividade, onde prevalecerá o pagamento da indenização, que ficará a cargo do governo responsável (art. 486, *caput*, CLT).

Sempre que o empregador invocar em sua defesa o *factum principis*, o tribunal do trabalho competente notificará a pessoa de Direito Público apontada como responsável pela paralisação do trabalho, para que, no prazo de 30 dias, alegue o que entender devido, passando a figurar no processo como chamada à autoria (art. 486, § 1º).

Se a parte interessada, firmada em documento hábil, invocar defesa baseada na ocorrência do *factum principis* e indicar qual o juiz competente, será ouvida a parte contrária, para, dentro de 3 dias, falar sobre essa alegação (art. 486, § 2º).

Verificada qual a autoridade responsável, a vara do trabalho ou o juiz de direito, investido da jurisdição trabalhista, dar-se-á por incompetente, remetendo os autos ao juiz privativo da fazenda, perante o qual correrá o feito nos termos previstos no processo comum (art. 486, § 3º).

O TST entendeu que a competência, no caso do *factum principis*, é da Justiça do Trabalho, na medida em que o *"artigo 486, § 3º, da CLT foi introduzido no ordenamento jurídico nacional no contexto da Carta Magna de 1934, quando ainda não era reconhecida, constitucionalmente, a competência dessa Justiça Especializada para examinar causas em que figurassem como partes os entes da Administração Pública. Todavia, a análise da evolução constitucional das atribuições da Justiça do Trabalho conduz ao entendimento de que a CF/88 retirou os fundamentos de validade daquele dispositivo celetário, na medida em que lhe foi atribuída, pelo artigo 114, a competência para dirimir controvérsias decorrentes de relação entre Entidade de Direito Público e trabalhadores. Restando configurado que o fundamento do pedido está assente na relação de emprego – já que o ente público, na ocorrência do* factum principis, *se estabelece na relação processual como litisconsorte necessário, participando efetivamente da relação processual e diante da natureza trabalhista da indenização perseguida, é de se concluir que compete à Justiça Obreira apreciar tanto a questão relativa à caracterização do* factum principis, *como ao pleito de indenização, a cargo do governo responsável pelo ato que originou a rescisão contratual. Violação do artigo 114 da Constituição Federal de 1988. Recurso de revista conhecido e provido"* (TST – 2ª T. – RR 596.021/1999.6 – Min. Renato Lacerda de Paiva – DJU 16-4-2004).

Valentin Carrion[37] entende que *"a paralisação do trabalho por ato de autoridade é o* factum principis, *uma das espécies de força maior. O instituto se esvaziou no decorrer do tempo, se é que já não nasceu morto; a prática revela dois aspectos: se o ato da autoridade é motivado por comportamento ilícito ou irregular da empresa, a culpa e as sanções lhe são atribuídas por inteiro; se seu proceder foi regular, a jurisprudência entende que a cessação da atividade faz parte do risco empresarial e também isenta o poder público do encargo; o temor de longa duração dos processos judiciais contra a Fazenda Pública também responde por essa tendência dos julgados".*

---

[37] CARRION, Valentin. *Comentários à Consolidação às Leis do Trabalho*, 28. ed., p. 375.

O *factum principis* somente transfere para a responsabilidade estatal o pagamento da indenização. Portanto, exime-se o empregador da obrigação legal quanto ao pagamento da multa dos 40% ou da indenização do art. 478 da CLT (para os não optantes anteriores à CF/88 e aos portadores da estabilidade decenal). Os demais títulos rescisórios serão de responsabilidade do empregador.

Wagner Giglio entende que o *factum principis* é uma forma de denunciação da lide.

Sergio Pinto Martins[38] considera que o art. 486, § 1º, da CLT está relacionado com o chamamento à autoria, ou seja, na forma como estava previsto no CPC de 1939: *"O chamamento à autoria, de acordo com o que estava disciplinado no CPC de 1939, correspondia à denunciação da lide romana, que não se assemelha às hipóteses elencadas no artigo 70 do CPC de 1973, pois o chamamento à autoria tinha por base fundamental a evicção, que, inclusive, não se aplica no processo do trabalho, até porque o objetivo principal era notificar o denunciado para que promovesse a defesa do denunciante. O § 1º do artigo 486 da CLT revela, entretanto, que a Administração Pública irá ser responsável no processo pela indenização que seria devida ao empregado em função da paralisação da empresa e não pelo direito de que resulta a evicção.*

Por outro lado, admitindo-se que houve o factum principis *do Poder Público, a responsabilidade pela indenização de estabilidade seria da Administração e não mais da empresa, sendo automaticamente incompetente a Justiça do Trabalho para analisar a questão, razão pela qual os autos serão remetidos à Vara da Fazenda Pública (onde houver), de acordo com o § 3º do artigo 486 da CLT. No caso, o empregador não mais permanece no processo, ficando neste apenas o empregado e a Fazenda Pública. Não haverá, também, o direito de regresso entre empregador e Fazenda Pública, que seria resolvido no próprio processo, nem existirá direito de regresso da última em face do primeiro, pois a responsável pelo pagamento da indenização é apenas a Administração. Nas hipóteses do artigo 70 do CPC, o procedimento é totalmente diverso, e não se assemelha ao artigo 486 da CLT. Logo, não estamos diante da figura processual da denunciação da lide."*

6.6.2.5 Chamamento ao processo

Chamamento ao processo é a *"faculdade atribuída ao réu, de fazer com que os demais coobrigados venham a integrar a relação processual, na qualidade de litisconsortes, com a finalidade de submetê-los aos efeitos da sentença e, dessa forma, permitir àquele que saldar a dívida receber, dos demais, a quota-parte que a cada um cabe"*.[39]

Na sistemática processual civil, é admissível o chamamento ao processo: (a) do afiançado, na ação em que o fiador for réu; (b) dos demais fiadores, na ação proposta contra um ou alguns deles; (c) dos demais devedores solidários, quando o credor exigir de um ou de alguns o pagamento da dívida comum (art. 130, CPC).

---

[38] MARTINS, Sergio Pinto. *Direito Processual do Trabalho*, 29. ed., p. 220.
[39] TEIXEIRA FILHO, Manoel Antonio. Ob. cit., p. 225.

A citação do litisconsorte deve ser requerida na contestação[40] e promovida no prazo de 30 dias, salvo se residir em outra comarca, seção ou subseção judiciária ou em lugar incerto, nesse caso, o prazo será de 2 meses (art. 131, CPC).

Não se aplicam ao processo trabalhista, as hipóteses relacionadas com o fiador.

É discutível a situação da existência dos devedores solidários. Em determinadas demandas, torna-se razoável acatar a presença de outros devedores no polo passivo da demanda trabalhista, como uma forma de resguardo patrimonial para eventual execução. Porém, o Judiciário Trabalhista não poderá adentrar ao mérito da discussão entre os devedores solidários.[41]

A sentença, que julgar procedente a ação, valerá como título executivo, em favor do que satisfizer a dívida, para exigi-la, por inteiro, do devedor principal, ou de cada um dos codevedores a sua quota, na proporção que lhe tocar (art. 132, CPC).

Como já foi dito, a parte final deste dispositivo é inaplicável ao processo trabalhista, pela falta de competência da Justiça do Trabalho (art. 114, CF), mesmo após a EC 45, na medida em que, dificilmente, haverá uma relação de trabalho entre os codevedores solidários.

---

[40] "O chamamento ao processo é um fato processual voluntário da parte, por intermédio do qual o chamador pretende inserir na relação processual o chamado, na qualidade de litisconsorte, e assim submetê-lo aos efeitos da sentença prolatada. No entanto, é necessário desfazer um mito: no chamamento ao processo não há demanda do chamador, em face do chamado. Esse é um erro em que incorrem todos aqueles que classificam o chamamento ao processo como outra espécie de 'demanda de garantia' tal qual a denunciado da lide. Observemos os seguintes fatos: • há um vínculo jurídico pré-processual de solidariedade, entre o chamador e o chamado, mas sempre em relação ao autor da demanda; • o chamado ao processo se encontra inadimplente de alguma obrigação para com o autor, e não ao réu (chamador); • o chamamento não trata de exercício de 'direito de regresso' por parte do chamador, mas apenas de convocação para formação de litisconsórcio passivo; • o chamador não formula pretensão em face do chamado; • a lei, por medida de economia, permite o chamamento, de tal forma que todos os devedores solidários estejam sujeitos aos efeitos da sentença; • não está 'apenas' o réu (chamador) sujeito à execução. Esta é uma pressuposição sem qualquer sentido jurídico. Vencedor, pode o autor executar qualquer um dos litisconsortes passivos, e até mesmo todos eles, concomitantemente; • o litisconsorte passivo que cumprir a obrigação contida na sentença sub-roga-se no direito de credor e, por medida de economia processual, poderá executar os demais coobrigados (litisconsortes passivos) no mesmo processo (CC, art. 346, I); • não há ampliação do objeto do processo, nem criação de processo novo, tampouco efetuação de 'demanda de garantia' acessória; • não se formam, no chamamento ao processo, lides autônomas em *simultaneus processus*" (ZANGRANDO, Carlos. Ob. cit., p. 632).

[41] Carlos Henrique Bezerra Leite ensina: "Trata-se de intervenção facultada ao réu para solicitar ao juiz que seja convocado para integrar a lide, como seus litisconsortes, o devedor principal ou os corresponsáveis ou coobrigados solidários que deverão responder pelas obrigações correspondentes. A finalidade do instituto é trazer para o mesmo processo outros responsáveis pelo débito reclamado pelo autor. [...] Os exemplos mais aceitos são os seguintes: (a) 'grupo empresarial', também chamado de 'solidariedade de empregadores', consubstanciado no art. 2º, § 2º, da CLT; (b) condomínio residencial que não possui convenção devidamente registrada, situação em que o condômino demandado pode chamar ao processo os demais condôminos como corresponsáveis pelas obrigações trabalhistas; (c) sociedade de fato irregularmente constituída, na qual todos os sócios são solidariamente responsáveis pelas obrigações trabalhistas; (d) consórcio de empregadores rurais, pois todos são responsáveis solidários pelas obrigações trabalhistas, por aplicação conjunta do art. 3º, § 2º, da Lei nº 5.889/73 e do art. 25-A da Lei nº 10.256, de 9.7.2001" (*Curso de Direito Processual do Trabalho*, 8. ed., p. 433).

6.6.2.5.1 Petição do chamamento ao processo

Em linhas gerais, o chamamento ao processo é uma petição autônoma que se apresenta ao juiz da causa, devendo esse direito ser exercido pelo réu na contestação. A petição deve ser instruída com instrumento de mandato (procuração) e os documentos necessários para a demonstração do seu pedido.

6.6.2.5.2 Modelo de chamamento ao processo

EXCELENTÍSSIMO SENHOR DOUTOR JUIZ DA _____
VARA DO TRABALHO DE _____

(10 cm)

Processo nº_____

MÁQUINAS E INJETORAS FRACAPANI LTDA., (nº do CNPJ), (endereço físico e eletrônico), por seu advogado (nome completo), o qual receberá as intimações e notificações (endereço físico e eletrônico) (procuração anexa), vem, à presença de Vossa Excelência, com fulcro nos arts. 77 ss. do CPC; arts. 130 ss. do CPC e art. 769 da CLT, efetuar o **CHAMAMENTO AO PROCESSO** de **ACESSÓRIOS PLÁSTICOS FRACAPANI LTDA.**, (nº do CNPJ), (nº CEI), (endereço físico e eletrônico), por seu advogado (nome completo), na RECLAMAÇÃO TRABALHISTA que lhe foi proposta por **JUDSON JOSÉ DA SILVA**, mediante as seguintes razões de fato e de direito:

1 DOS FATOS E FUNDAMENTOS

1.1 Da reclamação trabalhista

Em linhas gerais, o Reclamante solicita da Reclamada o pagamento das horas extras pela violação do art. 71 da CLT, além das incidências em férias, abono de férias, 13º, domingos e feriados, aviso prévio e nos depósitos fundiários com o acréscimo da multa de 40%.

Como suporte fático, a inicial indica que a Reclamada somente concede ao trabalhador o direito ao lapso de trinta minutos de duração do seu intervalo intrajornada.

O fundamento jurídico repousa na violação do art. 71, da CLT, que estabelece a duração mínima de uma hora para o intervalo intrajornada, sendo que a negociação coletiva não pode reduzir a duração deste lapso temporal (Súm. 437, II, TST), por ser o art. 71 uma norma de ordem pública. Pelo gozo inferior ao fator mínimo legal de 1 hora, ante os termos da Súm. 437, I, o Reclamante tem direito à percepção de uma hora diária e suas incidências.

A Reclamada, em sua defesa, articulou o direito constitucional da negociação coletiva (art. 7º, XXVI, CF), além de indicar que há a autorização ministerial para a redução deste intervalo (art. 71, § 3º, CLT).

1.2 Da existência de grupo econômico entre as empresas

As empresas acima indicadas (MÁQUINAS E INJETORAS FRACAPANI LTDA., chamador; ACESSÓRIOS PLÁSTICOS FRACAPANI LTDA., chamado) formam um grupo econômico para fins de impugnação das normas trabalhistas (art. 2º, § 2º, CLT).

O grupo de empresas é caracterizado quando se têm várias empresas, com personalidades jurídicas próprias, sob a direção, controle e administração de outra (art. 2º, § 2º, CLT). Nesses casos, geralmente, o que se tem é a existência de várias empresas sob o controle de uma só empresa.

A figura do grupo econômico e a responsabilidade solidária visam resguardar o próprio patrimônio do empregado, bem como coibir a prática de fraudes. Havendo a dificuldade financeira de uma das empresas, os seus empregados poderão exigir os seus créditos das demais empresas do grupo econômico.

A solidariedade não se presume, resulta da lei ou da vontade das partes. Há solidariedade quando na mesma obrigação concorre mais de um credor, ou mais de um devedor, cada um com direito, ou obrigado à dívida toda (art. 265, CC).

O vínculo obrigacional parte-se em tantas relações jurídicas autônomas quantos forem os credores ou devedores. Tal princípio sofre exceções quando se tem a indivisibilidade do objeto ou ocorre a solidariedade. Em vez de a obrigação dividir-se em tantos quantos forem os sujeitos, ela continua solidificada em um todo, podendo cada um dos vários credores exigir do devedor comum a totalidade da prestação. Ou ainda, cada um dos devedores deve pagar ao credor comum a dívida por inteiro. Pode ser ativa (vários credores), passiva (vários devedores) ou ainda mista (credores e devedores de forma recíproca).

A solidariedade implica multiplicidade de credores ou de devedores, ou, ainda, de ambos, bem como unidade da prestação e corresponsabilidade dos interessados. O traço marcante é que a prestação pode ser exigida de forma integral.

Como dito, é inegável o grupo econômico entre as duas Reclamadas (chamador e chamado).

A relação de dominação significa a existência de uma empresa principal e de uma ou mais empresas subordinadas ou controladas. A dominação pode concretizar-se por meio de controle, direção ou administração das empresas controladas.

A empresa chamada detém 80% das cotas da empresa, ora denominada chamador. Para tanto, basta o simples fator de análise dos contratos sociais das duas empresas (docs. 03 e 04).

Convém ser dito que controle implica a possibilidade de decisão nas deliberações sociais, o poder de eleição dos administradores da empresa ou, ainda, a própria participação acionária. A participação acionária poderá até ser minoritária, porém haverá o controle desde que se visualize o direito de determinar as diretrizes a serem adotadas pela empresa controlada.

Diante de tais elementos, impõe-se o direito da empresa MÁQUINAS E INJETORAS FRACAPANI LTDA., com base no art. 130, III, CPC, em chamar ao processo a empresa: ACESSÓRIOS PLÁSTICOS FRACAPANI LTDA.

2 PEDIDOS E REQUERIMENTOS

Assim exposto, espera o regular processamento deste pedido de chamamento ao processo, com a citação da empresa: ACESSÓRIOS PLÁSTICOS FRACAPANI LTDA., para que venha integrar à lide como devedora solidária (litisconsorte passiva).

A empresa requerente espera o acolhimento do seu pedido, por ser medida da mais lídima e coesa justiça.

Nestes termos,

pede deferimento.

Local e data

Advogado

OAB n° _____

6.6.2.6 Incidente de desconsideração da personalidade jurídica

6.6.2.6.1 Desconsideração da personalidade jurídica

Do ponto de vista do Direito, o patrimônio da pessoa jurídica não se confunde com os bens dos sócios, bem como as suas obrigações não podem ser imputadas aos sócios, logo, respondem pelas obrigações da sociedade, em princípio, apenas os bens sociais. Em suma: a garantia do credor é representada pelo patrimônio social da pessoa jurídica.

O princípio da autonomia patrimonial é decorrência da personalização da pessoa jurídica. Em face desse princípio, os sócios não respondem, como regra, pelas obrigações da sociedade.

Para se coibirem as práticas fraudulentas dos sócios, na utilização da pessoa jurídica, a doutrina desenvolveu a teoria da desconsideração da personalidade jurídica: afasta-se o princípio da autonomia patrimonial, nos casos em que ele é mal utilizado.

A desconsideração da personalidade jurídica representa um avanço doutrinário e jurisprudencial de grande valia, notadamente como forma de se aceitar a responsabilidade patrimonial e particular dos sócios, em função dos débitos sociais das empresas em que são membros.

Essa temática jurídica deriva da concepção desenvolvida pela doutrina americana e que se intitula nas expressões – *disregard theory* ou *disregard of the legal entity*, ou ainda, na locução *lifting the corporate veil* – erguendo-se a cortina da pessoa jurídica. A solução, diante de casos concretos, é o juiz desconsiderar o véu da personalidade jurídica, para coibir as fraudes, os jogos de interesses e os abusos de poder, para se conseguir o resguardo dos interesses de terceiros e do próprio Fisco.

Em alguns diplomas legais, a teoria da desconsideração da pessoa jurídica é prevista de forma expressa, como, por exemplo:

> (a) na sociedade por cota de responsabilidade limitada, nos casos de excesso de mandato e pelos atos praticados com violação do contrato ou da lei, a responsabilidade dos sócios-gerentes ou que derem o nome à firma encontra-se prevista no art. 10 do Decreto 3.708/1919;
>
> (b) na sociedade anônima, a responsabilidade do acionista, controlador e do administrador está prevista nos arts. 115, 117 e 158, da Lei 6.404/76;
>
> (c) no direito pátrio, a *disregard doctrine* foi acolhida pelo CDC (art. 28, Lei 8.078/90), autorizando a desconsideração da personalidade jurídica da sociedade quando houver: (1) abuso de direito, desvio ou excesso de poder, lesando consumidor; (2) infração legal ou estatutária, por ação ou omissão,

em detrimento do consumidor; (3) falência, insolvência, encerramento ou inatividade, em razão da má administração; (4) obstáculo ao ressarcimento dos danos que causar aos consumidores, pelos simples fato de ser pessoa jurídica;

(d) a Lei 9.605/98, art. 4º, prevê a desconsideração da pessoa jurídica sempre que sua personalidade for obstáculo ao ressarcimento de prejuízos causados à qualidade do meio ambiente;

(e) a Lei 12.529/11, art. 34, determina a desconsideração da personalização da pessoa jurídica quando ocorrer infração à ordem econômica, desde que configurado abuso de direito, excesso de poder, infração à lei, fato ou ato ilícito, violação dos estatutos ou contrato social e quando houver falência, insolvência, encerramento ou inatividade da pessoa jurídica provocados por má administração;

(f) de acordo com o art. 19, Lei 12.846/13, em razão da prática de atos lesivos à administração pública, a União, os Estados, o Distrito Federal e os Municípios, por meio das respectivas Advocacias Públicas ou órgãos de representação judicial, ou equivalentes, e o Ministério Público, poderão ajuizar ação com vistas à aplicação das seguintes sanções às pessoas jurídicas infratoras: (a) perdimento dos bens, direitos ou valores que representem vantagem ou proveito direta ou indiretamente obtidos da infração, ressalvado o direito do lesado ou de terceiro de boa-fé; (b) suspensão ou interdição parcial de suas atividades; (c) dissolução compulsória da pessoa jurídica; (d) proibição de receber incentivos, subsídios, subvenções, doações ou empréstimos de órgãos ou entidades públicas e de instituições financeiras públicas ou controladas pelo poder público, pelo prazo mínimo de um e máximo de cinco anos. A dissolução compulsória da pessoa jurídica será determinada quando comprovado ter sido: (1) a personalidade jurídica utilizada de forma habitual para facilitar ou promover a prática de atos ilícitos; (2) constituída para ocultar ou dissimular interesses ilícitos ou a identidade dos beneficiários dos atos praticados. Qualquer das sanções poderá ser aplicada de forma isolada ou cumulativa. O Ministério Público ou a Advocacia Pública ou órgão de representação judicial, ou equivalente, do ente público poderá requerer a indisponibilidade de bens, direitos ou valores necessários à garantia do pagamento da multa ou da reparação integral do dano causado, ressalvado o direito do terceiro de boa-fé.

De acordo com o art. 50, CC (redação dada pela Lei 13.874/2019), diante do abuso da personalidade jurídica, caracterizado pelo desvio de finalidade ou pela confusão patrimonial, pode o juiz, a requerimento da parte, ou do Ministério Público quando lhe couber intervir no processo, proceder a sua desconsideração para que os efeitos de certas e determinadas relações de obrigações sejam estendidos aos bens particulares de administradores ou de sócios da pessoa jurídica beneficiados direta ou indiretamente pelo abuso. Também é aplicável às obrigações de sócios ou de administradores à pessoa jurídica.

Nos termos da lei, desvio de finalidade corresponde à utilização da pessoa jurídica com o propósito de lesar credores e para a prática de atos ilícitos de qualquer natureza.

Porém, não constitui desvio de finalidade a mera expansão ou a alteração da finalidade original da atividade econômica específica da pessoa jurídica.

Por sua vez, confusão patrimonial é a ausência de separação de fato entre os patrimônios, caracterizada por: (a) cumprimento repetitivo pela sociedade de obrigações do sócio ou do administrador ou vice-versa; (b) transferência de ativos ou de passivos sem efetivas contraprestações, exceto os de valor proporcionalmente insignificante; (c) outros atos de descumprimento da autonomia patrimonial.

A mera existência de grupo econômico sem a presença dos requisitos (abuso ou confusão patrimonial) não autoriza a desconsideração da personalidade da pessoa jurídica.

6.6.2.6.2 Incidente de desconsideração da personalidade jurídica e sua aplicação ao processo do trabalho

De forma inovadora, o CPC/15 tratou do incidente de desconsideração da personalidade jurídica (IDPJ) (arts. 133 a 137).

Considerando o regramento processual civil e a necessidade do TST se posicionar, ainda que não de forma exaustiva, sobre a aplicação de várias regras e de institutos disciplinados pelo CPC ao processo do trabalho, foi editada a IN 39/2016.[42] Nesse aspecto, o TST entendeu aplicável ao processo do trabalho o IDPJ (art. 6º, IN 39).[43]

O incidente de desconsideração da personalidade jurídica:

(a) será instaurado a pedido da parte ou do Ministério Público, quando lhe couber intervir no processo. Será obrigatória a observância dos pressupostos previstos em lei. Admite-se a hipótese de desconsideração inversa da personalidade jurídica;

(b) é cabível em todas as fases do processo de conhecimento, no cumprimento de sentença e na execução fundada em título executivo extrajudicial;

(c) será imediatamente comunicada ao distribuidor para as anotações devidas. A comunicação é dispensada quando o pedido é efetuado na petição inicial, hipótese em que será citado o sócio ou a pessoa jurídica;

(d) suspende o processo, exceto se o requerimento for efetuado na petição inicial. O requerimento deve demonstrar o preenchimento dos pressupostos legais específicos para desconsideração da personalidade jurídica. Instaurado o incidente, o sócio ou a pessoa jurídica será citado para manifestar-se e requerer as provas cabíveis no prazo de 15 dias. Concluída a instrução, se necessária, o incidente será resolvido por decisão interlocutória, contra a qual caberá agravo de instrumento. Se a decisão for proferida pelo relator, cabe agravo interno;

---

[42] A IN 39/16, TST, é objeto da ação direta de inconstitucionalidade promovida pela Associação Nacional dos Magistrados da Justiça do Trabalho – ANAMATRA (ADI 5516, Rel. Min. Cármen Lúcia).

[43] O art. 6º, IN 39/16, foi revogado pela IN 41/18, TST (art. 21).

(e) acolhido o pedido de desconsideração, a alienação ou oneração de bens, havida em fraude de execução, será ineficaz em relação ao requerente.

É necessário ressaltar que é considerado terceiro (de cujo incidente não fez parte), para fins de embargos de terceiro, quem sofre constrição judicial de seus bens por força de desconsideração da personalidade jurídica (art. 674, § 2°, III, CPC).

Na sistemática processual civil, o recurso contra as decisões proferidas em IDPJ é o agravo de instrumento (art. 1.015, IV, CPC).

Assim como inúmeras outras inovações do CPC, não tínhamos dúvidas que o IDPJ era compatível com o processo trabalhista (arts. 769 e 878, CLT; art. 15, CPC), notadamente, por ser um procedimento que permite o respeito à segurança jurídica e ao devido processo legal quanto à pessoa do sócio ou ex-sócio (arts. 7° e 10, CPC).

Pela Reforma Trabalhista (Lei 13.467/17), a CLT passou a prever o IDPJ na Justiça do Trabalho (art. 855-A, *caput*), aplicando-se, no que for compatível, os arts. 133 a 137 do CPC (art. 17, IN 41/18, TST).

Com a nova redação do art. 878, CLT (pela Lei 13.467), quando a parte estiver assistida por advogado, o juiz não poderá determinar, de ofício, a instauração do incidente (art. 13, IN 41). Citado dispositivo é inconstitucional, face aos termos do art. 5°, LXXVIII, o qual determina que são assegurados a razoável duração do processo e os meios que garantam a celeridade de sua tramitação. Vale dizer, o impulso oficial na execução (antiga redação do art. 878, CLT), respeitado o devido processo legal, é perfeitamente compatível com o princípio da razoabilidade da duração do processo.

Instaurado o incidente, o sócio ou a pessoa jurídica será citado. Concluída a instrução, se necessária, o incidente será resolvido por decisão interlocutória. Não há dúvidas de que, para fins de acolhimento do incidente, o juiz trabalhista irá adotar a teoria menor, não se exigindo que o credor trabalhista demonstre a culpa do sócio ou do ex-sócio na gestão patrimonial da pessoa jurídica.

Além disso, o magistrado, diante do caso concreto, poderá adotar medidas acautelatórias (*v.g.* sequestro, arresto e indisponibilidade de bens) *ex officio*, desde que visem a efetivar as decisões judiciais (art. 855-A, § 2°, CLT).

Em relação aos recursos na seara trabalhista, temos:

(a) na fase de conhecimento, seja a matéria discutida em decisão interlocutória ou na própria sentença definitiva, o recurso cabível é o ordinário quando da prolação da sentença (art. 893, § 1°, CLT). Assim, tratando-se de decisão interlocutória proferida no curso do processo, a parte interessada deverá consignar sua insatisfação – "protesto não preclusivo" (art. 795) e, posteriormente, questioná-la pelo recurso ordinário (art. 855-A, § 1°, I);

(b) se ocorrer o incidente apenas na fase recursal por decisão monocrática do relator do processo, o recurso oponível será o agravo regimental (art. 855-A, § 1°, III);

(c) na fase de execução de sentença, após a decisão do incidente, *a priori*, tem-se o direcionamento da execução em relação à pessoa do sócio ou ex-sócio. Contra a decisão do IDPJ, caberá o agravo de petição (art. 897, *a*, CLT), independentemente de garantia do juízo (art. 855-A, § 1°, II).

Nos termos do art. 855-A, CLT, o Provimento CGJT 1/2019 disciplina o recebimento e o processamento do IDPJ das sociedades empresariais e determina que, não sendo requerida na petição inicial, a desconsideração da personalidade jurídica será processada como incidente processual, tramitando nos próprios autos do PJe em que foi suscitada, vedada sua autuação como processo autônomo (art. 1º). Decidido o incidente ou julgado o recurso, os autos retomarão seu curso regular (art. 7º).

A Lei 14.112/20 promoveu alterações da Lei de Falência e Recuperação Judicial e acrescentou o art. 82-A, parágrafo único, disciplinando a desconsideração da personalidade jurídica da sociedade falida pelo juízo falimentar. É certo que a alteração legislativa não restringe a competência constitucional da Justiça do Trabalho.

6.6.2.6.3 Modelo de incidente de desconsideração da personalidade jurídica

---

EXCELENTÍSSIMO SENHOR DOUTOR JUIZ DA _____
VARA DO TRABALHO DE _____

(10 cm)

Processo nº_____

MARIA BARRETO, já qualificada nos autos, por seu advogado, na Reclamação Trabalhista que move em face de **PLAY & TOYS LTDA.**, vem a presença de V. Exa., requerer a **INSTAURAÇÃO DO INCIDENTE DE DESCONSIDERAÇÃO DA PERSONALIDADE JURÍDICA**, nos termos dos arts. 133 e seguintes, do CPC, art. 855-A, CLT.

1 DO QUADRO SOCIETÁRIO

Consta do contrato social anexo (atualizado) e da ficha cadastral da Junta Comercial que a empresa continua ativa e que são integrantes do quadro societário:

Sócio (nome, qualificação, estado civil, RG, CPF, domicílio);

Sócio (nome, qualificação, estado civil, RG, CPF, domicílio);

2 DO INCIDENTE DE DESCONSIDERAÇÃO DA PERSONALIDADE JURÍDICA

Regularmente citada para o pagamento ou garantia do juízo da importância de R$ 210.000,00, nos termos do art. 880, CLT, a Executada se manteve inerte em novembro/2015.

As penhoras Bacen-jud e as diligências do sr. oficial de justiça realizadas se mostraram infrutíferas (fls.), vez que a empresa está "desativada", conforme informações do sr. oficial de justiça.

Desde março/2018, a Exequente procura por todos os meios dar prosseguimento à execução, com a solicitação de expedição de ofícios aos órgãos competentes para que prestem informações sob a Executada e possíveis bens existentes.

Os ofícios foram respondidos (fls.), informando que não foram localizados bens da empresa devedora capazes de dar cumprimento à decisão judicial.

Do ponto de vista do sistema legal, é inegável que a violação dos direitos trabalhistas por parte da Executada, a qual era administrada por seus sócios, caracteriza fraude à lei e desvio de finalidade (função social da propriedade), de modo que os sócios devem ser responsabilizados por seus atos de má gestão e gestão fraudulenta.

De acordo com Fábio Ulhoa Coelho, há duas maneiras para se formular a teoria da desconsideração da personalidade jurídica: (a) a primeira – a maior, quando o juiz deixa de lado a autonomia patrimonial da pessoa jurídica, coibindo-se a prática de fraudes e abusos; (b) a segunda – a menor, em que o simples prejuízo já autoriza o afastamento da autonomia patrimonial da pessoa jurídica.

A teoria da *disregard of legal entity* pretende evitar esses tipos de fraudes e abusos de direitos, garantindo a continuidade da execução contra a pessoa dos sócios ou empresas coligadas.

Há o predomínio da aplicação da teoria objetiva na desconsideração da personalidade jurídica ante o caráter protetor do Direito do Trabalho e a valorização do trabalho para a própria dignidade do trabalhador como ser humano.

Nesse sentido, Carlos Carmelo Balaró ensina que *"[...] a jurisprudência reinante nos Tribunais do Trabalho está calcada no sentimento de que basta a comprovação da ausência de bens da pessoa jurídica para satisfação da execução para a responsabilização dos seus sócios e ex--sócios, independentemente da comprovação dos artigos 50 do CC e 28 do CDC, ou das ponderações sobre a garantia do contraditório ao menos quanto à possibilidade de impugnação da conta de liquidação em sede de embargos à execução. Tal sentimento da nossa jurisprudência especializada pode até causar indignação aos estudiosos de outras áreas do Direito, entretanto, nas palavras de José Augusto Rodrigues Pinto, deve-se preservar e privilegiar '[...] o princípio primário do Direito do Trabalho, do qual emergiram, por desdobramento, todos os demais, [...] da Proteção do Hipossuficiente Econômico'. No mesmo sentido, encontramos nos ensinamentos de Arion Sayão Romita, citado por Francisco Antonio de Oliveira, que: 'não se compadece com a índole do direito obreiro a perspectiva de ficarem os créditos trabalhistas a descoberto, enquanto os sócios, afinal os beneficiários diretos do resultado do labor dos empregados da sociedade, livram os seus bens pessoais da execução, a pretexto de que os patrimônios são separados. Que permaneçam separados para os efeitos comerciais, compreende-se; já para os fins fiscais, assim não entende a lei; não se deve permitir, outrossim, no Direito do Trabalho, para a completa e adequada proteção dos empregados'"* (BALARÓ, Carlos Carmelo. O sócio, o ex-sócio, o administrador da empresa e o alcance da execução trabalhista, Revista do Advogado da Associação dos Advogados de São Paulo, ano XXVIII, nº 97, p. 43, maio 2008).

A inadimplência da empresa devedora resta evidenciada e caracteriza sua "insolvência" perante os credores, o que justifica, por si só, a medida excepcional requerida.

Nesse sentido, é o entendimento consolidado pelo TRT da 9ª Região, *in verbis*: *"OJ EX SE – 40: RESPONSABILIDADE POR VERBAS TRABALHISTAS NA FASE DE EXECUÇÃO. ... IV – Pessoa jurídica. Despersonalização. Penhora sobre bens dos sócios. Evidenciada a inidoneidade financeira da empresa, aplica-se a desconsideração da personalidade jurídica para buscar a satisfação do crédito sobre o patrimônio pessoal dos sócios ou ex-sócios, que respondem pelos créditos trabalhistas devidos pela sociedade que integram ou integraram, ainda que na condição de cotistas ou minoritários".*

Esse também é o entendimento do TRT da 2ª Região:

> "Da desconsideração da personalidade jurídica No caso concreto não há como se obstar o prosseguimento da execução, impedindo a persecução dos bens de sócios, na medida em que tal decisão deixaria o crédito trabalhista, o qual é privilegiado, sem satisfação, sobretudo diante das dificuldades em localizar bens da reclamada passíveis de penhora, o que evidencia, sem maiores questionamentos, sua má gestão. Destaque-se que, nada obstante os agravantes sustentarem que deixaram de quitar o acordo homologado, em razão das dificuldades financeiras enfrentadas, nada demonstraram nesse sentido, sendo que o simples fato de não honrarem o crédito trabalhista em comento já demonstra que, diferentemente do que dizem, não atuaram dentro dos limites legais, a atrair, portanto, a aplicação da Teoria Menor da Personalidade Jurídica, inexistindo, portanto, a necessidade de preenchimento dos requisitos do artigo 50, do C. Código Civil. Dessa maneira, de manter o quanto decidido pelo r. Julgador de primeiro grau. Nego provimento" (TRT – 2ª R. – AP 0002381-50.2015.5.02.0009 – Rel. Marta Casadei Momezzo – j. 10-10-2018).
>
> Diante disso, com respaldo no art. 28, CDC e art. 133 e seguintes do CPC, art. 855-A, CLT, requer a instauração do incidente de desconsideração da personalidade jurídica, com a imediata comunicação ao distribuidor para as anotações legais e a citação dos sócios abaixo qualificados para que venham a responder patrimonialmente por seus atos de má gestão e gestão fraudulenta.
>
> **3 REQUERIMENTOS**
>
> Ante o exposto, a Requerente requer o regular processamento do incidente de desconsideração da personalidade jurídica, com a citação dos sócios mencionados.
>
> Ao final, espera o deferimento do incidente com a responsabilização patrimonial dos sócios pelos seus atos de má gestão, fraude à lei e gestão fraudulenta.
>
> Nestes termos,
>
> pede deferimento.
>
> Local e data
>
> Advogado
>
> OAB nº _____

6.6.2.7 Intervenção do amicus curiae

De forma semelhante ao que existe no sistema de controle de constitucionalidade concentrado no STF e algumas situações específicas, o novo sistema processual civil prevê a possibilidade do *amicus curiae* (amigo da corte) nas ações individuais.

O sistema jurídico prevê a figura do *amicus curiae* nos seguintes casos: (a) ADI, ADC e ADPF em tramitação perante o STF (Leis 9.868/99 e 9.882/99); (b) nos processos que tenham por objeto matérias de competência da Comissão de Valores Mobiliários (autarquia federal que fiscaliza o mercado de ações), ela será intimada para intervir (na qualidade de *amicus curiae*) (Lei 6.385/76); (c) nos processos em que se discuta a aplicação de infrações contra a ordem econômica (Lei 12.529/11), o CADE deverá ser intimado para, querendo, intervir no feito; (d) no procedimento de edição, revisão ou cancelamento de enunciado da súmula vinculante, o relator poderá admitir, por decisão irrecorrível, a manifestação de terceiros na questão (Lei 11.417/06).

O CPC (art. 138) dispõe que o magistrado, considerando a relevância da matéria, a especificidade do tema objeto da demanda ou a repercussão social da controvérsia, poderá, de ofício ou a requerimento das partes ou de quem pretenda manifestar-se, solicitar ou admitir a participação de pessoa natural ou jurídica, órgão ou entidade especializada, com representatividade adequada, no prazo de 15 dias de sua intimação.

Nesse aspecto, o TST entendeu aplicável ao processo do trabalho o previsto no art. 138, CPC (art. 3º, II, IN 39).

Para as partes, a decisão que determina, admite ou rejeita a intervenção é irrecorrível, admitida a possibilidade de embargos de declaração. Contudo, ressalve-se que o *amicus curiae* pode recorrer da decisão que julgar o incidente de resolução de demandas repetitivas.

A intervenção não implica alteração de competência.

Na decisão que solicitar ou admitir a intervenção, cabe ao magistrado definir os poderes do *amicus curiae*.

O *amicus curie* é um terceiro que ingressa no processo para trazer subsídios e informações às partes e ao magistrado. O *amicus curie* não é um terceiro imparcial, mas tem interesse que uma das partes seja vencedora, apesar de não sofrer qualquer efeito da decisão (interesse institucional).

6.6.2.7.1 Modelo de intervenção na qualidade de *amicus curiae*

EXCELENTÍSSIMO SENHOR DOUTOR JUIZ DA _____
VARA DO TRABALHO DE _____

(10 cm)

Processo nº _____

COMPANHIA AMBIENTAL DO ESTADO DA GUANABARA, (nº do CNPJ), (domicílio físico e eletrônico – *e-mail*) (atos constitutivos), por seu Diretor-Presidente (nome, estado civil, RG, CPF), pelo advogado subscrito (nome do advogado), o qual receberá as intimações e notificações (domicílio físico e eletrônico – *e-mail*), (procuração anexa), vem à presença de Vossa Excelência, com fulcro no artigo 138, CPC, requerer a INTERVENÇÃO NA QUALIDADE DE **AMICUS CURIAE**, na **RECLAMAÇÃO TRABALHISTA MOVIDA POR PEDRO BARRETO E OUTROS (08)**, contra a empresa **PRODUTOS QUÍMICOS E LUBRIFICANTES LTDA.**, ambos já qualificados nos autos, pelos fundamentos de fato e de direito abaixo expostos:

1 COMPANHIA AMBIENTAL DO ESTADO DA GUANABARA

A Requerente é uma empresa estadual, cuja finalidade é fiscalizar e fazer cumprir as normas de proteção ambiental, conforme Lei 1.000, de 10-10-1950, e seus atos constitutivos anexos.

Para tanto, procede regularmente fiscalizações nas empresas que apresentam riscos e trabalham com produtos químicos.

> **2 DO INTERESSE INSTITUCIONAL**
>
> Na presente reclamação trabalhista, os trabalhadores discutem a responsabilidade da Reclamadas e os efeitos jurídicos do incêndio e do vazamento de produtos químicos ocorridos no local de trabalho, no dia 15-1-2021.
>
> Alegaram os trabalhadores que foram contaminados pelos produtos químicos existentes no local de trabalho e pela fumaça tóxica produzida por tais produtos. Afirmaram ainda que se encontram em tratamento médico, com possível redução da capacidade respiratória e de trabalho.
>
> A Requerente já procedeu vistoria e realizou diversos testes no local, de modo que poderá contribuir com informações, laudos e esclarecimentos sob os produtos químicos existentes no local e seus efeitos sobre o meio ambiente e a saúde humana.
>
> Diante disso, nos termos do art. 138, CPC, requer sua nomeação, na qualidade de *amicus curie*.
>
> **3 REQUERIMENTOS**
>
> Ante o exposto, a Requerente requer sua nomeação como *amicus curie* e sua intimação de todos os atos processuais doravante.
>
> Nestes termos,
>
> pede deferimento.
>
> Local e data
>
> Advogado
>
> OAB nº _____

6.7 CARTAS PRECATÓRIAS E ROGATÓRIAS

6.7.1 Forma dos atos de comunicação

A comunicação do ato processual pode ser real ou presumida (ou ficta).

A comunicação real ocorre quando a ciência é dada diretamente à pessoa do interessado, sendo realizada pelo serventuário da justiça, pelo oficial de justiça ou por meio de correspondência postal.

O que se tem na comunicação *ficta* é a presunção de que a ciência tenha chegado às mãos do interessado. É o que ocorre com as comunicações realizadas pela imprensa oficial ou com hora certa.

Os atos processuais serão cumpridos por ordem judicial ou requisitados por carta, conforme tenham de ser realizados dentro ou fora dos limites territoriais da comarca (art. 236, CPC).

A carta pode ser: (a) de ordem – emanada do Tribunal a um juiz que lhe é subordinado; (b) rogatória – dirigida à autoridade judiciária estrangeira; (c) precatória – encaminhada a juiz nacional de igual categoria jurisdicional (art. 237).

6.7.2 Requisitos das cartas

São requisitos essenciais da carta: (a) a indicação dos juízes de origem e de cumprimento do ato; (b) o inteiro teor da petição, do despacho judicial e do instrumento do mandato conferido ao advogado; (c) a menção do ato processual, que lhe constitui o objeto; (d) o encerramento com a assinatura do juiz (art. 260, CPC).

O juiz mandará trasladar, na carta, quaisquer outras peças, bem como instruí-la com mapa, desenho ou gráfico, sempre que estes documentos devam ser examinados, na diligência, pelas partes, peritos ou testemunhas (art. 260, § 1º).

Quando o objeto da carta for exame pericial sobre documento, este será remetido em original, ficando nos autos reprodução fotográfica (art. 260, § 2º).

A carta de ordem, carta precatória ou carta rogatória pode ser expedida por meio eletrônico, situação em que a assinatura do juiz deverá ser eletrônica. As cartas precatórias são expedidas eletronicamente no âmbito do TRT da 2ª Região (Provimento GP/CR 7/15).

Em todas as cartas declarará o juiz o prazo dentro do qual deverão ser cumpridas, atendendo à facilidade das comunicações e à natureza da diligência (art. 261, CPC).

A carta tem caráter itinerante; antes ou depois de lhe ser ordenado o cumprimento, poderá ser apresentada a juízo diverso do que dela consta, a fim de se praticar o ato (art. 262).

6.7.3 Cumprimento das cartas

Humberto Theodoro Júnior[44] ensina: "*Quem expede o mandado para que a diligência seja realizada é o juízo destinatário da carta, que recebe o nome de juiz deprecado, rogado ou ordenado, conforme se trate de carta precatória, rogatória ou de ordem. O juiz que expede a carta é o deprecante, rogante ou ordenante, conforme o caso. A carta de ordem, por questão de hierarquia, nunca pode deixar de ser cumprida. A carta rogatória depende de* exequatur *do Presidente do Superior Tribunal de Justiça [...] o qual, uma vez concedido, vincula o juiz inferior (togado), que também não poderá deixar de cumpri-la*".

Em relação à carta precatória, a qual é de circulação entre os juízes do mesmo grau de jurisdição, o juiz deprecado poderá recusar o seu cumprimento, quando: (a) não estiver revestida dos requisitos legais (art. 260, CPC); (b) faltar competência em razão da matéria ou da hierarquia; (c) tiver dúvida acerca de sua autenticidade (art. 267, I a III). Em qualquer situação, o despacho há de ser fundamentado (art. 267, *caput*).

Começa a correr o prazo quando o ato se realizar em cumprimento de carta de ordem, precatória ou rogatória, da data de sua juntada aos autos devidamente cumprida (art. 231, VI, CPC).

6.7.4 Cartas urgentes

Havendo urgência, a carta de ordem e a carta precatória serão transmitidas por telegrama, radiograma ou telefone (art. 263, CPC).

---

[44] THEODORO JÚNIOR, Humberto. *Curso de direito processual civil*, 25. ed., v. 1, p. 253.

A carta de ordem e a carta precatória, por telegrama ou radiograma, conterão, em resumo substancial, os requisitos mencionados no art. 260, CPC, bem como a declaração, pela agência expedidora de estar reconhecida a assinatura do juiz (art. 264).

O secretário do tribunal ou o escrivão do juízo deprecante transmitirá, por telefone, a carta de ordem, ou a carta precatória ao juízo, em que houver de cumprir-se o ato, por intermédio do escrivão do primeiro ofício da primeira vara, se houver na comarca mais de um ofício ou de uma vara, observando, quanto aos requisitos, o disposto no art. 265, CPC.

O escrivão, no mesmo dia ou no dia útil imediato, telefonará ao secretário do tribunal ou ao escrivão do juízo deprecante, lendo-lhe os termos da carta e solicitando-lhe que a confirme (art. 265, § 1º). Sendo confirmada, o escrivão submeterá a carta a despacho (art. 265, § 2º).

6.7.5 Cooperação internacional e as cartas rogatórias

6.7.5.1 Cooperação internacional no CPC

O CPC disciplina expressamente a possibilidade de cooperação jurídica internacional (arts. 26 ss.), a qual depende, em regra, de celebração de tratado internacional pelo Brasil. Na ausência de tratado, a cooperação jurídica internacional poderá realizar-se com base em reciprocidade, manifestada por via diplomática, a qual está dispensada em caso de mera homologação de sentença estrangeira (art. 26, §§ 1º e 2º, CPC).

A cooperação jurídica internacional para execução de decisão estrangeira dar-se-á por meio de carta rogatória ou de ação de homologação de sentença estrangeira, observando o procedimento previsto nos arts. 960 e ss. (art. 40, CPC).

O Decreto 1.899, de 9-5-1996, promulgou a Convenção Interamericana sobre Cartas Rogatórias (1975).

O Decreto 6.891, de 2-7-2009, promulgou o Protocolo de Las Leñas – Acordo de Cooperação e Assistência Jurisdicional em Matéria Civil, Comercial, Trabalhista e Administrativa entre os Estados Partes do Mercosul, a República da Bolívia e a República do Chile.

Recentemente, o Decreto 9.734, de 20-3-2019, promulgou a Convenção Relativa à Citação, Intimação e Notificação no Estrangeiro de Documentos Judiciais e Extrajudiciais em Matéria Civil e Comercial (Haia, 1965).

A cooperação internacional observará: (a) o respeito às garantias do devido processo legal no Estado requerente; (b) a igualdade de tratamento entre nacionais e estrangeiros, residentes ou não no Brasil, em relação ao acesso à justiça e à tramitação dos processos, assegurando-se assistência judiciária aos necessitados; (c) a publicidade processual, exceto nas hipóteses de sigilo previstas na legislação brasileira ou na do Estado requerente; (d) a existência de autoridade central para recepção e transmissão dos pedidos de cooperação; (e) a espontaneidade na transmissão de informações a autoridades estrangeiras.

Na cooperação jurídica internacional não será admitida a prática de atos que contrariem ou que produzam resultados incompatíveis com as normas fundamentais que regem o Estado brasileiro.

O Ministério da Justiça exercerá as funções de autoridade central na ausência de designação específica.

A cooperação jurídica internacional terá por objeto: (a) citação, intimação e notificação judicial e extrajudicial; (b) colheita de provas e obtenção de informações; (c) homologação e cumprimento de decisão; (d) concessão de medida judicial de urgência; (e) assistência jurídica internacional; (f) qualquer outra medida judicial ou extrajudicial não proibida pela lei brasileira (art. 27, CPC).

É possível o auxílio direto quando a medida não decorrer diretamente de decisão de autoridade jurisdicional estrangeira a ser submetida a juízo de deliberação no Brasil (art. 28).

Além dos casos previstos em tratados de que o Brasil faz parte, o auxílio direto terá os seguintes objetos: (a) obtenção e prestação de informações sobre o ordenamento jurídico e sobre processos administrativos ou jurisdicionais findos ou em curso; (b) colheita de provas, salvo se a medida for adotada em processo, em curso no estrangeiro, de competência exclusiva de autoridade judiciária brasileira; (c) qualquer outra medida judicial ou extrajudicial não proibida pela lei brasileira (art. 30).

A autoridade central brasileira deve comunicar-se diretamente com suas congêneres e, se necessário, com outros órgãos estrangeiros responsáveis pela tramitação e pela execução de pedidos de cooperação enviados e recebidos pelo Estado brasileiro, respeitadas disposições específicas constantes de tratado (art. 31).

No caso de auxílio direto para a prática de atos que, segundo a lei brasileira, não necessitem de prestação jurisdicional, a autoridade central adotará as providências necessárias para seu cumprimento (art. 32).

Recebido o pedido de auxílio direto passivo, a autoridade central o encaminhará à Advocacia-Geral da União, que requererá em juízo a medida solicitada. O Ministério Público requererá em juízo a medida solicitada quando for autoridade central (art. 33).

É de competência do juiz federal do lugar em que deva ser executada a medida apreciar pedido de auxílio direto passivo que demande prestação de atividade jurisdicional (art. 34).

6.7.5.2 Cartas rogatórias

Dentro da sistemática vigente, compete ao STJ processar e julgar a homologação das sentenças estrangeiras e a concessão do *exequatur* às cartas rogatórias (art. 105, I, *i*, CF), sendo que é de atribuição dos juízes federais processar a execução de carta rogatória, após o *exequatur* pelo STJ (art. 109, X, CF). A homologação de sentença estrangeira observará o procedimento dos arts. 960 ss., do CPC.

O procedimento da carta rogatória perante o STJ é de jurisdição contenciosa e deve assegurar às partes as garantias do devido processo legal (art. 36, CPC). A defesa irá se restringir à discussão quanto ao atendimento dos requisitos para que o pronunciamento judicial estrangeiro produza efeitos no Brasil, sendo vedada a revisão do mérito do pronunciamento judicial estrangeiro pela autoridade judiciária brasileira.

A carta rogatória será expedida, para que órgão jurisdicional estrangeiro pratique ato de cooperação jurídica internacional, relativo a processo em curso perante órgão jurisdicional brasileiro (art. 237, II).

6.7.5.3 Procedimento

O pedido de cooperação jurídica internacional oriundo de autoridade brasileira competente será encaminhado à autoridade central para posterior envio ao Estado requerido a fim de lhe dar andamento (art. 37, CPC).

O pedido de cooperação oriundo de autoridade brasileira competente e os documentos anexos que o instruem serão encaminhados à autoridade central, acompanhados de tradução para a língua oficial do Estado requerido (art. 38).

O pedido passivo de cooperação jurídica internacional será recusado se configurar manifesta ofensa à ordem pública (art. 39).

Considera-se autêntico o documento que instruir pedido de cooperação jurídica internacional, inclusive tradução para a língua portuguesa, quando encaminhado ao Estado brasileiro por meio de autoridade central ou por via diplomática, dispensando-se ajuramentação, autenticação ou qualquer procedimento de legalização (art. 41). Essa regra não impede, quando necessária, a aplicação pelo Estado brasileiro do princípio da reciprocidade de tratamento.

De acordo com as Normas da Corregedoria do TRT da 2ª Região (art. 78-A), quanto à expedição da carta rogatória pelas Varas do Trabalho, devem ser observadas as seguintes regras: (a) indicação e assinatura do juízo de origem; (b) informação do nome e do endereço completos da pessoa a ser citada, notificada, intimada ou inquirida; (c) informação do nome e do endereço completos da pessoa, no destino, responsável pelo pagamento de despesas processuais decorrentes da carta, se for o caso; (d) indicação do ato a ser cumprido (objeto da Carta); (e) solicitação do prazo para cumprimento da carta.

A carta deve estar acompanhada dos seguintes documentos: (a) cópia da carta rogatória; (b) original e cópia de documentos julgados indispensáveis (dentre eles: inteiro teor da petição, do instrumento de mandato e do despacho judicial); (c) original e cópia da tradução juramentada da Carta (exceto Portugal); (d) original e cópia da tradução juramentada dos documentos julgados indispensáveis (exceto Portugal) (art. 78-A, § 1º).

Devem ser observados Atos, Provimentos ou Portarias específicos do Ministério das Relações Exteriores, para a competente e adequada expedição da Carta (art. 78-A, § 2º).

As cartas serão enviadas pelo juízo de origem ou pela parte interessada, por via postal ou pessoalmente, ao Departamento de Recuperação de Ativos e Cooperação Jurídica Internacional, cujo endereço está disponível no sítio do Tribunal (art. 78-A, § 3º).

7

EMBARGOS DECLARATÓRIOS

7.1 FUNDAMENTO JURÍDICO

Os embargos de declaração têm fundamento jurídico nos princípios processuais do devido processo legal, contraditório e ampla defesa (art. 5º, LIV e LV, CF) e o regramento infraconstitucional dos embargos de declaração (art. 897-A, CLT; arts. 994, IV, e 1.022, CPC).

Considerando o regramento processual civil e a necessidade do TST se posicionar, ainda que não de forma exaustiva, sobre a aplicação de várias regras e de institutos disciplinados pelo CPC ao processo do trabalho, foi editada a IN 39/16.[1]

Além disso, diante da necessidade de se preservar a segurança jurídica e de o TST se posicionar sobre diversos aspectos processuais da Reforma Trabalhista (Lei 13.467), o TST editou a IN 41/18.

Neste aspecto, o TST entende que as hipóteses de cabimento dos embargos de declaração previstas no CPC se aplicam ao processo do trabalho (art. 9º, IN 39).

7.2 CONCEITO E NATUREZA JURÍDICA

Denominam-se embargos de declaração o *"recurso destinado a pedir ao juiz ou juízes prolatores da sentença ou do acórdão que esclareçam obscuridade, ou dúvida, eliminem contradição ou supram omissão existente no julgado"*.[2]

O recurso de embargos de declaração constitui o *"meio específico que a lei põe ao alcance das partes sempre que desejarem obter do órgão jurisdicional uma declaração com o objetivo de escoimar a sentença ou o acórdão de certa falha de expressão formal que alegam existir"*.[3]

---

[1] A IN 39/16, TST, é objeto da ação direta de inconstitucionalidade promovida pela Associação Nacional dos Magistrados da Justiça do Trabalho – ANAMATRA (ADI 5516, Rel. Min. Cármen Lúcia).

[2] SANTOS, Moacyr Amaral. *Primeiras Linhas de Direito Processual Civil*, v. 3, 9. ed., p. 148.

[3] TEIXEIRA FILHO, Manoel Antonio. *Sistema dos Recursos Trabalhistas*, 10. ed., p. 456.

A essência dos embargos declaratórios é adequar a decisão à realidade dos autos. O fim específico desse instituto é propiciar às partes, junto ao órgão jurisdicional, uma declaração com o objetivo de elucidar obscuridade, eliminar contradição, suprir omissão e corrigir erro material (art. 1.022, CPC).

É profunda a discussão na doutrina quanto à natureza jurídica dos embargos declaratórios (natureza recursal ou não).

Do ponto de vista legal, o art. 994, IV, CPC classifica os embargos declaratórios como recurso e o art. 897-A da CLT, que cuida dos embargos de declaração, está dentro do Capítulo que cuida dos recursos. Assim, aos embargos de declaração aplica-se a teoria geral dos recursos.[4]

7.3 CABIMENTO

O CPC prevê o cabimento dos embargos de declaração quando na decisão judicial: (a) houver obscuridade ou contradição; (b) for omitido ponto sobre o qual devia pronunciar-se; (c) apresentar erro material (art. 1.022, CPC).

Obscuridade deriva do latim *obscuritas*, indicando estado do que é obscuro. A sentença obscura representa um julgamento ininteligível, não propiciando à parte a correta interpretação do que foi decidido. Como ato de inteligência e vontade, a sentença deve ser dotada de posições claras e objetivas.

A contradição ocorre quando o julgado possui proposições que são entre si inconciliáveis. A expressão deriva do latim *contra* + *dique*, ou seja, é o ato pelo qual alguém se coloca em antagonismo com o que havia dito ou feito.

A sentença é contraditória, quando no seu conteúdo há juízos de valor inconciliáveis ou antagônicos, não possuindo a clareza necessária, a qual deve estar inserida em todo e qualquer julgado. Por exemplo: a sentença determina o pagamento de horas extras e, na sequência, afirma que elas são indevidas.

O termo "omissão" deriva do latim *omissio*, indicando a ação de omitir, de não fazer, de preterir, de esquecer.

A omissão surge quando o julgado deixa de: (a) apreciar pedido formulado pelas partes, refletindo, assim, um julgado, o qual não se esmera pela atenção (*citra petita*).[5] Vale dizer, a sentença analisa pedidos aquém dos que foram solicitados em juízo. A título exemplificativo: o reclamante pretende o recebimento de horas extras e sua incidência (DSR e feriados; décimo-terceiro salário e nas férias e abono); a sentença reconhece tais títulos, contudo, não faz alusão à incidência nos DSR e feriados; (b) apreciar fundamento, argumento ou questão que foi suscitado pelas partes e que é importante para a devida e profícua prestação jurisdicional; (c) observar formalidade

---

[4] Sobre a teoria geral dos recursos do processo civil e sua aplicação ao processo do trabalho, sugerimos consultar *Direito Processual do Trabalho*. 8. ed. Francisco Ferreira Jorge Neto e Jouberto de Quadros Pessoa Cavalcante. São Paulo: Atlas, 2019.

[5] OJ 41, SDI-II – Revelando-se a sentença *citra petita*, o vício processual vulnera os arts. 141 e 492 do CPC, tornando-a passível de desconstituição (por ação rescisória), ainda que não opostos embargos declaratórios.

exigida pela lei (custas; responsabilidade pelos descontos de INSS e IRPF); (d) diminuir o valor da condenação fixado na sentença recorrida, diante do acolhimento do recurso ordinário patronal, que exclui títulos deferidos ao trabalhador. Os embargos devem ser manejados para reduzir o valor da condenação e das custas processuais.

Para a caracterização da omissão é necessário que o pedido não analisado esteja inserido na defesa ou na inicial, abrangendo também pedidos implícitos, tais como verba honorária, juros e correção monetária.

Na sistemática processual civil, considera-se omissa a decisão que: (a) deixe de se manifestar sobre tese firmada em julgamento de casos repetitivos ou em incidente de assunção de competência aplicável ao caso sob julgamento; (b) se limitar à indicação, à reprodução ou à paráfrase de ato normativo, sem explicar sua relação com a causa ou a questão decidida; (c) empregar conceitos jurídicos indeterminados, sem explicar o motivo concreto de sua incidência no caso; (d) invocar motivos que se prestariam a justificar qualquer outra decisão; (e) não enfrentar todos os argumentos deduzidos no processo capazes de, em tese, infirmar a conclusão adotada pelo julgador; (f) se limitar a invocar precedente ou enunciado de súmula, sem identificar seus fundamentos determinantes nem demonstrar que o caso sob julgamento se ajusta àqueles fundamentos; (g) deixar de seguir enunciado de súmula, jurisprudência ou precedente invocado pela parte, sem demonstrar a existência de distinção no caso em julgamento (*overruling*) ou a superação do entendimento (*distinguishing*) (art. 1.022, parágrafo único, art. 489, § 1º, CPC).

O previsto no art. 489, CPC, é aplicável ao processo do trabalho (art. 3º, IX, IN 39, TST). Segundo o TST, a exigência legal de fundamentação das decisões judiciais no processo do trabalho observará (art. 15, IN 39):

I – por força dos arts. 332 e 927 do CPC, adaptados ao processo do trabalho, para efeito do art. 489, V e VI, considera-se "precedente" apenas:

    a) acórdão proferido pelo STF ou pelo TST em julgamento de recursos repetitivos (art. 896-B, CLT; art. 1046, § 4º, CPC);

    b) entendimento firmado em incidente de resolução de demandas repetitivas ou de assunção de competência;

    c) decisão do STF em controle concentrado de constitucionalidade;

    d) tese jurídica prevalecente em TRT e não conflitante com súmula ou orientação jurisprudencial do TST (art. 896, § 6º, CLT);[6]

    e) decisão do plenário, do órgão especial ou de seção especializada competente para uniformizar a jurisprudência do tribunal a que o juiz estiver vinculado ou do TST.

---

[6] O § 6º do art. 896, CLT, foi expressamente revogado pela Lei 13.467/17. A IN 41/18, TST (art. 18, § 3º), indica que as teses jurídicas prevalecentes e os enunciados de Súmulas decorrentes do julgamento dos incidentes de uniformização de jurisprudência suscitados ou iniciados anteriormente à edição da Reforma Trabalhista (Lei 13.467), no âmbito dos Tribunais Regionais do Trabalho, conservam sua natureza vinculante (arts. 926, §§ 1º e 2º, e 927, III e V, CPC).

II – para os fins do art. 489, § 1º, V e VI, CPC, considerar-se-ão unicamente os precedentes referidos no item anterior, súmulas do STF, orientação jurisprudencial e súmula do TST, súmula de TRT não conflitante com súmula ou orientação jurisprudencial do TST, que contenham explícita referência aos fundamentos determinantes da decisão (*ratio decidendi*).

III – não ofende o art. 489, § 1º, IV, a decisão que deixar de apreciar questões cujo exame haja ficado prejudicado em razão da análise anterior de questão subordinante.

IV – o art. 489, § 1º, IV, não obriga o juiz ou o tribunal a enfrentar os fundamentos jurídicos invocados pela parte, quando já tenham sido examinados na formação dos precedentes obrigatórios ou nos fundamentos determinantes de enunciado de súmula.

V – decisão que aplica a tese jurídica firmada em precedente, nos termos do item I, não precisa enfrentar os fundamentos já analisados na decisão paradigma, sendo suficiente, para fins de atendimento das exigências constantes no art. 489, § 1º, a correlação fática e jurídica entre o caso concreto e aquele apreciado no incidente de solução concentrada.

VI – é ônus da parte, para os fins do disposto no art. 489, § 1º, V e VI, identificar os fundamentos determinantes ou demonstrar a existência de distinção no caso em julgamento ou a superação do entendimento, sempre que invocar precedente ou enunciado de súmula.

Outras situações, como inexatidões materiais, erro no nome ou grafia das partes ou para retificar erros de cálculos (erro material), podem ser alteradas *ex officio* ou por embargos de declaração (IN 39).

Considerando que as matérias de ordem pública podem ser suscitadas pelas partes ou até mesmo conhecidas *ex officio* a qualquer momento, elas também podem ser objeto do recurso de embargos de declaração.[7]

O direito superveniente e o fato superveniente deverão ser considerados quando do julgamento (Súm. 394, TST; arts. 493 e 933, CPC) e, no caso de sua não análise pela decisão judicial, os embargos de declaração devem ser propostos.

Além disso, a jurisprudência dos Tribunais Superiores entende os embargos de declaração como meio adequado para o prequestionamento.

De acordo com a redação do CPC (art. 1.022; art. 489, § 1º, *caput*), os embargos declaratórios são cabíveis em sentenças e acórdãos, mas também podem dirigir-se às decisões interlocutórias, principalmente, porque, por determinação constitucional, todas as decisões judiciais devem ser motivadas (art. 93, IX, CF). Até mesmo a decisão judicial que analisa os embargos de declaração está sujeita a novos embargos de declaração, quando apresentar outra irregularidade que justifique o recurso (a irregularidade deve se fazer presente na decisão dos embargos).

Aliás, nos termos do art. 1.022, *caput*, CPC, tem-se a possibilidade de embargos declaratórios em relação aos despachos, ou seja, contra os demais pronunciamentos do juiz praticados no processo, de ofício ou a requerimento da parte, que possam causar

---

[7] O limite sistemático para que as matérias de ordem pública sejam apresentadas pelas partes são os recursos excepcionais (recurso extraordinário, especial e revista), por exigirem o prequestionamento da matéria recursal.

algum prejuízo ao embargante. Nesse rol, não se incluem os despachos meramente ordinatórios ou de expediente (art. 203, § 4º, CPC).

O TST admite embargos de declaração contra despacho monocrático de provimento ou denegação de recurso (art. 932, CPC), de conteúdo definitivo e conclusivo da lide, a ser solucionado por decisão monocrática. Porém, se houve postulação do efeito modificativo (efeito infringente), os embargos declaratórios deverão ser submetidos ao pronunciamento do colegiado, convertidos em agravo, em face dos princípios da fungibilidade e celeridade processual, após a intimação do recorrente para, no prazo de cinco dias, complementar as razões recursais, de modo a ajustá-las às exigências do art. 1.021, § 1º, CPC (Súm. 421, II).

Assim, se admitem, *v.g.*, os embargos para reformar a decisão atacada que não conhecia do recurso por intempestividade ou por ausência de peça essencial ao conhecimento do agravo de instrumento.

No processo do trabalho, existindo evidentes erros ou enganos de escrita, de datilografia ou de cálculos, poderão os mesmos, antes da execução, ser corrigidos de ofício, a requerimento da parte ou da Procuradoria do Trabalho (art. 833, CLT). Admite-se que esses erros sejam sanados mesmo depois do trânsito em julgado da decisão, mas antes da execução, diferentemente do que se dá no processo civil, o qual admite que a correção pode ocorrer a qualquer tempo.

Com a Lei 13.015/14, os erros materiais poderão ser corrigidos de ofício ou a requerimento de qualquer das partes por mera petição ou mesmo em sede de embargos de declaração (art. 897-A, § 1º, CLT).

Já as questões relacionadas ao *error in judicando* e *error in procedendo* da decisão devem ser impugnadas por recursos próprios e não por embargos de declaração.

Com a Lei 9.957/00, houve a inclusão, no texto da CLT, do art. 897-A, prevendo que *"caberão embargos de declaração da sentença ou acórdão, no prazo de cinco dias, devendo seu julgamento ocorrer na primeira audiência ou sessão subsequente a sua apresentação, registrado na certidão, admitido efeito modificativo da decisão nos casos de omissão e contradição no julgado e manifesto equívoco no exame dos pressupostos extrínsecos do recurso".*

Com a Lei 13.015 houve a inclusão dos §§ 2º e 3º ao art. 897-A, CLT, os quais serão apreciados nos tópicos abaixo.

7.4 EFETIVO CONTRADITÓRIO

Ao enfatizar o princípio constitucional do contraditório e da ampla defesa, o CPC proibiu ao magistrado proferir decisão contra uma das partes, sem que tenha lhe permitido se manifestar (arts. 9º), ainda que se trate de matéria de ordem pública (art. 10) (vedação à decisão surpresa).[8]

---

[8] Pela IN 39/16, TST, os arts. 9º e 10 do CPC são aplicáveis ao processo do trabalho (art. 4º, *caput*). Para o TST, "decisão surpresa" é a que, no julgamento final do mérito da causa, em qualquer grau de jurisdição, aplicar fundamento jurídico ou embasar-se em fato não submetido à audiência prévia de uma ou de ambas as partes (art. 4º, § 1º). Contudo, não se reputa "decisão surpresa" a que, à luz do ordenamento jurídico nacional e dos princípios que informam o Direito Proces-

Dentro dessa lógica, o CPC prevê a intimação do embargado para se manifestar sobre o recurso, caso seu eventual acolhimento implique a modificação da decisão (art. 1.023, § 2º).

Na seara trabalhista, com a inserção do § 2º ao art. 897-A, CLT, pela Lei 13.015, somente após ouvida a parte contrária, no prazo de cinco dias, é possível atribuir efeito modificativo ao recurso. Em certa medida, essa já era a posição consolidada pelo TST (OJ 142, SDI-I).

7.5 JULGAMENTO

Os embargos de declaração devem ser julgados no prazo de cinco dias (art. 1.024, CPC).

Interposto no âmbito dos tribunais, o relator apresentará os embargos em mesa na sessão subsequente, proferindo voto monocraticamente, e, não havendo julgamento nessa sessão, será o recurso incluído em pauta automaticamente.

Os embargos de declaração serão processados como agravo interno, caso o magistrado (no âmbito dos tribunais) entenda ser este o recurso cabível, desde que determine previamente a intimação do recorrente para, no prazo de cinco dias, complementar as razões recursais, observando o previsto no art. 1.021, § 1º, CPC.

Para o TST, considerando os princípios de fungibilidade e celeridade processual, postulando o embargante efeito modificativo, os embargos declaratórios deverão ser submetidos ao pronunciamento do Colegiado, convertidos em agravo (Súm. 421, II).

7.6 EFEITO MODIFICATIVO OU EFEITO INFRINGENTE

A natureza da omissão suprida pelo julgamento de embargos declaratórios pode ocasionar efeito modificativo no julgado art. 897-A, CLT (Súm. 278, TST; art. 1.024, § 4º, CPC). Trata-se do efeito modificativo, também conhecido como efeito ou caráter infringente.

É o caso de uma decisão na qual se tenha um julgamento inferior aos títulos postulados. Em função de ser a decisão *citra petita*, com a oposição dos embargos declaratórios haverá um acréscimo ao julgado. Outro exemplo: a decisão é proferida sem a análise da preliminar de prescrição total. Com a propositura dos embargos de declaração, o juiz acolhe a preliminar de mérito e resolve o processo com mérito, modificando totalmente a decisão anterior.

Os efeitos infringentes dos embargos só podem ocorrer excepcionalmente, nas seguintes situações: (a) correção de erro material manifesto; (b) suprimento de omissão; (c) extirpação de contradição.[9]

---

sual do Trabalho, as partes tinham obrigação de prever, concernente às condições da ação, aos pressupostos de admissibilidade de recurso e aos pressupostos processuais, salvo disposição legal expressa em contrário (art. 4º, § 2º).

[9] NERY JUNIOR, Nelson; NERY, Rosa Maria de Andrade. *Código de Processo Civil Comentado*, 9. ed., p. 786.

Na versão original do art. 897-A, CLT, não havia previsão expressa sobre a possibilidade de se ter o efeito modificativo (efeito infringente) nos embargos de declaração nos casos de omissão e contradição no julgado e manifesto equívoco no exame dos pressupostos extrínsecos do recurso.

Com a inserção do § 2º ao art. 897-A, CLT, pela Lei 13.015, o efeito modificativo está expressamente previsto no processo trabalhista (e no art. 1.023, § 2º, CPC), sendo que poderá ocorrer em virtude da correção de vício na decisão embargada e desde que ouvida a parte contrária, no prazo de cinco dias (OJ 142, TST).

Caso o acolhimento dos embargos de declaração implique modificação da decisão embargada, o embargado que já tiver interposto outro recurso contra a decisão originária tem o direito de complementar ou alterar suas razões, nos exatos limites da modificação, no prazo de 15 dias, contado da intimação da decisão dos embargos de declaração. Na seara trabalhista, o prazo será de oito dias.

7.7 EMBARGOS DECLARATÓRIOS PREQUESTIONATÓRIOS

O prequestionamento, nas lições de Marcus Cláudio Acquaviva,[10] é a suscitação obrigatória de questão já ventilada no curso da demanda, ou seja, uma questão que tenha sido abordada no acórdão recorrido.

Para o STF, é inadmissível o recurso extraordinário quando não ventilada, na decisão recorrida, a questão federal suscitada (Súm. 282).

O ponto omisso da decisão, sobre o qual não foram opostos embargos declaratórios, não pode ser objeto de recurso extraordinário, por faltar o requisito do prequestionamento (Súm. 356, STF).

Assim, "*se a Corte de origem não analisou a questão constitucional veiculada, deverão ser interpostos embargos declaratórios, para esse fim, de maneira que se esgotem todos os mecanismos ordinários de discussão da questão constitucional, possibilitando-se o apelo extremo*".[11] Trata-se de embargos declaratórios prequestionatórios.

Para o TST, a matéria ou questão está prequestionada quando na decisão impugnada haja sido adotada, explicitamente, tese a respeito. Assim, incumbe à parte interessada, desde que a matéria haja sido invocada no recurso principal, opor embargos declaratórios objetivando o pronunciamento sobre o tema, sob pena de preclusão (Súm. 297, I e II).

O TST também considera prequestionada a questão jurídica invocada no recurso principal sobre a qual se omite o Tribunal de pronunciar tese, não obstante se tenha interposto embargos de declaração (Súm. 297, III).

Para fins de prequestionamento (Súm. 297), há necessidade de que haja, no acórdão, de maneira clara, elementos que levem à conclusão de que o Tribunal Regional adotou uma tese contrária à lei ou a enunciado (OJ 256, SDI-I).

---

[10] ACQUAVIVA, Marcus Cláudio. *Dicionário Jurídico Brasileiro Acquaviva*, 13. ed., p. 665.
[11] MORAES, Alexandre de. *Constituição do Brasil Interpretada e Legislação Constitucional*, p. 1401.

Apesar do entendimento do TST esboçado na Súmula 297, III, em sendo o acórdão omisso no enfrentamento da questão, não basta o recurso de embargos de declaração para tornar a matéria prequestionada. A decisão dos embargos de declaração deve enfrentar a controvérsia, pois, caso contrário, não existe o prequestionamento desejado. O não enfrentamento da questão após os embargos de declaração prequestionatórios configura negativa de prestação jurisdicional (art. 93, IX, CF; art. 832, CLT; art. 489, II, CPC), ensejando a nulidade da decisão. Nesse sentido é a posição do STJ, ao considerar inadmissível recurso especial quanto à questão que, a despeito da oposição de embargos declaratórios, não foi apreciada pelo tribunal *a quo* (Súm. 211).

O prequestionamento implícito ou prequestionamento ficto (Súm. 297, III, TST) está previsto no art. 1.025, CPC. Segundo o TST, a omissão para fins do prequestionamento ficto a que alude o art. 1.025, CPC, dá-se no caso de o TRT, mesmo instado mediante embargos de declaração, recusar-se a emitir tese sobre questão jurídica pertinente, na forma da Súmula 297, III (art. 9º, parágrafo único, IN 39).

Toda e qualquer decisão judicial, a qual possua omissão, contradição ou obscuridade, deverá ser objeto de embargos declaratórios, sob pena da preclusão da matéria (Súm. 184, TST).

Assim, não havendo os embargos no momento processual adequado, tem-se a preclusão. O STF considera improcedentes os embargos declaratórios, quando não pedida a declaração do julgado anterior, em que se verificou a omissão (Súm. 317).

No processo trabalhista, para fins de conhecimento de recurso de revista, além dos embargos no TST e do recurso extraordinário para o STF, a matéria violada (lei federal ou a CF) deve ser prequestionada, sob pena de sua preclusão.

Apesar das críticas de parte da doutrina, o prequestionamento é exigível, mesmo que a matéria seja de ordem pública. Dessa forma, mesmo para os recursos excepcionais, o TST exige o prequestionamento como pressuposto de recorribilidade, como situações em que a matéria seja de incompetência absoluta (OJ 62, SDI-I). Na hipótese em que a ação rescisória tem como causa de rescindibilidade (art. 966, II, CPC) a arguição de incompetência absoluta prescinde de prequestionamento (OJ 124, SDI-II).

Mesmo quando houver violação da CF, necessário se faz o prequestionamento.

Se a matéria não tiver sido prequestionada, impossibilitando a admissibilidade do recurso de revista, caberá ao interessado a utilização da ação rescisória (art. 966, V, CPC).

No âmbito do processo trabalhista, o prequestionamento também é exigido para a ação rescisória (Súm. 298), sendo que o entendimento jurisprudencial considera: (a) a conclusão acerca da ocorrência de violação literal à disposição de lei pressupõe pronunciamento explícito, na sentença rescindenda, sobre a matéria veiculada; (b) o pronunciamento explícito exigido em ação rescisória diz respeito à matéria e ao enfoque específico da tese debatida na ação, e não, necessariamente, ao dispositivo legal tido por violado. Basta que o conteúdo da norma reputada violada haja sido abordado na decisão rescindenda para que se considere preenchido o pressuposto; (c) para efeito de ação rescisória, considera-se pronunciada explicitamente a matéria tratada na sentença quando, examinando remessa de ofício, o Tribunal simplesmente a confirma; (d) a sentença meramente homologatória, que silencia sobre os motivos de convencimento do juiz, não se mostra rescindível, por ausência de pronunciamento explícito. Esse entendimento deve ser analisado em conjunto com a Súm. 100, V, e a Súm. 259, TST; (e) não é absoluta a exigência de pronunciamento explícito na ação rescisória, ainda que esta tenha por fundamento violação de dispositivo de lei. Assim, prescindível o pronunciamento explícito quando o vício nasce no próprio julgamento, como se dá com a sentença *extra, citra* e *ultra petita*.

Na Justiça do Trabalho, o prequestionamento é inexigível quando a violação nasce na própria decisão recorrida (OJ 119, SDI-I).

O TST firmou posição no sentido de que a decisão regional que simplesmente adota os fundamentos da decisão de primeiro grau não preenche a exigência do prequestionamento (OJ 151, SDI-I). Contudo, nos parece que o TRT, ao adotar os fundamentos contidos na decisão de primeiro grau, como razão de decidir, já está, automaticamente, posicionando-se sobre a matéria.

O recurso de revista comporta a discussão de violação à lei federal ou ao texto da CF, além de julgados contrários à jurisprudência atual e dominante do TST.

Para que a revista seja conhecida, os embargos declaratórios devem ser opostos como forma de prequestionamento explícito de tese contrária ao texto da lei ou a enunciado adotado pelo TRT.

Os embargos declaratórios pós-questionamento, ou seja, embargos de declaração objetivando inovar questão de violação de lei federal ou à Constituição, não podem ser admitidos, por serem questão estranha à controvérsia existente, salvo quando se tratar de matéria de ordem pública ou direito superveniente.

Com a Lei 13.467/17, no caso de suscitar preliminar de nulidade de julgado por negativa de prestação jurisdicional em sede de recurso de revista, cabe à parte interessada transcrever o trecho dos embargos declaratórios em que foi pedido o pronunciamento do tribunal sobre questão veiculada no recurso ordinário e o trecho da decisão regional que rejeitou os embargos quanto ao pedido, para cotejo e verificação, de plano, da ocorrência da omissão (art. 896, § 1º-A, IV, CLT).

É importante ressaltar que os embargos declaratórios utilizados com o notório propósito de prequestionamento não têm caráter protelatório (Súm. 98, STJ).

7.8   A DECISÃO DOS EMBARGOS DE DECLARAÇÃO

Por conta das peculiaridades dos embargos de declaração, sua decisão declarativa não substitui a decisão anterior, mas passa a integrá-la, completando a prestação jurisdicional.

7.9   PRINCÍPIO DA IDENTIDADE FÍSICA DO JUIZ NA APRECIAÇÃO DOS EMBARGOS DE DECLARAÇÃO

No processo civil, pela aplicação do princípio da identidade física do juiz, o julgamento dos embargos de declaração deve ser feito pelo mesmo juiz que proferiu a decisão, excepcionando apenas situações em que o juiz estiver convocado, licenciado, afastado por qualquer motivo, promovido ou aposentado. No processo do trabalho, até recentemente, tal princípio não era aplicável ao processo do trabalho (Súm. 136, TST, cancelada pela Res. 185/12).

7.10 PRAZO RECURSAL

Com a Lei 13.467, os prazos passam a ser contados em dias úteis (art. 775, CLT).

O prazo para a interposição dos embargos declaratórios é de cinco dias a contar da ciência da decisão, não estando sujeitos a preparo (art. 897-A, CLT; art. 1.023, CPC). É em dobro o prazo para a interposição de embargos declaratórios por pessoa jurídica de direito público, art. 1º, III, Dec.-lei 779/69 (OJ 192, SDI-I).

A não apresentação dos embargos enseja a preclusão (Súm. 317, STF; Súm. 184, TST).

Os embargos declaratórios tempestivos interrompem o prazo para a interposição de outros recursos (art. 1.026, CPC) ou realização de outros atos judiciais. Assim, os embargos declaratórios intempestivos não geram efeitos.

Em regra, os embargos de declaração não possuem efeito suspensivo (art. 899, CLT), contudo, o magistrado poderá lhe atribuir tal efeito diante da probabilidade de seu acolhimento ou diante de um possível risco de dano grave ou de difícil reparação (art. 1.026, § 1º, CPC). Entendemos que é possível conceder excepcionalmente efeito suspensivo aos embargos de declaração na Justiça do Trabalho, pela aplicação do CPC.

No Juizado Especial Cível, os embargos de declaração interrompem o prazo para outros recursos (art. 50, Lei 9.099/95).

Na seara trabalhista, os embargos de declaração interrompem o prazo para interposição de outros recursos, por qualquer das partes, salvo quando não conhecidos, por intempestivos, irregular a representação da parte ou ausente a sua assinatura (art. 897-A, § 3º, CLT).

A interrupção do prazo recursal é não só para o embargante, como também para a parte contrária. Isso significa que o prazo recomeça a correr por inteiro, a partir da intimação da sentença ou do acórdão de embargos de declaração para ambas as partes (nos limites do seu conteúdo).

Importante destacar que o STJ tinha posição no sentido de que apresentado o recurso (*v.g.* recurso especial) por uma das partes e os embargos de declaração por outra, a partir da intimação da decisão dos embargos, ainda que não se altere o julgado, a parte não embargante deveria ratificar o interesse no recurso apresentado (por mera petição) (Súm. 418, a qual foi cancelada em julho de 2016). Com o CPC, desnecessária a petição de ratificação (art. 1.024, § 5º).

Segundo o TST, a interrupção do prazo recursal em razão da interposição de embargos de declaração pela parte adversa não acarreta qualquer prejuízo àquele que apresentou seu recurso tempestivamente (Súm. 434, II, TST).

O TST considera a ampliação dos prazos quando existir litisconsorte passivo, com procuradores distintos (art. 229, CPC), incompatível ao processo do trabalho (OJ 310, SDI-I).

7.11 EMBARGOS PROTELATÓRIOS

Quando os embargos de declaração forem manifestamente protelatórios, o magistrado, em decisão fundamentada, condenará o embargante a pagar ao embargado multa não excedente a 2% o valor atualizado da causa (art. 1.026, § 2º, CPC).

A multa deve ser aplicável tanto para o reclamante como para a reclamada. Assevere-se que os benefícios da assistência judiciária (Lei 1.060/50; art. 98, CPC; art. 790-A, CLT) não contemplam a isenção quanto ao pagamento dessa multa.

A base de cálculo será o valor da causa. Se a exordial não contiver o valor da causa (art. 840, CLT), a multa será calculada sobre o valor de condenação.

Na reiteração de embargos declaratórios protelatórios, a multa é elevada a até 10% do valor da causa atualizado, sendo que qualquer outro recurso ficará condicionado ao depósito prévio do valor da multa (art. 1.026, § 2º, CPC). O recolhimento da multa é um pressuposto objetivo de admissibilidade. A comprovação deve ocorrer no prazo recursal, sob pena de deserção.

A Fazenda Pública e o beneficiário de gratuidade da justiça farão o recolhimento da multa ao final (art. 1.026, § 3º, CPC).

O depósito judicial para pagamentos, garantia de execução, encargos processuais, levantamento de valores e depósitos recursais devem seguir as diretrizes fixadas na IN 36/12, TST (art. 103, Consolidação dos Provimentos da Corregedoria-Geral da Justiça do Trabalho).

Não serão admitidos novos embargos de declaração se os dois anteriores houverem sido considerados protelatórios (art. 1.026, § 4º, CPC).

O STJ entende que os embargos declaratórios com notório propósito de prequestionamento não têm caráter protelatório (Súm. 98).

Para o TST, o recolhimento do valor da multa imposta por litigância de má-fé (a multa prevista no art. 81, CPC; art. 793-A, CLT), não é pressuposto objetivo para interposição dos recursos de natureza trabalhista. Assim, é inaplicável a parte final do art. 96, CPC como fonte subsidiária, uma vez que, na Justiça do Trabalho, as custas estão reguladas pelo art. 789 da CLT (OJ 409, SDI-I).

7.12 PROCESSAMENTO

Os embargos declaratórios devem ser apresentados por mera petição, dirigida ao juiz ou relator, no prazo de cinco dias e com a indicação de erro, obscuridade, contradição, omissão ou erro material.

Na petição de embargos de declaração no âmbito do TST, desde agosto de 2012, o embargante informará o respectivo número de inscrição das partes no cadastro de pessoas físicas ou jurídicas da Receita Federal do Brasil, salvo impossibilidade que comprometa o acesso à justiça, expressamente justificada na própria petição (Atos SEJUD.GP 440/12 e 713/12 do TST).

Em regra, o recurso não possui efeito suspensivo. Contudo, o magistrado poderá lhe atribuir tal efeito, se demonstrada a probabilidade de provimento ou se houver risco de dano grave ou de difícil reparação (art. 1.026, § 1º, CPC).

Não há contrarrazões aos embargos de declaração, exceto se for o caso de efeito modificativo (art. 897-A, § 2º, CLT, OJ 142, I, SDI-I; art. 1.023, § 2º, CPC). Também não se tem a necessidade do preparo, por falta de previsão legal.

Na vara do trabalho, os embargos declaratórios devem ser julgados na primeira audiência após sua apresentação. Nos tribunais, o relator apresentará o seu voto em mesa na sessão subsequente, não cabendo sustentação oral quando do julgamento dos embargos (art. 937, CPC).

7.13 MODELO DE EMBARGOS DECLARATÓRIOS POR CONTRADIÇÃO E POR OMISSÃO (FATO SUPERVENIENTE)

EXCELENTÍSSIMO SENHOR DOUTOR JUIZ DA _____
VARA DO TRABALHO DE _____

(10 cm)

Processo n° _____

NDFJ ARTIGOS PARA DECORAÇÕES LTDA., por seu advogado, na reclamação trabalhista proposta por **FRANCISCO COSTA BRAVA**, vem, à presença de Vossa Excelência, em função da respeitável sentença de fls. __, opor *EMBARGOS DECLARATÓRIOS POR CONTRADIÇÃO E POR OMISSÃO (FATO SUPERVENIENTE)*, com supedâneo nos arts. 1.022 e 1.025 do CPC, e art. 897-A da CLT, pelas razões de fato e de direito abaixo expostas.

1 APERFEIÇOAMENTO DA DECISÃO E PREQUESTIONAMENTO

Em que pesem os fundamentos da decisão dos embargos de declaração, a mesma apresenta clara contradição com o acórdão de fls. _____, sendo que o recurso de embargos de declaração se mostra necessário.

Nos Estados Democráticos de Direito, o cidadão tem direito de conhecer os fundamentos da decisão que rejeitaram ou acolheram sua pretensão de forma ampla, sob pena de violação ao princípio da motivação das decisões judiciais (art. 93, IX, CF, art. 832, CLT).

Lembro que o prequestionamento para as Instâncias Superiores é requisito de admissibilidade dos recursos de revista e extraordinário (Súm. 282 e 356, STF; Súm. 297, TST; OJ 62, 118 e 256, SDI-I).

De outra banda, a inércia na análise de questões essenciais aduzidas nas alegações iniciais, defesa ou mesmo em recurso enseja a nulidade do julgado por violação ao princípio da congruência (art. 832, CLT, arts. 141 e 503, CPC).

Por fim, destaco que o recurso de embargos de declaração com natureza prequestionatória, não pode ser considerado protelatório (Súm. 98, STJ).

Diante disso, ficam as matérias, objeto dos presentes embargos de declaração, prequestionadas, nos termos da Súm. 297, III, TST.

2 DA CONTRADIÇÃO

Na fundamentação do julgado embargado, consta que as horas extras devem incidir nos domingos e feriados (fls. , tópico).

Na sequência, a decisão embargada deferiu a incidência dos domingos e feriados pelas horas extras em férias, 13º, abono de férias, FGTS + 40% e nas verbas rescisórias, conforme pedido (letra *c*, fls. _____).

Pela simples leitura da decisão, se verifica que a fundamentação é no sentido de que toda e qualquer parte variável da remuneração deve incidir nos títulos decorrentes do contrato de trabalho.

Contudo, na parte dispositiva, o julgado observa que as verbas requeridas na letra *c* do pedido (fls. _____) são indeferidas, visto que tais incidências seriam *bis in idem*.

Evidente a contradição entre a fundamentação e a parte dispositiva da decisão.

O não acolhimento dos presentes embargos de declaração enseja a nulidade da decisão por negativa de prestação jurisdicional (Súm. 459, TST; art. 489, CPC; art. 832, CLT, e art. 93, IX, CF).

A jurisprudência revela:

"Nulidade. Prestação Jurisdicional. Nulidade e Negativa de Prestação Jurisdicional. Decisão Fundamentada. Se a sentença (ou a decisão de Embargos) refoge ao exame de questão debatida nos autos, sobre matéria de mérito que se submete a julgamento, configura-se denegação de prestação jurisdicional, que implica em nulidade do decisum, principalmente, quando o juízo se furtar ao pronunciamento mesmo após provocado pela via adequada de Embargos de Declaração. Isto não equivale a dizer que o julgado esteja obrigado a refutar um por um dos argumentos lançados pelas partes na defesa de seus interesses, porque implicaria em transformar o processo em um diálogo. O julgador não pode deixar de se pronunciar sobre matéria de mérito, expressamente arguida pela parte, que tem relação direta com o objeto da lide e não consiste em mero argumento, mas questão controvertida que clama por solução jurisdicional. A prestação jurisdicional tem que ser fornecida de forma completa, ou seja, dentro dos limites da lide, postos pelas partes, pela inicial e pela contestação. Assim é que, a omissão/contradição que fulmina a decisão de vício há de ser sobre matéria de direito, que demanda o julgamento, a satisfação da prestação jurisdicional que reside na aplicação da norma (legal ou convencional) ao caso em concreto. Além disto, a solução judicial, por mais óbvia que seja, necessita ser fundamentada, não pode ficar no conhecimento implícito do julgador, porque a parte tem direito, a saber, porque e como foi favorecida ou desfavorecida. A Constituição Federal prescreve que as decisões judiciais serão fundamentadas, sendo esse um dos aspectos que garante aos Jurisdicionados os princípios do devido processo legal e do amplo contraditório. A parte tem direito a uma decisão fundamentada e é dever do juiz motivar suas decisões definitivas, sob pena de restarem violados os incisos II, XXXV, XXXVII, LIV, LV, do art. 5º da Constituição Federal, bem como o disposto nos artigos 126, 128, 458, II, 459, 460 e 535/CPC c/c art. 832/CLT" (TRT – 3ª R. – 6ª T. – RO 226-2003-109-03-00-0 – Rel. Hegel de Brito Boson – *DJMG* 18-3-2004).

Assim, solicitamos esclarecimentos quanto à afirmação de que houve contradição quanto às incidências dos domingos e feriados pelas horas extras em outras verbas.

3 OMISSÃO: FATO SUPERVENIENTE

O direito superveniente e o fato superveniente deverão ser considerados quando do julgamento (Súm. 394, TST; arts. 493 e 933, CPC) e, no presente caso, considerando a ausência de manifestação expressa, se faz necessária a medida judicial interposta.

Como é de notório saber, com a Reforma Trabalhista (Lei 13.467/2017) houve alteração significativa do sistema jurídico trabalhista, inclusive das regras quanto à supressão do intervalo intrajornada (71, § 4º, CLT).

Apesar de a Embargante entender que houve equívoco na análise do conjunto probatório em reconhecer a supressão do intervalo legal no período de janeiro/2016 a setembro/2017, a decisão deixou de se manifestar de forma expressa e clara sobre a aplicação do novo regramento jurídico e de seus limites ao caso concreto.

Desnecessário lembrar que o não acolhimento dos embargos de declaração enseja a nulidade da decisão por negativa de prestação jurisdicional (Súm. 459, TST; art. 489, CPC; art. 832, CLT, e art. 93, IX, CF).

Assim, espera que a omissão (fato superveniente) seja sanada.

4 DO PEDIDO E REQUERIMENTO

Diante do exposto, espera a admissibilidade do presente recurso, com a intimação da parte contrária para que se manifeste sobre suas alegações.

Após, requer a manifestação expressa deste Juízo sobre a contradição apontada, bem como a omissão, sob pena de se configurar nulidade absoluta da decisão por negativa de prestação jurisdicional.

As matérias aduzidas nos presentes embargos de declaração ficam prequestionadas, nos termos da Súm. 297, III, TST e art. 1.025, CPC.

Ademais, os embargos declaratórios utilizados com o notório propósito de prequestionamento não têm caráter protelatório.

Nestes termos,

pede deferimento.

Local e data

Advogado

OAB nº _____

7.14 MODELO DE EMBARGOS DECLARATÓRIOS POR OMISSÃO (COM EFEITO MODIFICATIVO)

EXCELENTÍSSIMO SENHOR DOUTOR JUIZ DA _____
VARA DO TRABALHO DE _____

(10 cm)

Processo nº _____

NDFJ ARTIGOS PARA DECORAÇÕES LTDA., por seu advogado, na reclamação trabalhista proposta por **FRANCISCO COSTA BRAVA**, vem, respeitosamente à presença de Vossa Excelência, em função da respeitável sentença de fls. _____, opor ***EMBARGOS DECLARATÓRIOS POR OMISSÃO, COM EFEITO MODIFICATIVO***, com supedâneo nos arts. 1.022 do CPC e 897-A da CLT e Súmula 278 do TST, pelas razões de fato e de direito abaixo expostos:

1 OMISSÃO: PRESCRIÇÃO TOTAL

De acordo com a Súmula 153 do TST, a prescrição pode ser arguida durante a instância ordinária. Portanto, a prescrição não é matéria exclusiva da peça de contestação.

Assevere-se, ainda, que a prescrição é matéria de ofício, em face do previsto no art. 487, II, CPC.

A reclamada, ora embargante, consoante o teor da contestação de fls. _____, aduziu preliminarmente a temática da prescrição total, a qual não foi apreciada em sentença de fls. _____.

Como oportunamente dito, o contrato de trabalho entre as Partes expirou-se no dia 4º de março de 2013, sendo que a presente reclamação trabalhista foi ajuizada em 30 de junho de 2016, onde se busca a responsabilidade civil do empregador ocorrida no local de trabalho (acidente de trabalho).

Evidente que é o caso da prescrição total trabalhista.

Por tais fundamentos, espera o pronunciamento explícito quanto ao exame da temática da prescrição total, com efeito modificativo aos presentes embargos, com a decretação da resolução de mérito, com a aplicação subsidiária do art. 487, II, CPC.

Se não houver a análise da matéria embargada, enfatize-se, estaremos diante de uma questão de nulidade por negativa de prestação jurisdicional (Súm. 459, TST; art. 489, CPC; art. 832, CLT e art. 93, IX, CF).

A jurisprudência revela:

> "Nulidade. Prestação Jurisdicional. Nulidade e Negativa de Prestação Jurisdicional. Decisão Fundamentada. Se a sentença (ou a decisão de Embargos) refoge ao exame de questão debatida nos autos, sobre matéria de mérito que se submete a julgamento, configura-se denegação de prestação jurisdicional, que implica em nulidade do decisum, principalmente, quando o juízo se furtar ao pronunciamento mesmo após provocado pela via adequada de Embargos de Declaração. Isto não equivale a dizer que o julgado esteja obrigado a refutar um por um dos argumentos lançados pelas partes na defesa de seus interesses, porque implicaria em transformar o processo em um diálogo. O julgador não pode deixar de se pronunciar sobre matéria de mérito, expressamente arguida pela parte, que tem relação direta com o objeto da lide e não consiste em mero argumento, mas questão controvertida que clama por solução jurisdicional. A prestação jurisdicional tem que ser fornecida de forma completa, ou seja, dentro dos limites da lide, postos pelas partes, pela inicial e pela contestação. Assim é que, a omissão/contradição que fulmina a decisão de vício há de ser sobre matéria de direito, que demanda o julgamento, a satisfação da prestação jurisdicional que reside na aplicação da norma (legal ou convencional) ao caso em concreto. Além disto, a solução judicial, por mais óbvia que seja, necessita ser fundamentada, não pode ficar no conhecimento implícito do julgador, porque a parte tem direito, a saber, porque e como foi favorecida ou desfavorecida. A Constituição Federal prescreve que as decisões judiciais serão fundamentadas, sendo esse um dos aspectos que garante aos Jurisdicionados os princípios do devido processo legal e do amplo contraditório. A parte tem direito a uma decisão fundamentada e é dever do juiz motivar suas decisões definitivas, sob pena de restarem violados os incisos II, XXXV, XXXVII, LIV, LV, do art. 5º da Constituição Federal, bem como o disposto nos artigos 126, 128, 458, II, 459, 460 e 535/CPC c/c art. 832/CLT" (TRT – 3ª R. – 6ª T. – RO 226-2003-109-03-00-0 – Rel. Hegel de Brito Boson – DJMG 18-3-2004).

2 DO REQUERIMENTO

Diante do exposto, espera a admissibilidade do presente recurso, com a intimação da parte contrária para que se manifeste sobre suas alegações.

Após, requer a manifestação expressa deste Juízo sobre a omissão alegada (prescrição total), sob pena de se configurar nulidade absoluta da decisão por negativa de prestação jurisdicional.

Nestes termos,

pede deferimento.

Local e data

Advogado

OAB nº _____

7.15 MODELO DE EMBARGOS DECLARATÓRIOS PREQUESTIONATÓRIOS

EXCELENTÍSSIMO SENHOR DOUTOR JUIZ DA _____
VARA DO TRABALHO DE _____

(10 cm)

Processo nº _____

NDFJ ARTIGOS PARA DECORAÇÕES LTDA., por seu advogado, na reclamação trabalhista proposta por **FRANCISCO COSTA BRAVA**, vem, respeitosamente à presença de Vossa Excelência, em função da respeitável sentença de fls. _____, opor **EMBARGOS DECLARATÓRIOS PREQUESTIONATÓRIOS**, com supedâneo nos arts. 1.022 e 1.025 do CPC e art. 897-A da CLT, pelas razões de fato e de direito abaixo expostas.

1 DOS EMBARGOS DE DECLARAÇÃO

1.1 Embargos de Declaração Prequestionatórios

No sistema jurídico atual, o prequestionamento para as Instâncias Superiores é requisito de admissibilidade dos recursos de revista e extraordinário (Súms. 282 e 356, STF; Súm. 297, TST; OJ 62, 118 e 256, SDI-I).

Diante disso, ficam as matérias, objeto dos presentes embargos de declaração, prequestionadas, nos termos da Súm. 297, III, TST e art. 1.025, CPC.

É importante ressaltar que os embargos declaratórios utilizados com o notório propósito de prequestionamento não têm caráter protelatório (Súm. 98, STJ).

1.2 Prequestionamento da Violação do Artigo 389, CPC

Na fundamentação do julgado embargado (fls. _____) consta que a Embargante, outrora Reclamada, em sua defesa, teria confessado que o Embargado continuou a laborar em condições prejudiciais à sua condição pulmonar.

Essa assertiva é inadmissível. Em momento algum, a Embargante confessou que as condições de trabalho fossem prejudiciais à saúde do trabalhador.

De fato, o que consta da defesa (fls. _____, tópico 2º no item "II. DO LOCAL DE TRABALHO NA RÉ E SUAS FUNÇÕES") é a seguinte afirmação: "... *Posteriormente, o autor foi readmitido em 3-6-85, para laborar no cargo de 'Líder de Fundição', cuja ocupação durou até a data de sua saída, que se deu em 4-3-92"*.

O conteúdo mencionado não implica em dizer que a Embargante estivesse confessando que o Embargado sempre laborou em condições agressivas a sua saúde ou que houvesse o descumprimento de recomendação médica.

A fundamentação da decisão viola literalmente o disposto no art. 389, CPC, ou seja, *"há confissão, judicial ou extrajudicial, quando a parte admite a verdade de fato contrário ao seu interesse e favorável ao do adversário"*.

A defesa, em momento algum, confessou o fato de que *"[...] o médico determinou que o obreiro mudasse de setor, de forma definitiva, para outro que não tivesse poluentes. Tal determinação não foi cumprida pela empresa, a qual confessa na defesa que, desde 3-6-1985 até sua demissão, o de cujus laborou como líder de fundição, exercendo suas funções no mesmo setor, desde 1960"* (transcrição do julgado às fls. _____).

O que ratifica a conclusão de que há violação ao art. 389, CPC, é o fato de que o próprio órgão jurisdicional permitiu a realização de provas de audiência.

Se o fato já estivesse confessado plenamente na defesa, o Juízo Embargado não permitiria, sob pena de violação do art. 374, II, CPC, a realização de provas de audiência.

Pelos presentes embargos, solicitamos esclarecimentos quanto à afirmação de que houve violação literal ao art. 389, CPC.

A negativa quanto aos esclarecimentos enseja a nulidade por negativa de prestação jurisdicional (Súm. 459, TST; art. 489, CPC; art. 832, CLT, e art. 93, IX, CF).

Nesse sentido, a jurisprudência revela:

"*RECURSO DE REVISTA. NEGATIVA DE PRESTAÇÃO JURISDICIONAL. CARACTERIZAÇÃO. Constitui direito da parte o acesso a uma prestação jurisdicional completa e fundamentada, nos termos do art. 131 do CPC, que determina que o Juiz, ao formar sua convicção, deve ater-se aos fatos e circunstâncias dos autos, além de indicar os motivos de seu convencimento. Vulnera, pois, o aludido direito e, consequentemente, os arts. 93, IX, da Constituição da República, 458 do CPC e 832 da CLT, a decisão regional que, não obstante a oposição de embargos de declaração, se nega a emitir pronunciamento acerca de questões essenciais e de extrema relevância para o deslinde da controvérsia e suscitadas pela parte no momento oportuno, quais sejam, a ausência de continuidade da prestação dos serviços pela reclamante após a aposentadoria, a iniciativa da autora na rescisão contratual e a aplicação da Súmula nº 330 do TST. O Tribunal a quo furtou-se de entregar a totalidade da prestação jurisdicional a que se encontra constitucionalmente afeto. Houve error in procedendo na hipótese. Recurso de revista conhecido e provido*" (TST – RR 2.275/2007-016-02-00.7 – Rel. Min. Luiz Philippe Vieira de Mello Filho – *DJe* 1º-7-2011 – p. 842).

2 CONCLUSÃO

Diante do exposto, espera a admissibilidade do presente recurso, com a intimação da parte contrária para que se manifeste sobre suas alegações, caso julgue necessário.

Após, solicitamos os esclarecimentos invocados, em função do prequestionamento, sob pena de se concretizar a nulidade por negativa de prestação jurisdicional.

As matérias aduzidas nos presentes embargos de declaração ficam prequestionadas, nos termos da Súm. 297, III, TST e do art. 1.025, CPC.

Friso que os embargos declaratórios utilizados com o notório propósito de prequestionamento não têm caráter protelatório (Súm. 98, STJ).

Nestes termos,

pede deferimento.

Local e data

Advogado

OAB n° _____

7.16 MODELO DE EMBARGOS DECLARATÓRIOS POR OBSCURIDADE

EXCELENTÍSSIMO SENHOR DOUTOR JUIZ DA _____
VARA DO TRABALHO DE _____

(10 cm)

Processo n° _____

NDFJ ARTIGOS PARA DECORAÇÕES LTDA., por seu advogado, na reclamação trabalhista proposta por **FRANCISCO COSTA BRAVA**, vem, respeitosamente à presença de Vossa Excelência, em função da respeitável sentença de fls. __, opor **EMBARGOS DECLARATÓRIOS POR OBSCURIDADE**, com supedâneo nos arts. 1.022 do CPC e 897-A da CLT, pelas razões de fato e de direito abaixo expostos:

1 OBSCURIDADE

Etimologicamente, a obscuridade deriva do latim obscuritas, indicando estado do que é obscuro ou ausência de clareza. A sentença obscura representa um julgamento ininteligível, não propiciando à parte a correta interpretação do que foi decidido. Como ato de inteligência e vontade, a sentença deve ser dotada de posições claras e objetivas.

A sentença (fls. __) apresenta trecho indicativo de obscuridade.

No tópico relativo à verba honorária sucumbencial, após discorrer sobre o instituto e até se pronunciar sobre as questões de constitucionalidade que envolvem o tema, Vossa Excelência "limitou-se a indicar" a condenação da Embargante e do Embargado ao pagamento, contudo, não deixou claro quais são os parâmetros utilizados para a condenação, bem como os percentuais arbitrados e a base de cálculo para futura apuração.

Por tais fundamentos, espera o pronunciamento explícito quanto ao exame do cabimento da condenação das Partes quanto ao pagamento de honorários advocatícios aos patronos, com efeito modificativo aos presentes embargos.

Assim, espera a análise da matéria embargada, vez que estaremos diante de uma questão de nulidade por negativa de prestação jurisdicional (Súm. 459, TST; art. 489, CPC; art. 832, CLT e art. 93, IX, CF).

2 PEDIDO E REQUERIMENTO

Diante do exposto, espera a admissibilidade do presente recurso, com a intimação da parte contrária para que se manifeste sobre suas alegações, caso julgue necessário.

Após, requer a manifestação expressa deste Juízo sobre a obscuridade alegada (condenação e parâmetros dos honorários advocatícios), sob pena de se configurar nulidade absoluta por negativa de prestação jurisdicional.

Nestes termos,

Pede deferimento.

Local e data

Advogado

OAB nº ___

7.17 MODELO DE EMBARGOS DECLARATÓRIOS COM EFEITO MODIFICATIVO EM RELAÇÃO AOS PRESSUPOSTOS DE ADMISSIBILIDADE RECURSAL

EXCELENTÍSSIMO SENHOR DESEMBARGADOR DO TRABALHO PRESIDENTE DO EGRÉGIO TRIBUNAL REGIONAL DO TRABALHO DA ___ REGIÃO.

(10 cm)

Processo nº _____

NDFJ ARTIGOS PARA DECORAÇÕES LTDA., por seu advogado, na reclamação trabalhista proposta por **FRANCISCO COSTA BRAVA**, vem, respeitosamente à presença de Vossa Excelência, em função do venerando acordão de fls. ___, opor *EMBARGOS DECLARATÓRIOS POR MANIFESTO EQUÍVOCO NO TOCANTE AOS PRESSUPOSTOS DE ADMISSIBILIDADE DO RECURSO ORDINÁRIO*, com supedâneo nos arts. 1.022 do CPC e 897-A da CLT, pelas razões de fato e de direito abaixo expostos:

1 MANIFESTO EQUÍVOCO NO EXAME DOS PRESSUPOSTOS DE ADMISSIBILIDADE DO RECURSO ORDINÁRIO DA RECLAMADA

Como é de notório saber, a CLT admite a oposição de embargos declaratórios, com efeito modificativo da decisão, nos casos de omissão e contradição no julgado, além do manifesto equívoco no exame dos pressupostos de admissibilidade do recurso (art. 897-A, CLT).

O respeitável acórdão embargado concluiu pela não admissibilidade do recurso ordinário, vez que a ação foi julgada totalmente improcedente e, portanto, segundo a decisão atacada, não há interesse recursal da Embargante.

Evidente o manifesto equívoco quanto ao exame deste capítulo recursal, vez que a sentença *a quo*, apesar de julgar a ação totalmente improcedente quanto às alegações de doença profissional e reparação civil (mérito), deixou de reconhecer a prescrição total aduzida em prejudicial de mérito.

Ao afastar as alegações de prescrição total da pretensão inicial a partir da "ciência inequívoca da lesão" em julho/2013, tem-se a "lesividade" e, consequentemente, o interesse recursal da Embargante ("lesividade ao interesse jurídico da Embargante").

Por tais fundamentos, espera o regular processamento do recurso ordinário da Embargante.

Se não houver a análise da matéria embargada, enfatize-se, estaremos diante de uma questão de nulidade por negativa de prestação jurisdicional (Súm. 459, TST; art. 489, CPC; art. 832, CLT e art. 93, IX, CF).

2 PEDIDO E REQUERIMENTO

Diante do exposto, espera a admissibilidade do presente recurso, com a intimação da parte contrária para que se manifeste sobre suas alegações, caso julgue necessário.

Após, requer a manifestação expressa desta Egrégia Turma sobre o manifesto equívoco no exame de admissibilidade do recurso ordinário quanto às alegações de prescrição total, sob pena de se configurar nulidade absoluta por negativa de prestação jurisdicional.

Assim, com o acolhimento dos embargos, espera a procedência do mérito recursal, com o provimento ao recurso ordinário, para reconhecer a prescrição total da pretensão inicial.

Nestes termos,

Pede deferimento.

Local e data

Advogado

OAB nº ___

8

RECURSO ORDINÁRIO

8.1 FUNDAMENTO JURÍDICO

O recurso ordinário encontra fundamento no princípio do duplo grau de jurisdição, sendo que o recurso ordinário tem previsão no art. 895 e as contrarrazões, no art. 900, ambos da CLT.

Em certa medida, o recurso ordinário equivale-se ao recurso de apelação do processo civil, de modo que as regras daqueles são aplicáveis, quando compatíveis (art. 769, CLT).

Considerando o regramento processual civil e a necessidade do TST se posicionar, ainda que não de forma exaustiva, sobre a aplicação de várias regras e de institutos disciplinados pelo CPC ao processo do trabalho, foi editada a IN 39/16.[1]

Além disso, diante da necessidade de se preservar a segurança jurídica e de o TST se posicionar sobre diversos aspectos processuais da Reforma Trabalhista (Lei 13.467), o TST editou a IN 41/18.

Neste aspecto, o TST entende que o efeito devolutivo previsto nos arts. 1.013 e 1.014, CPC, é aplicável ao processo do trabalho (art. 3º, XXVIII, IN 39).

8.2 CABIMENTO

Previsto no art. 895 da CLT, cabe recurso ordinário para a instância superior das decisões definitivas e terminativas:

a) das varas do trabalho e dos juízes de direito, investidos da jurisdição trabalhista (art. 895, I). O recurso ordinário será apreciado pelo TRT em cuja jurisdição estiver situado o órgão de proferimento da decisão (art. 678, II, *a*);

b) dos TRTs, em dissídio individual de competência originária (art. 895, II), a saber: mandado de segurança (Súm. 201, TST), ação rescisória (Súm. 158

---

[1] A IN 39/16, TST, é objeto da ação direta de inconstitucionalidade promovida pela Associação Nacional dos Magistrados da Justiça do Trabalho – ANAMATRA (ADI 5516, Rel. Min. Cármen Lúcia).

e *habeas corpus*. O recurso ordinário será apreciado pela SDI-II (art. 71, III, c, RITST);

c) proferidas pelos TRTs, em dissídio coletivo de competência originária (art. 7º, *caput*, Lei 7.701/88), que será julgado pela SDC (art. 70, II, *a*, RITST);

d) em processo administrativo para o TST, objetivando tão somente o exame da legalidade do ato (Súm. 321 cancelada pela Res. 135/05, TST);

e) dos TRTs, em ações rescisórias e nos mandados de segurança pertinentes a dissídios coletivos e em ações anulatórias de acordos e convenções coletivas (art. 70, II, *b*, RITST).

É cabível recurso ordinário contra a decisão que homologar parcialmente ou não homologar acordo judicial ou acordo extrajudicial (art. 855-B, CLT) celebrado entre as Partes.

O recurso ordinário também é oponível da decisão interlocutória terminativa da competência material trabalhista (preliminar de incompetência material) e contra a decisão interlocutória que acolhe exceção de incompetência territorial, com a remessa dos autos para TRT distinto daquele em que se vincula o juízo excepcionado (Súm. 214).

O TST admite recurso ordinário contra a decisão de julgamento antecipado parcial de mérito (art. 356, CPC; art. 5º, IN 39).

Com a Lei 13.467, de forma similar ao regramento processual civil (arts. 79 e ss., CPC), foram inseridos na CLT de forma explícita os deveres dos sujeitos do processo, bem como dos intervenientes e outros colaboradores (art. 793-A ss.), inclusive quanto à possibilidade de multa processual para testemunha que intencionalmente alterar a verdade dos fatos ou omitir fatos essenciais ao julgamento da causa (art. 793-D). Na IN 41, o TST considera que a aplicação do previsto no art. 793-D, CLT, deve ser precedida de um incidente de "falso testemunho", no qual o juiz indicará o ponto ou os pontos controvertidos no depoimento, assegurados o contraditório, a defesa, com os meios a ela inerentes, além de possibilitar a retratação (art. 10, parágrafo único). A multa deve ser aplicada em sentença, atacável por recurso ordinário da testemunha.

Não cabe recurso ordinário contra decisão em agravo regimental interposto em reclamação correicional ou em pedido de providência (OJ 5, TP).

Além de outras matérias, o recurso ordinário também será o momento adequado para se questionar a decisão interlocutória impugnada oportunamente pela parte prejudicada (arts. 794 ss., CLT), contra a qual inexiste recurso específico – princípio da irrecorribilidade das decisões interlocutórias (art. 893, § 1º).

Em caráter excepcional, o recurso ordinário pode ser oponível de decisão de vara do trabalho que homologa parcialmente o acordo celebrado entre as partes.

8.3 OBJETO

De forma semelhante ao recurso de apelação no processo civil, o recurso ordinário visa anular ou reformar a decisão atacada, total ou parcialmente. A reforma da decisão pode envolver matéria de direito ou reanálise das provas produzidas (matéria fática).

8.3.1 Elaboração de cálculos em recurso ordinário e o PJe-calc

Para atuação no processo do trabalho, sempre se recomendou ao profissional um bom conhecimento de cálculos trabalhistas. Com o PJe-calc, o conhecimento de cálculos passou a ser uma exigência maior.

A pedido do Conselho Superior da Justiça do Trabalho, o TRT da 8ª Região desenvolveu o sistema de cálculos visando sua utilização no âmbito nacional da Justiça do Trabalho, denominado de PJe-calc.

Com isso, sempre que possível, as sentenças e os acórdãos serão líquidos, fixando os valores relativos a cada um dos pedidos acolhidos, indicando o termo inicial e os critérios para correção monetária e juros de mora, além de determinar o prazo e as condições para o seu cumprimento (arts. 1º e 2º, Recomendação GCGJT 4, de 26-9-2018).

Para tanto, a partir de janeiro de 2021, os cálculos de liquidação de sentença apresentados por usuários internos e peritos judiciais deverão ser juntados obrigatoriamente em PDF e com o arquivo "pjc" exportado pelo PJe-calc (art. 22, § 6º, Resolução CSJT 185/17).

Já os cálculos apresentados pelas Partes e outros (usuários externos) em primeira oportunidade deverão estar em arquivo PDF e, a critério dos interessados, preferencialmente acompanhados do arquivo "pjc" exportado pelo PJe-calc (art. 22, § 7º).

Em outras palavras, a reclamação trabalhista deverá estar acompanhada de cálculos de liquidação, os quais poderão ser pontualmente impugnados com outros cálculos em contestação, se houver interesse. Com isso, sempre que possível, as sentenças também estarão acompanhadas de sua liquidação, dispensando a fase de liquidação de sentença.

Em se tratando de sentença líquida, com cálculos de liquidação anexos, o recurso ordinário também deverá impugnar pontualmente os cálculos, demonstrando seu equívoco de forma matemática (se houver interesse recursal).

8.4 RECURSO ORDINÁRIO CONTRA SENTENÇA PARCIAL DE MÉRITO

Segundo o entendimento do TST, contra a decisão de julgamento antecipado parcial de mérito é cabível o recurso ordinário "de imediato" (art. 356, CPC; art. 5º, IN 39). Desta forma, eventuais alegações de "protesto" se mostram inócuas e não evitam a preclusão da matéria.

Atualmente, o processamento do recurso ordinário nesse caso está disciplinada no Ato Conjunto TST.CSJT.CGJT 3/2020, o qual prevê: a) a necessidade do preparo recursal (art. 2º); b) a interposição do recurso ordinário e das contrarrazões nos autos principais; c) com posterior formação de autos suplementares e a elaboração de certidão nos autos principais (art. 2º).

Eventual agravo de instrumento interposto à decisão que denega seguimento ao recurso ordinário e a sua contraminuta serão recebidos nos autos do processo principal (art. 3º).

Em caso de reforma ou anulação da decisão parcial, com a determinação de novo julgamento, a nova decisão será proferida nos próprios autos do processo autuado como recurso de julgamento parcial (art. 6º). Nesse caso, o juiz deverá proferir a nova decisão no prazo de 10 dias (art. 226, II, CPC).

Por sua vez, no caso de anulação ou reforma da decisão parcial de mérito cujo processo principal já se encontre apto a julgamento, o juiz deverá extinguir o processo suplementar e determinar o traslado das peças inéditas para os autos do processo principal, para julgamento único (art. 8º).

A interposição do recurso à decisão parcial de mérito não obsta a execução provisória (art. 9º).

Não havendo recurso da decisão que julgou parcialmente o mérito, a execução será definitiva e poderá ser promovida em autos suplementares (art. 11).

8.5   RECURSO ORDINÁRIO NO PROCEDIMENTO SUMARÍSSIMO

Nas demandas sujeitas ao procedimento sumaríssimo, as sentenças podem ser revistas por meio de recurso ordinário (art. 895, CLT), com as seguintes observações: (a) distribuição imediata no tribunal, com a liberação pelo relator no prazo máximo de dez dias, e a colocação imediata em pauta para julgamento, sem revisor (art. 895, § 1º, II); (b) parecer oral do representante do Ministério Público presente à sessão de julgamento, se este entender necessário o parecer, com registro na certidão (art. 895, § 1º, III); (c) acórdão consistente unicamente na certidão de julgamento, com a indicação suficiente do processo e parte dispositiva, e das razões de decidir do voto prevalente. Se a sentença for confirmada pelos próprios fundamentos, a certidão de julgamento, registrando tal circunstância, servirá de acórdão (art. 895, § 1º, IV).

Os TRTs, divididos em turmas, poderão designar turma para o julgamento dos recursos ordinários interpostos das sentenças prolatadas nas demandas sujeitas ao procedimento sumaríssimo (art. 895, § 2º).

8.6   RECURSO ORDINÁRIO DA UNIÃO. A DECISÃO HOMOLOGATÓRIA DE ACORDO E A SENTENÇA TRABALHISTA. OS RECOLHIMENTOS DAS CONTRIBUIÇÕES PREVIDENCIÁRIAS E DO IMPOSTO DE RENDA

De acordo com o disposto no art. 831, parágrafo único, da CLT, no caso de conciliação, o termo que for lavrado valerá como decisão irrecorrível. Pela jurisprudência consolidada do TST, ação rescisória é o meio de impugnação do termo de conciliação (art. 831, parágrafo único) (Súm. 259 e Súm. 100, V). Contudo, a sentença meramente homologatória, que silencia sobre os motivos de convencimento do juiz, não se mostra rescindível, por ausência de pronunciamento explícito (Súm. 298, IV).

O acordo judicial que dê por quitada dívida previdenciária poderá ter efeito perante a União, se ela não participa da relação instaurada perante a Justiça do Trabalho?

Com a alteração da CLT (art. 832, §§ 3º e 4º),[2] temos que a União será intimada das decisões homologatórias de acordo, desde que contenha parcela indenizatória, com

---

[2]   Quando a União, Estados, Municípios e Distrito Federal, suas autarquias e fundações públicas, forem representadas em juízo, ativa e passivamente, por seus procuradores, estão dispensadas da juntada de instrumento de mandato (Súm. 436, I, TST). Contudo, é essencial que o signatário

a possibilidade da oposição de recurso ordinário, cujo objeto será a discriminação das verbas do acordo judicial em salariais e indenizatórias.

Com a inserção legislativa advinda pela Lei 13.876/19, salvo na hipótese de "o pedido inicial" limitar-se expressamente ao reconhecimento de verbas de natureza exclusivamente indenizatória, a parcela referente às verbas de natureza remuneratória não poderá ter como base de cálculo valor inferior: a) ao salário-mínimo, para as competências que integram o vínculo empregatício reconhecido na decisão cognitiva ou homologatória; ou b) à diferença entre a remuneração reconhecida como devida na decisão cognitiva ou homologatória e a efetivamente paga pelo empregador, cujo valor total referente a cada competência não será inferior ao salário mínimo (art. 832, § 3º-A, CLT).

Nos casos em que houver "piso salarial da categoria" definido por acordo ou convenção coletiva de trabalho, o seu valor deverá ser utilizado como base de cálculo dos valores devidos à União (art. 832, § 3º-B, CLT).

A União atua como terceiro interessado nos processos trabalhistas, podendo recorrer das decisões homologatórias de acordos que fixam as contribuições previdenciárias (art. 831, parágrafo único, CLT).

A Lei 11.457/07 também assegura à União a devida atuação no que tange aos tributos federais (arts. 832, §§ 4º a 7º, 879, § 3º, CLT), com a possibilidade de recurso ordinário.

A decisão judicial trabalhista deve fixar: (a) os títulos salariais e os seus valores; (b) os títulos indenizatórios e os seus montantes; (c) a responsabilidade das partes pelas contribuições previdenciárias (art. 832, § 3º).

O recurso da sentença homologatória de acordo na ação de conhecimento é o ordinário, cujo objetivo é evitar a lesão aos cofres da União, homologando todas as verbas como indenizatórias, quando o pedido, de fato, contenha verbas salariais. O apelo deverá abranger a impugnação quanto à parcela indenizatória e a discriminação efetuada (art. 832, § 4º), além de outros elementos do crédito tributário (sujeito passivo, alíquota etc.).

Na celebração do acordo judicial, tem sido controvertida a possibilidade de as partes não estarem presas ao objeto inicial, podendo excluir títulos ou ampliar o objeto do acordo. Nessa linha de raciocínio, as partes também não estariam obrigadas a manter a proporcionalidade das verbas salariais e indenizatórias descritas na reclamação trabalhista e no acordo judicial.

Quando se põe fim ao litígio por um acordo entre as partes sem o reconhecimento de vínculo empregatício, a possibilidade de as partes fixarem o pagamento de todas

---

declare-se exercente do cargo de procurador, não bastando a indicação do número de inscrição na Ordem dos Advogados do Brasil (Súm. 436, II). Com o advento da Lei 11.457/07, além da criação da Secretaria da Receita Federal do Brasil (conhecida como "A Super Receita") e das reestruturações administrativas e de algumas carreiras públicas (Administração Tributária Federal), os arts. 832, 876, 879 e 889-A da CLT foram alterados. O art. 16, § 3º, II, da Lei 11.457 atribui à Procuradoria-Geral Federal a representação da União, nos processos em tramitação perante a Justiça do Trabalho relacionados com a cobrança de contribuições previdenciárias, de imposto de renda retido na fonte e de multas impostas aos empregadores pelos órgãos de fiscalização das relações de trabalho, mediante delegação da Procuradoria-Geral da Fazenda Nacional.

as verbas como de natureza indenizatória, sem que haja incidência da contribuição previdenciária, tem sido questionada pelo INSS.

Em maio de 2008, o TST uniformizou a sua jurisprudência: "*É devida a incidência das contribuições para a Previdência Social sobre o valor total do acordo homologado em juízo, independentemente do reconhecimento de vínculo de emprego, desde que não haja discriminação das parcelas sujeitas à incidência da contribuição previdenciária, conforme o art. 43 da Lei nº 8.212, de 24-7-1991, e do art. 195, I, a, da CF/1988*" (OJ 368, SDI-I).

Em agosto de 2010, o TST deliberou que nos acordos homologados em juízo em que não haja o reconhecimento de vínculo empregatício, é devido o recolhimento da contribuição previdenciária, mediante a alíquota de 20% a cargo do tomador de serviços e de 11% por parte do prestador de serviços, na qualidade de contribuinte individual, sobre o valor total do acordo, respeitado o teto de contribuição (art. 30, § 4º, art. 22, III, Lei 8.212/91) (OJ 398, SDI-I).

Com a Lei 11.457, a União deverá não só ser intimada da decisão homologatória de acordo que contenha parcela indenizatória, como também das sentenças proferidas na ação de conhecimento, com a possibilidade da oposição de recurso ordinário (art. 832, § 5º).

Com a Lei 11.457, o acordo celebrado após o trânsito em julgado da sentença ou após a celebração dos cálculos de liquidação não poderá prejudicar os créditos da União, sejam eles de natureza previdenciária ou de imposto de renda retido na fonte (tributo federal) (art. 832, § 6º, da CLT).

O TST firmou posição no sentido de que é devida a contribuição previdenciária sobre o valor do acordo celebrado e homologado após o trânsito em julgado de decisão judicial, respeitada a proporcionalidade de valores entre as parcelas de natureza salarial e indenizatória deferidas na decisão condenatória e as parcelas objeto do acordo (OJ 376, SDI-I). Esse entendimento está em sintonia com o art. 43, § 5º, Lei 8.212/91, o qual enuncia que na hipótese de acordo celebrado após ter sido proferida decisão de mérito, a contribuição será calculada com base no valor do acordo.

Caso não haja a discriminação da natureza das parcelas constantes do acordo judicial, a incidência da contribuição previdenciária será sobre a totalidade do avençado (art. 43, § 1º, da Lei 8.212; art. 276, § 2º, Decreto 3.048/99).

O TST vem entendendo que a competência da Justiça do Trabalho, quanto à execução das contribuições previdenciárias, limita-se às sentenças condenatórias em pecúnia que proferir e aos valores, objeto de acordo homologado, que integrem o salário de contribuição (Súm. 368, I).

A disposição legal não viola o art. 114, VIII, da CF, que prevê a competência da Justiça do Trabalho para a execução, de ofício, das contribuições sociais decorrentes das sentenças que proferir, uma vez que o legislador infraconstitucional está autorizado a ampliar a competência da Justiça do Trabalho (art. 114, IX).

O TST, ao apreciar o processo ERR 346/2003-021-23-00.4, por unanimidade, manteve a atual redação do item I da Súmula 368, logo, no âmbito dessa corte trabalhista, a Justiça do Trabalho não tem competência para executar de ofício as contribuições previdenciárias não recolhidas sobre os salários de contribuição pagos na vigência da prestação dos serviços.

Em setembro de 2008, após o exame do RE 569056, o STF decidiu que a Justiça do Trabalho não tem competência para executar as contribuições previdenciárias devidas pelos salários pagos à época da prestação dos serviços.

Em junho de 2015, o STF editou a Súmula Vinculante 53: *"A competência da Justiça do Trabalho prevista no art. 114, VIII, da Constituição Federal alcança a execução de ofício das contribuições previdenciárias relativas ao objeto da condenação constantes das sentenças que proferir e acordos por ela homologados".*

Com a Lei 13.467, a qual deu nova redação ao parágrafo único do art. 876, CLT, o legislador ordinário adotou o entendimento do STF: *"A Justiça do Trabalho executará, de ofício, as contribuições sociais previstas na alínea a do inciso I e no inciso II do* caput *do art. 195 da Constituição Federal, e seus acréscimos legais, relativas ao objeto da condenação constante das sentenças que proferir e dos acordos que homologar".*

Além disso, compete à Justiça do Trabalho a execução, de ofício, da contribuição referente ao seguro de acidente de trabalho (SAT), que tem natureza de contribuição para a seguridade social (arts. 114, VIII, e 195, I, "a", CF), pois se destina ao financiamento de benefícios relativos à incapacidade do empregado decorrente de infortúnio no trabalho (arts. 11 e 22, da Lei 8.212/1991) (Súm. 454, TST).

No caso das decisões homologatórias de acordos e das sentenças, desde que contenham verbas indenizatórias, o prazo recursal para a União é de 16 dias (art. 1º, III, Decreto-Lei 779/69), não havendo a necessidade de preparo (art. 1º, IV).

A intimação da decisão homologatória de acordos ou da sentença trabalhista será na forma do art. 20 da Lei 11.033/04, ou seja, será efetuada pessoalmente ao Procurador mediante a entrega dos autos com vista.

De acordo com os arts. 832, § 7º e 879, § 5º, da CLT o Ministro de Estado da Fazenda poderá, mediante ato fundamentado, dispensar a manifestação da União nas decisões homologatórias de acordo ou nas liquidações de sentença trabalhista em que o montante da parcela indenizatória envolvida ocasionar perda de escala decorrente da atuação do órgão jurídico.

A Portaria do Ministério da Fazenda 582, de 11-12-2013, fixou os limites de atuação do órgão jurídico quanto à Justiça do Trabalho, sendo que a Procuradoria-Geral Federal está desobrigada de manifestação quando o valor das contribuições previdenciárias devidas no processo judicial for igual ou inferior a R$ 20.000,00.

8.7 RECURSO ORDINÁRIO CONSTITUCIONAL

Em algumas situações restritas, pode haver recurso ordinário do TST para o STF, trata-se do recurso ordinário constitucional (ROC).

No sistema processual constitucional vigente, caberá ao STF resolver, em recurso ordinário, o *habeas corpus*, o mandado de segurança, o *habeas data* e o mandado de injunção decididos em única instância pelos tribunais superiores, se denegatória a decisão (art. 102, II, *a*, CF).

Na legislação infraconstitucional, os recursos ordinários interpostos em sede de mandado de segurança, *habeas corpus* e mandado de injunção decididos em única instância pelos Tribunais Superiores, quando denegatória a decisão, serão decididos pelo STF (art. 1.027, I, CPC). Tratando-se de decisão que atenda ao pedido da parte, o recurso é o extraordinário.[3]

O STF não admite como ordinário recurso extraordinário de decisão denegatória de mandado de segurança (Súm. 272).

Com exceção ao mandado de injunção, as demais ações constitucionais mencionadas são admitidas na Justiça do Trabalho (art. 114, CF). O cabimento do mandado de injunção envolvendo questões trabalhistas se mostra controvertido na doutrina.[4]

O Regimento Interno do TST (RITST) prevê o mandado de segurança (arts. 224 a 232), ação rescisória (arts. 233 a 239) e dissídio coletivo de trabalho (arts. 240 a 244) como ações originárias. O RITST também trata do *habeas corpus* nos arts. 218 a 223.

O cabimento do recurso ordinário constitucional será possível no âmbito da Justiça do Trabalho no mandado de segurança, *habeas corpus* e mandado de injunção decididos pelo TST, em instância única, e se a decisão for denegatória.

O STF considera inadmissível o recurso extraordinário, quando couber na justiça de origem recurso ordinário da decisão impugnada (Súm. 281).

No âmbito do STF, o recurso ordinário e o extraordinário interpostos no mesmo processo de mandado de segurança, ou de *habeas corpus*, serão julgados conjuntamente pelo Tribunal Pleno (Súm. 299). Contudo, a decisão que enseja a interposição de recurso ordinário ou extraordinário não é a do plenário que resolve o incidente de inconstitucionalidade, mas a do órgão (câmaras, grupos ou turmas) que completa o julgamento do feito (Súm. 513).

Ao processamento do recurso ordinário constitucional, quanto aos requisitos de admissibilidade e ao procedimento no juízo de origem, aplica-se o CPC, observando-se o Regimento Interno do STF (art. 1.028, CPC).

A Súm. 319 prevê o prazo de 5 dias para recurso ordinário para o STF, em *habeas corpus* ou mandado de segurança. O Regimento Interno do STF disciplina o prazo de 5 dias para o ROC, contra as decisões denegatórias de *habeas corpus* (art. 310). Apesar do entendimento sumulado, considerando o previsto no sistema processual vigente (art. 24,[5] Lei 8.038/98; art. 1.003, § 5º, CPC), o Tribunal Pleno do STF entendeu que o prazo recursal é de 15 dias.[6]

---

[3] MACHADO, Antônio Cláudio da Costa. *Código de Processo Civil Interpretado*: Artigo por Artigo, Parágrafo por Parágrafo, 5. ed., p. 916.

[4] Sugerimos consultar *Direito Processual do Trabalho*. 8. ed. Francisco Ferreira Jorge Neto e Jouberto de Quadros Pessoa Cavalcante. São Paulo: Atlas, 2019.

[5] Art. 24, Lei 8.038/90 – Na ação rescisória, nos conflitos de competência, de jurisdição e de atribuições, na revisão criminal e no mandado de segurança, será aplicada a legislação processual em vigor. Parágrafo único – No mandado de injunção e no *habeas data*, serão observadas, no que couber, as normas do mandado de segurança, enquanto não editada legislação específica.

[6] "1) *Mandado de segurança: recurso ordinário constitucional: o prazo*. Já antes da L. 8.038/90, era de quinze dias o prazo para a interposição do recurso ordinário constitucional em mandado de segurança, contado em dobro quando recorrente a Fazenda Pública: os arts. 508 e 188 C. Pr. Civil prejudicam a Súm. 319 do Supremo Tribunal. 2. *Mandado de segurança: recurso ordinário constitucional: cabimento....*" (STF – TP – RMS 21.106/DF – rel. Min. Sepúlveda Pertence – j. 20-2-1991 – DJ 24-4-1998 – p. 16).

8.8 PRAZO RECURSAL

Com a Lei 13.467, os prazos passam a ser contados em dias úteis (art. 775, CLT).

O prazo para a interposição do recurso ordinário é de oito dias, com início a partir do momento em que houve a regular intimação da decisão. Ou seja, no primeiro dia útil subsequente à intimação da decisão (*dies a quo*). As partes devem ficar atentas quanto à forma de intimação da sentença adotada pelo magistrado, em especial, pela aplicação da Súmula 197, TST.

De acordo com o Decreto-Lei 779/69, o prazo é de 16 dias (em dobro) para a União, Estados, Distrito Federal e Municípios, bem como para as autarquias ou fundações de direito público federais, estaduais e municipais que não explorem atividades econômicas (art. 1º, III).

O Ministério Público também tem prazo em dobro para recorrer (art. 180, CPC).

O TST considera a ampliação dos prazos quando existir litisconsorte passivo, com procuradores distintos (art. 229, CPC), incompatível ao processo do trabalho (OJ 310, SDI-I).

O prazo também se encerra em dia útil (*dies ad quem*).

Cabe à parte o ônus de provar, quando da interposição do recurso, a existência de feriado local que autorize a prorrogação do prazo recursal. Na hipótese de feriado forense,[7] incumbirá à autoridade que proferir a decisão de admissibilidade certificar o expediente nos autos (Súm. 385, I e II, TST).

Não se admite a interposição simultânea ou cumulativa dos embargos de declaração, recurso ordinário e outro recurso pela parte interessada. Salvo as situações específicas e disciplinadas por lei, não pode haver a interposição simultânea de mais de um recurso quanto ao mesmo ato. A parte tem a obrigação de escolher o recurso adequado. Se escolher um apelo incorreto e de forma grosseira, estará precluso o direito quanto à recorribilidade. Esse princípio está inserido de forma implícita no ordenamento jurídico, ao contrário do que ocorria pelo CPC de 1939, em seu art. 809. Em outras palavras, significa que para cada ato jurisdicional existe um recurso único e adequado, de modo que não se podem exercer cumulativamente dois recursos contra a mesma decisão.[8]

8.9 PREPARO RECURSAL

No processo do trabalho, o preparo repousa no pagamento das custas processuais e do depósito recursal para o empregador e somente das custas para o empregado.

Se não houver o preparo, o recurso não será conhecido pela sua deserção.

Custas processuais e o depósito recursal devem ser pagos e comprovados no prazo recursal (art. 789, § 1º, CLT; Súm. 245, TST).

---

[7] Nessa hipótese, admite-se a reconsideração da análise da tempestividade do recurso, mediante prova documental superveniente, em agravo regimental, agravo de instrumento ou embargos de declaração (Súm. 385, III, TST).

[8] TST – 7ª T – AIRR-2856-30.2010.5.12.0000 – Rel. Min. Maria Doralice Novaes – j. 25-5-2011. TST – 7ª T. – AIRR 81940-02.2006.5.15.0012 – Rel. Min. Pedro Paulo Teixeira Manus – j. 3-3-2010. TST – 7ª T. – AIRR-830/1998-009-05-00.0 – Rel. Min. Pedro Paulo Teixeira Manus – j. 16-9-2009.

O STJ admite que o preparo seja efetuado no primeiro dia útil subsequente, quando a interposição do recurso ocorrer após o encerramento do expediente bancário (Súm. 484).

O art. 1.007, § 2º, CPC, prevê a possibilidade de a parte fazer a complementação do preparo recursal no prazo de cinco dias (custas processuais e depósito recursal). Segundo o TST, tal regra é aplicável ao processo do trabalho (OJ 140, SDI-I).

Aplicáveis também aos processos que envolvem questões decorrentes da ampliação da competência pela EC 45 (art. 2º, IN 27, TST),[9] as custas processuais no processo do trabalho, atualmente, são disciplinadas pelos arts. 789 ss. da CLT, e estão regulamentadas pela IN 20/02, do TST, e pelo Ato Conjunto 21, do TST.CSJT.GP.SG, de 7-12-2010, publicado no *DEJT* 9-12-2010.

A IN 3/93 disciplina as normas relativas ao depósito recursal (art. 899, CLT, art. 40, Lei 8.177/91, com redação da Lei 8.542/92).

Da mesma forma que ocorre com as custas processuais, o depósito recursal a que se refere o art. 899 da CLT é sempre exigível como requisito extrínseco do recurso, quando houver condenação em pecúnia nos processos que envolvam questões decorrentes da ampliação da competência da Justiça do Trabalho (art. 2º, parágrafo único, IN 27).

Em não havendo condenação em pecúnia, descabe o depósito recursal (Súm. 161, TST).

Estão isentos do pagamento de custas processuais a Administração Pública direta, autárquica e fundacional, o Ministério Público (art. 790-A, CLT) e os beneficiários da assistência judiciária gratuita (art. 5º, LXXIV, CF; arts. 98 ss., CPC; Lei 1.060/50; art. 790, § 3º, CLT).[10]

Nos termos do CPC (art. 98, § 1º), a gratuidade da justiça compreende: a) as taxas ou as custas judiciais; b) os selos postais; c) as despesas com publicação na imprensa oficial, dispensando-se a publicação em outros meios; d) a indenização devida à testemunha que, quando empregada, receberá do empregador salário integral, como se em serviço estivesse; e) as despesas com a realização de exame de código genético (DNA) e de outros exames considerados essenciais; f) os honorários do advogado e do perito e a remuneração do intérprete ou do tradutor nomeado para apresentação de versão em português de documento redigido em língua estrangeira; g) o custo com a elaboração de memória de cálculo, quando exigida para instauração da execução; h) os depósitos previstos em lei para interposição de recurso, para propositura de ação e para a prática de outros atos processuais inerentes ao exercício da ampla defesa e do contraditório; i) os emolumentos devidos a notários ou registradores em decorrência da prática de registro, averbação ou qualquer outro ato notarial necessário à efetivação de decisão judicial ou à continuidade de processo judicial no qual o benefício tenha sido concedido.

Com a Lei 13.467/17 (Reforma Trabalhista), o benefício da justiça gratuita no processo do trabalho não abrange: (a) os honorários periciais e os honorários advocatícios sucumbenciais, quando a parte sucumbente houver obtido em juízo créditos capazes de suportar a

---

[9] Art. 2º da IN 27 – A sistemática recursal a ser observada é a prevista na Consolidação das Leis do Trabalho, inclusive no tocante à nomenclatura, à alçada, aos prazos e às competências. Parágrafo único. O depósito recursal a que se refere o art. 899 da CLT é sempre exigível como requisito extrínseco do recurso, quando houver condenação em pecúnia.

[10] Sobre a assistência jurídica gratuita e integral às pessoas naturais, pessoas jurídicas e entes despersonalizados, sugerimos consultar *Direito Processual do Trabalho*, de Francisco Ferreira Jorge Neto e Jouberto de Quadros Pessoa Cavalcante. São Paulo: Atlas, 8. ed., 2019.

referida despesa processual (art. 790-B, *caput* e § 4º, CLT; art. 791-A, § 4º, CLT); (b) a hipótese de ausência do reclamante à audiência, salvo se comprovar, no prazo de quinze dias, que a ausência ocorreu por motivo legalmente plausível (art. 844, § 2º, CLT). Citadas alterações são aplicáveis às ações ajuizadas a partir de 11-11-2017 (arts. 6º e 12, *caput*, IN 41/18, TST).

8.9.1 Recolhimento das custas processuais

Custas processuais são espécie do gênero despesas processuais e visam à informação, propulsão e terminação do processo. As custas processuais têm natureza jurídica de taxas e submetem-se às regras e princípios de Direito Tributário. Assim também ocorre com os emolumentos.

As custas processuais trabalhistas correspondem a 2% sobre o valor do acordo judicial ou da condenação (arts. 789 ss., CLT), cujo valor mínimo é de R$ 10,64. Com a Lei 13.467, as custas processuais passaram a ter um teto equivalente a quatro vezes o limite máximo dos benefícios do Regime Geral de Previdência Social.

Se houver a extinção do processo, sem resolução de mérito, ou julgado totalmente improcedente, as custas incidirão sobre o valor da causa. Da mesma forma, nas ações declaratórias e nas ações constitutivas.

Quando o valor for indeterminado, incidirá sobre o valor que o juiz fixar.

Não sendo líquida a condenação, o juiz arbitrar-lhe-á o valor e fixará o montante das custas processuais.

As custas serão pagas pelo vencido, após o trânsito em julgado. No caso de recuso, as custas serão pagas e comprovado o recolhimento dentro do prazo recursal.

Em caso de acordo judicial, o pagamento caberá em partes iguais aos litigantes, salvo acordo das partes.

A partir de 1º de janeiro de 2011, nos termos do Ato Conjunto 21 TST.CSJT. GP.SG, de 7-12-2010:

    a) o pagamento das custas e dos emolumentos no âmbito da Justiça do Trabalho deverá ser realizado, exclusivamente, mediante Guia de Recolhimento da União (GRU Judicial), sendo ônus da parte interessada efetuar seu correto preenchimento;

    b) a emissão da GRU Judicial deverá ser realizada por meio do sítio da Secretaria do Tesouro Nacional na Internet (*www.stn.fazenda.gov.br*), ou em aplicativo local instalado no Tribunal, devendo o recolhimento ser efetuado exclusivamente no Banco do Brasil ou na Caixa Econômica Federal;

    c) o preenchimento da GRU Judicial deverá obedecer às orientações contidas no Anexo I do Ato Conjunto 21;

    d) o pagamento poderá ser feito em dinheiro em ambas as instituições financeiras ou em cheque somente no Banco do Brasil;

    e) serão utilizados os seguintes códigos de recolhimento:
       18740-2 – STN-CUSTAS JUDICIAIS (CAIXA/BB)
       18770-4 – STN-EMOLUMENTOS (CAIXA/BB)

O anexo I ao Ato Conjunto 21/10 prevê:

    a) o campo "Unidade Gestora" deverá ser preenchido com o código do tribunal favorecido pelo recolhimento, conforme relação constante do Anexo II;

b) no campo "Gestão" deverá constar o código 00001;
c) O campo "Código de Recolhimento" deverá ser preenchido com um dos seguintes códigos, conforme o caso:
18740-2 – STN-CUSTAS JUDICIAIS (CAIXA/BB)
18770-4 – STN-EMOLUMENTOS (CAIXA/BB)
d) O campo "número do processo/referência" deverá ser preenchido, sem pontos ou hifens, excluindo-se os quatro últimos dígitos, que deverão ser informados no campo "Vara";
e) Os demais campos deverão ser preenchidos conforme as regras estabelecidas pela Secretaria do Tesouro Nacional.

O anexo II ao Ato Conjunto 21/2010 traz os códigos (unidade gestora código) dos Tribunais:

Tribunal	Código
Tribunal Superior do Trabalho	080001
Tribunal Regional do Trabalho da 1ª Região	080009
Tribunal Regional do Trabalho da 2ª Região	080010
Tribunal Regional do Trabalho da 3ª Região	080008
Tribunal Regional do Trabalho da 4ª Região	080014
Tribunal Regional do Trabalho da 5ª Região	080007
Tribunal Regional do Trabalho da 6ª Região	080006
Tribunal Regional do Trabalho da 7ª Região	080004
Tribunal Regional do Trabalho da 8ª Região	080003
Tribunal Regional do Trabalho da 9ª Região	080012
Tribunal Regional do Trabalho da 10ª Região	080016
Tribunal Regional do Trabalho da 11ª Região	080002
Tribunal Regional do Trabalho da 12ª Região	080013
Tribunal Regional do Trabalho da 13ª Região	080005
Tribunal Regional do Trabalho da 14ª Região	080015
Tribunal Regional do Trabalho da 15ª Região	080011
Tribunal Regional do Trabalho da 16ª Região	080018
Tribunal Regional do Trabalho da 17ª Região	080019
Tribunal Regional do Trabalho da 18ª Região	080020
Tribunal Regional do Trabalho da 19ª Região	080022
Tribunal Regional do Trabalho da 20ª Região	080023
Tribunal Regional do Trabalho da 21ª Região	080021
Tribunal Regional do Trabalho da 22ª Região	080024
Tribunal Regional do Trabalho da 23ª Região	080025
Tribunal Regional do Trabalho da 24ª Região	080026

O art. 1.007, § 2º, CPC, prevê a possibilidade de a parte fazer a complementação do preparo recursal no prazo de cinco dias (custas processuais e depósito recursal). Segundo o TST, tal regra é aplicável ao processo do trabalho (OJ 140, SDI-I).

8.9.1.1 Custas processuais em caso de inversão de sucumbência

A parte vencedora na primeira instância, se vencida na segunda, está obrigada, independentemente de intimação, a pagar as custas fixadas na sentença originária, das quais ficará isenta a parte então vencida (Súm. 25, I, TST).

No caso de inversão do ônus de sucumbência em segundo grau, sem acréscimo ou atualização do valor das custas e se estas já foram devidamente recolhidas, descabe um novo pagamento pela parte vencida, ao recorrer. Deverá ao final, se sucumbente, reembolsar a quantia (Súm. 25, II).

Não caracteriza deserção a hipótese em que, acrescido o valor da condenação, não houve fixação ou cálculo do valor devido a título de custas e tampouco intimação da parte para o preparo do recurso, devendo ser as custas pagas ao final (Súm. 25, III).

O reembolso das custas à parte vencedora faz-se necessário mesmo na hipótese em que a parte vencida for pessoa isenta do seu pagamento, nos termos do art. 790-A, parágrafo único, da CLT (Súm. 25, IV).

Caso o Reclamante seja beneficiário da justiça gratuita e se tenha a reversão das custas processuais, não é possível lhe impor a obrigação pelo ressarcimento das custas despendidas pela reclamada. Desse modo, a reclamada deverá buscar a restituição da quantia recolhida aos cofres da União, conforme o disposto no Ato Conjunto 21/10 do TST e do CSJT, arts. 8º e 9º da IN 2/09, da Secretaria do Tesouro Nacional, IN 20/02, do TST, bem como o Provimento GP/CR 7/19, do TRT da 2ª Região.

8.9.1.2 Modelo de Guia de Recolhimento da União (GRU Judicial)

Gerado a partir do sítio da Secretaria do Tesouro nacional

MINISTÉRIO DA FAZENDA SECRETARIA DO TESOURO NACIONAL Guia de Recolhimento da União GRU JUDICIAL	Código de Recolhimento	
	Número do Processo	
	Competência	
	Vencimento	
Nome do Requerente /Autor:	CNPJ ou CPF do Requerente	
Nome da Unidade Favorecida:	UG / Gestão	
Nome do Requerido/Réu:	(=) Valor do Principal	
CNPJ/CPF do Requerido/Réu:	(–) Desconto/Abatimento	
Seção Judiciária: Vara: Classe:	(–) Outras deduções	
Base de Cálculo:	(+) Mora / Multa	
Instruções: As informações inseridas nessa guia são de exclusiva responsabilidade do contribuinte, que deverá, em caso de dúvidas, consultar a Unidade Favorecida dos recursos. Pagamento Exclusivo na Caixa Econômica Federal ou no Banco do Brasil S/A [STN9303F4F10A79F494C367F3CFE14EACA3]	(+) Juros / Encargos	
	(+) Outros Acréscimos	
	(=) Valor Total	

86800000000-3 05530280187-3 70001042032-6 41738000133-0

8.9.2 Garantia recursal e o depósito recursal

Além de ser um pressuposto processual recursal objetivo de admissibilidade do recurso trabalhista, a garantia recursal (depósito recursal) implica em ser uma forma de garantia da futura execução por quantia certa.

Vale dizer, o objetivo da garantia recursal é impor dificuldades à interposição de recursos protelatórios e até certo ponto garantir a execução da sentença.

Pondere-se que o depósito recursal não tem natureza de taxa de recurso e sim de garantia do juízo recursal[11] (art. 899, CLT; art. 40, Lei 8.177/91).

A exigência quanto à garantia e ao depósito somente é do empregador, não podendo ser imposto ao empregado, mesmo que sofra uma condenação decorrente de uma reconvenção.

Nesse sentido, Teixeira Filho[12] ensina: *"Essa exigência, como é elementar, concerne apenas ao empregador ou ao réu. Daí por que dele estará dispensado o empregado, mesmo que tenha sido, em virtude de reconvenção formulada pelo empregador, condenado ao pagamento de certa quantia em favor deste".*

Carlos Zangrando[13] indica que nas demandas cujo objeto de apreciação é a relação jurídica empregatícia, não há dúvidas de que a obrigação do depósito recursal seja do empregador, se vencido e desde que decisão envolva obrigação de pagar: *"No sistema de competência restrita às lides derivadas da relação de emprego, a lei parece indicar que apenas o empregador, quando vencido e condenado em pecúnia, estaria obrigado a efetuar o depósito, se desejasse recorrer. Chega-se a essa conclusão pois o § 4º do art. 899 da CLT determina expressamente que o depósito recursal far-se-á na conta vinculada do FGTS do empregado. Além disso, o § 5º desse mesmo artigo instrui no sentido de que, se o empregado ainda não tiver conta vinculada aberta em seu nome, a empresa procederá à respectiva abertura. Ora, o empregador não possui, e nunca possuirá, 'conta vinculada' do FGTS. Logo, se interpretarmos o art. 899 em conjunto com os §§ 4º e 5º, logo, observamos que a exigência legal do depósito se refere ao empregador/reclamado, em relação ao empregado/reclamante. Dessa forma, a primeira interpretação que se tem é: na reclamação trabalhista fundada na relação de emprego, o depósito recursal é devido apenas pelo empregador, se vencido e condenado em pecúnia. Portanto, não possui qualquer sentido a interpretação de que o depósito recursal seria exigível do 'empregado' recorrente que fora vencido na demanda, ainda que condenado em pecúnia, em relação ao empregador".*

Para Carlos Zangrando,[14] *"a rigor, entendemos que não seria exigível o depósito recursal naqueles processos de competência da Justiça do Trabalho, mas que não envolvam relação de emprego. Porém, já decidiu o TST que as demandas abrangidas pela nova competência da Justiça do Trabalho devem ser aplicadas às regras do Processo do Trabalho, previstas na CLT, e não às do Código de Processo Civil (IN/TST nº 27/05, art. 2º, parágrafo único). Assim, mesmo nas demandas envolvendo relação de trabalho, havendo condenação a pagamento em pecúnia, é exigível o depósito recursal".*

---

[11] "A natureza jurídica do depósito é que se trata de uma taxa de recurso que pressupõe decisão condenatória ou executória de obrigação de pagamento em pecúnia, com valor líquido ou arbitrado" (NASCIMENTO, Amauri Mascaro. *Curso de direito processual do trabalho*, 27. ed., p. 707).

[12] TEIXEIRA FILHO, Manoel Antonio. *Curso de direito processual do trabalho*, v. 2, p. 1500.

[13] ZANGRANDO, Carlos. *Processo do trabalho*: processo de conhecimento, t. II, p. 1451.

[14] ZANGRANDO, Carlos. Ob. cit., t. II, p. 1452.

Contudo, após a alteração da competência material trabalhista, com o advento da EC 45, é exigível o depósito recursal, para as denominadas relações de trabalho, independente de quem seja o vencido pela condenação (empregado, empregador, ou qualquer outro). Nesse sentido, temos a IN 27/05 do TST, que em seu art. 2º enuncia que a sistemática recursal a ser observada é a regulada pela CLT, inclusive no tocante à nomenclatura, à alçada, aos prazos e às competências, sendo que o depósito recursal a ser exigível, como requisito extrínseco do recurso, quando houver condenação em pecúnia, é o previsto no art. 899, CLT.

A exigência quanto ao depósito somente é do empregador, não podendo ser imposto ao empregado, mesmo que sofra uma condenação decorrente de uma reconvenção.

A exigência quanto ao depósito recursal pressupõe decisão condenatória ou executória de obrigação de pagamento com valor líquido ou arbitrado. Não havendo condenação em pecúnia, é desnecessário o depósito (Súm. 161, TST).

Segundo o TST, em havendo condenação solidária de duas ou mais empresas, o depósito recursal efetuado por uma delas aproveita as demais, quando a empresa que efetuou o depósito não pleiteia sua exclusão da lide (Súm. 128, III).

A IN 3/93 do TST aprova as normas relativas ao depósito recursal.

Nos termos da IN 18/98 do TST: "*Considera-se como válida a comprovação do depósito recursal na Justiça do Trabalho a guia respectiva em que conste pelo menos o nome do Recorrente e do Recorrido; o número do processo; a designação do juízo por onde tramitou o feito e a explicitação do valor depositado, desde que autenticada pelo banco recebedor*".

Até o advento da Lei 13.467, o recolhimento do depósito recursal era feito em Guia de Recolhimento do Fundo de Garantia do Tempo de Serviço e Informações à Previdência Social (GFIP). Era admissível o depósito judicial, realizado na sede do juízo e à disposição deste, na hipótese de relação de trabalho não submetida ao regime do FGTS (Súm. 426, TST). O depósito recursal deveria ser efetuado na conta vinculada do FGTS do empregado, sendo que o credenciamento dos bancos para o fim de recebimento do depósito recursal é fato notório, independendo da prova (Súm. 217).

Com a Lei 13.467, o depósito recursal deve ser efetuado em conta vinculada ao juízo e corrigido com os mesmos índices da poupança (art. 899, § 4º, CLT). Além disso, a garantia recursal poderá ser realizada por fiança bancária ou seguro garantia judicial (art. 899, § 11). As alterações legislativas impostas pela Reforma (Lei 13.467) são aplicáveis aos recursos interpostos contra as decisões proferidas a partir de 11-11-2017 (art. 20, IN 41/18, TST). Como modelo de guia, deverá ser adotado o padrão estabelecido na IN 36/12, TST. O Ato Conjunto TST.CSJT.CGJT 1/19, dispõe sobre o uso do seguro garantia judicial e fiança bancária em substituição a depósito recursal e para garantia da execução trabalhista.

Os depósitos judiciais serão realizados em conta judicial pelos seguintes meios disponíveis: (a) depósito direto em espécie ou cheque; (b) boleto bancário; (c) transferência eletrônica disponível (TED); (d) penhora eletrônica de dinheiro (BACEN-JUD); (e) cartão de crédito ou débito, sem ônus para a Justiça do Trabalho (arts. 1º e 4º, IN 36).

Os depósitos judiciais serão efetivados pelo interessado diretamente na instituição financeira depositária (Banco do Brasil S.A. e Caixa Econômica Federal).

A comprovação do depósito recursal deverá ocorrer no prazo do recurso; a interposição antecipada não prejudica a dilação legal (Súm. 245, TST; art. 7º, Lei 5.584/70).

Não é essencial para a validade da comprovação do depósito recursal a indicação do número do PIS/PASEP na guia respectiva (OJ 264, SDI-I).

A partir de agosto de 2021 (Ato SEGJUD.GP 175/21), os valores máximos do depósito recursal (teto do depósito recursal) são: (a) R$ 10.986,80, no caso de interposição de recurso ordinário; (b) R$ 21.973,60, no caso de interposição de recurso de revista e embargos no TST; (c) R$ 21.973,60 no caso de interposição de recurso em ação rescisória.

É ônus da parte efetuar o depósito legal integralmente, em relação a cada novo recurso interposto, sob pena de deserção. Atingido o valor da condenação, nenhum depósito mais é exigido para qualquer recurso (Súm. 128, I, TST).

De acordo com a posição atual do TST, como regra, o valor do depósito corresponde ao valor da condenação, observado o limite exigido para cada recurso. Depositado o valor total da condenação, nenhum depósito será exigido nos recursos das decisões posteriores, exceto se o valor da condenação vier a ser ampliado. Se o valor constante do primeiro depósito, efetuado no limite legal, for inferior ao da condenação, será devida complementação do depósito em recurso posterior, observado o valor nominal remanescente da condenação e/ou os limites legais de cada novo recurso.

Exemplifiquemos: (a) se o valor da condenação é de R$ 3.000,00, a parte deverá depositar esse montante; (b) se o valor da condenação é de R$ 15.000,00, o depósito para o recurso ordinário será de R$ 10.986,80; no caso do recurso de revista, se mantido o valor da condenação no âmbito do TRT, somente irá depositar a diferença (R$ 4.013,20); (c) a condenação de primeiro grau é de R$ 100.000,00; no ordinário, o depósito será de R$ 10.986,80; no recurso de revista, o valor será de R$ 21.973,60; nos embargos no TST, R$ 21.973,60.

Segundo o STF, não se pode exigir o depósito recursal ou mesmo garantia recursal para o recurso extraordinário oriundo da Justiça do Trabalho (Tema 679, de repercussão geral, RE 607447, Rel. Min. Marco Aurélio).[15]

O depósito recursal não é exigido para a União, os Estados, o Distrito Federal, Municípios, autarquias ou fundações de Direito Público (art. 1º, IV, Decreto-Lei 779/69), massa falida (Súm. 86, TST), herança jacente e Ministério Público. Com a Lei 13.467, também estão dispensados do recolhimento do depósito recursal os beneficiários da justiça gratuita, as entidades filantrópicas e as empresas em recuperação judicial (art. 899, § 10, CLT).

No caso de entidades filantrópicas, é imprescindível a apresentação de certidão válida de filantropia – CEBAS (Lei 12.101/09).

No caso de entidades sem fins lucrativos, empregadores domésticos, microempreendedores individuais, microempresas e empresas de pequeno porte o valor do depósito recursal será reduzido pela metade (art. 899, § 9º, CLT, Lei 13.467).

A empresa em liquidação extrajudicial é obrigada a efetuar o depósito recursal (Súm. 86, TST).

---

[15] "Surge incompatível com a Constituição Federal exigência de depósito prévio como condição de admissibilidade do recurso extraordinário, no que não recepcionada a previsão constante do § 1º do artigo 899 da Consolidação das Leis do Trabalho, sendo inconstitucional a contida na cabeça do artigo 40 da Lei nº 8.177 e, por arrastamento, no inciso II da Instrução Normativa nº 3/1993 do Tribunal Superior do Trabalho".

O art. 1.007, § 2º, CPC, prevê a possibilidade de a parte fazer a complementação do preparo recursal no prazo de cinco dias (custas processuais e depósito recursal, OJ 140, SDI-I).

Havendo recurso ordinário em ação rescisória, o depósito recursal só é exigível quando for julgado procedente o pedido, com a imposição de condenação em pecúnia, devendo esse ser efetuado no prazo recursal, no limite e nos termos da legislação vigente (Súm. 99, TST).

Além do recurso ordinário, o depósito recursal é exigível nos seguintes recursos: recurso de revista, embargos no TST, recurso extraordinário, recurso adesivo (Súm. 283), agravo de petição, quando não garantida integralmente a execução (Súm. 128, II), e no agravo de instrumento (art. 899, §§ 7º e 8º, CLT). Em maio de 2020, o STF entendeu que o depósito recursal não é mais exigível quando da interposição do recurso extraordinário (Tema 679 – Repercussão Geral).

Com o advento da Lei 12.275/10, e a inclusão do § 7º ao art. 899, CLT, passou-se a exigir o depósito recursal para o agravo de instrumento no ato de interposição do recurso, correspondente a 50% do valor do depósito do recurso ao qual se pretende destrancar.

Não é exigível: (a) agravo de instrumento, quando interposto pelo reclamante; (b) agravo de instrumento com a finalidade de destrancar recurso de revista que se insurge contra decisão que contraria a jurisprudência uniforme do TST, consubstanciada nas suas Súmulas ou em OJs (art. 899, § 8º, CLT); (c) agravo de petição, quando garantida integralmente a execução; (d) embargos de declaração; (e) pedido de revisão; (f) agravo regimental.

8.9.2.1 Modelo de Guia de Recolhimento

Vias 1ª, 2ª, 3ª e 4ª

Banco XPTO				Depósito Judicial Trabalhista Acolhimento do Depósito			
Mensagem do Banco XPTO		Tipo de depósito ☐ 1. Primeiro 2. Em continuação		Nº da conta judicial		Para primeiro depósito fornecido pelo sistema	
Processo nº		TRT ª Região	Órgão/Vara	Agência (prefixo / DV)			
				Município		Nº do ID Depósito	
Réu / reclamado						CPF/CNPJ – réu/reclamado	
Autor / reclamante						CPF/CNPJ – autor/reclamante	
Depositante					CPF/CNPJ – depositante	Origem do depósito Bco. / Ag. / Cta.	
Motivo do Depósito ☐ 1. Garantia do Juízo 2. Pagamento 3. Consignação em pagto. 4. Outros				Depósito em: ☐ 1. Dinheiro 2. Cheque	Valor total (soma 1 ao 14) R$	Data da atualização / /	
(1) Valor principal	(2) FGTS/Conta Vinculada	(3) Juros		(4) Leiloeiro	(5) Editais	(6) INSS Reclamante	
(7) INSS Reclamado	(8) Custas	(9) Emolumentos		(10) Imposto de Renda	(11) Multas	(12) Honorários advocatícios	
(13) Honorários Periciais (a) Engenheiro	(b) Contador	(c) Documentoscópio		(d) Intérprete	(e) Médico	(f) Outras perícias	
(14) Outros	Observações					Opcional – Uso órgão expedidor Guia nº	
						Autenticação Mecânica	

8.9.2.2 Requisitos – seguro garantia judicial e carta de fiança

SEGURO GARANTIA JUDICIAL

REQUISITOS	Previsão no Ato Conjunto TST/CSJT/CGJT nº 1, de 16/10/2019 (DEJT 17/10/2019)
1. Ser prestado por seguradora idônea e devidamente autorizada a funcionar no Brasil. A idoneidade será presumida mediante apresentação de certidão de regularidade da sociedade seguradora perante a SUSEP.	Art. 3º, *caput*; art. 5º, III e § 1º
2. O valor segurado inicial deverá ser igual ao montante da condenação, acrescido de, no mínimo 30%, observados os limites estabelecidos pela Lei 8.177 e pela Instrução Normativa 3 do TST.	Art. 3º, II
3. Previsão de atualização da indenização pelos índices legais aplicáveis aos débitos trabalhistas.	Art. 3º, III
4. Manutenção da vigência do seguro, mesmo quando o tomador não houver pago o prêmio nas datas convencionadas, com base no art. 11, § 1º, da Circular 477 da SUSEP e em renúncia aos termos do art. 763 do Código Civil e do art. 12 do Decreto-Lei 73, de 21 de novembro de 1966.	Art. 3º, IV
5. Referência ao número do processo judicial.	Art. 3º, V
6. O valor do prêmio.	Art. 3º, VI
7. Vigência da apólice de, no mínimo, 3 (três) anos.	Art. 3º, VII
8. Estabelecimento das situações caracterizadoras da ocorrência de sinistro nos termos do art. 9º do Ato Conjunto.	Art. 3º, VIII
9. Endereço atualizado da seguradora.	Art. 3º, IX
10. Cláusula de renovação automática	Art. 3º, X
11. O recorrente deverá observar as diretrizes previstas no item II da Instrução Normativa 3 do TST, no que diz respeito à complementação em caso de recursos sucessivos, quando não atingido o montante da condenação, ou em casos de sua majoração. A complementação de depósito em espécie poderá ser feita mediante seguro garantia.	Art. 3º, §§ 2º e 3º
12. Documentação a ser apresentada: I – apólice do seguro garantia; II – comprovação de registro da apólice na SUSEP; III – certidão de regularidade da sociedade seguradora perante a SUSEP.	Art. 5º
13. Ao receber a apólice, deverá o juízo conferir a sua validade mediante cotejo com o registro constante do sítio eletrônico da SUSEP no endereço https://www2.susep.gov.br/safe/menumercado/regapolices/pesquisa.asp.	Art. 5º, § 2º

CRITÉRIO TEMPORAL: as disposições do Ato Conjunto TST/CSJT/CGJT nº 1 serão aplicadas aos seguros garantia judiciais e às cartas de fiança bancária apresentados após a vigência da Lei 13.467/17, cabendo ao magistrado, se for o caso, deferir prazo razoável para a devida adequação (art. 12).

O seguro garantia não pode conter: cláusula de desobrigação decorrente de atos de responsabilidade exclusiva do tomador, da seguradora ou de ambos, tampouco cláusula que permita sua rescisão, ainda que de forma bilateral (art. 3º, § 1º).

Consequências da apresentação da apólice sem a observância do previsto nos artigos 3º, 4º e 5º: o não processamento ou não conhecimento do recurso, por deserção (art. 6º, II).

CARTA DE FIANÇA BANCÁRIA

REQUISITOS	Previsão no Ato Conjunto TST/CSJT/CGJT nº 1, de 16/10/2019 (DEJT 17/10/2019)
1. Ser prestado por seguradora idônea e devidamente autorizada a funcionar no Brasil. A idoneidade será presumida mediante apresentação de certidão de regularidade da sociedade seguradora perante a SUSEP.	Art. 3º, *caput*; art. 5º, III e § 1º
2. O valor segurado deverá ser igual ao montante original do débito executado com os encargos e os acréscimos legais, inclusive honorários advocatícios, assistenciais e periciais, devidamente atualizado pelos índices legais aplicáveis aos débitos trabalhistas na data da realização do depósito, acrescido de, no mínimo, 30% (Orientação Jurisprudencial 59 da SBDI-II do TST).	Art. 3º, I
3. Previsão de atualização da indenização pelos índices legais aplicáveis aos débitos trabalhistas.	Art. 3º, III
4. Manutenção da vigência do seguro, mesmo quando o tomador não houver pago o prêmio nas datas convencionadas, com base no art. 11, § 1º, da Circular 477 da SUSEP e em renúncia aos termos do art. 763 do Código Civil e do art. 12 do Decreto-Lei 73, de 21 de novembro de 1966.	Art. 3º, IV
5. Referência ao número do processo judicial.	Art. 3º, V
6. O valor do prêmio.	Art. 3º, VI
7. Vigência da apólice de, no mínimo, 3 (três) anos.	Art. 3º, VII
8. Estabelecimento das situações caracterizadoras da ocorrência de sinistro nos termos do art. 9º deste Ato Conjunto.	Art. 3º, VIII
9. Endereço atualizado da seguradora.	Art. 3º, IX
10. Cláusula de renovação automática.	Art. 3º, X
11. Documentação a ser apresentada: I – apólice do seguro garantia; II – comprovação de registro da apólice na SUSEP; III – certidão de regularidade da sociedade seguradora perante a SUSEP.	Art. 5º

REQUISITOS	Previsão no Ato Conjunto TST/CSJT/ CGJT nº 1, de 16/10/2019 (DEJT 17/10/2019)
12. Ao receber a apólice, deverá o juízo conferir a sua validade mediante cotejo com o registro constante do sítio eletrônico da SUSEP no endereço https://www2.susep.gov.br/safe/menumercado/regapolices/pesquisa.asp.	Art. 5º, § 2º

CRITÉRIO TEMPORAL: as disposições do Ato Conjunto TST/CSJT/CGJT nº 1 serão aplicadas aos seguros garantia judiciais e às cartas de fiança bancária apresentados após a vigência da Lei 13.467/17, cabendo ao magistrado, se for o caso, deferir prazo razoável para a devida adequação (art. 12).

O seguro garantia não pode conter: cláusula de desobrigação decorrente de atos de responsabilidade exclusiva do tomador, da seguradora ou de ambos, tampouco cláusula que permita sua rescisão, ainda que de forma bilateral (art. 3º, § 1º).

Consequências da apresentação da apólice sem a observância do previsto nos artigos 3º, 4º e 5º: o não conhecimento de eventuais embargos opostos e a determinação de penhora livre de bens (art. 6º, I).

8.9.3 Substituição do depósito recursal por outra forma de garantia

Com a alteração dos arts. 7º e 8º do Ato Conjunto TST.CSJT.CGJT 1/2019, em maio/2020, é possível a substituição do depósito recursal feito em pecúnia por outra forma de garantia recursal, desde que observadas as exigências para a aceitação da apólice de seguro ou carta de fiança bancária.

8.9.4 Multas processuais e o preparo recursal

Pela aplicação do CPC, o juiz ou tribunal, de ofício ou a requerimento, condenará o litigante de má-fé a pagar multa superior a 1% e inferior a 10% sobre o valor da causa corrigido e a indenizar a parte contrária dos prejuízos que esta sofreu, mais os honorários advocatícios e todas as despesas que efetuou (art. 81, CPC).

Com a Lei 13.467, no processo do trabalho, responde por perdas e danos aquele que litigar com má-fé (reclamante, reclamado ou interveniente).[16] O litigante de má-fé será condenado a pagar multa superior a 1% e inferior a 10% sobre o valor da causa corrigido, além de indenizar os prejuízos causados e arcar com os honorários advocatícios e as despesas processuais (arts. 793-A e 793-C, CLT). Considera-se litigância de má-fé: (a) deduzir pretensão ou defesa contra texto expresso de lei ou fato incontroverso; (b) alterar a verdade dos fatos; (c) usar do processo para conseguir objetivo ilegal; (d) opor

---

[16] Pela IN 41/18, TST, tem-se que: (a) os arts. 793-A, 793-B e 793-C, § 1º, CLT, têm aplicação autônoma e imediata (art. 7º); (b) a condenação prevista no *caput* do art. 793-C, CLT, aplica-se apenas às ações ajuizadas a partir de 11-11-2017 (art. 8º); (c) o art. 793-C, §§ 2º e 3º, CLT, aplica-se somente para as ações ajuizadas a partir de 11-11-2017 (art. 9º).

resistência injustificada ao andamento do processo; (e) proceder de modo temerário em qualquer incidente ou ato do processo; (f) provocar incidente manifestamente infundado; (g) interpor recurso com intuito manifestamente protelatório (art. 793-B, I a VII).

Quando forem dois ou mais os litigantes de má-fé, o juízo condenará cada um na proporção de seu respectivo interesse na causa ou solidariamente aqueles que se coligaram para lesar a parte contrária (art. 793-C, § 1º).

Na hipótese em que o valor da causa for irrisório ou inestimável, a multa poderá ser fixada em até duas vezes o limite máximo dos benefícios do Regime Geral de Previdência Social (art. 793-C, § 2º).

O valor da indenização será fixado pelo juízo ou, caso não seja possível mensurá-lo, liquidado por arbitramento ou pelo procedimento comum, nos próprios autos (art. 793-C, § 3º).

Para o TST, o recolhimento do valor da multa imposta por litigância de má-fé não é pressuposto objetivo para interposição dos recursos de natureza trabalhista. Assim, é inaplicável o regramento processual civil como fonte subsidiária, uma vez que, na Justiça do Trabalho, as custas serão reguladas pelo art. 789, CLT (OJ 409, SDI-I).

A multa imposta, quando manifestamente inadmissível ou infundado o agravo (arts. 932 e 1.021, §§ 2º a 5º, CPC; IN 17/00, TST), deverá ser recolhida para fins de preparo sob pena de deserção, à exceção da Fazenda Pública e do beneficiário de justiça gratuita, que farão o pagamento ao final (OJ 389, SDI-I).

A imposição da multa, por reiteração de embargos declaratórios protelatórios (art. 1.026, § 3º, CPC), também deverá ser recolhida para fins de preparo, sob pena de deserção quanto ao recurso interposto.

As multas devem ser recolhidas em guia de depósito comum (art. 103, Consolidação dos Provimentos da Corregedoria-Geral da Justiça do Trabalho; IN 36/12, TST).

8.10 EFEITOS

O recurso ordinário possui os seguintes efeitos: devolutivo (art. 899, CLT), translativo, substitutivo (se admitido como um dos efeitos dos recursos) e extensivo.

O efeito devolutivo é inerente aos recursos, consiste em dar ao órgão *ad quem* o conhecimento da matéria impugnada. Efeito também inerente aos recursos trabalhistas (arts. 899 e 896, § 1º, CLT).

A apelação devolverá ao tribunal o conhecimento da matéria impugnada (art. 1.013, *caput*, CPC). A exata configuração do efeito devolutivo é um problema que se desdobra em dois aspectos, um concerne à extensão do efeito e outro à sua profundidade.

Por disposição legal, serão objeto de apreciação e julgamento pelo tribunal todas as questões suscitadas e discutidas no processo, ainda que a sentença não as tenha julgado por inteiro (art. 1.013, § 1º, CPC; Súm. 393, TST), e, quando o pedido ou a defesa tem mais de um fundamento, e o juiz acolhe apenas um deles, a apelação devolve ao tribunal o conhecimento dos demais (art. 1.013, § 2º).

O TST não conhece de recurso pela ausência dos fundamentos de fato e de direito – requisitos de admissibilidade (art. 1.010, II e III, CPC), quando as razões do recorrente não impugnam os fundamentos da decisão recorrida, nos termos em que fora proposta (Súm. 422, I).

No julgamento do recurso, o tribunal deve decidir desde logo o mérito quando: (a) reformar sentença fundada no art. 485 (extinção da demanda sem resolução de mérito); (b) decretar a nulidade da sentença por não ser ela congruente com os limites do pedido ou da causa de pedir; (c) constatar a omissão no exame de um dos pedidos, hipótese em que poderá julgá-lo. Para que se tenha o julgamento de mérito, é necessário que a parte, antes da oposição do recurso, tenha discutido a omissão junto a instância a quo, via interposição de embargos declaratórios. Caso não tenha interposto os embargos, a matéria estará preclusa; (d) decretar a nulidade de sentença por falta de fundamentação (art. 1.013, § 3º, I a IV, CPC); (e) quando o acórdão reformar a sentença, a qual tenha reconhecido a prescrição ou a decadência, o tribunal deverá julgar o mérito, procedendo ao exame das demais matérias, sem que se tenha o retorno dos autos ao juízo de primeiro grau (art. 1.013, § 4º, CPC).

Como regra geral, não possui o efeito suspensivo, de modo que é possível a execução provisória do título judicial por cumprimento provisório de sentença ("carta de sentença") (art. 520, CPC).

Contudo, cumpre destacar que o sistema jurídico prevê a existência do efeito suspensivo ao recurso ordinário em dissídio coletivo na medida e extensão conferidas em despacho pelo presidente do TST (art. 14, Lei 10.192/01), a ser requerido nos termos do Regimento Interno do TST.

O recurso ordinário trabalhista não tem efeito suspensivo, ainda que a sentença tenha concedido tutela provisória. Inaplicável o art. 1.012, V, CPC, ao processo trabalhista. Demonstrando a ausência dos requisitos legais para a concessão da medida, o recorrente deverá solicitar a concessão excepcional do efeito suspensivo ao recurso ordinário em razões dirigidas ao Tribunal e requerer em petição, devidamente instruída, ao tribunal, ao relator ou ao presidente ou ao vice-presidente do tribunal recorrido, por aplicação subsidiária ao processo do trabalho do art. 1.029, § 5º, I a III, CPC (incidente de efeito suspensivo) (Súm. 414, I, TST; arts. 294 ss., CPC). Vale dizer, não será mais necessário o ajuizamento de uma ação cautelar incidental para fins de obtenção do efeito suspensivo ao recurso ordinário.

8.10.1 Modelo de pedido de concessão de efeito suspensivo ao recurso ordinário

EXCELENTÍSSIMO SENHOR DOUTOR DESEMBARGADOR PRESIDENTE DO EGRÉGIO TRIBUNAL REGIONAL DO TRABALHO DA 2ª REGIÃO
(10 cm)
PEDIDO DE EFEITO SUSPENSIVO – COM MÁXIMA URGÊNCIA
Autos do Processo Originário nº: 1000597-58.2019.5.02.0056

DIÁRIO DE BAURU LTDA., (nº do CNPJ), (nº do CEI), (endereço físico e eletrônico), por seu advogado (nome completo), o qual receberá as intimações e notificações (endereço físico e eletrônico), vem, à presença de Vossa Excelência, apresentar seu **PEDIDO DE CONCESSÃO DE EFEITO SUSPENSIVO**, com fundamento no art. 1.029, CPC e na Súmula 444, TST, em face de **PEDRO BARRETO** (nacionalidade), (estado civil), (profissão), (nº do CPF), (nº do RG e órgão expedidor), (nº da CTPS), (nº do PIS/PASEP ou do NIT), (data de nascimento), (nome da mãe), (endereço físico e eletrônico), pelas razões de fato e de direito que passa a expor.

1 DO CABIMENTO DA PRESENTE MEDIDA

Como é de notório saber, o cabimento do incidente de efeito suspensivo tem respaldo nos arts. 1.012, § 1º, inciso V, e 1.029, § 5º, CPC, além do contido na jurisprudência sumulada do TST (Súm. 414, I).

A pretensão repousa na concessão de efeito suspensivo ao recurso ordinário interposto contra a sentença *a quo* que determinou à Requerente que, no prazo de 15 (quinze) dias, independente do trânsito em julgado, proceda à liberação das guias do seguro-desemprego e do FGTS ao Requerido, sob pena de multa diária.

Sem a decisão final de mérito, é inegável que essa determinação judicial representa uma situação em que possa ter a ocorrência de dano grave ou de difícil reparação ao Requerente.

Assim, a Requerente pretende a concessão de efeito suspensivo ao seu recurso ordinário (doc. __).

2 BREVE RESUMO DOS FATOS

No exercício do direito de ação, o ex-empregado postulou em juízo a reversão da justa causa aplicada (Processo nº __), e solicitou a condenação da Requerente a proceder a entregar dos documentos necessários para o saque do FGTS e do seguro-desemprego.

O magistrado da __ª Vara do Trabalho de São Paulo entendeu pela parcial procedência da ação, revertendo a justa causa aplicada e determinando a entrega de guias de seguro desemprego e para saque de FGTS, em 15 dias após a publicação da sentença, sob pena de multa diária de R$ 200,00, limitada ao valor de R$ 10.000,00.

Diante da decisão mencionada e de seus efeitos imediatos, a Requerente pretende a atribuição de feito suspensivo ao seu recurso ordinário.

3 VALIDADE DA DISPENSA COM JUSTA CAUSA

Consoante o teor da defesa apresentada na demanda (Processo nº __), a Requerente alegou a prática da justa causa, o que representa um empecilho legal as liberações pretendidas.

Como restou comprovado, o Requerido forjou a assinatura de uma cliente da Requerente para obter o preenchimento da meta mensal de venda de assinaturas eletrônicas do jornal.

Apesar do conjunto probatório (depoimentos pessoais e testemunhais, além de documentos), a justa causa aplicada não foi reconhecida sob o fundamento de que não houve imediata punição.

De forma breve, tem-se que os fatos são: (a) a falsificação da assinatura ocorreu no dia 25-11-2020 (doc. __); (b) no dia 5-12-2020, por reclamação telefônica junto ao SAC (Serviço de Atendimento ao Consumidor), o Sr. Neiva dos Santos apresentou uma reclamação de cobrança bancária de uma assinatura de jornal (doc. __); (c) o setor de ocorrências e reclamações internas da empresa passou a analisar todo o ocorrido a partir do dia 10-12-2020, por meio sindicância e, para que não ocorressem dúvidas, o Requerido foi ouvido no dia 08-1-2021; (d) no seu depoimento junto à Sindicância, o Requerente confessou que assinou pelo cliente, para que pudesse atingir as suas metas (operador de televendas das assinaturas eletrônicas de jornais) (doc. __); (e) diante da confissão, o Requerido foi dispensado em 27-1-2021.

Pondere-se que tais provas foram reconhecidas pela sentença a quo, contudo, o juiz a quo entendeu, considerando a demora de todo o procedimento interno, acabou por reverter a justa causa aplicada e condenando o empregador ao pagamento das verbas rescisórias, além da imediata liberação dos documentos para fins de saque do FGTS e do seguro-desemprego.

O fundamento da reversão é a falta de imediatidade entre o fato gerador e a aplicação da justa causa, eis que a sindicância perdurou por mais de 30 (trinta) dias.

Friso que a empresa esteve em férias coletivas no período do dia 22-12-2020 até o dia 02-01--2021.

Evidente o equívoco interpretativo. Os cuidados e o tempo na investigação interna são necessários para se evitar injustiças, além de preservar os princípios e valores de respeito a todos os envolvidos, sejam clientes, empregados ou outros.

Com base nestes singelos argumentos, evidencia-se a probabilidade do direito pretendido pelo Requerente, já que desprovido de qualquer fundamento legal a sentença que determinou entrega de guias para a Requerida.

4 PREJUÍZO INERENTE DA ENTREGA DE GUIAS AO REQUERIDO

Nos termos do art. 899, CLT, os recursos trabalhistas terão efeito devolutivo, sendo permitido a execução provisória do julgado até a penhora antes do trânsito em julgado, exatamente em razão da precariedade da decisão de primeiro grau.

Com a imediata entrega das guias de saque do FGTS e do seguro-desemprego no curso do processo de conhecimento e com a controvérsia pendente de recurso, é evidente danos irreparáveis causados à Requerente, dado seu caráter satisfativo e irreversível.

É certo que, após analisar o recurso ordinário da Requerente e o conjunto probatório, este Egrégio Tribunal irá reformar a sentença e considerar valida a justa causa cometida.

Pondere-se, que em caso de reforma da sentença, será impossível a devolução dos valores soerguidos pelo Requerido perante os órgãos competentes dos recursos do FGTS e do seguro--desemprego, o que acaba por caracterizar enriquecimento sem causa.

Diante deste cenário, o presente requerimento de efeito suspensivo mostra-se necessário, a fim de resguardar os direitos da Requerente, bem como preservar o interesse dos órgãos gestores.

5 PEDIDO E REQUERIMENTOS

Diante do acima exposto, além da finalidade de se atender aos princípios constitucionais do processo do trabalho (devido processo legal e o duplo grau de jurisdição, art. 5º, LIII a LV, da CF), a Requerente requer:

(a) em sede de decisão liminar, a concessão do efeito suspensivo atribuído ao recurso ordinário interposto na demanda (Processo nº __), até o trânsito em julgado do processo;

(b) sucessivamente, a suspensão dos efeitos da sentença de origem proferida na demanda (Processo nº __) até o julgamento final do recurso ordinário oportunamente interposto;

(c) em sede de mérito, seja o presente requerimento julgado integralmente procedente;

(d) a juntada do instrumento de procuração e de cópia integral do Processo nº __ ;

(e) a intimação do Requerido para, querendo, apresentar resposta no prazo legal.

Por fim, nos termos do art. 77, V, CPC, e da Súm. 427, TST, requer-se que todas as publicações vinculadas no Diário Oficial, intimações e qualquer ato de comunicação no presente processo sejam feitas em nome do subscritor da presente petição.

Termos em que,
pede deferimento.
Local e data
Advogado
OAB nº ___

8.11 PROCEDIMENTO

No processo civil, o recurso de apelação, interposto por petição dirigida ao juiz, conterá: (a) os nomes e a qualificação das partes; (b) a exposição do fato e do direito; (c) as razões do pedido de reforma ou de decretação de nulidade; (d) o pedido de nova decisão (art. 1.010, CPC).

O art. 899 da CLT menciona que o recurso será interposto por simples petição.

Não se conhece de recurso para o TST, pela ausência do requisito de admissibilidade, quando as razões do recorrente não impugnam os fundamentos da decisão recorrida, nos termos em que fora proposta (Súm. 422, I, TST; art. 1.010, II, CPC).

A contar da ciência da decisão, a parte tem o prazo de oito dias para interpor o recurso ordinário, em petição endereçada ao órgão responsável pela prolação da decisão impugnada.

O juízo *a quo* efetua a análise quanto à existência dos pressupostos objetivos e subjetivos. É o primeiro juízo de admissibilidade, o qual implicará duas situações: (a) na hipótese do não seguimento, o recorrente terá a oportunidade de interpor agravo de instrumento para o tribunal competente para conhecer do recurso denegado (art. 897, § 4º, CLT); (b) admitido o recurso, o mesmo será processado, com a intimação da parte contrária para contrarrazões, em oito dias. Diante da leitura das contrarrazões, o juízo *a quo* pode reconsiderar o ato que determinou o processamento do apelo. Nessa situação, a parte prejudicada também terá a oportunidade para o agravo de instrumento.

Na instância *ad quem* temos: a autuação do recurso, distribuição, parecer do Ministério Público, visto do relator com remessa ao revisor, visto do revisor com remessa à pauta, designação de publicação da pauta, julgamento e publicações.

O segundo juízo de admissibilidade é realizado pelo juiz relator. É um ato de cognição completo, pois, além do exame dos pressupostos processuais, adentra ao mérito do recurso.

No processo civil, o relator não conhecerá de recurso inadmissível, prejudicado ou que não tenha impugnado especificamente os fundamentos da decisão recorrida (art. 932, III, CPC). Além disso, é atribuição do relator negar provimento ao recurso que for contrário a: (a) súmula do STF, do STJ ou do próprio tribunal; (b) acórdão proferido pelo STF ou pelo STJ em julgamento de recursos repetitivos; (c) entendimento firmado em incidente de resolução de demandas repetitivas ou de assunção de competência (art. 932, IV).

O relator, depois de facultada a apresentação de contrarrazões, dará provimento ao recurso se a decisão recorrida for contrária a: (a) súmula do STF, do STJ ou do próprio tribunal; (b) acórdão proferido pelo STF ou pelo STJ em julgamento de recursos repetitivos; (c) entendimento firmado em incidente de resolução de demandas repetitivas ou de assunção de competência (art. 932, V).

Contra decisão proferida pelo relator caberá agravo interno para o respectivo órgão colegiado, observadas, quanto ao processamento, as regras do regimento interno do tribunal (art. 1.021, CPC). Aplicável ao processo do trabalho, salvo quanto ao prazo do agravo interno (art. 3º, XXIX, IN 39, TST).

Aplica-se subsidiariamente as regras do CPC ao processo do trabalho (Súm. 435, TST; IN 17/00, TST) (art. 932, CPC).

O STJ aplica a sistemática dos arts. 932, III e IV, CPC à remessa necessária (Súm. 253).

Em relação ao tema, tendo a decisão monocrática de provimento ou denegação de recurso, conteúdo decisório definitivo e conclusivo da lide, o TST admite que seja esclarecida pela via dos embargos de declaração, em decisão aclaratória, também monocrática, quando se pretende tão somente suprir omissão e não modificação do julgado. Na hipótese de estar postulando o embargante efeito modificativo, os embargos declaratórios deverão ser submetidos ao pronunciamento do Colegiado, convertidos em agravo, em face dos princípios da fungibilidade e celeridade processual (Súm. 421, TST; art. 1.024, § 3º, CPC).

Quando o agravo for declarado manifestamente inadmissível ou improcedente em votação unânime, em decisão fundamentada, o órgão colegiado condenará o agravante a pagar ao agravado uma multa fixada entre 1% e 5% do valor atualizado da causa (art. 1.021, § 4º, CPC), ficando a interposição de qualquer outro recurso condicionada ao depósito do respectivo valor (art. 1.021, § 5º). Está a parte obrigada, sob pena de deserção, a recolher a multa (arts. 932 e 1.021, §§ 2º a 5º, CPC; IN 17/00, TST), à exceção da Fazenda Pública e do beneficiário de justiça gratuita, que farão o pagamento ao final (OJ 389, SDI-I).

É inaplicável o princípio da fungibilidade recursal quando da interposição de agravo (art. 1.021, CPC) contra decisão proferida por órgão colegiado, visto que tais recursos são destinados, exclusivamente, a impugnar decisão monocrática nas hipóteses expressamente previstas (OJ 412, SDI-I).

8.12 ESTRUTURA

Como os demais recursos que são interpostos em uma instância e remetidos para outra instância ou órgão julgador, o recurso ordinário contém duas partes:

a) petição de interposição. Dirigida ao juízo *a quo*, contém requerimentos quanto à admissibilidade e regular processamento do recurso, a intimação da parte contrária e remessa dos autos ao tribunal competente. No caso de apresentação de guias do preparo recursal, é importante informar que se encontram anexas. Também poderá ser o momento processual adequado para requerer o benefício da assistência jurídica integral e gratuita ou a juntada da declaração de pobreza e procuração. Tratando-se de sentença proferida nos termos do art. 332, CPC, também será o caso de requerer a reconsideração da decisão;

b) razões recursais. Dirigida ao juízo *ad quem*, leva ao tribunal as questões processuais e materiais para apreciação. Assim, sugerimos o seguinte desenvolvimento: identificação do processo; saudação ao tribunal e julgadores; breve resumo do processo; questões processuais (matéria de protestos realizados no curso do processo; preliminares processuais:

condições da ação, pressuposto de validade e desenvolvimento do processo etc.); prejudiciais de mérito (decadência e prescrição); questões de mérito; pedido e requerimentos finais (admissibilidade, processamento e acolhimento); informar o recolhimento do preparo recursal.

8.13 CONTRARRAZÕES AO RECURSO ORDINÁRIO

Após a admissibilidade do recurso ordinário, a parte contrária será intimada para apresentar suas contrarrazões no prazo de oito dias (art. 900, CLT).

As contrarrazões efetivam o princípio do contraditório, de modo que nessa oportunidade caberá a parte interessada se opor às alegações do recurso ordinário. Como regra, são descabidas alegações de insatisfação da parte em contrarrazões, o que deve ser feito em recurso próprio. Contudo, também devem ser alegadas as questões envolvendo a admissibilidade do recurso e as matérias de ordem pública e aquelas que o juiz deve conhecer de ofício.

8.14 SUSTENTAÇÃO ORAL

Sobre a sustentação oral dos recursos, sugerimos a leitura do item 1.10 Sustentação oral, do Cap. 1.

8.15 MODELO DE RECURSO ORDINÁRIO

(petição de interposição)

EXCELENTÍSSIMO SENHOR DOUTOR JUIZ DA _____
VARA DO TRABALHO DE _____

(10 cm)

Processo nº _____

MARTINIANO ASDRÚBAL DE SÁ, já qualificado, por seu advogado, nos autos da reclamação trabalhista que move em face de **PORTO BELO EMPREENDIMENTOS LTDA.**, inconformado com a decisão de fls. _____, vem respeitosamente à presença de Vossa Excelência, com fundamento nos arts. 893, II, e 895, I, da CLT, interpor **RECURSO ORDINÁRIO**, pelas razões de fato e de direito anexas.

Por se tratar de pessoa pobre na acepção jurídica do termo e sem condições de arcar com as custas processuais, sem prejuízo do sustento próprio e demais membros de sua família (declaração anexa, Lei 7.115/83), requer a concessão dos benefícios da Justiça Gratuita, conforme art. 5º, LXXIV, da CF, art. 98 e seguintes, CPC, art. 790, § 3º, da CLT.

Após o regular processamento e com a intimação da parte contrária, o Recorrente requer à Vossa Excelência o encaminhamento do recurso ordinário ao Egrégio Tribunal do Trabalho da _____ Região.

Nestes termos,

pede deferimento.

Local e data

Advogado

OAB nº _____

RAZÕES DE RECURSO ORDINÁRIO

Recorrente: Martiniano Asdrúbal de Sá

Recorrido: Porto Belo Empreendimentos Ltda.

Origem: _____ Vara do Trabalho de _____

Processo: _____

EGRÉGIO TRIBUNAL

Colenda Turma

Nobres Julgadores

1 BREVE RESUMO

No exercício do direito de ação, o Recorrente, outrora Reclamante, ingressou em juízo solicitando a descaracterização da justa causa aplicada e o pagamento das diferenças das verbas rescisórias (aviso prévio, multa de 40% sobre o saldo do FGTS) e entregas das guias do FGTS e seguro-desemprego.

Oportunamente, a Recorrida articulou o fato de que o Recorrente, por estar embriagado, veio a bater o caminhão em uma árvore e em um outro veículo ao lado da árvore, ocasionando danos aos veículos no montante total de R$ 10.000,00.

A sentença recorrida entendeu que o Recorrente foi o culpado pelo acidente e indeferiu o pleito no tocante às verbas rescisórias ante o reconhecimento da justa causa.

No entanto, a decisão atacada não pode prevalecer, vez que inexistem provas sobre a culpa do Recorrente.

2 ADMISSIBILIDADE DO RECURSO

De plano cumpre destacar que o Recorrente deixa de realizar o recolhimento das custas processuais, diante do pedido de assistência jurídica integral e gratuita, ante sua situação de hipossuficiência econômica (declaração anexa, art. 99, CPC, Lei 7.115/83, art. 790, § 3º, CLT).

Assim, presentes os pressupostos objetivos e subjetivos, espera que o presente recurso seja admitido e provido para determinar a reabertura da instrução processual e a oitiva da testemunha recusada. Na remota hipótese de ser superada a questão preliminar, espera a reforma da decisão atacada, vez que inexistem nos autos provas inequívocas da falta grave cometida.

3 PRELIMINARMENTE

3.1 Reabertura da Fase Instrutória

Na fase instrutória do processo, o Recorrente pretendeu ouvir a sra. _____ como sua testemunha, a qual, após ser contraditada pela Parte contrária, teve seu depoimento recusado. Como se verifica em ata de audiência, o Recorrente apresentou seus "protestos" na própria audiência (primeira oportunidade).

A sra. _____ foi contraditada pela Recorrida sob a alegação de inimizade (art. 829, CLT; art. 447, § 3º, I, CPC), apenas e tão somente porque promove contra a Recorrida reclamação trabalhista visando descaracterizar a justa causa aplicada por desídia (processo n°_____, em tramite perante a _____ Vara do Trabalho de _____).

Ocorre que o entendimento sumulado do TST é no sentido de que "*não torna suspeita a testemunha o simples fato de estar litigando ou de ter litigado contra o mesmo empregador*" (Súm. 357).

Assim, considerando que houve sensível prejuízo ao Recorrente que deixou de produzir todas as provas necessárias à comprovação de suas alegações e consequentemente a violação ao princípio constitucional do contraditório (art. 5º, LV, CF), requer que seja anulada a decisão que impediu a oitiva da testemunha e seja determinada a reabertura da instrução processual.

4 MÉRITO

4.1 Inexistência de Provas da Falta Grave. Dispensa Motivada

Diante da dispensa injusta, o Recorrente solicitou o pagamento dos direitos rescisórios.

Em sede de defesa, a Recorrida articulou que as verbas rescisórias não são devidas, visto que o Reclamante teria praticado justa causa.

Como suporte fático, a Recorrida articulou o fato de que o Recorrente, por estar embriagado, veio a bater o caminhão em uma árvore e em outro veículo ao lado da árvore, ocasionando danos aos veículos no montante total de R$ 10.000,00.

Sem a existência de provas inequívocas, a sentença recorrida entendeu que o Recorrente foi o culpado pelo acidente e indeferiu o pleito no tocante às verbas rescisórias ante o reconhecimento da justa causa.

Contudo, não podemos concordar com o julgado.

O encargo probatório quanto à justa causa é da Recorrida (art. 818, II, CLT; art. 373, II, CPC).

Para o reconhecimento da justa causa, a prova há de ser cabal e robusta.

Pelas provas produzidas nos autos, não há a menor consistência para impor a justa causa ao Recorrente.

Não houve a realização do exame de dosagem alcoólica para a demonstração de que o Recorrente estivesse embriagado quando do acidente.

As duas testemunhas ouvidas pela Recorrida não presenciaram o momento do acidente. Somente lá estiveram após o acidente e puderam constatar o infeliz acontecimento ocorrido com o Recorrente.

O Recorrente, motorista profissional por vários anos, teve um acidente, contudo, sem qualquer culpa que lhe possa ser atribuída.

A bem da verdade, o Recorrente, como foi dito e narrado na réplica, como no seu depoimento, ao desviar-se de um motociclista que lhe cortou a frente em alta velocidade, veio a bater com a árvore.

O Recorrente, ao invés de ceifar uma vida humana, infelizmente, veio a colidir com a árvore.

Pelo que se denota, o Recorrente não teve dolo ou culpa pelo acidente, logo, nada pode lhe ser imputado.

Aliás, ao que nos parece, a dispensa é mais um ato de represália do Recorrente do que efetiva Justiça.

A Recorrente nada sofreu a título de prejuízo, pois é público e notório que possui seguro de seus veículos.

Diante das assertivas acima, ou seja, da absoluta falta de provas de que estivesse embriagado ao dirigir, solicitamos a reforma do julgado impugnado, para fins de percepção das verbas rescisórias solicitadas na petição inicial.

4.2 Justa Causa: Falta de Razoabilidade

Não bastasse a falta de prova da falta grave cometida, também pugnamos pela reforma do julgado, visto que a justa causa que foi aplicada é por demais rigorosa e fere a razoabilidade quanto ao exercício do poder diretivo por parte do empregador.

O Recorrente foi empregado por quase cinco anos e não consta dos autos nenhuma prova de que fosse alcoólatra ou que comparecesse ao serviço embriagado.

Por argumentação, no máximo, o empregador deveria ter procedido à devida suspensão do empregado e não, simplesmente, dispensá-lo, já que o Recorrente nunca se envolveu em acidentes de trânsito, seja na Recorrente, como em outros ex-empregadores.

Portanto, sob qualquer fundamento, é imperioso que a decisão recorrida seja reformada, com o provimento do recurso ordinário.

5 CONCLUSÃO

Diante das argumentações e das provas constantes dos autos, esperamos do Egrégio Tribunal Regional do Trabalho da _____ Região o conhecimento do recurso ordinário e o seu acolhimento para fins de anular a decisão que recusou a testemunha e determinar a reabertura da instrução processual.

Ad cautelam, na remota hipótese de não ser acolhida a preliminar de nulidade, espera reforma do julgado atacado, com a descaracterização da pena aplicada (justa causa) e sua conversão em dispensa imotivada e com a percepção do direito aos títulos rescisórios (aviso prévio, multa de 40% sobre o saldo do FGTS, entrega das guias de saque do FGTS e liberação do seguro-desemprego).

Informa que deixou de fazer o preparo recursal, diante do pedido de concessão dos benefícios da Justiça Gratuita (art. 5º, LXXIV, CF; arts. 98 e seguintes, CPC; art. 790, § 3º, CLT), declaração de pobreza anexa.

Nestes termos,

pede deferimento.

Local e data

Advogado

OAB nº _____

8.16 MODELO DE CONTRARRAZÕES AO RECURSO ORDINÁRIO (OU CONTRARRAZÕES AO RECURSO ORDINÁRIO ADESIVO)

(petição de interposição)

EXCELENTÍSSIMO SENHOR DOUTOR JUIZ DA _____
VARA DO TRABALHO DE _____

(10 cm)

Processo nº_____

PORTO BELO EMPREENDIMENTOS LTDA., já qualificada nos autos do processo em epígrafe, por seu advogado, nos autos da reclamação trabalhista que lhe move **MARTINIANO ASDRÚBAL DE SÁ**, vem, à presença de Vossa Excelência, apresentar tempestivamente suas **CONTRARRAZÕES AO RECURSO ORDINÁRIO** oposto às fls. _____, com fulcro no art. 900 da Lei Consolidada, as quais seguem em apartado.

Nestes termos,

pede deferimento.

Local e data

Advogado

OAB nº _____

CONTRARRAZÕES DE RECURSO ORDINÁRIO (ADESIVO)

Recorrente: Martiniano Asdrúbal de Sá

Recorrido: Porto Belo Empreendimentos Ltda.

Origem: Vara do Trabalho de

Processo:

EGRÉGIO TRIBUNAL

Colenda Turma

Nobres Julgadores

CONTRARRAZÕES

Inconformado com a decisão de fls._____, o Recorrente, em sede recursal, procura reabrir a fase instrutória ou reforma a decisão do juízo *a quo*.

Como se verificará, não existem razões para tal inconformismo.

1 PRELIMINARMENTE

1.1 Reabertura da Fase Instrutória

Sem razão a alegação do Recorrente no sentido de nulidade da decisão que acolheu a contradita da testemunha de fls. _____

Primeiramente, a testemunha declarou expressamente em juízo que possui uma ação judicial contra a Recorrida, na qual se discute a aplicação correta ou não de justa causa por desídia.

Nesses casos, é natural que qualquer pessoa, ainda que merecedora da punição aplicada, tenha sentimentos negativos em relação ao ex-empregador.

O entendimento sumular do TST diz respeito a mero exercício do direito de ação e não abarca situações nas quais as partes possuem um sentimento interno de litigiosidade (inimizada), como no caso concreto.

Além disso, não restou claro o manifesto prejuízo alegado, sem o qual não haverá nulidade do ato (art. 794, CLT). Até porque o ônus processual da justa causa é exclusivo da Recorrida.

Portanto, sem razão a alegação feita.

2 MÉRITO

2.1 Manutenção da Justa Causa

No mérito recursal, o primeiro ponto a ser destacado é que, ao contrário do alegado, tem-se, pelo exame dos autos, a demonstração da ocorrência da justa causa, o que atendeu na sua concretude o disposto no art. 818, II, da CLT.

Necessário lembrar que o Recorrente se recusou a fazer o exame de dosagem alcoólica perante a autoridade policial.

Mesmo diante da inexistência do exame de dosagem alcoólica, basta a visualização da prova oral das duas testemunhas da reclamada para se denotar que o Recorrente estava embriagado quando do acidente por ele causado.

O funcionário da padaria, ao lado do local do acidente, disse textualmente, consoante fls. _____, que o Recorrente tomou algumas doses de aguardente quando do seu almoço.

O funcionário da Recorrida, que foi ao local do acidente, ao conversar com o Recorrente, pode constatar o seu estado de embriaguez (fls. _____).

As duas testemunhas ouvidas pela Recorrida não presenciaram o momento do acidente, contudo, são plenamente eficazes para justificar o incidente do acidente ocasionado pelo estado de embriaguez do Recorrente.

Se o Recorrente de fato é um motorista profissional por vários anos, no mínimo, deveria ter o pleno conhecimento de que a bebida não combina com a direção.

Também há de ser dito que nada há nos autos que comprove a versão do Recorrente para a ocorrência do acidente. Não há nenhum indício de que o Recorrente teria desviado da motocicleta. Como nada foi provado pelo Recorrente, não há como se justificar a batida de um caminhão-baú contra uma árvore.

Pelo que se denota, o Recorrente agiu com dolo, visto que o ato de dirigir não se coaduna com o ato de beber, portanto, o acidente é de sua total responsabilidade, não tendo, assim, direito à percepção das verbas rescisórias.

Destarte, deverá ser mantida integralmente a decisão de fls. _____

2.2 Aplicação da Justa Causa: Razoabilidade

O outro ponto a ser dirimido é a alegação de que há a devida e adequada razoabilidade para a justa causa aplicada ao Recorrente.

A dispensa do Recorrente não é e nunca seria um ato de represália por parte do Recorrido, até porque a Recorrida é uma empresa respeitável no mercado profissional e busca sempre a excelência dos seus serviços.

A Recorrida (e nenhuma outra empresa) não poderia manter nos seus quadros um motorista/empregado que se apresenta embriagado ou que fica embriagado durante a jornada de trabalho, sob pena de colocar em risco a vida de terceiros e a felicidade de famílias inteiras.

A falta cometida, apesar de única, é gravíssima.

Não pode o Poder Judiciário dar guarida à alegação do Recorrido.

Desnecessário lembrar que a punição aplicada encontra respaldo no próprio sistema positivado (art. 482, *f*, CLT).

Assim, o recurso não pode prosperar.

3 CONCLUSÃO

Diante das argumentações e das provas dos autos, esperamos do Egrégio Tribunal Regional do Trabalho da   Região que admita as contrarrazões ofertadas e rejeite a alegação preliminar de nulidade, mantendo integralmente a decisão de mérito.

Nestes termos,

pede deferimento.

Local e data

Advogado

OAB n° _____

8.17 MODELO DE RECURSO ORDINÁRIO DA TESTEMUNHA POR MULTA APLICADA

EXCELENTÍSSIMO SENHOR DOUTOR JUIZ DO TRABALHO DA __ VARA DO TRABALHO DE __

(10 cm)

Processo n° _____

GUSTAVO DOS SANTOS FARIA, na qualidade de testemunha ouvida às fls. ___, por seu advogado, nos autos do processo em epígrafe, em que **MARTINIANO ASDRÚBAL DE SÁ** contende contra **PORTO BELO TRANSPORTES LTDA.**, vem respeitosamente à presença de Vossa Excelência, com base no arts. 893, II, e 895, I, da CLT e art. 996, CPC, interpor **RECURSO ORDINÁRIO**, pelas razões de fato de direito anexas.

Por se tratar de recurso interposto por terceiro prejudicado, não há obrigatoriedade de pagamento das custas e do depósito recursal.

Após o regular processamento e com a intimação das partes, o Recorrente requer à Vossa Excelência o encaminhamento do recurso ordinário ao Egrégio Tribunal do Trabalho da __ Região.

Nestes termos,

pede deferimento.

Local e data

OAB N° __

RAZÕES DE RECURSO ORDINÁRIO

Recorrente: Gustavo dos Santos Faria

1° Recorrido: Martiniano Asdrúbal de Sá

2° Recorrido: Porto Belo Transportes Ltda.

Origem: __ Vara do Trabalho de __

Processo: __

EGRÉGIO TRIBUNAL

Colenda Turma

Nobres Julgadores

1 BREVE RESUMO

No dia 10 de dezembro de 2020, quando da realização da audiência de instrução, o Recorrente foi ouvido como testemunha do Reclamante.

Em suas alegações iniciais, o Reclamante indicou o horário de trabalho como sendo das 8:00 às 20:00, de segunda a sexta-feira, com uma hora de intervalo. Como decorrência deste fato, o Reclamante solicitou horas extras e suas incidências em férias, abono de férias, 13º salário, DSR/feriados, depósitos fundiários com a multa de 40% e nas verbas rescisórias.

Em audiência foram ouvidas três testemunhas, uma pelo Reclamante e duas pela Reclamada.

Em face das contradições dos depoimentos testemunhais, o juiz *a quo* determinou a acareação das testemunhas, sob o fundamento de que havia indícios de "falso testemunho" quanto à temática da jornada de trabalho.

Após a acareação, a instrução processual foi encerrada e a pretensão inicial foi julgada, com a decretação da improcedência do pedido de horas extras, além da imposição de multa de R$ 5.000,00 ao Recorrente, por aplicação do art. 793-D, *caput*, CLT.

O Recorrente não se conforma com a referida multa, assim, apresenta o seu recurso ordinário, como terceiro prejudicado, para que a referida penalidade seja relevada.

2 ADMISSIBILIDADE DO RECURSO

A sentença foi publicada no dia 12 de dezembro de 2020 e houve a interposição do recurso ordinário no dia 19 de dezembro de 2020, portanto, evidente a sua tempestividade.

Além disso, diante da condenação ao pagamento de multa processual, há o interesse recursal, como terceiro prejudicado (art. 793-D, CLT; art. 996, CPC).

O subscritor do apelo tem poderes às fls. ___.

Não há a necessidade do preparo em face das peculiaridades do apelo.

Assim, presentes os pressupostos processuais objetivos e subjetivos, espera que o presente recurso seja admitido e, ao final, provido para determinar a reabertura da instrução processual. Na remota hipótese de ser superada a questão preliminar, espera a reforma da decisão atacada, vez que inexistem nos autos provas inequívocas quanto à violação do art. 793-D, *caput*, CLT.

3 PRELIMINAR. NULIDADE PROCESSUAL POR VIOLAÇÃO AO AMPLO DIREITO DE DEFESA

A prova testemunhal é a fornecida oralmente por pessoa estranha à relação processual, via de regra, perante o juiz da causa, com o intuito de auxiliar o Poder Judiciário em esclarecer os fatos controvertidos entre as partes.

Os principais deveres da testemunha são:

(a) comparecimento a juízo – as testemunhas comparecerão à audiência independentemente de intimação (art. 825, *caput*, CLT). Se a testemunha for servidor público civil ou militar, e tiver de depor em hora de serviço, será requisitado ao chefe da repartição para comparecer à audiência designada (art. 823, CLT; art. 455, § 4º, III, CPC). As que não comparecerem serão intimadas, *ex officio*, ou a requerimento da parte, ficando sujeitas à condução coercitiva, além das penalidades do art. 730 da CLT (multa de um a dez valores de referência), caso, sem motivo justificado, não atendam à intimação (art. 825, parágrafo único);

(b) prestar depoimento – a testemunha tem a obrigação de responder ao que lhe é indagado. Contudo, não é obrigada a depor de fatos: (1) que lhe acarretem grave dano, bem como ao seu cônjuge e aos seus parentes consanguíneos ou afins, em linha reta, ou no colateral em segundo grau; (2) a cujo respeito, por estado ou profissão, deve guardar sigilo; (c) dizer a verdade – a testemunha não poderá fazer afirmação falsa, ou negar a verdade ou calar a verdade, sob pena de reclusão, de dois a quatro anos, e multa (art. 342, *caput*, CP). As penas aumentam-se de um sexto a um terço, se o crime é praticado mediante suborno (art. 342, § 1º). O fato deixa de ser punível se, antes da sentença, o agente se retrata ou declara a verdade (art. 342, § 2º). Esse dispositivo penal visa proteger a administração da justiça, precipuamente, o procedimento e a lisura na coleta das provas.

Além disso, a testemunha tem direito: (a) a ser tratada com urbanidade, não lhes fazendo perguntas ou considerações impertinentes, capciosas ou vexatórias (art. 459, § 2º, CPC); (b) à recusa em responder às perguntas nas hipóteses do art. 448, I e II, CPC; (c) não poderá sofrer qualquer desconto pelas faltas ao serviço, ocasionadas pelo seu comparecimento para depor, quando devidamente arroladas ou convocadas (art. 822, CLT).

Ante a Reforma Trabalhista (Lei 13.467/17), é aplicável a multa do art. 793-C, CLT (superior a 1% e inferior a 10% do valor corrigido da causa) à testemunha que intencionalmente alterar a verdade dos fatos ou omitir fatos essenciais ao julgamento da causa (art. 793-D, *caput*), sendo que a execução da multa será executada nos mesmos autos.

A alteração legal é aplicável às ações ajuizadas a partir de 11-11-2017 (art. 10, *caput*, IN 41/18, TST), contudo, a sua imposição ocorrerá em sentença, devendo ser precedida de instauração de incidente mediante o qual o juiz indicará o ponto ou os pontos controvertidos no depoimento, assegurados o contraditório, a defesa, os meios a ela inerentes, além de possibilitar a retratação (art. 10, parágrafo único, IN 41).

No caso em análise, é evidente a nulidade processual. Isso porque a multa processual foi aplicável ao Recorrente sem que antes lhe fosse dada a oportunidade: (a) da instauração prévia do incidente, com a indicação judicial do ponto ou dos pontos controvertidos no depoimento, assegurados o contraditório e o amplo direito de defesa; (b) da retratação.

A jurisprudência indica:

"DIREITO PROCESSUAL DO TRABALHO. MULTA APLICADA À TESTEMUNHA. INCIDÊNCIA DO ARTIGO 793-D DA CLT C/C O ARTIGO 10 DA INSTRUÇÃO NORMATIVA Nº 41/2018 DO C. TST. Quando a imposição da multa à testemunha não observa o disposto no artigo 10 da referida norma, há que se afastar a penalidade aplicada, eis que afronta os princípios do contraditório e da ampla defesa e afasta a possibilidade de retratação. Recurso a que se dá parcial provimento" (TRT – 2ª R. – RORSUM 1000395-13.2019.5.02.0071 – Rel. Carlos Roberto Husek – *DJe* 2-12-2019 – p. 25174).

"MULTA. FALSO TESTEMUNHO. ART. 793-D DA CLT. Nos termos do art. 10, parágrafo único, da Instrução Normativa nº 41/2018, do TST, a multa prevista no art. 793-D da CLT só pode ser imposta à testemunha se precedida da instauração de incidente por meio do qual o magistrado deve indicar a matéria controvertida do depoimento, preservando o direito ao contraditório e à ampla defesa" (TRT – 12ª R. – 3ª Câmara – ROT 0000676-95.2018.5.12.0053 – Rel. Quezia de Araujo Duarte Nieves Gonzales – j. 8-11-2019).

Assim, o Recorrente requer a nulidade parcial da sentença no tocante ao capítulo da aplicação da multa à testemunha, pois não lhe foram resguardados os princípios constitucionais do devido processo legal, do contraditório e da ampla defesa, além da oportunidade da retratação. Estão violados os incisos LIII e LIV, art. 5º, CF, além do art. 342, CP.

4 MÉRITO

4.1 Não há alteração da verdade dos fatos quanto ao depoimento do Recorrente

A priori, é importante destacar que o Recorrente é uma pessoa simples e de pouco escolaridade, sendo que não tem condições de entender todo o processamento das informações colhidas durante a realização de uma audiência de instrução. Além disso, não se pode esquecer que o ambiente forense é muito diferente do dia a dia do Recorrente.

Em síntese, o Recorrente declarou em juízo que: (a) foi admitido na empresa em maio de 2019, como ajudante de caminhão; (b) confirmou que, quando foi admitido, o Reclamante já era empregado da empresa, sendo que o Reclamante tinha a função de motorista; (c) afirmou que, quando chegava na empresa às 7h50min, o caminhão já estava carregado, saiam às 8:00h e retornavam por volta das 19h30min/20:00h; (d) as entregas eram efetuadas na região metropolitana; (e) normalmente trabalhava com o Reclamante, sendo seu ajudante durante o ano de 2019 até a data da sua saída, a qual ocorreu no dia 18-11-2019.

Na sequência, foram ouvidas as duas testemunhas da Reclamada, a primeira, o Sr. Osório, chefe de tráfego, e a segunda, o Sr. Felipe Pena, ajudante.

O Sr. Osório, mesmo laborando internamente, declarou que todos os motoristas e ajudantes iniciavam a jornada de trabalho às 8:00h e finalizavam às 17:00h, com uma hora de intervalo. No mesmo diapasão, o Sr. Felipe Pena informou idêntico horário.

Irritado com a contradição testemunhal, o juiz renovou o testemunho para todas as testemunhas e determinou a acareação. A priori, após serem ouvidas a respeito dos horários, as testemunhas mantiveram o conteúdo dos relatos quanto aos horários de trabalho.

Na busca da elucidação da contradição, o juízo reinquiriu o Recorrente. Nesta reinquirição, consta da ata as seguintes respostas: "(a) quantos veículos de entrega a empresa tinha, sendo que o depoente esclareceu que havia cinco caminhões; (b) quem eram os demais motoristas, o depoente disse os nomes como sendo Antônio, Neto, Orlando, Pituca e o reclamante; (c) era normal o motorista dirigir o mesmo caminhão; (d) informou que os caminhões eram antigos, não sabendo indicar o número da chapa e o tipo de caminhão; (e) não havia o rodízio de ajudante entre os motoristas; (f) não soube dizer o nome de todos os ajudantes, informando apenas os nomes do Felipe e do Pardal."

Prosseguindo a instrução, o magistrado perguntou às testemunhas da Reclamada, os quais disseram os tipos de caminhões e quem eram os motoristas, inclusive, indicando os números das chapas. Não souberam dizer se havia rodízio de ajudantes entre os motoristas.

Na sequência, o magistrado encerrou a instrução e, após as razões finais orais, julgou a demanda improcedente, aplicando a multa de R$ 5.000,00 ao Recorrente.

Com base neste histórico, o Recorrente tem a dizer que a fundamentação adotada para aplicar a multa não prevalece. Os fundamentos foram: (a) a testemunha não soube dizer a respeito dos nomes dos ajudantes; (b) a testemunha nada soube quanto a chapa do veículo; (c) a testemunha não soube que tipo de caminhão o Reclamante dirigia.

Claro está que tais fundamentos são inservíveis para a aplicação da multa e distantes dos fatos relevantes para o processo. Ademais, também se mostram desassociados do princípio da primazia da realidade (contrato de trabalho).

Em primeiro lugar, o Recorrente tem baixa escolaridade, logo, não teria condições de dizer com exatidão o tipo exato do veículo.

Em segundo lugar, o Recorrente só laborava com o Reclamante e, como ficavam fora do estabelecimento da empresa o dia inteiro nas entregas, não tinha muita amizade, assim, desconhecia o nome dos ajudantes.

Em terceiro lugar, houve um rodízio grande de contratações, de admissão e dispensa de ajudantes em 2019.

Em quarto lugar, também as demais testemunhas nada souberam dizer a respeito do rodízio.

Por fim, o Recorrente é um trabalhador braçal e não fazia o gerenciamento da frota ou controle de informações internas da Reclamada.

Assim, não se pode afirmar que o Recorrente tivesse a intenção deliberada de alterar a verdade dos fatos ou de omitir fatos essenciais ao julgamento da causa.

Portanto, a multa aplicada deve ser escoimada da sentença.

A jurisprudência indica:

"*Testemunha. Multa. Art. 793-D da CLT. Não cabimento. Não resta evidenciado, de forma robusta e inconteste que a testemunha da reclamada, de forma intencional, teria faltado com a verdade ou pretendido alterar os fatos verdadeiramente ocorridos. Logo, entendo indevida a aplicação da multa de 1% (um por cento) a que refere o art. 793-D da CLT. Recurso Ordinário da reclamada provido, no aspecto*" (TRT – 2ª R. – 14ª T. – RO 1001933-55.2019.5.02.0612 – Relator Davi Furtado Meirelles – *DEJT* 20-7-2020).

Diante da absoluta falta de provas de que o Recorrente estivesse mentindo em juízo e pelo princípio da boa-fé, espera a reforma do julgado impugnado, para fins de que a multa seja escoimada da sentença.

4.2 Pedido sucessivo

Caso a multa não seja escoimada, que o seu valor seja fixado em 1% sobre o valor da causa.

O percentual de 5%, como fixado, corresponde a 3 salários atuais do Recorrente, como trabalhador.

Como fixado, o valor implica um verdadeiro confisco do salário do trabalhador, visto que é quase equivalente a dois meses de remuneração.

Que o valor seja fixado em 1% do valor da causa.

5 CONCLUSÃO

Diante das argumentações e das provas constantes dos autos, esperamos do Egrégio Tribunal Regional do Trabalho da __ Região o conhecimento do recurso e o seu acolhimento para fins de anular a decisão e determinar a realização do incidente na forma do art. 10 da IN 41, TST.

Ad cautelam, na remota hipótese de não ser acolhida a preliminar de nulidade parcial, espera reforma do julgado atacado, com a descaracterização da multa aplicada ou ainda sua fixação em 1% do valor da causa.

Nestes termos,

Pede deferimento.

Local e data

Advogado

OAB nº __

9

AGRAVO DE INSTRUMENTO

9.1 FUNDAMENTO JURÍDICO

O agravo de instrumento no processo do trabalho tem previsão legal nos arts. 897, *b*, e 899, § 8º, da CLT, sendo disciplinado em seus parágrafos e pela Instrução Normativa 16/99 do TST, com aplicação subsidiária do CPC, quando compatível.

Considerando o regramento processual civil e a necessidade do TST se posicionar, ainda que não de forma exaustiva, sobre a aplicação de várias regras e de institutos disciplinados pelo CPC ao processo do trabalho, foi editada a IN 39/16.[1]

Além disso, diante da necessidade de se preservar a segurança jurídica e de o TST se posicionar sobre diversos aspectos processuais da Reforma Trabalhista (Lei 13.467), o TST editou a IN 41/18.

Além disso, o TST também editou a IN 40/16, que trata do cabimento de agravo de instrumento em caso de admissibilidade parcial de recurso de revista no TRT.

A contraminuta ao agravo de instrumento encontra previsão legal no art. 897, § 6º, da CLT.

9.2 CABIMENTO

Na sistemática processual civil (art. 1.015), o agravo de instrumento é cabível contra as decisões interlocutórias que versarem sobre: (a) tutelas provisórias; (b) mérito do processo; (c) rejeição da alegação de convenção de arbitragem; (d) incidente de desconsideração da personalidade jurídica; (e) rejeição do pedido de gratuidade da justiça ou acolhimento do pedido de sua revogação; (f) exibição ou posse de documento ou coisa; (g) exclusão de litisconsorte; (h) rejeição do pedido de limitação do litisconsórcio; (i) admissão ou inadmissão de intervenção de terceiros; (j) concessão, modificação ou revogação do efeito suspensivo aos embargos à execução; (k) redistribuição do ônus da prova; (l) outros casos expressamente referidos em lei.

---

[1] A IN 39/16, TST, é objeto da ação direta de inconstitucionalidade promovida pela Associação Nacional dos Magistrados da Justiça do Trabalho – ANAMATRA (ADI 5516, Rel. Min. Cármen Lúcia).

No processo do trabalho, diante do princípio da irrecorribilidade de imediato quanto às decisões interlocutórias (art. 893, § 1º, CLT), o agravo de instrumento tem como única finalidade atacar decisão denegatória de seguimento do recurso ordinário, recurso de revista e agravo de petição (art. 897, b), sendo que o mérito repousa no exame do ato judicial que indeferiu o processamento do recurso.

Contra a decisão denegatória de seguimento do recurso extraordinário ou especial, também será passível de agravo de instrumento. Nesse caso, o agravo seguirá a sistemática processual recursal específica (art. 1.042, CPC e item XIII, IN 16/99).

Conforme entendimento do TST, na hipótese de feriado forense, incumbirá à autoridade que proferir a decisão de admissibilidade certificar o expediente nos autos, sendo admitida a reconsideração da análise da tempestividade do recurso, mediante prova documental superveniente, em agravo regimental, agravo de instrumento ou embargos de declaração (Súm. 385).

O agravo de instrumento é incabível das decisões:

a) interlocutórias (art. 893, § 1º, CLT);

b) denegatórias dos embargos à execução (art. 884, CLT), sendo o recurso oponível o agravo de petição (art. 897, a);

c) denegatórias de seguimento a um outro agravo de instrumento pelo relator. Nessa hipótese, o correto é o agravo regimental, se for o caso de previsão regimental, ou ainda do mandado de segurança, caso não haja o recurso regimental, se ficar provada a ocorrência de lesão a direito líquido e certo;

d) denegatórias dos embargos no TST. A solução é o agravo (art. 3º, III, c, Lei 7.701/88; art. 2º, § 2º, IN 35/12).

9.2.1 Agravo de instrumento contra decisão que admite apenas parcialmente o recurso de revista

Com a IN 40/16, o TST passou a entender que, admitido apenas parcialmente o recurso de revista, constitui ônus da parte impugnar, mediante agravo de instrumento, o capítulo denegatório da decisão, sob pena de preclusão (art. 1º).

Assim, admitido o recurso de revista por um fundamento, devolve-se ao TST o conhecimento dos demais fundamentos para a solução apenas do capítulo impugnado (art. 1.034, parágrafo único, CPC; art. 12, IN 39, TST). Admitido apenas por um fundamento, caberá parte fazer agravo de instrumento dos demais capítulos da sentença em que o recurso não foi admitido, sob pena de preclusão.

Se houver omissão no juízo de admissibilidade do recurso de revista quanto a um ou mais temas, é ônus da parte interpor embargos de declaração para o órgão prolator da decisão embargada supri-la (art. 1.024, § 2º, CPC), sob pena de preclusão.

Incorre em nulidade a decisão regional que se abstiver de exercer controle de admissibilidade sobre qualquer tema objeto de recurso de revista, não obstante interpostos embargos de declaração (art. 93, IX, CF; art. 489, § 1º, CPC). Sem prejuízo da nulidade, a recusa do presidente do TRT a emitir juízo de admissibilidade sobre qualquer tema equivale à decisão denegatória.

É ônus da parte, assim, após a intimação da decisão dos embargos de declaração, impugná-la mediante agravo de instrumento (art. 896, § 12, CLT), sob pena de preclusão.

9.3 PRAZO RECURSAL

Com a Lei 13.467, os prazos passam a ser contados em dias úteis (art. 775, CLT).

O agravo de instrumento será interposto no prazo de oito dias a partir da ciência da decisão denegatória de seguimento de recurso.

De acordo com o Decreto-Lei 779/69, o prazo é de 16 dias para a União, Estados, Distrito Federal e Municípios, bem como as autarquias ou fundações de direito público que não explorem atividades econômicas (art. 1º, III). O Ministério Público também tem prazo em dobro para recorrer (art. 180, CPC).

O TST considera a ampliação dos prazos quando existir litisconsorte passivo, com procuradores distintos (art. 229, CPC), incompatível ao processo do trabalho (OJ 310, SDI-I).

9.4 PREPARO RECURSAL

9.4.1 Custas processuais

No processo de conhecimento trabalhista, não se tem a exigência do pagamento de custas processuais para o processamento do agravo de instrumento (item XI, IN 16/99).

Enquanto no processo de execução são devidas custas processuais, sempre de responsabilidade do executado e pagas ao final (art. 789, *caput*, CLT) no valor de R$ 44,26 (art. 789-A, III).

9.4.2 Garantia recursal e o depósito recursal

Com o advento da Lei 12.275/10, e a inclusão do § 7º ao art. 899, CLT, passou-se a exigir o depósito recursal para o agravo de instrumento no ato de interposição do recurso, correspondente a 50% do valor do depósito do recurso ao qual se pretende destrancar.

Quando o agravo de instrumento tem a finalidade de destrancar recurso de revista que se insurge contra decisão que contraria a jurisprudência uniforme do TST, consubstanciada nas suas Súmulas ou em Orientação Jurisprudencial, não haverá obrigatoriedade de se efetuar o depósito recursal (art. 899, § 8º, CLT, incluído pela Lei 13.015/14). A dispensa de depósito recursal (art. 899, § 8º, CLT) não será aplicável aos casos em que o agravo de instrumento se refira a uma parcela de condenação, pelo menos, que não seja objeto de arguição de contrariedade a súmula ou a orientação jurisprudencial do TST. Quando a arguição a que se refere o *caput* deste artigo revelar--se manifestamente infundada, temerária ou artificiosa, o agravo de instrumento será considerado deserto (art. 23 do Ato SEGJUD.GP 491/14). O recolhimento do depósito recursal deve observar a IN 3/1993, TST.

Considerando a natureza do depósito recursal (garantia da execução), caso o agravante já tenha feito outro depósito judicial (garantia recursal) do valor integral da condenação ou esteja garantida integralmente a execução pela penhora, entendemos que o depósito recursal do agravo de instrumento se mostra desnecessário.

O trabalhador, quando reclamante e na qualidade de agravante, também não precisa fazer o depósito recursal, visto que ele é o próprio credor.

O beneficiário da assistência judiciária gratuita está dispensado do depósito.

9.5 FORMAÇÃO DO AGRAVO DE INSTRUMENTO

Na Justiça do Trabalho, com o advento da Lei 9.756/98, as partes (agravante e agravado) formalizarão o agravo de instrumento com as peças necessárias para o julgamento do recurso cujo seguimento foi negado. Com o provimento do agravo de instrumento, o Tribunal prosseguirá no exame do recurso cujo processamento foi denegado no juízo *a quo*. As cópias são obrigatórias, pois, em caso de omissão, o próprio agravo não será conhecido (art. 897, § 5º, CLT).

O art. 897, § 5º, I, elenca as peças que devem ser transladadas com o agravo de instrumento de forma obrigatória: (a) cópias da decisão agravada; (b) certidão da respectiva intimação; (c) procurações outorgadas aos advogados do agravante e do agravado; (d) petição inicial; (e) contestação; (f) decisão originária (sentença ou acórdão); (g) comprovação do depósito recursal referente ao recurso que se pretende destrancar; (h) comprovação do recolhimento das custas; (i) comprovação do depósito recursal do agravo de instrumento (art. 899, § 7º, CLT). São primordiais, além de obrigatórias, as cópias relativas ao recurso que foi trancado no juízo *a quo*.

Apesar da previsão legal expressa, o TST considera que para a formação do agravo de instrumento, não é necessária a juntada de comprovantes de recolhimento de custas e de depósito recursal relativamente ao recurso ordinário, desde que não seja objeto de controvérsia no recurso de revista a validade daqueles recolhimentos (OJ 217, SDI-I).

Além das peças obrigatórias, de forma facultativa, poderão ser apresentadas outras peças que a agravante reputar úteis ao deslinde da matéria de mérito controvertida.

O agravo não será conhecido se o instrumento não contiver as peças necessárias para o julgamento do recurso denegado, incluindo a cópia do respectivo arrazoado e da comprovação de satisfação de todos os pressupostos extrínsecos do recurso principal (item III, IN 16/99).

A juntada da ata de audiência, em que está consignada a presença do advogado do agravado, desde que não estivesse atuando com mandato expresso, torna dispensável a procuração deste, porque demonstrada a existência de mandato tácito. Configurada a existência de mandato tácito fica suprida a irregularidade detectada no mandato expresso (OJ 286, I e II, SDI-I).

É regular a representação processual do subscritor do agravo de instrumento ou do recurso de revista que detém mandato com poderes de representação limitados ao âmbito do TRT, pois, embora a apreciação desse recurso seja realizada pelo TST, a sua interposição é ato praticado perante o TRT, circunstância que legitima a atuação do advogado no feito (OJ 374, SDI-I).

Para comprovar a tempestividade do recurso de revista no agravo de instrumento interposto na vigência da Lei 9.756/98, basta a juntada da certidão de publicação do acórdão dos embargos declaratórios opostos perante o TRT, se conhecidos (OJ transitória 17, SDI-I).

A certidão de publicação do acórdão regional é peça essencial para a regularidade do traslado do agravo de instrumento interposto na vigência da Lei 9.756, porque imprescindível para aferir a tempestividade do recurso de revista e para viabilizar, quando provido, seu imediato julgamento, salvo se nos autos houver elementos que atestem a tempestividade da revista (OJ transitória 18).

Mesmo na vigência da Lei 9.756, a ausência de peças desnecessárias à compreensão da controvérsia, ainda que relacionadas no inciso I, § 5º, art. 897, da CLT, não implica o não conhecimento do agravo (OJ transitória 19).

Para aferição da tempestividade do AI interposto pelo Ministério Público, desnecessário o traslado da certidão de publicação do despacho agravado, bastando a juntada da cópia da intimação pessoal na qual conste a respectiva data de recebimento (LC 75/93, art. 84, IV) (OJ transitória 20).

As peças trasladadas conterão informações que identifiquem o processo do qual foram extraídas, autenticadas uma a uma, no anverso e verso. Tais peças poderão ser declaradas autênticas pelo próprio advogado, sob sua responsabilidade pessoal. Não será válida a cópia de despacho ou de decisão que não contenha a assinatura do juiz prolator, nem as certidões subscritas por serventuário sem as informações exigidas (item IX, IN 16).

Distintos os documentos contidos no verso e anverso, é necessária a Certidão do TRT regional afirmando que o AI está formado de acordo com a IN 6/96 do TST não confere autenticidade às peças (OJ transitória 21, SDI-I).

Inexistindo impugnação da parte contrária, bem como o disposto no art. 795 da CLT, é válida a autenticação aposta em uma face da folha que contenha documento que continua no verso, por constituir documento único (OJ transitória 23).

Cumpre às partes providenciar a correta formação do instrumento, não comportando a omissão em conversão em diligência para suprir a ausência de peças, ainda que essenciais (item X, IN 16).

Não há como dizer que a exigência de traslado de peças necessárias ao julgamento de ambos os recursos (o agravo e o recurso principal) somente se tornou obrigatória após a edição da IN 16, pois se trata apenas de meio destinado à interpretação das novas exigências que se tornaram efetivas a partir da vigência da Lei 9.756/98 (OJ transitória 16, SDI-I).

O agravo de instrumento, protocolizado e autuado, será concluso ao juiz prolator do despacho agravado, para reforma ou confirmação da decisão impugnada, observada a competência estabelecida nos arts. 659, VI, e 682, IX, da CLT (item IV, IN 16).

Diante da interposição do agravo de instrumento perante o juízo agravado, temos: (a) a peça será instruída com os elementos necessários; (b) com a formulação do juízo de retratação, o agravante perde o seu interesse recursal; (c) sem a retratação, o agravo será processado, com a intimação da parte contrária para contraminuta e com posterior remessa para a autoridade competente para conhecer do recurso cujo seguimento foi negado (art. 897, § 4º, CLT).

O agravado será intimado para oferecer resposta ao agravo e ao recurso principal (item VI, IN 16), instruindo-a com as peças que considerar necessárias ao julgamento de ambos os recursos (art. 897, § 6º, CLT). O prazo para a contraminuta é de oito dias.

Nos termos da Resolução CSJT 185/17 (art. 26), fica dispensada a formação de autos suplementares em casos de exceção de impedimento ou suspeição, agravos de instrumento, agravos regimentais e agravo (art. 1.021, CPC), exceto quanto: a) ao agravo de instrumento em mandado de segurança (art. 7º, § 1º, Lei 12.016/09); b) ao pedido de revisão do valor da causa (art. 2º, § 2º, Lei 5.584/70).

É válido o traslado de peças essenciais efetuado pelo agravado, pois a regular formação do agravo incumbe às partes e não somente ao agravante (OJ 283, SDI-I).

Obrigatoriamente, será certificada nos autos principais a interposição do agravo de instrumento e a decisão que determina o seu processamento ou a decisão que reconsidera o despacho agravado (item V, IN 16).

De acordo com o Ato SEJUD.GP 342/10 do TST, o agravo de instrumento endereçado ao TST será processado de forma eletrônica, não tendo mais a parte recorrente a obrigatoriedade quanto ao fornecimento de cópias para a formação do agravo.

9.6 EFEITOS

No processo civil, o agravo de instrumento devolve à instância superior o exame das decisões interlocutórias (efeito devolutivo).

Na Justiça do Trabalho, a análise será do despacho denegatório do seguimento do recurso (art. 897, b, CLT). O juízo ad quem deve examinar o despacho denegatório, aferindo se foi proferido de acordo com os pressupostos legais. Se provido o agravo, deverá prosseguir no exame dos demais pressupostos extrínsecos e intrínsecos do recurso trancado (OJ 282, SDI-I).

O agravo de instrumento não possui efeito suspensivo (art. 899, CLT). Tanto é assim que o agravo de instrumento interposto contra o despacho que não receber agravo de petição não suspende a execução da sentença (art. 897, § 2º).

9.7 PROCESSAMENTO

A IN 16/99, item II, determina que o agravo de instrumento será dirigido à autoridade judiciária do despacho agravado, sendo processado em autos apartados.

A interposição do agravo de instrumento, bem como a decisão que determina o processamento ou a decisão que reconsidera o despacho devem ser certificadas nos autos.

No processo trabalhista, mantida a decisão pelo juízo agravado, após a oportunidade de manifestação contrária (contraminuta), o agravo de instrumento será remetido e julgado pelo tribunal que seria competente para conhecer do recurso cuja interposição foi denegada.

Se o recurso denegado trata de agravo contra decisão denegatória do processamento de agravo de petição ou recurso ordinário, a competência é do TRT, por meio do pleno ou das turmas. Se se tratar de decisão denegatória do processamento do recurso de revista, o agravo será julgado pelo TST, em uma de suas Turmas.

O juiz relator, estando a decisão recorrida em sintonia com o enunciado, poderá denegar seguimento ao recurso de revista, de embargos ou agravo de instrumento (art. 932, IV, *a*, CPC).

Se o agravo de instrumento for rejeitado de forma monocrática pelo juiz relator no TRT ou TST, dessa decisão caberá o agravo (art. 896, § 12º, CLT).

Nos TRTs, aplica-se de forma subsidiária o CPC, ou seja, o art. 932 do CPC, com a possibilidade da interposição de agravo no prazo de oito dias (IN 17/00, TST; Súm. 435, TST).

Provido o agravo de instrumento, no processo do trabalho, a turma deliberará sobre o julgamento do recurso principal, observando-se, se for o caso, daí em diante, o procedimento relativo a esse recurso (art. 897, § 7º, CLT; item VII, IN 16).

Da certidão de julgamento do agravo provido constará o resultado da deliberação relativa à apreciação do recurso destrancado (item VIII, IN 16).

A tramitação e o julgamento de agravo de instrumento no juízo competente obedecerão à disciplina legal e ao constante dos respectivos Regimentos Internos (item XII, IN 16).

Pela Resolução Administrativa 1.418/10, o TST determinou que o agravo não mais será formado em apartado e sim processado nos próprios autos, com as seguintes regras: (a) o agravo de instrumento interposto de despacho que negar seguimento a recurso para o TST deve ser processado nos autos do recurso denegado (art. 1º); (b) após a juntada da petição de agravo de instrumento, o processo será concluso ao juiz prolator do despacho agravado, para sua reforma ou confirmação (art. 2º, *caput*). Mantido o despacho e não havendo outro recurso admitido, o agravo de instrumento será autuado no TRT (§ 1º). Havendo agravo de instrumento e também recurso admitido, o processo será remetido ao TST com a classe processual anterior à interposição dos recursos, cabendo ao TST proceder à devida autuação do processo (art. 2º, § 2º); (c) nos processos em que haja agravo de instrumento e também recurso admitido, se provido o agravo, será publicada certidão para efeito de intimação das partes, dela constando que o julgamento de ambos os recursos ocorrerá na primeira sessão ordinária subsequente à data da publicação, com a determinação de nova autuação do processo e a alteração dos registros (art. 3º, *caput*). Após o julgamento dos recursos, haverá a lavratura de um único acórdão, que conterá também os fundamentos do provimento do agravo de instrumento, fluindo a partir da data da publicação do acórdão o prazo para interposição de recursos (art. 3º, § 1º). Se não for conhecido ou provido o agravo de instrumento, será de imediato julgado o recurso, com lavratura de um único acórdão, que consignará os fundamentos de ambas as decisões (art. 3º, § 2º). Interposto apenas agravo de instrumento, se lhe for dado provimento, observar-se-á o procedimento descrito no art. 3º, § 1º (art. 4º).

Como ocorre em outros TRTs, o TRT da 2ª Região disciplinou o processamento do agravo de instrumento nos próprios autos principais quando houver recurso de ambas as partes (art. 173, RITRT).

O agravo de instrumento de despacho denegatório de recurso extraordinário obedecerá à sistemática recursal específica para o STF (art. 1.042, CPC; item XIII, IN 16/99).

9.8 ESTRUTURA

Como os demais recursos que são interpostos em uma instância e remetidos para outra instância ou órgão julgador, o agravo de instrumento contém duas partes:

a) petição de interposição. Dirigida ao juízo *a quo*, contém requerimentos quanto a admissibilidade e regular processamento do recurso, a intimação da parte contrária e remessa ao tribunal competente. Também é o momento processual adequado para se pedir ao juízo *a quo* a reconsideração da decisão agravada, pela aplicação do art. 1.018, § 1º, CPC). A relação das peças e a indicação dos nomes (das partes, dos patronos e seus endereços) poderão constar da petição de interposição ou em relação anexa às razões do agravo (art. 1.016);

b) razões recursais. Dirigida ao juízo *ad quem*, leva ao tribunal as questões envolvendo a reforma ou invalidação da decisão denegatória de seguimento do recurso, com pedido e requerimentos finais quanto admissibilidade, processamento e acolhimento do agravo para determinar o regular processamento do recurso denegado e, consequentemente, o julgamento desse recurso.

Não se deve esquecer de juntar as peças processuais para formação do instrumento, devidamente autenticadas (IN 16/99).

9.9 CONTRAMINUTA AO AGRAVO DE INSTRUMENTO

Interposto o agravo de instrumento, a parte contrária será intimada para apresentar sua contraminuta ao agravo e, no mesmo prazo, as contrarrazões ao recurso denegado (ordinário, revista ou agravo de petição), no prazo de oito dias (art. 897, § 6º, CLT).

A contraminuta efetiva o princípio do contraditório, de modo que nessa oportunidade caberá à parte interessada se opor às alegações do recurso.

Nessa oportunidade, poderá o agravado apresentar outras peças processuais que julgar necessárias (todas devidamente autenticadas).

9.10 MODELO DE PETIÇÃO DE AGRAVO DE INSTRUMENTO

(petição de interposição)
EXCELENTÍSSIMO SENHOR DOUTOR JUIZ DA _____
VARA DO TRABALHO DE _____

(10 cm)

Processo nº _____

MARTINIANO ASDRÚBAL DE SÁ, por seu advogado, nos autos da reclamatória trabalhista que move em face de **PORTO BELO EMPREENDIMENTOS LTDA.**, vem, à presença de Vossa Excelência, não se conformando com o despacho denegatório de seguimento de recurso ordinário de fls. _____, opor *AGRAVO DE INSTRUMENTO*, de acordo com o art. 897, *b*, da CLT, cujas razões seguem anexas.

Requer-se a formação do instrumento com a juntada de cópias das peças necessárias para a formação do agravo (art. 897, § 5º, I, CLT), as quais estão autenticadas uma a uma, frente e verso, na forma do art. 830 da CLT e Instrução Normativa 16/99.

Informa que a relação das peças apresentadas para a formação do presente recurso e a indicação dos patronos encontram-se anexas.

Após o regular processamento e a regular intimação da parte contrária, solicita-se a remessa dos autos ao Egrégio Tribunal Regional do Trabalho da _____ Região.

Nestes termos,

pede deferimento.

Local e data

Advogado

OAB nº _____

RAZÕES DE AGRAVO DE INSTRUMENTO

Agravante: Martiniano Asdrúbal de Sá

Agravado: Porto Belo Empreendimentos Ltda.

Origem: Vara do Trabalho de

Processo:

EGRÉGIO TRIBUNAL

Colenda Turma

Nobres Julgadores

1 BREVE RESUMO

O Reclamante, ora agravante, não se conformando com o respeitável despacho de fls. , o qual denegou seguimento ao recurso ordinário, ante a deserção pelo não pagamento das custas processuais, opõe o presente agravo de instrumento.

2 ADMISSIBILIDADE DO AGRAVO

Presentes os pressupostos objetivos e subjetivos de admissibilidade, espera o seu regular processamento e intimação da parte contrária para que se manifeste no prazo legal.

3 MÉRITO

Quando da oposição do recurso ordinário, a Agravante solicitou os benefícios da concessão da justiça gratuita (art. 5º, LXXIV, CF; arts. 98 e seguintes, CPC; art. 790, § 3º, CLT), juntando, para esse fim, a declaração na forma da Lei 7.115/83.

A assistência judiciária engloba o teor da justiça gratuita, como bem aponta Valentin Carrion, *in verbis*: *"Assistência judiciária é o benefício concedido ao necessitado de, gratuitamente, movimentar o processo e utilizar os serviços profissionais de advogado e dos demais auxiliares da Justiça, inclusive os peritos. Assistência judiciária é o gênero e justiça gratuita a espécie; esta é a isenção de emolumentos dos serventuários, custas e taxas"* (Comentários à Consolidação das Leis do Trabalho. 31. ed. São Paulo: Saraiva, 2006, p. 577).

A justiça gratuita pode ser reconhecida em qualquer fase processual, consoante o teor do art. 99, CPC (OJ 269, I, SDI-I). De acordo com a Lei 7.115/83, no seu art. 1º, *caput*, a declaração pode ser firmada pelo próprio interessado ou por procurador bastante (Súm. 463, I, TST). A declaração juntada com o recurso ordinário atende ao disposto na legislação.

O Agravante é pessoa humilde, não estando em condições de arcar com as despesas processuais, portanto, requer a concessão dos benefícios da justiça gratuita (art. 5º, LXXIV, CF; arts. 14 ss., Lei 5.584/70; arts. 98 e seguintes, CPC).

Acrescente-se que o benefício pode ser concedido de ofício (art. 790, § 3º, CLT).

O fato de o Agravante não estar assistido pela entidade sindical não é motivo para se indeferir a concessão da gratuidade judiciária.

4 CONCLUSÃO

Diante das argumentações apresentadas, o Agravante espera o conhecimento do presente agravo, com a reforma do despacho denegatório de fls. , para conceder o benefício da assistência jurídica gratuita, com a determinação de regular processamento do recurso ordinário de fls. e, na sequência, o seu exame do mérito.

Informa que a relação das peças apresentadas para a formação do presente recurso e a indicação dos patronos encontram-se anexas.

Nestes termos,

pede deferimento.

Local e data

Advogado

OAB nº _____

Observação: Apresentar a relação de peças anexas para a formação do agravo de instrumento (consultar o art. 897, § 5º, I e II, CLT). Além disso, incluir cópias do recurso trancado e indicar os patronos das partes (nome, número da OAB, endereço completo, telefone e *e-mail*).

9.11 MODELO DE PETIÇÃO DE CONTRARRAZÕES AO AGRAVO DE INSTRUMENTO

(petição de interposição)

EXCELENTÍSSIMO SENHOR DOUTOR JUIZ DA _____

VARA DO TRABALHO DE _____

(10 cm)

Processo nº _____

PORTO BELO EMPREENDIMENTOS LTDA., por seu advogado, nos autos da reclamatória trabalhista em que contende contra **MARTINIANO ASDRÚBAL DE SÁ**, vem, à presença de Vossa Excelência, de acordo com o art. 897, § 6º, da CLT, apresentar **CONTRAMINUTA AO AGRAVO DE INSTRUMENTO**, conforme razões anexas.

Requer a remessa dos autos ao Egrégio Tribunal Regional do Trabalho da _____ Região.

Nestes termos,

pede deferimento.

Local e data

Advogado

OAB nº _____

CONTRAMINUTA DE AGRAVO DE INSTRUMENTO

Agravante: Martiniano Asdrúbal de Sá

Agravado: Porto Belo Empreendimentos Ltda.

Origem: _____ Vara do Trabalho de _____

Processo: _____

EGRÉGIO TRIBUNAL

Colenda Turma

Nobres Julgadores

1 CONTRAMINUTA

O Reclamado, ora Agravado, diante da oposição do agravo de instrumento em relação ao despacho de fls. _____, articula as suas razões.

2 PRELIMINARMENTE: NÃO ADMISSIBILIDADE DO AGRAVO DE INSTRUMENTO

O agravo de instrumento, de acordo com o disposto no art. 897, § 5º, I, da CLT, não juntou as peças adequadas para a formação do instrumento.

Dentre as cópias autenticadas, não encontramos a cópia relativa à ciência ou intimação da decisão originária, para fins de aferição da tempestividade do recurso ordinário. Essa peça também é necessária ante o teor do tópico III da IN 16/99 do TST.

Portanto, o recurso não merece ser admitido.

3 MÉRITO

Na remota hipótese de ser superada a questão preliminar, a decisão agravada não merece reforma. Vejamos.

Com o seu recurso ordinário, o Agravante solicitou os benefícios da concessão da justiça gratuita, juntando aos autos a declaração na forma da Lei 7.115/83.

Porém, o Agravante não tem direito à percepção do benefício da justiça gratuita, visto que:

a) possui casa própria, além de auferir rendimentos de algumas aplicações financeiras, o que foi regularmente confessado e comprovado nos autos;

b) a declaração de pobreza, como documento, tem uma validade relativa e pode ser elidida por outros elementos de convicção, tais como o relativo à própria confissão do declarante no sentido de que possui renda suficiente para demandar em juízo.

Assim, correta a decisão denegatória do processamento do recurso ordinário.

4 CONCLUSÃO

Ante o exposto, o agravo de instrumento não deverá ser conhecido, pela ausência de peças essenciais.

Ad cautelam, caso seja outro o entendimento de V. Exª, o recurso não merece ser provido, pelas razões apresentadas, mantendo-se integralmente a decisão agravada.

Nestes termos,

pede deferimento.

Local e data

Advogado

OAB nº _____

AGRAVO INTERNO

10.1 FUNDAMENTO JURÍDICO

O agravo interno (ou agravo regimental), apesar de ter algumas de suas hipóteses previstas na legislação processual, por ex., nos arts. 1.021 ss, CPC, tem seu regramento previsto nos regimentos internos dos tribunais (norma *interna corporis*) que preveem as hipóteses de cabimento, competência etc.

Considerando o regramento processual civil e a necessidade do TST se posicionar, ainda que não de forma exaustiva, sobre a aplicação de várias regras e de institutos disciplinados pelo CPC ao processo do trabalho, foi editada a IN 39/16.[1]

Além disso, diante da necessidade de se preservar a segurança jurídica e de o TST se posicionar sobre diversos aspectos processuais da Reforma Trabalhista (Lei 13.467), o TST editou a IN 41/18.

Nesse aspecto, o TST entendeu aplicável ao processo do trabalho o art. 1.021, CPC, exceto quanto ao prazo do recurso (art. 3º, XXIX, IN 39).

10.2 HIPÓTESES DE CABIMENTO

O art. 709, § 1º, da CLT, prevê o agravo para o Órgão Especial do TST quanto às decisões proferidas nas correições parciais pelo corregedor-geral da justiça do trabalho, disciplinado pelo art. 69, I, *g*, do RITST.

As turmas do TST terão competência para julgar, em última instância, os agravos (art. 5º, *c*, Lei 7.701/88).

Compete à SDI julgar, em última instância, os agravos de despachos denegatórios dos presidentes das turmas, em matéria de embargos (art. 3º, III, *c*, Lei 7.701; art. 78, II, *c*, RITST).

---

[1] A IN 39/16, TST, é objeto da ação direta de inconstitucionalidade promovida pela Associação Nacional dos Magistrados da Justiça do Trabalho – ANAMATRA (ADI 5516, Rel. Min. Cármen Lúcia).

É de atribuição da SDC julgar, em última instância, os embargos de declaração opostos aos seus acórdãos e os agravos pertinentes aos dissídios coletivos (art. 2º, II, d, Lei 7.701; art. 77, I, e, RITST).

Em linhas gerais, nos regimentos internos dos TRTs, o agravo é previsto nas seguintes decisões: (a) do presidente da corte, quando exerce a função de corregedor; (b) do presidente do Tribunal, do vice-presidente, do corregedor ou do vice-corregedor, dos presidentes dos grupos de turmas, dos presidentes de turmas ou dos relatores, desde que haja prejuízo às partes em relação à decisão praticada; (c) do relator que indeferir petição de ação rescisória; (d) do relator que indeferir de plano o pedido de mandado de segurança; (e) do relator que conceder ou denegar o pedido de medida liminar.

O recurso oponível, quando se indefere a petição da ação rescisória e do mandado de segurança, é o ordinário. Será o caso de agravo regimental quando houver somente o indeferimento da liminar quanto ao mandado de segurança (Súm. 158 e 201, TST).

O RITST cuida do agravo interno nos arts. 265 e 266.

Pelo RITST, o agravo interno é oponível contra decisão dos Presidentes do Tribunal e das Turmas, do Vice-Presidente, do Corregedor-Geral da Justiça do Trabalho ou de relator, nos termos da legislação processual, no prazo de oito dias, pela parte que se considerar prejudicada (art. 265, *caput*). Ressalvam-se os casos em que haja recurso próprio ou decisão de caráter irrecorrível, nos termos da lei ou do regimental (art. 265, parágrafo único).

Em termos procedimentais, o RITST (art. 266, §§ 1º a 3º) determina que os agravos internos interpostos contra: (a) ato ou decisão do Presidente do Tribunal, do Vice-Presidente e do Corregedor-Geral da Justiça do Trabalho, desde que interpostos no período do respectivo mandato, serão por eles relatados, enquanto que os interpostos após o término da investidura no cargo do prolator do ato ou decisão serão conclusos ao Ministro sucessor; (b) decisão monocrática do relator, na hipótese de seu afastamento temporário ou definitivo, será conclusa, em relação aos processos de Turmas, ao Desembargador convocado ou ao Ministro nomeado para a vaga, conforme o caso, e, nos processos das Seções Especializadas, ao Ministro que ocupar a vaga, ou redistribuída na forma dos §§ 1º e 2º do art. 107 deste Regimento; (c) decisão monocrática do Presidente do Tribunal, proferida durante o período de recesso forense e férias coletivas, será julgada pelo relator do processo principal, salvo nos casos de competência específica da Presidência da Corte.

Caso o Ministro relator for vencido no resultado do agravo interno ou quanto ao fundamento determinante da decisão, mesmo que prevalecente o resultado, será designado redator do acórdão o Ministro prolator do primeiro voto vencedor, a quem devem ser redistribuídos os embargos, promovendo-se a compensação (art. 266, § 4º).

Quando o agravo interno for declarado manifestamente inadmissível ou improcedente em votação unânime, o órgão colegiado, em decisão fundamentada, condenará o agravante a pagar ao agravado uma multa fixada entre 1 e 5% (um e cinco por cento) do valor atualizado da causa (art. 266, § 5º).

O agravo interno é previsto no CPC (art. 1.021, *caput*) contra decisão proferida pelo relator para o respectivo órgão colegiado.

Pela estrutura da CLT, o agravo interno é previsto contra decisão do: (a) relator no tribunal que acolher ou rejeitar o incidente de desconsideração da personalidade jurídica (art. 855-A, § 1º, III, CLT); (b) ministro relator quando denegar seguimento ao recurso de revista que não demonstrar transcendência (art. 896-A, § 2º, CLT); (c) ministro relator em relação ao recurso de revista (art. 896, § 12); (d) ministro relator quando denegar seguimento ao recurso de revista nas hipóteses de intempestividade, deserção, irregularidade de representação ou de ausência de qualquer outro pressuposto extrínseco ou intrínseco de admissibilidade (art. 896, § 14); (e) ministro relator quando denegar o recurso de embargos (art. 894, § 2º).

É incabível agravo (art. 1.021, CPC) contra decisão proferida por órgão colegiado. Tais recursos destinam-se, exclusivamente, a impugnar decisão monocrática nas hipóteses expressamente previstas. Inaplicável, no caso, o princípio da fungibilidade ante a configuração de erro grosseiro (OJ 412, SDI-I).

Conforme entendimento do TST, na hipótese de feriado forense, incumbirá à autoridade que proferir a decisão de admissibilidade certificar o expediente nos autos, sendo admitida a reconsideração da análise da tempestividade do recurso, mediante prova documental superveniente, em agravo regimental, agravo de instrumento ou embargos de declaração (Súm. 385).

O art. 236 do Regimento Interno do TRT da 1ª Região prevê o cabimento do agravo regimental para o Órgão Especial, para as Seções Especializadas e para as Turmas, observada a competência dos respectivos órgãos, oponível em oito dias, a contar da intimação ou da publicação no *Diário Oficial*: (a) do presidente do Tribunal, que concede ou nega pedido de suspensão da execução, de liminar ou de tutela antecipada, nos termos da legislação; (b) do Corregedor Regional, proferidas em correições parciais e nos pedidos de providências; (c) do Presidente de Seção Especializada, de Presidente de Turma e de relator, que concede ou denega medida liminar, tutela antecipada ou tutela específica, ou que indefere inicial de ação de competência originária do Tribunal.

De acordo com o Regimento Interno do TRT da 2ª Região, com as alterações da Emenda Regimental 36/2020, no âmbito do Tribunal, passou a existir distinção entre o agravo regimental e o agravo interno.

O agravo regimental passou a ser utilizado contra as decisões monocráticas do:

a) presidente do Tribunal, exclusivamente em matéria administrativa elencada no próprio Regimento (art. 26);

b) vice-presidente administrativo;

c) corregedor regional: (1) proferidas em correição parcial; (2) indeferirem o processamento de representação contra Juiz; (3) negarem pedido de correição geral nas varas do trabalho (art. 175, RITRT da 2ª Região).

Por sua vez, o agravo interno será possível contra as decisões monocráticas proferidas pelo relator do processo para apreciação pelo respectivo órgão colegiado. No recurso, o recorrente impugnará especificamente os fundamentos da decisão agravada, com a possibilidade de retratação por parte do magistrado (art. 176-A, RITRT da 2ª Região).

O agravo regimental ou o agravo interno deverá ser interposto no prazo de oito dias.

10.3 PREPARO

Por falta de previsão legal, não existem custas processuais ou depósito recursal a serem realizados.

10.4 PROCESSAMENTO

Publicado o despacho que indeferir a concessão de liminar ou do prosseguimento de recurso, ou a decisão do corregedor geral, terá a parte o prazo legal de 15 dias para sua interposição (art. 1.021, CPC). Nos regimentos internos, como na própria CLT, o prazo costuma ser de oito dias.

O juiz prolator do despacho ou decisão agravada pode rever a decisão (juízo de retratação). Em caso contrário, o agravo será colocado em mesa para julgamento pela corte que conheceria do recurso ou do processo trancado, com prévia publicação de pauta. Não se tem a ocorrência de contrarrazões, bem como de sustentação oral.

O agravo é recebido somente no efeito devolutivo (art. 899, CLT). O juiz relator, diante de um agravo, pode reconsiderar o seu ato, mas não poderá jamais indeferir o seu processamento. Se indeferir o processamento, o remédio competente é o mandado de segurança. Nesse sentido, o teor do art. 317, § 4º, do Regimento Interno do STF.

Nas petições de agravo (art. 265, RITST), o agravante informará, a partir de agosto/2012, o respectivo número de inscrição das partes no cadastro de pessoas físicas ou jurídicas da Receita Federal do Brasil, salvo impossibilidade que comprometa o acesso à justiça, expressamente justificada na própria petição (Ato SEJUD.GP 713/12 do TST).

10.5 AGRAVO MANIFESTAMENTE INADMISSÍVEL OU INFUNDADO

Quando o agravo interno for declarado manifestamente inadmissível ou improcedente em votação unânime, o órgão colegiado, em decisão fundamentada, condenará o agravante a pagar ao agravado uma multa fixada entre 1% e 5% do valor atualizado da causa. A interposição de qualquer outro recurso está condicionada ao depósito prévio do valor da multa aplicada, à exceção da Fazenda Pública e do beneficiário de gratuidade, que farão pagamento ao final (art. 1.021, §§ 4º e 5º, CPC; OJ 389, SDI-I).

10.6 ESTRUTURA

Como os demais recursos que são interpostos em uma instância e remetidos para outra instância ou órgão julgador, o agravo contém duas partes:

a) petição de interposição. Dirigida ao juízo *a quo*, contém requerimentos quanto a admissibilidade e regular processamento do recurso, a intimação da parte contrária e remessa ao órgão jurisdicional competente. Também é o momento processual adequado para se pedir ao juízo *a quo* a reconsideração da decisão agravada;

b) razões recursais. Dirigida ao juízo *ad quem*, leva ao tribunal as questões envolvendo a reforma da decisão denegatória de seguimento do recurso (impugnação específica dos fundamentos da decisão agravada), com pedido e requerimentos finais quanto a admissibilidade, processamento e acolhimento do agravo para determinar o regular processamento do recurso denegado e, consequentemente, o julgamento desse recurso.

10.7 CONTRAMINUTA AO AGRAVO

Interposto o agravo, a parte contrária será intimada para apresentar sua contraminuta ao agravo.

A contraminuta efetiva o princípio do contraditório, de modo que nessa oportunidade caberá à parte interessada se opor às alegações do recurso.

10.8 MODELO DE PETIÇÃO DE AGRAVO (ART. 896, §§ 12 E 14, CLT)

(petição de interposição)

EXCELENTÍSSIMO SENHOR DOUTOR MINISTRO _____
DO TRIBUNAL SUPERIOR DO TRABALHO _____

(10 cm)

Processo nº _____

CISPLATINA TRANSPORTE RODOVIÁRIO LTDA., inscrita no CNPJ sob o nº_____ por seu advogado, nos autos da reclamação trabalhista proposta por **JUVÊNCIO ORTIZ FLORES**, inscrito no CPF sob o nº _____, vem, à presença de Vossa Excelência, com base no art. 896, §§ 12 e 14, CLT, art. 5º, *c*, da Lei 7.701/88, art. 1.021, CPC, e art. 265, do RITST, opor o *AGRAVO* contra a decisão de fls. _____, cujas razões seguem anexas.

Com o presente recurso, espera a reconsideração da decisão monocrática denegatória de seguimento do recurso de revista de fls. (art. 265, RITST).

Não sendo esse o entendimento de Vossa Excelência, requer o regular processamento do recurso, com ciência à parte contrária e a remessa dos autos para o _____ Tribunal Superior do Trabalho.

Nestes termos,

pede deferimento.

Local e data

Advogado

OAB nº _____

RAZÕES DE AGRAVO

Agravante: Cisplatina Transporte Rodoviário Ltda.

Agravado: Juvêncio Ortiz Flores

Origem: _____

Processo: _____

Tribunal Superior do Trabalho

Colenda Turma

Nobres Julgadores

1 CONSIDERAÇÕES

A Agravante, outrora Reclamada, não concorda com a decisão monocrática do Ministro Relator Dr. _____, da _____ Turma do Tribunal Superior do Trabalho, a qual não admitiu o recurso de revista de fls. _____, sob o fundamento de que o subscritor do recurso, o Dr. _____, não possui o devido instrumento de mandato nos autos, nos termos do sistema processual e da Súmula 383, I, TST.

Apesar da oposição de embargos declaratórios com efeito infringente quanto aos requisitos de admissibilidade do recurso de revista (art. 897-A, CLT), o Ministro Relator concluiu pela manutenção da decisão de fls. _____.

2 ADMISSIBILIDADE

Preenchidos os pressupostos objetivos e subjetivos de admissibilidade, o presente recurso deverá ser conhecido.

Lembramos que não há custas processuais e depósito recursal.

Como já dito em sede de embargos de declaração, o subscritor possui mandato tácito consoante o teor de fls. dos autos (ata da audiência junto à Vara de origem, na qual o Dr. praticou uma série de atos), de modo que também se encontra preenchido esse requisito.

3 MÉRITO

A decisão de fls. OAB n° _____ não pode prevalecer, sob a alegação de inexistência de instrumento de mandato, vez que pela simples leitura da ata de audiência de fls. _____, notamos que o subscritor do recurso de revista tem mandato tácito nos autos.

Como é de notório saber, o mandato tácito ocorrerá, por exemplo, quando o advogado que subscreve o recurso tiver participado de alguma audiência ou tenha realizado outros atos em conjunto com a parte, presumindo-se que a parte concordou em ser representada por esse advogado.

Nos termos da própria Súmula 383, II, TST, o não cumprimento das determinações do art. 104, CPC, importa o não conhecimento de recurso, exceto na hipótese de mandato tácito.

Assim, o próprio TST admite a figura do mandato tácito.

Portanto, merece reforma a decisão agravada para determinar o regular processamento do recurso de revista.

4 CONCLUSÃO

Diante do exposto, o presente recurso deverá ser conhecido e provido para reformar a decisão agravada (de inadmissibilidade do recurso de revista por falta de instrumento de mandato), para que, na sequência, possa ter o devido julgamento do recurso de revista.

Nestes termos,

pede deferimento.

Local e data

Advogado

OAB n° _____

10.9 MODELO DE AGRAVO INTERNO

EXCELENTÍSSIMO SENHOR DOUTOR DESEMBARGADOR PRESIDENTE DO EGRÉGIO TRIBUNAL REGIONAL DO TRABALHO DA __ REGIÃO

(10 cm)

Processo nº

FRANCISCO COSTA BRAVO, Reclamante nos autos em epígrafe em que contende contra **CISPLATINA TRANSPORTES RODOVIÁRIOS LTDA.**, por sua advogada, vem à presença de Vossa Excelência, com base no art. 1.021, caput, CPC, opor *AGRAVO INTERNO*, cujas razões seguem na forma em anexo.

Com o presente recurso, espera a reconsideração da decisão monocrática, a qual concedeu à Reclamada a oportunidade da sua regularização processual nos autos.

Não sendo esse o entendimento de Vossa Excelência, requer o processamento do agravo interno, com ciência à parte contrária, e seu provimento, pelas razões aduzidas.

Nestes termos,

pede deferimento.

Local e data.

Advogado

OAB Nº __

RAZÕES DO AGRAVO INTERNO

AGRAVANTE: FRANCISCO COSTA BRAVO

AGRAVADO: CISPLATINA TRANSPORTES RODOVIÁRIOS LTDA

FRANCISCO COSTA BRAVO, na qualidade de Reclamante, ora Agravante, inconformado com despacho de fls. __, o qual determinou à Reclamada a regularização de sua representação processual no prazo de 05 dias, vez que a procuração que dá poderes aos seus advogados para representá-lo em juízo, inclusive em fase recursal, encontra-se vencida desde o dia 2-6-2020 (fls. __).

O Reclamante entende que a decisão agravada fere o art. 682, I, CC e a Súmula 395, I, TST.

1 CABIMENTO DO AGRAVO INTERNO NO PROCESSO TRABALHISTA

O agravo interno deve ser regulado no Regimento Interno dos Tribunais, consoante o art. 1.021, *caput*, CPC.

O atual Regimento Interno do Tribunal Regional do Trabalho é omisso, contudo, essa omissão não elide a aplicação subsidiária do CPC (art. 15, CPC; art. 769, CLT).

A decisão agravada é um pronunciamento monocrático do Desembargador Relator.

Assim, o agravo interno deverá ser conhecido e provido, para que na sequência não seja admitido o recurso ordinário da Reclamada, diante da falta de procuração nos autos.

2 PRESSUPOSTOS RECURSAIS OBJETIVOS DO AGRAVO INTERNO

A subscritora do agravo interno possui o competente instrumento de procuração nos autos, com mandato às fls. 55.

Houve a publicação da decisão no dia 13-12-2020. Como o recurso foi interposto no 3º dia após, tem-se a sua plena tempestividade.

3 DECISÃO AGRAVADA

Em linhas objetivas, ao proceder à análise dos requisitos de admissibilidade do recurso ordinário interposto, o Desembargador Relator verificou a existência de instrumento de mandato vencido. Diante disso, determinou que a Reclamada Agravada regularize sua representação processual no prazo de cinco dias (fls.), com fundamento no art. 76, CPC.

O Reclamante, como não se conforma com o teor do despacho agravado, apresenta as suas razões do Agravo Interno.

4 FUNDAMENTOS

Como é de notório saber, o art. 76, CPC, é aplicável à situação de irregularidade de representação, o que não é o caso dos autos, cuja hipótese é a falta de procuração, visto que o mandato juntado aos autos está vencido. Vale dizer, não se aplica o referido dispositivo quando se está diante de ausência de representação.

A jurisprudência do TST indica:

"(...) II) AGRAVO DE INSTRUMENTO DA 1ª RECLAMADA – TIM CELULAR S/A IRREGULARIDADE DE REPRESENTAÇÃO. VENCIDA A PROCURAÇÃO OUTORGADA AO ADVOGADO QUE SUBSTABELECEU PODERES AO SUBSCRITOR DO RECURSO DE REVISTA. NÃO PROVIMENTO. O recurso de revista não enseja admissibilidade, ante a irregularidade de representação, pois, no momento da sua interposição, encontrava-se vencida a procuração por meio da qual se constituiu o advogado que substabeleceu os poderes ao advogado subscritor do recurso. Registre-se que não é o caso de incidência do item I da Súmula nº 395 desta Corte, porquanto a procuração em questão não contém cláusula estabelecendo poderes para o outorgado atuar até o final da demanda. Precedentes. Frise-se, ainda, a inaplicabilidade do art. 13 do CPC à espécie, conforme entendimento já pacificado nesta Corte, por meio da Súmula nº 383, II. Agravo de instrumento a que se nega provimento" (TST – 5ª T. – ARR 1644 – 75.2010.5.03.0112 – Rel. Min. Guilherme Augusto Caputo Bastos – *DEJT* 7-8-2015).

Assim, a decisão agravada encontra-se equivocada. Insista-se: O art. 76, CPC, somente é aplicável, em caso de irregularidade de representação, o que não é a hipótese dos autos.

Por outro lado, o art. 682, IV, CC é claro ao estabelecer que cessa o mandato com o término do prazo da procuração. Se não há mandato nos autos, nada há para ser regularizado, sendo inaplicável o disposto no art. 76, CPC.

No caso, o instrumento de mandato, que substabeleceu poderes aos subscritores do recurso ordinário, teve sua validade até o dia 30-8-2020 (fls. __) e o apelo foi interposto em 16-11-2020 (fls. __).

Assim, os advogados que assinaram a petição de recurso de ordinário pela Reclamada não têm poderes para tal, eis que exaurido o prazo de vigência do instrumento de representação processual.

Ademais, não se aplica o teor da Súmula 395, I, C. TST, uma vez que o instrumento de mandato juntado nos autos, não dá poderes aos procuradores para atuarem até o final da demanda.

A jurisprudência indica:

"AGRAVO REGIMENTAL. AGRAVO DE INSTRUMENTO EM RECURSO DE REVISTA. INTERPOSIÇÃO ANTERIOR À LEI 13.015/2014. DECISÃO DENEGATÓRIA DE SEGUIMENTO

DO RECURSO DE REVISTA PAUTADA NA IRREGULARIDADE DE REPRESENTAÇÃO. PROCURAÇÃO COM PRAZO DE VALIDADE ESTABELECENDO PODERES ATÉ O FINAL DA DEMANDA. JUNTADA APÓS EXPIRADO O PRAZO DE VALIDADE. IRREGULARIDADE DE REPRESENTAÇÃO. 1 - Na hipótese, a procuração juntada pela reclamada, VALIA, estabelece prazo de validade do instrumento de mandato, fixando como termo final a data de 31/12/2009, constando, ainda, ressalva de que os procuradores poderão atuar até o final da demanda. 2 - Verifica-se, entretanto, que a procuração foi juntada na ata de audiência realizada em 09/02/2010, ou seja, quando já expirado o prazo de validade da procuração. 3 - Assim, ainda que resguardados os poderes dos causídicos para atuação até o fim da demanda, no caso em que o instrumento de mandato é juntado após o prazo de validade inaplicável o entendimento cristalizado no item I da Súmula 395/TST ("válido é o instrumento de mandato com prazo determinado que contém cláusula estabelecendo a prevalência dos poderes para atuar até o final da demanda"). Agravo regimental conhecido e não provido" (TST - AgR-AIRR 225600-35.2009.5.03.0060 - Rel. Min. Hugo Carlos Scheuermann - *DJe* 28-9-2018).

Há de ser aplicável a Súmula 383, TST:

RECURSO. MANDATO. IRREGULARIDADE DE REPRESENTAÇÃO. CPC DE 2015, ARTS. 104 E 76, § 2º.

I – É inadmissível recurso firmado por advogado sem procuração juntada aos autos até o momento da sua interposição, salvo mandato tácito. Em caráter excepcional (art. 104 do CPC de 2015), admite-se que o advogado, independentemente de intimação, exiba a procuração no prazo de 5 (cinco) dias após a interposição do recurso, prorrogável por igual período mediante despacho do juiz. Caso não a exiba, considera-se ineficaz o ato praticado e não se conhece do recurso.

II – Verificada a irregularidade de representação da parte em fase recursal, em procuração ou substabelecimento já constante dos autos, o relator ou o órgão competente para julgamento do recurso designará prazo de 5 (cinco) dias para que seja sanado o vício. Descumprida a determinação, o relator não conhecerá do recurso, se a providência couber ao recorrente, ou determinará o desentranhamento das contrarrazões, se a providência couber ao recorrido (art. 76, § 2º, do CPC de 2015).

Por tais fundamentos, requeremos da Colenda Turma do Tribunal Regional do Trabalho o conhecimento e o pleno provimento do agravo interno, para que se tenha a reforma da decisão que deferiu à Reclamada o prazo de 05 dias para regularização de sua representação processual.

5 CONCLUSÃO

Por tais fundamentos, espera a reconsideração da decisão atacada.

Caso seja outro o entendimento de Vossa Excelência, após a manifestação da Agravada, requer à Colenda Turma do Tribunal Regional do Trabalho que o agravo interno seja conhecido e provido, reformando a decisão de fls. ___, e, consequentemente, não se admitindo do recurso ordinário da Reclamada por ausência de instrumento de mandato.

Nestes termos,

Pede deferimento.

Local e data.

Advogado

OAB nº ___

AGRAVO DE PETIÇÃO

11.1 FUNDAMENTO JURÍDICO

O recurso de agravo de petição tem previsão legal no art. 897, *a*, da CLT, disciplinado em seus parágrafos, sendo-lhe aplicável a teoria geral dos recursos.

Considerando o regramento processual civil e a necessidade do TST se posicionar, ainda que não de forma exaustiva, sobre a aplicação de várias regras e de institutos disciplinados pelo CPC ao processo do trabalho, foi editada a IN 39/16.

Além disso, diante da necessidade de se preservar a segurança jurídica e de o TST se posicionar sobre diversos aspectos processuais da Reforma Trabalhista (Lei 13.467), o TST editou a IN 41/18.

11.2 CABIMENTO

O agravo de petição é o recurso cabível das decisões do juiz na execução (art. 897, *a*, CLT). Contudo, como regra, as decisões interlocutórias são irrecorríveis (art. 893, § 1º, da CLT; Súm. 214, do TST).

Assim, devemos ter uma interpretação sistemática dos dispositivos legais, de modo a concluir qual é a decisão na execução atacável pelo recurso de agravo de petição.

Os despachos de mero expediente e as decisões interlocutórias, mesmo na execução, são irrecorríveis no processo do trabalho. Nem mesmo a decisão interlocutória que tenha cunho decisório pode ser impugnada pelo agravo de petição. Logo, a decisão que não admite a produção de determinada prova na execução ou que recusa a nomeação de bens não pode ser atacada de imediato. Restando, por consequência lógica, a decisão que resolve a execução com ou sem mérito (decisões definitivas ou terminativas).

Acrescente-se que nem todas as sentenças na execução (sentido lato) são recorríveis. Por exemplo: as sentenças de liquidação, as quais serão impugnadas na oportunidade dos embargos à execução ou na impugnação à sentença de liquidação (art. 884). A liquidação é uma fase preparatória da execução (sentido lato). Só caberá o agravo quando a decisão proferida em liquidação rejeitar os artigos de liquidação. Assim, como regra, o agravo de petição é oponível na execução propriamente dita, a qual tem início com o despacho do juiz que determina a citação do devedor (art. 880).

O cabimento do agravo de petição, no entanto, tem-se mostrado muito controvertido na doutrina.

Na análise do tema, Manoel Antonio Teixeira Filho[1] entende que: *"(1) por princípio, apenas comportam agravo de petição as sentenças e as decisões, exceto quanto a estas, as que julgam a liquidação; (2) consequentemente, não são impugnáveis, por esse remédio, os despachos de mero expediente, os despachos com conteúdo decisório (exceto os que denegarem a interposição de recurso) e as decisões interlocutórias, observada, quanto a estas, a regra do art. 893, § 1º, da CLT".*

Amador Paes de Almeida[2] e Wagner Giglio e Claudia Giglio Veltri Corrêa[3] admitem o agravo de petição contra sentença proferida em embargos à execução, arrematação e adjudicação.

Excepcionalmente, Francisco Antonio de Oliveira[4] admite que *"o agravo de petição poderá fazer as vezes do agravo de instrumento do processo comum. Isso se dá em certas decisões interlocutórias mistas com a paralisação do processo, v. g., envio ao arquivo porque a parte não atendeu determinação de apresentar cálculos em cinco dias, ou ainda com intensidade de verdadeira decisão terminativa, v. g., indeferimento de novos juros e correção com o arquivamento do processo".*

De forma mais abrangente, Amauri Mascaro Nascimento[5] considera: *"as duas oportunidades nas quais o juiz decide definitivamente na execução de sentença são os embargos à penhora e os embargos à praça. Pode, também, decidir os artigos de liquidação, julgando-os não provados. Nesses três casos cabe agravo de petição contra as decisões proferidas em embargos à penhora, embargos à praça e artigos de liquidação julgados não provados. Porém, a lei abre campo para que outras decisões de execução também sejam agraváveis, já que não faz essa restrição. Assim, o despacho que determina o levantamento dos depósitos da execução é agravável. Também o despacho que nega o levantamento é passível de agravo. Cabe restrição aos despachos simples, de mera rotina e andamento do processo e que, se agraváveis, tornariam impraticável o desenvolvimento do processo, truncado que ficaria com sucessivos recursos, impedindo a sua marcha para frente. De qualquer modo, a amplitude do texto legal não é um mal, porque permite sempre um policiamento da segunda instância sobre os atos praticados pela instância ordinária nas execuções de sentença".*

Para João de Lima Teixeira Filho,[6] salvo as decisões interlocutórias que são irrecorríveis, *"todas as demais decisões em execução são passíveis de ataque pelo agravo de petição. Restringir o cabimento deste apelo, pela natureza da decisão, equivale a malferir a garantia da defesa ampla, com os meios e recursos a ela inerentes (art. 5º, LV, da CF)".*

---

[1] TEIXEIRA FILHO, Manoel Antonio. *Sistema dos Recursos Trabalhistas*, 10. ed., p. 405-406.
[2] ALMEIDA, Amador Paes de. *CLT Comentada*, 3. ed., p. 501.
[3] GIGLIO, Wagner; CORRÊA, Claudia Giglio Veltri. *Direito Processual do Trabalho*, 15. ed., p. 483.
[4] OLIVEIRA, Francisco Antonio de. *Comentários à Consolidação das Leis do Trabalho*, 3. ed., p. 886.
[5] NASCIMENTO, Amauri Mascaro. *Curso de Direito Processual do Trabalho*, 21. ed., p. 576.
[6] SÜSSEKIND, Arnaldo; MARANHÃO, Délio; VIANNA, Segadas; TEIXEIRA, Lima. *Instituições de Direito do Trabalho*, v. 2, 22. ed., p. 1504.

Nessa linha, Valentin Carrion[7] considera que o *"agravo de petição é o recurso específico contra qualquer decisão do juiz na execução, após o julgamento de embargos do executado (art. 884)".*

Em face da omissão da lei, José Augusto Rodrigues Pinto[8] admite o agravo de petição: *"(a) das decisões definitivas em processo de execução trabalhista; (b) das decisões interlocutórias que envolverem matéria de ordem pública a justificar novo exame de seu conteúdo".*

Em nossa opinião, o agravo de petição é cabível nas hipóteses de decisão que: (a) aprecia os embargos à execução, impugnação à sentença de liquidação, impugnação à expropriação (arrematação; adjudicação e alienação por iniciativa particular) e os embargos de terceiro; (b) acolhe a exceção de pré-executividade (decisão de mérito); (c) não encerra o processo de execução, contudo, pelo seu conteúdo, causa gravame à parte e indefere o levantamento de valores depositados etc.; (d) encerra ou obsta o prosseguimento da execução (ex.: rejeição da penhora sobre um determinado bem etc.); (e) rejeita os artigos de liquidação; (f) extingue a execução, como é o caso do indeferimento do pedido de diferenças por atualização ou do acolhimento da prescrição intercorrente.

O Enunciado 53 da Jornada Nacional sobre Execução na Justiça do Trabalho (2010) assim dispõe: *"Não cabe agravo de petição de decisão interlocutória, ressalvadas as hipóteses em que estes atos se equiparam à decisão terminativa do feito, com óbice ao prosseguimento da execução, ou quando a pretensão recursal não possa ser manejada posteriormente".*

Se o valor dado à causa for de até dois salários mínimos, é incabível o agravo de petição, exceto se envolver matéria constitucional (art. 2º, § 4º, Lei 5.584/70).

11.3 OBJETO DO AGRAVO DE PETIÇÃO

Podem ser arguidas em sede de agravo de petição as matérias próprias aos embargos à execução, ou seja, cumprimento da sentença exequenda; cumprimento do acordo; quitação e prescrição (art. 884, CLT), sendo que o CPC ainda prevê: (a) falta ou nulidade de citação no processo de conhecimento se a ação lhe correu à revelia; (b) inexequibilidade do título ou inexigibilidade da obrigação; (c) ilegitimidade de parte; (d) cumulação indevida de execuções; (e) excesso de execução, ou nulidade desta até a penhora; (f) qualquer causa impeditiva, modificativa ou extintiva da obrigação, como pagamento, novação, compensação com execução aparelhada, transação ou prescrição, desde que supervenientes à sentença; (g) incompetência do juízo da execução, bem como suspeição ou impedimento do juiz (arts. 910 e 525, § 1º, CPC).

Também pode ser reiterado em sede de agravo de petição à impugnação feita à sentença de liquidação (valor do crédito).

---

[7] CARRION, Valentin. *Comentários à Consolidação das Leis do Trabalho*, atualizada por Eduardo Carrion, 31. ed., p. 796.
[8] PINTO, José Augusto Rodrigues. *Execução Trabalhista*, 11. ed., p. 407.

O cabimento do agravo de petição exige que a parte tenha questionado as matérias nos embargos à execução ou na impugnação à sentença de liquidação. Tal exigência não abarca as matérias de ordem pública.

Além dos requisitos objetivos e subjetivos exigidos para os recursos em geral, o agravo de petição exige a delimitação das matérias e valores impugnados (o remanescente é denominado de valor incontroverso). Essa exigência é um pressuposto objetivo de admissibilidade do recurso. Assim, não é mais possível a oposição do agravo de petição de forma genérica e ampla (art. 897, § 1º, CLT).

Tanto é assim que não fere direito líquido e certo o prosseguimento da execução quanto aos tópicos e valores não especificados no agravo de petição (Súm. 416, TST).

A obrigatoriedade de delimitação dos valores é para o recurso do devedor (ou executado), normalmente, a empresa. A delimitação do valor não é um requisito imposto ao credor (ou exequente).

Não havendo controvérsia sobre valores, não é o caso de delimitação.

Com a obrigação de a parte indicar as matérias e valores impugnados, o recurso de agravo de petição não poderá ser por mera petição (art. 899, CLT), ainda que no exercício do *ius postulandi*.

Não atendida essa exigência, não cabe prazo suplementar, nem determinação judicial para que se adite o recurso, por falta de previsão legal e porque os requisitos de admissibilidade do recurso devem ser comprovados quando da interposição.

11.4 O AGRAVO DE PETIÇÃO E A EXECUÇÃO DAS CONTRIBUIÇÕES PREVIDENCIÁRIAS

Além da discussão quanto aos incidentes da execução e de outras matérias (art. 884, § 1º, CLT; art. 525, § 1º, CPC), o devedor poderá discutir a matéria pertinente às contribuições sociais (art. 884, § 3º) em sede de embargos à execução.

Se o devedor discutir os valores e a questão da responsabilidade em relação às contribuições sociais, o juiz deverá dar ciência dos embargos ao credor trabalhista e ao previdenciário.

Para o credor trabalhista e o previdenciário, o valor da contribuição social será objeto de apreciação, por intermédio da impugnação à sentença de liquidação. O prazo é de cinco dias, que será computado a partir da ciência da garantia do juízo (art. 884, § 3º).

Como forma de observar os princípios do contraditório e do amplo direito de defesa, evitando nulidades, o juiz deve dar ciência das impugnações apresentadas para todas as partes envolvidas na controvérsia.

O prazo para manifestação contrária em relação às impugnações e aos embargos à execução é de cinco dias (art. 900).

Os embargos e as impugnações à liquidação apresentadas pelas partes serão julgados pela mesma sentença (art. 884, § 4º).

No caso de divergência das partes (o credor trabalhista, o credor previdenciário e o devedor) a respeito da sentença que julgou as impugnações e os embargos à execução, o recurso próprio é o agravo de petição (art. 897, § 3º).

Nas situações em que o agravo de petição envolver somente a contribuição previdenciária, o juiz da execução determinará a extração de cópias das peças necessárias, que serão autuadas em apartado e remetidas à instância superior para a devida apreciação, após a concessão do prazo para contraminuta (art. 897, § 8º).

Do acórdão que julgar o agravo de petição no TRT a respeito da contribuição previdenciária somente caberá recurso de revista se a matéria impugnada envolver violação direta e literal da CF (art. 896, § 2º).

11.5 PRAZO RECURSAL

Com a Lei 13.467/17, os prazos passam a ser contados em dias úteis (art. 775, CLT).

O prazo para a interposição do recurso é de oito dias.

A União, Estados, Distrito Federal, Municípios, autarquias, fundações de direito público e o Ministério Público têm prazo em dobro. O INSS também terá prazo em dobro.

O TST considera a ampliação dos prazos quando existir litisconsorte passivo, com procuradores distintos (art. 229, CPC), incompatível ao processo do trabalho (OJ 310, SDI-I).

11.6 PREPARO RECURSAL

11.6.1 Custas processuais

No processo de execução são devidas custas, sempre de responsabilidade do executado e pagas ao final (art. 789-A, *caput*, CLT), de conformidade com o tipo de ato processual (tabela prevista nos incisos I a IX do art. 789-A).

Para o agravo de petição, o valor das custas é de R$ 44,26 (art. 789-A, IV, CLT).

Independentemente de quem seja a agravante, as custas serão pagas ao final, sendo a responsabilidade do executado.

A partir de janeiro/2011, nos termos do Ato Conjunto 21/10, TST.CSJT.GP.SG, as custas processuais passaram a ser recolhidas em GRU Judicial.

Outras informações sobre as custas processuais e a GRU Judicial podem ser consultadas no Capítulo 8 – Recurso Ordinário.

11.6.2 Depósito recursal

A exigência de depósito no processo de execução observa o seguinte: (a) a inserção da vírgula entre as expressões "... *aos embargos*" e "*à execução*..." é atribuída a erro de redação, devendo ser considerada a locução *embargos à execução*; (b) dada a natureza jurídica dos embargos à execução, não será exigido depósito para a sua oposição quando estiver suficientemente garantida a execução por depósito recursal já existente nos autos, efetivado no processo de conhecimento, que permaneceu vinculado à execução, e/ou pela nomeação ou apreensão judicial de bens do devedor, observada a ordem preferencial estabelecida em lei; (c) garantida integralmente a execução nos embargos, só haverá exigência de depósito em qualquer recurso subsequente do devedor se tiver havido elevação do valor do débito, hipótese em que o depósito recursal corresponderá ao valor do acréscimo, sem qualquer limite; (d) o depósito será efetivado pelo executado recorrente, mediante guia de depósito judicial, em conta vinculada ao juízo da execução (item IV, IN 3/93, TST).

Com a Lei 13.467, as entidades filantrópicas e aqueles que compõem ou compuseram a diretoria dessas instituições estão dispensados de fazer a garantia da execução ou indicar bens à penhora como requisito extrínseco dos embargos à execução (art. 884, § 6º, CLT). Citado dispositivo é aplicável aos processos cuja execução tenha iniciado após 11-11-2017 (art. 16, IN 41/18, TST).

Com a garantia do juízo (penhora ou o depósito do valor da execução), o depósito só será exigível em caso de elevação do valor do débito, o que é difícil de ocorrer. Por exemplo: (a) a sentença de liquidação fixa o crédito em R$ 40.000,00; (b) o exequente e o executado discordam da sentença, impugnando-a no momento oportuno (art. 884, CLT); (c) a impugnação do exequente é acolhida. O valor é fixado em R$ 70.000,00. Originariamente, o juízo está garantido até o montante de R$ 40.000,00. Para recorrer (agravo de petição), o recorrente deverá apresentar a garantia integral, ou seja, complementar a garantia recursal (acréscimo de R$ 30.000,00). Contudo, nem sempre a decisão fixa a diferença de forma líquida, logo, não será exigível a complementação, pois não se tem a noção concreta do montante.

De acordo com o item II da Súmula 128 do TST, garantido o juízo, na fase executória, a exigência de depósito para recorrer de qualquer decisão viola os incisos (II e LV) do art. 5º, CF. Contudo, se houver a elevação do valor do débito, exige-se a complementação da garantia do juízo.

Nas execuções contra a Fazenda Pública, a devedora será citada para opor embargos sem a garantia em juízo (art. 910, CPC), já que os bens públicos são impenhoráveis (art. 100, CC) e a Fazenda Pública paga suas dívidas no sistema de precatório (art. 100, CF). Assim, também quando da interposição do agravo de petição, não se exige depósito recursal (art. 1º, IV, Dec.-lei 779/69).

O depósito recursal não tem natureza de taxa de recurso e sim de garantia do juízo recursal (art. 899, CLT; art. 40, Lei 8.177/91).

O TST, ao admitir expressamente o incidente de desconsideração da personalidade jurídica no processo do trabalho, previu a possibilidade agravo de petição como meio de atacada a decisão do incidente (em fase de execução), independentemente de garantia do juízo (art. 855-A, § 1º, II, CLT).

Informações sobre o recolhimento do depósito recursal e a Guia de Recolhimento GFIP podem ser consultadas no Capítulo 8 – Recurso Ordinário.

11.7 EFEITOS

Como os demais recursos trabalhistas, o agravo de petição só tem o efeito devolutivo (art. 899, CLT).

Se o agravo de petição somente discute os limites da liquidação (o valor efetivamente devido e que foi apurado – *quantum debeatur*), o valor incontroverso será executado de forma definitiva, por cumprimento provisório de sentença ("carta de sentença") ou nos próprios autos, se o agravo for remetido ao Tribunal em autos apartados.

Tanto é assim que não fere direito líquido e certo o prosseguimento da execução quanto aos tópicos e valores não especificados no agravo de petição (Súm. 416, TST).

No caso de o agravo de petição abranger matérias próprias quanto à penhora e seus desdobramentos, não cogitando do montante devido, a execução é provisória, não se permitindo atos judiciais de alienação.

11.8 PROCEDIMENTO

O agravo será interposto perante o juízo da vara do trabalho, com as suas razões endereçadas para o TRT.

Os autos serão processados em autos apartados, quando a parte deverá juntar todas as peças necessárias para o exame da matéria controvertida, ou nos próprios autos, se tiver sido determinada a extração de cumprimento provisório de sentença ("carta de sentença") (art. 897, § 3º).

No âmbito do TRT da 2ª Região, caso seja determinado o processamento do agravo de petição em apartado, a secretaria da vara intimará o agravante para fornecer as peças necessárias, ficando desobrigada de conferi-las (art. 11-A, Consolidação dos Provimentos da Corregedoria Regional – Provimento GP/CR 13/06). Quando do retorno à vara do agravo de petição processado em autos apartados, seu resultado será registrado no sistema informatizado e, antes do seu apensamento, as cópias dos autos principais que o instruíram serão eliminadas, certificando-se no feito tal ato e o apensamento (art. 11-A, parágrafo único).

O julgamento ocorrerá nas turmas dos TRTs, exceto se não houver essa divisão, hipótese em que a análise caberá ao pleno do tribunal. O processamento é mais rápido em relação aos demais tipos de recursos, pois o processo encontra-se em execução.

Admite-se o recurso adesivo ao agravo de petição (Súm. 283, TST).

Denegado seguimento ao agravo de petição, em primeira instância, o remédio oponível é o agravo de instrumento.

Indeferido o processamento do agravo de petição pelo TRT, o recurso de revista é incabível, exceto se for o caso de ofensa à CF (art. 896, § 2º, CLT). Da mesma forma, se o TRT rejeitar no mérito o agravo de petição.

A admissibilidade do recurso de revista interposto de acórdão proferido em agravo de petição, na liquidação de sentença ou em processo incidente na execução, inclusive os embargos de terceiro, depende de demonstração inequívoca de violência direta à CF (Súm. 266, TST).

A admissibilidade do recurso de embargos contra acórdão de turma em recurso de revista em fase de execução, publicado na vigência da Lei 11.496/07, condiciona-se à demonstração de divergência jurisprudencial entre turmas ou destas e a SDI em relação à interpretação de dispositivo constitucional (Súm. 433, TST).

11.9 ESTRUTURA

Como os demais recursos que são interpostos em uma instância e remetidos para outra instância ou órgão julgador, o agravo de petição contém duas partes:

    a) petição de interposição. Dirigida ao juízo *a quo*, contém requerimentos quanto a admissibilidade e regular processamento do recurso, a intimação da parte

contrária e remessa dos autos ao tribunal competente. No caso de apresentação de guias do preparo recursal, é importante informar que se encontram anexas;
b) razões recursais. Dirigida ao juízo *ad quem*, leva ao tribunal as questões processuais e materiais para, via de regra, nova apreciação. Assim, sugerimos o seguinte desenvolvimento: identificação do processo; saudação ao tribunal e julgadores; breve resumo do processo; questões processuais (matéria de protestos realizados no curso do processo; preliminares processuais: condições da ação, pressuposto de validade e desenvolvimento do processo etc.); prejudiciais de mérito (decadência e prescrição); questões de mérito; pedido e requerimentos finais (admissibilidade, processamento e acolhimento); informar o recolhimento do preparo recursal. De acordo com o art. 897, § 1º, da CLT, quando da formulação das razões recursais, a parte agravante deve delimitar, justificadamente, as matérias e os valores impugnados, inclusive, indicando o valor incontroverso da execução.

11.10 CONTRARRAZÕES AO AGRAVO DE PETIÇÃO

Após a admissibilidade do recurso, a parte contrária será intimada para apresentar suas contrarrazões no prazo de oito dias (art. 900, CLT).

As contrarrazões efetivam o princípio do contraditório, de modo que nessa oportunidade caberá à parte interessada se opor às alegações do recurso. Como regra, são descabidas alegações de insatisfação da parte em contrarrazões, o que deve ser feito em recurso próprio. Contudo, também devem ser alegadas as questões envolvendo a admissibilidade do recurso.

11.11 MODELO DE PETIÇÃO DE AGRAVO DE PETIÇÃO

(petição de interposição)
EXCELENTÍSSIMO SENHOR DOUTOR JUIZ DA _____
VARA DO TRABALHO DE _____

(10 cm)

Processo nº _____

FRANCISCO DOS SANTOS JORGE e NEIRE LACOSTE JORGE, qualificados como executados nos autos, em que **FELIPE DIAS COSTACURTA**, na qualidade de exequente contende contra **JJ SERVIÇOS E EQUIPAMENTOS LTDA.**, executado originário, por seu advogado, vem, à presença de Vossa Excelência, diante da penhora de fls. _____ e da, decisão de fls. _____ que rejeitou os embargos à execução, apresentar o ***AGRAVO DE PETIÇÃO***, com fundamento no art. 897, *a*, da CLT, pelas razões de fato e de direito que passa a expor.

Nos termos do art. 897, § 1º, da CLT, cumpre destacar que o presente recurso versa sobre a inexistência de fundamentos para decretação da desconsideração da personalidade jurídica; violação do amplo direito de defesa; quebra do benefício de ordem do art. 795, § 1º, CPC; penhora sobre bem de família, envolvendo o montante total a execução (penhora dos bens dos sócios) (R$ 100.000,00), conforme fundamentação anexa.

Informa que se encontram anexas as guias de recolhimentos das custas processuais, sendo que no presente caso não há necessidade de complemento do depósito recursal.

Após o processamento do agravo de petição e a regular intimação da parte contrária para contrarrazões, espera a remessa dos autos ao Egrégio Tribunal Regional do Trabalho da Região.

Nestes termos,

pede deferimento.

Local e data

Advogado

OAB n° _____

RAZÕES DE AGRAVO DE PETIÇÃO

Agravantes: Francisco dos Santos Jorge e

Neire Lacoste Jorge

Agravados: JJ Serviços e Equipamentos Ltda. E

Felipe Dias Costacurta

Origem: _____

Processo: _____

EGRÉGIO TRIBUNAL

Colenda Turma

Nobres Julgadores

1 RAZÕES RECURSAIS

Os Recorrentes, na qualidade de executados, não se conformando com o ato de constrição formalizado às fls. _____ e da decisão de fls. _____, que rejeitou os embargos à execução, vêm, à presença de Vossa Excelência, apresentar o seu agravo de petição, cujas razões são as seguintes.

2 ADMISSIBILIDADE

Preenchidos os pressupostos objetivos e subjetivos de admissibilidade do presente recurso, espera seu regular processamento e provimento para reformar a decisão atacada.

Nos termos do art. 897, § 1°, da CLT, cumpre destacar que o presente recurso versa sobre a inexistência de fundamentos para decretação da desconsideração da personalidade jurídica; violação do amplo direito de defesa; quebra do benefício de ordem do art. 795, § 1°, CPC; penhora sobre bem de família, envolvendo o montante total a execução (penhora dos bens dos sócios) (R$ 100.000,00), conforme fundamentação que se segue.

3 MÉRITO

3.1 Impossibilidade da Desconsideração da Personalidade Jurídica

Equivocadamente, o juízo *a quo* acolheu o pedido de desconsideração da personalidade jurídica e determinou a execução sobre a penhora dos bens dos sócios (fls. _____).

Não se pode negar que o fenômeno da desconsideração da personalidade jurídica representa um avanço doutrinário e jurisprudencial de grande valia, notadamente, como forma de se aceitar a responsabilidade patrimonial e particular dos sócios, em função dos débitos sociais das empresas em que são membros.

Contudo, a desconsideração da personalidade jurídica possui parâmetros e limites jurídicos, como leciona Fábio Ulhoa Coelho "*Há, no direito brasileiro, na verdade, duas teorias da desconsideração. De um lado, a teoria mais elaborada, de maior consistência e abstração, que condiciona o afastamento episódico da autonomia patrimonial das pessoas jurídicas à caracterização da manipulação fraudulenta ou abusiva do instituto. Nesse caso, distingue-se com clareza a desconsideração da personalidade jurídica e outros institutos jurídicos que também importam a afetação de patrimônio de sócio por obrigação da sociedade (p. ex., a responsabilização por ato de má gestão, a extensão da responsabilidade tributária ao gerente etc.). Ela será chamada, aqui, de teoria maior. De outro lado, a teoria menos elaborada, que se refere à desconsideração em toda e qualquer hipótese de execução do patrimônio de sócio por obrigação social, cuja tendência é condicionar o afastamento do princípio da autonomia à simples insatisfação de crédito perante a sociedade. Trata-se da teoria menor, que se contenta com a demonstração pelo credor da inexistência de bens sociais e da solvência de qualquer sócio, para atribuir a este a obrigação da pessoa jurídica*" (Curso de Direito Comercial. São Paulo: Saraiva, 1999, v. 2, p. 35).

Em outras palavras, há duas maneiras para se formular a teoria da desconsideração da personalidade jurídica: (a) a primeira – a maior –, quando o juiz deixa de lado a autonomia patrimonial da pessoa jurídica, coibindo-se a prática de fraudes e abusos; (b) a segunda – a menor –, quando o simples prejuízo já autoriza o afastamento da autonomia patrimonial da pessoa jurídica.

De acordo com o art. 50 do CC, há de ser aplicada a teoria subjetiva quanto à desconsideração, ou seja: o exequente há de apontar a fraude ou a confusão que os sócios tenham praticado com a utilização da personalidade jurídica para fins de prejudicar o crédito de terceiro.

Nos presentes autos, o Exequente, o Sr. Felipe, ao requerer a desconstituição da personalidade jurídica, porém, nada fundamentou quanto à má-fé dos embargantes ou qualquer outra razão que justificasse tal medida.

Assim, não é possível a execução dos bens dos sócios, pela não demonstração da má-fé do casal de Recorrentes.

A jurisprudência revela:

"*EXISTÊNCIA DE BENS DA EMPRESA PASSÍVEIS DE CONSTRIÇÃO. ÓBICE À TEORIA DA DESCONSIDERAÇÃO DA PERSONALIDADE JURÍDICA. A aplicação da teoria da desconsideração da personalidade jurídica tem caráter excepcional e requer tratamento especial pelos magistrados, ponderando seus desdobramentos e repercussões. Em razão das consequências práticas na esfera patrimonial de um particular, deve o juiz ter cuidado redobrado, sob pena de incorrer na 'banalização' tão criticada por civilistas e comercialistas. Não se vislumbra nos autos qualquer das hipóteses ensejadoras da aplicação da teoria da desconsideração da personalidade jurídica, quais sejam: Fraude, abuso de personalidade, desvio de finalidade ou confusão patrimonial. E mais, havendo bens, como no caso dos autos, devem eles responder em primeiro lugar pelas dívidas contraídas pela sociedade. Caso verificado posteriormente que os mesmos não bastam à satisfação do crédito, responderão os bens dos sócios*" (TRT – 22ª R. – AP 3795-2005-004-22-00-6 – Rel. Francisco Meton Marques de Lima – DJU 14-3-2007 – p. 5).

Descabida, portanto, a desconsideração da pessoa jurídica no caso concreto.

3.2 Inclusão dos Sócios. Violação do Amplo Direito de Defesa

A inclusão dos sócios na execução trabalhista viola o amplo direito de defesa na medida em que os sócios não fazem parte da presente ação desde o ajuizamento da demanda na ação de conhecimento.

A imputação patrimonial dos sócios fere o disposto no art. 5º da CF, que assegura o amplo direito de defesa (inciso LV).

Merece reforma o julgado atacado.

3.3 A Não Observância do Benefício de Ordem (art. 795, § 1º, CPC)

A inclusão dos sócios viola o disposto no art. 795, § 1º, CPC, na medida em que não lhe foram dadas as oportunidades da discussão e indicação da existência de bens da pessoa jurídica, a executada passiva originária.

Os sócios, na forma da lei, possuem o direito sagrado e inquestionável de que primeiro sejam executados os bens da pessoa jurídica.

Na oportunidade, os recorrentes indicaram que a Reclamada (pessoa jurídica) tem vários créditos a serem recebidos, pela prestação de serviços a várias empresas, como por exemplo os indicados na lista de empresas de fls. _____.

A jurisprudência indica:

"AGRAVO DE PETIÇÃO DO SEGUNDO RECLAMADO. RESPONSABILIDADE SUBSIDIÁRIA. RECUPERAÇÃO JUDICIAL DA DEVEDORA PRINCIPAL. SOBRESTAMENTO. NÃO CABIMENTO. DIRECIONAMENTO DA EXECUÇÃO. BENEFÍCIO DE ORDEM. Não constitui violação ao princípio constitucional do devido processo legal o direcionamento da execução ao patrimônio do devedor secundário quando restam infrutíferas as tentativas para compelir a devedora principal a cumprir as obrigações estabelecidas na sentença. Ao devedor subsidiário que invoca o benefício de ordem a seu favor incumbe demonstrar ao menos indícios de patrimônio exequível do devedor principal, o que se infere do parágrafo único do artigo 827 do Código Civil, c/c os artigos 794 e 795 do Código de Processo Civil. Agravo de Petição do segundo reclamado conhecido e não provido" (TRT – 1ª R. – 5ª T. – AP 0010141-39.2013.5.01.0206 – Relª Marcia Leite Nery – *DOERJ* 20-2-2017).

"AGRAVO DE PETIÇÃO. RESPONSABILIDADE SUBSIDIÁRIA. LIMITES. BENEFÍCIO DE ORDEM. PRINCÍPIOS CONSTITUCIONAIS. O benefício de ordem deve observar os requisitos legais constantes do artigo 795, § 2º, do CPC/15, aplicado de forma análoga, devendo ser comprovado pelo devedor subsidiário a existência de bens do devedor principal, que sejam livres, situados no foro da execução e suficientes para solver o débito, nos termos do disposto nos art. 4º, § 3º, da Lei nº 6.830/80 e art. 794, do CPC/15, ambos aplicados subsidiariamente ao Processo do Trabalho por força dos arts. 889 e 769, da Consolidação das Leis do Trabalho. Aplicação dos princípios constitucionais da duração razoável (art. 5º, LXXVIII, da Constituição Federal), da Inafastabilidade da Jurisdição e novos contornos admitidos ao Direito de Ação. Agravo de Petição da devedora subsidiária que se nega provimento" (TRT – 2ª R. – Proc. 0002997-71.2011.5.02.0039 – Rel. Juiz Celso Ricardo Peel Furtado de Oliveira – *DJe* 14-3-2017).

Dessa forma, é descabida a penhora dos bens dos sócios antes da penhora dos bens da empresa executada.

3.4 Impenhorabilidade do Bem de Família

A penhora do bem de fls. _____, como já afirmado em sede de embargos, trata-se de bem de família e, portanto, impenhorável.

O imóvel residencial próprio do casal ou da entidade familiar não responderá por dívida de natureza fiscal, civil, previdenciária, trabalhista ou outra, contraída pelos cônjuges ou pelos pais ou filhos que sejam seus proprietários e nele residam, salvo nas hipóteses previstas na Lei 8.009/90 (art. 1º, *caput*).

A jurisprudência revela:

"AGRAVO DE PETIÇÃO. BEM DE FAMÍLIA. IMPENHORABILIDADE. LEI Nº 8.009/90. Para fins de impenhorabilidade do bem de família não se revela necessário que o beneficiário seja proprietário apenas do imóvel em que reside, mas que o bem indicado à penhora seja o único utilizado pela entidade familiar para moradia permanente (art. 5º do diploma legal em estudo). Depreende-se da vasta documentação encartada aos autos que o imóvel registrado sob a matrícula nº 22.073, no 14º Cartório de Registro de Imóveis de São Paulo, é utilizado para a moradia da agravante, o que também restou constatado pelo oficial de justiça, nas diligências realizadas nos dias 31.01.2012 e 24.09.2014, motivo pelo qual, não pode ser atingido por atos executórios, ante a proteção conferida pela Lei nº 8.009/90. Ainda que assim não fosse, não restaram vislumbrados ao longo do processado outros bens imóveis em nome da sócia-executada que pudessem ser utilizados com idêntica finalidade. À vista disso, dá-se provimento ao apelo, para determinar a desconstituição da constrição judicial que recaiu sobre a metade do imóvel de propriedade agravante, com supedâneo no direito fundamental e social à moradia, consagrado no art. 6º, da CF/88, e no princípio da dignidade da pessoa humana. Dispensado o relatório, nos termos do artigo 852, I, da CLT" (TRT – 2ª R. – AP 0039400-76.2009.5.02.0017 – Rel. Sérgio Roberto Rodrigues – *DJe* 7-2-2017).

Pela legislação civil, no mesmo sentido: o bem de família é isento de execução por dívidas posteriores à sua instituição, salvo as que provierem de tributos relativos ao prédio ou de despesas de condomínio (art. 1.715, *caput*, CC).

Compreende-se como imóvel residencial um único imóvel utilizado pelo casal ou pela entidade familiar para moradia permanente (art. 5º, Lei 8.009/90).

Na hipótese de o casal ou entidade familiar ser possuidor de vários imóveis utilizados como residência, a impenhorabilidade recairá sobre o de menor valor, salvo se outro tiver sido registrado, para esse fim, no Registro de Imóveis (art. 5º, parágrafo único).

Por tais aspectos, requeremos a Vossa Excelência que seja declarada insubsistente a penhora em face da natureza do bem penhorado, por ser o único bem imóvel do casal e que é o seu domicílio e residência.

4 CONCLUSÃO

Diante do exposto, espera que seja conhecido e provido o presente agravo de petição para reformar a decisão atacada, decretando a insubsistência da penhora de fls. _____, bem como da decisão que decretou a desconsideração da personalidade jurídica de fls. _____, com a exclusão dos sócios da execução, determinando o prosseguimento da execução sobre os bens da empresa executada.

Informa que se encontram anexas as guias de recolhimentos das custas processuais, sendo que no presente caso não há necessidade de complemento do depósito recursal.

Nestes termos,

pede deferimento.

Local e data

Advogado

OAB nº _____

11.12 MODELO DE PETIÇÃO DE CONTRARRAZÕES AO AGRAVO DE PETIÇÃO

(petição de interposição)
EXCELENTÍSSIMO SENHOR DOUTOR JUIZ DA _____
VARA DO TRABALHO DE _____

(10 cm)

Processo nº _____

FELIPE DIAS COSTACURTA, qualificado como exequente na presente demanda em que contende contra **JJ SERVIÇOS E EQUIPAMENTOS LTDA.**, executado originário, e **FRANCISCO DOS SANTOS JORGE e NEIRE LACOSTE JORGE**, atuais executados (pela desconsideração da personalidade jurídica), por seu advogado, vem, mui respeitosamente, à presença de Vossa Excelência, diante da penhora de fls. _____ e decisão de fls. _____, apresentar as suas ***CONTRARRAZÕES AO RECURSO DE AGRAVO DE PETIÇÃO*** (art. 900, CLT), pugnando desde já pela manutenção da penhora e da decisão recorrida.

Requer-se a remessa dos autos ao Tribunal Regional do Trabalho da Região _____.

Nestes termos, pede deferimento.

Local e data

Advogado

OAB nº _____

CONTRARRAZÕES DE AGRAVO DE PETIÇÃO

Agravados: Felipe Dias Costacurta e
              JJ Serviços e Equipamentos Ltda.

Agravantes: Francisco dos Santos Jorge e
              Meire Lacoste Jorge

Origem: _____

Processo: _____

EGRÉGIO TRIBUNAL REGIONAL DO TRABALHO

Colenda Turma

Nobres Julgadores

CONTRARRAZÕES

Equivocadamente, os Recorrentes buscam a reforma da decisão atacada. No entanto, como se verificará, o recurso apresentado não merece qualquer atenção desta Corte. Vejamos.

1 DESCONSIDERAÇÃO DA PERSONALIDADE JURÍDICA

A desconsideração da personalidade jurídica representa um avanço doutrinário e jurisprudencial de grande valia, notadamente, como forma de se aceitar a responsabilidade patrimonial e particular dos sócios, em função dos débitos sociais das empresas em que são membros.

Não se pode aceitar, por ser uma questão de Justiça, o fato de os sócios recorrerem à ficção da pessoa jurídica para enganar credores, para fugir à incidência da lei ou para proteger um ato desonesto.

Pode e deve, o Judiciário como um todo, desconsiderar o véu da personalidade jurídica, para que se possa imputar o patrimônio pessoal dos sócios, como forma de se auferirem elementos para a satisfação dos créditos, notadamente, dos empregados da sociedade.

Essa temática jurídica deriva da concepção desenvolvida pela doutrina americana e que se intitula nas expressões: *disregard theory* ou *disregard of the legal entity*, ou ainda, da locução *lifting the corporate veil*, erguendo-se a cortina da pessoa jurídica.

A solução, diante de casos concretos, é o juiz desconsiderar o véu da personalidade jurídica para coibir as fraudes, os jogos de interesses e os abusos de poder, para se conseguir o resguardo dos interesses de terceiros e do próprio fisco.

Há duas maneiras para se formular a teoria da desconsideração da personalidade jurídica: (a) a primeira – a maior –, quando o juiz deixa de lado a autonomia patrimonial da pessoa jurídica, coibindo-se a prática de fraudes e abusos; (b) a segunda – a menor –, quando o simples prejuízo já autoriza o afastamento da autonomia patrimonial da pessoa jurídica.

Considerando-se a natureza alimentar do crédito trabalhista e a sua necessidade de pronta satisfação, diante da comprovação de que a pessoa jurídica não tem bens a serem penhorados, é correto o direcionamento da execução contra os sócios, conforme decisão de fls._____.

A jurisprudência revela:

"EXECUÇÃO. RESPONSABILIDADE DO SÓCIO DA EXECUTADA. O AGRAVANTE É SÓCIO DA EXECUTADA. O fato de o sócio não constar do título executivo como devedor ou mesmo de não fazer parte do polo passivo da reclamação trabalhista na fase cognitiva não significa ausência de responsabilidade para efeito de execução O artigo 592, II, do CPC, de aplicação subsidiária ao processo do trabalho dispõe que os sócios têm responsabilidade na execução da sociedade, quando os bens dessa mostram-se insuficientes para o pagamento de débitos trabalhistas, pois o não pagamento de tais haveres constitui violação à Lei e os empregados nunca assumem o risco do empreendimento" (TRT – 2ª R. – 6ª T. – AP 3334-2005-202-02-00 – Relª Ivani Contini Bramante – DOESP 29-9-2006).

"AGRAVO DE INSTRUMENTO. PROCESSO DE EXECUÇÃO. PENHORA DE BENS DE SÓCIOS. 1. A decisão do Tribunal Regional acerca da responsabilidade solidária dos sócios pelos débitos trabalhistas da empresa vem calcada na exegese do artigo 592, II, do CPC e sobre a existência de fraude à execução está fundamentada notadamente nos fatos e na prova produzida. 2. Logo, a pretensão das reclamadas de serem liberadas as penhoras, ao argumento de que participaram da relação processual somente na fase de execução, com amparo em afronta ao art. 5º, XXXV, LIV e LV, da Constituição Federal, não basta para viabilizar o acesso à via recursal extraordinária, uma vez que o citado dispositivo somente resultaria vulnerado, quando muito, de forma reflexa, o que não se coaduna com o disposto no art. 896, § 2º, da CLT. Incidência da Súmula nº 266 do TST. 3. Agravo de instrumento a que se nega provimento" (TST – 1ª T. – AIRR 1825/2003-020-05-40.4 – Rel. Juiz Conv. Guilherme Bastos – DJU 4-11-2005).

A decisão atacada não merece reparos.

2 INEXISTÊNCIA DE VIOLAÇÃO AO AMPLO DIREITO DE DEFESA

A inclusão dos sócios não viola o amplo direito de defesa na medida em que eles, de acordo com o art. 790, II, CPC, também podem vir a ser responsáveis pelo pagamento dos direitos trabalhistas dos empregados da pessoa jurídica.

Trata-se de uma responsabilidade legal e que gera a legitimação passiva extraordinária, não ferindo, assim, o disposto no art. 5º da CF, que assegura o amplo direito de defesa (inciso LV).

A jurisprudência revela:

"RESPONSABILIDADE SUBSIDIÁRIA DO SÓCIO NA EXECUÇÃO DA SOCIEDADE. O fato de o sócio não constar do título executivo como devedor ou mesmo de não fazer parte do polo passivo da reclamação trabalhista na fase cognitiva não significa ausência de responsabilidade para efeito de execução, pois o artigo 596 do Código de Processo Civil prevê responsabilização do sócio a título subsidiário, independentemente de constar do título executivo. De resto, o artigo 592, inciso II, do Estatuto Processual civil, de aplicação subsidiária ao processo do trabalho, permite o entendimento de que os sócios atuais e os ex-sócios à época da vigência do contrato de trabalho têm responsabilidade na execução da sociedade, quando os bens dessa mostram-se insuficientes para o pagamento de débitos trabalhistas, pois o não pagamento de tais haveres constitui violação à Lei e os empregados nunca assumem o risco do empreendimento" (TRT – 2ª R. – SDI – MS 13779-2004-000-02-00 – Relª Vânia Paranhos – *DOESP* 10-11-2006).

Sem razão o apelo ofertado.

3 AUSÊNCIA DE VIOLAÇÃO DO ARTIGO 795, CPC

Não há violação ao disposto no art. 795, CPC.

Os sócios poderiam ter indicado os bens da empresa executada oportunamente.

Como é de notório saber, a indicação exige: bens livres e desembaraçados e que sejam suficientes para garantir a execução.

O que se tem, pelo exame dos autos (fls. _____), é uma simples indicação de uma lista de processos, contudo, sequer é indicado o valor e se os processos já foram liquidados.

Descabida a insatisfação dos recorrentes.

4 PENHORABILIDADE DO BEM DE FAMÍLIA DIANTE DO CRÉDITO TRABALHISTA

O imóvel residencial próprio do casal ou da entidade familiar não responderá por dívida de natureza fiscal, civil, previdenciária, trabalhista ou outra, contraída pelos cônjuges ou pelos pais ou filhos que sejam seus proprietários e nele residam, salvo nas hipóteses previstas na Lei 8.009/1990 (art. 1º, *caput*).

Contudo, há outras considerações a serem efetuadas e que são importantes para elidir o teor da Lei 8.009.

Torna-se imperiosa a análise da impenhorabilidade do bem de família e o crédito trabalhista.

O inciso IV do art. 1º da CF/88 estabelece os valores sociais do trabalho como um dos fundamentos do Estado Democrático de Direito.

Por sua vez, o *caput* do art. 170 da CF assegura que a ordem econômica será fundada na valorização do trabalho humano.

Em face da conjugação desses dispositivos, torna-se evidente que o trabalho humano é um dos fundamentos da ordem constitucional econômica. Se não bastassem essas assertivas, o art. 193, *caput*, da CF estabelece que a ordem social tem como base o primado do trabalho e como objetivos o bem--estar e a justiça social.

A ordem social deve ser vista como um sistema de proteção da força de trabalho.

O art. 6º da CF coloca o trabalho e a moradia como direitos sociais, no mesmo patamar de igualdade.

Pondere-se que o art. 7º da Carta Política declina quais são os direitos sociais específicos dos trabalhadores.

Diante desses princípios constitucionais, a Lei 8.009 é inconstitucional quando estabelece a impenhorabilidade do bem de família em relação aos créditos trabalhistas em geral, os quais são de natureza privilegiada e se sobrepõem a qualquer outro (art. 186, CTN; art. 449, CLT).

Revela a jurisprudência:

"Bem de família. Crédito trabalhista. O objetivo da Lei nº 8.009/1990 é proteger o bem de família, mas não o devedor inadimplente, que busca se esquivar através do dispositivo legal do cumprimento de suas obrigações, como inequivocadamente vislumbra-se no caso dos autos. Aliás, o crédito trabalhista, por ser de natureza alimentar e, portanto, garantido constitucionalmente, encontra-se protegido acima do bem de família, que está constituído em lei infraconstitucional. É o que se denota dos artigos 7º, 100 e 114 da atual Constituição Federal" (TRT – 9ª R. – 5ª T. – Ac. 5425/98 – Rel. Antônio Zarantonello – DJ 20-3-1998 – p. 459).

A doutrina ressalta: *"a Lei nº 8.009/90 faz, ainda, odiosa discriminação entre pessoas. Com efeito, a norma em questão permite a penhora do bem de família nas execuções de créditos de trabalhadores da própria residência; pelo titular do crédito decorrente do financiamento destinado à construção ou aquisição do imóvel; pelo credor de pensão alimentícia; para a cobrança de impostos, predial ou territorial, taxas e contribuições devidas em função do imóvel familiar e em outros casos mais, que menciona (art. 3º, incisos I a VII). Em resumo: esse dispositivo estabelece um injustificável privilégio a determinados credores, em detrimento de outros; esse privilégio traduz, por sua vez, a odiosa discriminação, a que há pouco nos referimos. A propósito, essa discriminação é feita até mesmo entre os próprios empregadores, pois se tratando de dívida pertinente a créditos de trabalhadores do próprio imóvel, este poderá ser penhorado. Deste modo, o empregador doméstico – que, por definição legal, não visa ao lucro – poderá ter o seu imóvel penhorado, ao passo que o empregador, cuja atividade tem como objetivo a obtenção de lucro, não poderá ter o seu imóvel penhorado, em decorrência de execução promovida por empregado de pessoa jurídica, de que era ou é sócio. Em quaisquer desses casos, há manifesta vulneração do art. 5º, caput, da Constituição Federal, segundo o qual todos são iguais perante a lei, sem distinção de qualquer natureza"* (TEIXEIRA FILHO, Manoel Antonio. Execução no Processo do Trabalho. 9. ed. São Paulo: LTr, 2005, p. 459).

Por tais aspectos, deverá ser mantida a penhora sobre o bem, em face da natureza do crédito trabalhista, por ser de natureza alimentar.

5 CONCLUSÃO

Diante do exposto, espera que julgado improcedente o agravo de petição, com a manutenção da decisão atacada e todos os seus efeitos jurídicos.

Nestes termos,

pede deferimento.

Local e data

Advogado

OAB nº _____

RECURSO DE REVISTA

12.1 FUNDAMENTO JURÍDICO

Ao lado do recurso extraordinário e recurso especial, o recurso de revista possui um caráter de excepcionalidade (recursos excepcionais), com previsão expressa nos arts. 896, alíneas e parágrafos, 896-A, 896-B e 896-C, da CLT, com as alterações da Lei 13.015/14 e Lei 13.467/17.

Além disso, as normas do regramento processual civil relativas ao julgamento dos recursos extraordinário e especial repetitivos (arts. 1.036 ss.) aplicam-se, no que couber, ao recurso de revista e ao recurso de embargos repetitivos (art. 896-B, CLT; art. 1º, IN 38/15, TST).

Considerando o regramento processual civil e a necessidade do TST se posicionar, ainda que não de forma exaustiva, sobre a aplicação de várias regras e de institutos disciplinados pelo CPC ao processo do trabalho, foi editada a IN 39/16.

Além disso, diante da necessidade de se preservar a segurança jurídica e de o TST se posicionar sobre diversos aspectos processuais da Reforma Trabalhista (Lei 13.467), o TST editou a IN 41/18.

12.2 CABIMENTO

Nos termos da legislação atual (art. 896, *a* a *c*, e os §§ 2º e 10, CLT, com a redação dada pela Lei 13.015), cabe o recurso de revista para uma das turmas do TST das decisões proferidas em grau de recurso ordinário, em dissídio individual, pelos TRTs, quando na fase de:

    a) conhecimento: (1) a decisão recorrida dá ao mesmo dispositivo de lei federal interpretação diversa da que lhe houver dado outro TRT, no seu pleno ou turma, ou a Seção de Dissídios Individuais (SDI), ou a Súmula de jurisprudência uniforme do TST ou Súmula Vinculante do STF. É válida, para efeito de conhecimento do recurso de revista, a invocação de Orientação Jurisprudencial do TST, desde que, das razões recursais, conste o seu número ou conteúdo (OJ 219, SDI-I); (2) o acórdão recorrido dá a idêntico dispositivo de norma jurídica (lei estadual, convenção coletiva de trabalho, acordo coletivo, sentença normativa ou regulamento empresarial) de observância obrigatória, em área territorial que exceda a jurisdição do TRT prolator da decisão recorrida, interpretação divergente da que houver sido dada por outro TRT (pleno ou turma), ou a SDI, ou a Súmula ou OJ do TST ou Súmula Vinculante do STF; (3) proferidas com violação literal de disposição de lei federal ou afronta direta e literal à CF; (4) a decisão recorrida violar súmula ou tese jurídica prevalecente no TRT (não conflitante com súmula ou orientação jurisprudencial do TST);

b) execução: (1) a decisão recorrida contiver ofensa direta e literal de norma da CF; (2) nas hipóteses de execuções fiscais e nas controvérsias relacionadas com a certidão negativa de débitos trabalhistas (CNDT), por violação da lei federal, por divergência jurisprudencial e por ofensa à CF.

De modo geral, têm-se duas situações de cabimento do recurso de revista: (a) decorrente da interpretação divergente (recurso de revista de divergência); (b) violação de norma jurídica (recurso de revista de nulidade).

Do julgamento de mérito do incidente de resolução de demandas repetitivas (IRDR) (arts. 976 a 986, CPC) é cabível recurso de revista para o TST (art. 8º, § 2º, IN 39).

Assim, são incabíveis os recursos de revista e ou de embargos (arts. 896 e 894, II, CLT) para reexame de fatos e provas (Súm. 126, TST). Da mesma forma, ocorrem com os recursos extraordinário (Súm. 279, STF) e especial (Súm. 7, STJ).

12.2.1 Divergência jurisprudencial (art. 896, alínea *a*)

A divergência jurisprudencial prevista no art. 896, *a*, CLT, está relacionada com decisões que deram ao mesmo dispositivo de lei federal interpretação diversa, abrangendo:

a) um outro TRT, no seu pleno ou turma (interpretação jurisprudencial horizontal). Não serve ao conhecimento de recurso de revista aresto oriundo de mesmo TRT, salvo se o recurso houver sido interposto anteriormente à vigência da Lei 9.756/98 (OJ 111, SDI-I);

b) a SDI do TST (interpretação jurisprudencial vertical). É importante ressaltar que a divergência não é com acórdãos das Turmas do TST, já que a decisão turmária pode ser reapreciada e reformada pela própria seção, pela interposição de embargos (art. 894, II), eliminando-se a divergência ensejadora do recurso de revista;

c) súmula de jurisprudência uniforme do TST. Também é válida, para efeito de conhecimento do recurso de revista ou de embargos, a invocação de orientação jurisprudencial do TST, desde que, das razões recursais, conste o seu número ou conteúdo (OJ 219, SDI-I). A Lei 13.015 é explícita a permitir a OJ, como hipótese da demonstração da divergência, na medida em que o art. 896, § 1º-A, indica que a parte deve também indicar se a decisão recorrida contém contrariedade à orientação jurisprudencial;

d) súmula vinculante do STF;

e) súmula regional ou a tese jurídica prevalecente no TRT. Com a Lei 13.015, o TST, ao constatar (de ofício ou mediante provocação de qualquer das partes ou do MPT), a existência de decisões atuais e conflitantes no âmbito do mesmo TRT sobre o tema objeto do recurso de revista, determinará o retorno dos autos à Corte de origem, para que se proceda a uniformização da sua jurisprudência (art. 896, §§ 3º e 4º).[1] Essa providência deverá ser determinada pelo presidente do TRT, quando do primeiro juízo de admissibilidade do recurso de revista, ou pelo Ministro Relator (segundo juízo de admissibilidade, mediante decisão irrecorrível (art. 896, § 5º). Após a uniformização da jurisprudência, unicamente a súmula regional ou a tese prevalecente no TRT, desde que não seja conflitante com súmula ou orientação jurisprudencial do TST, servirá como paradigma para viabilizar o conhecimento do recurso de revista por divergência (art. 896, § 6º; art. 4º, Ato TST.SEGJUD.GP 491/14). Os §§ 3º a 6º do art. 896, CLT, foram revogados expressamente pela Lei 13.467.[2]

A finalidade do recurso de revista é a uniformização da jurisprudência trabalhista, já que não é recomendável que os tribunais trabalhistas tenham interpretações antagônicas em matérias idênticas, o que resulta em insegurança nos jurisdicionados, que se sentem confusos e de certo modo desalentados sempre que os tribunais não lhes definem a melhor interpretação para o texto legal.

Os acórdãos (recorrido e paradigma) devem versar sobre pontos interpretativos controversos sobre o mesmo dispositivo de lei federal.

A divergência jurisprudencial ensejadora da admissibilidade, do prosseguimento e do conhecimento do recurso há de ser específica, revelando a existência de teses diversas na interpretação de um mesmo dispositivo legal, embora idênticos os fatos que as ensejaram (Súm. 296, I). De modo que não ofende o art. 896, CLT, decisão de turma que, examinando premissas concretas de especificidade da divergência colacionada no apelo revisional, conclui pelo conhecimento ou desconhecimento do recurso (Súm. 296, II).

A expressão "interpretação diversa" deve ser entendida como julgados conflitantes. Não basta a simples divergência de interpretação, mas que essas sejam de fato conflitantes e específicas. Nesse sentido se traduzem aquelas decisões que apreciam idêntica situação jurídica. O acórdão paradigma deve ter enfrentado a mesma hipótese do acórdão impugnado.

A divergência apta a ensejar o recurso de revista deve ser atual, não se considerando como tal a ultrapassada por súmula (TST ou STF), ou superada por iterativa e notória jurisprudência do TST (art. 896, § 7º; Súm. 333, TST).

---

[1] De acordo com o art. 18, § 1º, IN 41/18, TST, os incidentes de uniformização de jurisprudência suscitados ou iniciados antes da vigência da Lei 13.467 (dia 11-11-2017), no âmbito dos TRTs ou por iniciativa de decisão do TST, deverão observar e serão concluídos sob a égide da legislação vigente ao tempo da interposição do recurso, segundo o disposto nos respectivos Regimentos Internos. Por outro lado, as teses jurídicas prevalecentes e os enunciados de súmulas decorrentes do julgamento dos incidentes de uniformização de jurisprudência suscitados ou iniciados anteriormente à vigência da Lei 13.467 (dia 11-11-2017), no âmbito dos TRTs, conservam sua natureza vinculante (arts. 926, §§ 1º e 2º, e 927, III e V, CPC) (art. 18, § 3º, IN 41).

[2] De acordo com o art. 18, § 2º, IN 41/18, TST, aos recursos de revista e de agravo de instrumento no âmbito do TST, conclusos aos relatores e ainda não julgados até a edição da Lei 13.467/17, não se aplicam as disposições contidas nos §§ 3º a 6º, CLT.

O recurso de revista, mesmo contrário à jurisprudência atual, iterativa e notória do TST, deverá ser admitido quando colidir com a jurisprudência do STF (Súm. 401, STF).

Quando o recurso fundar-se em dissenso jurisprudencial, incumbe ao recorrente o ônus de produzir prova da divergência jurisprudencial, mediante certidão, cópia ou citação do repositório de jurisprudência, oficial ou credenciado, inclusive em mídia eletrônica, em que houver sido publicada a decisão divergente, ou ainda pela reprodução de julgado disponível na Internet, com indicação da respectiva fonte, mencionando, em qualquer caso, as circunstâncias que identifiquem ou assemelhem os casos confrontados (art. 896, § 8º, CLT; Súm. 337, TST).

Para a comprovação da divergência justificadora do recurso, é necessário que o recorrente:

a) junte certidão ou cópia autenticada do acórdão paradigma ou cite a fonte oficial ou o repositório autorizado em que foi publicado;

b) transcreva, nas razões recursais, as ementas e/ou trechos dos acórdãos trazidos à configuração do dissídio, demonstrando o conflito analítico de teses que justifique o conhecimento do recurso, ainda que os acórdãos já se encontrem nos autos ou venham a ser juntados com o recurso (art. 896, § 1º-A, CLT; CLT; Súm. 337, I, TST). São fontes oficiais de publicação dos julgados: o *Diário Eletrônico da Justiça do Trabalho*, o *Diário da Justiça* da União e dos Estados, a *Revista do TST*, as revistas publicadas pelos TRTs, os sítios do TST e dos TRTs na Internet e os repositórios autorizados a publicar a jurisprudência trabalhista (art. 250, parágrafo único, RITST). A concessão de registro de publicação como repositório autorizado de jurisprudência do TST torna válidas todas as suas edições anteriores (Súm. 337, II);

c) a mera indicação da data de publicação, em fonte oficial, de aresto paradigma não é válida para comprovação de divergência jurisprudencial, nos termos do item I, *a*, da Súmula 337, quando a parte pretende demonstrar o conflito de teses mediante a transcrição de trechos que integram a fundamentação do acórdão divergente, uma vez que só se publicam o dispositivo e a ementa dos acórdãos (Súm. 337, III);

d) é válida para a comprovação da divergência jurisprudencial justificadora do recurso a indicação de aresto extraído de repositório oficial na Internet, desde que o recorrente: (1) transcreva o trecho divergente; (2) aponte o sítio de onde foi extraído; e (3) decline o número do processo, o órgão prolator do acórdão e a data da respectiva publicação no *Diário Eletrônico da Justiça do Trabalho* (Súm. 337, IV);

e) a existência do código de autenticidade na cópia, em formato *pdf*, do inteiro teor do aresto paradigma, juntada aos autos, torna-a equivalente ao documento original e supre a ausência de indicação da fonte oficial de publicação (Súm. 337, V);

f) na IN 23/03, o TST estabelece procedimentos quanto à demonstração da divergência no recurso de revista, ao indicar que: (a) junte certidão ou cópia autenticada do acórdão paradigma ou cite a fonte oficial ou repositório em que foi publicado; (b) transcreva, nas razões recursais, as ementas e/ou trechos dos acórdãos trazidos à configuração do dissídio, demonstrando os conflitos de teses que justifiquem o conhecimento do recurso, ainda que os acórdãos já se encontrem nos autos ou venham a ser juntados com o recurso.

No âmbito do STF, quando houver necessidade de demonstração de dissídio jurisprudencial no recurso extraordinário, o recorrente fará a prova da divergência mediante certidão, cópia autenticada ou pela citação do repertório de jurisprudência, oficial ou credenciado, em que tiver sido publicada a decisão divergente, mencionando as circunstâncias que identifiquem ou assemelhem os casos confrontados (art. 1.029, § 1º, CPC; Súm. 291, STF).

A prova da divergência também poderá ser feita por meio de repertório oficial ou credenciado de jurisprudência, inclusive em mídia eletrônica, em que tiver sido publicada a decisão divergente, ou, ainda, pela reprodução de julgado disponível na Internet, com indicação da respectiva fonte (art. 1.029, § 1º, CPC).

O Ato 421/99 do Min. Wagner Pimenta, presidente do TST, cuida do registro de repertório oficial, exigindo que os repertórios e revistas tenham edição periódica, pelo menos semestral e tiragem mínima de três mil exemplares que reproduzam, na íntegra, decisão do TST, obrigatoriamente, e dos TRTs. Admite-se a utilização do sistema em CD-rom.

O Ato 651/09, ao alterar o Ato 421 (art. 1º, § 3º), passou a admitir a página em portal da Rede Mundial de Computadores seja inscrita como repositório autorizado de jurisprudência desde que: (a) seja certificada pela Infraestrutura de Chaves Pública Brasileira (ICP-Brasil); (b) possua base de dados própria; (c) forneça a íntegra dos acórdãos publicados; (d) permita a utilização de diversos navegadores e tenha disponibilidade do sítio de, no mínimo, 99,9%, conforme média de mercado, para grandes provedores de serviços *on-line*.

Além disso, não se conhece de revista quando a decisão recorrida resolver determinado item do pedido por diversos fundamentos, e a jurisprudência transcrita não abranger a todos (Súm. 23, TST). Com isso, *"deve a parte, para que a revista ou os embargos possam ser conhecidos, tomar a cautela de indicar jurisprudência que abranja todo o fundamento do julgado. Assim, se a decisão recorrida alijou a pretensão por vários fundamentos, a revista ou os embargos terão de ser instruídos com jurisprudência que abranja todos os fundamentos".*[3]

Manoel Antonio Teixeira Filho[4] considera que a Súm. 23 do TST *"comete a injustiça de exigir-lhe que transcreva pronunciamentos jurisdicionais abrangentes de todos os fundamentos adotados pela decisão impugnada; e o que é mais grave, afasta-se de certos princípios processuais consagrados, que dizem da ampla devolutibilidade dos recursos, máxime em se tratando de* quaestio iuris, *que é justamente o caso da revista".*

Para fins de implemento da Súmula 23, não é necessário que o acórdão paradigma adotado pelo recorrente contenha todas as teses necessárias para justificar a divergência em relação ao acórdão recorrido. Pode o recorrente se valer de vários acórdãos

---

[3] OLIVEIRA, Francisco Antonio. *Comentários às Súmulas do TST*. São Paulo: Revista dos Tribunais, 10. ed., 2010, p. 86.

[4] TEIXEIRA FILHO, Manoel Antonio. *Curso de Direito Processual do Trabalho*. São Paulo: LTr, 2009, v. 2, p. 1622.

distintos. O importante é que a jurisprudência colhida pelo recorrente, mesmo que seja embasada em vários acórdãos, ataque na íntegra os fundamentos adotados pelo acórdão recorrido (TST – SDI-I – E-ED-RR 73500-49.2006.5.22.0003 – Rel. Min. Brito Pereira – *DJE* 6-6-2013).[5]

O art. 896, § 1º-A, I a IV, menciona ser ônus da parte, quando da formulação das razões do recurso de revista, sob pena de não conhecimento, indicar: (a) o trecho do acórdão recorrido que consubstancia o prequestionamento da controvérsia; (b) de forma explícita e fundamentada, a contrariedade à norma jurídica (lei; súmula ou orientação jurisprudencial do TST; súmula vinculante do STF); (c) as razões do pedido de reforma, impugnando todos os fundamentos jurídicos da decisão recorrida, inclusive mediante demonstração analítica de cada dispositivo de lei, da CF, de súmula ou OJ cuja contrariedade aponte; (d) na peça recursal, no caso de suscitar preliminar de nulidade de julgado por negativa de prestação jurisdicional, o trecho dos embargos declaratórios em que foi pedido o pronunciamento do tribunal sobre questão veiculada no recurso ordinário e o trecho da decisão regional que rejeitou os embargos quanto ao pedido, para cotejo e verificação, de plano, da ocorrência da omissão.

Na IN 23/03, o TST estabelece procedimentos quanto à demonstração das razões do recurso de revista, ao indicar que: *"II – Explicitar que é ônus processual da parte demonstrar o preenchimento dos pressupostos intrínsecos do recurso de revista, indicando qual o: (a) trecho da decisão recorrida que consubstancia o prequestionamento da controvérsia trazida no recurso; (b) dispositivo de lei, súmula, orientação jurisprudencial do TST ou ementa (com todos os dados que permitam identificá-la) que atrita com a decisão regional".*

Não se conhece recurso para o TST (Súm. 422, I), pela ausência do requisito de admissibilidade (art. 1.010, II, CPC), quando as razões do recorrente não impugnam os fundamentos da decisão recorrida nos termos em que fora proposta.

12.2.2 Divergência jurisprudencial (art. 896, alínea *b*)

A hipótese do art. 896, *b*, CLT, é relativa à divergência de interpretação de lei estadual, convenção ou acordo coletivo do trabalho, sentença normativa ou regulamento de empresa de observância obrigatória em área territorial que exceda a jurisdição do TRT prolator do acórdão.

---

[5] "1. EMBARGOS DE DECLARAÇÃO. OMISSÃO. ACOLHIMENTO DIVERGÊNCIA JURISPRUDENCIAL. FUNDAMENTOS AUTÔNOMOS CONSTANTES DA DECISÃO RECORRIDA. SÚMULA 23 DO TST. ÚNICO ARESTO CONTENDO TODOS OS FUNDAMENTOS. INEXIGIBILIDADE. Quando a decisão recorrida apresentar mais de um fundamento autônomo, não se exige, para o conhecimento do recurso, que o aresto cotejado contenha todos os fundamentos da decisão recorrida. Atende a diretriz constante da Súmula 23 desta Corte, a indicação de um aresto para cada um dos fundamentos. Embargos de Declaração que se acolhe com atribuição de efeito modificativo para conhecer do Recurso de Embargos. (...) Recurso de Embargos de que se conhece e a que se dá provimento" (TST – SDI-I – ED-E-ED-RR-73500-49.2006.5.22.0003 – Relator Ministro Joao Batista Brito Pereira – *DEJT* 21/6/2013).

A divergência jurisprudencial deve estar relacionada com: (a) acórdãos de outros TRTs, por meio do pleno ou das turmas; (b) decisões da SDI; (c) súmula ou orientação jurisprudencial (OJ 219, SDI-I) do TST; (d) súmula vinculante do STF.

A admissibilidade do recurso de revista tem como pressuposto a indicação expressa do dispositivo de lei ou da CF tido como violado (Súm. 221, TST).

A interpretação razoável de preceito de lei, ainda que não seja a melhor, não dá ensejo à admissibilidade ou ao conhecimento de recurso de revista.

O TST entende que é inadmissível o recurso de revista fundado tão somente em divergência jurisprudencial, se a parte não comprovar que a lei estadual, a norma coletiva ou o regulamento da empresa extrapolam o âmbito do TRT prolator da decisão recorrida (OJ 147, SDI-I).

Em função dessa previsão legal (art. 896, *b*), todas as fontes do direito do trabalho, excluindo-se as de cunho legislativo federal, são passíveis de discussão na revista, no sentido de se lhes fixar a correta interpretação, mas sob o enfoque exclusivo da demonstração de existência de divergência jurisprudencial.

A lei estadual, para ser objeto de discussão, deve envolver uma norma trabalhista. Naturalmente, a divergência de interpretação pode surgir quando o Estado disciplina as relações jurídicas com os servidores que são contratados sob a égide do regime celetista. No entanto, como regra, tal norma não ultrapassará os limites territoriais de um Estado (pacto federativo, art. 1º, CF), de modo que não se consegue demonstrar o requisito de admissibilidade do recurso. Contudo, é de se ressaltar que no Estado de São Paulo há dois TRTs (2ª Região e 15ª Região). Na hipótese de haver divergência jurisprudencial sobre a interpretação de lei estadual pelos Tribunais mencionados, o recurso de revista será admitido.

Em determinadas situações, o exame de convenção ou acordo coletivo, sentença normativa ou regulamento de empresa, pode envolver a apreciação de fatos e provas. Nessas circunstâncias, é incabível o recurso de revista (Súm. 126, TST). O recurso de revista é cabível quando se tiver a divergência interpretativa, mas, que não esteja relacionada com aspectos fáticos da negociação coletiva e suas cláusulas. Vale dizer, a divergência há de existir no fundamento jurídico do instrumento normativo, com evidência no alcance de interpretação.

Evidentemente, também caberá o recurso de revista se houver questionamento de validade na norma no sistema jurídico, *v. g.*, quando se mostrar em conflito com a CF (art. 896, *c*), questão essa que poderá até mesmo ser divergente na jurisprudência, como ocorreu com a possibilidade de a norma coletiva de trabalho fixar um prazo decadencial para a empregada gestante demitida informar o empregador (OJ 88, SDI-I, antiga redação, atualmente cancelada, Súm. 244, TST e OJ 30, SDC).

12.2.3 Violação literal de dispositivo de lei federal ou afronta direta e literal da Constituição Federal (art. 896, alínea *c*)

A última hipótese de cabimento do recurso de revista prevista no art. 896 da CLT refere-se à decisão proferida com violação literal de dispositivo de lei federal ou afronta direta e literal à CF (alínea *c*).

A violação da lei, autorizadora da revista, deve ser literal, categórica, frontal, seja a texto da norma de direito (material ou processual), no âmbito constitucional ou não, ou a princípios constitucionais.

A afronta à CF deverá ser direta, não se admitindo violação reflexa (ou indireta).

Aloysio Santos[6] aponta algumas situações de violação direta e literal da Constituição. São elas: *"(a) permitir a redução do salário do trabalho, fundado em acordo individual (porquanto o artigo 7º, inciso VI, da CF, fala em acordo ou convenção coletiva); (b) deferir o 13º salário calculado apenas sobre o salário-base (ferindo de morte o disposto no artigo 7º, inciso VIII, da mesma Lei); (c) admitir remuneração do trabalho em horas extraordinárias com adicional de 30% (trinta por cento), negando vigência, então, ao inciso XVI do artigo 7º da Carta Magna; ou, ainda, (d) conceder aviso prévio de 45 dias (pondo de lado o disposto no inciso XXI, do mesmo artigo 7º)".*

A violação deve estar ligada à literalidade do preceito (Súm. 221, TST).

A invocação expressa, quer na revista, quer nos embargos, dos preceitos legais ou constitucionais tidos como violados não significa exigir da parte a utilização das expressões *contrariar, ferir, violar* etc. (OJ 257, SDI-I).

12.2.4 Recurso de revista em procedimento sumaríssimo

No procedimento sumaríssimo, o recurso de revista é cabível nas hipóteses de: (a) contrariedade à súmula de jurisprudência uniforme do TST; (b) contrariedade à súmula vinculante do STF; (c) violação direta da Constituição Federal (art. 896, § 9º, CLT).

Portanto, não será possível o recurso de revista com base: (a) em divergência jurisprudencial sobre dispositivo de lei federal (art. 896, *a*); (b) sobre dispositivo de convenção coletiva de trabalho, acordo coletivo, sentença normativa ou regulamento de empresa de observância obrigatória em área territorial que exceda à jurisdição do TRT (art. 896, *b*), arguindo-se como acórdão paradigma, decisão de outro TRT ou da SDI; (c) não aplicação ou contradição com OJ do TST (Súm. 442, TST).

No caso de o despacho denegatório de recurso de revista invocar, em processo iniciado antes da Lei 9.957/00 (diploma legal instituidora do procedimento sumaríssimo), o art. 896, § 9º, CLT, como óbice ao trânsito do apelo calcado em divergência jurisprudencial ou violação de dispositivo infraconstitucional, o tribunal superará o obstáculo, apreciando o recurso sob esses fundamentos (OJ 260, II, SDI-I). Portanto, é inaplicável o rito sumaríssimo aos processos iniciados antes da vigência da Lei 9.957 (OJ 260, I).

12.2.5 Recurso de revista em execução trabalhista

A admissibilidade do recurso de revista interposto de acórdão proferido em agravo de petição, na liquidação de sentença ou em processo incidente na execução, inclusive os embargos de terceiro, depende de demonstração inequívoca de violência direta à CF (Súm. 266; art. 896, § 2º, CLT).

---

[6] SANTOS, Aloysio. *Recurso de Revista: O Recurso Extraordinário Trabalhista: Doutrina e Práxis do Recurso de Revista*, p. 122.

Deverá ser admitido o recurso de revista quando houver violação a princípio constitucional, não se limitando à literalidade de dispositivo da CF.

Por se tratar de um recurso de caráter excepcional, a violação à CF não pode ser reflexa (ou indireta). Contudo, o TST, em alguns julgados, tem mitigado o rigor do óbice sumular e legal, para admitir excepcionalmente, nos casos de recurso de revista em execução de sentença, o conhecimento do recurso por "vulneração ao comando constitucional", quando violada de forma gritante na fase de execução norma legal que impõe expressamente conduta ao juiz.[7]

12.2.6 Recurso de revista nas execuções fiscais e nas controvérsias que envolvam a CNDT

Nas execuções fiscais e nas controvérsias da fase de execução que envolvam a Certidão Negativa de Débitos Trabalhistas (CNDT, Lei 12.440/11), é cabível recurso de revista por violação à lei federal, por divergência jurisprudencial e por ofensa "direta" à Constituição Federal (art. 896, § 10, CLT).

12.2.7 Recurso de revista em agravo de instrumento

No processo trabalhista, o agravo de instrumento tem como objetivo atacar a decisão do juízo *a quo* que indeferiu o processamento de um outro recurso (art. 897, *b*, CLT).

Nas decisões prolatadas pelos TRTs em relação ao agravo de instrumento é incabível o recurso de revista (Súm. 218, TST).

12.2.8 Recurso de revista em incidente de resolução de demandas repetitivas (IRDR)

Os arts. 976 a 986, CPC, que tratam do incidente de resolução de demandas repetitivas (IRDR), são aplicáveis ao processo do trabalho (art. 8º, IN 39).

Admitido o incidente, o relator suspenderá o julgamento dos processos pendentes, individuais ou coletivos, que tramitam na Região, no tocante ao tema objeto de IRDR, sem prejuízo da instrução integral das causas e do julgamento dos eventuais pedidos distintos e cumulativos igualmente deduzidos em tais processos, inclusive, se for o caso, do julgamento antecipado parcial do mérito.

Do julgamento do mérito do incidente caberá recurso de revista para o TST, dotado de efeito meramente devolutivo (art. 8º, § 2º, IN 39).

Apreciado o mérito do recurso, a tese jurídica adotada pelo TST será aplicada no território nacional a todos os processos, individuais ou coletivos, que versem sobre idêntica questão de direito.

---

[7] TST – 4ª T. – RR 1257/1995-015-04-00 – Rel. Min. Ives Gandra Martins Filho – j. 22-3-2006 – *DJ* 5-5-2006.

12.3 NOÇÕES SOBRE A UNIFORMIZAÇÃO DE JURISPRUDÊNCIA

A uniformização de jurisprudência não se reputa um recurso, mas sim um incidente processual de natureza preventiva, pelo qual se objetiva a predeterminação de uma decisão que ainda não foi proferida. Contudo, é de se notar que "*poderá acontecer que o tribunal, ao dar 'pronunciamento prévio' acerca da interpretação do direito, julgue a matéria pertinente ao recurso interposto contra alguma decisão. Para julgar o recurso, teria o órgão competente de resolver a* quaestio iuris, *escolhendo uma dentre as possíveis interpretações da regra jurídica, a fim de aplicá-la à espécie; a solução da* quaestio iuris *integraria, pois o julgamento do recurso*".[8]

Assim, o incidente de uniformização de jurisprudência (IUJ) "*é destinado a fazer com que seja mantida a unidade da jurisprudência interna de determinado tribunal. Havendo, na mesma corte, julgamentos conflitantes a respeito de uma mesma tese jurídica, é cabível o incidente a fim de que, primeiramente, o pleno do tribunal se manifeste sobre a tese, para, tão somente depois, ser aplicado o entendimento resultante do incidente ao caso concreto levado a julgamento pelo órgão do tribunal. Esse julgamento fica sobrestado até que o plenário resolva o incidente de uniformização*".[9]

Pelo CPC, os tribunais devem uniformizar sua jurisprudência, mantendo-a estável, íntegra e coerente. Observadas as regras do regimento interno, os tribunais editarão enunciados de súmula correspondentes à sua jurisprudência dominante. Nessa enunciação, é imperioso que se respeitem as circunstâncias fáticas dos precedentes que motivaram sua criação (art. 926, §§ 1º e 2º). Citado dispositivo é aplicável ao processo trabalhista (art. 18, *caput*, IN 41).

Como desdobramento da responsabilidade institucional, os juízes e os tribunais devem observar: (a) as decisões do STF em controle concentrado de constitucionalidade; (b) os enunciados de súmula vinculante; (c) os acórdãos em incidente de assunção de competência ou de resolução de demandas repetitivas e em julgamento de recursos extraordinário e especial repetitivos; (d) os enunciados das súmulas do STF em matéria constitucional e do STJ em matéria infraconstitucional; (e) a orientação do plenário ou do órgão especial ao qual estiverem vinculados (art. 927, I a V, CPC).

Quando não houver o respeito aos precedentes vinculativos, de acordo com o art. 988, CPC, é cabível o uso da reclamação pela parte interessada ou pelo Ministério Público.

Quando da aplicação dos precedentes vinculativos, os juízes e os tribunais devem observar (art. 927, § 1º, CPC): (a) o princípio do contraditório (art. 10); (b) na sua aplicação, que se tenha a identificação dos fundamentos do precedente e a subsequente demonstração de que o caso, a ser decidido, se ajusta àqueles fundamentos (art. 489, § 1º, V); (c) a inobservância do precedente exige que se tenha a demonstração da

---

[8] MOREIRA, José Carlos Barbosa. *Comentários ao Código de Processo Civil, Lei nº 5.869, de 11 de janeiro de 1973, arts. 476 a 565*, v. 5, 11. ed., p. 9.
[9] NERY JUNIOR, Nelson; NERY, Rosa Maria de Andrade. *Código de Processo Civil comentado*, 9. ed., p. 665.

distinção (*distinguishing*, os fundamentos do verbete jurisprudencial se distinguem dos que são discutidos no caso concreto) ou da superação do entendimento (*overruling*, os fundamentos do verbete jurisprudencial já estão superados face à dinâmica social atual discutida no caso concreto) (art. 489, § 1º, VI).

Os §§ 2º a 5º, art. 927, possuem a preocupação de prever e regular a forma de superação da jurisprudência dominante ou do precedente. É a ferramenta denominada de *overruling*. De fato, se o precedente não é mais compatível com a realidade, o seu conteúdo não mais pode subsistir.

As regras são: (a) a alteração de tese jurídica adotada em enunciado de súmula ou em julgamento de casos repetitivos poderá ser precedida de audiências públicas e da participação de pessoas, órgãos ou entidades que possam contribuir para a rediscussão da tese; (b) na hipótese de alteração de jurisprudência dominante do STF e dos tribunais superiores ou daquela oriunda de julgamento de casos repetitivos, pode haver modulação dos efeitos da alteração no interesse social e no da segurança jurídica; (c) a modificação de enunciado de súmula, de jurisprudência pacificada ou de tese adotada em julgamento de casos repetitivos observará a necessidade de fundamentação adequada e específica, considerando os princípios da segurança jurídica, da proteção da confiança e da isonomia; (d) os tribunais darão publicidade a seus precedentes, organizando-os por questão jurídica decidida e divulgando-os, preferencialmente, na rede mundial de computadores.

O CPC considera julgamento de casos repetitivos a decisão proferida em: (a) incidente de resolução de demandas repetitivas; (b) recursos especial e extraordinário repetitivos (art. 928, *caput*, I e II). O julgamento de casos repetitivos tem por objeto questão de direito material ou processual (art. 928, parágrafo único).

O art. 3º, XXIII, IN 39/16, TST, assegura que são aplicáveis ao processo trabalhista os arts. 927 a 928, CPC.

Pelo art. 15, IN 39, o atendimento à exigência legal de fundamentação das decisões judiciais no processo trabalhista (arts. 489, § 1º, 332 e 927, CPC), deve observar que:

a) entende-se por "precedente": (1) acórdão proferido pelo STF ou pelo TST em julgamento de recursos repetitivos; (2) entendimento firmado em incidente de resolução de demandas repetitivas ou de assunção de competência; (3) decisão do STF em controle concentrado de constitucionalidade; (4) tese jurídica prevalecente em TRT e não conflitante com súmula ou orientação jurisprudencial do TST; (5) decisão do plenário, do órgão especial ou de seção especializada competente para uniformizar a jurisprudência do tribunal a que o juiz estiver vinculado ou do TST;

b) para fins de aplicação do art. 489, § 1º, V e VI, CPC, por precedente devem ser considerados os citados na letra "a" supra, além dos seguintes verbetes: súmulas do STF; orientação jurisprudencial e súmula do TST; súmula de TRT não conflitante com súmula ou orientação jurisprudencial do TST, que contenham explícita referência aos fundamentos determinantes da decisão (*ratio decidendi*);

c) não ofende o art. 489, § 1º, IV, CPC, a decisão que deixar de apreciar questões cujo exame haja ficado prejudicado em razão da análise anterior de questão subordinante;

d) o art. 489, § 1º, IV, não obriga o juiz ou o tribunal a enfrentar os fundamentos jurídicos invocados pela parte, quando já tenham sido examinados na formação dos precedentes obrigatórios ou nos fundamentos determinantes de enunciado de súmula;

e) a decisão que aplica a tese jurídica firmada em precedente não precisa enfrentar os fundamentos já analisados na decisão paradigma, sendo suficiente, para fins de atendimento das exigências constantes no art. 489, § 1º, a correlação fática e jurídica entre o caso concreto e aquele apreciado no incidente de solução concentrada;

f) é ônus da parte, para os fins do disposto no art. 489, § 1º, V e VI, identificar os fundamentos determinantes ou demonstrar a existência de distinção no caso em julgamento ou a superação do entendimento, sempre que invocar precedente ou enunciado de súmula.

De forma obrigatória, os TRTs deveriam proceder à uniformização de sua jurisprudência (art. 896, §§ 3º a 6º, CLT; art. 2º, IN 40).

A CLT chegou a disciplinar expressamente o IUJ (art. 896, §§ 3º a 6º, CLT, com a redação da Lei 13.015). Contudo, tais dispositivos foram revogados expressamente pela Reforma Trabalhista.

A Lei 13.467 evidenciou que não cabe aos tribunais trabalhistas editarem súmulas ou enunciados com caráter normativo (restringindo ou criando direitos) (art. 8º, § 2º, CLT), pois tal atribuição compete ao Poder Legislativo.

Apesar das alterações legislativas (revogação dos §§ 3º a 6º, art. 896, CLT; inserção do § 2º ao art. 8º, CLT), a Lei 13.467 (art. 702, § 4º, CLT) assegura aos TRTs o estabelecimento ou a alteração de súmulas e outros enunciados de jurisprudência, contudo, desde que seja observado: (a) o quórum de votação de pelo menos dois terços de seus membros, caso a mesma matéria já tenha sido decidida de forma idêntica por unanimidade em, no mínimo, dois terços das Turmas em pelo menos dez sessões diferentes em cada uma delas, podendo, ainda, por maioria de dois terços de seus membros, restringir os efeitos daquela declaração ou decidir que ela só tenha eficácia a partir de sua publicação no Diário Oficial (art. 702, *f*); (b) as sessões de julgamento deverão ser públicas, divulgadas com, no mínimo, trinta dias de antecedência, e deverão possibilitar a sustentação oral pelo MPT, pela Ordem dos Advogados do Brasil, pela Advocacia-Geral da União e por entidades sindicais ou entidades de classe, observada a abrangência de sua circunscrição judiciária (art. 702, § 3º).

A IN 41, TST, disciplina a aplicação das normas processuais da CLT, as quais foram alteradas pela Lei 13.467 (Reforma Trabalhista).

De acordo com o art. 18, § 1º, IN 41, os incidentes de uniformização suscitados ou iniciados antes da vigência da Lei 13.467, no âmbito dos TRTs ou por iniciativa de decisão do TST, deverão observar e serão concluídos sob a égide da legislação vigente ao tempo da interposição do recurso, segundo o disposto nos respectivos Regimentos Internos.

Por outro lado, face ao § 3º, art. 18, as teses jurídicas prevalecentes e os enunciados de súmulas decorrentes do julgamento dos incidentes de uniformização de jurisprudência suscitados ou iniciados anteriormente à entrada em vigência da Reforma Trabalhista (dia 11-11-2017), no âmbito dos TRTs, conservam sua natureza vinculante (arts. 926, §§ 1º e 2º, e 927, III e V, CPC).

12.4 PREQUESTIONAMENTO

O prequestionamento é um requisito de admissibilidade dos recursos excepcionais.

Na CF/88, o prequestionamento encontra amparo no art. 102, III, quando se atribui ao STF competência para julgar, mediante recurso extraordinário, "as causas decididas", e no art. 105, III, ao se determinar que o STJ julgue, em recurso especial, as "causas decididas", pelas instâncias inferiores.

O "prequestionamento", nas lições de Marcus Cláudio Acquaviva,[10] é a suscitação obrigatória de questão já ventilada no curso da demanda, ou seja, uma questão que tenha sido abordada no acórdão recorrido.

Considerando que o termo *prequestionamento* significa debater, discutir, controverter previamente determinada matéria, podem ser identificadas três correntes doutrinárias que tentam conceituá-lo. *"A primeira corrente sustenta que prequestionamento é questionamento prévio. Desse modo, diz-se que uma matéria foi prequestionada quando a parte interessada provoca a iniciativa do debate antes do julgamento. Basta, então, que a parte tome a iniciativa (nas razões ou contrarrazões de seu recurso) de provocar a manifestação do órgão julgador para que este emita um juízo de valor acerca da matéria. É irrelevante, no caso, a efetiva ocorrência dessa circunstância, ou seja, é irrelevante o conteúdo da decisão proferida. A segunda corrente sustenta que prequestionamento é decisão prévia. Desse modo, diz-se que uma matéria foi prequestionada quando sobre ela se emitiu juízo de valor no acórdão. Nesse caso, irrelevante é a iniciativa da parte em provocar a manifestação no órgão recursal, uma vez que o prequestionamento emerge com o que efetivamente foi decidido. A terceira corrente sustenta que prequestionamento é questionamento e decisão prévios. Diz-se, então, que a matéria foi prequestionada quando a parte interessada provoca a iniciativa do debate antes do julgamento e neste há emissão de tese a respeito da matéria."*[11]

Quanto à ocorrência do prequestionamento, a doutrina tem apontado três formas: (a) implícito; (b) numérico; (c) explícito.

O prequestionamento implícito (prequestionamento tácito) se configuraria pela apresentação da questão em sede recursal ou das contrarrazões, mas sem que o tribunal de segunda instância não a abordasse, nem a enfocasse ou a tratasse, deixando de emitir juízo de valor de forma explícita.

O prequestionamento numérico é aquele em que se tem a indicação do dispositivo da lei ou da Constituição violado. Posição mais formalista, não tem sido acatada pelos Tribunais Superiores. Para o TST, em havendo tese explícita sobre a matéria, na

---

[10] ACQUAVIVA, Marcus Cláudio. *Dicionário Jurídico Brasileiro Acquaviva*, 13. ed., p. 665.
[11] BEBBER, Júlio César. Prequestionamento (Súmula nº 297 do TST), *Revista LTr*, v. 68, nº 4, p. 442.

decisão recorrida, desnecessário contenha nela referência expressa do dispositivo legal para ter-se como prequestionado este (OJ 118, SDI-I).

Já o prequestionamento explícito ocorre quando a questão a ser abordada nos recursos excepcionais é enfrentada pelo tribunal regional de forma clara e inequívoca. Trata-se de um juízo de valor emitido sobre a questão e não a simples menção ao dispositivo no voto do relator.

Para o TST, diz-se prequestionada a matéria ou questão quando na decisão impugnada haja sido adotada, explicitamente, tese a respeito. Assim, incumbe à parte interessada, desde que a matéria haja sido invocada no recurso principal, opor embargos declaratórios objetivando o pronunciamento sobre o tema, sob pena de preclusão (Súm. 297, I e II).

O TST também considera prequestionada a questão jurídica invocada no recurso principal sobre a qual se omite o tribunal de pronunciar tese, não obstante ter ocorrido a interposição de embargos de declaração (Súm. 297, III).

Para fins de prequestionamento (Súm. 297), há necessidade de que haja, no acórdão, de maneira clara, elementos que levem à conclusão de que o tribunal regional adotou uma tese contrária à lei ou ao enunciado (OJ 256, SDI-I).

Apesar do entendimento do TST esboçado na Súmula 297, III, em sendo o acórdão omisso no enfrentamento da questão, não basta o recurso de embargos de declaração para tornar a matéria prequestionada. A decisão dos embargos de declaração deve enfrentar a controvérsia, pois, caso contrário, não existe o prequestionamento desejado. O não enfrentamento da questão após os embargos de declaração prequestionatórios configura negativa de prestação jurisdicional (art. 93, IX, CF; art. 832, CLT; art. 489, II, CPC), ensejando a nulidade da decisão. Nesse sentido é a posição do STJ, inadmissível recurso especial quanto à questão que, a despeito da oposição de embargos declaratórios, não foi apreciada pelo tribunal *a quo* (Súm. 211).

O CPC prevê o prequestionamento implícito, ao prever que se consideram incluídos no acórdão os elementos que o embargante suscitou, ainda que os embargos de declaração sejam inadmitidos ou rejeitados (art. 1.025).

Toda e qualquer decisão judicial, a qual possua omissão, contradição ou obscuridade, deverá ser objeto de embargos declaratórios, sob pena da preclusão da matéria (Súm. 184 e 297, TST).

Assim, não havendo os embargos no momento processual adequado, tem-se a preclusão. O STF considera improcedentes os embargos declaratórios quando não pedida a declaração do julgado anterior, em que se verificou a omissão (Súm. 317).

No processo trabalhista, para fins de conhecimento de recurso de revista, além dos embargos no TST e do recurso extraordinário para o STF, a matéria violada (lei federal ou a CF) deve ser prequestionada, sob pena de sua preclusão.

Apesar das críticas de parte da doutrina, o prequestionamento é exigível mesmo que a matéria seja de ordem pública. Os arts. 485, § 3º, e 337, § 5º, CPC são aplicáveis nas instâncias ordinárias e não para os recursos extraordinário, especial, de revista e os embargos no TST. Dessa forma, mesmo para os recursos excepcionais, o TST exige o prequestionamento como pressuposto de recorribilidade, como situações em que a matéria seja de incompetência absoluta (OJ 62, SDI-I). Na hipótese em que a ação rescisória tem como causa de rescindibilidade a alegação de decisão proferida por juiz impedido ou por juízo absolutamente incompetente (art. 966, II, CPC), a arguição de incompetência absoluta prescinde de prequestionamento (OJ 124, SDI-II).

Mesmo quando houver violação da CF, necessário se faz o prequestionamento.

Se a matéria não tiver sido prequestionada impossibilitando a admissibilidade do recurso de revista, caberá ao interessado a utilização da ação rescisória (art. 966, V, CPC).

No âmbito do processo trabalhista, o prequestionamento também é exigido para a ação rescisória (Súm. 298), sendo que o entendimento jurisprudencial considera: (a) a conclusão acerca da ocorrência de violação literal à disposição de lei pressupõe pronunciamento explícito, na sentença rescindenda, sobre a matéria veiculada; (b) o pronunciamento explícito exigido em ação rescisória diz respeito à matéria e ao enfoque específico da tese debatida na ação, e não, necessariamente, ao dispositivo legal tido por violado. Basta que o conteúdo da norma reputada violada haja sido abordado na decisão rescindenda para que se considere preenchido o pressuposto; (c) para efeito de ação rescisória, considera-se pronunciada explicitamente a matéria tratada na sentença quando, examinando remessa de ofício, o Tribunal simplesmente a confirma; (d) a sentença meramente homologatória, que silencia sobre os motivos de convencimento do juiz, não se mostra rescindível, por ausência de pronunciamento explícito. Esse entendimento deve ser analisado em conjunto com a Súm. 100, V, e a Súm. 259, TST; (e) não é absoluta a exigência de pronunciamento explícito na ação rescisória, ainda que esta tenha por fundamento violação de dispositivo de lei. Assim, prescindível o pronunciamento explícito quando o vício nasce no próprio julgamento, como se dá com a sentença *extra, citra* e *ultra petita*.

Acertadamente, no âmbito da Justiça do Trabalho, o prequestionamento é inexigível quando a violação nasce na própria decisão recorrida (OJ 119, SDI-I).

O TST firmou posição no sentido de que a decisão regional que simplesmente adota os fundamentos da decisão de primeiro grau não preenche a exigência do prequestionamento (OJ 151, SDI-I). Contudo, nos parece que o TRT, ao adotar os fundamentos contidos na decisão de primeiro grau, como razão de decidir, já está, automaticamente, posicionando-se sobre a matéria.

O recurso de revista comporta a discussão de violação à lei federal ou ao texto da CF, além de julgados contrários à jurisprudência atual e dominante do TST.

Para que a revista seja conhecida, os embargos declaratórios devem ser opostos como forma de prequestionamento explícito de tese contrária ao texto da lei ou a enunciado adotado pelo TRT.

Em caso de recurso de revista, em que a parte suscite preliminar de nulidade de julgado por negativa de prestação jurisdicional, deve transcrever o trecho dos embargos declaratórios em que foi pedido o pronunciamento do tribunal sobre questão veiculada no recurso ordinário e o trecho da decisão regional que rejeitou os embargos quanto ao pedido, para cotejo e verificação, de plano, da ocorrência da omissão (art. 896, § 1º-A, IV, CLT).

Os embargos declaratórios pós-questionamento, ou seja, embargos de declaração objetivando inovar questão de violação de lei federal ou à CF, não podem ser admitidos, por ser questão estranha à controvérsia existente, salvo quando se tratar de matéria de ordem pública ou direito superveniente.

Manoel Antonio Teixeira Filho[12] defende que a exigência do prequestionamento deva ser dispensada do terceiro recorrente, "*pois seria injusto impor-lhe essa prévia arguição quando a sua intervenção se verificasse apenas na oportunidade do remédio extraordinário*".

12.5 TRANSCENDÊNCIA

O art. 1º da MP 2.226/01[13] estabeleceu a transcendência de natureza econômica, política, social ou jurídica como requisito de admissibilidade para o recurso de revista e acrescentou o art. 896-A da CLT.

Na língua portuguesa, a "transcendência", esclarece o dicionário Houaiss,[14] é o caráter do que é transcendente; superioridade de inteligência; perspicácia, sagacidade; importância superior.

A transcendência, aduz João de Lima Teixeira Filho,[15] é noção metajurídica, com notável subjetividade, ainda mais porque tem a ver com reflexos gerais de natureza econômica, política, social ou jurídica.

O Projeto de Lei 3.267, que serviu de base para a edição da MP 2.226, mencionava a transcendência com relação aos reflexos gerais de natureza jurídica, política, social ou econômica, considerando:

a) jurídica, o desrespeito patente aos direitos humanos fundamentais ou aos interesses coletivos indisponíveis, com comprometimento da segurança e estabilidade das relações jurídicas;

b) política, o desrespeito notório ao princípio federativo ou à harmonia dos Poderes constituídos;

c) social, a existência de situação extraordinária de discriminação, de comprometimento do mercado de trabalho ou de perturbação notável à harmonia entre capital e trabalho;

d) econômica, a ressonância de vulto da causa em relação à entidade de direito público ou economia mista, ou à grave repercussão da questão na política econômica nacional, no segmento produtivo ou no desenvolvimento regular da atividade empresarial.

---

[12] TEIXEIRA FILHO, Manoel Antonio. *Sistema dos Recursos Trabalhistas*, 10. ed., p. 540-541.

[13] O Conselho Federal da Ordem dos Advogados do Brasil ajuizou, perante o STF, ação direta de inconstitucionalidade em relação à MP 2.226/01 (ADIN 2.527-9, Rel. Min. Ellen Gracie), com solicitação de medida cautelar. Em 16 de agosto de 2007, o Plenário do STF indeferiu a concessão da medida cautelar quanto à inconstitucionalidade do art. 1º da MP 2.226.

[14] HOUAISS, Antônio; VILLAR, Mauro de Salles; FRANCO, Francisco Manoel de Mello. *Dicionário Houaiss da Língua Portuguesa*, p. 2.749.

[15] SÜSSEKIND, Arnaldo; MARANHÃO, Délio; VIANNA, Segadas; TEIXEIRA, Lima. *Instituições de Direito do Trabalho*, v. 2, 22. ed., p. 1.498.

Ives Gandra da Silva Martins Filho,[16] ao analisar o PL 3.267, no que se refere à transcendência jurídica, aponta, de plano, quatro hipóteses:

a) recursos oriundos de ações civis públicas, cujo objeto envolva interesses difusos e coletivos;
b) processos em que o sindicato atue como substituto processual da categoria, defendendo interesses individuais homogêneos;
c) causas em que discutam norma que tenha por fundamento maior o próprio direito natural e cujo desrespeito pode ensejar a necessidade de defesa dos direitos humanos fundamentais;
d) processos em que um TRT resista a albergar a jurisprudência pacificada do TST ou do STF.

Nos termos da MP 2.226, o requisito da transcendência seria regulamentado pelo TST, em seu regimento interno, assegurada a apreciação da transcendência em sessão pública, com direito à sustentação oral e fundamentação da decisão (art. 2º).

Com a Reforma Trabalhista, a transcendência foi regulamentada para o recurso de revista (art. 896-A, CLT). Trata-se de um pressuposto intrínseco quanto à admissibilidade do recurso de revista.

Na ótica de Homero Batista Mateus da Silva[17], *"a palavra transcendência, difícil de escrever, de pronunciar e de entender, representa a necessidade de aquele recurso de revista transbordar os estreitos limites do processo e repercutir de maneira geral em toda a sociedade. São casos célebres, como a legalidade da assinatura de linha telefônica, o direito adquirido ao reajuste salarial expurgado no meio do mês por planos econômicos ou o cálculo do fundo de garantia. Ou seja, uma vez implementada a transcendência como filtro de apreciação do recurso de revista, somente poderão ou deverão ser julgados aqueles que excederem o alcance do processo e influenciarem o entendimento de tantos quantos. Irradiar efeitos na sociedade é a marca característica dos recursos transcendentais".*

Seguindo as referências jurídicas do instituto, o legislador adotou quatro indicadores para a transcendência. São eles:

a) econômico, o elevado valor da causa. Citado indicador não pode ser visto unicamente pela ótica empresarial, na medida em que o aspecto econômico também pode influenciar os trabalhadores. Por outro lado, a mensuração econômica não pode ficar também atrelada somente ao valor da causa ou da condenação;
b) político, o desrespeito da instância recorrida à jurisprudência sumulada do TST ou do STF. Esse indicador representa um entrave ao cabimento de recurso de revista, quando a matéria discutida, mesmo não sumulada, tenha uma corrente jurisprudencial forte no TST ou que esteja prevista em uma orientação jurisprudencial;

---

[16] MARTINS FILHO, Ives Gandra da Silva. Recursos de Natureza Extraordinária no Processo do Trabalho, *Revista LTr*, v. 56, nº 8, p. 916.
[17] SILVA, Homero Batista Mateus da. *Comentários à reforma trabalhista*, p. 183.

c) social, a postulação, por reclamante-recorrente, de direito social constitucionalmente assegurado. Não se pode restringir esse aspecto tão somente aos dispositivos constitucionais e sim também aos direitos previstos na legislação infraconstitucional, como também nas convenções da OIT;

d) jurídico, a existência de questão nova em torno da interpretação da legislação trabalhista. Campo fecundo para a interposição de recurso de revista, precipuamente, face às alterações legislativas além das inovações trazidas pela Reforma Trabalhista (Lei 13.467) no campo do Direito Individual do Trabalho, como também das consequências interpretativas do modelo legislado em relação ao negociado (arts. 611-A e 611-B, CLT).

Sem dúvida, a análise da transcendência será objeto de inúmeros debates, pois não são *numerus clausus* ("entre outros", art. 896-A, § 1º), de modo que se poderá admitir "outros indicadores", a critério do relator.

Além disso, são "vagos" e "imprecisos" na lei. Por exemplo, na transcendência social, o legislador utilizou *"direito social constitucionalmente assegurado"* e, no indicador jurídico, *"questão nova em torno da interpretação da legislação trabalhista"*.

No âmbito dos TRTs, a admissibilidade do recurso de revista não analisará o critério ou os indicativos da transcendência (juízo *a quo*). A análise desse requisito intrínseco é de competência exclusiva do juízo *ad quem*.

Com isso, em um primeiro momento, de forma fundamentada (art. 93, IX, CF), caberá ao relator em uma das turmas do TST decidir monocraticamente sobre a existência ou não da transcendência do recurso de revista. Contra a decisão que não reconhecer a transcendência, denegando seguimento ao recurso de revista, admite-se o agravo para o órgão colegiado, permitida a sustentação oral em sessão de julgamento sobre a matéria. A decisão do órgão colegiado é irrecorrível no âmbito do TST. Isso significa que, observadas as hipóteses cabíveis, o recurso cabível será o recurso extraordinário.

Também é irrecorrível a decisão monocrática do relator que, em agravo de instrumento em recurso de revista, considerar ausente a transcendência da matéria (art. 896-A, § 5º). Essa regra legal causa estranheza, pois o agravo de instrumento pode estar relacionado, *v.g.*, a um pressuposto extrínseco, como a tempestividade, a qual uma vez afastada pelo relator no TST (provido o agravo de instrumento), analisará os demais pressupostos e decidirá exclusivamente sobre a transcendência?!

Diante do imperativo legal, o TST alterou seu Regimento Interno, passando a dispor sobre o instituto (arts. 246 e 247).

Como não poderia deixar de ser, a regulamentação interna prevê que as normas relativas ao exame da transcendência dos recursos de revista somente incidirão naqueles interpostos contra decisões proferidas pelos TRTs a partir da data de início da vigência da Lei 13.467 (art. 19, IN 41).

Além disso, o RITST prevê a sustentação oral do recorrido perante o órgão colegiado, apenas no caso de divergência entre os componentes da Turma sobre a existência ou não da transcendência. Nas ações em que Ministério Público for parte, seu representante poderá fazer uso da sustentação oral (art. 161, § 5º, IV).

Sem dúvida, caberá ao TST a difícil tarefa de buscar a melhor interpretação à transcendência, de modo a garantir os valores e as normas fundamentais estabelecidos na CF (art. 1º, CPC).

12.6 RECURSOS DE REVISTA (E DE EMBARGOS NO TST) REPETITIVOS

O CPC disciplina o julgamento dos recursos extraordinário e especial repetitivos (com fundamento em idêntica questão de direito) nos arts. 1.036 e seguintes.

No processo do trabalho, o procedimento a ser adotado pelo TST e TRTs em caso de recurso de revista repetitivo está no art. 896-C, CLT, com aplicação subsidiária do CPC (art. 896-B, CLT).

A IN 38/15, do TST, regula o procedimento interno do incidente de demandas repetitivas e prevê a aplicação das normas do regramento processual civil do julgamento dos recursos extraordinário e especial repetitivos, no que couber, ao recurso de revista e ao recurso de embargos repetitivos (art. 1º).

Assim, diante da multiplicidade de recursos de revista ou de embargos para SDI fundados em idêntica questão de direito, a questão poderá ser afetada à SDI ou ao Tribunal Pleno, por decisão da maioria simples de seus membros, mediante requerimento de um dos Ministros que compõem a SDI, considerando a relevância da matéria ou a existência de entendimentos divergentes entre os Ministros dessa Seção ou das Turmas do Tribunal (art. 896-C, *caput*, CLT; art. 2º, IN 38).

Diante do texto legal, podemos concluir que a adoção do procedimento dos recursos repetitivos exige: (a) multiplicidade de recursos de revista; (b) idêntica questão de direito em tais recursos, sendo que a temática pode ser de cunho material ou processual; (c) a relevância da matéria ou a existência de divergência quanto à sua interpretação.

Por excelência, o procedimento de recursos repetitivos vincula-se a dissídio individual, não sendo muito razoável a sua adoção para as denominadas ações coletivas, mesmo quando se tratar de direitos individuais homogêneos.[18]

---

[18] Nas ações coletivas, o que se tem é um vasto leque de titulares de direitos, os quais, dependendo da natureza dos direitos metajurídicos, podem ser indetermináveis (difusos), *a priori* não determináveis, contudo, com a possibilidade de determinação (coletivos) ou plenamente possíveis de determinação (homogêneos).
O condão da sentença coletiva não é estabelecer os titulares e sim reconhecer o aspecto transindividual, indicando o dano e a responsabilidade do réu pelo dano.
Na liquidação da ação coletiva é que serão identificados os titulares e a vinculação de cada titular e a exata quantificação do seu direito, geralmente, por artigos de liquidação ou arbitramento. E, por fim, não podemos nos esquecer que as ações coletivas somente implicam em coisa julgada, se o resultado for favorável (arts. 103 e 104, CDC). No incidente de resolução de demandas repetitivas a questão de direito será solucionada e o respectivo conteúdo será aplicável às demandas que tenham ficado sobrestadas. As demais matérias a serem dirimidas nas demandas sobrestadas, as quais não se vinculam a essa questão de direito, serão dirimidas de acordo com a convicção e os fundamentos do juízo.
Assevere-se, ainda, que o incidente de resolução não implica em título executivo judicial, vale dizer, trata-se somente de um fundamento de decidir.

12.6.1 Seleção dos múltiplos recursos com idêntica questão de direito

Para a instauração do incidente de resolução de demandas repetitivas é necessário que haja um expresso número de processos nos quais se discute a idêntica questão de direito. A seleção dos casos representativos pode ser efetuada no TST ou TRTs.

Com o novo regramento processual civil (art. 1.036, §§ 1º a 6º, CPC), cabe ao presidente ou ao vice-presidente dos tribunais (tribunal de justiça ou tribunal regional federal) selecionar dois ou mais recursos representativos da controvérsia, que serão encaminhados ao STF ou ao STJ para fins de afetação, determinando a suspensão do trâmite de todos os processos pendentes, individuais ou coletivos, que tramitem no Estado ou na região, conforme o caso.

O interessado pode requerer, ao presidente ou ao vice-presidente, que exclua da decisão de sobrestamento e inadmita o recurso especial ou o recurso extraordinário que tenha sido interposto intempestivamente, tendo o recorrente o prazo de cinco dias para manifestar-se sobre esse requerimento.

Por uma questão de lógica do sistema, a escolha feita no âmbito dos tribunais não vinculará o relator no Tribunal Superior, que poderá selecionar outros recursos representativos da controvérsia. O relator em Tribunal Superior também poderá selecionar dois ou mais recursos para julgamento da questão de direito.

Somente podem ser selecionados recursos admissíveis que contenham abrangente argumentação e discussão a respeito da questão a ser decidida.

Essa regra deve ser também aplicada no âmbito dos TRTs da Justiça do Trabalho (IN 38/15, TST).

No processo do trabalho, por indicação dos Ministros Relatores, o presidente da Turma ou da SDI afetará um ou mais recursos representativos da controvérsia para julgamento pela SDI ou pelo Tribunal Pleno, sob o rito dos recursos repetitivos (art. 896-C, § 1º, CLT).

12.6.2 Órgão julgador

O julgamento do incidente pode ser atribuído à SDI ou ao Tribunal Pleno (art. 896-C, *caput*, CLT).

Se acolhida a proposta, por maioria simples, o colegiado também decidirá se a questão será analisada pela própria SDI-I ou pelo Tribunal Pleno. O processo será distribuído a um relator e a um revisor do órgão jurisdicional correspondente (art. 896-C, § 6º).

12.6.3 Procedimento do incidente de recursos repetitivos

Aprovada a proposta para o incidente de recursos repetitivos, haverá a designação dos Ministros (relator e revisor) (art. 1.037, CPC; art. 896-C, § 6º, CLT).

O CPC disciplina o procedimento do incidente de recursos repetitivos (art. 1.029 e arts 1.037 ss.).

Selecionados os recursos, o relator, verificando os pressupostos legais, proferirá decisão de afetação, na qual: (a) identificará com precisão a questão a ser submetida a julgamento; (b) determinará a suspensão do processamento de todos os processos pendentes, individuais ou coletivos, que versem sobre a questão e tramitem no território nacional; (c) poderá requisitar aos presidentes ou aos vice-presidentes dos tribunais de justiça ou dos tribunais regionais federais a remessa de um recurso representativo da controvérsia (art. 1.037, CPC).

Se, após receber os recursos selecionados, não se proceder à afetação, o relator comunicará o fato ao presidente ou ao vice-presidente que os houver enviado, para que seja revogada a decisão de suspensão.

O presidente do STF ou do STJ, ao receber requerimento de suspensão de processos em que se discuta questão federal constitucional ou infraconstitucional, poderá, considerando razões de segurança jurídica ou de excepcional interesse social, estender a suspensão a todo o território nacional, até ulterior decisão do recurso extraordinário ou do recurso especial a ser interposto (art. 1.029, § 4º).

Havendo mais de uma afetação, será prevento o relator que primeiro tiver proferido a decisão anterior. É permitido a outro relator do respectivo Tribunal Superior afetar dois ou mais recursos representativos da controvérsia (art. 1.037, §§ 3º, 4º e 6º).

Os recursos afetados deverão ser julgados no prazo de um ano e terão preferência sobre os demais feitos, ressalvados os que envolvam réu preso e os *habeas corpus*.

Caso os recursos requisitados contiverem outras questões além daquela que é objeto da afetação, caberá ao tribunal decidir a questão afetada em primeiro lugar e depois as demais, em acórdão específico para cada processo.

As partes deverão ser intimadas da decisão de suspensão de seu processo.

A parte poderá requerer o prosseguimento de seu processo, caso demonstre a distinção entre a questão a ser decidida no processo e aquela a ser julgada nos recursos afetados.

O relator, antes de decidir, poderá: (a) solicitar ou admitir manifestação de pessoas, órgãos ou entidades com interesse na controvérsia, considerando a relevância da matéria e consoante dispuser o regimento interno; (b) fixar data para, em audiência pública, ouvir depoimentos de pessoas com experiência e conhecimento na matéria, com a finalidade de instruir o procedimento; (c) requisitar informações aos tribunais inferiores a respeito da controvérsia e, cumprida a diligência, intimará o Ministério Público para manifestar-se, no prazo de 15 dias e, sempre que possível, os atos serão praticados por meio eletrônico (art. 1.038, CPC).

Transcorrido o prazo para o Ministério Público e remetida cópia do relatório aos demais Ministros, haverá inclusão em pauta, devendo ocorrer o julgamento com preferência sobre os demais feitos, ressalvados os que envolvam réu preso e os *habeas corpus*.

O conteúdo do acórdão abrangerá a análise dos fundamentos relevantes da tese jurídica discutida.

No âmbito da Justiça do Trabalho, o art. 896-C, CLT, e a IN 38/15, do TST, disciplinam o procedimento. A referida IN prevê a aplicação do sistema processual civil subsidiariamente e revogou parcialmente o Ato SEGJUD.GP 491 (arts. 7º a 22).

O requerimento fundamentado de um dos Ministros da SDI-I de afetação da questão a ser julgada em incidente de recursos repetitivos deverá indicar um ou mais recursos de revista ou de embargos representativos da controvérsia e ser formulado por escrito diretamente ao presidente da SDI-I ou, oralmente, em questão preliminar suscitada quando do julgamento do processo incluído na pauta de julgamentos da Subseção.

De forma concorrente, quando a Turma do TST entender necessária a adoção do procedimento de julgamento de recursos de revista repetitivos, seu presidente deverá submeter ao presidente da SDI-I a proposta de afetação do recurso de revista.

O presidente da Subseção submeterá a proposta de afetação ao colegiado, se formulada por escrito, no prazo máximo de 30 dias de seu recebimento, ou de imediato, se suscitada em questão preliminar, quando do julgamento de determinado processo pela SDI-I, após o que: (a) acolhida a proposta, por maioria simples, o colegiado também decidirá se a questão será analisada pela própria SDI-I ou pelo Tribunal Pleno; (b) acolhida a proposta, a desistência da ação ou do recurso não impede a análise da questão objeto de julgamento de recursos repetitivos; (c) na hipótese do inciso I, o processo será distribuído a um relator e a um revisor do órgão jurisdicional correspondente, para sua tramitação nos termos do artigo 896-C da CLT; (d) rejeitada a proposta, se for o caso, os autos serão devolvidos ao órgão julgador respectivo, para que o julgamento do recurso prossiga regularmente.

Não será admitida sustentação oral versando, de forma específica, sobre a proposta de afetação.

A critério do presidente da Subseção, as propostas de afetação formuladas por escrito por um dos Ministros da SDI-I ou pelo presidente de Turma poderão ser apreciadas pela SDI-I por meio eletrônico. Nesse caso, as partes serão cientificadas pelo *Diário da Justiça*.

Caso surja alguma divergência entre os integrantes do colegiado durante o julgamento eletrônico, este ficará imediatamente suspenso, devendo a proposta de afetação ser apreciada em sessão presencial.

O presidente da SDI-I que afetar processo para julgamento sob o rito dos recursos repetitivos deverá expedir comunicação aos demais presidentes de Turma, que poderão afetar outros processos sobre a questão para julgamento conjunto (art. 896-C, § 2º, CLT), a fim de conferir ao órgão julgador visão global da questão.

Somente poderão ser afetados recursos representativos da controvérsia que sejam admissíveis e que, a critério do relator do incidente de julgamento dos recursos repetitivos, contenham abrangente argumentação e discussão a respeito da questão a ser decidida.

O relator desse incidente não fica vinculado às propostas de afetação, podendo recusá-las por desatenderem aos requisitos e, ainda, selecionar outros recursos representativos da controvérsia.

Selecionados os recursos, o relator, na SDI-I ou no Tribunal Pleno, constatada a presença do pressuposto legal (art. 896-C, *caput*, CLT), proferirá decisão de afetação, sempre fundamentada, na qual: (a) identificará com precisão a questão a ser submetida a julgamento; (b) poderá determinar a suspensão dos recursos de revista ou de embargos; (c) poderá solicitar aos TRTs informações a respeito da controvérsia, a serem prestadas no prazo de 15 dias, e requisitar aos presidentes ou vice-presidentes dos TRTs a remessa de até dois recursos de revista representativos da controvérsia; (d) concederá o prazo de 15 dias para a manifestação escrita das pessoas, órgãos ou entidades interessados na controvérsia (*amici curiae*); (e) informará aos demais Ministros sobre a decisão de afetação; (f) poderá conceder vista ao Ministério Público e às partes.

O presidente do TST oficiará os presidentes dos TRTs, com cópia da decisão de afetação, para que suspendam os recursos de revista interpostos em casos idênticos aos afetados como recursos repetitivos e ainda não encaminhados a este tribunal, bem como os recursos ordinários interpostos contra as sentenças proferidas em casos idênticos aos afetados como recursos repetitivos, até o pronunciamento definitivo do TST.

Caberá ainda ao presidente do tribunal de origem, caso receba a solicitação de informações ou requisição de processos, admitir até dois recursos representativos da controvérsia, os quais serão encaminhados ao TST.

Se, após receber os recursos de revista selecionados pelo TRT, não se proceder à sua afetação, o relator no TST comunicará o fato ao presidente ou vice-presidente que os houver enviado, para que seja revogada a decisão de suspensão (art. 896-C, § 4º, CLT).

As partes deverão ser intimadas da decisão de suspensão de seu processo, a ser proferida pelo respectivo relator.

Para instruir o procedimento, o relator poderá fixar data para, em audiência pública, ouvir depoimentos de pessoas com experiência e conhecimento na matéria, sempre que entender necessário o esclarecimento de questões ou circunstâncias de fato subjacentes à controvérsia objeto do incidente de recursos repetitivos.

Também é facultado ao relator admitir a manifestação, como *amici curiae* (simples assistência, art. 896-C, § 8º, CLT), de pessoas, órgãos ou entidades com interesse na controvérsia, considerando a relevância da matéria e assegurando o contraditório e a isonomia de tratamento. A manifestação do *amici curiae* somente será admitida até a inclusão do processo em pauta.

Após a remessa das informações e da concessão de prazo às partes, será aberta vista ao MPT pelo prazo de 15 dias (art. 896-C, § 9º). O MPT atuará como *custos legis*.

Os recursos afetados deverão ser julgados no prazo de um ano e terão preferência sobre os demais feitos (art. 896-C, § 10). Na hipótese de não ocorrer o julgamento no prazo de um ano a contar da publicação da decisão, cessam automaticamente, em todo o território nacional, a afetação e a suspensão dos processos, que retomarão seu curso normal.

O que não impede a formulação de outra proposta de afetação de processos representativos da controvérsia para instauração e julgamento de recursos repetitivos para ser apreciada e decidida pela SDI-I.

O conteúdo do acórdão paradigma abrangerá a análise de todos os fundamentos da tese jurídica discutida, favoráveis ou contrários. É vedado ao órgão colegiado decidir questão não delimitada na decisão de afetação.

12.6.4 Incidente de não afetação do recurso e prosseguimento da ação

A parte interessada poderá requerer o prosseguimento de seu processo (incidente de não afetação do recurso e prosseguimento da ação), para tanto será necessário que demonstre a distinção entre a questão a ser decidida no processo e aquela a ser julgada nos recursos afetados (art. 1.037, § 9º, CPC).

O requerimento será dirigido ao: (a) juiz, se o processo sobrestado estiver em primeiro grau; (b) relator, se o processo sobrestado estiver no Tribunal de origem; (c) relator do acórdão recorrido, se for sobrestado recurso especial ou recurso extraordinário no Tribunal de origem; (d) relator, no Tribunal Superior, de recurso especial ou de recurso extraordinário cujo processamento houver sido sobrestado.

Diante do requerimento, a parte contrária terá a oportunidade de se manifestar no prazo de cinco dias.

Reconhecida a distinção alegada no caso, o magistrado dará prosseguimento ao processo. Caso o pedido seja decidido pelo relator do acórdão recorrido, este comunicará a decisão ao presidente ou ao vice-presidente que houver determinado o sobrestamento, para que o recurso (especial ou extraordinário) seja encaminhado ao respectivo Tribunal Superior.

A decisão que resolver o requerimento poderá ser atacada por agravo de instrumento, se o processo estiver em primeiro grau, e por agravo interno, se a decisão for de relator (art. 1.037, §§ 10 a 13, CPC).

No processo do trabalho, a IN 38, do TST, prevê a intimação das partes da decisão de suspensão do processo (art. 9º).

A decisão que resolver o requerimento é irrecorrível de imediato (art. 893, § 1º, CLT).

12.6.5 Acórdão paradigma

Decididos os recursos afetados no âmbito do Tribunal Superior, os órgãos colegiados declararão prejudicados os demais recursos versando sobre idêntica controvérsia ou os decidirão aplicando a tese firmada (art. 1.039, CPC).

Na hipótese de ser negada a existência de repercussão geral no recurso extraordinário afetado, serão considerados automaticamente inadmitidos os recursos extraordinários cujo processamento tenha sido sobrestado.

Após a publicação do acordão paradigma (decisão do incidente de recursos repetitivos), têm-se a seguintes providências:

- (a) o presidente ou o vice-presidente do Tribunal de origem negará seguimento aos recursos especiais ou extraordinários sobrestados na origem, se o acórdão recorrido coincidir com a orientação do Tribunal Superior;
- (b) o órgão que proferiu o acórdão recorrido, na origem, reexaminará o processo de competência originária, a remessa necessária ou o recurso anteriormente julgado, se o acórdão recorrido contrariar a orientação do Tribunal Superior;
- (c) os processos suspensos em primeiro e segundo graus de jurisdição retomarão o curso para julgamento e aplicação da tese firmada pelo Tribunal Superior;
- (d) se os recursos versarem sobre questão relativa à prestação de serviço público objeto de concessão, permissão ou autorização, o resultado do julgamento será comunicado ao órgão, ao ente ou à agência reguladora competente para fiscalização da efetiva aplicação, por parte dos entes sujeitos a regulação, da tese adotada.

O CPC permite que a parte desista a ação em curso no primeiro grau de jurisdição, antes de proferida a sentença, se a questão nela discutida for idêntica à resolvida pelo recurso representativo da controvérsia, independentemente do consentimento da parte contrária, ainda que já contestada.

Mantido o acórdão divergente pelo Tribunal de origem, o recurso especial ou extraordinário será remetido ao respectivo Tribunal Superior (art. 1.041, CPC).

Realizado o juízo de retratação, com alteração do acórdão divergente, o Tribunal de origem, se for o caso, decidirá as demais questões ainda não decididas cujo enfrentamento tornou-se necessário em decorrência da alteração.

O órgão que proferiu o acórdão recorrido reexaminará o processo (art. 1.040, II) e, se o recurso versar sobre outras questões, caberá ao presidente ou ao vice-presidente do tribunal recorrido, depois do reexame pelo órgão de origem e independentemente de ratificação do recurso, sendo positivo o juízo de admissibilidade, determinar a remessa do recurso ao Tribunal Superior para julgamento das demais questões.

No processo do trabalho, decidido o recurso representativo da controvérsia, os órgãos jurisdicionais respectivos declararão prejudicados os demais recursos versando sobre idêntica controvérsia ou os decidirão, aplicando a tese firmada (art. 13, IN 38).

Quando os recursos requisitados do TRT contiverem outras questões além daquela que é objeto da afetação, caberá ao órgão jurisdicional competente, em acórdão específico para cada processo, decidir esta em primeiro lugar e depois as demais.

Publicado o acórdão paradigma:

(a) o presidente ou vice-presidente do Tribunal de origem negará seguimento aos recursos de revista sobrestados na origem, se o acórdão recorrido coincidir com a orientação do TST;

(b) o órgão que proferiu o acórdão recorrido, na origem, reexaminará o processo de competência originária ou o recurso anteriormente julgado, na hipótese de o acórdão recorrido contrariar a orientação do TST;

(c) os processos porventura suspensos em primeiro e segundo graus de jurisdição retomarão o curso para julgamento e aplicação da tese firmada pelo TST.

Para fundamentar a decisão de manutenção do entendimento, o órgão que proferiu o acórdão recorrido deverá demonstrar a existência de distinção, por se tratar de caso particularizado por hipótese fática distinta ou questão jurídica não examinada, a impor solução diversa. Nesse caso, o recurso de revista será submetido a novo exame de sua admissibilidade pelo presidente ou vice-presidente do TRT, retomando o processo o seu curso normal.

Realizado o juízo de retratação, com alteração do acórdão divergente, o Tribunal de origem, se for o caso, decidirá as demais questões ainda não decididas, cujo enfrentamento se tornou necessário em decorrência da alteração.

Quando for alterado o acórdão divergente e o recurso anteriormente interposto versar sobre outras questões, o presidente ou vice-presidente do TRT, independentemente de ratificação do recurso, procederá a novo juízo de admissibilidade, retomando o processo o seu curso normal.

A parte poderá desistir da ação em curso no primeiro grau de jurisdição, antes de proferida a sentença, se a questão nela discutida for idêntica à resolvida pelo recurso representativo da controvérsia, independentemente de consentimento da parte contrária, mesmo que tenha apresentada contestação (art. 16).

Caberá revisão da decisão firmada em julgamento de recursos repetitivos quando se alterar a situação econômica, social ou jurídica, caso em que será respeitada a segurança jurídica das relações firmadas sob a égide da decisão anterior, podendo o TST modular os efeitos da decisão que a tenha alterado (art. 896-C, § 17, CLT; art. 17, IN 38). Trata-se de uma espécie de *overruling*, ou seja, tem-se a rejeição da tese anterior, diante da alteração[19] da situação, podendo o TST adotar um efeito modelador.[20]

Caso a questão afetada e julgada sob o rito dos recursos repetitivos também contenha questão constitucional, a decisão proferida pelo Tribunal Pleno não obstará o conhecimento de eventuais recursos extraordinários sobre a questão constitucional (art. 896-C, § 13, CLT; art. 18, IN 38), desde que tenha o preenchimento dos pressupostos objetivos e subjetivos, em especial, o da repercussão geral (art. 102, § 3º, CF) e outros requisitos do recurso.

O TST deverá manter e dar publicidade, preferencialmente pela internet, às questões de direito objeto dos recursos repetitivos já julgados, pendentes de julgamento ou já reputadas sem relevância, bem como daquelas, objeto das decisões proferidas por sua composição plenária (art. 21, IN 38).

Não se deve aplicar a decisão firmada em recurso repetitivo aos casos em que fique demonstrado que a situação de fato ou de direito é distinta da discutida no processo

---

[19] "O processo de uniformização de teses no sistema dos recursos repetitivos, contudo, não deve ser invocado como sinônimo de imutabilidade e engessamento ou como contraposição à evolução jurisprudencial, votada a atualizar a interpretação da lei. Em outras palavras, a fixação do precedente pelo TST não significar negar que o aporte de novos elementos possa ensejar a revisão da jurisprudência, culminando, mas uma vez, com sua posterior estabilização. De fato, pode ocorrer que o precedente rixado pela Corte Superior deixe 'de corresponder aos padrões de congruência social', negando proposições morais, políticas e de experiência. Nesse contexto, numa interpretação até então adequada pode vir a mostrar-se incorreta ou desatualizada, em razão de alterações no contexto histórico ou social, dando ensejo, assim, ao surgimento de outra, dela divergente. [...] Antecipando-se a essa realidade, a Lei nº 13.015/2014 contempla a hipótese do *overruling*, oportunidade em que autoriza a revisão da decisão firmada em julgamento de recursos repetitivos quando se alterar a situação econômica, social ou jurídica (CLT, art. 896-C, § 17)" (LINDOSO, Alexandre Simões. O Recurso de Revista e os Embargos de Divergência à Luz da Lei 13.014/2014 – Primeiras Reflexões. *Revista LTr*, v. 78, nº 9, p. 1085).

[20] "A figura da modulação surgiu com a Lei nº 9.868, de 1999, em sede de controle concentrado da inconstitucionalidade das leis e dos atos normativos do Poder Público. [...] Em nosso sistema jurídico, a lei declarada inconstitucional é nula, vale dizer, é destituída de aptidão para produzir efeitos jurídicos válidos. Por este motivo, em princípio, a declaração de inconstitucionalidade possui efeito retroativo (*ex tunc*), apanhando a norma legal em seu nascedouro e tornando inválidos todos os atos praticados com fundamento nela. Considerando que essa consequência da pronúncia jurisdicional de inconstitucionalidade poderia gerar uma situação juridicamente caótica, em relação aos fatos passados, a infundir uma profunda insegurança jurídica nos jurisdicionados, a jurisprudência do STF passou a modular os efeitos da declaração, ou seja, a decidir que ela somente teria eficácia a partir de certo momento – que poderia ser o da própria publicação do acórdão declaratório da inconstitucionalidade" (TEIXEIRA FILHO, Manoel Antonio. Recursos Trabalhistas – Comentários à Lei n. 13.015/2014. *Revista LTr*, v. 78, nº 8, p. 929).

julgado sob o rito dos recursos repetitivos (art. 896-C, § 16, CLT).[21, 22] Para situações processuais distintas, não se pode aplicar a solução posta no incidente de resolução de recursos repetitivos.

12.7 PRAZO RECURSAL

Com a Lei 13.467, os prazos passam a ser contados em dias úteis (art. 775, CLT).

O recurso de revista deve ser interposto no prazo de oito dias a partir da ciência do acórdão.

De acordo com o Decreto-Lei 779/69, o prazo é de 16 dias para a União, Estados, Distrito Federal e Municípios, bem como as autarquias ou fundações de direito público que não explorem atividades econômicas (art. 1º, III). O Ministério Público também tem prazo em dobro para recorrer (art. 180, CPC).

O TST considera a ampliação dos prazos quando existir litisconsorte passivo, com procuradores distintos (art. 229, CPC), incompatível ao processo do trabalho (OJ 310, SDI-I).

12.8 PREPARO RECURSAL

No processo do trabalho, o preparo repousa no pagamento das custas e do depósito recursal para o empregador e somente das custas para o empregado.

Se não houver o preparo, o recurso não será conhecido pela sua deserção.

---

[21] "A literalidade do dispositivo impele inexoravelmente à conclusão de que o afastamento do precedente deverá ser motivado, de modo a ficar evidenciado que 'a situação de fato ou de direito é distinta'. E isso porque não se pode conceber tenha o legislador instituído todo um sistema voltado à uniformização de teses em processos de massa sem dotá-lo de um mínimo de eficácia. Não é razoável admitir que os graus de jurisdição inferiores estejam autorizados a simplesmente desconsiderar todo o aparato legal voltado a racionalizar o trabalho do Poder Judiciário, esquivando-se de aplicar o precedente sem externar, no mínimo, uma justificação para tanto. Conforme bem observa Marinoni: 'O juiz é uma 'peça' no sistema de distribuição de justiça e não alguém que é investido do Poder estatal para satisfazer suas vontades. Para que esse sistema possa adequadamente funcionar, cada um dos juízes deve se comportar de modo a permitir que o Judiciário possa se desincumbir do seu dever de prestar a tutela jurisdicional de forma isonômica e sem ferir a coerência do direito e a segurança jurídica. Portanto, a absurda e impensada ideia de dar ao juiz o poder de julgar o caso como quiser, não obstante ter o Tribunal Superior já conferido os seus contornos, é hoje completamente insustentável'" (LINDOSO, Alexandre Simões. Ob. cit., p. 1085).

[22] O acatamento do magistrado quanto à solução posta no incidente de recurso repetitivo é uma manifestação inequívoca de aplicação da responsabilidade institucional. Para o Código Ibero-Americano de Ética Judicial o bom funcionamento do conjunto das instituições judiciais é condição necessária para que cada juiz possa desempenhar adequadamente a sua função (art. 41), contudo, adverte que o juiz: (a) institucionalmente responsável é aquele que, além de cumprir com suas obrigações específicas de caráter individual, assume um compromisso ativo com o bom funcionamento de todo o sistema judicial (art. 42); (b) tem o dever de promover na sociedade uma atitude, racionalmente fundada, de respeito e confiança para com a administração de justiça; (c) deve estar disposto a responder voluntariamente por suas ações e omissões; (d) deve denunciar, perante os órgãos competentes, os descumprimentos graves nos quais possam incorrer os seus colegas; (e) deve evitar favorecer promoções ou ascensões irregulares ou injustificadas de outros membros do serviço de justiça; (f) deve estar disposto a promover e colaborar em tudo aquilo que signifique um melhor funcionamento da administração de justiça.

Custas processuais e o depósito recursal devem ser pagos e comprovados no prazo recursal (art. 789, § 1º, CLT; Súm. 245, TST).

O STJ admite que o preparo seja efetuado no primeiro dia útil subsequente, quando a interposição do recurso ocorrer após o encerramento do expediente bancário (Súm. 484).

O art. 1.007, § 2º, CPC, prevê a possibilidade de a parte fazer a complementação do preparo recursal, o que é aplicável ao processo do trabalho (custas e depósito recursal) (OJ 140, SDI-I; art. 10, IN 39, TST).

Aplicáveis também aos processos que envolvem questões decorrentes da ampliação da competência pela EC 45 (art. 2º, IN 27, TST),[23] as custas processuais no processo do trabalho, atualmente, são disciplinadas pelos arts. 789 ss. da CLT, com as alterações da Lei 13.467, e estão regulamentadas pela IN 20/02, do TST, e pelo Ato Conjunto 21/10, do TST.CSJT.GP.SG.

A IN 3/93 disciplina as normas relativas ao depósito recursal (art. 899, CLT; art. 40, Lei 8.177/91, com redação da Lei 8.542/92).

Da mesma forma que ocorre com as custas processuais, o depósito recursal a que se refere o art. 899 da CLT é sempre exigível como requisito extrínseco do recurso, quando houver condenação em pecúnia nos processos que envolvam questões decorrentes da ampliação da competência da Justiça do Trabalho (art. 2º, parágrafo único, IN 27/05).

Em não havendo condenação em pecúnia, descabe o depósito recursal (Súm. 161, TST).

Estão isentos do pagamento de custas processuais a Administração Pública direta, autárquica e fundacional, o Ministério Público (art. 790-A, CLT) e os beneficiários da assistência judiciária gratuita (art. 5º, LXXIV, CF; Lei 1.060/50; art. 98 ss. CPC; art. 790, § 3º, CLT).

Nos termos do CPC (art. 98, § 1º), a gratuidade da justiça compreende: (a) as taxas ou as custas judiciais; (b) os selos postais; (c) as despesas com publicação na imprensa oficial, dispensando-se a publicação em outros meios; (d) a indenização devida à testemunha que, quando empregada, receberá do empregador salário integral, como se em serviço estivesse; (e) as despesas com a realização de exame de código genético (DNA) e de outros exames considerados essenciais; (f) os honorários do advogado e do perito e a remuneração do intérprete ou do tradutor nomeado para apresentação de versão em português de documento redigido em língua estrangeira; (g) o custo com a elaboração de memória de cálculo, quando exigida para instauração da execução; (h) os depósitos previstos em lei para interposição de recurso, para propositura de ação e para a prática de outros atos processuais inerentes ao exercício da ampla defesa e do contraditório; (i) os emolumentos devidos a notários ou registradores em decorrência da prática de registro, averbação ou qualquer outro ato notarial necessário à efetivação de decisão judicial ou à continuidade de processo judicial no qual o benefício tenha sido concedido.

---

[23] Art. 2º da IN 27 – A sistemática recursal a ser observada é a prevista na Consolidação das Leis do Trabalho, inclusive no tocante à nomenclatura, à alçada, aos prazos e às competências. Parágrafo único. O depósito recursal a que se refere o art. 899 da CLT é sempre exigível como requisito extrínseco do recurso, quando houver condenação em pecúnia.

Com a Lei 13.467/17 (Reforma Trabalhista), o benefício da justiça gratuita no processo do trabalho não abrange: (a) os honorários periciais e os honorários advocatícios sucumbenciais, quando a parte sucumbente houver obtido em juízo créditos capazes de suportar a referida despesa processual (art. 790-B, *caput* e § 4º, CLT; art. 791-A, § 4º, CLT); (b) a hipótese de ausência do reclamante à audiência, salvo se comprovar, no prazo de quinze dias, que a ausência ocorreu por motivo legalmente plausível (art. 844, § 2º, CLT). Citadas alterações são aplicáveis às ações ajuizadas a partir de 11-11-2017 (arts. 6º e 12, *caput*, IN 41).

12.8.1 Recolhimento das custas processuais

Custas processuais são espécie do gênero despesas processuais e visam à informação, propulsão e terminação do processo. As custas processuais têm natureza jurídica de taxas e submetem-se às regras e princípios de Direito Tributário. Assim também ocorre com os emolumentos.

As custas processuais trabalhistas correspondem a 2% sobre o valor do acordo judicial ou da condenação (art. 789 ss., CLT), cujo valor mínimo é de R$ 10,64. Com a Lei 13.467, as custas processuais passaram a ter um teto equivalente a quatro vezes o limite máximo dos benefícios do Regime Geral de Previdência Social.

Se houver a extinção do processo, sem resolução de mérito, ou julgado totalmente improcedente, as custas incidirão sobre o valor da causa. Da mesma forma, nas ações declaratórias e nas ações constitutivas.

Quando o valor for indeterminado, incidirá sobre o valor que o juiz fixar.

Não sendo líquida a condenação, o juiz arbitrar-lhe-á o valor e fixará o montante das custas processuais.

As custas serão pagas pelo vencido, após o trânsito em julgado. No caso de recurso, as custas serão pagas e comprovado o recolhimento dentro do prazo recursal.

Em caso de acordo judicial, o pagamento caberá em partes iguais aos litigantes, salvo acordo das partes.

A partir de janeiro/2011, nos termos do Ato Conjunto 21 TST.CSJT.GP.SG, de 7-12-2010:

> o pagamento das custas e dos emolumentos no âmbito da Justiça do Trabalho deverá ser realizado, exclusivamente, mediante Guia de Recolhimento da União (GRU Judicial), sendo ônus da parte interessada efetuar seu correto preenchimento;
>
> a emissão da GRU Judicial deverá ser realizada por meio do sítio da Secretaria do Tesouro Nacional na Internet (*www.stn.fazenda.gov.br*), ou em aplicativo local instalado no Tribunal, devendo o recolhimento ser efetuado exclusivamente no Banco do Brasil ou na Caixa Econômica Federal;
>
> o preenchimento da GRU Judicial deverá obedecer às orientações contidas no Anexo I do Ato Conjunto 21;
>
> o pagamento poderá ser feito em dinheiro em ambas as instituições financeiras ou em cheque somente no Banco do Brasil;
>
> serão utilizados os seguintes códigos de recolhimento:
>
> 18740-2 – STN-CUSTAS JUDICIAIS (CAIXA/BB)
>
> 18770-4 – STN-EMOLUMENTOS (CAIXA/BB)

O anexo I ao Ato Conjunto 21/2010 prevê:

o campo "Unidade Gestora" deverá ser preenchido com o código do tribunal favorecido pelo recolhimento, conforme relação constante do Anexo II;

no campo "Gestão" deverá constar o código 00001;

o campo "Código de Recolhimento" deverá ser preenchido com um dos seguintes códigos, conforme o caso:

18740-2 – STN-CUSTAS JUDICIAIS (CAIXA/BB)

18770-4 – STN-EMOLUMENTOS (CAIXA/BB)

o campo "número do processo/referência" deverá ser preenchido, sem pontos ou hifens, excluindo-se os quatro últimos dígitos, que deverão ser informados no campo "Vara";

os demais campos deverão ser preenchidos conforme as regras estabelecidas pela Secretaria do Tesouro Nacional.

O anexo II ao Ato Conjunto 21/10 traz os códigos (unidade gestora código) dos Tribunais:

Tribunal	Código
Tribunal Superior do Trabalho	080001
Tribunal Regional do Trabalho da 1ª Região	080009
Tribunal Regional do Trabalho da 2ª Região	080010
Tribunal Regional do Trabalho da 3ª Região	080008
Tribunal Regional do Trabalho da 4ª Região	080014
Tribunal Regional do Trabalho da 5ª Região	080007
Tribunal Regional do Trabalho da 6ª Região	080006
Tribunal Regional do Trabalho da 7ª Região	080004
Tribunal Regional do Trabalho da 8ª Região	080003
Tribunal Regional do Trabalho da 9ª Região	080012
Tribunal Regional do Trabalho da 10ª Região	080016
Tribunal Regional do Trabalho da 11ª Região	080002
Tribunal Regional do Trabalho da 12ª Região	080013
Tribunal Regional do Trabalho da 13ª Região	080005
Tribunal Regional do Trabalho da 14ª Região	080015
Tribunal Regional do Trabalho da 15ª Região	080011
Tribunal Regional do Trabalho da 16ª Região	080018
Tribunal Regional do Trabalho da 17ª Região	080019
Tribunal Regional do Trabalho da 18ª Região	080020
Tribunal Regional do Trabalho da 19ª Região	080022
Tribunal Regional do Trabalho da 20ª Região	080023
Tribunal Regional do Trabalho da 21ª Região	080021
Tribunal Regional do Trabalho da 22ª Região	080024
Tribunal Regional do Trabalho da 23ª Região	080025
Tribunal Regional do Trabalho da 24ª Região	080026

O art. 1.007, § 2º, CPC, prevê a possibilidade de a parte fazer a complementação do preparo recursal no prazo de cinco dias (custas processuais e depósito recursal). Segundo o TST, tal regra é aplicável ao processo do trabalho (OJ 140, SDI-I).

12.8.1.1 Modelo de Guia de Recolhimento da União (GRU Judicial)

12.8.2 Garantia recursal e o depósito recursal

Além de ser um pressuposto processual recursal objetivo de admissibilidade do recurso trabalhista, a garantia recursal é uma forma de garantia da futura execução por quantia certa.

Vale dizer, o objetivo da garantia recursal é impor dificuldades à interposição de recursos protelatórios e até certo ponto garantir a execução da sentença.

Pondere-se que o depósito recursal não tem natureza de taxa de recurso e sim de garantia do juízo recursal[24] (art. 899, CLT; art. 40, Lei 8.177/91).

A exigência quanto à garantia e ao depósito somente é do empregador, não podendo ser imposto ao empregado, mesmo que sofra uma condenação decorrente de uma reconvenção.

É exigível o depósito recursal, para as denominadas relações de trabalho, independente de quem seja o vencido pela condenação (empregado, empregador, ou qualquer outro). Nesse sentido, temos a IN 27/05 do TST, que em seu art. 2º enuncia que a sistemática

---

[24] "A natureza jurídica do depósito é que se trata de uma taxa de recurso que pressupõe decisão condenatória ou executória de obrigação de pagamento em pecúnia, com valor líquido ou arbitrado" (NASCIMENTO, Amauri Mascaro. *Curso de direito processual do trabalho*, 27. ed., p. 707).

recursal a ser observada é a regulada pela CLT, inclusive no tocante à nomenclatura, à alçada, aos prazos e às competências, sendo que o depósito recursal a ser exigível, como requisito extrínseco do recurso, quando houver condenação em pecúnia, é o previsto no art. 899, CLT.

A exigência quanto ao depósito recursal pressupõe decisão condenatória ou executória de obrigação de pagamento com valor líquido ou arbitrado. Não havendo condenação em pecúnia, é desnecessário o depósito (Súm. 161, TST).

Segundo o TST, em havendo condenação solidária de duas ou mais empresas, o depósito recursal efetuado por uma delas aproveita as demais, quando a empresa que efetuou o depósito não pleiteia sua exclusão da lide (Súm. 128, III).

As INs 15/98 e 26/04 do TST aprovam as normas relativas ao depósito recursal. A IN 3/1993, TST, disciplina o recolhimento do depósito recursal.

Nos termos da IN 18/99 do TST: *"Considera-se como válida a comprovação do depósito recursal na Justiça do Trabalho a guia respectiva em que conste pelo menos o nome do Recorrente e do Recorrido; o número do processo; a designação do juízo por onde tramitou o feito e a explicitação do valor depositado, desde que autenticada pelo banco recebedor."*

Até o advento da Lei 13.467, o recolhimento do depósito recursal era feito em Guia de Recolhimento do Fundo de Garantia do Tempo de Serviço e Informações à Previdência Social (GFIP). Era admissível o depósito judicial, realizado na sede do juízo e à disposição deste, na hipótese de relação de trabalho não submetida ao regime do FGTS (Súm. 426, TST). O depósito recursal deveria ser efetuado na conta vinculada do FGTS do empregado, sendo que o credenciamento dos bancos para o fim de recebimento do depósito recursal é fato notório, independendo da prova (Súm. 217).

Com a Lei 13.467, o depósito recursal deve ser efetuado em conta vinculada ao juízo e corrigido com os mesmos índices da poupança (art. 899, § 4º, CLT). Além disso, o depósito recursal poderá ser substituído por outras formas de garantia (fiança bancária ou seguro garantia judicial; art. 899, § 11). As alterações legislativas impostas pela Reforma (Lei 13.467) são aplicáveis aos recursos interpostos contra as decisões proferidas a partir de 11-11-2017 (art. 20, IN 41). Como modelo de guia, deverá ser adotado o padrão estabelecido na IN 36/12, TST. O Ato Conjunto TST.CSJT.CGJT 1/19, dispõe sobre o uso do seguro garantia judicial e fiança bancária em substituição a depósito recursal e para garantia da execução trabalhista.

Os depósitos judiciais serão realizados em conta judicial pelos seguintes meios disponíveis: (a) depósito direto em espécie ou cheque; (b) boleto bancário; (c) transferência eletrônica disponível (TED); (d) penhora eletrônica de dinheiro (BACEN-JUD); (e) cartão de crédito ou débito, sem ônus para a Justiça do Trabalho (arts. 1º e 4º, IN 36).

Os depósitos judiciais serão efetivados pelo interessado diretamente na instituição financeira depositária (Banco do Brasil S.A. e Caixa Econômica Federal).

A comprovação do depósito recursal deverá ocorrer no prazo do recurso; a interposição antecipada não prejudica a dilação legal (Súm. 245, TST; art. 7º, Lei 5.584/70).

Não é essencial para a validade da comprovação do depósito recursal a indicação do número do PIS/PASEP na guia respectiva (OJ 264, SDI-I).

A partir de agosto de 2021 (Ato SEGJUD.GP 175/21), os valores máximos do depósito recursal (teto do depósito recursal) são: (a) R$ 10.986,80, no caso de interposição de recurso ordinário; (b) R$ 21.973,60, no caso de interposição de recurso de revista e embargos no TST; (c) R$ 21.973,60 no caso de interposição de recurso em ação rescisória.

É ônus da parte efetuar o depósito legal, integralmente, em relação a cada novo recurso interposto, sob pena de deserção. Atingido o valor da condenação, nenhum depósito mais é exigido para qualquer recurso (Súm. 128, I, TST).

De acordo com a posição atual do TST, como regra, o valor do depósito corresponde ao valor da condenação, observado o limite exigido para cada recurso. Depositado o valor total da condenação, nenhum depósito será exigido nos recursos das decisões posteriores, exceto se o valor da condenação vier a ser ampliado. Se o valor constante do primeiro depósito, efetuado no limite legal, for inferior ao da condenação, será devida complementação do depósito em recurso posterior, observado o valor nominal remanescente da condenação e/ou os limites legais de cada novo recurso.

Exemplifiquemos: (a) se o valor da condenação é de R$ 3.000,00, a parte deverá depositar esse montante; (b) se o valor da condenação é de R$ 15.000,00, o depósito para o recurso ordinário será de R$ 10.986,80; no caso do recurso de revista, se mantido o valor da condenação no âmbito do TRT, somente irá depositar a diferença (R$ 4.013,20); (c) a condenação de primeiro grau é de R$ 100.000,00; no ordinário, o depósito será de R$ 10.986,80; no recurso de revista, o valor será de R$ 21.973,60; nos embargos no TST, R$ 21.973,60.

Segundo o STF, não se pode exigir o depósito recursal ou mesmo garantia recursal para o recurso extraordinário oriundo da Justiça do Trabalho (Tema 679, de repercussão geral, RE 607.447, Rel. Min. Marco Aurélio).[25]

O depósito recursal não é exigido para a União, os Estados, o Distrito Federal, os Municípios, as autarquias ou fundações de Direito Público (art. 1º, IV, Decreto-Lei 779/69), a massa falida (Súm. 86, TST), a herança jacente e o Ministério Público. Com a Lei 13.467, também estão dispensados do recolhimento do depósito recursal os beneficiários da justiça gratuita, as entidades filantrópicas e as empresas em recuperação judicial (art. 899, § 10, CLT).

No caso de entidades filantrópicas, é imprescindível a apresentação de certidão válida de filantropia – CEBAS (Lei 12.101/09).

No caso de entidades sem fins lucrativos, empregadores domésticos, microempreendedores individuais, microempresas e empresas de pequeno porte o valor do depósito recursal será reduzido pela metade (art. 899, § 9º, CLT, Lei 13.467).

A empresa em liquidação extrajudicial é obrigada a efetuar o depósito recursal (Súm. 86, TST).

---

[25] "Surge incompatível com a Constituição Federal exigência de depósito prévio como condição de admissibilidade do recurso extraordinário, no que não recepcionada a previsão constante do § 1º do artigo 899 da Consolidação das Leis do Trabalho, sendo inconstitucional a contida na cabeça do artigo 40 da Lei nº 8.177 e, por arrastamento, no inciso II da Instrução Normativa nº 3/1993 do Tribunal Superior do Trabalho".

O art. 1.007, § 2º, CPC, prevê a possibilidade de a parte fazer a complementação do preparo recursal no prazo de cinco dias (custas processuais e depósito recursal, OJ 140, SDI-I).

Havendo recurso ordinário em ação rescisória, o depósito recursal só é exigível quando for julgado procedente o pedido, com a imposição de condenação em pecúnia, devendo esse ser efetuado no prazo recursal, no limite e nos termos da legislação vigente (Súm. 99, TST).

Além do recurso ordinário, o depósito recursal é exigível nos seguintes recursos: recurso de revista, embargos no TST, recurso extraordinário, recurso adesivo (Súm. 283), agravo de petição, quando não garantida integralmente a execução (Súm. 128, II), e no agravo de instrumento (art. 899, §§ 7º e 8º, CLT). Com o julgamento do STF (Tema 679 – Repercussão Geral), o depósito recursal não é mais exigível quando da interposição do recurso extraordinário.

Com o advento da Lei 12.275/10, e a inclusão do § 7º ao art. 899, CLT, passou-se a exigir o depósito recursal para o agravo de instrumento no ato de interposição do recurso, correspondente a 50% do valor do depósito do recurso ao qual se pretende destrancar.

Não é exigível: (a) agravo de instrumento, quando interposto pelo reclamante; (b) agravo de instrumento com a finalidade de destrancar recurso de revista que se insurge contra decisão que contraria a jurisprudência uniforme do TST, consubstanciada nas suas Súmulas ou em OJs (art. 899, § 8º, CLT); (c) agravo de petição, quando garantida integralmente a execução; (d) embargos de declaração; (e) pedido de revisão; (f) agravo regimental.

12.8.2.1 Modelo de Guia de Recolhimento

Vias 1ª, 2ª, 3ª e 4ª

Banco XPTO				Depósito Judicial Trabalhista Acolhimento do Depósito			
Mensagem do Banco XPTO	Tipo de depósito ☐ 1. Primeiro 2. Em continuação			Nº da conta judicial			Para primeiro depósito
				Agência (prefixo / DV)			fornecido pelo sistema
Processo nº		TRT	ª Região	Órgão/Vara	Município		Nº do ID Depósito
Réu / reclamado							CPF/CNPJ – réu/reclamado
Autor / reclamante							CPF/CNPJ – autor/reclamante
Depositante				CPF/CNPJ – depositante			Origem do depósito Bco. / Ag. / Cta.
Motivo do Depósito ☐ 1. Garantia do Juízo 2. Pagamento 3. Consignação em pagto. 4. Outros				Depósito em: ☐ 1. Dinheiro 2. Cheque	Valor total (soma 1 ao 14) R$		Data da atualização ___/___/___
(1) Valor principal	(2) FGTS/Conta Vinculada		(3) Juros	(4) Leiloeiro		(5) Editais	(6) INSS Reclamante
(7) INSS Reclamado	(8) Custas		(9) Emolumentos	(10) Imposto de Renda		(11) Multas	(12) Honorários advocatícios
(13) Honorários Periciais (a) Engenheiro	(b) Contador		(c) Documentoscópio	(d) Intérprete		(e) Médico	(f) Outras perícias
(14) Outros	Observações						Opcional – Uso órgão expedidor Guia nº
							Autenticação Mecânica

12.8.2.2 Requisitos – seguro garantia judicial e carta de fiança

SEGURO GARANTIA JUDICIAL

REQUISITOS	Previsão no Ato Conjunto TST/CSJT/CGJT nº 1, de 16/10/2019 (DEJT 17/10/2019)
1. Ser prestado por seguradora idônea e devidamente autorizada a funcionar no Brasil. A idoneidade será presumida mediante apresentação de certidão de regularidade da sociedade seguradora perante a SUSEP.	Art. 3º, *caput*; art. 5º, III e § 1º
2. O valor segurado inicial deverá ser igual ao montante da condenação, acrescido de, no mínimo 30%, observados os limites estabelecidos pela Lei 8.177 e pela Instrução Normativa 3 do TST.	Art. 3º, II
3. Previsão de atualização da indenização pelos índices legais aplicáveis aos débitos trabalhistas.	Art. 3º, III
4. Manutenção da vigência do seguro, mesmo quando o tomador não houver pago o prêmio nas datas convencionadas, com base no art. 11, § 1º, da Circular 477 da SUSEP e em renúncia aos termos do art. 763 do Código Civil e do art. 12 do Decreto-Lei 73, de 21 de novembro de 1966.	Art. 3º, IV
5. Referência ao número do processo judicial.	Art. 3º, V
6. O valor do prêmio.	Art. 3º, VI
7. Vigência da apólice de, no mínimo, 3 (três) anos.	Art. 3º, VII
8. Estabelecimento das situações caracterizadoras da ocorrência de sinistro nos termos do art. 9º do Ato Conjunto.	Art. 3º, VIII
9. Endereço atualizado da seguradora.	Art. 3º, IX
10. Cláusula de renovação automática	Art. 3º, X
11. O recorrente deverá observar as diretrizes previstas no item II da Instrução Normativa 3 do TST, no que diz respeito à complementação em caso de recursos sucessivos, quando não atingido o montante da condenação, ou em casos de sua majoração. A complementação de depósito em espécie poderá ser feita mediante seguro garantia.	Art. 3º, §§ 2º e 3º
12. Documentação a ser apresentada: I – apólice do seguro garantia; II – comprovação de registro da apólice na SUSEP; III – certidão de regularidade da sociedade seguradora perante a SUSEP.	Art. 5º
13. Ao receber a apólice, deverá o juízo conferir a sua validade mediante cotejo com o registro constante do sítio eletrônico da SUSEP no endereço https://www2.susep.gov.br/safe/menumercado/regapolices/pesquisa.asp.	Art. 5º, § 2º

CRITÉRIO TEMPORAL: as disposições do Ato Conjunto TST/CSJT/CGJT nº 1 serão aplicadas aos seguros garantia judiciais e às cartas de fiança bancária apresentados após a vigência da Lei 13.467/2017, cabendo ao magistrado, se for o caso, deferir prazo razoável para a devida adequação (art. 12).

O seguro garantia não pode conter: cláusula de desobrigação decorrente de atos de responsabilidade exclusiva do tomador, da seguradora ou de ambos, tampouco cláusula que permita sua rescisão, ainda que de forma bilateral (art. 3º, § 1º).

Consequências da apresentação da apólice sem a observância do previsto nos artigos 3º, 4º e 5º: o não processamento ou não conhecimento do recurso, por deserção (art. 6º, II).

CARTA DE FIANÇA BANCÁRIA

REQUISITOS	Previsão no Ato Conjunto TST/CSJT/CGJT nº 1, de 16/10/2019 (DEJT 17/10/2019)
1. Ser prestado por seguradora idônea e devidamente autorizada a funcionar no Brasil. A idoneidade será presumida mediante apresentação de certidão de regularidade da sociedade seguradora perante a SUSEP.	Art. 3º, *caput*; art. 5º, III e § 1º
2. O valor segurado deverá ser igual ao montante original do débito executado com os encargos e os acréscimos legais, inclusive honorários advocatícios, assistenciais e periciais, devidamente atualizado pelos índices legais aplicáveis aos débitos trabalhistas na data da realização do depósito, acrescido de, no mínimo, 30% (Orientação Jurisprudencial 59 da SBDI-II do TST).	Art. 3º, I
3. Previsão de atualização da indenização pelos índices legais aplicáveis aos débitos trabalhistas.	Art. 3º, III
4. Manutenção da vigência do seguro, mesmo quando o tomador não houver pago o prêmio nas datas convencionadas, com base no art. 11, § 1º, da Circular 477 da SUSEP e em renúncia aos termos do art. 763 do Código Civil e do art. 12 do Decreto-Lei 73, de 21 de novembro de 1966.	Art. 3º, IV
5. Referência ao número do processo judicial.	Art. 3º, V
6. O valor do prêmio.	Art. 3º, VI
7. Vigência da apólice de, no mínimo, 3 (três) anos.	Art. 3º, VII
8. Estabelecimento das situações caracterizadoras da ocorrência de sinistro nos termos do art. 9º deste Ato Conjunto.	Art. 3º, VIII
9. Endereço atualizado da seguradora.	Art. 3º, IX
10. Cláusula de renovação automática.	Art. 3º, X
11. Documentação a ser apresentada: I – apólice do seguro garantia; II – comprovação de registro da apólice na SUSEP; III – certidão de regularidade da sociedade seguradora perante a SUSEP.	Art. 5º

REQUISITOS	Previsão no Ato Conjunto TST/CSJT/ CGJT nº 1, de 16/10/2019 (DEJT 17/10/2019)
12. Ao receber a apólice, deverá o juízo conferir a sua validade mediante cotejo com o registro constante do sítio eletrônico da SUSEP no endereço https://www2.susep.gov.br/safe/menumercado/regapolices/pesquisa.asp.	Art. 5º, § 2º

CRITÉRIO TEMPORAL: as disposições do Ato Conjunto TST/CSJT/CGJT nº 1 serão aplicadas aos seguros garantia judiciais e às cartas de fiança bancária apresentados após a vigência da Lei 13.467/2017, cabendo ao magistrado, se for o caso, deferir prazo razoável para a devida adequação (art. 12).

O seguro garantia não pode conter: cláusula de desobrigação decorrente de atos de responsabilidade exclusiva do tomador, da seguradora ou de ambos, tampouco cláusula que permita sua rescisão, ainda que de forma bilateral (art. 3º, §1º).

Consequências da apresentação da apólice sem a observância do previsto nos artigos 3º, 4º e 5º: o não conhecimento de eventuais embargos opostos e a determinação de penhora livre de bens (art. 6º, I).

12.8.3 Substituição do depósito recursal por outra forma de garantia

Com a alteração dos arts. 7º e 8º do Ato Conjunto TST.CSJT.CGJT 1/2019, em maio/2020, é possível a substituição do depósito recursal feito em pecúnia por outra forma de garantia recursal, desde que observadas as exigências para a aceitação da apólice de seguro ou carta de fiança bancária.

12.8.4 Multas processuais e o preparo recursal

Pela aplicação do CPC, o juiz ou tribunal, de ofício ou a requerimento, condenará o litigante de má-fé a pagar multa superior a 1% e inferior a 10% sobre o valor da causa corrigido e a indenizar a parte contrária dos prejuízos que esta sofreu, mais os honorários advocatícios e todas as despesas que efetuou (art. 81, CPC).

Com a Lei 13.467, no processo do trabalho, responde por perdas e danos aquele que litigar com má-fé (reclamante, reclamado ou interveniente).[26] O litigante de má-fé será condenado a pagar multa superior a 1% e inferior a 10% sobre o valor da causa corrigido, além de indenizar os prejuízos causados, de arcar com os honorários advocatícios e as despesas processuais (arts. 793-A e 793-C, CLT). Considera-se litigância de má-fé: (a) deduzir pretensão ou defesa contra texto expresso de lei ou fato incontroverso; (b)

---

[26] Pela IN 41/18, TST, tem-se que: (a) os arts. 793-A, 793-B e 793-C, § 1º, CLT, têm aplicação autônoma e imediata (art. 7º); (b) a condenação prevista no *caput* do art. 793-C, CLT, aplica-se apenas às ações ajuizadas a partir de 11-11-2017 (art. 8º); (c) o art. 793-C, §§ 2º e 3º, CLT, aplica-se somente para as ações ajuizadas a partir de 11-11-2017 (art. 9º).

alterar a verdade dos fatos; (c) usar do processo para conseguir objetivo ilegal; (d) opor resistência injustificada ao andamento do processo; (e) proceder de modo temerário em qualquer incidente ou ato do processo; (f) provocar incidente manifestamente infundado; (g) interpor recurso com intuito manifestamente protelatório (art. 793-B, I a VII).

Quando forem dois ou mais os litigantes de má-fé, o juízo condenará cada um na proporção de seu respectivo interesse na causa ou solidariamente aqueles que se coligaram para lesar a parte contrária (art. 793-C, § 1º).

Na hipótese em que o valor da causa for irrisório ou inestimável, a multa poderá ser fixada em até duas vezes o limite máximo dos benefícios do Regime Geral de Previdência Social (art. 793-C, § 2º).

O valor da indenização será fixado pelo juízo ou, caso não seja possível mensurá-lo, liquidado por arbitramento ou pelo procedimento comum, nos próprios autos (art. 793-C, § 3º).

Para o TST, o recolhimento do valor da multa imposta por litigância de má-fé não é pressuposto objetivo para interposição dos recursos de natureza trabalhista. Assim, é inaplicável o regramento processual civil como fonte subsidiária, uma vez que, na Justiça do Trabalho, as custas serão reguladas pelo art. 789, CLT (OJ 409, SDI-I).

A multa imposta, quando manifestamente inadmissível ou infundado o agravo (arts. 932 e 1.021, §§ 2º a 5º, CPC; IN 17/99, TST), deverá ser recolhida para fins de preparo sob pena de deserção, à exceção da Fazenda Pública e do beneficiário de justiça gratuita, que farão o pagamento ao final (OJ 389, SDI-I).

A imposição da multa, por reiteração de embargos declaratórios protelatórios (art. 1.026, § 3º, CPC), também deverá ser recolhida para fins de preparo, sob pena de deserção quanto ao recurso interposto.

As multas devem ser recolhidas em guia de depósito comum (art. 103, Consolidação dos Provimentos da Corregedoria-Geral da Justiça do Trabalho; IN 36/12, TST).

12.9 EFEITOS

O recurso de revista possui os seguintes efeitos: devolutivo (arts. 896, § 1º, e 899 CLT), translativo, substitutivo (se admitido como um dos efeitos dos recursos) e extensivo. O recurso não possui o efeito suspensivo, de modo que é possível a execução provisória do título judicial por cumprimento provisório de sentença ("carta de sentença") (art. 520, CPC).

O CPC (art. 1.029, § 5º, I a III) prevê a possibilidade de se atribuir efeito suspensivo aos recursos extraordinários e especial (incidente de efeito suspensivo), o que também pode ser aplicável ao processo trabalhista (Súm. 414, I, TST).

12.10 PROCEDIMENTO

O recurso de revista é ajuizado perante o TRT prolator do acórdão (juízo *a quo*). A admissibilidade do recurso é feita pelo presidente do TRT, o qual, em decisão fundamentada, poderá receber ou denegar seguimento ao recurso de revista (art. 896, § 1º, CLT). O juízo de admissibilidade do recurso de revista exercido pela presidência dos TRTs limita-se à análise dos pressupostos intrínsecos e extrínsecos do apelo, não abrangendo o critério da transcendência (art. 896-A, § 6º).

O juízo *a quo* efetua a análise quanto à existência dos pressupostos objetivos e subjetivos. É o primeiro juízo de admissibilidade, o qual implicará duas situações: (a) na hipótese do não seguimento, o recorrente terá a oportunidade de interpor agravo de instrumento para o TST (art. 897, § 4º); (b) admitido o recurso, o mesmo será processado, com a intimação da parte contrária para contrarrazões em oito dias.

Admitido o recurso de revista por um fundamento, devolve-se ao TST o conhecimento dos demais fundamentos para a solução apenas do capítulo impugnado (art. 1.034, CPC; art. 12, IN 39/16, TST). Admitido apenas por um fundamento, caberá parte fazer agravo de instrumento dos demais capítulos da sentença em que o recurso não foi admitido, sob pena de preclusão (IN 40, TST).

Se houver omissão no juízo de admissibilidade do recurso de revista quanto a um ou mais temas, é ônus da parte interpor embargos de declaração para o órgão prolator da decisão embargada supri-la (art. 1.024, § 2º, CPC), sob pena de preclusão.

Incorre em nulidade a decisão regional que se abstiver de exercer controle de admissibilidade sobre qualquer tema objeto de recurso de revista, não obstante interpostos embargos de declaração (art. 93, IX, CF; art. 489, § 1º, CPC). Sem prejuízo da nulidade, a recusa do presidente do TRT a emitir juízo de admissibilidade sobre qualquer tema equivale à decisão denegatória.

É ônus da parte, assim, após a intimação da decisão dos embargos de declaração, impugná-la mediante agravo de instrumento (art. 896, § 12, CLT), sob pena de preclusão.

Na instância *ad quem* (TST), temos: a autuação do recurso; parecer do Ministério Público; distribuição; visto do relator com remessa ao revisor; visto do revisor com remessa à pauta; designação de publicação da pauta; julgamento e publicações.

O segundo juízo de admissibilidade (*ad quem*) é realizado pelo Ministro Relator (recurso de revista ou agravo de instrumento em recurso de revista). É um ato de cognição completo, pois, além do exame dos pressupostos processuais, adentra ao mérito do recurso.

O relator do recurso de revista poderá denegar-lhe seguimento, em decisão monocrática, nas hipóteses de intempestividade, deserção, irregularidade de representação ou de ausência de qualquer outro pressuposto extrínseco ou intrínseco de admissibilidade (art. 896, § 14, CLT, Lei 13.467).

Com a regulação da transcendência pela Reforma Trabalhista (art. 896-A, §§ 1º a 6º, CLT, com a redação da Lei 13.467), quanto ao seu procedimento, destacam-se: (a) de forma monocrática, o relator poderá denegar seguimento ao recurso de revista que não demonstrar transcendência, cabendo agravo desta decisão para o colegiado; (b) em relação ao recurso que o relator considerou não ter transcendência, o recorrente poderá realizar sustentação oral sobre a questão da transcendência, durante cinco minutos em sessão; (c) mantido o voto do relator quanto à não transcendência do recurso, será lavrado acórdão com fundamentação sucinta, que constituirá decisão irrecorrível no âmbito do tribunal; (d) é irrecorrível a decisão monocrática do relator que, em agravo de instrumento em recurso de revista, considerar ausente a transcendência da matéria. Em 20-11-2020, o TST (ArgInc 1000845-52.2016.5.02.0461) declarou a inconstitucionalidade do art. 896-A, § 5º, CLT, o qual prevê a irrecorribilidade da decisão monocrática proferida pelo relator que rejeita a transcendência da questão jurídica discutida no agravo de instrumento em recurso de revista. O fundamento da inconstitucionalidade está na temática de que a regra viola o princípio da colegialidade, já que representa um obstáculo ao exercício da competência reservada por lei às Turmas do TST.

Quanto ao procedimento do agravo de instrumento no TST, é importante destacar:

a) o agravo de instrumento interposto contra a decisão denegatória de seguimento do recurso de revista pode ter negado o seu seguimento, de forma monocrática pelo Ministro Relator (art. 932, III e IV, CPC; IN 17, TST).[27] Dessa decisão monocrática, cabe agravo para a turma (art. 896, §§ 12 e 14, CLT; art. 1.021, CPC), sendo que petição é endereçada para o Ministro Relator e as razões do apelo para a turma do TST;

b) o agravo de instrumento contra decisão denegatória do recurso de revista pode ser provido pelo Ministro Relator, de forma monocrática (art. 932, V, CPC; IN 17, TST).[28] Dessa decisão monocrática cabe agravo para a Turma (art. 896, §§ 12 e 14, CLT; art. 1.021, CPC), sendo que a petição é endereçada para o Ministro Relator e as razões do apelo para a turma do TST;

c) nas duas hipóteses acima (decisão monocrática), o Ministro Relator, diante das razões do agravo, poderá se retratar, prosseguindo o exame do agravo de instrumento. Em caso contrário, proporá o seu voto, sendo que na sequência, o agravo será julgado pela turma do TST. Com ou sem retratação, se o agravo é provido, tem-se o julgamento do agravo de instrumento pela turma. Da decisão da turma, podemos ter: (1) a rejeição do agravo de instrumento. Desse julgamento turmário, em tese, são incabíveis embargos para a SDI-I, exceto se houver as exceções previstas na Súmula 353, TST;[29] (2) acolhimento do agravo

---

[27] As hipóteses são de ausência dos pressupostos subjetivos e/ou objetivos. Os subjetivos (intrínsecos) são: (a) legitimação; (b) interesse; (c) capacidade; (d) representação. Os objetivos (extrínsecos) são: (a) recorribilidade do ato; (b) regularidade formal do ato (OJ 120, SDI-I); (c) adequação; (d) tempestividade; (e) preparo (custas e depósito recursal); (f) prequestionamento (Súms. 297 e 184); (g) falta de impugnação aos fundamentos da decisão (Súm. 422); (h) divergência jurisprudencial inespecífica (Súm. 296, I, TST); (i) não demonstração de literal violação de lei (Súm. 221); (j) reexame de matéria fático-probatória (Súm. 126); (k) jurisprudência não abrangente de todos os fundamentos da decisão recorrida (Súm. 23); (l) jurisprudência carente da correta indicação das fontes de publicação (Súm. 337, I); (m) estando a decisão recorrida em consonância com súmula do TST; (n) jurisprudência superada por decisões reiteradas da SDI (Súm. 333); (o) decisão recorrida está em sintonia com Súmula Vinculante ou súmula do STF; (p) decisão recorrida consentânea com súmula (não conflitante com súmula ou orientação jurisprudencial do TST (art. 932, IV, a, CPC); (q) decisão recorrida está em sintonia com entendimento firmado em incidente de resolução de demandas repetitivas ou de assunção de competência.

[28] De acordo com o art. 932, V, CPC, o relator dará provimento ao recurso se a decisão recorrida for contrária: (a) súmula do STF, do TST ou do próprio tribunal; (b) acórdão proferido pelo STF ou pelo TST em julgamento de recursos repetitivos; (c) entendimento firmado em incidente de resolução de demandas repetitivas ou de assunção de competência.

[29] As hipóteses são: (a) da decisão que não conhece de agravo de instrumento ou de agravo pela ausência de pressupostos extrínsecos; (b) da decisão que nega provimento a agravo contra decisão monocrática do relator, em que se proclamou a ausência de pressupostos extrínsecos de agravo

de instrumento pela turma. Na sequência, a turma passa a apreciar o recurso de revista. Do acórdão turmário, caberão embargos de divergência para a SDI-I;

d) ao invés da atuação monocrática, o Ministro Relator, ao analisar o agravo de instrumento, poderá propor o seu voto para a turma. Nessa situação quem julga é a turma. A turma pode acolher ou rejeitar o agravo de instrumento. Se rejeitar o agravo de instrumento, é passível o recurso de embargos. Se acolher o agravo de instrumento, passa-se ao exame do recurso de revista pela turma.

O processamento total ou parcial do recurso de revista, no primeiro juízo de admissibilidade efetuado pelo TRT, não vincula a atuação do ministro relator quanto à matéria processada (art. 1.034, CPC; art. 12, IN 39/16, TST).

Quanto ao procedimento do recurso de revista, devemos destacar:

a) em decisão monocrática, o Ministro Relator poderá negar seguimento ou dar provimento. As hipóteses são as mencionadas nas letras "a" e "b" *supra* (agravo de instrumento). A decisão monocrática do relator é atacável por agravo para a turma (art. 1.021, CPC). Diante das razões do agravo, o Ministro Relator poderá retratar-se. Em caso contrário, proporá o seu voto, sendo que, na sequência, o agravo será julgado pela turma do TST. No caso do provimento do agravo interposto contra a decisão denegatória, haverá o julgamento do recurso de revista pela turma do TST. Se o agravo não for provido pela turma, será o caso de embargos para a SDI-I (Sum. 353, *f*, TST);

b) ao invés de atuar de forma monocrática, o Ministro Relator poderá propor o seu voto para a turma;

c) nas duas hipóteses acima, do acórdão turmário que rejeitou ou acolheu a revista são cabíveis os embargos por divergência jurisprudencial para a SDI-I (art. 3º, III, *b*, Lei 7.701/88; art. 894, II, CLT).

Pela redação do art. 896, § 11, quando o recurso de revista tempestivo contiver defeito formal que não se repute grave, o TST poderá desconsiderar o vício ou mandar saná-lo, julgando o mérito.

De forma idêntica, o art. 932, parágrafo único, CPC, estabelece que antes de ser considerado inadmissível o recurso, o relator concederá o prazo de cinco dias ao recorrente para que seja sanado vício ou complementada a documentação exigível. A IN 39, TST, indica que o referido dispositivo é aplicável ao processo trabalhista (art. 10, *caput*).

A sistemática do art. 932, CPC deve ser aplicada a qualquer recurso e não apenas aos recursos expressamente mencionados pela lei, inclusive previstos na CLT. Com razão o STJ ao aplicar a sistemática do art. 932, IV, *a* e *b*, CPC à remessa necessária

---

de instrumento; (c) para revisão dos pressupostos extrínsecos de admissibilidade do recurso de revista, cuja ausência haja sido declarada originariamente pela turma no julgamento do agravo; (d) para impugnar o conhecimento de agravo de instrumento; (e) para impugnar a imposição de multas previstas no art. 1.026, § 2º, CPC (embargos declaratórios protelatórios), ou no art. 1.021, § 4º, CPC (agravo protelatório); (f) são cabíveis embargos para a SDI contra decisão de turma proferida em agravo interposto de decisão monocrática do relator, baseada no art. 894, II, CLT.

(Súm. 253). Aplica-se subsidiariamente ao processo do trabalho o regramento processual civil (Súm. 435, TST).

O TST admite que seja esclarecida pela via dos embargos de declaração, em decisão aclaratória, também monocrática, quando se pretende tão somente suprir omissão e não modificação do julgado. Na hipótese de postular o embargante efeito modificativo, os embargos declaratórios deverão ser submetidos ao pronunciamento do Colegiado, convertidos em agravo, em face dos princípios da fungibilidade e celeridade processual (Súm. 421).

No caso específico do recurso de revista, o TST entende que a admissibilidade do recurso tem como pressuposto a indicação expressa do dispositivo de lei ou da CF tido como violado (Súm. 221). Até porque esses recursos exigem o prequestionamento da matéria recursal.

Essa lógica deve ser também aplicada a outros recursos que exijam o prequestionamento da matéria ou em que, por determinação legal, a matéria deve ser especificada, como ocorre com o agravo de petição (art. 897, *a* e § 1º, CLT).

O TST não conhece de recurso pela ausência dos fundamentos de fato e de direito (requisitos de admissibilidade, art. 1.010, II, CPC), quando as razões do recorrente não impugnam os fundamentos da decisão recorrida, nos termos em que fora proposta (Súm. 422, I).

12.11 ESTRUTURA

Sob pena de não conhecimento do recurso de revista, é ônus da parte: (a) demonstrar a transcendência econômica, política, social ou jurídica (art. 896-A, CLT); (b) em caso de preliminar de nulidade, por negativa de prestação jurisdicional, transcrever o trecho dos embargos de declaração; (c) indicar o trecho da decisão recorrida que consubstancia o prequestionamento da controvérsia objeto do recurso de revista; (d) indicar, de forma explícita e fundamentada, contrariedade a dispositivo de lei, súmula ou orientação jurisprudencial do TST que conflite com a decisão regional; (e) expor as razões do pedido de reforma, impugnando todos os fundamentos jurídicos da decisão recorrida, inclusive mediante demonstração analítica de cada dispositivo de lei, da CF, de súmula ou orientação jurisprudencial cuja contrariedade aponte (art. 896, § 1º-A, CLT, Lei 13.467).

Como os demais recursos que são interpostos em uma instância e remetidos para outra instância ou órgão julgador, o recurso de revista contém duas partes:

a) **petição de interposição**. Dirigida ao juízo *a quo*, contém requerimentos quanto a admissibilidade e regular processamento do recurso, a intimação da parte contrária e remessa dos autos ao tribunal competente. Deverá haver a indicação sobre o fundamento do recurso interposto (divergência jurisprudencial ou violação de lei ou da CF). No caso de apresentação de guias do preparo recursal, é importante informar que se encontram anexas. Também poderá ser o momento processual adequado para requerer o benefício da assistência jurídica integral e gratuita ou a juntada da declaração de pobreza e procuração;

b) razões recursais. Dirigidas ao juízo *ad quem*, levam ao TST as questões processuais e materiais para apreciação. Assim, sugerimos o seguinte desenvolvimento: identificação do processo; saudação ao tribunal e julgadores; breve resumo do processo; indicação do cabimento do recurso; questões processuais e matérias do recurso (observando o previsto no art. 896, § 1º-A, CLT); pedido e requerimentos finais (admissibilidade, processamento e acolhimento); informar o recolhimento do preparo recursal.

12.12 CONTRARRAZÕES AO RECURSO DE REVISTA

Após a admissibilidade do recurso de revista, a parte contrária será intimada para apresentar suas contrarrazões no prazo de oito dias (art. 900, CLT).

As contrarrazões efetivam o princípio do contraditório, de modo que nessa oportunidade caberá à parte interessada se opor às alegações do recurso. Como regra, são descabidas alegações de insatisfação da parte em contrarrazões, o que deve ser feito em recurso próprio. Contudo, também devem ser alegadas as questões envolvendo a admissibilidade do recurso.

12.13 MODELO DE PETIÇÃO DE RECURSO DE REVISTA

(petição de interposição)

EXCELENTÍSSIMO SENHOR DESEMBARGADOR PRESIDENTE DO EGRÉGIO TRIBUNAL REGIONAL DO TRABALHO DA 2ª REGIÃO – SÃO PAULO

(10 cm)

Processo nº _____

IRMÃOS NOLETO INDÚSTRIA METALÚRGICA LTDA., por seu advogado, nos autos da reclamatória trabalhista movida por **RAFAEL DE QUADROS PESSOA CAVALCANTE BARRETO**, não se conformando com o acórdão de fls. _____, vem, à presença de Vossa Excelência, apresentar o **RECURSO DE REVISTA**, com fundamento no art. 896, *a* e *c*, da CLT, pelas razões que seguem.

Informa que se encontram anexas as guias de pagamento de custas processuais e de recolhimento do depósito recursal.

Após a intimação da parte contrária para apresentar suas contrarrazões, espera a remessa dos autos ao Colendo Tribunal Superior do Trabalho.

Nestes termos,

pede deferimento.

Local e data

Advogado

OAB nº _____

RAZÕES DE RECURSO DE REVISTA

Recorrente: Irmãos Noleto Indústria Metalúrgica Ltda.

Recorrido: Rafael de Quadros Pessoa Cavalcante Barreto

Origem:

Processo:

Egrégio Tribunal Superior do Trabalho

Colenda Turma

Nobres Julgadores

1 RAZÕES RECURSAIS

Após o devido processo legal, o Recorrente, outrora Reclamado, foi condenado ao pagamento das pretensões do Recorrido.

Contudo, o Recorrente não pode se confirmar integralmente com o acórdão de fls. _____, em especial, no que se refere ao pagamento de honorários advocatícios.

Assim, opõe o presente recurso de revista, com fundamento no art. 896, *a* e *c*, da CLT, conforme as razões abaixo.

Presentes os pressupostos objetivos e subjetivos de admissibilidade do recurso, espera seu provimento, reformando a decisão atacada.

2 TRANSCENDÊNCIA POLÍTICA E JURÍDICA

Na língua portuguesa, a "transcendência", esclarece o dicionário Houaiss, é o caráter do que é transcendente; superioridade de inteligência; perspicácia, sagacidade; importância superior (HOUAISS, Antônio; VILLAR, Mauro de Salles; FRANCO, Francisco Manoel de Mello. *Dicionário Houaiss da Língua Portuguesa*, p. 2749).

A transcendência, aduz João de Lima Teixeira Filho, é noção metajurídica, com notável subjetividade, ainda mais porque tem a ver com reflexos gerais de natureza econômica, política, social ou jurídica (SÜSSEKIND, Arnaldo; MARANHÃO, Délio; VIANNA, Segadas; TEIXEIRA, Lima. *Instituições de Direito do Trabalho*. São Paulo: LTr, v. 2, 22. ed., p. 1498).

No presente caso, a decisão atacada, ao condenar a Recorrente ao pagamento de honorários advocatícios, em processo distribuído em data anterior ao advento da Reforma Trabalhista (art. 791-A, CLT), está em confronto direto com o entendimento consolidado por esta Corte (Súms. 219 e 329; art. 6º, IN 41/18, TST). A decisão atacada está em conflito com o entendimento desta Corte Superior e ainda buscou dar nova interpretação ao sistema legal existente, ficando evidenciada a transcendência política e jurídica (art. 896-A, § 1º, II e IV, CLT, com a redação da Lei 13.467/17).

3 DO CABIMENTO DO RECURSO

As alíneas *a* e *c* do art. 896 da CLT estabelecem que é cabível o recurso de revista para Turma do TST da decisão proferida em grau de recurso ordinário por TRT, em dissídio individual, quando: (1) der ao mesmo dispositivo de lei federal interpretação diversa da que lhe houver dado outro TRT, no seu Pleno ou Turma, ou a Seção de Dissídios individuais do TST, ou a Súmula de Jurisprudência Uniforme desta Corte ou Súmula Vinculante do Supremo Tribunal Federal; (2) proferida com violação literal de disposição da lei federal ou afronta direta e literal à CF.

De acordo com o art. 896, § 1º-A, I, consta do v. acórdão de fls. _____: *"Não se pode aplicar a assistência judiciária somente quando se tem a presença da entidade sindical na representação judicial junto ao Reclamante. O trabalhador tem o direito a escolher o seu advogado. Como procedeu a juntada da declaração de pobreza, a empresa há de ser condenada quanto aos honorários advocatícios pela assistência judiciária, à base de 15% sobre o valor do crédito atualizado".*

No caso concreto, na forma prevista no art. 896, § 1º-A, II, apontamos que o acórdão de fls. _____ está divergindo do entendimento sumulado do TST, em especial, das Súmulas 219 e 329, além da Súm. 463, I, TST, no que se refere a condenação ao pagamento de honorários advocatícios.

Não bastasse isso, a decisão atacada também viola diretamente o art. 14 ss da Lei 5.584/70.

4 DA REFORMA DA DECISÃO

Na forma do art. 896, § 1º-A, III, o acórdão recorrido violou frontalmente o art. 14 da Lei 5.584/70, que, entre outros dispositivos, disciplina a concessão e prestação de assistência judiciária na Justiça do Trabalho e dá outras providências.

Diz o art. 14 da referida lei que, na Justiça do Trabalho, a assistência judiciária a que se refere à Lei 1.060/50 (arts. 98 ss., CPC) será prestada pelo Sindicato da categoria profissional a que pertencer o trabalhador.

E que a assistência é devida a todo aquele que perceber salário igual ou inferior ao dobro do mínimo legal, ficando assegurado igual benefício ao trabalhador de maior salário, uma vez provado que sua situação econômica não lhe permite demandar, sem prejuízo do sustento próprio ou da família.

E o art. 16 estabelece que os honorários de advogado pagos pelo vencido reverterão em favor do Sindicato assistente.

Por seu turno, o TST editou vasta jurisprudência dominante para disciplinar a concessão de honorários advocatícios na Justiça do Trabalho.

Pelos teores das Súmulas 219 e 329 do TST, além da Súm. 463, I, TST, os honorários advocatícios, no âmbito da Justiça do Trabalho, somente são devidos à entidade sindical que preste assistência judiciária ao trabalhador.

Contrariando frontalmente os dispositivos legais e jurisprudenciais acima referidos, o acórdão recorrido concedeu ao Recorrido o direito à verba honorária advocatícia, sem que o mesmo estivesse assistido pelo sindicato de sua categoria profissional, além de estar comprovado nos autos que sua remuneração sempre foi superior ao dobro do salário mínimo legal de sua categoria profissional.

Ocorre que o dispositivo invocado é inaplicável à Justiça do Trabalho.

Por cautela, friso que inaplicável ao caso as alterações advindas pelas Reforma Trabalhista (art. 791-A, CLT; Lei 13.467/2017), vez que a presente reclamação trabalhista foi ajuizada em julho/2017, conforme entendimento desta Corte (art. 6º, IN 41).

Destarte, deverá ser reformada a decisão de fls. _____, para excluir a condenação ao pagamento de honorários advocatícios.

5 CONCLUSÃO

Diante do exposto, espera que o recurso de revista seja conhecido e, quanto ao mérito, que seja dado provimento, para escoimar da condenação regional a imposição quanto ao pagamento dos honorários advocatícios.

Informa que se encontram anexas as guias de pagamento de custas processuais e de recolhimento do depósito recursal.

Nestes termos,

pede deferimento.

Local e data

Advogado

OAB nº _____

12.14 MODELO DE PETIÇÃO DE CONTRARRAZÕES AO RECURSO DE REVISTA

(petição de interposição)

EXCELENTÍSSIMO SENHOR DESEMBARGADOR PRESIDENTE DO EGRÉGIO TRIBUNAL REGIONAL DO TRABALHO DA 2ª REGIÃO – SÃO PAULO

(10 cm)

Processo nº _____

RAFAEL DE QUADROS PESSOA CAVALCANTE BARRETO, por seu advogado, nos autos da reclamação trabalhista que move em face de **IRMÃOS NOLETO INDÚSTRIA METALÚRGICA**, vem, à presença de Vossa Excelência, com base no art. 900 da CLT, apresentar **CONTRARRAZÕES AO RECURSO DE REVISTA**, as quais seguem em anexo.

Requer a remessa dos autos ao Colendo Tribunal Superior do Trabalho.

Nestes termos,

pede deferimento.

Local e data.

Advogado

OAB nº _____

CONTRARRAZÕES DE RECURSO DE REVISTA

Recorrido: Rafael de Quadros Pessoa Cavalcante Barreto

Recorrente: Irmãos Noleto Indústria Metalúrgica Ltda.

Origem: _____

Processo: _____

TRIBUNAL SUPERIOR DO TRABALHO

Colenda Turma

Nobres Julgadores

O Reclamante, ora Recorrido, apresenta as suas contrarrazões ao recurso de revista.

CONTRARRAZÕES RECURSAIS

O acórdão de fls. _____ concedeu ao recorrido o direito à percepção de honorários advocatícios pelo teor da assistência judiciária.

No processo trabalhista, a concessão de honorários pela assistência judiciária não é mais atribuição somente ao sindicato da categoria profissional.

O art. 14 da Lei 5.584/70 não mais está em vigência.

Por sua vez, as Súmulas 219 e 329 do TST devem ser revistas, ante os termos do art. 791-A, § 1º, CLT.

Assim, espera a manutenção da decisão atacada.

1 ASSISTÊNCIA JURÍDICA INTEGRAL E GRATUITA

Na CF atual, é expresso o dever do Estado de prestar assistência jurídica integral e gratuita aos que comprovarem insuficiência de recursos (art. 5º, LXXIV)

A assistência judiciária consiste no benefício concedido ao necessitado de, gratuitamente, utilizar os serviços profissionais de advogado e demais auxiliares da Justiça e movimentar o processo.

Assistência judiciária é o gênero e a justiça gratuita, a espécie; esta é a isenção de emolumentos dos serventuários, das custas e das taxas.

2 A ASSISTÊNCIA JUDICIÁRIA É MONOPÓLIO DA ENTIDADE SINDICAL NO PROCESSO DO TRABALHO? COMO FICAM OS HONORÁRIOS ADVOCATÍCIOS DIANTE DAS RECENTES ALTERAÇÕES LEGAIS – LEI 10.288/01 E LEI 10.537/02?

Na Justiça do Trabalho, a assistência judiciária a que se refere a Lei 1.060 (arts. 98 ss., CPC) é a prestada pelo Sindicato profissional a que pertencer o trabalhador (art. 14, *caput*, Lei 5.584/70).

Até a edição das Leis 10.288/01 e 10.537/02, a assistência era concedida a todo aquele que percebesse salário igual ou inferior ao dobro do mínimo legal, ficando assegurado igual benefício ao trabalhador de maior salário, uma vez provado que sua situação econômica não lhe permite demandar, sem prejuízo do sustento próprio ou da família (art. 14, § 1º).

A situação econômica do trabalhador deveria ser comprovada em atestado fornecido pela autoridade local do Ministério do Trabalho e Previdência Social, mediante diligência sumária, que não poderá exceder de 48 horas (art. 14, § 2º).

Não havendo no local a autoridade referida no parágrafo anterior, o atestado seria expedido pelo Delegado de Polícia da circunscrição onde residisse o empregado (art. 14, § 3º).

Era facultado aos presidentes dos TRTs conceder de ofício o benefício da assistência judiciária gratuita para aqueles que percebessem salário até o dobro do mínimo legal ou comprovassem o estado de miserabilidade (art. 789, § 9º, CLT).

Os §§ 2º e 3º do art. 14, da Lei 5.584/70 foram revogados tacitamente pela Lei 7.115/83, de modo que a declaração destinada a fazer prova de vida, residência, pobreza, dependência econômica, homonímia ou bons antecedentes, quando firmada pelo próprio interessado ou por procurador bastante, e sob as penas da lei, presume-se verdadeira (art. 1º, *caput*, Lei 7.115/83).

Se comprovadamente falsa a declaração, o declarante fica sujeito às sanções civis, administrativas e criminais previstas na legislação aplicável, devendo a declaração mencionar expressamente a responsabilidade do declarante (arts. 2º e 3º, Lei 7.115/83).

A Lei 7.510/86 deu nova redação ao art. 4º da Lei 1.060/50, permitindo o benefício da assistência judiciária por simples afirmação, na própria petição inicial, de que não está em condições de pagar as custas e honorários de advogado, sem prejuízo próprio ou de sua família.

Desse modo, a assistência judiciária gratuita trabalhista tinha os seguintes requisitos: (a) o patrocínio da causa pela entidade assistencial profissional ou concedida pelos presidentes dos TRTs; (b) o empregado deveria auferir salário igual ou inferior ao dobro do mínimo legal ou provar que sua situação econômica não lhe permitia demandar, sem prejuízo do sustento próprio ou da família; (c) a situação econômica é comprovada pela declaração de pobreza nos moldes da Lei 7.115/83 e Lei 7.510/86.

Duas são as súmulas do TST que tratam do tema: (a) na Justiça do Trabalho, a condenação em honorários advocatícios não decorre pura e simplesmente da sucumbência, devendo a parte estar assistida por sindicato da categoria profissional e comprovar a percepção de salário inferior ao dobro do mínimo legal, ou encontrar-se em situação econômica que não lhe permite demandar sem prejuízo do próprio sustento ou da respectiva família (Súm. 219); (b) mesmo após a promulgação da CF/88, permanece válido o entendimento consubstanciado na Súmula 219 do TST (Súm. 329).

A Lei 10.288/01 acresceu o § 10 ao art. 789 da CLT: o sindicato da categoria profissional prestará assistência judiciária gratuita ao trabalhador desempregado ou que perceber salário inferior a cinco salários mínimos ou que declare, sob responsabilidade, não possuir, em razão dos encargos próprios e familiares, condições econômicas de prover à demanda.

Com a Lei 10.288/01, houve a revogação tácita do art. 14, *caput* e o § 1º, da Lei 5.584/70 pelo art. 789, § 10, da CLT?

A verdade é que o novo diploma legal não é explícito quanto à revogação expressa do art. 14, *caput* e o § 1º, da Lei 5.584.

Em face da interpretação das normas existentes no sistema jurídico, com o art. 789, § 10, da CLT houve derrogação tácita do art. 14, *caput* e § 1º, da Lei 5.584/70, porque a nova regra legal regula inteiramente a matéria, inclusive, com a possibilidade da assistência ao trabalhador desempregado e alterando o limite de dois para cinco salários mínimos.

De acordo, portanto, com o art. 789, § 10, da CLT, a assistência judiciária gratuita passou a ter os seguintes requisitos: (a) o patrocínio da causa pela entidade sindical profissional; (b) o empregado deve estar desempregado ou auferir salário igual ou inferior a cinco salários mínimos ou provar que sua situação econômica não lhe permite demandar, sem prejuízo do sustento próprio ou da família; (c) a situação econômica é comprovada pela simples declaração de pobreza, exibição e juntada aos autos.

Não houve alteração nas regras para a concessão da assistência judiciária pelos presidentes dos TRTs (art. 789, § 9º, CLT), ou seja, a faculdade de conceder *ex officio* o benefício quando a parte perceber até o dobro do mínimo legal ou quando houver prova do estado de miserabilidade.

A Lei 10.537/02 alterou toda a redação do art. 789 da CLT, havendo a supressão da sistemática legal da assistência judiciária pela entidade sindical profissional. Agora, a justiça gratuita encontra-se prevista no art. 790, § 3º, da CLT.

Na nova sistemática, não é facultado apenas ao presidente do TRT, mas também aos juízes e órgãos julgadores, a concessão, mediante requerimento ou *ex officio*, do benefício da justiça gratuita aos que perceberem até o dobro do mínimo legal ou declararem, sob as penas da lei, que não podem pagar o valor das custas do processo.

Além disso, com a derrogação ou ab-rogação de lei que revogou a anterior, como no caso da Lei 10.537/02, que derrogou a Lei 10.288/01, a qual havia revogado parcialmente a Lei 5.584/70, "*surge a questão de se saber se a lei que fora revogada fica restabelecida, recuperando sua vigência, independentemente de declaração expressa. Pelo art. 2º, § 3º, da Lei de Introdução ao Código Civil, a lei revogadora de outra lei revogadora não tem efeito repristinatório sobre a velha norma abolida, senão quando houver pronunciamento expresso do legislador a esse respeito*" (DINIZ, Maria Helena. *Compêndio de Introdução à Ciência do Direito*. 9. ed. São Paulo: Saraiva, 1997. p. 389).

No caso concreto: (a) a Lei 10.537/02 – é a segunda lei revogadora; (b) a Lei 10.288/01 (art. 789, § 10, CLT) – é a primeira lei revogadora; (c) a Lei 5.584/70 (art. 14, *caput* e § 1º) – lei revogada.

A Lei 10.537 não é expressa quanto à revigoração do art. 14, *caput* e § 1º, da Lei 5.584, de modo que pela decorrência da vedação do efeito repristinatório, não há mais como subsistir na ordem jurídica trabalhista o argumento do monopólio da entidade sindical profissional quanto à assistência judiciária.

Essa afirmativa tem uma outra consequência imediata: o pagamento de honorários advocatícios ao beneficiário da justiça gratuita.

A situação de miserabilidade continua podendo ser comprovada pela juntada da declaração nos autos ou por intermédio da sua afirmação na própria petição inicial.

Feita essa análise, pode-se dizer que não subsiste, na ordem jurídico-trabalhista, o monopólio da entidade sindical profissional quanto à assistência judiciária, em face de revogação do art. 14 da Lei 5.584/70 e da Lei 10.288/01 pela Lei 10.537/02.

A jurisprudência declina:

"*Honorários advocatícios. Assistência Judiciária Gratuita. Os honorários no processo do trabalho são devidos apenas com base, atualmente, na Lei nº 1.060/50, na medida em que a Lei nº 10.537/02 revogou o artigo 14 da Lei nº 5.584/70 (o qual, aliás, embora previsse a assistência sindical, não retirava possibilidade de assistência particular, pois, do contrário, violaria o art. 5º, LXXIV, da CF). Assim, quando o trabalhador ou quem o representa, mesmo de forma sintética, declara sua dificuldade econômica para demandar, e tal afirmação não é desconstituída, conforme autorização da Lei nº 7.510/86, que alterou a de nº 1.060/50, são devidos honorários advocatícios, na base de 15% sobre o montante da condenação*" (TRT – 9ª R. – RO 50-2004-657-09-00-0 – Rel. Luiz Eduardo Gunther – *DJPR* 26-4-2005).

Logo a assistência judiciária pode ser prestada por qualquer advogado, integrante ou não da entidade sindical, nos termos dos arts. 98 e seguintes do NCPC, desde que o trabalhador apresente a declaração de pobreza.

3 CONCLUSÃO

Diante do exposto, as contrarrazões devem ser admitidas e, por sua fundamentação, espera que o recurso apresentado seja improvido, mantendo a decisão de fls. inalterada.

Nestes termos,

pede deferimento.

Local e data

Advogado

OAB nº _____

12.15 MODELO DE PETIÇÃO DE RECURSO DE REVISTA EM PROCEDIMENTO SUMARÍSSIMO

(petição de interposição)

EXCELENTÍSSIMO SENHOR DESEMBARGADOR PRESIDENTE DO EGRÉGIO TRIBUNAL REGIONAL DO TRABALHO DA 2ª REGIÃO – ESTADO DE SÃO PAULO

(10 cm)

Processo nº _____

IRMÃOS QUADROS INDÚSTRIA METALÚRGICA LTDA., por seu advogado, nos autos da reclamação trabalhista movida por **FLORIANO PESSOA CAVALCANTE**, por sua advogada, não se conformando com o acórdão de fls. _____, vem, à presença de Vossa Excelência, apresentar o **RECURSO DE REVISTA**, com base no art. 896, § 9º, da CLT, cujas razões seguem anexas.

Informa que acompanham o presente recurso as guias de custas processuais e do recolhimento do depósito recursal (docs. 01 e 02).

Requer o processamento do recurso, com a regular ciência à parte contrária e a remessa dos autos ao Colendo Tribunal Superior do Trabalho.

Nestes termos,

pede deferimento.

Local e data

Advogado

OAB nº _____

RAZÕES DE RECURSO DE REVISTA

Recorrente: Irmãos Quadros Indústria Metalúrgica Ltda.

Recorrido: Floriano Pessoa Cavalcante

Origem: _____

Processo: _____

TRIBUNAL SUPERIOR DO TRABALHO

Colenda Turma

Nobres Julgadores

1 BREVE RESUMO

Em suas alegações iniciais, o Recorrido fundamentou a postulação do sobreaviso com base nas seguintes premissas: (a) escala obrigatória de plantão, nos finais de semana (sempre na primeira semana de cada mês, sábado e domingo), com o aparelho telefônico móvel (celular) ligado; (b) se o telefone tocasse durante o final de semana, tinha a obrigação de atender de forma imediata a chamada, e, se fosse necessário, comparecer às dependências físicas da empresa para o que fosse necessário; (c) era comum, nos finais de semana, quando de plantão, atender diversas chamadas e comparecer à empresa; (d) pelo regime de plantão, não podia deixar a cidade, muito menos ficar a uma distância geográfica razoável da empresa, visto que se fosse necessária a sua presença física à empresa, não poderia fazer o deslocamento no tempo hábil, caracterizando, assim, a obrigatoriedade de ficar aguardando em casa, a qualquer momento, o chamado para o serviço; (e) consideradas as premissas fáticas, invocou, como causa de pedir, em termos jurídicos, o sobreaviso do trabalhador ferroviário, em sua aplicação analógica (art. 244, § 2º, CLT),

A Recorrente articulou informando que não se aplica a esta hipótese fática o sobreaviso do trabalhador ferroviário, na medida em que o trabalhador não é obrigado a permanecer, obrigatoriamente, em sua residência aguardando, a qualquer momento, convocação para o serviço.

As provas orais foram determinadas, com a oitiva das partes e das suas testemunhas.

O TRT da 2ª Região, ao apreciar a matéria, via exame de recurso ordinário oposto pelo Recorrido, entendeu que o trabalhador tem direito à percepção das horas de sobreaviso e suas incidências (férias, abono de férias, aviso prévio, 13º salário e depósitos fundiários com a multa de 40%), sob o fundamento de que: (a) a prova não indica que o trabalhador ficasse de forma direta na sua residência nas suas escalas de plantão; (b) o conjunto probatório deixa evidente que o trabalhador tinha restrição de deslocamento nas suas escalas, pela impossibilidade de viagens ou de afastamentos temporários da cidade onde morava; (c) a caracterização do sobreaviso não pode ficar restrita ao âmbito espacial da residência do trabalhador, visto que os atuais recursos tecnológicos permitem outras formas de comunicação, contudo, vinculam o trabalhador a uma determinada área geográfica na qual fica aguardando, a qualquer momento, convocação para o serviço.

Contudo, tal decisão não pode prevalecer.

2 DO CABIMENTO DO RECURSO

O § 9º do art. 896 da CLT estabelece que é cabível o recurso de revista para Turma do TST da decisão proferida em grau de recurso ordinário por TRT, em dissídio individual, submetido ao rito sumaríssimo, quando a decisão estiver contrária à súmula de jurisprudência uniforme do TST ou em violação direta da CF.

No caso concreto, a decisão recorrida destoa do entendimento sumulado do TST (Súm. 428).

A violação do acórdão recorrido está explícita e literal, sendo inegáveis os requisitos da Súmula 221 do TST.

Atendidos os demais pressupostos de admissibilidade (objetivos e subjetivos), o presente recurso deverá ser conhecido.

3 TRANSCENDÊNCIA POLÍTICA E JURÍDICA

Na língua portuguesa, a "transcendência", esclarece o dicionário Houaiss, é o caráter do que é transcendente; superioridade de inteligência; perspicácia, sagacidade; importância superior (HOUAISS, Antônio; VILLAR, Mauro de Salles; FRANCO, Francisco Manoel de Mello. *Dicionário Houaiss da Língua Portuguesa*, p. 2749).

A transcendência, aduz João de Lima Teixeira Filho, é noção metajurídica, com notável subjetividade, ainda mais porque tem a ver com reflexos gerais de natureza econômica, política, social ou jurídica (SÜSSEKIND, Arnaldo; MARANHÃO, Délio; VIANNA, Segadas; TEIXEIRA, Lima. *Instituições de Direito do Trabalho*. São Paulo: LTr, v. 2, 22. ed., p. 1498).

No presente caso, a decisão atacada, ao considerar a existência de sobreaviso, sem que haja a observância irrestrita das condições previstas na Súmula 428, TST, desrespeitou o entendimento consolidado desta Corte Superior e deu nova interpretação à legislação trabalhista existente, evidenciando a transcendência política e jurídica (art. 896-A, § 1º, II e IV, CLT, com a redação da Lei 13.467/17).

4 DA REFORMA DO JULGADO

4.1 Violação do Acórdão Recorrido em Relação à Súmula 428 do TST

Consta da fundamentação do acórdão recorrido (art. 896, § 1º-A, I, CLT) (fls. _____):

"Não concordamos com a posição do Tribunal Superior do Trabalho na Súmula 428 do TST. É necessário que se faça a leitura do art. 244, § 2º, da CLT não pelo prisma literal e sim pelo alcance social da norma (o valor a ser tutelado). Atualmente, os recursos tecnológicos permitem novas formas de comunicação, contudo, continuam a inibir os deslocamentos dos trabalhadores, visto que os trabalhadores, quando de plantão, não podem deixar de ficar a uma determinada distância física das dependências da empresa. É o caso dos autos. O Reclamante, quando nas suas escalas de plantão, costuma ficar na cidade de Santos, onde morava, sendo que eram frequentes os deslocamentos até a sede da empresa, também em Santos. Portanto, há de ser reformada a sentença, com o provimento ao recurso ordinário do Reclamante, para fins de concessão das horas de sobreaviso e suas incidências em: férias, abono de férias, depósitos fundiários + 40%, aviso prévio e no 13º salário".

Evidente que o acórdão recorrido está em conflito direto com o entendimento sumulado e pacífico do TST (art. 896, § 1º-A, II, da CLT), o qual se encontra esboçado no item I da Súmula 428: "*O uso de equipamentos telemáticos ou informatizados fornecidos pela empresa ao empregado, por si só, não caracteriza o regime de sobreaviso.*" Por outro lado, convém ser dito que não havia nenhuma forma de controle patronal por instrumentos telemáticos ou informatizados em relação à prestação de serviços do ex-empregado (Súm. 428, II).

Portanto, solicita-se a reforma do acórdão recorrido, para declarar a improcedência das horas de sobreaviso e suas incidências (art. 896, § 1º-A, III).

5 CONCLUSÃO

Diante do exposto, o Recorrente espera que o recurso de revista seja conhecido e, quanto ao mérito, que seja dado provimento, para escoimar da condenação regional a imposição quanto ao pagamento das horas de sobreaviso e suas incidências.

Informa que se encontram anexas as guias de pagamento de custas processuais e de recolhimento do depósito recursal.

Nestes termos,

pede deferimento.

Local e data

Advogado

OAB nº _____

12.16 MODELO DE PETIÇÃO DE CONTRARRAZÕES EM RECURSO DE REVISTA EM PROCEDIMENTO SUMARÍSSIMO

(petição de interposição)

EXCELENTÍSSIMO SENHOR DESEMBARGADOR PRESIDENTE DO EGRÉGIO TRIBUNAL REGIONAL DO TRABALHO DA 2ª REGIÃO – SÃO PAULO

(10 cm)

Processo nº _____

FLORIANO PESSOA CAVALCANTE, por seu advogado, nos autos da reclamatória trabalhista em que contende com **IRMÃOS QUADROS INDÚSTRIA METALÚRGICA**, vem, à presença de Vossa Excelência, com base no art. 900 da CLT, apresentar ***CONTRARRAZÕES AO RECURSO DE REVISTA***, as quais seguem anexas.

Requer a remessa dos autos ao Colendo Tribunal Superior do Trabalho.

Nestes termos,

pede deferimento.

Local e data.

Advogado

OAB nº _____

CONTRARRAZÕES AO RECURSO DE REVISTA

Recorrido: Floriano Pessoa Cavalcante

Recorrente: Irmãos Quadros Indústria Metalúrgica Ltda.

Origem: _____

Processo: _____

TRIBUNAL SUPERIOR DO TRABALHO

Colenda Turma

Nobres Julgadores

CONTRARRAZÕES AO RECURSO

O recurso de revista de fls. _____ não merece prosperar, devendo ser mantida integralmente a decisão que concedeu ao recorrido o direito à percepção de horas de sobreaviso e suas incidências em férias, abono de férias, 13º, FGTS + 40% e aviso prévio.

1 INEXISTÊNCIA DE VIOLAÇÃO AO DISPOSTO NA SÚMULA 428 DO TST

As razões postas e desenvolvidas no acórdão regional estão por demais claras e objetivas.

Não se pode analisar a discussão desta demanda pelo prisma literal.

A redação original do art. 244, § 2º, CLT, exige que o trabalhador fique em sua residência, aguardando a qualquer momento o chamado para o serviço.

Por este dispositivo, o legislador tutela (= protege) o tempo em que o empregado fica à disposição da empresa face à escala de plantão determinada pelo empregador.

Atualmente, face aos modernos equipamentos de comunicação, o empregado não mais fica em sua residência, contudo, continua a estar à disposição do empregador, aguardando a qualquer momento o chamado para o serviço, visto que não pode fazer um deslocamento espacial que seja fator de inviabilidade para o atendimento à chamada da empresa.

A jornada de trabalho há de ser mensurada e paga não só pelas horas efetivamente trabalhadas, como também pelo tempo em que o empregado fica à disposição do empregador (art. 4º combinado com o art. 58, ambos da CLT).

A aplicação analógica do art. 244, § 2º, da CLT, há de valorizar a técnica teleológica, também intitulada de critério finalístico, em que o aplicador do direito procurava aferir os fins sociais da norma e as exigências do bem comum que visa atingir (art. 5º, LINDB). Neste sentido, o acórdão recorrido valorizou a própria tutela a que se destina o § 2º do art. 244, CLT, ou seja, não pode o empregador estabelecer escalas de plantão, sem que remunere o tempo em que o trabalhador fique à sua disposição.

Em algumas recentes decisões, o TST entendeu que o empregado tem direito à percepção de horas pelo sobreaviso ante a combinação da utilização do celular e a limitação explícita por ele ocasionada no direito de ir e vir do empregado (TST – 5ª T. – RR – 37.791/2002-900-09-00.8 – Rel. Min. Emmanoel Pereira – *DEJT* 5/6/2009; TST – 8ª T. – RR 22.259/2001-652-09-00.0 – Relª Minª Maria Cristina I. Peduzzi – *DEJT* 8-5-2009).

Portanto deve ser mantido o v. acórdão recorrido, para julgar improvido o recurso de revista, mantendo-se a condenação quanto às horas de sobreaviso e suas incidências.

2 CONCLUSÃO

Diante do exposto, espera o regular processamento das contrarrazões e a rejeição total do recurso de revista.

Nestes termos,

pede deferimento.

Local e data

Advogado

OAB nº _____

13

EMBARGOS NO TRIBUNAL SUPERIOR DO TRABALHO

13.1 FUNDAMENTO JURÍDICO

O recurso de embargos está previsto no art. 894 da CLT, com as alterações da Lei 7.701/88, da Lei 11.496/07 e da Lei 13.015/14. Os embargos também encontram previsão no RITST (arts. 77, II, c, 78, II, a, 258 ss).

Além disso, as normas do regramento processual civil relativas ao julgamento dos recursos extraordinário e especial repetitivos (arts. 1.036 ss.) aplicam-se, no que couber, ao recurso de revista e ao recurso de embargos repetitivos (art. 896-B, CLT; art. 1º, IN 38/15, TST).

13.2 CABIMENTO

Pela sistemática recursal do processo do trabalho, o recurso de embargos previsto no art. 894 da CLT somente era admissível perante o TST e não nos TRTs. Com a Lei 7.701/88, tacitamente, o recurso de embargos deixou de ser regulamentado pelo art. 894 da CLT.

A Lei 7.701 estabeleceu a competência para julgar os embargos de divergência e de nulidade às Seções Especializadas em SDI (art. 3º, III, b) e os embargos infringentes para a SDC (art. 2º, II, c). Com isso, extinguiu os embargos para o Pleno do TST. Os embargos reputam-se recurso (art. 894, CLT) de natureza excepcional (ou extraordinária), pois sua finalidade é a uniformização da interpretação jurisprudencial entre as turmas ou das turmas com a seção especializada, sendo cabível, ainda, de decisões não unânimes em processos de competência originária do TST.

Assim, incabível o recurso revista ou de embargos (arts. 896 e 894, CLT) para reexame de fatos e provas (Súm. 126, TST). Da mesma forma se dá com o recurso extraordinário (Súm. 279, STF) e o recurso especial (Súm. 7, STJ). É um recurso que exige o prequestionamento da matéria (Súm. 297 e 184, TST).

Com apoio da Lei 7.701/88 e considerando o objeto do recurso, a doutrina distinguia os embargos em: de divergência, de nulidade e infringentes. Com a edição da Lei 11.496/07, os embargos passam apenas a ser de divergência e infringentes.

A Lei 11.496 reformulou o art. 894 da CLT, no sentido de cabimento de embargos das decisões: (a) não unânimes de julgamento que conciliar, julgar ou homologar conciliação em dissídios coletivos que excedam a competência territorial dos TRTs e nos casos previstos em lei; (b) das turmas que divergirem entre si, ou das decisões proferidas pela SDI, salvo se a decisão recorrida estiver em consonância com súmula ou orientação jurisprudencial do TST ou do STF.

Também pela Lei 11.496, expressamente, houve a alteração da redação do art. 3º, III, da Lei 7.701, no sentido de que os embargos para a SDI somente são cabíveis das decisões das turmas que divergirem entre si ou das decisões proferidas pela SDI.

Com a Lei 13.015/14, houve alteração na redação do inciso II, do art. 894, CLT, sendo que o recurso de embargos passou a ser cabível contra as decisões das Turmas que divergirem entre si ou das decisões proferidas pela SDI, ou contrárias a súmula ou orientação jurisprudencial do TST ou Súmula Vinculante do STF.

O TST fixou o entendimento de que não encontra amparo no art. 894, CLT, recurso de embargos interposto à decisão monocrática exarada nos moldes do art. 932, CPC, pois o comando legal restringe seu cabimento à pretensão de reforma de decisão colegiada proferida por turma (OJ 378, SDI-I). Vale dizer, os embargos são incabíveis nas decisões monocráticas do ministro relator.

Quando a decisão recorrida estiver em conformidade com a OJ, desnecessário o exame das divergências e das violações de lei e da CF alegadas em embargos interpostos antes da vigência da Lei 11.496, salvo nas hipóteses em que a OJ não fizer qualquer citação do dispositivo constitucional (OJ 336, SDI-I).

13.2.1 Embargos de divergência

Atualmente, simplesmente denominado de recurso de embargos (art. 258, RITST).

De acordo com o art. 894, II, da CLT e art. 3º, III, *b*, da Lei 7.701/88, *c*, em última instância, à SDI-I compete resolver os embargos interpostos das decisões divergentes entre as Turmas ou destas com decisão da SDI ou contrárias a súmula ou orientação jurisprudencial do TST ou Súmula Vinculante do STF.

Não cabem embargos para a SDI de decisão de turma proferida em agravo, exceto: (a) da decisão que não conhece de agravo de instrumento ou de agravo pela ausência de pressupostos extrínsecos; (b) da decisão que nega provimento a agravo contra decisão monocrática do relator, em que se proclamou a ausência de pressupostos extrínsecos de agravo de instrumento; (c) para revisão dos pressupostos extrínsecos de admissibilidade do recurso de revista, cuja ausência haja sido declarada originariamente pela turma no julgamento do agravo; (d) para impugnar o conhecimento de agravo de instrumento; (e) para impugnar a imposição de multas previstas nos arts. 1.021, § 4º, ou 1.026, § 2º, do CPC; (f) da decisão turmária proferida em agravo em recurso de revista de acordo com o inciso II do art. 894 da CLT (Súm. 353, TST).

O TST fixou o entendimento de que em causas sujeitas ao procedimento sumaríssimo, em que pese a limitação imposta no art. 896, CLT, à interposição de recurso de revista, admitem-se os embargos interpostos quando demonstrada a divergência jurisprudencial entre turmas do TST, fundada em interpretações diversas acerca da aplicação de mesmo dispositivo constitucional ou de matéria sumulada (Súm. 458, TST).

A configuração, ou não, do exercício da função de confiança (art. 224, § 2º, CLT) dependente da prova das reais atribuições do empregado é insuscetível de exame mediante recurso de revista ou de embargos (Súm. 102, I).

Não tem amparo, quer na redação anterior quer na redação posterior à Lei 11.496/07, recurso de embargos interposto à decisão monocrática exarada nos moldes do art. 932, CPC, e art. 896, §§ 12 e 14, CLT, pois o comando legal restringe seu cabimento à pretensão de reforma de decisão colegiada proferida por Turma do TST (OJ 378, SDI-I).

A admissibilidade do recurso de embargos contra acórdão de turma em recurso de revista em fase de execução, publicado na vigência da Lei 11.496, condiciona-se à demonstração de divergência jurisprudencial entre turmas ou destas e a SDI em relação à interpretação de dispositivo constitucional (Súm. 433, TST).

Para a admissibilidade e conhecimento de embargos, interpostos antes da vigência da Lei 11.496, interpostos contra decisão mediante a qual não foi conhecido o recurso de revista pela análise dos pressupostos intrínsecos, necessário que a parte embargante aponte expressamente a violação ao art. 896 da CLT (OJ Transitória 78, SDI-I).

A SDI, ao conhecer dos embargos, interpostos antes da vigência da Lei 11.496/07, por violação do art. 896, por má aplicação de súmula ou de orientação jurisprudencial pela turma, julgará desde logo o mérito, caso conclua que a revista merecia conhecimento e que a matéria de fundo se encontra pacificada no TST (OJ Transitória 79, SDI-I).

É válida, para efeito de conhecimento do recurso de revista ou de embargos, a invocação da orientação jurisprudencial do TST, desde que, das razões recursais, conste o seu número ou conteúdo (OJ 219, SDI-I).

Em maio/97, a SDI-Plena, por maioria, decidiu que acórdãos oriundos da mesma turma, embora divergentes, não fundamentam divergência jurisprudencial de que trata a alínea *b* do art. 894 da CLT, para embargos à SDI-I (OJ 95).

É imprescindível a arguição de afronta ao art. 896 para o conhecimento de embargos interpostos em face de acórdão de turma que conhece indevidamente de recurso de revista, por divergência jurisprudencial, quanto a tema regulado por lei estadual, norma coletiva ou norma regulamentar de âmbito restrito ao regional prolator da decisão (OJ 147, II, SDI-I).

Estando a decisão recorrida em conformidade com orientação jurisprudencial, desnecessário o exame das divergências e das violações legais e constitucionais alegadas em embargos interpostos antes da vigência da Lei 11.496, salvo nas hipóteses em que a orientação jurisprudencial não fizer qualquer citação do dispositivo constitucional (OJ 336).

A divergência jurisprudencial ensejadora da admissibilidade, do prosseguimento e do conhecimento do recurso há de ser específica, revelando a existência de teses diversas na interpretação de um mesmo dispositivo legal, embora idênticos os fatos que as ensejaram (Súm. 296, I, TST).

A expressão *interpretação diversa* deve ser entendida como julgados conflitantes. Não basta a simples divergência de interpretação, mas que estas sejam de fato conflitantes e específicas. Nesse sentido se traduzem aquelas decisões que apreciam idêntica situação jurídica. O acórdão paradigma deve ter enfrentado a mesma hipótese do acórdão impugnado.

A divergência apta a ensejar os embargos deve ser atual, não sendo considerada a que estiver ultrapassada por súmula do TST ou do STF, ou superada por iterativa e notória jurisprudência do TST (art. 896, § 2º, CLT, Súm. 333, TST). Estando a decisão recorrida em consonância com súmula da jurisprudência do TST ou do STF, ou com iterativa, notória e atual jurisprudência do TST, poderá o relator negar seguimento ao recurso de embargos (art. 894, § 3º, I, CLT).

O recurso de embargos, mesmo contrário à jurisprudência atual, iterativa e notória do TST, deverá ser admitido quando colidir com a jurisprudência do STF (Súm. 401, STF).

Para fins da comprovação da divergência jurisprudencial, é necessário que o recorrente:

> junte certidão ou cópia autenticada do acórdão paradigma ou cite a fonte oficial ou o repositório autorizado em que foi publicado;
>
> transcreva, nas razões recursais, as ementas e/ou trechos dos acórdãos trazidos à configuração do dissídio, demonstrando o conflito (conflito analítico) de teses que justifique o conhecimento do recurso, ainda que os acórdãos já se encontrem nos autos ou venham a ser juntados com o recurso (Súm. 337, I). São fontes oficiais de publicação dos julgados: o *Diário Eletrônico da Justiça do Trabalho*, o *Diário da Justiça* da União e dos Estados, a *Revista do TST*, as revistas publicadas pelos TRTs, os sítios do TST e dos TRTs na Internet e os repositórios autorizados a publicar a jurisprudência trabalhista (art. 250, parágrafo único, RITST). A concessão de registro de publicação como repositório autorizado de jurisprudência do TST torna válidas todas as suas edições anteriores (Súm. 337, II);
>
> a mera indicação da data de publicação, em fonte oficial, de aresto paradigma é inválida para comprovação de divergência jurisprudencial, nos termos do item I, "a", da Súmula 337, quando a parte pretende demonstrar o conflito de teses mediante a transcrição de trechos que integram a fundamentação do acórdão divergente, uma vez que só se publicam o dispositivo e a ementa dos acórdãos (Súm. 337, III);
>
> é válida para a comprovação da divergência jurisprudencial justificadora do recurso a indicação de aresto extraído de repositório oficial na Internet, desde que o recorrente: (a) transcreva o trecho divergente; (b) aponte o sítio de onde foi extraído; e (c) decline o número do processo, o órgão prolator do acórdão e a data da respectiva publicação no Diário Eletrônico da Justiça do Trabalho (Súm. 337, IV);
>
> a existência do código de autenticidade na cópia, em formato pdf, do inteiro teor do aresto paradigma, juntada aos autos, torna-a equivalente ao documento original e também supre a ausência de indicação da fonte oficial de publicação (Súm. 337, V).

O Ato 421/99 do Min. Wagner Pimenta, presidente do TST, cuida do registro de repertório oficial, exigindo que os repertórios e revistas tenham edição periódica, pelo menos semestral, e tiragem mínima de três mil exemplares que reproduzam, na íntegra, decisão do TST, obrigatoriamente, e dos TRTs. Admite-se a utilização do sistema em CD-ROM.

O Ato 651/09 acresceu o § 3º ao art. 1º do Ato 421/99, dispondo que a página em portal da Rede Mundial de Computadores poderá ser inscrita como repositório autorizado de jurisprudência desde que: (a) seja certificada pela Infraestrutura de Chaves Pública Brasileira (ICP-Brasil); (b) possua base de dados própria; (c) forneça a íntegra dos acórdãos publicados; (d) permita a utilização de diversos navegadores e tenha disponibilidade do sítio de, no mínimo, 99,9%, conforme média de mercado, para grandes provedores de serviços *online*.

No STF, a prova do dissídio jurisprudencial que justifique o cabimento do recurso extraordinário far-se-á por certidão, ou mediante indicação do *Diário da Justiça* ou de repertório de jurisprudência autorizado, com a transcrição do trecho que configure a divergência, mencionadas as circunstâncias que identifiquem ou assemelhem os casos confrontados (Súm. 291).

A prova da divergência também poderá ser feita por meio de repertório oficial ou credenciado de jurisprudência, inclusive em mídia eletrônica, em que tiver sido publicada a decisão divergente, ou ainda pela reprodução de julgado disponível na Internet, com indicação da respectiva fonte (art. 1.029, § 1º, CPC).

Não se conhece de revista ou embargos quando a decisão recorrida resolver determinado item do pedido por diversos fundamentos e a jurisprudência transcrita não abranger a todos (Súm. 23, TST).

Não é necessário que o acórdão paradigma adotado pelo recorrente contenha todas as teses necessárias para justificar a divergência em relação ao acórdão recorrido. Pode o recorrente se valer de vários acórdãos distintos. O importante é que a jurisprudência colhida pelo recorrente, mesmo que seja embasada em vários acórdãos, ataque na íntegra os fundamentos adotados pelo acórdão recorrido (TST – SDI-I – E-ED-RR 73500-49.2006.5.22.0003 – Rel. Min. Brito Pereira – *DJE* 6-6-2013).

No âmbito do STF, será inadmissível o recurso extraordinário quando a decisão recorrida assenta em mais de um fundamento suficiente e o recurso não abrange a todos eles (Súm. 283), porém, se a decisão contiver partes autônomas, a admissão parcial, pelo presidente do Tribunal *a quo*, de recurso extraordinário que, sobre qualquer delas se manifestar, não limitará a apreciação de todas pelo STF, independentemente de interposição de agravo de instrumento (Súm. 528).

A mesma lógica da Súm. 284 (STF) é aplicável ao recurso de revista, dessa forma, é inadmissível o recurso quando a deficiência na sua fundamentação não permitir a exata compreensão da controvérsia.

13.2.2 Embargos infringentes

Os embargos infringentes, na Justiça do Trabalho, são interpostos contra decisão não unânime proferida em processo de dissídio coletivo de sua competência originária, salvo se a decisão atacada estiver em consonância com precedente jurisprudencial do TST ou da Súmula de sua jurisprudência predominante (art. 2º, II, *c*; Lei 7.701/88; art. 894, I, *a*, CLT).

A competência recursal é da SDC.

Ressalte-se que a ausência de unanimidade deve dizer respeito a cada cláusula discutida no recurso, vez que os embargos serão restritos à matéria objeto da divergência (art. 530, CPC/73).

Registrado na petição o protocolo e encaminhada à secretaria do órgão julgador competente, será aberta vista dos autos à parte contrária, para impugnação no prazo legal. Transcorrido o prazo, o processo será remetido à unidade competente, para ser imediatamente distribuído (art. 263, RITST).

Desatendidas as exigências legais relativas ao cabimento dos embargos infringentes, o relator denegará seguimento ao recurso, facultada à parte a interposição de agravo interno (art. 264, RITST).

Nas petições de embargos infringentes (art. 262, RITST), o embargante/agravante informará o respectivo número de inscrição no cadastro de pessoas naturais ou jurídicas mantido pela Secretaria da Receita Federal do Brasil, salvo impossibilidade que comprometa o acesso à justiça, expressamente justificada na própria petição. (Ato SEGJUD.GP 713/12 do TST).

13.3 PRAZO RECURSAL

Com a Lei 13.467, os prazos passam a ser contados em dias úteis (art. 775, CLT).

O prazo para a interposição do recurso é de oito dias.

A União, Estados, Distrito Federal, Municípios, autarquias, fundações de direito público e o Ministério Público têm prazo em dobro. O INSS também terá prazo em dobro.

O TST considera a ampliação dos prazos quando existir litisconsorte passivo, com procuradores distintos (art. 229, CPC), incompatível ao processo do trabalho (OJ 310, SDI-I).

13.4 PREPARO DOS EMBARGOS DE DIVERGÊNCIA

Nos embargos, tem-se como pressuposto objetivo a realização do preparo, que consiste no pagamento do depósito recursal, observando-se o art. 40 da Lei 8.177/91 e a IN 3/93 do TST. Também haverá a necessidade do pagamento das custas processuais se houver acréscimo quanto às mesmas na decisão impugnada.

13.5 EFEITOS DOS EMBARGOS DE DIVERGÊNCIA

O recurso de embargos de divergência possui os seguintes efeitos: devolutivo (art. 899, CLT), translativo, substitutivo (se admitido como um dos efeitos dos recursos) e extensivo. O recurso não possui o efeito suspensivo, de modo que é possível a execução provisória do título judicial por cumprimento provisório de sentença ("carta de sentença") (art. 520, CPC).

13.6 PROCESSAMENTO DOS EMBARGOS DE DIVERGÊNCIA

Os embargos de divergência são interpostos perante as turmas do TST (juízo *a quo*) e serão julgados pela SDI (juízo *ad quem*).

Atualmente, a IN 35/12, disciplina o processamento dos embargos de divergência à SDI-I.

O Presidente da Turma procederá ao exame prévio de admissibilidade do recurso de embargos, proferindo despacho fundamentado (art. 2º, IN 35). Recebido o recurso de embargos, deverá ser enviado à secretaria da turma, com o fim de intimação da parte embargada para impugnação.

Contra a decisão que não admitir o recurso de embargos, caberá agravo.

No caso de interposição simultânea dos embargos e de recurso extraordinário, observará a IN 35 apenas após o trâmite relacionado com o recurso extraordinário (art. 4º).

No julgamento dos embargos de divergência, pode-se ter:

(a) os embargos podem ter negado seu seguimento, de forma monocrática pelo juiz relator (art. 894, § 3º, CLT) nas seguintes hipóteses: (1) ausência dos pressupostos subjetivos: (a) legitimação; (b) interesse; (c) capacidade; (d) representação; (2) ausência dos pressupostos objetivos: (a) recorribilidade do ato; (b) regularidade formal do ato (OJ 120, SDI-I); (c) adequação; (d) tempestividade; (e) preparo (custas e depósito recursal); (f) prequestionamento (Súms. 297 e 184); (g) falta de impugnação aos fundamentos da decisão (Súm. 422); (h) divergência jurisprudencial inespecífica (Súm. 296, I, TST); (i) não demonstração de literal violação de lei (Súm. 221); (j) reexame de matéria fático-probatória (Súm. 126); (k) jurisprudência não abrangente de todos os fundamentos da decisão recorrida (Súm. 23); (l) jurisprudência carente da correta indicação das fontes de publicação (Súm. 337, I); (m) estando a decisão recorrida em consonância com súmula do TST; (n) jurisprudência superada por decisões reiteradas da SDI (Súm. 333); (o) decisão recorrida está em sintonia com Súmula Vinculante ou súmula do STF; (p) decisão recorrida consentânea com súmula ou orientação jurisprudencial do TST (art. 932, IV, *a*, CPC); (q) decisão recorrida está em sintonia com entendimento firmado em incidente de resolução de demandas repetitivas ou de assunção de competência. Dessa decisão monocrática cabe agravo para a SDI-I (art. 894, § 4º, CLT; art. 265, RITST);

(b) os embargos podem ser providos pelo juiz relator, de forma monocrática, se a decisão recorrida for contrária a: (1) súmula do STF, do TST ou do próprio tribunal; (2) acórdão proferido pelo STF ou pelo TST em julgamento de recursos repetitivos; (3) entendimento firmado em incidente de resolução de demandas repetitivas ou de assunção de competência (art. 932, V, *a* e *b*, CPC; IN 17/99, TST). Da decisão monocrática cabe agravo para a SDI-I (art. 1.021, *caput* e § 2º, CPC; art. 265, RITST).

Nas duas hipóteses, diante do recurso de agravo, o juiz relator poderá: (a) retratar-se, prosseguindo o exame dos embargos; (b) não se retratar, propondo o voto quanto ao agravo, o qual será julgado pela SDI-I. No caso de o agravo ser provido, haverá o julgamento dos embargos pela SDI-I. Da decisão da SDI-I, podemos ter a rejeição ou acolhimento dos embargos. Dessa decisão, se for o caso, caberá o recurso extraordinário (art. 102, III, CF). No caso de o agravo não ter o provimento pela SDI-I, o recurso cabível será o extraordinário; (c) o juiz relator, ao analisar os embargos, poderá propor o seu voto para a SDI-I. Nessa situação, quem julga é a SDI-I, a qual pode acolher ou rejeitar os embargos, a cuja decisão caberá o recurso extraordinário.

13.7 ESTRUTURA DOS EMBARGOS DE DIVERGÊNCIA

Nas petições de embargos (art. 258, RITST), o embargante/agravante informará o respectivo número de inscrição no cadastro de pessoas naturais ou jurídicas mantido pela Secretaria da Receita Federal do Brasil, salvo impossibilidade que comprometa o acesso à justiça, expressamente justificada na própria petição. (Ato SEGJUD.GP 713/12 do TST).

Como os demais recursos que são interpostos em uma instância e remetidos para outra instância ou órgão julgador, o recurso de embargos de divergência contém duas partes:

> a) petição de interposição. Dirigida ao juízo *a quo*, contém requerimentos quanto à admissibilidade e regular processamento do recurso, a intimação da parte contrária e remessa dos autos à SDI-I. Deverá haver a indicação sobre o fundamento do recurso interposto (divergência jurisprudencial ou violação de lei ou da CF). No caso de apresentação de guias do preparo recursal, é importante informar que se encontram anexas. Também poderá ser o momento processual adequado para requerer o benefício da assistência jurídica integral e gratuita ou a juntada da declaração de pobreza e procuração;
>
> b) razões recursais. Dirigida ao juízo *ad quem*, leva à SDI-I as questões processuais e materiais para apreciação. Assim, sugerimos o seguinte desenvolvimento: identificação do processo; saudação ao tribunal e julgadores; breve resumo do processo; indicação do cabimento do recurso; questões processuais e matérias do recurso; pedido e requerimentos finais (admissibilidade, processamento e acolhimento); informar o recolhimento do preparo recursal.

13.8 CONTRARRAZÕES AOS EMBARGOS DE DIVERGÊNCIA

Após a admissibilidade do recurso de embargos de divergência, a parte contrária será intimada para apresentar suas contrarrazões no prazo de oito dias (art. 900, CLT).

As contrarrazões efetivam o princípio do contraditório, de modo que nessa oportunidade caberá à parte interessada se opor às alegações do recurso. Como regra, são descabidas alegações de insatisfação da parte em contrarrazões, o que deve ser feito em recurso próprio. Contudo, também devem ser alegadas as questões envolvendo a admissibilidade do recurso.

13.9 EMBARGOS NO TST (E RECURSOS DE REVISTA) REPETITIVOS

Sobre o recurso de embargos e o incidente de demandas repetitivas no TST, seu procedimento, julgamento e efeitos, sugerimos ler o Capítulo 12, item 12.6, Recursos de revista (e de embargos no TST) repetitivos.

13.10 MODELO DE PETIÇÃO DE EMBARGOS POR DIVERGÊNCIA

(petição de interposição)

EXCELENTÍSSIMO SENHOR DOUTOR MINISTRO RELATOR _____
DO TRIBUNAL SUPERIOR DO TRABALHO

(10 cm)

Processo nº _____

FELIPE DIAS, inscrito no CPF sob o nº _____ por seu advogado, nos autos da reclamação trabalhista em que contende contra a empresa **CISPLATINA TRANSPORTES RODOVIÁRIOS LTDA.**, inscrita no CNPJ sob o nº _____ vem, à presença de Vossa Excelência, com fundamento nos arts. 894, II, da CLT e 3º, III, *b*, da Lei 7.701/88, opor o presente recurso de *EMBARGOS DE DIVERGÊNCIA*, conforme razões anexas.

O Recorrente informa que está isento quanto ao pagamento das custas processuais, pela concessão do benefício da assistência jurídica integral e gratuita concedida à fls. _____.

Requer o processamento do presente recurso, com a regular intimação da parte contrária e a remessa à Seção de Dissídios Individuais-I.

Nestes termos,

pede deferimento.

Local e data

Advogado

OAB nº _____

RAZÕES DE EMBARGOS

Embargante: Felipe Dias

Embargado: Cisplatina Transportes Rodoviários Ltda.

Origem:

Processo:

Tribunal Superior do Trabalho

Secção de Dissídio Individual – I

Nobres Julgadores

1 RAZÕES RECURSAIS

O Embargante, outrora Reclamante, não se conforma com o acórdão da 4ª Turma do Tribunal Superior do Trabalho, o qual acolheu o recurso de revista oposto pela embargada e declarou improcedente a demanda, para considerar válida a cláusula do instrumento coletivo de trabalho em detrimento das normas de proteção à saúde do trabalhador, no que se refere à concessão de intervalos para refeição e descanso.

2 CABIMENTO DO RECURSO

O acórdão atacado está em conflito direto com as regras do art. 71, § 4º, da CLT e o entendimento jurisprudencial da Súmula 437, II, TST, admitindo que fontes negociadas violem normas de ordem pública, reduzindo o intervalo para refeição e descanso, além do mínimo legal e sem a autorização do Ministério do Trabalho (Superintendência Regional do Trabalho e Emprego).

Assim, a divergência é específica: (a) o acórdão recorrido admite a redução do horário de intervalo para refeição via negociação coletiva; (b) o item II da Súmula 437 não admite a redução do horário de intervalo por negociação coletiva.

Presentes os pressupostos objetivos e subjetivos de admissibilidade, espera o regular processamento do presente recurso.

3 MOTIVOS DA REFORMA DA DECISÃO

3.1 Do Acórdão Recorrido

No exercício do direito de ação, o Embargante solicitou a percepção de hora suplementar com o adicional de 50%, invocando o disposto no art. 71, § 4º, da CLT e a Súmula 437, I e II, TST, com as incidências em: férias, abono de férias, 13º salário, FGTS + 40%, aviso prévio e nos domingos e feriados. Pondere-se que o contrato de trabalho é anterior à edição da Lei 13.467/17, assim, são inaplicáveis à presente demanda as alterações ocorridas ao art. 74, § 4º, CLT.

Em sua defesa, a Embargada articulou que o intervalo era reduzido em face de que a negociação coletiva, em todo o período contratual do ex-empregado, pelas peculiaridades da tarefa executada pelos motoristas, havia fixado a duração do intervalo intrajornada em 30 minutos.

A Embargada asseverou o aspecto da autonomia privada coletiva (art. 7º, XXVI, CF) e o fato de que a convenção coletiva adere ao contrato de trabalho (art. 611, CLT).

A ação trabalhista foi julgada procedente pelas instâncias inferiores.

Diante da decisão do Tribunal Regional, a Embargada interpôs recurso de revista, o qual foi acolhido pela Colenda 4ª Turma do TST.

No seu conteúdo, o acórdão recorrido indica (fls. _____) que:

"O teor do item II da Súmula 437 foi baixado tendo em conta o padrão da empresa que opera mediante unidade técnica fixa, em relação à qual se torna inteligível a norma do § 3º, do art. 71, da CLT, segundo a qual, para a supressão ou redução do intervalo intrajornada, é indeclinável que o estabelecimento atenda integralmente as exigências relativas à organização de refeitórios. [...]

Não sendo materialmente possível a existência de refeitório no caso de empresas de transporte de passageiros, decorrente da própria natureza ambulante da sua atividade, é de se admitir excepcionalmente a validade de cláusula convencional em que tenha sido ajustada a supressão ou redução do intervalo intrajornada, mesmo sem a intervenção do Ministério do Trabalho (Superintendência Regional do Trabalho e Emprego).

[...] Isso não só em razão da prevalência da vontade coletiva privada, consagrada no art. 7º, XXVI, da Constituição Federal, como também pela evidência de a supressão ou a redução do intervalo, não implicando, objetivamente, prejuízo à saúde e segurança dos motoristas, vir ao encontro dos seus interesses, na medida em que, liberados de um recesso forçado de uma hora, são beneficiados com um menor tempo à disposição do empregador com o consequente elastecimento do tempo para proveito próprio e convívio familiar."

Destarte, equivocadamente, o acórdão recorrido entendeu por afastar a aplicação do item II da Súmula 437 e fixar a validade da negociação coletiva, acolhendo o recurso de revista da Reclamada, decretando, assim, a improcedência da demanda.

3.2 Confronto Legal (art. 71, § 3º, CLT) e Conflito Jurisprudencial (Súm. 437, II)

Os embargos são opostos, visto que a decisão da 4ª Turma está em divergência com a jurisprudência atual e consolidada do TST.

A divergência está na aplicação do art. 71 da CLT e na inviabilidade da redução da duração mínima do intervalo intrajornada por negociação coletiva.

Por expressa previsão legal, a única hipótese para a redução do intervalo intrajornada é a autorização do Ministério do Trabalho, o que não está comprovado nos autos (art. 71, § 3º).

A negociação coletiva não pode flexibilizar direitos trabalhistas, visto que a política dos intervalos (intrajornada e interjornada) é dispositivo de ordem pública, inalterável e inderrogável pela vontade das partes.

Esse é o entendimento do TST, conforme se denota pela simples leitura do item II da Súm. 437, o qual fixou: *"É inválida cláusula de acordo ou convenção coletiva de trabalho contemplando a supressão ou redução do intervalo intrajornada porque este constitui medida de higiene, saúde e segurança do trabalho, garantido por norma de ordem pública (art. 71 da CLT e art. 7º, XXII, da CF/88), infenso à negociação coletiva."*

Portanto, o julgado atacado não pode prevalecer, visto que está em confronto direto com as regras da CLT e dissonante do entendimento jurisprudencial consolidado do próprio TST.

4 CONCLUSÃO

Ante o exposto, deverá o presente recurso ser conhecido e, no mérito, espera a reforma do julgado atacado, para determinar o pagamento do intervalo para refeição e descanso suprimidos nos termos do art. 71, § 4º, da CLT e Súm. 437, I, do TST.

Informa que deixou de recolher o preparo recursal, em decorrência da concessão do benefício da assistência jurídica integral e gratuita concedida às fls. _____.

Nestes termos,

pede deferimento.

Local e data

Advogado

OAB nº _____

13.11 MODELO DE PETIÇÃO DE CONTRARRAZÕES AOS EMBARGOS DE DIVERGÊNCIA

(petição de interposição)

EXCELENTÍSSIMO SENHOR DOUTOR MINISTRO RELATOR _____
DO TRIBUNAL SUPERIOR DO TRABALHO

(10 cm)

Processo nº _____

CISPLATINA TRANSPORTES RODOVIÁRIOS LTDA., por seu advogado, nos autos da reclamação trabalhista formulada por **FELIPE DIAS**, vem, à presença de Vossa Excelência, com fundamento no art. 900 da CLT, apresentar suas *CONTRARRAZÕES AO RECURSO DE EMBARGOS DE DIVERGÊNCIA* opostos às fls. _____, cujas razões seguem anexas.

Espera o regular processamento das presentes contrarrazões, com posterior remessa à SDI-I.

Nestes termos,

pede deferimento.

Local e data

Advogado

OAB nº _____

CONTRARRAZÕES DE EMBARGOS

Embargado: Cisplatina Transportes Rodoviários Ltda.

Embargante: Felipe Dias

Origem: _____

Processo: _____

Tribunal Superior do Trabalho

Seção de Dissídios Individuais – I

Nobres Julgadores

1 RAZÕES DE EMBARGOS

Sem razão, a Embargante busca a reforma do julgado de fls. _____, por considerar que o mesmo está em confronto com o sistema legal e destoa do entendimento jurisprudencial da Corte Trabalhista quanto à redução dos intervalos legais.

2 ADMISSIBILIDADE DO RECURSO

O recurso de embargos de fls. _____ afirma existir divergência jurisprudencial entre o acórdão atacado e o item II da Súmula 437 do TST, além da violação direta ao sistema de proteção trabalhista (art. 71, § 3º, CLT).

Contudo, para fins de acatamento dos embargos, é imperioso que a divergência ensejadora da admissibilidade do recurso seja específica, revelando a existência de teses diversas na interpretação de um mesmo dispositivo legal, embora idênticos os fatos que as ensejaram (Súm. 296, I, TST).

A matéria posta no acórdão atacado não se enquadra de forma literal no conteúdo do item II da Súmula 437, ante as particularidades de impossibilidade material de existência de refeitórios (atividades externas) e a natureza das funções realizadas pelo ex-empregado (transporte de passageiros).

Portanto, o recurso de fls. _____ não merece ser conhecido.

3 MÉRITO

Ad cautelam, na remota hipótese de ser admitido o recurso de fls. _____, veremos que melhor sorte não assiste ao Embargante em suas alegações de mérito.

O acórdão recorrido parte de duas premissas:

a) o intervalo foi reduzido pela negociação coletiva, em todo o período contratual do ex-empregado, pelas peculiaridades da tarefa executada pelos motoristas, ter fixado a duração do intervalo intrajornada em 30 minutos;

b) a correção da autonomia privada coletiva (art. 7º, XXVI, CF) e a validade dessa negociação, a qual atende aos aspectos peculiares das funções dos motoristas.

Assim, o item II da Súmula 437 é inaplicável à matéria discutida nos presentes autos, logo, não há que se falar em sua violação ou mesmo interpretação diversa.

A causa de pedir envolve a violação do art. 71 da CLT, visto que a empresa somente concedia 30 minutos diários de intervalo para os motoristas de ônibus.

Como bem expõe o acórdão:

"O teor do tópico II da Súmula 437 foi baixado tendo em conta o padrão da empresa que opera mediante unidade técnica fixa, em relação à qual se torna inteligível a norma do § 3º, do art. 71, da CLT, segundo a qual, para a supressão ou redução do intervalo intrajornada, é indeclinável que o estabelecimento atenda integralmente as exigências relativas à organização de refeitórios."

A Súmula 437, II, é aplicável apenas e tão somente para os empregadores que tenham os seus empregados em local fixo. Não é o caso do Embargante, o qual era motorista de transporte coletivo urbano.

O acórdão também destaca que:

"Não sendo materialmente possível a existência de refeitório no caso de empresas de transporte de passageiros, decorrente da própria natureza ambulante da sua atividade, é de se admitir excepcionalmente a validade de cláusula convencional em que tenha sido ajustada a supressão ou redução do intervalo intrajornada, mesmo sem a intervenção do Ministério do Trabalho."

No caso concreto, o refeitório não pode ser exigível para fins de redução do horário de intervalo, visto que a atividade dos motoristas é externa, logo, não tem condições o empregador de observar a obrigatoriedade da concessão de uma hora de intervalo e a adoção dos refeitórios.

Assim, descabida a aplicação do disposto no art. 71, § 3º, da CLT, que menciona que somente o Ministério do Trabalho pode dar a redução se houver refeitório no local de trabalho.

Afastada a regra restritiva, não existem óbices para a adoção da negociação coletiva para redução do intervalo, com valorização das fontes autônomas do Direito do Trabalho (art. 7º, XXVI, CF).

Acrescente-se que a decisão entendeu que a negociação coletiva, pelas peculiaridades da tarefa de motorista, não é prejudicial ao trabalhador:

"Isso não só em razão da prevalência da vontade coletiva privada, consagrada no art. 7º, XXVI, da Constituição Federal, como também pela evidência de a supressão ou a redução do intervalo, não implicando, objetivamente, prejuízo à saúde e segurança dos motoristas, vir ao encontro dos seus interesses, na medida em que, liberados de um recesso forçado de uma hora, são beneficiados com um menor tempo à disposição do empregador, com o consequente elasticimento do tempo para proveito próprio e convívio familiar."

Portanto, a negociação coletiva em nada fere o espírito do art. 71 da CLT, sendo válida a redução do horário de intervalo.

Convém ser dito que o entendimento do acórdão atacado da 4ª Turma está em sintonia com o disposto no § 5º, que foi acrescido ao art. 71 da CLT, pela Lei 12.619/12 e alterado pela Lei 13.103/15.

Ante o exposto, a decisão recorrida não merece qualquer reparo.

4 CONCLUSÃO

Ante as alegações apresentadas, o recurso de embargos não deverá ser conhecido, por ausência dos pressupostos de admissibilidade (divergência jurisprudencial específica) (Súm. 296, I, TST).

Na remota hipótese de ser outro o entendimento de Vossa Excelência, o recurso deverá ser improvido, ante a insubsistência de suas alegações, mantendo integralmente a decisão atacada.

Nestes termos,

pede deferimento.

Local e data

Advogado

OAB nº _____

RECURSO EXTRAORDINÁRIO

14.1 FUNDAMENTO JURÍDICO

O recurso extraordinário está disciplinado, em parte, pela própria CF (art. 102, III). Além da previsão constitucional, o recurso extraordinário está regulado nos arts. 1.029 ss, CPC, bem como no Regimento Interno do STF (arts. 321 a 329), do TST (arts. 324 a 327) e art. 896-C, §§ 13 a 15, CLT, com as alterações da Lei 13.015/14.

14.2 HIPÓTESES DE CABIMENTO DO RECURSO EXTRAORDINÁRIO

Constitucionalmente, o recurso extraordinário é cabível quando a decisão proferida em única ou última instância estiver contrariando dispositivo da CF, declarar a inconstitucionalidade de tratado ou lei federal, julgar válida lei ou ato de governo local contestado em face da CF ou julgar válida lei local contestada em face de lei federal (art. 102, III, *a* a *d*).

Segundo Alexandre de Moraes,[1] "*a Constituição não exige que a decisão seja de algum tribunal, mas que tenha esgotada a via recursal ordinária, dessa forma cabível o recurso extraordinário das decisões de juiz singular (quando inexistir recurso ordinário) e das Turmas Recursais dos juizados Especiais Criminais e Civis*". E acrescenta: a previsão constitucional "*permite seu cabimento de decisões interlocutórias, desde que presentes os demais requisitos constitucionais*".[2]

O STF tem admitido o extraordinário contra decisão proferida por juiz de primeiro grau nas causas de alçada, ou por turma recursal de juizado especial cível e criminal (Súm. 640).

Em relação à decisão proferida em "última instância", exige-se o prévio esgotamento das instâncias ordinárias, pois, caso contrário, haveria uma supressão de instância (dos tribunais estaduais ou federais). O pronunciamento não precisa ser de

---

[1] MORAES, Alexandre de. *Constituição do Brasil Interpretada e Legislação Constitucional*, p. 1397.
[2] Segundo a Súmula 86 do STJ, cabe recurso especial contra acórdão proferido no julgamento de agravo de instrumento.

mérito, basta ser final. Em outras palavras, "a priori, *final seria aquela decisão contra a qual não cabe mais nenhum recurso ordinário previsto na legislação*".[3]

O recurso extraordinário pressupõe um "*julgado contra o qual já foram esgotadas as possibilidades de impugnação nas várias instâncias ordinárias ou na instância única, originária. Isso coloca o problema de só serem exercitáveis contra 'causas decididas' ou 'decisões finais', ambas as expressões significando que não podem ser exercitados* per saltum, *deixando* in albis *alguma possibilidade de impugnação (ex.: não interposição de embargos infringentes contra a parte não unânime do julgado recorrido)*".[4]

Assim, não se admite o extraordinário quando houver, na justiça de origem, recurso ordinário da decisão impugnada (Súm. 281).[5]

As causas decididas se relacionam com as decisões proferidas nos processos de jurisdição contenciosa ou voluntária, não incluindo as originárias de processos administrativos.

Da mesma forma que os demais recursos excepcionais, não se admite o extraordinário para simples reexame de prova (Súm. 279) ou por ofensa a direito local (Súm. 280).

Inadmissível será o recurso extraordinário quando não ventilada, na decisão recorrida, a questão federal suscitada (Súm. 282). É a necessidade do prequestionamento explícito da matéria. Tanto é assim que o ponto omisso da decisão, sobre o qual não foram opostos embargos declaratórios, não pode ser objeto de recurso extraordinário, por faltar o requisito do prequestionamento (Súm. 356).

Não se admite o extraordinário quando a decisão recorrida assenta em mais de um fundamento suficiente e o recurso não abrange a todos (Súm. 283). Em outras palavras, é necessário que se proceda à análise e verificação de todos os fundamentos autônomos do acórdão recorrido (requisito do fundamento não atacado). Deve o recorrente rebater todos os fundamentos autônomos do acórdão atacado. Feita a admissão do recurso por apenas um dos fundamentos do recurso, não prejudica o seu conhecimento por qualquer dos outros (Súm. 292). O STF não está limitado à admissão parcial feita pelo juízo *a quo* (Súm. 528).

Também não se admite o recurso quando a deficiência na sua fundamentação não permitir a exata compreensão da controvérsia (Súm. 284) ou não for razoável a arguição de inconstitucionalidade (Súm. 285).

Salvo limite legal, a fixação de honorários de advogado, em complemento da condenação, depende das circunstâncias da causa, não dando lugar a recurso extraordinário (Súm. 389).

Não será o caso de recurso extraordinário, por violação de lei federal, quando a ofensa alegada for a regimento de tribunal (Súm. 399). A decisão que deu razoável interpretação à lei, ainda que não seja a melhor, não autoriza o recurso (Súm. 400)[6] ou que envolver simples interpretação de cláusulas contratuais (Súm. 454).

---

[3] OROTAVO NETO, Fernando; ROHR, Joaquim Pedro. *Dos Recursos Cíveis: dos Recursos em Espécie*, 2. ed., p. 251.
[4] MANCUSO, Rodolfo de Camargo. *Recurso Extraordinário e Recurso Especial*, 5. ed., p. 77.
[5] O STJ não admite o recurso especial quando cabíveis embargos infringentes contra o acórdão proferido no tribunal de origem (Súm. 207).
[6] "Esta súmula é letra morta em nosso ordenamento jurídico atual, pois, com a vigência da Constituição de 1988, a competência para dar a palavra final sobre a constitucionalidade e a

Não cabe recurso extraordinário contra acórdão de tribunal de justiça que defere pedido de intervenção estadual em município (Súm. 637). Da mesma forma, não cabe recurso extraordinário contra decisão proferida no processamento de precatórios (Súm. 733).

O STF não admite o extraordinário contra acórdão que defere medida liminar (Súm. 735).

14.2.1 Contrariar dispositivo da Constituição Federal

A primeira hipótese constitucional de cabimento do recurso extraordinário é quando a decisão recorrida contrariar dispositivo constitucional. A ofensa deve ser direta, não se admitindo o recurso por ofensa indireta (ou reflexa), ou quando, para comprovar a contrariedade, houver necessidade de antes demonstrar a ofensa à lei ordinária.

Tanto é assim que o STF não admite o recurso extraordinário por contrariedade ao princípio constitucional da legalidade, quando a sua verificação pressuponha rever a interpretação dada a normas infraconstitucionais pela decisão recorrida (Súm. 636).

Trata-se do controle de constitucionalidade das decisões dos órgãos integrantes do Poder Judiciário.

De forma ampla, a decisão é contrária à lei quando:

se distancia da mensagem do legislador;

a interpretação não se coaduna com a finalidade da lei;

a interpretação é falha e desvirtua o conteúdo da norma. A doutrina aponta quatro tipos de sentenças, que denotam ofensa a um dispositivo legal, a saber: (1) colidem, literalmente, com a expressão formal da lei; (2) mesmo não afrontando diretamente a letra da lei, não estão em sintonia com o seu sentido ou o espírito; (3) não contrariando a letra ou o espírito da lei, aplicam de forma equivocada um outro texto legal, como, por exemplo, com o emprego da analogia; (4) apesar de não obscura, a sentença foi redigida de acordo com textos legais, os quais apresentam uma compreensão que pode ser: duvidosa, lacunosa ou obscura. Há situações em que a interpretação é clara e objetiva diante de um texto legal, logo, não há contrariedade; contudo, existem momentos onde têm vários entendimentos. Nessas situações, o julgador deve acolher o entendimento majoritário. Se aplicar o minoritário, deverá fazê-lo com base em argumentos fortes e razoáveis, pois, senão, dará ensejo ao recurso extraordinário.

A oposição pode ocorrer tanto nas hipóteses nas quais não se tenha dado interpretação compatível com a norma constitucional, como também naquelas em que houve ofensa a um dos princípios inseridos na CF.

---

legalidade de normas e decisões passou a ser exclusiva do STF e do STJ, sendo esta indelegável. Admitir-se o não conhecimento do recurso extraordinário ou especial com base na razoável interpretação da lei, mesmo que não seja a melhor, como disposto na Súmula 400 do STF, é negar a competência do STF para dirimir as questões constitucionais e do STJ para dirimir as questões federais, conferindo-lhe a melhor e última interpretação" (OROTAVO NETO, Fernando; ROHR, Joaquim Pedro. Ob. cit., p. 270-271).

14.2.2 Declarar a inconstitucionalidade de tratado ou lei federal

O recurso extraordinário também é cabível quando a decisão recorrida declarar a inconstitucionalidade de tratado ou lei federal.[7]

Quanto à inconstitucionalidade de tratado, o recurso extraordinário é cabível quando a decisão recorrida negar vigência a essa norma.

Já a inconstitucionalidade de norma federal pode ser declarada por vício: (a) quanto à forma de elaboração da lei; (b) quanto à matéria; (c) quanto ao órgão; (d) quanto à esfera de competência. Representa o controle de constitucionalidade difuso exercido em última instância pelo STF.

Visualiza-se a inconstitucionalidade quanto à lei federal quando a decisão recorrida entende ser a mesma aplicável ou quando lhe dá aplicação dissonante quanto ao entendimento do STF.

A decisão que enseja a interposição de recurso ordinário ou extraordinário não é a do plenário que resolve o incidente de inconstitucionalidade, mas a do órgão (câmaras, grupos ou turmas) que completa o julgamento do feito (Súm. 513).

14.2.3 Julgar válida lei ou ato de governo local contestado em face da Constituição ou de lei federal

A última hipótese de cabimento do recurso ocorre quando, desprezando a CF, a decisão recorrida venha a julgar a validade de lei ou ato de governo local.

A EC 45/04 incluiu no art. 102, III, da CF, a alínea *d*, a qual disciplina que o recurso extraordinário é cabível na hipótese de a decisão recorrida julgar válida lei local contestada em face de lei federal.

A expressão *governo local* diz respeito às normas e aos atos emanados dos Estados, Distrito Federal e Municípios.

14.3 O RECURSO EXTRAORDINÁRIO E A REPERCUSSÃO GERAL

A partir da EC 45, a exigência da "repercussão geral", como requisito de admissibilidade do recurso extraordinário, retornou à CF (art. 102, § 3º).[8]

No sistema jurídico positivado, a relevância, transcendência ou repercussão geral é um requisito de admissibilidade específico dos recursos extraordinário e de revista.

No recurso extraordinário, cabe ao recorrente demonstrar a repercussão geral das questões constitucionais discutidas no caso, nos termos da lei, a fim de que o tribunal examine a admissão do recurso, somente podendo recusá-lo pela manifestação de dois terços de seus membros.

---

[7] Os tratados e as convenções internacionais de direitos humanos aprovados em cada Casa do Congresso Nacional, em dois turnos, por 3/5 dos votos dos respectivos membros, são equivalentes às emendas constitucionais (art. 5º, § 3º, CF).

[8] A "relevância de questão federal" já foi requisito de admissibilidade do recurso extraordinário durante a vigência da CF/67, com as alterações da EC 1/69. Com a CF/88, a exigência deixou de existir.

No plano infraconstitucional, a repercussão geral está disciplinada no art. 1.035, CPC. O STF adequou o seu regimento interno à sistemática da repercussão geral (arts. 322 a 329). Sobre o tema, o CNJ editou a Resolução 235/16.

Em decisão irrecorrível, o STF não conhecerá do recurso extraordinário quando a questão constitucional nele versada não oferecer repercussão geral, ou seja, a existência de questões relevantes (ponto de vista econômico, político, social ou jurídico), que ultrapassem os interesses subjetivos do processo (art. 1.035, § 1º, CPC).

Caberá ao recorrente demonstrar a existência da repercussão geral. Trata-se de um requisito formal, cuja inobservância resulta na inadmissibilidade do recurso.

Nos termos do regramento processual civil, haverá repercussão geral sempre que o recurso impugnar acórdão que: (a) contrarie súmula ou jurisprudência dominante do STF; (b) tenha reconhecido a inconstitucionalidade, de forma incidental, de tratado ou de lei federal (art. 1.035, § 3º).

Ao analisar a questão, o relator poderá admitir a manifestação de terceiros (*amicus curiae*), por procurador habilitado, nos termos do Regimento Interno do STF.

Reconhecida a repercussão geral, o relator determinará a suspensão do processamento de todos os processos pendentes, individuais ou coletivos, que versem sobre a questão e tramitem no território nacional.

O interessado pode requerer, ao presidente ou ao vice-presidente do Tribunal de origem, que exclua da decisão de sobrestamento e inadmita o recurso extraordinário que tenha sido interposto intempestivamente, tendo o recorrente o prazo de cinco dias para manifestar-se sobre esse requerimento. Da decisão que indeferir o requerimento de exclusão, caberá agravo (art. 1.042).

Negada a repercussão geral, o presidente ou o vice-presidente do Tribunal de origem negará seguimento aos recursos extraordinários sobrestados na origem que versem sobre matéria idêntica.

O recurso que tiver a repercussão geral reconhecida deverá ser julgado no prazo de um ano e terá preferência sobre os demais feitos, ressalvados os que envolvam réu preso e os *habeas corpus* (art. 980).

Caso o prazo de julgamento não seja respeitado, cessa a suspensão dos processos, que retomarão seu curso normal.

A súmula da decisão sobre a repercussão geral constará de ata, que será publicada no *Diário Oficial* e valerá como acórdão. Atualmente, qualquer pessoa interessada poderá consultar a jurisprudência do STF sobre as matérias de repercussão geral (www.stf.jus.br).

14.4 RECURSO EXTRAORDINÁRIO E O PROCESSO DO TRABALHO

O art. 102, III, da CF atribui ao STF julgar, mediante recurso extraordinário, as causas decididas em única ou última instância.

Na Justiça Comum, o recurso extraordinário é interposto contra a decisão do tribunal de justiça ou tribunal regional federal, de forma concomitante com o recurso especial para o STJ (art. 1.029, CPC), ficando sobrestado até apreciação final deste último.

Diferentemente do que ocorre no processo civil, no processo do trabalho, o recurso extraordinário é interposto de forma única das seguintes decisões: (a) última instância

– as proferidas pelo TST, por intermédio de suas Seções Especializadas (SDC e SDI) ou Órgão Especial; (b) única instância – as prolatadas pela SDI-II em ações rescisórias e outras de competência originária do TST, que não sejam passíveis de recurso ordinário constitucional (art. 102, II, *a*).

Para o STF, é cabível recurso extraordinário contra decisão proferida por juiz de primeiro grau nas causas de alçada, ou por turma recursal de juizado especial cível e criminal (Súm. 640). Contudo, considera inadmissível o recurso extraordinário quando couber, na Justiça de origem, recurso ordinário da decisão impugnada (Súm. 281).

Não cabe recurso extraordinário quando a divergência alegada for entre decisões da Justiça do Trabalho (Súm. 432).

É incabível a condenação em verba honorária nos recursos extraordinários interpostos em processo trabalhista, exceto nas hipóteses previstas na Lei 5.584 (Súm. 633). Citada Súmula deixou de ter aplicabilidade ante a Lei 13.467/17, a qual estabeleceu o cabimento dos honorários sucumbenciais no processo trabalhista (art. 791-A).

A Lei 11.496/07 reduziu as hipóteses de cabimento dos embargos no TST para as divergências entre as Turmas ou das Turmas com as decisões proferidas pela SDI, salvo se a decisão recorrida estiver em sintonia com súmula ou orientação jurisprudencial do TST ou do STF. Em outras palavras, houve a supressão de embargos para a SDI-I quando fosse o caso de violação literal de lei federal ou da CF (embargos de nulidade). Logo, quando a matéria discutida na decisão proferida pela Turma do TST limitar-se à discussão de questão constitucional, a Turma será considerada a última instância para fins de oposição de recurso extraordinário.

Por outro lado, pode ser que a decisão da Turma tenha no seu conteúdo questões relacionadas com a oposição de embargos e de recurso extraordinário, logo, estamos diante de uma dupla recorribilidade, surgindo, daí a seguinte formulação: o recurso extraordinário e o de embargos deverão ser opostos simultaneamente? Essa questão exige a análise de duas situações distintas.

A primeira ocorre quando o contencioso constitucional e a divergência jurisprudencial relacionam-se com o mesmo capítulo da decisão da Turma do TST. Nessa hipótese, o correto é a oposição dos embargos e, após, a análise da SDI quanto aos embargos, a formulação do recurso extraordinário em relação à decisão da SDI-I, visto que esse apelo é cabível da decisão de última instância, logo, nada mais adequado do que aguardar o último pronunciamento do TST a respeito do capítulo da decisão, a qual, simultaneamente, envolve questão federal e constitucional. Em sentido contrário, o TST já admitiu interposição simultânea.[9,10]

---

9 "RECURSO DE EMBARGO A SDI/TST E RECURSO EXTRAORDINÁRIO INTERPOSIÇÃO SIMULTÂNEA POSSIBILIDADE. Parece inquestionável que a nova redação do art. 894 da CLT, introduzida pela Lei nº 11.496/2007, deu ensejo a uma cisão do procedimento trabalhista, de maneira que cabe a SDI uniformizar a jurisprudência interna e cabe, doravante, ao Supremo Tribunal Federal, examinar diretamente se for o caso, os aspectos constitucionais da decisão proferida por Turma do Tribunal Superior do Trabalho. Logo, se a parte pretende impugnar, de um lado, o capítulo do acórdão turmário com denúncia de mácula à Constituição Federal e, de outro, com alegação de divergência jurisprudencial, afigura-se razoável não descartar o manejo, concomitantemente, do recurso extraordinário e do recurso de embargos, sobrestando-se, aque-

A segunda situação dá-se quando a questão constitucional e a questão federal estão relacionadas com capítulos diferentes na decisão proferida pela Turma do TST, logo, o correto é a oposição simultânea dos dois recursos, sendo que o processamento do extraordinário ficará sobrestado até a decisão da SDI-I em relação aos embargos opostos da decisão da Turma (art. 324, § 2º, RITST).

14.5 RECURSOS EXTRAORDINÁRIOS REPETITIVOS

Os arts. 1.036 ss. do CPC disciplinam o processamento dos recursos extraordinários, quando houver multiplicidade de recursos com fundamento em idêntica questão de direito (recursos repetitivos).

Aos recursos extraordinários interpostos perante o TST será aplicado o procedimento previsto no art. 1.036, CPC, cabendo ao presidente do TST selecionar um ou mais recursos representativos da controvérsia e encaminhá-los ao STF, sobrestando os demais até o pronunciamento definitivo da Corte (art. 896-C, §§ 14 e 15, CLT, Lei 13.015).

O presidente do TST poderá oficiar os TRTs e os Presidentes das Turmas e da Seção Especializada do Tribunal para que suspendam os processos idênticos aos selecionados como recursos representativos da controvérsia e encaminhados ao STF, até o seu pronunciamento definitivo.

A decisão firmada em recurso repetitivo não será aplicada aos casos em que se demonstrar que a situação de fato ou de direito é distinta da discutida no processo julgado sob o rito dos recursos repetitivos.

Caberá revisão da decisão firmada em julgamento de recursos repetitivos quando se alterar a situação econômica, social ou jurídica, caso em que será respeitada a segurança jurídica das relações firmadas sob a égide da decisão anterior, podendo o TST modular os efeitos da decisão que a tenha alterado.

---

le, no aguardo do julgamento dos embargos, não sendo a hipótese de incidência do princípio da unir-recorribilidade. Rejeitada, por maioria, a preliminar de inadmissibilidade do recurso de embargos. NEGATIVA DE PRESTAÇÃO JURISDICIONAL. RECURSO DE EMBARGOS INTERPOSTO DEPOIS DA VIGÊNCIA DA LEI Nº 11.496/2007. [...] BANCO DO BRASIL. HORAS EXTRAS. CARGOS DE CONFIANÇA. RECURSO DE EMBARGOS INTERPOSTO DEPOIS DA VIGÊNCIA DA LEI Nº 11.496/2007. [...]" (TST – SDI-I – E-ED-RR 660.023/2000-9 – Rel. Min. Horácio Senna Pires – *DJ* 2-5-2008).

[10] "AGRAVO REGIMENTAL EM RECURSO EXTRAORDINÁRIO. DIREITO PROCESSUAL E MATERIAL DO TRABALHO. 1. São autônomos os acórdãos proferidos em agravo de instrumento e em recurso de revista, ainda que formalizados em um mesmo documento. 2. A interposição de recurso de embargos (CLT, art. 894) contra o acórdão do recurso de revista não impede a impugnação imediata, por recurso extraordinário, do acórdão relativo ao agravo de instrumento. O julgamento dos embargos pode dar ensejo à interposição de outro extraordinário, sem que disso resulte, por si só, a inviabilidade de qualquer um deles. 3. Agravo regimental provido apenas para afastar a causa de inadmissibilidade apontada na decisão ora agravada" (STF – 1ª T. – AG. REG. no RExt 562.900/RS – Rel. Min. Luís Roberto Barroso – j. 26-11-2013).

14.6 DISSÍDIO JURISPRUDENCIAL

Quando o recurso extraordinário se fundar em dissídio jurisprudencial, o recorrente fará a prova da divergência com a certidão, cópia ou citação do repositório de jurisprudência, oficial ou credenciado, inclusive em mídia eletrônica, em que houver sido publicado o acórdão divergente, ou ainda com a reprodução de julgado disponível na rede mundial de computadores, com indicação da respectiva fonte, devendo-se, em qualquer caso, mencionar as circunstâncias que identifiquem ou assemelhem os casos confrontados (art. 1.029, § 1º, CPC; Súm. 291, STF).

Não existe óbice para que a sistemática do art. 1.029, § 1º, CPC, também seja aplicada ao processo do trabalho.

Além de indicar ou apresentar a decisão divergente, cabe ao recorrente proceder ao confronto analítico, demonstrando onde reside a divergência na interpretação, transcrevendo o trecho do acórdão paradigma e do acórdão atacado.[11]

Cumpre ressalvar que o dissídio jurisprudencial, por si só, quando resultar interpretações divergentes de lei federal por tribunais distintos, enseja o recurso especial (art. 105, III, c, CF). O que não ocorre com o recurso extraordinário.

O recurso extraordinário não será admitido quando, fundado em divergência jurisprudencial, o Plenário do STF já se firmou no mesmo sentido da decisão recorrida (Súm. 286).

Certo é que julgados do mesmo tribunal não servem para fundamentar o recurso extraordinário por divergência jurisprudencial (Súm. 369).

14.7 PRAZO RECURSAL

O prazo para interposição do recurso extraordinário é de 15 dias (art. 1.003, § 5º, CPC). A Fazenda Pública e o Ministério Público têm prazo em dobro (art. 180, CPC). O prazo é computado em dias úteis (art. 219, CPC; art. 775, CLT).

14.8 PREPARO RECURSAL

As custas processuais são recolhidas segundo a tabela de custas do próprio STF. Atualmente, a matéria está disciplinada pela Resolução 737/2021 (valor atual: R$ 223,79), além da necessidade de recolhimento das despesas de remessa e retorno dos autos, conforme o peso do processo (consulte a tabela do STF constante da Resolução 737).

Nos termos da Resolução 737, os valores deverão ser recolhidos na rede bancária da seguinte forma, juntando-se os comprovantes aos autos:

---

[11] "O recorrente deve demonstrar em suas razões de recurso, de forma analítica, onde reside a divergência na interpretação da lei federal, transcrevendo o trecho do acórdão paradigma e o trecho do acórdão recorrido onde isto ter-se-ia verificado. Embora a exigência da transcrição do trecho em que se deu a divergência não decorra da lei, mas de norma regimental (RISTJ 255 § 2º), se o recorrente assim não agir o STJ não terá condições de avaliar a existência da divergência, motivo por que poderá deixar de conhecer o recurso por não estar presente o requisito da CF 105 III c. V. RISTJ 255 § 2º" (NERY JUNIOR, Nelson; NERY, Rosa Maria de Andrade. *Código de Processo Civil Comentado*, 9. ed., p. 796).

a) custas, por feito, mediante Guia de Recolhimento da União (GRU), do tipo "cobrança" – ficha de compensação, emitida no sítio eletrônico do STF;

b) porte de remessa e retorno dos autos:

   b1) mediante a GRU, do tipo "cobrança" – ficha de compensação, emitida no sítio eletrônico do STF;

   b2) quando o tribunal de origem for do Poder Judiciário Estadual e arcar com as despesas: (1) de remessa e retorno, será recolhido ao erário local o custo total da tabela, na forma por ele disciplinada; (2) apenas de remessa, será recolhido ao erário local o valor correspondente à metade do valor da tabela, na forma disciplinada pelo órgão estadual, e ao erário federal a outra metade (porte de retorno).

c) no formulário eletrônico para emitir a GRU do tipo "cobrança", o campo de dados pessoais deve ser preenchido com o nome completo ou razão social da parte do processo, de seu advogado ou do responsável pela emissão da guia, com seu número de cadastro de pessoas físicas ou jurídicas.

d) quando, por problemas técnicos, a GRU não puder ser emitida no sítio eletrônico do STF, o recolhimento das custas poderá ser feito na forma orientada pela Central de Atendimento do STF (atendimento@stf.jus.br ou (61) 3217-4465).

Segundo o STF, não se pode exigir a garantia ou o depósito recursal disciplinado no processo do trabalho para o recurso extraordinário oriundo da Justiça Especializada (Tema 679, RE 607447, Rel. Min. Marco Aurélio).

14.9 EFEITOS

Segundo o próprio STF, não é provisória a execução na pendência de recurso extraordinário, ou de agravo destinado a fazê-lo admitir (Súm. 228). Assim, no processo trabalhista, a execução será definitiva, ainda que haja pendência do extraordinário.

Até porque a interposição de recurso para o STF não prejudicará a execução do julgado (art. 893, § 2º, CLT).

O TST entende que não há direito líquido e certo à execução definitiva na pendência de recurso extraordinário, ou de agravo de instrumento visando destrancá-lo (OJ 56, SDI-II).

Até recentemente, segundo entendimento do STF, não compete ao Supremo conceder medida cautelar para dar efeito suspensivo a recurso extraordinário que ainda não foi objeto de juízo de admissibilidade na origem (Súm. 634). Assim, caberia ao presidente do tribunal de origem decidir o pedido de medida cautelar em recurso extraordinário ainda pendente do seu juízo de admissibilidade (Súm. 635).

Com o CPC, a parte interessada poderá requerer efeito suspensivo ao recurso extraordinário (art. 1.029, § 5º) (incidente de efeito suspensivo), o qual será requerido: (a) ao Tribunal Superior requerido, no período compreendido entre a publicação da decisão de admissão do recurso e sua distribuição, ficando o relator designado para seu exame prevento para julgá-lo; (b) ao relator, se já distribuído o recurso; (c) ao Presidente ou Vice-presidente do tribunal recorrido, no período compreendido entre a interposição do recurso e a publicação da decisão de admissão do recurso, assim como no caso de o recurso ter sido sobrestado pelo incidente de demandas repetitivas (art. 1.037).

Entendemos que somente é possível conceder efeito suspensivo ao recurso extraordinário (incidente de efeito suspensivo) quando demonstrados os *periculum in mora* e o *fumus boni iuris*.

14.10 PROCEDIMENTO

O recurso extraordinário é interposto perante o presidente do TST (art. 1.029, CPC). Assim, o apelo deve ser endereçado ao presidente do TST, enquanto as razões do recurso hão de ser endereçadas para a turma do STF (art. 9º, III, RISTF).

Recebida a petição pela secretaria do TST, o recorrido será intimado para apresentar contrarrazões, findo o prazo para as contrarrazões, no prazo de 15 dias, em decisão fundamentada, o Presidente ou o Vice-presidente do TST deverá admitir ou não o recurso extraordinário (art. 1.030, CPC).

14.10.1 Admissibilidade pelo tribunal *a quo*

Após o decurso do prazo para o recorrido apresentar contrarrazões ao recurso extraordinário (art. 1.030, CPC), os autos serão conclusos ao Vice-presidente do TST, que deverá:

(a) negar seguimento: (1) a recurso que discuta questão constitucional à qual o STF não tenha reconhecido a existência de repercussão geral ou a recurso interposto contra acórdão que esteja em conformidade com entendimento do STF, exarado no regime de repercussão geral; (2) a recurso interposto contra acórdão que esteja em conformidade com entendimento do STF ou do TST, respectivamente, exarado no regime de julgamento de recursos repetitivos. Desta decisão caberá agravo interno (art. 1.030, § 2º, CPC; art. 1.021, CPC). Quem irá resolver o agravo é o Órgão Especial do TST (art. 76, I, "i", RITST);

(b) encaminhar o processo ao órgão julgador para realização do juízo de retratação, se o acórdão recorrido divergir do entendimento do STF ou TST, conforme o caso, nos regimes de repercussão geral ou de recursos repetitivos;

(c) sobrestar o recurso que versar sobre controvérsia de caráter repetitivo ainda não decidida pelo STF ou TST, conforme se trate de matéria constitucional ou infraconstitucional. Desta decisão caberá agravo interno (art. 1.030, § 2º, CPC; art. 1.021, CPC). Quem irá resolver o agravo é o Órgão Especial do TST (art. 76, I, "i", RITST);

(d) selecionar o recurso como representativo de controvérsia constitucional ou infraconstitucional;

(e) realizar o juízo de admissibilidade e, se positivo, remeter o feito ao STF, desde que: (1) o recurso ainda não tenha sido submetido ao regime de repercussão geral ou de julgamento de recursos repetitivos; (2) o recurso tenha sido selecionado como representativo da controvérsia; (3) o tribunal recorrido tenha refutado o juízo de retratação. Diante da decisão de inadmissibilidade, caberá agravo ao STF (prazo – 15 dias) (art. 1.042, CPC; art. 1.030, § 1º, CPC).

Diante da decisão de inadmissibilidade, caberá agravo ao STF (prazo – 15 dias) (art. 1.042, § 1º, CPC).

14.10.2 Admissibilidade pelo tribunal *ad quem*

Processado o recurso extraordinário no âmbito do TST, caberá ao ministro relator no STF proceder ao juízo de admissibilidade.

Na turma do STF, o relator poderá (art. 932, III e IV, CPC):

(a) não conhecer de recurso inadmissível, prejudicado ou que não tenha impugnado especificamente os fundamentos da decisão recorrida;

(b) negar provimento ao recurso que for contrário a: (1) súmula do STF; (2) acórdão proferido pelo STF ou pelo STJ em julgamento de recursos repetitivos; (3) entendimento firmado em incidente de resolução de demandas repetitivas ou de assunção de competência;

O regramento processual civil permite ainda ao relator (art. 932, V, CPC):

(a) depois de facultada a apresentação de contrarrazões, dar provimento ao recurso se a decisão recorrida for contrária a: (1) súmula do STF, do STJ ou do próprio tribunal; (2) acórdão proferido pelo STF ou pelo STJ em julgamento de recursos repetitivos; (3) entendimento firmado em incidente de resolução de demandas repetitivas ou de assunção de competência.

O STF poderá desconsiderar vício formal de recurso tempestivo ou determinar sua correção, desde que não o repute grave (art. 1.029, § 3º, CPC). Dentro dessa lógica, antes de considerar inadmissível o recurso, o relator concederá o prazo de cinco dias ao recorrente para que seja sanado vício ou complementada a documentação exigível (arts. 932, parágrafo único, e 938, § 1º).

Além disso, se o relator constatar a ocorrência de fato superveniente à decisão recorrida ou a existência de questão apreciável de ofício ainda não examinada que devam ser considerados no julgamento do recurso, intimará as partes para que se manifestem no prazo de cinco dias (art. 933).

Contra as decisões monocráticas do relator é cabível agravo interno (art. 1.021).

Se a decisão contiver partes autônomas, a admissão parcial, pelo presidente do tribunal *a quo*, de recurso extraordinário que, sobre qualquer delas se manifestar, não limitará a apreciação de todas pelo STF, independentemente de interposição de agravo de instrumento (Súm. 528).

O agravo deve ser dirigido ao ministro relator e as razões do recurso à turma.

Diante do agravo, o ministro relator poderá: (a) retratar-se, prosseguindo o exame do recurso extraordinário pela turma; (b) não se retratar, propondo o voto quanto ao agravo, o qual será julgado pela turma.

No caso de o agravo ser provido, haverá o julgamento do recurso extraordinário pela turma. O recurso cabível dessa decisão é o de embargos de divergência. Se o agravo não for provido pela turma, o recurso também cabível é o de embargos de divergência.

Certo é que o provimento do agravo por uma das turmas, ainda que sem ressalva, não prejudica a questão do cabimento do recurso extraordinário (Súm. 289, STF).

Quando for manifestamente inadmissível ou improcedente o agravo interno em votação unânime, o tribunal condenará o agravante a pagar ao agravado uma multa entre 1% e 5% do valor corrigido da causa, ficando a interposição de qualquer recurso condicionada ao depósito do respectivo (art. 1.021, §§ 4º e 5º, CPC).

O recurso ordinário e o extraordinário interpostos no mesmo processo de mandado de segurança, ou de *habeas corpus*, serão julgados conjuntamente pelo tribunal pleno (Súm. 299).

O STF, conhecendo do recurso extraordinário, julgará a causa, aplicando o direito à espécie (Súm. 456).

14.11 ESTRUTURA

Como os demais recursos que são interpostos em uma instância e remetidos para outra instância ou órgão julgador, o recurso extraordinário contém duas partes:

a) **petição de interposição.** Dirigida ao juízo *a quo*, contém requerimentos quanto ao regular processamento do recurso, à intimação da parte contrária e remessa dos autos ao tribunal competente. No caso de apresentação de guias do preparo recursal, é importante informar que se encontram anexas. Também poderá ser o momento processual adequado para requerer o benefício da assistência jurídica integral e gratuita ou a juntada da declaração de pobreza e procuração;

b) **razões recursais.** Dirigida ao juízo *ad quem*, leva ao tribunal as questões processuais e materiais de apreciação. Assim, sugerimos o seguinte desenvolvimento: identificação do processo; saudação ao tribunal e julgadores; breve resumo do processo; cabimento do recurso; demonstração da repercussão geral; questões de mérito; pedido e requerimentos finais (admissibilidade, processamento e acolhimento); informar o recolhimento do preparo recursal.

Na sistemática do CPC, a petição deve conter: (a) a exposição do fato e do direito; (b) a demonstração do cabimento do recurso interposto; (c) as razões do pedido de reforma ou de invalidação da decisão recorrida (art. 1.029, I a III).

Importante destacar que o recorrente deve demonstrar a repercussão geral das questões constitucionais discutidas no caso, nos termos da lei, a fim de que o tribunal examine a admissão do recurso, somente podendo recusá-lo pela manifestação de 2/3 de seus membros (art. 102, § 3º, CF).

14.12 CONTRARRAZÕES

Após a admissibilidade do recurso extraordinário, a parte contrária será intimada para apresentar suas contrarrazões no prazo de 15 dias (arts. 1.003, § 5º, 1.030, CPC).

As contrarrazões efetivam o princípio do contraditório, de modo que nessa oportunidade caberá à parte interessada se opor às alegações do recurso extraordinário. Como regra, são descabidas alegações de insatisfação da parte em contrarrazões, o que deve ser feito em recurso próprio. Contudo, também devem ser alegadas as questões envolvendo a admissibilidade do recurso.

14.13 MODELO DE PETIÇÃO DE RECURSO EXTRAORDINÁRIO

(petição de interposição)

EXCELENTÍSSIMO SENHOR DOUTOR _____
MINISTRO PRESIDENTE DO TRIBUNAL SUPERIOR DO TRABALHO

(10 cm)

Processo nº _____

ESTADO DO RIO DE JANEIRO, ente de direito de público, por seu procurador, nos autos da reclamação trabalhista que lhe foi proposta por **JODEFASTO FARIA PREVITAL**, vem, à presença de Vossa Excelência, em face do acórdão de fls. _____, interpor **RECURSO EXTRAORDINÁRIO**, com fundamento no art. 102, III, *a*, da CF/88, pelas razões que passa a expor.

A Recorrente informa que deixa de fazer o recolhimento do preparo recursal, ante sua natureza de direito público.

Requer o processamento do apelo com a regular intimação da parte contrária e a remessa dos autos ao Supremo Tribunal Federal.

Nestes termos,

pede deferimento.

Local e data

Advogado

OAB nº _____

RAZÕES DE RECURSO EXTRAORDINÁRIO

Recorrente: Estado do Rio de Janeiro

Recorrido: Jodefasto Faria Prevital

Origem: 3ª Turma do Tribunal Superior do Trabalho – TST

Processo: _____

SUPREMO TRIBUNAL FEDERAL

Colenda Turma

Nobres Julgadores

1 RAZÕES DO RECURSO

Após a aprovação em concurso público, aos 12-5-1996, o Recorrido passou a exercer o cargo de analista técnico, nível I, no setor de cadastramento do Estado da Guanabara, ora Recorrente.

O Recorrido possui uma relação jurídica regida pela CLT.

No exercício do direito de ação, com fundamento no princípio constitucional da igualdade (art. 5º) e seu desdobramento na própria CF (art. 7º, XXX), além do regramento infraconstitucional de garantia da igualdade salarial (arts. 5º e 461, CLT), pretendia equiparação salarial com outro servidor celetista.

Em primeira instância, a pretensão foi rejeitada.

O Recorrido, por meio de recurso ordinário, obteve a reforma do julgado originário junto ao TRT da _____, Região.

Em busca de uma decisão compatível com a ordem constitucional vigente, a Recorrente opôs recurso de revista para o TST, o qual foi admitido; contudo, equivocadamente, a 3ª Turma manteve o acórdão regional.

2 CABIMENTO DO RECURSO

O presente recurso extraordinário encontra guarida no art. 102, III, *a*, da CF, vez que a decisão atacada, quando reconheceu o direito do Recorrido a equiparação salarial, está em confronto direto e literal com a Constituição vigente, em especial, o art. 37, XIII, o qual a veda expressamente.

Não bastasse isso, por força da autonomia dos Poderes (art. 2º, CF), também não pode o Poder Judiciário invadir a esfera de competência do Poder Executivo (art. 61, § 1º, *a*).

Além da violação à ordem constitucional, cumpre ressaltar que é pacífico o entendimento desta Corte no sentido que não cabe ao Poder Judiciário, que não exerce função precípua de cunho legislativo, aumentar vencimentos de servidores públicos, sob fundamento de isonomia salarial (Súm. 339; Súmula Vinculante 37).

Presentes os requisitos objetivo e subjetivo de admissibilidade, deverá ser conhecido o presente recurso.

3 REPERCUSSÃO GERAL

É inegável que o objeto do presente recurso possui repercussão geral (art. 102, § 3º, CF; art. 1.035, CPC), projetando-se não apenas entre as partes litigantes, mas também na Administração Pública em geral e nas instâncias inferiores.

Não se pode esquecer que a finalidade do recurso extraordinário, como instrumento de direito processual, é a preservação da intangibilidade do ordenamento constitucional. O seu escopo é assegurar, nas situações concretas e individuais emergentes, o efetivo respeito à autoridade, à eficácia, à validade e à integridade ou inteireza positiva da Carta Política.

A repercussão geral da matéria do presente recurso está na importância econômica (finanças públicas), jurídica, social e política que o entendimento desta Corte trará às relações individuais trabalhistas e nos inúmeros casos idênticos ainda pendentes de apreciação jurisdicional.

No caso específico, friso a existência de entendimento sumulado e jurisprudencial pacífico dessa Corte sobre a impossibilidade de equiparação salarial por ordem judicial (art. 1.035, § 3º, I, CPC).

4 MÉRITO

A decisão atacada, ao reconhecer o direito do recorrido a isonomia salarial, com fundamento no princípio da igualdade (arts. 5º e 7º, XXX, CF), além de fazer menção aos arts. 5º e 461, da CLT, viola diretamente a ordem constitucional vigente.

Constitucionalmente, não cabe ao Poder Judiciário promover reajuste salarial, sendo que tal atribuição é de iniciativa privativa do chefe do Poder Executivo (art. 61, § 1º, II, *a*).

O princípio da autonomia dos Poderes é outro óbice ao reajuste salarial promovido pelo Judiciário aos servidores integrantes dos demais Poderes (art. 2º). Trata-se de um princípio basilar do Estado Democrático de Direito.

Ao lado desses pontos, o legislador constituinte veda a vinculação ou equiparação de quaisquer espécies remuneratórias para o efeito de remuneração de pessoal do serviço público (art. 37, XIII).

Tal questão já foi sumulada por esta Corte, no sentido de que não cabe ao Poder Judiciário, que não exerce função precípua de cunho legislativo, aumentar vencimentos de servidores públicos, sob fundamento de isonomia salarial (Súm. 339).

Destarte, a decisão de fls. _____ não pode persistir no sistema jurídico, devendo ser totalmente reformada, para rejeitar a pretensão inicial.

5 CONCLUSÃO

Ante as alegações apresentadas, o presente recurso deverá ser conhecido e provido, visando à manutenção da ordem constitucional vigente e à total improcedência das alegações iniciais.

Informa que deixa de fazer o preparo recursal, ante a natureza de direito público do Recorrente.

Nestes termos,

pede deferimento.

Local e data

Advogado

OAB nº _____

14.14 MODELO DE PETIÇÃO DE CONTRARRAZÕES AO RECURSO EXTRAORDINÁRIO

(petição de interposição)

EXCELENTÍSSIMO SENHOR DOUTOR
MINISTRO PRESIDENTE DO TRIBUNAL SUPERIOR DO TRABALHO

(10 cm)

Processo nº _____

JODEFASTO FARIA PREVITAL, por seu advogado, nos autos da reclamação trabalhista que move em face do **ESTADO DO RIO DE JANEIRO**, vem, à presença de Vossa Excelência, apresentar suas ***CONTRARRAZÕES AO RECURSO EXTRAORDINÁRIO***, com fundamento no art. 1.003, § 5º, CPC, nos termos das razões anexas.

Face à inexistência da repercussão geral (art. 102, § 3º, CF e art. 1.035, CPC), vez que a questão é isolada e não produz outros efeitos, o recurso interposto não deverá ser admitido.

Espera o regular processamento das contrarrazões e sua remessa ao STF.

Nestes termos,

pede deferimento.

Local e data

Advogado

OAB nº _____

CONTRARRAZÕES DE RECURSO EXTRAORDINÁRIO

Recorrido: Estado do Rio de Janeiro

Recorrente: Jodefasto Faria Prevital

Origem: 3ª Turma do Tribunal Superior do Trabalho

Processo: _____

SUPREMO TRIBUNAL FEDERAL

Colenda Turma

Nobres Julgadores

1 ADMISSIBILIDADE DO RECURSO

O recurso extraordinário de fls. _____ não pode ser admitido, ante a falta de demonstração inequívoca da repercussão geral (art. 102, § 3º, CF; art. 1.035, CPC).

O acórdão atacado cuida apenas e tão somente da aplicação isolada do princípio da igualdade e seus efeitos salariais, não produzindo efeitos sociais, políticos, financeiros ou jurídico que ultrapassem os interesses subjetivos da causa.

Pela análise de suas meras alegações genéricas, está claro que o Recorrente não demonstrou a existência do requisito específico de admissibilidade, como determina o art. 1.035, § 2º, do CPC.

Assim, não pode ser admitido o recurso interposto.

2 MÉRITO

Na remota hipótese de ser superada a questão preliminar, irreparável a decisão de fls. _____, porque a decisão encontra respaldo no princípio constitucional da igualdade (art. 5º, CF).

Como é de notório saber, o princípio da igualdade se projeta nas relações de trabalho, com a garantia constitucional de que não haverá qualquer tipo de distinção, seja por idade, sexo, cor ou estado civil (art. 7º, XXX ss., CF), em especial a *"proibição de qualquer discriminação no tocante a salário ..."*.

O princípio da igualdade também encontra previsão na própria CLT (art. 5º), sendo que no caso específico de distinção salarial, garante a equiparação salarial (art. 461, CLT).

Ou seja, é um sistema harmônico de normas e que efetivam o princípio da igualdade.

Friso que o princípio da igualdade, além de ser um princípio estruturante do Estado Democrático de Direito, encontra-se presente em inúmeros tratados internacionais ratificados pelo Brasil, entre eles, a Declaração dos Direitos Humanos da ONU e a Declaração de Princípios e Direitos Fundamentais da OIT.

A equiparação salarial reconhecida pelo Poder Judiciário não se confunde com reajuste salarial, como quer fazer crer o Recorrente, e possui, inclusive, motivação diversa. Trata-se, sim, de garantir a observância do princípio da igualdade inerente ao ser humano que se projeta nas relações de trabalho.

Discorrendo sobre a isonomia de vencimentos, Maria Sylvia Zanella Di Pietro afirma que "[...] *a Emenda Constitucional nº 19, excluiu do artigo 39, § 1º, a regra que assegurava isonomia de vencimentos para os cargos de atribuições iguais ou assemelhados do mesmo Poder ou entre servidores dos Poderes Executivo, Legislativo e Judiciário. Isto, contudo, não impedirá que os servidores pleiteiem o direito à isonomia, com fundamento no artigo 5º, caput e inciso I*" (*Direito Administrativo*. 20. ed. São Paulo: Atlas, 2007. p. 492).

Portanto, inaplicável os dispositivos constitucionais invocados ao caso concreto, bem como a Súmula 339 do STF, mencionada pelo Recorrente.

Assim, espera a manutenção integral da decisão atacada.

3 CONCLUSÃO

Ante as alegações apresentadas, o recurso de fls. _____, não poderá ser admitido, vez que ausente a repercussão geral (requisito de admissibilidade).

Ad cautelam, na remota hipótese de ser admitido o recurso, ele deve ser improvido, com a manutenção *in totum* do acórdão atacado.

Nestes termos,

pede deferimento.

Local e data

Advogado

OAB nº _____

CORREIÇÃO PARCIAL

15.1 FUNDAMENTO JURÍDICO

A correição parcial, também denominada de reclamação correicional, tem previsão no art. 709, II, da CLT, com disciplina nos Regimento Internos dos TRTs.

No âmbito do TST, as competências do Corregedor-Geral da Justiça do Trabalho são definidas no Regimento Interno da Corregedoria-Geral da Justiça do Trabalho (RICGJT) (arts. 45 ss, RITST).

O CPC prevê a representação ao corregedor contra magistrado que injustificadamente exceder os prazos previstos em lei, regulamento ou regimento interno (art. 235).

15.2 CABIMENTO

O vocábulo *correição* deriva do latim, *correctio*, e significa corrigir e reformar. Surge, no Brasil, com o art. 142 do Dec. 9.623/1911, que cuidava da organização judiciária do Distrito Federal.

Em sentido amplo, correição representa as auditorias que são efetuadas anualmente nas varas do trabalho (art. 682, XI, CLT).

Na Justiça do Trabalho, o corregedor-geral tem a atribuição para decidir sobre as correições parciais contra os atos atentatórios da boa ordem processual praticados pelos tribunais regionais e seus presidentes, quando inexistir recurso específico (art. 709, II, CLT). Trata-se da correição parcial, a qual também está inserida nos regimentos internos dos TRTs.

No âmbito do TST, entre outras atribuições, compete ao corregedor-geral exercer funções de inspeção e correição (permanente ou periódica, ordinária ou extraordinária, geral ou parcial) e decidir as correições parciais contra os atos atentatórios à boa ordem processual praticados pelos tribunais regionais, seus presidentes e juízes, quando inexistir recurso específico (art. 6º, I e II, RICGJT).

Manoel Antonio Teixeira Filho[1] afirma que a correição parcial é um recurso clandestino, ante o fato de que a sua disciplina está regulada em regimentos internos.

---

[1] TEIXEIRA FILHO, Manoel Antonio. *Sistema dos Recursos Trabalhistas*, 10. ed., p. 565-566.

Além dessa origem clandestina, nas lições do insigne jurista, denota ser um recurso judicial *sui generis*.

Para Janguiê Bezerra Diniz, a correição parcial é uma providência administrativa decorrente do direito de petição.

Valentin Carrion[2] ensina: *"É uma espécie de recurso camuflado, atentatório aos princípios processuais, inclusive àquele do Estado de direito, que proíbe que a jurisdição seja avocada pela hierarquia superior, salvo em recurso previsto expressamente. Essa deformação advém de não ter sido expressa e minuciosamente regulada pela lei processual. O CPC de 1973 circunscreveu-se a verberá-lo em sua exposição de motivos (nº 31). A correição parcial deve ser considerada como sendo medida exclusivamente censória, portanto, administrativa, que não deve extravasar a intocável superfície contenciosa, ou processual. São tantas e tão luminares as vozes processualistas que se manifestam (no sentido de que a correição é meramente administrativa) que se pode dizer ser unânime a doutrina (v. a longa relação de Moniz Aragão, A Correição Parcial). Essa doutrina é contrariada apenas por um cochilo legislativo isolado e por casuísmos paternalistas de decisões judiciárias, que representam o indesejado perigo de criar uma nova e ilegal linha recursal: [...] 'A chamada reclamação é correição disciplinar, ou figura intrusa, ditatorialiforme, como a chamou Pontes de Miranda' (apud A Correição Parcial, E. D. Moniz Aragão). Ressalta-se que cada ato do juiz, em princípio, está sujeito simultaneamente a duas ordens: a disciplinar e a processual. 'A diferença entre atos disciplinares e atos não disciplinares está ligada ao dever de organização dos serviços públicos, do qual emanam poderes aos responsáveis pelos serviços' (Pontes de Miranda, Comentários ao CPC de 1939). No processo trabalhista ainda é mais injurídico o uso da correição para fins contenciosos, porque se refere à ação em que é proferida a decisão interlocutória, e só está sob reforma do próprio Tribunal, em recurso contencioso. Assim diz a CLT, art. 893, § 1º: [...] Porque a correição parcial é disciplinar apenas e porque a norma procedimental o prevê expressamente, é intocável o ato do juízo, nos autos."*

Sergio Pinto Martins[3] chega a afirmar que não se trata de recurso mas, sim, de incidente processual.

A correição parcial é cabível quando o ato impugnado: (a) seja atentatório à boa ordem processual; (b) não possa ser impugnado por outro recurso ou por mandado de segurança; (c) cause prejuízo ao corrigente.[4]

---

[2] CARRION, Valentin. *Comentários à Consolidação das Leis do Trabalho*, atualizada por Eduardo Carrion, 31. ed., p. 775-776.

[3] MARTINS, Sergio Pinto. *Direito Processual do Trabalho*, 26. ed., p. 461.

[4] "ÓRGÃO ESPECIAL Correição Parcial. Finalidade. Correição parcial tem cabimento para corrigir erros, abusos e atos atentatórios à boa ordem processual, que importem em atentado a fórmulas legais do processo, quando para o caso não haja recurso ou outro meio processual específico" (TRT – 1ª R. – AgR 01162949820145010000 – Rel. Fernando Antonio Zorzenon da Silva – j. 29-1-2015).
"MANDADO DE SEGURANÇA. ALEGADO TUMULTO À BOA ORDEM PROCESSUAL. INCABÍVEL. Tendo a parte Impetrante alegado o atropelamento do andamento processual por parte do Juízo Impetrado, o qual, reconhecendo que por ocasião da suspensão dos prazos processuais em face da greve dos servidores desta justiça, ainda havia dois dias de prazo recursal, e, quando da retomada dos prazos, lhe determinou contestasse os cálculos de liquidação no pressuposto de já existir trânsito em julgado, deveria lançar mão da medida adequada para corrigir o alegado

Nos termos do art. 13 do RICGJT, admite-se a correição parcial para corrigir erros, abusos e atos contrários à boa ordem processual e que importem em atentado a fórmulas legais de processo, quando para o caso não haja recurso ou outro meio processual específico.

Além disso, o RICGJT prevê que, em situação extrema ou excepcional, poderá o Corregedor-Geral adotar as medidas necessárias a impedir lesão de difícil reparação, assegurando, dessa forma, eventual resultado útil do processo, até que ocorra o exame da matéria pelo órgão jurisdicional competente (art. 13, parágrafo único).[5]

A legislação não configura quais são os atos atentatórios à boa ordem processual. O exame dependerá do caso concreto. O juiz não é senhor absoluto do processo, mas é o responsável pela condução de seus trabalhos, e nessa condução não poderá causar prejuízos à ordem processual. Manoel Antonio Teixeira Filho fala de algumas hipóteses nas quais pode haver o cabimento da correição parcial: conversão do julgamento em diligência; indeferimento de provas; indeferimento da reunião de autos; designação de audiência. Mas cada caso é um caso, não havendo como disciplinar de forma técnica quais os atos que justificam ou não a correição parcial.

15.3 PRAZO RECURSAL

O prazo da correição parcial, como regra, é de cinco dias a contar da ciência do ato impugnado. O prazo é fixado nos regimentos do TST (art. 17, RICGJT) e dos TRTs. O prazo para a Fazenda Pública e o Ministério Público é em dobro (art. 180, CPC; art. 17, parágrafo único, RICGJT).

15.4 PREPARO

Não existe previsão legal para realização de preparo recursal.

---

tumulto à boa ordem processual que é a reclamação correicional. A circunstância não desafia mandado de segurança, este que não pode ser utilizado como sucedâneo de outras medidas previstas na legislação. Para o caso de *error in procedendo* à disposição da parte, a correição parcial" (TRT – 2ª R. – SDI – MS 11488002420105020000 – Rel. Sônia Aparecida Gindro – j. 18-10-2011).
"AGRAVO REGIMENTAL. CORREIÇÃO PARCIAL. Nos termos dos artigos 709, II, da CLT, e 34 do Regimento Interno deste Regional, a correição parcial é cabível para corrigir ações, omissões, abusos e atos contrários à boa ordem processual, que impliquem erro de procedimento, desde que não haja recurso específico para a parte. Se o ato judicial que supostamente atenta contra a boa ordem do procedimento era passível de impugnação perante a instância superior, mediante a interposição de recurso próprio, não é admissível a utilização do instrumento como sucedâneo do recurso específico. A discussão sobre a regularidade da intimação da agravante a respeito do teor da sentença proferida nos autos originários, e do direito à devolução do prazo recursal, foge, portanto, a esfera de atuação da Corregedoria Regional" (TRT – 3ª R. – OE – AgR 0000507-98.2013.5.03.0000 – Rel. João Bosco Pinto Lara – j. 10-4-2014).
"CORREIÇÃO PARCIAL. PREVISÃO DE RECURSO NA ESFERA JUDICIAL. NÃO CABIMENTO. A possibilidade de recurso na esfera judicial obsta o manejo da correição parcial (art. 34, *caput*, do Regimento Interno do TRT da 3ª Região)" (TRT – 3ª R. – OE – AgR 0000530-10.2014.5.03.0000 – Rel. Ricardo Antônio Mohallem – j. 11-12-2014).

[5] Matéria sob o exame do STF na ADIN 4.168, a qual foi proposta pela ANAMATRA.

15.5 EFEITOS

Como os demais recursos, a correição parcial possui os seguintes efeitos: devolutivo (art. 899, CLT), translativo, substitutivo (se admitido como um dos efeitos dos recursos) e extensivo. Como regra geral, não possui o efeito suspensivo, de modo que é possível a execução provisória do título judicial por cumprimento provisório de sentença ("carta de sentença") (art. 520, CPC).

Contudo, nos termos do regimento interno de cada tribunal, ao receber a correição parcial, o Corregedor poderá deferir, liminarmente, a suspensão do ato impugnado, desde que relevantes os fundamentos do pedido ou da eficácia do ato impugnado resultar justificado receio de dano irreparável ou de difícil reparação (art. 20, II, RICGJT).

15.6 PROCEDIMENTO

No TST, a correição parcial está disciplinada nos arts. 13 ss do RICGJT.

Ao despachar a petição inicial da correição parcial (art. 20), o Ministro Corregedor-Geral poderá: (a) indeferi-la, desde logo, caso seja incabível, inepta, intempestiva ou desacompanhada de documento essencial; (b) deferir, liminarmente, a suspensão do ato impugnado, desde que relevantes os fundamentos do pedido ou da eficácia do ato impugnado resultar justificado receio de dano irreparável ou de difícil reparação; (c) julgar, de plano, a correição parcial, desde que manifestamente improcedente o pedido.

Formalmente apta a petição inicial e regularmente instruída, o Ministro Corregedor-Geral ordenará a notificação da autoridade requerida, por ofício, mediante a remessa da cópia apresentada pelo autor, acompanhada dos documentos respectivos, para que se manifeste sobre o pedido, no prazo máximo de dez dias, prestando as informações que entender necessárias (art. 19).

Após a conclusão dos autos, o Corregedor-Geral proferirá decisão fundamentada e conclusiva, dentro do prazo de dez dias (art. 21, *caput*).

A decisão será publicada no Diário da Justiça e remetida por cópia, mediante ofício, ao autor, à autoridade a que se refere a impugnação e, se for o caso, ao terceiro interessado (art. 21, parágrafo único).

O Corregedor-Geral, se entender necessário, poderá determinar a remessa de cópia da decisão transitada em julgado a outros juízes e tribunais, para observância uniforme (art. 22).

A autoridade responsável pelo cumprimento da decisão oficiará à Corregedoria-Geral sobre a observância do determinado (art. 23).

Nos TRTs, o procedimento da correição parcial é disciplinado pelos regimentos internos (*norma interna corporis*). O recurso cabível das decisões proferidas em correição parcial é o agravo regimental.

Como regra, a correição parcial deve ser endereçada ao Corregedor Regional, contudo, em alguns TRTs, por força do regimento interno, a petição é endereçada ao próprio juiz corrigendo.

No âmbito do TRT da 2ª Região, a correição parcial é disciplinada nos arts. 177 a 180 do Regimento Interno. O prazo recursal é de cinco dias. A petição de correição parcial, acompanhada dos documentos indispensáveis ao seu processamento, sob pena de não conhecimento, será dirigida ao juiz da causa, que terá cinco dias para encaminhá-la à Corregedoria Regional, acompanhada das informações. Na hipótese de reconsideração do ato, a correição perderá o seu objeto. O prazo de cinco dias poderá ser prorrogado pela Corregedoria Regional, na ocorrência de força maior ou de outro motivo relevante, desde que solicitado pela autoridade. Na hipótese de situação extrema ou excepcional, o Corregedor poderá, em qualquer tempo, adotar as medidas necessárias a impedir lesão de difícil reparação e assegurar o resultado útil do processo, com eficácia até o exame meritório da correição, garantida a possibilidade de retratação e a interposição de agravo regimental. A correição será julgada no prazo de dez dias. No caso de ser necessária a aplicação de penalidade disciplinar, o processo será encaminhado ao Vice-Presidente Administrativo para ser apreciado pelo Tribunal Pleno. Na hipótese de ser julgada procedente a correição parcial, o juiz deverá dar imediato cumprimento à decisão, sob pena de responsabilidade.

15.7 ESTRUTURA

Nas correições parciais apresentadas junto ao TST, a petição inicial (art. 14, I a V, RICGJT), dirigida ao Corregedor Geral, deverá conter: (a) a qualificação do autor, a indicação da autoridade a que se refere a impugnação e, se for o caso, do terceiro interessado; (b) os fatos e os fundamentos jurídicos do pedido; (c) o pedido, com suas especificações; (d) a apresentação das provas necessárias à comprovação dos fatos alegados; (e) a data e a assinatura do autor, ou seu representante.

É facultado ao interessado apresentar a petição inicial da correição parcial mediante a utilização do Sistema de Peticionamento Eletrônico da Justiça do Trabalho (*e*-doc) (art. 16).

A petição inicial será obrigatoriamente instruída com: (a) certidão de inteiro teor, ou cópia reprográfica autenticada que a substitua, da decisão ou despacho reclamado e das peças em que se apoiou; (b) outras peças que contenham elementos necessários ao exame do pedido e da sua tempestividade; (c) instrumento de mandato outorgado ao subscritor, caso houver (art. 15, I a III).

A petição inicial e os documentos que a acompanham deverão ser apresentados em tantas vias quantas necessárias ao processamento e à instrução da correição parcial (art. 15, § 1º).

As cópias reprográficas de peças do processo de correição parcial poderão ser declaradas autênticas pelo próprio advogado, sob sua responsabilidade pessoal (art. 15, § 2º).

15.8 MODELO DE PETIÇÃO DE CORREIÇÃO PARCIAL

EXCELENTÍSSIMO SENHOR DOUTOR JUIZ DA VARA
DO TRABALHO DE SÃO PAULO – 2ª REGIÃO

(10 cm)

Processo nº _____

FELIPE DIAS, por seu advogado, nos autos da reclamação trabalhista que move em face da **ABC LTDA.**, vem, à presença de Vossa Excelência, com fulcro nos arts. 678, I, *d*, nº 2, e 682, XI, CLT, e 178 ss do Regimento Interno do TRT da 2ª Região, arts. 79 e seguintes do Consolidação das Normas da Corregedoria do TRT da 2ª Região, propor a presente ***CORREIÇÃO PARCIAL, COM PEDIDO DE RECONSIDERAÇÃO*** em face do **ATO DO JUIZ DO TRABALHO DA VARA DO TRABALHO DE SÃO PAULO**, Dr. RAIMUNDO FLORIANO PESSOA CAVALCANTE, proferido nos autos do processo trabalhista nº _____, pelos motivos abaixo expostos.

DOS FATOS E FUNDAMENTOS

Em 25-11-2021, o Dr. Raimundo Floriano Pessoa Cavalcante, Juiz Titular da _____ Vara do Trabalho de São Paulo, mesmo diante da alegação de que o local de trabalho será desativado em breve, indeferiu a prova pericial técnica solicitada pelo Recorrente, ora corrigente (doc. 02, ata de audiência).

Citado ato judicial reputa-se decisão interlocutória, contra a qual não cabe recurso de imediato (art. 893, § 1º, CLT; Súm. 214, TST), logo, é cabível a correição parcial.

Consta do elenco dos pedidos da petição inicial (doc. 03) o pedido de adicional de periculosidade.

Nas dependências da Recorrida (garagem situada na Rua Prudente de Morais, nº _____), o Recorrente exercia as funções de lavador de veículos.

Além das funções de lavador de veículos, como narrado na causa de pedir (tópico 03 da petição inicial, doc. 03), o Recorrente também executava, diariamente, as tarefas de abastecimento dos caminhões da Recorrida.

O Juiz Corrigendo indeferiu as provas orais e a prova técnica sob o fundamento de que, pelas máximas da experiência, um simples lavador de veículo não poderia fazer o abastecimento de caminhões.

A decisão judicial atacada representa um gravíssimo tumulto processual, visto que somente se aplica às máximas da experiência, quando se está diante da ausência de normas jurídicas particulares ou quando não se tenha a possibilidade da realização da prova pericial técnica (art. 375, CPC).

Com a desativação do local de trabalho em breve, a não realização da prova pericial no presente momento trará dano irreparável.

Assevere-se ainda que arguida em juízo a periculosidade, o Juiz deverá providenciar a prova técnica, como solicitado (art. 195, § 2º, CLT).

A Corte Regional já se manifestou em caso idêntico:

"ADICIONAL DE INSALUBRIDADE. PERÍCIA. NECESSIDADE. NULIDADE DA SENTENÇA. Não sendo realizada a perícia, nos moldes do artigo 195, § 2º, da Consolidação das Leis do Trabalho, impossível o convencimento acerca da existência ou não de insalubridade, obstando o acolhimento do pleito referente ao pagamento do adicional de insalubridade. Recurso ordinário provido para o fim de acolher preliminar de nulidade, arguida ex officio, reabrindo a instrução processual" (TRT – 7ª R. – RO 49.2008-021-07-00-0 – Rel. Manoel Arízio Eduardo de Castro – *DJe* 9-3-2009 – p. 7).

O indeferimento das provas orais (para comprovar as tarefas de abastecimento) e a prova técnica para justificar se essa tarefa justifica o adicional de periculosidade causam gravíssimos prejuízos ao Recorrente, visto que não se tem a possibilidade de provar em juízo não só o fundamento fático, como o fundamento jurídico do pedido de adicional de periculosidade.

PEDIDO E REQUERIMENTOS

Diante do exposto, o Recorrente espera que Vossa Excelência reconsidere a decisão de fls. _____, com a determinação da reabertura da instrução processual, para que sejam ouvidas as testemunhas do Reclamante e que, na sequência, se faça a regular perícia técnica, evitando, assim, a caracterização da violação ao amplo direito de defesa (art. 5º, LV, CF) e o perecimento da prova técnica.

Em sendo outro o entendimento de V. Exª, requer que a presente correição parcial seja autuada com os documentos em anexo e com as informações de Vossa Excelência, com sua remessa seja remetida à Corregedoria Regional do TRT da 2ª Região para a sua regular apreciação.

Após a manifestação da parte contrária, no julgamento de mérito da presente reclamação correicional, espera seu provimento pelo Juiz Corregedor, com a determinação de reabertura da instrução processual, para a produção da prova testemunhal e pericial prejudicada.

Nestes termos,

pede deferimento.

Local e data

Advogado

OAB nº _____

PEDIDO DE REVISÃO

16.1 FUNDAMENTO JURÍDICO

O pedido de revisão (recurso) está previsto no art. 2º, Lei 5.584/70.

16.2 CABIMENTO

Mesmo no processo do trabalho, a fixação do valor da causa segue os critérios fixados no CPC (arts. 291 e 292). Apesar de a CLT não prever expressamente o valor da causa como requisito da reclamação trabalhista inicial (art. 840, § 1º, CLT, redação dada pela Lei 13.467/17), atualmente, pela necessidade de se fixar o procedimento (ordinário, sumário e sumaríssimo), trata-se de um requisito obrigatório. Além disso, parece ser uma decorrência lógica da exigência dos pedidos líquidos.

A IN 41/18 indica que os arts. 291 a 293 devem ser observados para fins de cálculo do valor da causa (art. 12, § 2º).

Se o valor da causa for indeterminado, o juiz, antes de passar à instrução, fixará *ex officio* o valor (art. 2º, Lei 5.584).

A alçada é fixada pelo valor dado à causa na data do seu ajuizamento, exceto se o valor não for impugnado (Súm. 71, TST).

No processo civil, a parte interessada deverá promover a impugnação da causa na contestação (arts. 293 e 337, III, CPC). Não havendo impugnação, presume-se aceito o valor atribuído à causa na petição inicial.

Exceção a isso se dará quando o juiz *ex officio* fixar o valor da causa em audiência. Nesse caso, em audiência, ao aduzir razões finais, poderá qualquer das partes impugnar o valor fixado (art. 2º, § 1º, Lei 5.584). Caso haja o fracionamento da audiência, a impugnação se fará na primeira oportunidade (art. 795, CLT).

O pedido de revisão (recurso) está ligado à ideia do procedimento sumário. Isso se dá principalmente pelo fato de que no processo com valor igual ou inferior a dois salários mínimos a sentença é irrecorrível, salvo quando versar sobre matéria constitucional (art. 2º, Lei 5.584).

Atualmente, também se admite o pedido de revisão para atacar as decisões interlocutórias que rejeitam a impugnação ao valor da causa, mesmo quando ela ocorre em outros procedimentos (sumaríssimo e ordinário).

Questão diária de difícil solução ocorre quando, considerando a audiência una, o juiz, após rejeitar a impugnação (decisão interlocutória), resolve a reclamação trabalhista (sentença), como ocorreria quando inexistem provas a serem produzidas em audiência ou em questões apenas de direito.

Nas reclamações com questões de direito, também, poderia o juiz, na mesma decisão, rejeitar a impugnação e analisar o mérito da ação.

No primeiro caso, parece-nos que mesmo depois da sentença de mérito, o recurso contra a decisão interlocutória que rejeita a impugnação ao valor da causa é o pedido de revisão, pois é um recurso de competência do presidente do TRT. O pedido de revisão não suspende o prazo do recurso ordinário que deverá ser interposto e, com a procedência do pedido de revisão, o recurso não poderá deixar de ser processado apenas porque não cuida de questões constitucionais.

No segundo caso, diante da impossibilidade de haver mais de um recurso contra a mesma decisão (princípio da singularidade ou unicidade recursal), a solução é concentrar toda a matéria recursal no recurso ordinário, tratando da questão como matéria preliminar e, em havendo decisão denegatória de processamento, interpor o agravo de instrumento.

Nesse caso, a questão preliminar passa a ser de competência da turma e não mais do presidente do TRT, já que a competência do presidente do TRT não é do conteúdo da decisão interlocutória, mas sim do pedido de revisão (do recurso). Se a matéria faz parte do recurso ordinário, a competência recursal é da turma.

O TST, em questão semelhante, considera incabível a impetração de mandado de segurança contra ato judicial que, de ofício, arbitrou novo valor à causa, acarretando a majoração das custas processuais, uma vez que cabia à parte, após recolher as custas, calculadas com base no valor dado à causa na inicial, interpor recurso ordinário e, posteriormente, agravo de instrumento no caso de o recurso ser considerado deserto (OJ 88, SDI-II).

16.3 ELABORAÇÃO DE CÁLCULOS NO PEDIDO DE REVISÃO E O PJE-CALC

Para atuação no processo do trabalho, sempre se recomendou ao profissional um bom conhecimento de cálculos trabalhistas. Com o PJe-calc, o conhecimento de cálculos passou a ser uma exigência maior.

A pedido do Conselho Superior da Justiça do Trabalho, o TRT da 8ª Região desenvolveu o sistema de cálculos visando sua utilização no âmbito nacional da Justiça do Trabalho, denominado de PJe-calc.

Com isso, sempre que possível, as sentenças e os acórdãos serão líquidos, fixando os valores relativos a cada um dos pedidos acolhidos, indicando o termo inicial e os critérios para correção monetária e juros de mora, além de determinar o prazo e as condições para o seu cumprimento (arts. 1º e 2º, Recomendação GCGJT 4, de 26-9-2018).

Para tanto, a partir de janeiro de 2021, os cálculos de liquidação de sentença apresentados por usuários internos e peritos judiciais deverão ser juntados obrigatoriamente em PDF e com o arquivo "pjc" exportado pelo PJe-calc (art. 22, § 6º, Resolução CSJT 185/17).

Já os cálculos apresentados pelas partes e outros (usuários externos) em primeira oportunidade deverão estar em arquivo PDF e, a critério dos interessados, preferencialmente acompanhados do arquivo "pjc" exportado pelo PJe-calc (art. 22, § 7º).

Em outras palavras, a reclamação trabalhista deverá estar acompanhada de cálculos de liquidação, os quais poderão ser pontualmente impugnados com outros cálculos em contestação, se houver interesse. Com isso, sempre que possível, as sentenças também estarão acompanhadas de sua liquidação, dispensando a fase de liquidação de sentença.

Em se tratando de decisão interlocutória que julgue a impugnação ao valor da causa, com cálculos de liquidação anexos, o pedido de revisão também deverá impugnar pontualmente os cálculos, demonstrando seu equívoco de forma matemática.

16.4 PRAZO RECURSAL

A parte interessada tem o prazo de 48 horas para interpor o pedido de revisão (art. 2º, § 2º, Lei 5.584).

De acordo com o Decreto-Lei 779/69, o prazo é em dobro para a União, Estados, Distrito Federal e Municípios, bem como para as autarquias ou fundações de direito público federais, estaduais e municipais que não explorem atividades econômicas (art. 1º, III). O Ministério Público também tem prazo em dobro para recorrer (art. 180, CPC).

16.5 PREPARO RECURSAL

Não existe previsão legal para realização de preparo recursal.

16.6 EFEITOS

Como os demais recursos, o pedido de revisão possui os seguintes efeitos: devolutivo (art. 899, CLT), translativo, substitutivo (se admitido como um dos efeitos dos recursos) e extensivo. Não possui efeito suspensivo (art. 2º, § 2º, Lei 5.584).

16.7 PROCEDIMENTO

Com a rejeição da impugnação ao valor da causa pelo juiz, ou seja, manutenção do valor da causa indicado, a decisão interlocutória torna-se atacável pelo recurso de pedido de revisão.

Assim, descabe a mera insatisfação (contrariedade ou impugnação ou "protesto") da parte na ata de audiência.

O pedido de revisão é um recurso *sui generis* no processo do trabalho, pois visa propiciar a recorribilidade da decisão interlocutória que rejeitou a impugnação ao valor da causa. As decisões interlocutórias são, como regra, irrecorríveis.

A competência para análise do recurso é do presidente do TRT.

O julgamento do recurso ocorrerá em 48 horas.

16.8 ESTRUTURA

O recurso é dirigido diretamente ao presidente do TRT e deve ser instruído com cópia da petição inicial, cópia da ata de audiência e quaisquer outros documentos que a parte julgue interessantes para o convencimento do presidente do TRT.

16.9 CONTRARRAZÕES

Como decorrência do princípio do contraditório (art. 5º, LV, CF; art. 10, CPC), a parte contrária tem o direito de se manifestar sobre as alegações apresentadas.

As contrarrazões são feitas por simples petição dirigidas ao juiz competente para julgar o pedido de revisão.

16.10 MODELO DE PETIÇÃO DE PEDIDO DE REVISÃO

EXCELENTÍSSIMO SENHOR DOUTOR DESEMBARGADOR PRESIDENTE DO TRIBUNAL REGIONAL DO TRABALHO DA REGIÃO

(10 cm)

NDFJ ARTIGOS ESPORTIVOS LTDA., por seu advogado, nos autos da ação trabalhista proposta por **FRANCISCO COSTA BRAVA**, vem, à presença de Vossa Excelência, não se conformando com a decisão de fls. _____, a qual fixou o valor da causa em R$ 700,00, opor o **PEDIDO DE REVISÃO**, com fundamento no art. 2º, § 2º, da Lei 5.584/70, cujas razões seguem abaixo.

RAZÕES DO PEDIDO DE REVISÃO

Equivocadamente, o valor da causa indicado na petição inicial é de R$ 1.200,00.

No entanto, não existe relação dos pedidos realizados com o valor atribuído à causa, nos termos dos arts. 291 e 292, CPC.

O pedido inicial diz respeito às diferenças de percentual de comissão (4% para 2%) e faz alusão às incidências/reflexos em outras verbas de natureza trabalhista.

Ao contrário da petição inicial, o Recorrido, de acordo com o demonstrativo aritmético (fls. _____), indica o valor das diferenças pretendidas em R$ 22.755,00.

Com base no demonstrativo do próprio Recorrido, a Recorrente, em contestação, fez a impugnação ao valor da causa.

Sem que houvesse motivação, a impugnação apresentada foi rejeitada em audiência (fls. _____).

Assim, a decisão atacada, além de não observar o valor da pretensão inicial, viola diretamente o princípio da motivação das decisões judiciais (art. 93, IX, CF; art. 11, CPC), de modo que não poderá prevalecer.

CONCLUSÃO

Diante do exposto, espera que o presente recurso seja conhecido e provido para declarar a nulidade da decisão de fls. _____, por ausência de motivação, e ainda se atribua o valor da causa de forma compatível com a pretensão inicial.

Informa que se encontram anexas cópias (petição inicial; demonstrativos de cálculos que acompanham a reclamação inicial; contestação da ata de audiência – decisão atacada), todas devidamente autenticadas, nos termos do art. 830, CLT.

Nestes termos,

pede deferimento.

Local e data

Advogado

OAB nº _____

Obs. Acompanhada da planilha de cálculos em arquivo PDF (preferencialmente, extraída do PJe-calc).

RECURSO ADESIVO

17.1 FUNDAMENTO JURÍDICO

O recurso adesivo (também conhecido como recurso subordinado ou recurso acessório) é disciplinado pelo art. 997, § 1º, CPC, e pela Súm. 283, TST.

17.2 CABIMENTO

Nos casos em que o reclamante e a reclamada forem vencidos (sentença parcialmente procedente), ao recurso interposto por qualquer das partes, a outra poderá aderir (recurso adesivo) (art. 997, § 1º, CPC). É necessária a interposição do recurso da parte contrária (recurso principal).

Como regra, todos os recursos são independentes, contudo, pode haver o caso do recurso adesivo (caráter subordinado).

Na estrutura do CPC, o adesivo é admissível na apelação, no recurso extraordinário e no recurso especial (art. 997, § 2º, II).

Admite-se o recurso adesivo no processo do trabalho, nas hipóteses de interposição de recurso ordinário, de agravo de petição, de revista e de embargos (Súm. 283, TST).

Manoel Antonio Teixeira Filho aponta algumas singularidades desse recurso:

a) a oposição do recurso adesivo é faculdade da parte;
b) qualquer ato que implique aceitação, tácita ou expressa, da sentença, significa que a parte não poderá recorrer (art. 1.000, CPC);
c) o adesivo pode abranger parte da matéria que pode ser impugnada pela parte;[1]

---

[1] "A admissibilidade do recurso de revista requer, também, que autor e réu tenham ficado vencidos em face do pronunciamento jurisdicional: é a sucumbência parcial, a que a doutrina muitas vezes se refere como sucumbência recíproca (sic). Esta última expressão, contudo, é imprópria, se levarmos em conta que cada tópico da decisão constitui, em si, um todo, razão por que pela contra a lógica quem fala em reciprocidade no sucumbimento. O que ocorre, isto sim, nesses casos, é que cada litigante fica vencido em partes distintas da sentença, configurando, desse modo, um estado de sucumbência parcial" (TEIXEIRA FILHO, Manoel Antonio. *Curso de Direito Processual do Trabalho*, v. 2, p. 1794).

d) não há o adesivo no recurso *ex officio*;
e) não há adesivo a um outro adesivo; o recurso só se relaciona com o recurso principal da outra parte;
f) por regra, no julgamento dos recursos (principal e adesivo), a análise inicial se relaciona com o principal e, posteriormente, com o adesivo. Contudo, em situações especiais, após admitir os recursos, "*apreciará, em primeiro lugar, o conteúdo do adesivo, para só depois, disso – e, se for o caso –, julgar o principal. Isso ocorrerá, por exemplo, quando o adesivo contiver matéria prejudicial do principal, como: alegação de falta das condições da ação; arguição de prescrição extintiva total; de inconstitucionalidade da lei ou de ato normativo, em que fundou a sentença impugnada, etc.*";[2]
g) a Fazenda Pública tem o prazo em dobro (16 dias) para recorrer adesivamente (art. 6º, Lei 5.584/70; art. 900, CLT);
h) o efeito devolutivo no adesivo fica limitado à matéria impugnada pela parte, excetuando as matérias de ordem pública, as quais podem ser conhecidas de ofício (art. 1.009, CPC);
i) no litisconsórcio unitário, o apelo adesivo oposto por um dos colitigantes aproveita aos demais (art. 1.005, CPC);
j) a parte pode desistir do recurso adesivo independentemente da aquiescência da parte contrária;
k) o empregador, quando da formulação do adesivo, se necessário, deverá pagar as custas processuais e efetuar a comprovação do depósito recursal.

Manoel Antonio Teixeira Filho entende que o fato de a parte não impugnar o despacho denegatório do seu recurso principal não lhe retira o direito de opor o adesivo. Para ele, o disposto no art. 183, *caput*, do CPC/73 fica absorvido pela regra específica do art. 500 (CPC/73) (arts. 223 e 997, CPC/15).

Em nossa visão, com a interposição inadequada do recurso principal, tem-se a preclusão consumativa e a aplicação do princípio da unirrecorribilidade. Pelos mesmos motivos, também não se mostra aceitável a desistência do recurso principal interposto para que se possa interpor um recurso adesivo.

17.3 OBJETO

Apesar de seu caráter subordinado, no recurso adesivo, a parte interessada deverá direcionar-se contra a decisão recorrida. Ou seja, pleitear a reforma da decisão atacada, aduzindo as alegações que poderiam ter sido feitas em recurso principal. Não existe vinculação das matérias do recurso principal de uma das partes com o recurso adesivo da parte contrária (Súm. 283, TST).

Se a sentença foi líquida, com cálculos de liquidação (PJe-calc), o recurso também deverá impugnar os cálculos, com demonstração matemática.

---

[2] TEIXEIRA FILHO, Manoel Antonio. Ob. cit., v. 2, p. 1798.

17.4 PRAZO RECURSAL

O recurso adesivo será interposto no prazo que a parte dispõe para responder ao recurso principal – interposição simultânea (art. 997, CPC). Em outras palavras, no prazo das contrarrazões.

17.5 PREPARO RECURSAL

No recurso adesivo, é necessário o preparo recursal (recolhimento de custas processuais e depósito recursal), observando as peculiaridades de cada recurso (ordinário, agravo de petição, revista e de embargos) (art. 997, § 2º, CPC).

17.6 EFEITOS

O recurso adesivo possui os seguintes efeitos: devolutivo (arts. 899 e 896, § 1º, CLT), translativo, substitutivo (se admitido como um dos efeitos dos recursos) e extensivo. Como regra geral, não possui o efeito suspensivo, de modo que é possível a execução provisória do título judicial por cumprimento provisório de sentença ("carta de sentença") (art. 520, CPC).

Contudo, cumpre destacar que o sistema jurídico prevê a existência do efeito suspensivo ao recurso ordinário (ainda que adesivo) em dissídio coletivo na medida e extensão conferidas em despacho pelo presidente do TST (art. 14, Lei 10.192/01).

Demonstrando a existência dos requisitos legais para a concessão da medida, o recorrente deverá solicitar a concessão excepcional do efeito suspensivo ao recurso adesivo, mediante requerimento dirigido ao tribunal, ao relator ou ao presidente ou ao vice-presidente do tribunal recorrido, por aplicação subsidiária ao processo do trabalho do art. 1.029, § 5º, CPC (Súm. 414, I, TST).

17.7 PROCEDIMENTO

A interposição do recurso adesivo será perante a autoridade competente para admitir o recurso principal (art. 997, § 2º, I, CPC).

Não será conhecido se houver desistência do recurso principal ou se for ele declarado inadmissível (art. 997, § 2º, III).

Ao recurso adesivo se aplicam as mesmas regras do recurso independente, quanto às condições de admissibilidade, preparo e julgamento no tribunal superior (art. 997, § 2º).

17.8 ESTRUTURA

A estrutura do recurso adesivo deve observar a estrutura delineada de cada recurso (ordinário, agravo de petição, revista e de embargos), já sugerida em outros capítulos.

Sugerimos especial atenção com os requisitos de admissibilidade específicos de cada recurso.

17.9 CONTRARRAZÕES

Após a admissibilidade do recurso adesivo, a parte contrária será intimada para apresentar suas contrarrazões no mesmo prazo (art. 900, CLT).

As contrarrazões efetivam o princípio do contraditório, de modo que nessa oportunidade caberá à parte interessada se opor às alegações do recurso adesivo. Como regra, são descabidas alegações de insatisfação da parte em contrarrazões, o que deve ser feito em recurso próprio. Contudo, também devem ser alegadas as questões envolvendo a admissibilidade do recurso e as matérias de ordem pública e aquelas que o juiz deve conhecer de ofício.

17.10 MODELO DE PETIÇÃO DE RECURSO ORDINÁRIO ADESIVO

EXCELENTÍSSIMO SENHOR DOUTOR JUIZ DA _____
VARA DO TRABALHO DE _____

(10 cm)

Processo nº _____

FRANCISCO CRISTOVÃO XAVIER, por seu advogado, nos autos da reclamação trabalhista proposta contra **NDFJ ARTIGOS ESPORTIVOS LTDA.**, vem, à presença de Vossa Excelência, no prazo de contrarrazões, opor o *RECURSO ORDINÁRIO ADESIVO*, com respaldo nos arts. 997, § 1º, CPC, 895, *II*, da CLT e Súmula 283 do TST, cujas razões seguem anexas.

Requer o processamento do apelo com a regular intimação da parte contrária e a remessa dos autos ao Egrégio Tribunal Regional do Trabalho – 2ª Região.

Nestes termos,

pede deferimento.

Local e data

Advogado

OAB nº _____

RAZÕES DE RECURSO ORDINÁRIO ADESIVO

Recorrente: Francisco Cristovão Xavier

Recorrido: NDFJ Artigos Esportivos Ltda.

Origem: _____

Processo: _____

EGRÉGIO TRIBUNAL REGIONAL DO TRABALHO

Colenda Turma

Nobres Julgadores

BREVE RESUMO

No exercício do direito de ação, o Recorrente, outrora Reclamante, pretende a condenação da Recorrida ao pagamento: (a) de horas extras pela violação do intervalo intrajornada e as incidências em horas extras, 13º salário, férias, abono de férias, FGTS + 40%, aviso prévio e nos domingos e feriados; (b) de equiparação salarial com o Sr. Asbrubal Coelho, com apuração das diferenças salariais e incidências em horas extras, 13º salário, férias, abono de férias, FGTS + 40%, aviso prévio e nos domingos e feriados.

Ocorre que, após o devido processo legal, o juiz *a quo*, apesar das provas constantes dos autos, limitou-se a condenar a Recorrida ao pagamento das horas extras e suas incidências, rejeitando o pedido de diferenças salariais pela equiparação (a sucumbência é parcial).

Inconformado com tal decisão, o Recorrente pretende sua reforma, vez que a mesma destoa por completo das provas constantes dos autos.

Assim, presentes os pressupostos de admissibilidade, espera a reforma parcial do julgado.

EQUIPARAÇÃO SALARIAL

Consta da sentença (fls. _____): "*O paradigma foi admitido um ano antes que o reclamante para exercer a função de oficial mecânico de galvanoplastia, contudo, já tinha bastante experiência anterior, visto que em outras empresas, ao contrário do reclamante, tinha essa função. Logo, por haver um tempo superior a dois anos no exercício efetivo desta função, não há como se impor o trabalho de igual valor (não há a identidade qualitativa e a quantitativa). Declaro improcedente o pedido.*"

No entanto, equivocou-se o magistrado, pois não há diferença superior a dois anos entre o paradigma (sr. Asdrubal Coelho) e o paragonado (Recorrente) na função de oficial mecânico de galvanoplastia em relação à Recorrida, como determina o art. 461 da CLT.

Pela simples leitura de fls. _____, verificamos que o paradigma foi admitido em 10-1-2016 e o Recorrente foi contratado em 2-7-2017.

Portanto, procede à equiparação salarial pretendida e seus efeitos jurídicos (Súmula 6, item II).

O julgado *a quo* está equivocado e merece ser reparado.

CONCLUSÃO

Diante do exposto, o Recorrente espera que o recurso ordinário adesivo seja conhecido e, no mérito, que se tenha o regular provimento, para que seja acrescido à sentença: equiparação salarial com o Sr. Asdrúbal Coelho, com apuração de diferenças salariais e suas incidências em horas extras, 13º salário, férias, abono de férias, FGTS + 40%, aviso prévio e nos domingos e feriados.

Nestes termos,

pede deferimento.

Local e data

Advogado

OAB nº _____

18

LIQUIDAÇÃO DE SENTENÇA

18.1 CONCEITO DE LIQUIDAÇÃO E A SUA NATUREZA JURÍDICA

Entre as fases de conhecimento e de execução, no encadeamento processual, há uma fase intermediária, em que são praticados vários atos processuais, a qual é denominada de "liquidação de sentença".

O objetivo da liquidação é estabelecer os elementos necessários para a exata declinação numérica e pecuniária dos direitos reconhecidos ao credor (*quantum debeatur*).

Além da quantificação do crédito exequendo, a liquidação abrangerá, também, o cálculo das contribuições previdenciárias devidas (art. 879, § 1º-A, CLT) e outros tributos que possam incidir, como imposto de renda e proventos de qualquer natureza.

18.2 REGRAS GERAIS QUANTO À LIQUIDAÇÃO TRABALHISTA

Sendo ilíquida a decisão exequenda trabalhista, será ordenada, previamente, sua liquidação, que poderá ser feita por cálculo, por arbitramento ou por artigos (art. 879, *caput*, CLT).

Na liquidação trabalhista, não se poderá modificar, ou inovar, a sentença liquidanda, nem discutir matéria pertinente à causa principal (art. 879, § 1º).

Elaborada a conta e tornada líquida, o juízo deverá abrir às partes prazo comum de oito dias para impugnação fundamentada com a indicação dos itens e valores objeto da discordância, sob pena de preclusão (art. 879, § 2º, CLT, Lei 13.467/17). A nova regra não é aplicável à liquidação do julgado iniciada antes de 11-11-2017 (art. 14, IN 41/18, TST). Antes da Lei 13.467, o prazo era de dez dias, sendo que o magistrado tinha a faculdade de abrir prazo às partes para impugnação.

A Justiça do Trabalho tem competência para executar, de ofício, as contribuições sociais previstas no art. 195, I, *a*, e II, da CF, e seus acréscimos legais, decorrentes das sentenças que proferir e dos acordos que homologar (art. 114, VIII, CF; EC 19/98 e EC 45/04; art. 876, parágrafo único, CLT, Lei 13.467).[1]

---

[1] No RE 595.326, o STF deliberou que a competência da Justiça do Trabalho é competente para executar também os títulos formalizados em data anterior à promulgação da EC 20/98 (Rel. Marco Aurélio).

Ao interpretar o sistema processual, o STF fixou o entendimento "*a competência da Justiça do Trabalho prevista no art. 114, VIII, da Constituição Federal alcança a execução de ofício das contribuições previdenciárias relativas ao objeto da condenação constante das sentenças que proferir e acordos por ela homologados*" (Súm. Vinculante 53). Nesse sentido, é a Súmula 368, I, TST.

A Lei 10.035/00 acresceu ao art. 879 da CLT os seguintes parágrafos: (a) a liquidação abrangerá, também, o cálculo das contribuições previdenciárias (§ 1º-A); (b) as partes serão previamente intimadas para a apresentação do cálculo de liquidação, inclusive da contribuição previdenciária incidente (§ 1º-B); (c) elaborada a conta pela parte ou pelos órgãos auxiliares da Justiça do Trabalho, o juiz procederá à intimação da União para manifestação, no prazo de dez dias, sob pena de preclusão (§ 3º com a redação alterada pela Lei 11.457/07); (d) a atualização do crédito devido à Previdência Social observará os critérios estabelecidos na legislação previdenciária (§ 4º). Com a Lei 13.467, elaborada conta de liquidação, as partes terão prazo comum de oito dias para se manifestarem e apresentarem impugnada específica (indicação dos itens e valores), sob pena de preclusão (art. 879, § 2º). A Lei 13.467 não alterou o § 3º, art. 879. Por questão de isonomia, é razoável impor-se que o prazo também seja de oito dias para o credor previdenciário.

Da mesma forma que se dá no caso de acordos judiciais, o Ministro de Estado da Fazenda poderá, mediante ato fundamentado, dispensar a manifestação da União quando o valor total das verbas que integram o salário de contribuição, na forma do art. 28 da Lei 8.212/91, ocasionar perda de escala decorrente da atuação do órgão jurídico (art. 879, § 5º, CLT; acréscimo originário da Lei 11.457).

Como regra, é competente para a liquidação e execução das decisões o juízo que tiver conciliado ou julgado originariamente o dissídio (art. 877, CLT).

Quanto aos títulos extrajudiciais trabalhistas (os termos de ajuste de conduta e de conciliação firmados, respectivamente, perante o Ministério Público do Trabalho e as Comissões de Conciliação Prévia), será competente para a liquidação e execução o juiz que teria competência para o processo de conhecimento relativo à matéria (art. 877-A). O TST, por aplicação supletiva do art. 784, I, CPC, admitiu o cheque e a nota promissória emitidos em reconhecimento de dívida inequivocamente de natureza trabalhista como títulos extrajudiciais para efeito de execução perante a Justiça do Trabalho, na forma dos arts. 876 ss da CLT (art. 13, IN 39).

A execução será promovida pelas partes, permitida a execução de ofício pelo juiz ou pelo Presidente do Tribunal apenas nos casos em que as partes não estiverem representadas por advogado (art. 878, CLT). Essa alteração legislativa fere o princípio constitucional da razoabilidade da duração do processo (art. 5º, LXXVIII).

Os erros existentes (de escrita, de datilografia ou de cálculo) na decisão exequenda poderão ser corrigidos, *ex officio*, ou a requerimento dos interessados ou da Procuradoria da Justiça do Trabalho, até o momento da sua liquidação (art. 833).

Usualmente, no processo trabalhista, adota-se a liquidação por cálculos, intimando a parte na pessoa de seu advogado legalmente constituído nos autos.

Raras são as hipóteses em que se tem a liquidação por arbitramento ou por artigos de liquidação. Se existentes, a parte também será intimada na pessoa de seu advogado, consoante a aplicação subsidiária do art. 511, CPC.

Após os procedimentos da liquidação (cálculos, arbitramento ou por artigos de liquidação), temos a sentença de liquidação, isto é, o ato processual que delimita o montante do crédito exequendo.

Como regra, por ser uma decisão interlocutória, a sentença de liquidação é irrecorrível de imediato, só podendo ser discutida após a garantia do juízo.[2]

Para a execução de títulos extrajudiciais trabalhistas (art. 876, CLT, art. 13, IN 39) será necessária a quantificação do valor da diferença para que se dê liquidez ao título (art. 783, CPC). Para tanto, será adotada a modalidade de liquidação por cálculos.

18.3 LIQUIDAÇÃO POR CÁLCULOS

Por cálculos, a liquidação necessita de meras operações aritméticas.

Após a elaboração da conta, o juiz poderá conceder às partes prazo sucessivo de dez dias para impugnação fundamentada com a indicação dos itens e valores objeto da discordância, sob pena de preclusão (art. 879, § 2º, CLT). Com a Lei 13.467, elaborada conta de liquidação, as partes terão prazo comum de oito dias para se manifestarem e apresentarem impugnada específica (indicação dos itens e valores), sob pena de preclusão (art. 879, § 2º). A nova regra não é aplicável à liquidação do julgado iniciada antes de 11-11-2017 (art. 14, IN 41).

Os cálculos podem ser apresentados pelas partes ou por um terceiro (contador judicial, perito judicial ou pela secretaria da vara do trabalho). Pela experiência forense, como regra, os cálculos são apresentados pelo reclamante. Contudo, nada obsta ao devedor proceder ao cálculo do seu débito, depositando, de imediato, o valor apurado.

Deve ser dito que é direito das partes serem intimadas de forma prévia para a apresentação dos cálculos de liquidação (art. 879, § 1º-B). Os cálculos devem englobar o crédito trabalhista e as contribuições previdenciárias (art. 879, § 1º-A, art. 876, parágrafo único, CLT, Lei 13.467).

---

[2] "Com relação à natureza jurídica da sentença de liquidação, doutrina e jurisprudência divergem sobre o tema, surgindo opiniões e conceitos variados, a seguir descritos: • para alguns, a sentença de liquidação possui natureza jurídica de decisão interlocutória, ou seja, não se constituindo em sentença, mas sim em simples decisão de caráter interlocutório; • outros advogam a tese de que a sentença de liquidação constitui-se numa sentença declaratória. Manoel Antonio Teixeira Filho (*Execução no processo do trabalho*, p. 354-356) leciona que a sentença de liquidação constitui-se numa decisão de caráter interlocutório de natureza declaratória (declara o *quantum debeatur*). Evidentemente, a definição da natureza jurídica da sentença de liquidação é importante para se definir sobre a possibilidade ou não do uso da ação rescisória. Com efeito, o Tribunal Superior do Trabalho tem se posicionado, na maioria dos julgados, no sentido de que não cabe ação rescisória em relação à decisão meramente homologatória de cálculos [...] Nesta esteira, a SDI-II/TST editou a OJ 134, publicada no *DJ* em 4-5-2004, *in verbis*: 'OJ 134 DA SDI-II/TST. AÇÃO RESCISÓRIA. DECISÃO RESCINDENDA. PRECLUSÃO DECLARADA. FORMAÇÃO DA COISA JULGADA FORMAL. IMPOSSIBILIDADE JURÍDICA DO PEDIDO. A decisão que conclui estar preclusa a oportunidade de coisa julgada formal, não é suscetível de rescindibilidade'" (SARAIVA, Renato. *Curso de Direito Processual do Trabalho*, 5. ed., p. 620). Houve alteração da redação da OJ 134 (Res. 220, de 22-5-2017): "A decisão proferida em embargos à execução ou em agravo de petição que apenas declara preclusa a oportunidade de impugnação da sentença de liquidação não é rescindível, em virtude de produzir tão somente coisa julgada formal".

A CLT prevê que, em se tratando de cálculos de liquidação complexos, o juiz poderá nomear perito para a elaboração e fixará, depois da conclusão do trabalho, o valor dos respectivos honorários com observância, entre outros, dos critérios de razoabilidade e proporcionalidade (art. 879, § 6º).

Com esta inovação, desde que os cálculos apresentem dificuldades, é lícito ao magistrado determinar a perícia contábil, sem antes dar prazo às partes para a liquidação do feito. A prudência há de pautar esta discricionariedade do magistrado. A realização de perícias, sem a oitiva das partes, é onerar o feito, o que deve ser evitado. O correto é a adoção da perícia como critério de solução da discordância entre os cálculos apresentados pelas partes.

Diante da omissão, os cálculos podem ser apresentados pelas partes ou por um terceiro (contador judicial, perito judicial ou secretaria da vara do trabalho).

Contudo, nada obsta ao devedor proceder ao cálculo do seu débito, depositando, de imediato, o valor apurado.

O cálculo pelo perito é utilizado pelo magistrado trabalhista, como critério de solução da discordância entre os cálculos apresentados pelas partes.

Em qualquer caso, os cálculos devem compor, um a um, todos os títulos que foram deferidos na sentença exequenda, inclusive, com juros e correção monetária, além das parcelas previdenciárias cabíveis (art. 879, § 1º-B, CLT).

Qualquer que seja a pessoa que apresentasse o cálculo, o juiz teria a faculdade de abrir prazo para a impugnação (art. 879, § 2º). Entendíamos, por questão de celeridade processual, que era melhor o magistrado trabalhista propiciar a discussão na própria liquidação. Com a Lei 13.467, o juiz é obrigado a fazer o contraditório na liquidação de sentença.

Se a parte ou as partes, dependendo de quem tenha formulado os cálculos, não apresenta uma impugnação fundamentada, com a indicação dos itens e valores objeto da discordância, sofrerá os efeitos da preclusão.[3]

Cálculos devem ser impugnados com outros cálculos. A parte contrária deverá indicar um a um, pormenorizadamente, os itens da sua discordância, apresentando os respectivos valores e declinando o valor total dos títulos que compõem a sentença exequenda.

Se ocorrer a preclusão na liquidação, quando da execução, as partes não mais poderão impugnar a sentença de liquidação.

A preclusão também abrange os cálculos das parcelas previdenciárias (art. 879, § 3º, CLT).

---

[3] "AGRAVO DE INSTRUMENTO. RECURSO DE REVISTA. EXECUÇÃO. CÁLCULOS. HOMOLOGAÇÃO. MATÉRIA VEICULADA APENAS NOS EMBARGOS À EXECUÇÃO. PRECLUSÃO. COISA JULGADA. Não se vislumbra ofensa direta e literal ao artigo 5º, XXXVI, da Constituição da República em face de decisão mediante a qual a Corte de origem, pautando-se por normas da legislação infraconstitucional, considera extemporânea a impugnação deduzida apenas em sede de embargos à execução, após transcorrida *in albis* a oportunidade para a impugnação dos cálculos de liquidação. Não tendo a decisão atacada ferido o tema relativo à coisa julgada, resulta inviável a aferição do alegado maltrato a preceito constitucional. Agravo de instrumento a que se nega provimento" (TST – AIRR 79500-14.1994.5.02.0433 – Rel. Min. Lelio Bentes Corrêa – *DJe* 10-5-2013 – p. 296).

18.3.1 Sistema de cálculos trabalhistas – Pje-Calc

Para atuação no processo do trabalho, sempre se recomendou ao profissional um bom conhecimento de cálculos trabalhistas. Com o PJe-calc, o conhecimento de cálculos passou a ser uma exigência maior.

A pedido do Conselho Superior da Justiça do Trabalho, o TRT da 8ª Região desenvolveu o sistema de cálculos visando sua utilização no âmbito nacional da Justiça do Trabalho, denominado de PJe-calc.

Com isso, sempre que possível, as sentenças e os acórdãos serão líquidos, fixando os valores relativos a cada um dos pedidos acolhidos, indicando o termo inicial e os critérios para correção monetária e juros de mora, além de determinar o prazo e as condições para o seu cumprimento (arts. 1º e 2º, Recomendação GCGJT 4, de 26-9-2018).

Para tanto, a partir de janeiro de 2021, os cálculos de liquidação de sentença apresentados por usuários internos e peritos judiciais deverão ser juntados obrigatoriamente em PDF e com o arquivo "pjc" exportado pelo PJe-calc (art. 22, § 6º, Resolução CSJT 185/17).

Já os cálculos apresentados pelas partes e outros (usuários externos) em primeira oportunidade deverão estar em arquivo PDF e, a critério dos interessados, preferencialmente acompanhados do arquivo "pjc" exportado pelo PJe-calc (art. 22, § 7º).

Em outras palavras, a reclamação trabalhista deverá estar acompanhada de cálculos de liquidação, os quais poderão ser pontualmente impugnados com outros cálculos em contestação e em recursos, se houver interesse. Com isso, sempre que possível, as sentenças e os acórdãos também estarão acompanhados de sua liquidação, dispensando a fase de liquidação de sentença.

18.3.2 Modelo de petição de apresentação de cálculos de liquidação

EXCELENTÍSSIMO SENHOR DOUTOR JUIZ DA _____
VARA DO TRABALHO DE SÃO PAULO – SP

(10 cm)

Processo nº _____

MARGARIDA CAVALCANTE PESSOA, por seu advogado, nos autos da reclamação trabalhista que move em face de **NOLETO & FLAMENGO LTDA.**, vem, à presença de Vossa Excelência, em atendimento ao despacho de fls. _____, ***APRESENTAR CÁLCULOS DE LIQUIDAÇÃO*** relativos à sentença de fls. _____, os quais seguem devidamente pormenorizados nos anexos 01 a 06 (com detalhamento mensal, com base nos cartões de ponto de fls. _____ e recibos de pagamento de fls. _____), com a indicação de juros e correção monetária, além da atualização das bases da retenção das contribuições previdenciárias e do imposto de renda a ser retido na fonte.

> Requer se digne Vossa Excelência em determinar a regular intimação da parte contrária e da União, para que apresente impugnação fundamentada em oito dias, sob pena de preclusão (art. 879, §§ 2° e 3°, CLT).
>
> Nestes termos,
>
> pede deferimento.
>
> Local e data
>
> Advogado
>
> OAB n° _____
>
> **Obs.** Acompanhada da planilha de cálculos em arquivo PDF (preferencialmente, extraída do PJe-calc).

18.4 LIQUIDAÇÃO POR ARBITRAMENTO

O arbitramento compreende a realização de exame ou vistoria pericial de pessoas ou coisas, com o objetivo da apuração do montante devido relativo à obrigação pecuniária a ser adimplida pelo devedor, ou, em determinadas situações, para a regular individualização do objeto da condenação.

A liquidação por arbitramento ocorre quando é determinada pela sentença ou convencionada pelas partes, ou, ainda, quando exigir a natureza do objeto da liquidação (art. 509, I, CPC).

Essa modalidade de liquidação não é comum no processo do trabalho.

Contudo, como exemplo, podemos citar a hipótese do reconhecimento do vínculo empregatício, sem a fixação da evolução salarial. O juiz poderá determinar a apuração da evolução salarial, por arbitramento, em função do que dispõe o art. 460 da CLT.

A CLT não disciplina essa forma de liquidação, sendo aplicáveis, subsidiariamente, os dispositivos do processo civil (art. 769, CLT).

No caso de arbitramento, o juiz nomeará o perito, fixando o prazo para a entrega do laudo (art. 510, CPC).

No prazo de 15 dias, contados da intimação do despacho de nomeação do perito, caberá às partes a indicação de assistentes e formulação de quesitos (art. 465, § 1°, I e II).

Apresentado o laudo, sobre o qual poderão as partes manifestar-se no prazo fixado, o juiz proferirá a sentença ou designará audiência de instrução e julgamento, se necessário (art. 510).

O juiz apreciará a prova pericial de acordo com o disposto no art. 371, indicando na sentença os motivos que o levaram a considerar ou deixar de considerar as conclusões do laudo, levando em conta o método utilizado pelo perito (art. 479), bem como determinará, de ofício ou a requerimento da parte, a realização de nova perícia, quando a matéria não estiver suficientemente esclarecida (art. 480).

A segunda perícia tem por objeto os mesmos fatos sobre os quais recaiu a primeira e destina-se a corrigir eventual omissão ou inexatidão dos resultados por ela produzidos (art. 480, § 1°).

A sentença de arbitramento é irrecorrível de imediato. Será objeto de eventual discordância, na fase de execução, após a garantia do juízo, por meio da impugnação à sentença de liquidação (art. 884, § 3º, CLT).

18.4.1 Modelo de petição de liquidação por arbitramento

EXCELENTÍSSIMO SENHOR DOUTOR JUIZ DA
VARA DO TRABALHO DE SÃO PAULO – SP

(10 cm)

Processo nº _____

LUCIA NOLETO, por seu advogado, nos autos da reclamação trabalhista que move em face de **IRMÃOS DURANTE FREITAS S.A.**, vem, à presença de Vossa Excelência, em atendimento ao teor de fls. _____, apresentar o seu **PEDIDO DE LIQUIDAÇÃO DE SENTENÇA POR ARBITRAMENTO,** pelos motivos de fato e de direito abaixo expostos:

Nos exatos termos da decisão judicial transitada em julgado (sentença – fls. _____; acórdão – fls. _____), tem-se a determinação para que as diferenças salariais sejam apuradas por arbitramento, visto que não foi possível, na fase de conhecimento, a exata quantificação do valor do salário do paradigma.

Diante disso, requer se digne Vossa Excelência em determinar a realização da perícia contábil para que sejam apuradas as diferenças de salário entre o Reclamante e o paradigma, Sr. José Alberto da Ponte.

Com a designação da perícia, que as partes sejam intimadas para a indicação de assistentes técnicos e formulação de quesitos.

Nestes termos,

pede deferimento.

Local e data

Advogado

OAB nº _____

18.5 LIQUIDAÇÃO PELO PROCEDIMENTO COMUM ("POR ARTIGOS DE LIQUIDAÇÃO")

A liquidação pelo procedimento comum ("por artigos de liquidação") é aquela feita em petição articulada, onde cada fato a ser provado deverá ser colocado em um artigo, visando à individualização do objeto e à fixação do valor da condenação.

Será efetuada a liquidação pelo procedimento comum quando, para determinar o valor da condenação, houver a necessidade de alegar e provar fato novo (art. 509, II, CPC).

Pela expressão *fato novo* entenda-se o elemento fático necessário para a quantificação do crédito e não para a fixação do direito reconhecido.

O processo trabalhista não prevê o rito para os "artigos de liquidação", logo, aplica-se o CPC (art. 769, CLT).

A adoção dessa forma de liquidação deve ser evitada pelo magistrado trabalhista ao prolatar as sentenças de mérito. Deve fixar os meios e critérios necessários para a quantificação dos direitos reconhecidos, mesmo que a liquidação seja efetuada por meros cálculos.

A experiência forense, felizmente, indica que esse procedimento não é muito utilizado nas liquidações das demandas trabalhistas.

Apesar de não ser comum, como exemplo, tem-se a hipótese em que a sentença menciona hora extra, contudo, não menciona o horário ou o número. Haverá a necessidade da prova do fato novo: o horário de trabalho e o respectivo número diário ou semanal de horas extras.

É necessário que a parte formule petição inicial, com alegação dos fatos a serem provados e os meios de prova que serão utilizados.

A parte deve articular o que deve ser efetivamente liquidado, indicando, um a um, os itens necessários para a quantificação da sentença.

Em outras palavras, é imperioso, além da indicação do fato novo, a mensuração pecuniária articulada dele decorrente.

No caso de o juiz entender que a petição inicial possua irregularidades, deverá conceder à parte o prazo de 15 dias para emendá-la, sob pena de seu indeferimento (arts. 321 e 485, I, CPC; Súm. 263, TST).

Após a regular intimação, o devedor poderá contestar o pedido em 15 dias (arts. 335 e 509, CPC). Manoel Antonio Teixeira Filho entende que o prazo, para a resposta da parte contrária, é de cinco dias (art. 841, *caput*, CLT).

Por registro postal, a intimação do réu será na pessoa de seu advogado constituído nos autos. Caso contrário, a intimação será endereçada ao próprio devedor, também por registro pessoal. Em havendo dificuldades na localização ou criação de embaraços pelo destinatário, será efetuada a intimação por edital, inserto no jornal oficial ou no que publicar o expediente forense, ou, na falta, afixado na sede da vara do trabalho (art. 841, § 1º).

Não contestada a petição inicial, os fatos alegados presumem-se verídicos (arts. 336, 341 e 344, CPC). Como essa presunção é *iuris tantum*, é evidente que o juiz não está obrigado a acatar os artigos de liquidação do credor. Se necessário, poderá determinar a realização das provas que entender necessárias.

Impugnados os artigos de liquidação, o juiz deverá examinar a manifestação oferecida pelo devedor.

No caso da necessidade de provas, haverá designação de audiência de instrução e julgamento, onde serão ouvidas as partes e as suas testemunhas, no número máximo de três (art. 821, CLT).

O juiz também poderá determinar a juntada de outros documentos ou, se for o caso, requisitá-los perante terceiros.

É importante ressaltar que a dilação probatória será ampla, evitando, assim, ofensa ao amplo direito de defesa.

Em qualquer situação (contestada ou não a liquidação por artigos de liquidação), a decisão há de ser fundamentada, julgando provados ou não os artigos de liquidação (art. 93, IX, CF).

Julgados provados os artigos de liquidação, efetuada a correção monetária e computados os juros, será expedida a determinação para o pagamento (art. 880, *caput* e § 2º, CLT). A sentença de liquidação só poderá ser impugnada quando da formulação dos embargos à execução, após a garantia do juízo (art. 884, § 3º).

Se, ao contrário, os artigos não foram provados (parcial ou totalmente), poderá o liquidante interpor agravo de petição (art. 897, *a*, CLT)?

Manoel Antonio Teixeira Filho,[4] diante da literalidade do art. 884, § 3º, entende que ao liquidante restará *"apresentar nova petição articulada, empenhando-se, desta vez, em ter êxito no encargo probatório que lhe impõe a lei (CPC, art. 608)"*.

Em sentido contrário, Wilson de Souza Campos Batalha[5] afirma: *"É óbvio que a sentença que julga improcedente a liquidação comporta imediato recurso de agravo de petição, que deve ser interposto no prazo de oito dias contados da ciência da sentença."*

A posição doutrinária defendida por Teixeira Filho é a mais adequada em face do texto legal, contudo, há situações em que o rigor excessivo pode ser prejudicial, precipuamente, se o liquidante for o reclamante.

É o caso do exemplo citado por Mozart Victor Russomano:[6] *"Vejamos, porém, a segunda hipótese, que nos demonstrará o absurdo da lei em vigor. O empregado requer a liquidação de sentença e só obtém o acolhimento parcial dos artigos. Como irá ele, mais tarde, discutir a matéria em embargos à penhora, já que a execução será requerida, normalmente, pelo próprio empregado, nos termos da sentença de liquidação? E, pior do que isso, como se poderá falar em embargos à penhora, por exemplo, se, proferida a sentença de liquidação, o empregador com ela se conformar, prontificando-se a pagar o que for reconhecido judicialmente? Ficará, portanto, o exequente na dura situação de não ter ao seu alcance meios de pedir o reexame da matéria dirimida pelo juiz da liquidação, que assume, dessa forma, o papel saliente de prolator de sentenças irrecorríveis."*

18.5.1 Modelo de petição de liquidação por artigos de liquidação

EXCELENTÍSSIMO SENHOR DOUTOR JUIZ DA _____
VARA DO TRABALHO DE SÃO PAULO – SP

(10 cm)

Processo nº _____

REVESTIMENTOS JULIANA DIAS LTDA. (outrora Reclamada), já qualificado nos autos, por seu advogado, vem, à presença de Vossa Excelência, com base nos arts. 509, II e seguintes do CPC e arts. 769, 879 e 840, § 1º da CLT, requerer a *LIQUIDAÇÃO DE SENTENÇA PELO PROCEDIMENTO COMUM ("POR ARTIGOS DE LIQUIDAÇÃO")* contra **ADOLFO MERCÚRIO DOS ANJOS (outrora Reclamante)**, já qualificado nos autos, pelos motivos de fato e de direito abaixo expostos.

---

[4] TEIXEIRA FILHO, Manoel Antonio. *Liquidação da Sentença no Processo do Trabalho*, 3. ed., p. 196.
[5] BATALHA, Wilson de Souza Campos. *Tratado de Direito Judiciário do Trabalho*, v. 2, 3. ed., p. 745.
[6] RUSSOMANO, Mozart Victor. *Comentários à Consolidação das Leis do Trabalho*, 11. ed., p. 952.

1 DA DECISÃO JUDICIAL

Após a extinção do contrato de trabalho (10-1-1995 a 15-6-2013), o Reclamante ingressou em juízo e comprovou ter adquirido doença profissional pelas condições nocivas à saúde do trabalhador existentes no local de trabalho.

Conforme decisão judicial de fls. _____, após reconhecida a doença profissional, determinou-se que fosse custeado todo o tratamento médico, com o pagamento de R$ 200,00 por mês para cobertura dos remédios e outras despesas até o retorno ao trabalho; a reintegração do Reclamante após o restabelecimento do seu estado de saúde; e multa diária de R$ 50,00 em caso de descumprimento da ordem judicial.

2 FUNDAMENTOS: FATO NOVO

Ocorre que em 1º-3-2016, antes de a decisão trabalhista transitar em julgado (12-5-2016), o Reclamante obteve alta junto ao INSS, de modo que estaria apto a retorno ao trabalho e a Reclamada liberada do pagamento do valor de R$ 200,00 por mês.

O empregado, conforme informações fornecidas pelo mesmo (via telefone), está questionando administrativamente junto ao INSS a referida alta médica e, por isso, tem exigido da empresa o pagamento de R$ 200,00 por mês e ainda se recusa a retornar ao trabalho, com a apresentação de atestado de seu médico particular.

E ainda segundo informações do próprio empregado, se mantida a decisão administrativa, o mesmo irá ingressar em juízo contra a Autarquia Previdenciária (ação acidentária).

Seguramente, tal conflito poderá ter uma longa duração e, nesse período, a situação da Reclamada é delicada, pois não sabe como proceder ao cumprimento da decisão judicial de fls. _____.

Dessa forma, considerando os "fatos novos", visando o fiel cumprimento da decisão judicial e a extinção ou não das obrigações estipuladas em sentença enquanto pendentes as questões previdenciárias, a Reclamada requer a realização de uma perícia médica, a fim de se verificar o estado de saúde do Reclamante e sua capacidade para o trabalho para fins de cumprimento da decisão judicial trabalhista, nos exatos termos do art. 509, II, CPC, aplicado de forma subsidiária em face do que consta no art. 769 da CLT.

3 PEDIDO E REQUERIMENTOS

Diante do exposto, a Reclamada espera o regular processamento da presente ação, com a designação de audiência e a citação do Reclamante, para que compareça em Juízo e apresente suas alegações de defesa (art. 847, CLT), sob pena de incorrer nos efeitos da revelia.

Requer a realização de perícia médica, considerando os "fatos novos", a fim de que se verifique o estado atual de saúde do Reclamante e se possa dar fiel cumprimento à decisão de fls. _____.

Pretende provar o acima exposto por todos os meios em direito permitidos (art. 5º, LVI, CF), com destaque, em especial, para prova documental e pericial.

Nestes termos,

pede deferimento.

Local e data

Advogado

OAB nº _____

18.6 LIQUIDAÇÃO MISTA

Em algumas situações, a liquidação pode ser efetuada por duas modalidades distintas.

Isso poderá ser decorrência do estabelecido na decisão liquidanda, de eventual convenção das partes ou de exigência natural do objeto da liquidação.

Assim sendo, deverão ser observados os procedimentos legais do tipo de liquidação adequado a cada parte do título judicial.

É razoável que o magistrado evite critérios dúplices para a liquidação, pois isso costuma representar obstáculos para a rápida quantificação do crédito exequendo.

18.7 LIQUIDAÇÕES AUTÔNOMAS

Quando o título executivo judicial impõe às partes prestações recíprocas, resultantes de atos jurídicos distintos, cada uma poderá promover a liquidação independentemente da outra, como também simultaneamente. É o que se denomina liquidação autônoma.

Não são comuns os casos de liquidações autônomas no processo trabalhista. Contudo, poderá ocorrer. Por exemplo: (a) a sentença determina o pagamento de horas extras pelo empregador ao empregado; (b) na mesma decisão, o juízo reconhece, pelo acolhimento da reconvenção, o direito do empregador a uma indenização decorrente de ato ilícito do empregado.

18.8 LIQUIDAÇÃO DAS OBRIGAÇÕES ALTERNATIVAS

A liquidação das obrigações alternativas[7] não é disciplinada pela CLT, logo, aplicam-se, subsidiariamente, as regras do processo civil.

Tratando-se de obrigações alternativas, cuja escolha compete ao devedor, a liquidação precederá a execução.

---

[7] A obrigação alternativa sintetiza a faculdade que o devedor possui de escolher a prestação pela qual se desonera do encargo. Há uma pluralidade de prestações, mas é suficiente que o devedor escolha uma delas, para cumprir com o seu encargo (arts. 252 a 256, CC). Na estrutura do processo civil, o pedido será alternativo quando, pela natureza da obrigação, o devedor puder cumprir a prestação de mais de um modo (*art. 325, CPC*). Quando, pela lei ou pelo contrato, a escolha couber ao devedor, o juiz lhe assegurará o direito de cumprir a prestação de um ou de outro modo, ainda que o autor não tenha formulado pedido alternativo (*art. 325, parágrafo único, CPC*). Pedido alternativo não se confunde com pedidos sucessivos (*art. 326, CPC*). No pedido alternativo, como se tem mais de uma prestação, a escolhida pelo devedor e cumprida, implica o adimplemento da obrigação. Exemplos: (a) a decisão que determina o fornecimento da alimentação ou a sua conversão em pecúnia; (b) a decisão que torna sem efeito a transferência do empregado para localidade diversa da prevista no contrato ou, se efetivada a transferência, o encargo quanto ao pagamento do adicional de 25%. Os pedidos sucessivos apresentam uma relação de preferência, isto é, são baseados na mesma causa de pedir (fundamento fático). Não sendo possível ao juiz apreciar o primeiro, fará a apreciação do subsequente. No Processo Trabalhista, uma das formas de pedidos sucessivos é a relativa às estabilidades. Se não for possível a reintegração no emprego, poderá o juiz convertê-la em pecúnia.

O devedor será citado para exercer a escolha e realizar a prestação em dez dias, se outro prazo não lhe foi determinado em lei ou em contrato (art. 800, CPC).

Ao credor será devolvida a opção se o devedor não a exercer no prazo determinado (art. 800, § 1º). Nesse caso, a escolha será indicada na petição inicial da execução quando couber ao credor exercê-la (art. 800, § 2º).

EMBARGOS DO DEVEDOR E IMPUGNAÇÃO À SENTENÇA DE LIQUIDAÇÃO

19.1 EMBARGOS DO DEVEDOR

19.1.1 Fundamento jurídico

No processo do trabalho, os embargos do devedor têm previsão no art. 884, da CLT. A sistemática trabalhista tem que ser completada pelo CPC (arts. 525 e 914).

Considerando o regramento processual civil e a necessidade do TST se posicionar, ainda que não de forma exaustiva, sobre a aplicação de várias regras e de institutos disciplinados pelo CPC ao processo do trabalho, foi editada a IN 39/16.

Além disso, diante da necessidade de se preservar a segurança jurídica e de o TST se posicionar sobre diversos aspectos processuais da Reforma Trabalhista (Lei 13.467), o TST editou a IN 41/18.

19.1.2 Cabimento

No processo civil, os embargos do devedor são considerados uma ação de conhecimento que se instaura como ação incidental e autônoma em relação à execução, por intermédio da qual o executado impugna a pretensão do exequente e a validade da relação processual executiva.[1]

---

[1] "Os embargos do executado são, pois, processo autônomo, incidente à execução, de natureza cognitiva, dentro do qual se poderá apreciar a pretensão manifestada pelo exequente, para o fim de verificar se a mesma é procedente ou improcedente. Não parece haver muitas dúvidas em doutrina acerca desta natureza dos embargos do executado, definidos de forma pouco menos que unânime como processo de conhecimento autônomo em relação à execução" (CÂMARA, Alexandre Freitas. *Lições de Direito Processual Civil*, 15. ed., v. 2, p. 351).
"Em vista disto, o processo executivo não comporta a defesa do devedor, necessariamente dirigida à desconstituição da pretensão a executar, que se realizará, nesta contingência, através de ação autônoma. Há inequívoca incompatibilidade funcional na convivência de atos executivos com atos de índole diversa, simultaneamente, na mesma estrutura (processo). Esta é a ideia fundamental posta à base dos embargos do executado. Por outro lado, a certeza relativa quanto à existência do crédito, outorgada pelo título [...] não torna inútil a defesa. Como quer que seja, a ideia de que os embargos constituem ação incidente à execução é universal" (ASSIS, Araken de. *Manual do Processo de Execução*, 4. ed., p. 957).

A função dos embargos é propiciar ao devedor o exercício do direito de defesa. Assim, dá ensejo a nova relação processual, a um novo processo, no qual o devedor, ao defender-se, propõe uma nova demanda em face do credor, objetivando: (a) a discussão do crédito pretendido pelo exequente; (b) a desconstituição do título executivo; (c) a correção dos defeitos do processo de execução.

O CPC disciplina o cumprimento da sentença, o qual será utilizado no que couber e conforme a natureza da obrigação (arts. 513 ss).

No processo civil, a impugnação ao cumprimento da decisão não tem efeito suspensivo. Assim, não impede a prática dos atos executivos, inclusive os de expropriação. Desde que garantida a execução, a requerimento do executado, o juiz poderá atribuir efeito suspensivo, quando existirem fundamentos relevantes e se o prosseguimento da execução for manifestamente suscetível de causar ao executado grave dano de difícil ou incerta reparação (art. 525, § 6º, CPC). A impugnação à execução não se confunde com os embargos à execução.

Para alguns doutrinadores, a impugnação não é uma ação do devedor contra o credor. Não se trata de um processo incidente ou de uma ação incidente. A impugnação é uma modalidade de defesa em que o devedor reage à tutela jurisdicional do direito exercida pelo credor, sendo processada nos próprios autos em que se dá a fase de execução.

Luiz Guilherme Marinoni e Sérgio Cruz Arenhart afirmam: *"Pela mesma razão, é inconcebível imaginar que o executado, ao se defender da execução, propõe a ação, pretendendo tutela jurisdicional de direito. Quando a ação passa à fase de execução, ao apresentar impugnação, obviamente não exerce pretensão à tutela jurisdicional do direito, limitando-se a negar a tutela jurisdicional do direito almejada pelo autor. Portanto, a impugnação tem nítido caráter de defesa, de reação à tutela jurisdicional, pretendida através da ação. Na realidade, embora a natureza da impugnação constitua mera decorrência do significado contemporâneo de direito de ação, ela é reafirmada pela própria letra "J" do art. 475-, § 1º, que diz que 'do auto de penhora e de avaliação será de imediato intimado o executado [...] podendo oferecer impugnação, querendo, no prazo de 15 (quinze) dias'. Quem dá ao executado oportunidade para, querendo, apresentar impugnação certamente lhe dá oportunidade para se defender no próprio processo de execução."*[2]

Alexandre Freitas Câmara esclarece: *"A Lei nº 11.232/05 criou, no sistema processual brasileiro, um novo mecanismo de defesa do executado, cuja utilização é adequada quando a execução for fundada em título executivo judicial (ressalvados, apenas, os casos da execução contra a Fazenda Pública e da insolvência civil, quando permanece cabível o oferecimento de embargos do executado). A impugnação é mero incidente processual da fase executiva de um processo sincrético, não levando à instauração de processo autônomo (o que a distingue dos embargos do executado)."*[3]

Para outros doutrinadores, a impugnação tem natureza jurídica de defesa e de ação: *"Defesa porque constitui meio pelo qual o devedor, na própria relação processual, opõe resistência ao modo e aos limites da execução. Ação porque, embora incidental, veicula pretensão declaratória ou desconstitutiva. O devedor-impugnante, por meio do incidente,*

---

[2] MARINONI, Luiz Guilherme; ARENHART, Sérgio Cruz. Curso de Processo Civil, 2. ed., v. 3, p. 294.
[3] CÂMARA, Alexandre Freitas. Ob. cit., v. 2, p. 385.

visa a declaração de inexistência da citação, o que acarreta a desconstituição do título exequendo; a declaração de inexigibilidade do título, de ilegitimidade das partes ou da prescrição da pretensão de obter o cumprimento; podendo visar também desconstituição da execução na parte que caracteriza excesso, bem como da avaliação ou penhora. Com relação à impugnação, até em razão da celeridade processual, creio que deve preponderar a natureza jurídica de ação."[4]

Pela estrutura atual do processo civil, os embargos à execução estão restritos à execução civil lastreada em título extrajudicial (art. 914, CPC) e à execução contra a Fazenda Pública (art. 910, § 2º).

No processo do trabalho, de acordo com Gustavo Filipe Barbosa Garcia,[5] "*parte da doutrina já entendia que os embargos na execução trabalhista não resultam em processo dotado de plena autonomia. Francisco Antonio de Oliveira defende até mesmo que: 'os embargos no processo do trabalho não têm a dignidade de verdadeira ação, mas de simples pedido de reconsideração'. Mesmo se reconhecermos a natureza jurídica de ação judicial dos embargos do executado, é corrente entender-se, no direito processual do trabalho, que se trata de ação meramente incidental à execução, sem dar origem a processo autônomo (tal como, na fase de conhecimento, ocorre com a ação declaratória incidental e a reconvenção)*".

Para outros, os embargos à execução, dentro da processualística laboral, possuem a natureza de um incidente na fase de execução, sem se cogitar da natureza de ação. Vale dizer, não se reputam os embargos uma ação autônoma. Trata-se de uma impugnação oposta pelo devedor em relação ao credor.

Na opinião de Mauro Schiavi, "*A doutrina trabalhista buscava a natureza jurídica dos embargos à execução como ação autônoma no Direito Processual Civil, não obstante, sempre foi dominante na doutrina trabalhista que a execução trabalhista não era um processo autônomo e sim fase do processo. Além disso, no Processo do Trabalho, os embargos à execução, em razão dos princípios da celeridade e processual, sempre foram opostos por petição nos próprios autos do processo e nele processados. Sob outro enfoque, o § 1º do art. 884, da CLT alude à matéria de defesa que pode ser invocada nos embargos, o que denota não ter os embargos natureza jurídica de ação autônoma e sim de impugnação.*"[6]

Apesar da CLT não ser omissa às matérias dos embargos do devedor (art. 884, § 1º), a maior parte dos doutrinadores[7] entende que são aplicáveis ao processo trabalhista as hipóteses previstas no processo civil:[8] "*A praxe, mais sábia do que o legislador, vem permitindo que o embargante alegue matéria não relacionada no art. 884, § 1º, da CLT, mas de alta relevância para o processo e para o próprio Judiciário. O que se pode admitir é que, para efeito de matérias a serem alegadas pelo devedor, em seus embargos,*

---

[4] DONIZETTI, Elpídio. *Curso Didático de Direito Processual Civil*, 14. ed., p. 648.
[5] GARCIA, Gustavo Filipe Barbosa. Lei nº 11.232/2005: Reforma da Execução Civil e Direito Processual do Trabalho, *Revista Justiça do Trabalho*, ano 23, nº 274, out. 2006, p. 12.
[6] SCHIAVI, Mauro. *Manual de Direito Processual do Trabalho*, 4. ed., p. 1044.
[7] De forma divergente, Sergio Pinto Martins afirma que as matérias dos embargos ficam restritas ao inserido no art. 884, § 1º, da CLT: "Não havendo mais embargos do devedor no processo civil, não tem sentido admitir outras hipóteses de embargos no processo do trabalho, além das que já eram descritas no § 1º do art. 884 da CLT, ou seja: cumprimento da decisão ou do acordo, quitação ou prescrição da dívida" (*Direito Processual do Trabalho*, 29. ed., p. 769).
[8] TEIXEIRA FILHO, Manoel Antonio. *Curso de Direito Processual do Trabalho*, v. 3, p. 2256.

haja conjugação dos arts. 741, 745 e 475-L, do CPC, embora este último diga respeito à impugnação de que fala o art. 475-J, § 1º. Conquanto essa impugnação seja inadmissível no processo do trabalho, o art. 475-L poderia ser aplicado, apenas, com vistas às matérias que poderiam ser alegadas nos embargos à execução trabalhistas."

Na visão de Mauro Schiavi, *"Pensamos, conforme já sedimentado na doutrina, que o rol do § 1º do art. 884, da CLT não é taxativo. Acreditamos que o referido dispositivo legal não veda que as matérias que o Juiz possa conhecer de ofício possam ser invocadas, como os pressupostos processuais e as condições da ação, e também as matérias previstas na impugnação do Processo Civil desde que não acarretem demora no curso do processo. Se hoje a jurisprudência trabalhista admite que tais matérias possam ser invocadas por meio da exceção de pré-executividade, não há razão para que não admiti-las nos embargos."*[9]

No processo civil, para as execuções de títulos extrajudiciais, os embargos do executado prescindem de penhora, depósito ou caução (art. 914, CPC), mas continuam a ser distribuídos por dependência, com autuação em apartado e instruídos com as cópias das peças processuais relevantes, as quais poderão ser consideradas autenticadas pelo próprio advogado (art. 914, § 1º).

No processo do trabalho, os embargos do devedor tramitam nos próprios autos da ação trabalhista.

19.1.3 Objeto

No texto da CLT, a matéria de defesa nos embargos do devedor é restrita às alegações de cumprimento da decisão ou do acordo, quitação ou prescrição da dívida (art. 884, § 1º, CLT).

Contudo, no processo trabalhista, as matérias dos embargos do devedor não podem ficar restritas às hipóteses anteriormente mencionadas. Quando a execução estiver fundada em título executivo judicial, deve-se conjugar o art. 841, § 1º, CLT com o disposto nos arts. 525, § 1º e 535, CPC.

> a) cumprimento da decisão ou do acordo – quando o devedor cumpriu a obrigação, não é possível o prosseguimento da execução. A comprovação não necessita ser documental (art. 884, § 2º, CLT). Essa hipótese é relativa a fatos posteriores à constituição do título executivo judicial, pois, na execução, não se pode discutir matéria exaurida na ação de conhecimento (art. 879, § 1º) (art. 884, § 1º, CLT; arts. 535, VI, e 525, § 1º, VII, CPC);
>
> b) quitação da dívida – é o ato pelo qual alguém se desobriga de pagar o que deve (arts. 319 ss, CC). Pode originar-se de diversas formas, inclusive, com o pagamento da dívida ou o cumprimento da obrigação. O devedor poderá alegar a quitação, desde que seja superveniente[10] à constituição do título executivo judicial (art. 879, § 1º, CLT); (art. 884, § 1º, CLT; arts. 535, IV, e 525, § 1º, VII, CPC);

---

[9] SCHIAVI, Mauro. Ob. cit., p. 1045.
[10] O processo trabalhista admite a compensação como matéria de defesa (art. 767, CLT). A compensação efetua-se entre dívidas líquidas, vencidas e de coisas fungíveis (art. 369, CC). É um meio indireto da extinção das obrigações no Direito Civil. No processo do trabalho, as dívidas compensáveis são as de natureza trabalhista (Súm. 18, TST) e devem constar da defesa (Súm. 48). Em outras palavras, é inadmissível a arguição da compensação em razões finais, razões recursais ou na fase de liquidação

c) prescrição da dívida – é o caso da prescrição intercorrente[11] (art. 884, § 1º, CLT; arts. 535, VI, 525, § 1º, VII, 924, V, CPC);[12]

---

ou execução de sentença. Contudo, convém ser dito que não se deve confundir a compensação com a dedução. A dedução pode ser decretada de ofício pelo magistrado. É uma forma de se evitar o enriquecimento ilícito. A jurisprudência não é pacífica no sentido da permissão do desconto em liquidação de sentença, exceto se houver expressa autorização na sentença de mérito. Por regra, devido à influência direta do art. 459, CLT (o pagamento do salário não pode ser por período superior a um mês), tem-se que a dedução dos valores pagos deveria ficar restrita ao mês da apuração, não se admitindo o desconto de eventuais valores pagos a maior em outros meses. Contudo, a OJ 415 da SDI-I assevera que a dedução das horas extras comprovadamente pagas daquelas reconhecidas em juízo não pode ser limitada ao mês da apuração, devendo ser integral e aferida pelo total das horas extraordinárias quitadas durante o período não prescrito do contrato de trabalho.

[11] Quando interrompida a prescrição, tem-se o seu recomeço a partir da data do ato causador da sua interrupção ou do último processo que a interrompeu (art. 202, parágrafo único, CC). A prescrição intercorrente está relacionada com a expressão "último ato do processo", a qual pode ser vista de duas formas: (a) o último ato processual dentro de uma série; (b) considerando o processo como um todo harmônico, o último ato reflete uma causa interruptiva única, sendo o ato pelo qual o processo se finda. Prevalece na doutrina e jurisprudência o primeiro entendimento, de modo que, a cada novo ato, há sucessivas interrupções da prescrição. Assim, a prescrição intercorrente é que ocorre no curso do processo ou entre um processo e outro. Com as recentes alterações processuais, as quais acabaram com a separação entre o processo de conhecimento e de execução de título judicial, a prescrição intercorrente também poderá se dar entre as fases do processo (conhecimento e execução). Ao contrário do STF (Súm. 327), na visão do TST a prescrição intercorrente é inaplicável ao processo trabalhista (Súm. 114). Entendemos que a prescrição intercorrente é aplicável ao Processo do Trabalho, pela previsão legal do art. 884, § 1º, CLT, e deve ser alegada de ofício pelo magistrado (arts. 332, § 1º, e 487, II, CPC). Vale dizer, a prescrição da dívida reputa-se como uma das matérias dos embargos do executado. A previsão legal do § 1º do art. 884 não pode ser confundida com a prescrição da ação, a qual somente pode ser alegada na fase de conhecimento. Na liquidação da sentença com base em título judicial, não se poderá modificar ou inovar a sentença liquidanda, nem discutir matéria pertinente à causa principal (art. 879, § 1º). A execução do Processo Trabalhista tem, em caráter subsidiário, a Lei dos Executivos Fiscais (Lei 6.830/80) (art. 889, CLT). A Lei 6.830, no art. 40, determina que o juiz suspenderá o curso da execução, enquanto não for localizado o devedor ou encontrados bens sobre os quais possa recair a penhora e, nesses casos, não correrá o prazo da prescrição. Suspensa a execução, a Fazenda Pública será intimada (art. 40, § 1º). Decorrido o prazo máximo de um ano, sem que sejam localizados o devedor ou encontrados bens penhoráveis, o juiz ordenará o arquivamento dos autos (§ 2º). O art. 40 trata de uma hipótese de causa suspensiva da prescrição intercorrente, o que vem a corroborar a aplicação deste instituto no processo trabalhista. Por força da Lei 11.051/04, foi incluído o § 4º ao art. 40, da Lei dos Executivos Fiscais, permitindo ao juiz de ofício, depois de ouvida a Fazenda Pública, reconhecer a prescrição intercorrente, se da decisão que ordenar o arquivamento tiver decorrido o prazo prescricional. O prazo para a ação é o mesmo para a execução (Súm. 150, STF; art. 206-A, CC). No campo do Direito do Trabalho, poderia surgir a dúvida se o prazo da prescrição intercorrente é de cinco ou dois anos? A prescrição intercorrente é total, logo o seu prazo prescricional é de dois anos, como ocorre para o exercício do direito de ação (processo de conhecimento). A Lei 13.467/17 passou a prever expressamente a aplicação da prescrição intercorrente no processo do trabalho na fase de execução (art. 11-A, CLT).

[12] A CLT prevê que a contagem do prazo de dois anos para a prescrição intercorrente inicia-se quando a parte deixa de praticar o ato determinado pelo juiz no curso da execução (art. 11-A, CLT, Lei 13.467). Como critério interpretativo, a IN 41/18 do TST fixou no art. 2º que: "*O fluxo da prescrição intercorrente conta-se a partir do descumprimento da determinação judicial a que alude o § 1º do art. 11-A da CLT, desde que feita após 11 de novembro de 2017 (Lei 13.467/17)*". No mesmo sentido é o teor do art. 3º da Recomendação 3/17, GCGJT, que reitera o quanto disposto na IN 41, ao fixar que "*O fluxo da prescrição intercorrente contar-se-á a partir do des-

d) falta ou nulidade de citação, se a ação lhe ocorreu à revelia (arts. 535, I, e 525, § 1º, I, CPC). Contudo, parte da doutrina considera que essa alegação é incabível no processo trabalhista, pois o revel é intimado da decisão[13] (art. 852, CLT), portanto, a matéria deve ser alegada em recurso ordinário (art. 895);

e) inexequibilidade do título e inexigibilidade da obrigação (arts. 535, II e 525, § 1º,

---

cumprimento da determinação judicial, desde que expedida após 11 de novembro de 2017 (art. 2º da IN-TST 41/2018)." Portanto, o princípio da segurança jurídica veda a aplicação imediata ao art. 11-A, CLT, com a retroação do termo *a quo* do lapso prescricional para data anterior a 11-11-2017. Contudo, o grande cerne da discussão está em se saber a partir de qual momento o prazo será computado. Isto porque não se pode olvidar que a prescrição poderá ser suspensa, na forma do art. 921, III, do CPC e do art. 40 da Lei 6.830/80, quando o executado não possuir bens penhoráveis ou não for localizado o executado. Nesse sentido, o art. 5º da Recomendação GCGJT 3/18 dispõe que: *"Não correrá o prazo de prescrição intercorrente nas hipóteses em que não for localizado o devedor ou encontrados bens sobre os quais possa recair a penhora, devendo o juiz, nesses casos, suspender o processo (art. 40 da Lei 6.830/80)".* Assim, com base no CPC e na Lei 6.830, quando o executado não for encontrado ou não possuir bens penhoráveis, deve ser observado o seguinte procedimento: (a) constatado que o executado não possui bens penhoráveis, a execução será suspensa pelo prazo de um ano, suspendendo-se, também, a contagem da prescrição (art. 40, *caput*, e § 2º, Lei 6.830), devendo os autos ser remetidos ao arquivo provisório (art. 5º, § 1º, da Recomendação GCGJT 3); (b) os autos serão desarquivados se forem encontrados bens passíveis de penhora (art. 40, § 3º, Lei 6.830); (c) decorrido o prazo de um ano da suspensão da execução, sem que haja localização do executado ou de bens penhoráveis, os autos podem ser arquivados definitivamente, contudo, sem extinção da execução, devendo ser tomadas as seguintes providências: (c.1) realização de atos de Pesquisa Patrimonial, com uso dos sistemas eletrônicos, como o BACENJUD, o INFOJUD, o RENAJUD e o SIMBA, dentre outros disponíveis aos órgãos do Poder Judiciário; e da desconsideração da personalidade jurídica da sociedade reclamada, quando pertinente (art. 4º, § 3º, Recomendação GCGJT 3); (c.2) expedição de Certidão de Crédito Trabalhista, sem extinção da execução (arts. 122 a 124, da Consolidação dos Provimentos da CGJT) (art. 4º, § 2º, Recomendação GCGJT 3); (c.3) inclusão do nome do executado no Banco Nacional dos Devedores Trabalhistas – BNDT e nos cadastros de inadimplentes, bem como protesto extrajudicial da decisão judicial, observado o disposto no art. 883-A, CLT, e art. 15, IN 41 (art. 4º, § 4º, Recomendação GCGJT 3). Se da decisão que ordenar o arquivamento tiver decorrido o prazo prescricional de dois anos, o juiz, depois de conceder prazo à parte interessada para se manifestar sobre o tema, nos termos dos arts. 9º, 10 e 921, § 5º, CPC (art. 4º, IN 39; art. 21, IN 41; arts. 1 e 4º, Recomendação GCGJT 3, poderá, de ofício, reconhecer a prescrição intercorrente e decretá-la de imediato (art. 40, § 4º, Lei 6.830). Reconhecida a prescrição intercorrente, será promovida a extinção da execução, consoante dispõe o art. 924, V, CPC (art. 21, IN 41; art. 6º, Recomendação GCGJT 3).

[13] "A nosso ver, o art. 475-L, I, do CPC, resta aplicável ao Processo do Trabalho na hipótese da notificação da sentença, na forma do art. 852, da CLT não tenha sido válida. Uma vez citado corretamente o reclamado revel sobre a sentença e este se mantiver inerte, não há como se arguir a nulidade da citação em sede de embargos à execução, por preclusa a oportunidade" (SCHIAVI, Mauro. Ob. cit., p. 1047).

"A falta ou nulidade de citação de que fala o inciso I do art. 475-L, do CPC, não pode ser alegada nos embargos, pois o revel foi intimado da sentença (art. 852 da CLT), embora tenha deixado correr o processo sem qualquer defesa. O que se admite é o revel apresentar recurso ordinário da citação na execução, caso tenha sido intimada pessoa diversa da do devedor. O revel no processo civil não é, porém, intimado, apanhando o processo na fase em que se encontrar (art. 332 do CPC). O juízo da execução não poderia rever decisão da fase de conhecimento" (MARTINS, Sergio Pinto. Ob. cit., p. 769).

Em sentido contrário, Homero Batista Mateus da Silva ensina: "Nulidade de citação na fase de conhecimento. Esse cenário ocorrerá quando a parte realmente esteve à margem do processo durante todo seu desdobramento. Após a citação nula, é provável que as intimações para ciência

III, CPC) – o título deve ser líquido, certo e exigível (art. 783, CPC). Líquido é o título em que se tem a individualização da obrigação (obrigação de entregar, fazer ou não fazer), além da delimitação do valor a ser pago (obrigação de pagar). Exigível é o título que não está sujeito à condição ou termo. Condição é a cláusula que sujeita a eficácia do ato a um evento futuro e incerto. Termo é o que vincula a exigibilidade do ato a um evento futuro e certo. Sentença sem o trânsito em julgado não é um título exigível. Título exigível é aquele em que o credor pode reclamar o que lhe é devido, sem que tenha de atender a qualquer outra condição. Manoel Antonio Teixeira Filho[14] entende que o adjetivo "certeza" insere-se na expressão "exigível", logo, o título deve ser líquido e exigível;

f) ilegitimidade de parte (arts. 535, II, e 525, § 1º, II, CPC) – na execução, geralmente, são legitimados os sujeitos da relação processual da ação de conhecimento. Contudo, nada obsta que outros sejam os legitimados (ativa e passiva) (art. 778);

---

da sentença e para ciência dos cálculos de liquidação (esta, em caráter facultativo pelo juiz) possam ter recaído sobre o mesmo endereço (aplicando-se, talvez, a regra do art. 39 do CPC/1973, de considerar válidas as intimações em endereço que certa vez já foi reputado válido - aspecto mantido pelo art. 106, § 2º, do CPC/2015). Também pode haver intimação por edital, quando o juiz se convence de que o réu criou embaraços injustificados para receber a intimação postal (art. 841, § 1º, da CLT). Daí não ser difícil imaginar que a sentença poderá ter passado em julgado com base na presunção de que o réu estivesse ciente da decisão (por edital ou por intimação postal presumida). Como todas as premissas estavam assentadas em bases falsas, segundo alegará a executada, restam os embargos à execução para arguição da nulidade de citação, haja vista que para fins de penhora é inevitável que um oficial de justiça terá de se deslocar até a empresa, fazer as diligências para sua localização e dar efetiva ciência dos fatos ao executado. Pode até haver citação executória por edital (art. 882, já analisado), mas não haverá 'penhora por edital'. Assim, podemos falar num momento sensível do processo, esse em que o contato humano se torna inexorável, inelutável, imprescindível. Ou a executada se insurge agora ou nunca mais, porque não haverá tantas outras oportunidades de contato físico e seguramente se poderá afirmar que a preclusão se operou, em caso de silêncio nesse momento" (*Curso de direito do trabalho aplicado*: v. 10 - Execução trabalhista, 2. ed., p. 237).

[14] "Não é, entretanto, qualquer título judicial que rende ensejo à execução forçada: para que isso seja possível, é necessário que o título seja 'líquido, certo e exigível', como está na previsão do art. 586, *caput*, do CPC. A nosso ver, contudo, há certa impropriedade nessa expressão legal, pois quando se refere a título: (a) líquido; (b) certo; e (c) exigível faz supor que existam aí três qualidades distintas, quando se sabe que a certeza integra o conceito de liquidez. Tanto é autêntica a assertiva que o Código Civil anterior considerava líquida a obrigação que fosse certa quanto à sua existência e determinada quanto ao seu objeto (art. 1.533). Dessa forma, houve superafetação do legislador ao aludir a título líquido e certo; bastaria que mencionasse apenas o elemento de liquidez, para entender-se embutido nele o de certeza. De outra parte, existem dívidas ou obrigações certas (quanto à sua existência) que são ilíquidas; o que não pode haver são dívidas ou obrigações líquidas que sejam incertas. Para resumirmos: o título executivo deve apresentar-se líquido e exigível, compreendendo-se no primeiro caráter a certeza e a determinação. Os antigos práticos – vale rememorar – determinavam a liquide sob a fórmula: (a) *an*; (b) *quid*; e (c) *quantum debeatur*. Em *an*, a incerteza relacionava-se com o crédito, considerado em sua existência de fato e não de direito; em *quid*, a incerteza referia-se ao objeto da obrigação e surgia quando se punha em dúvida a sinceridade do documento; quando inexistisse título comprobatório; quando fosse obscuro ou contivesse erro ou qualquer outro vício de consentimento; em *quantum*, procurava-se determinar a quantidade de crédito" (TEIXEIRA FILHO, Manoel Antonio. Ob. cit., v. 3, p. 1955).

g) cumulação indevida de execuções (arts. 535, IV, e 525, § 1º, V) – o exequente pode cumular várias execuções, ainda que fundadas em títulos diferentes, quando o executado for o mesmo e desde que para todas seja competente o mesmo juízo e idêntico o procedimento (art. 780);
h) excesso de execução (arts. 535, IV, e 525, § 1º, V) – há excesso de execução quando (art. 917, § 2º): (1) o exequente pleiteia quantia superior à do título – o *quantum* fixado na sentença de liquidação deve refletir os direitos reconhecidos no título executivo judicial (art. 879, § 1º, CLT). Se o credor estiver executando o que não lhe é devido, o devedor poderá, quando dos embargos à execução, discutir a sentença de liquidação[15] (art. 884, § 3º); (2) a execução recai sobre coisa diversa da que foi indicado no título, o que envolve as execuções por quantia certa e as para entrega de coisa certa e incerta; (3) se processa de modo diferente do que foi determinado no título – devem ser observados os procedimentos próprios para cada tipo de execução. Como a CLT é omissa, os diversos tipos previstos no CPC são aplicáveis, desde que sejam compatíveis com a estrutura do processo laboral. Logo, quando a sentença estabelece uma obrigação de fazer, não se pode executar o decisório, adotando os critérios para a entrega de coisa ou quantia certa. Outra hipótese é quando o decisório determina a liquidação por artigos e se processa a mesma por cálculos; (4) o credor, sem cumprir a prestação que lhe corresponde, exige o adimplemento da obrigação do devedor (art. 787, CPC). Trata-se da exceção *non adimpleti contractus*; (5) o credor não pode provar que a condição se realizou – a execução necessita do implemento de uma condição inserida no título executivo judicial (art. 514, CPC).
i) penhora incorreta ou avaliação errônea[16] (art. 525, § 1º, IV, CPC);
j) qualquer causa modificativa ou extintiva da obrigação, como pagamento, novação, compensação, transação ou prescrição (arts. 535, VI, e 525, § 1º, VII) – essas causas devem ser posteriores à constituição do título executivo judicial. Também são previstas no processo trabalhista (art. 884, § 1º, CLT);

---

[15] Com a Lei 13.467, elaborada conta de liquidação, as partes terão prazo comum de oito dias para se manifestarem e apresentarem impugnada específica (indicação dos itens e valores), sob pena de preclusão (art. 879, § 2º). Qualquer que seja a pessoa que apresente o cálculo, o juiz deverá abrir prazo para a impugnação. Se a parte ou as partes, dependendo de quem tenha formulado os cálculos, não apresentam uma impugnação fundamentada, com a indicação dos itens e valores objeto da discordância, sofrerão os efeitos da preclusão. Cálculos devem ser impugnados com outros cálculos. A parte contrária deverá indicar um a um, pormenorizadamente, os itens da sua discordância, apresentando os respectivos valores e declinando o valor total dos títulos que compõem a sentença exequenda. Se ocorrer a preclusão na liquidação, quando da execução, as partes não mais poderão impugnar a sentença de liquidação. A preclusão também abrange os cálculos das parcelas previdenciárias (art. 879, § 3º, CLT).

[16] "Também os vícios da avaliação (como, por exemplo, ter sido ela feita em laudo de avaliação nulo por falta de fundamentação, ou ter sido apontado valor errado para o bem penhorado) serão alegáveis na impugnação à execução. Este é, registre-se, um dos pontos certamente mais positivos da reforma empreendida pela Lei nº 11.232/05, uma vez que trouxe para o momento da impugnação toda a discussão a respeito da avaliação, que antes acontecia em momento posterior, depois do julgamento dos embargos. Ganhar-se-á, certamente, bastante tempo com o novo modelo" (CÂMARA, Alexandre Freitas. Ob. cit., p. 136).

k) incompetência do juízo da execução, bem como a suspeição ou impedimento do juízo (arts. 535, V, e 525, § 1º) – são arguidas como preliminares nos embargos do devedor (art. 16, § 3º, Lei 6.830).

Também é considerado inexigível o título judicial fundado em lei ou ato normativo declarado inconstitucional pelo STF ou fundado em aplicação ou interpretação da lei ou ato normativo tidos pelo STF como incompatíveis com a CF (art. 884, § 5º, CLT; arts. 525, § 1º, III e §§ 12, 13 e 14, CPC; art. 535, III, §§ 5º, 7º e 8º, CPC).

De acordo com o art. 525, § 12, CPC, é inexigível a obrigação reconhecida em título executivo judicial fundado em lei ou ato normativo considerado inconstitucional pelo STF, ou fundado em aplicação ou interpretação da lei ou ato normativo tido pelo STF como incompatível com a Constituição Federal, em controle de constitucionalidade concentrado ou difuso. Contudo, para que a matéria possa ser objeto da impugnação ao cumprimento da decisão (art. 525, § 1º, III), é necessário que a decisão do STF seja anterior ao trânsito em julgado da decisão exequenda (art. 525, § 14). Caso contrário, caberá ação rescisória, cujo prazo (dois anos) será contado do trânsito em julgado da decisão proferida pelo STF (art. 525, § 15). Idênticas regras são aplicáveis à execução contra a Fazenda Pública (art. 535, III, §§ 5º, 7º e 8º).

Quanto aos títulos executivos extrajudiciais (por exemplo: o termo de conciliação da Comissão de Conciliação Prévia e o termo de ajuste de conduta firmado perante o Ministério Público do Trabalho), nos seus embargos, o devedor poderá, além das matérias previstas no art. 884, § 1º, CLT, alegar as matérias mencionadas art. 917, CPC: (a) inexequibilidade do título ou inexigibilidade da obrigação; (b) penhora incorreta ou avaliação errônea; (c) excesso de execução ou cumulação indevida de execuções; (d) retenção por benfeitorias necessárias ou úteis, nos casos de execução para entrega de coisa certa (art. 806, CPC); (e) incompetência absoluta ou relativa do juízo da execução; (f) qualquer matéria que lhe seria lícito deduzir como defesa em processo de conhecimento.

A IN 39/16, do TST, por aplicação supletiva do art. 784, I, CPC (art. 15, CPC), admite por títulos executivos extrajudiciais o cheque e a nota promissória, desde que tenham sido emitidos em reconhecimento de dívida inequivocamente de natureza trabalhista (art. 13).

19.1.4 Legitimação

A legitimação ativa para oferecer embargos é do devedor (arts. 914 e 525, § 1º, CPC; art. 884, CLT).

O termo "devedor" relaciona-se com todas as pessoas em relação às quais a execução trabalhista está dirigida. São sujeitos passivos da execução: (a) o devedor, reconhecido como tal no título executivo; (b) o espólio, os herdeiros ou os sucessores do devedor; (c) o novo devedor, que assumiu, com o consentimento do credor, a obrigação resultante do título executivo; (d) o fiador do débito constante em título extrajudicial; (e) o responsável titular do bem vinculado por garantia real ao pagamento do débito; (f) o responsável tributário, assim definido em lei (art. 779, CPC).

Por excelência, são legitimados para os embargos, os devedores (pessoas naturais, jurídicas e entes despersonalizados), que participaram da relação jurídica de direito material reconhecida pela sentença exequenda. Contudo, nada obsta que esta legitimação abranja outros devedores, que mesmo não tendo participado da relação jurídica material, possam ser responsabilizados pelo adimplemento da obrigação. É o caso do sócio ou do ex-sócio.

Quando a execução trabalhista é dirigida contra o sócio ou o ex-sócio da pessoa jurídica, ora executada, surgem sérias dúvidas quanto ao remédio processual adequado: será o caso de embargos do devedor ou de embargos de terceiro?

Por regra, se o sócio ou o ex-sócio é citado como devedor, na execução trabalhista, deve adotar os embargos à execução. Além da sua ilegitimidade (arts. 535, II, e 525, § 1º, II, CPC), também poderá alegar outras matérias, as quais somente serão apreciadas, se for acolhida a primeira.

Esse entendimento é razoável, ante o teor da Súmula 184 do ex-TFR: *"Em execução movida contra sociedade por quotas, o sócio-gerente, citado em nome próprio, não tem legitimidade para opor embargos de terceiro, visando livrar da constrição judicial seus bens particulares."* A jurisprudência dos tribunais trabalhistas é dissonante.

Contudo, nem sempre é possível ao sócio ou ao ex-sócio ajuizar os embargos à execução. Vale dizer, como os embargos do executado exigem a garantia do juízo (art. 884, *caput*, CLT), pode ser que não tenha condições de discutir a sua legitimidade, na medida em que o seu patrimônio não seja suficiente para esta garantia.

Por outro lado, ressaltamos que, invariavelmente, o sócio ou o ex-sócio são considerados como partes e devedores na execução, sem a mínima oportunidade de discutir o requerimento da desconsideração da personalidade jurídica.

Como então ficará o meio adequado para o sócio ou o ex-sócio discutir a sua legitimidade para a execução?

A possibilidade de conhecimento dos embargos de terceiro nessas condições não só é importante para evitar graves prejuízos ao sócio ou ex-sócio executado, que poderiam advir da eventual escolha equivocada da medida processual cabível, mas, sobretudo, pelo fato de que nem sempre se tem a disponibilidade de bens suficientes para a garantia da execução para fins de oposição de embargos do executado.

Entendimento contrário criaria situação extremamente desfavorável para o executado que, ao ingressar após a formação do título executivo judicial, no estado em que se encontra o processo, ter-lhe tolhida a possibilidade de suspensão da execução por não possuir bens suficientes à garantia do Juízo.

Tal hipótese de agravamento desmedido da situação do executado, além de contrariar o teor do art. 805, CPC, afigura-se ofensiva aos princípios da razoabilidade e proporcionalidade. O previsto no art. 805, CPC, é aplicável ao processo do trabalho (art. 3º, XIV, IN 39, TST).

Some-se a isso que é evidente que o executado tem direito à efetiva e devida prestação jurisdicional.

Portanto, é válida a discussão da sua legitimação, pela qualidade ou não de terceiro, em sede de embargos de terceiro.

No âmbito do incidente de desconsideração da personalidade jurídica (arts. 133 a 137, CPC), na fase de execução, contra a decisão que acolher ou rejeitar o incidente cabe agravo de petição, independentemente da garantia do juízo (art. 855-A, CLT, Lei 13.467).

19.1.5 Competência

A expressão "juiz ou presidente do Tribunal" contida no art. 877 da CLT compreende os juízes de direito, singulares, com jurisdição trabalhista, os juízes das varas do trabalho, de TRTs e do TST, desde que cada um desses órgãos tenha proferido originariamente a sentença a ser executada.

No caso dos títulos extrajudiciais trabalhistas (por exemplo, os termos de ajuste e de conciliação, firmados, respectivamente, perante o Ministério Público do Trabalho e as Comissões de Conciliação Prévia), a execução deverá ser proposta ao juiz que teria competência para o processo de conhecimento relativo à matéria (art. 877-A, CLT).

Na estrutura do processo civil, o cumprimento da sentença será efetuado perante o juízo que decidiu a causa no primeiro grau de jurisdição (art. 516, II, CPC). Contudo, o exequente poderá optar pelo juízo do atual domicílio do executado, pelo juízo do local onde se encontrem os bens sujeitos à execução ou pelo juízo do local onde deva ser executada a obrigação de fazer ou de não fazer, casos em que a remessa dos autos do processo será solicitada ao juízo de origem (art. 516, parágrafo único, CPC).

Na execução que se processa mediante carta, os embargos do devedor podem ser oferecidos no juízo deprecante ou no deprecado, sendo que a competência para os julgar é do primeiro, exceto se a matéria versar sobre vícios ou defeitos da penhora, avaliação ou alienação dos bens (art. 914, § 2º, CPC; art. 20, Lei 6.830/80).

Nessa linha jurídica, na execução por carta precatória, os embargos de terceiro serão oferecidos no juízo deprecado, salvo se indicado pelo juízo deprecante o bem constrito ou se já devolvida a carta (art. 676, parágrafo único, CPC) (Súm. 419, TST).

Na execução por carta, os embargos do devedor serão decididos no juízo deprecante, salvo se versarem unicamente vícios ou defeitos da penhora, avaliação ou alienação dos bens (Súm. 46, STJ).

A competência é do juízo deprecante para o julgamento quanto aos embargos do devedor, exceto quando a matéria questionada nos embargos versar sobre vícios, defeitos, avaliação ou alienação dos bens penhorados, deslocando-a para o juízo deprecado.

19.1.6 Prazo

Com a Lei 13.467, os prazos passam a ser contados em dias úteis (art. 775, CLT).

No processo do trabalho, o prazo para a propositura dos embargos à execução é de cinco dias, a contar da data do depósito da quantia executada ou da penhora dos bens com a ciência do devedor (art. 884, *caput*, CLT). Nos casos em que não for exigida a garantia da execução (art. 884, § 6º, CLT, Lei 13.467), o prazo inicia-se com a citação do devedor.

Quando a garantia do juízo se opera com o bloqueio *online* de ativo financeiro, o termo inicial do prazo para oposição de embargos à execução é a data da intimação da parte, pelo juízo, de que se efetivou bloqueio de numerário em sua conta (art. 130, parágrafo único, Consolidação dos Provimentos da Corregedoria-Geral da Justiça do Trabalho).

No processo civil, o devedor oferecerá os embargos à execução no prazo de 15 dias (arts. 525, *caput*, e 915, CPC).

O prazo para os embargos do devedor da Fazenda Pública é de 30 dias (art. 1º-B, Lei 9.494; art. 910, CPC). Na execução por quantia certa pela Fazenda Pública, não se tem a necessidade quanto à garantia do juízo (art. 910, CPC).

19.1.7 Garantia do juízo

A garantia do juízo é representada pelo depósito do valor da quantia executada (crédito do exequente; do credor previdenciário; despesas processuais; honorários advocatícios ou periciais etc.) ou pela penhora (constrição judicial) de bens suficientes para a satisfação oportuna de toda a execução. Trata-se de um pressuposto processual para a oposição dos embargos pelo devedor (art. 884, *caput*, CLT). Admitida a aplicação da multa legal (art. 523, CPC) ao processo do trabalho, a garantia do juízo também abrange a multa de 10%.[17]

A formalização da garantia do juízo ocorre por intermédio do depósito da quantia executada (atualizada e acrescida das despesas processuais), pela apresentação de seguro-garantia judicial ou da penhora de bens suficientes para a satisfação do crédito exequendo (arts. 882 e 883, CLT, Lei 13.467; arts. 523 e 524, CPC). O Ato Conjunto TST.CSJT.CGJT 1/19, dispõe sobre o uso do seguro garantia judicial e fiança bancária em substituição a depósito recursal e para garantia da execução trabalhista.

Com a Lei 13.467, as entidades filantrópicas e aqueles que compõem ou compuseram a diretoria dessas instituições estão dispensados da garantia da execução e da indicação de bens à penhora (art. 884, § 6º, CLT). Citado dispositivo é aplicável às execuções iniciadas a partir de 11-11-2017 (art. 16, IN 41).

Nas execuções de títulos extrajudiciais no processo civil, os embargos do executado não mais necessitam de penhora, depósito ou caução (art. 914, CPC).

No processo do trabalho, por aplicação da regra específica do art. 884, CLT, mesmo quando for o caso de execução para a entrega de coisa, o juízo deverá estar garantido para fins de oposição de embargos do devedor.

Se não ocorrer a garantia do juízo, por ausência ou insuficiência de bens, será que o devedor poderá opor embargos à execução?

Diante do caso concreto, se o devedor tiver parte dos bens, pelas peculiaridades discutidas na execução, é razoável admitir-se a oposição de embargos, até para se evitar uma situação de injustiça. Exemplo: a sentença de liquidação fixa o crédito em quantia superior à efetivamente devida; o devedor tem a possibilidade de efetuar a garantia em parte deste valor, sendo que é razoável a impugnação aos cálculos; o juiz deverá receber os embargos e determinar o seu processamento.[18]

---

[17] Em agosto de 2017, o Tribunal Pleno do TST, em julgamento de Incidente de Recurso de Revista Repetitivo – Tema nº 0004, nos autos do Processo IRR-RR 1786-24.2015.5.04.0000, fixou o entendimento que a multa legal (art. 475-J, CPC/73; *art. 523, § 1º, CPC/15*) é inaplicável ao Processo do Trabalho.

[18] "Se o executado não tiver bens suficientes que garantam o juízo, mas uma boa parte deles, sem perspectiva de possuir outros bens que garantam o juízo, pensamos que os embargos poderão ser processados, mesmo sem a garantia integral do juízo, uma vez que o prosseguimento da execução não pode ficar aguardando eternamente o executado conseguir ter bens para a garantia do juízo" (SCHIAVI, Mauro. Ob. cit., p. 1053).

19.1.8 Custas processuais

Por expressa determinação legal, no processo de execução, as custas processuais são de responsabilidade do executado e serão recolhidas ao final (art. 789-A, CLT). No caso de embargos à execução, o valor das custas processuais é de R$ 44,26 (art. 789-A, V).

O recolhimento das custas processuais seguirá o procedimento definido pelo Ato Conjunto 21/10, do TST.CSJT.GP.SG.

19.1.9 Efeitos dos embargos à execução

No processo civil, os embargos do executado não possuem efeito suspensivo (art. 919, CPC), com as seguintes cautelas:

a) o juiz poderá, a requerimento do embargante, atribuir efeito suspensivo aos embargos;

b) quando verificados os requisitos para a concessão da tutela provisória e desde que a execução já esteja garantida por penhora, depósito ou caução suficientes (art. 919, § 1º);

c) a decisão relativa aos efeitos dos embargos poderá, a requerimento da parte, ser modificada ou revogada a qualquer tempo, em decisão fundamentada, cessando as circunstâncias que a motivaram (art. 919, § 2º);

d) quando o efeito suspensivo atribuído aos embargos disser respeito apenas à parte do objeto da execução, esta prosseguirá quanto à parte restante (art. 919, § 3º);

e) a concessão do efeito suspensivo aos embargos oferecidos por um dos executados não suspenderá a execução contra os que não embargaram, quando o respectivo fundamento disser respeito exclusivamente ao embargante (art. 919, § 4º);

f) a concessão de efeito suspensivo não impedirá a efetivação de atos de substituição, de reforço ou de redução da penhora e de avaliação dos bens (art. 919, § 5º).

No cumprimento de sentença, a apresentação de impugnação não impede a prática dos atos executivos, inclusive os de expropriação, podendo o juiz, a requerimento do executado e desde que garantido o juízo com penhora, caução ou depósito suficientes, atribuir-lhe efeito suspensivo, se seus fundamentos forem relevantes e se o prosseguimento da execução for manifestamente suscetível de causar ao executado grave dano de difícil ou incerta reparação (art. 525, § 6º, CPC).

Mesmo que atribuído efeito suspensivo à impugnação, é lícito ao exequente requerer o prosseguimento da execução, oferecendo e prestando, nos próprios autos, caução suficiente e idônea, a ser arbitrada pelo juiz (art. 525, § 10).

Tais regras (arts. 919 e 525, § 6º) são aplicáveis ao processo trabalhista, diante da omissão da CLT e por não colidirem com os princípios da execução trabalhista.

Mauro Schiavi[19] ensina que os embargos à execução no processo trabalhista não possuem efeito suspensivo, ao contrário de Renato Saraiva,[20] que afirma ser cabível o processamento da peça com este efeito.

No prazo para embargos, se o executado reconhecer o crédito do exequente, desde que comprovado o depósito de 30% do valor da execução (com a inclusão das custas e honorários do advogado), terá o executado a possibilidade de pagar o restante em seis parcelas mensais, acrescidas de correção monetária e juros legais na sistemática dos débitos trabalhistas (art. 916).

O exequente será intimado para manifestar-se sobre o preenchimento dos pressupostos do parcelamento, e o juiz decidirá o requerimento em cinco dias. Enquanto não apreciado o requerimento, o executado terá de depositar as parcelas vincendas, facultado ao exequente seu levantamento.

Sendo a proposta deferida, o exequente levantará a quantia depositada e serão suspensos os atos executados. Caso contrário, haverá o prosseguimento da execução, mantendo o depósito, o qual se converterá em penhora (art. 916, §§ 3º e 4º).

O não pagamento de qualquer das prestações implicará, de pleno direito, o vencimento das demais parcelas, com o imediato início dos atos executivos, impondo-se ao executado uma multa de 10% sobre o valor das prestações inadimplidas, além de implicar a renúncia ao direito de opor embargos. A nosso ver, o parcelamento (art. 916, CPC; art. 3º, XXI, IN 39, TST) é aplicável ao processo trabalhista, não só na execução por título extrajudicial como judicial.[21]

19.1.10 Procedimento

Os embargos serão juntados aos próprios autos nos quais se processa a execução, não havendo, assim, o seu processamento em autos em apartado. No processo trabalhista, os embargos reputam-se um incidente da execução.

---

[19] "Pensamos que os embargos à execução não têm efeito suspensivo da execução, pois o art. 884 da CLT não atribui tal efeito, se presentes os requisitos legais. Desse modo, pensamos aplicável à espécie o art. 475-M, do CPC [...]" (SCHIAVI, Mauro. Ob. cit., p. 1054).

[20] "Os embargos à execução no processo do trabalho são processados nos mesmos autos da execução, sendo sempre recebidos com efeito suspensivo, ficando a execução suspensa até o julgamento dos embargos. Outrossim, havendo vários executados no mesmo processo, os embargos à execução apresentados por um dos devedores não suspendem a execução em relação aos demais, quando o fato e fundamento apresentados disserem respeito, exclusivamente, ao devedor embargante" (SARAIVA, Renato. *Curso de Direito Processual do Trabalho*, 6. ed. p. 665).

[21] "No nosso sentir, o presente dispositivo é compatível com o procedimento trabalhista para a execução por título executivo extrajudicial, considerando-se que não há a fase de conhecimento em tal processo, não sendo possível, em tese, o Juiz tentar a conciliação em audiência, e que o parcelamento não causa prejuízo ao reclamante, pois o valor total do crédito do exequente está reconhecido e, além disso, propicia maior celeridade na execução. Não obstante, deve o parcelamento ser apreciado livremente pelo Juiz do Trabalho, segundo seu livre convencimento, podendo indeferi-lo se considerar prejudicial ao credor trabalhista. Por aplicação analógica, também podemos transportar o presente dispositivo para a execução por título executivo judicial, considerando-se a ausência de prejuízo para o exequente e a efetividade que pode trazer para o processo" (SCHIAVI, Mauro. Ob. cit., p. 1056).

Admitidos os embargos do devedor, com ou sem a concessão de medidas de urgência acautelatórias, a parte contrária será intimada para se manifestar. O prazo para a impugnação é de 5 dias pelo exequente.

Os embargos serão rejeitados liminarmente quando: (a) intempestivos; (b) nos casos de indeferimento da petição inicial e de improcedência liminar do pedido; (c) manifestamente protelatórios (art. 918, CPC; art. 3º, XXII, IN 39).

No que concordamos, Manoel Antonio Teixeira Filho ensina que os embargos também devem ser rejeitados de forma liminar quando não houver delimitação motivada das matérias e valores impugnados. Trata-se da aplicação da inteligência do art. 897, § 1º, o qual afirma que o agravo de petição não será conhecido se a parte agravante não delimitar de forma justificada as matérias e os valores impugnados.

Quando os embargos forem manifestamente protelatórios, o juiz deverá impor, em favor do exequente, multa ao executado em valor não superior a 20% do valor atualizado do débito em execução (arts. 918, parágrafo único, e 774, parágrafo único, CPC).

No cumprimento da decisão (execução de obrigação por quantia certa), quando o executado alegar que o exequente, em excesso de execução, pleiteia quantia superior à resultante da sentença, deverá declarar de imediato qual é o valor que entende correto, apresentando demonstrativo discriminado e atualizado de cálculo (art. 525, § 4º, CPC). Citada regra é aplicável ao processo trabalhista por aplicação da inteligência do art. 897, § 1º, CLT.

No processo trabalhista, a decisão que indeferir, liminarmente, os embargos do executado, pode ser reavaliada pelo agravo de petição (art. 897, *a*, CLT).

Na Justiça Comum, o recurso oponível é o de apelação (art. 1.012, § 1º, III, CPC) para os embargos do executado. Caberá agravo de instrumento contra as decisões interlocutórias proferidas na fase de liquidação ou de cumprimento de sentença no processo de execução (art. 1.015, parágrafo único).

Diante do caso concreto, se houver a necessidade da instrução dos embargos, as partes poderão indicar as suas testemunhas, as quais serão ouvidas em audiência a ser designada pelo magistrado (art. 884, § 2º, CLT). Para a designação da audiência, a CLT indica o prazo de 5 dias. Após a instrução, os autos, dentro de 48 horas, serão levados à conclusão do magistrado, o qual terá o prazo de 5 dias para a prolação da decisão (arts. 885 e 886).

Se não houver a necessidade de provas, os autos serão imediatamente dirigidos à conclusão do juiz, que irá proferir a decisão em 5 dias (art. 885).

O ato pelo qual o juiz analisa os embargos à execução[22] é uma sentença na execução trabalhista (art. 884, § 4º).

Carlos Henrique Bezerra Leite[23] indica que nesta decisão poderão ocorrer as seguintes hipóteses: "*(a) declaração de subsistência da penhora, caso os embargos sejam julgados improcedentes; (b) declaração de insubsistência da penhora, caso em que o juiz*

---

[22] A sentença que analisa os embargos do devedor é de natureza constitutiva, pois o seu conteúdo poderá dissolver ou modificar o título em que se funda a execução ou ainda eliminar os efeitos.
[23] LEITE, Carlos Henrique Bezerra. Ob. cit., p. 1042.

mandará realizar nova penhora; (c) acolhimento ou procedência dos embargos, julgando extinta a execução; (d) a determinação para nova elaboração dos cálculos".

Dessa sentença, o agravo de petição é o recurso cabível (art. 897, *a*), que só será recebido quando a parte agravante delimitar, justificadamente, as matérias e os valores impugnados, permitindo-se à execução imediata do valor remanescente até o final, nos próprios autos ou por cumprimento provisório de sentença ("carta de sentença") (art. 897, § 1º).

19.1.11 Estrutura

Por se tratar de ação autônoma incidental, é necessário observar os requisitos dos arts. 840 da CLT e 319 do CPC na formulação dos embargos à execução (reclamação trabalhista).

Como regra, os embargos do devedor são dirigidos ao juiz da execução. Exceção a isso é o que ocorre em alguns casos de execução por carta precatória (juiz competente).

A qualificação das partes é indispensável; contudo, na prática, costuma ser sucinta, já que os embargos tramitam nos autos da própria reclamação trabalhista (ação principal).

O advogado deve declarar o endereço físico e eletrônico em que receberá intimações (art. 106, CPC).

É indispensável apresentar os fatos e fundamentos jurídicos. No entanto, o conteúdo dos embargos de título judicial tem limitações de matéria de defesa. Isso não ocorre no caso dos títulos extrajudiciais (art. 841, § 1º, CLT; art. 525, § 1º, CPC).

Tratando-se de excesso de execução, torna-se indispensável a apresentação de cálculos e a indicação do valor que julga correto (arts. 525, § 4º, e 917, § 3º, CPC).

Pode haver requerimento de concessão de tutela provisória (suspensão parcial ou total da execução trabalhista) (art. 919, § 1º). Nesse caso, os requisitos legais devem ser destacados.

Em seguida, requerer o regular processamento da ação, com a citação da parte contrária para que integre a lide e apresente sua defesa no prazo legal.

O pedido (de mérito e de tutela provisória) deve ser certo e determinado (art. 324).

Indicar os meios de prova pelos quais pretende provar o alegado e o valor da causa, juntando eventuais documentos que sejam vitais para a demonstração das suas alegações.

19.1.12 Resposta do embargado

Com o recebimento dos embargos do devedor, no processo civil, o credor será intimado para impugná-lo (apresentar resposta) em 15 dias (art. 920, I, CPC). No processo trabalhista, o prazo é de cinco dias (art. 884, CLT).

Na impugnação ao cumprimento da sentença, o executado tem 15 dias para opô-la (art. 525, CPC).

Em resposta, o embargado deverá se opor aos fatos e fundamentos jurídicos alegados, sempre apresentando os motivos que justifiquem a manutenção da sentença de liquidação ou do título extrajudicial. É a oportunidade que tem o embargado para alegar questões processuais (*v. g.*, condições da ação, requisitos de admissibilidade da ação incidental etc.).

É inadmissível a reconvenção como forma de defesa na execução trabalhista (art. 16, § 3º, Lei 6.830/80).[24]

Será que o exequente, se ficar inerte quanto à impugnação aos embargos à execução, poderá ser considerado revel?

Mauro Schiavi entende que não há os efeitos da revelia visto que os embargos visam à desconstituição do título judicial, o qual goza de presunção de veracidade.

Sergio Pinto Martins acentua que nem sempre ocorrerão os efeitos da revelia em relação ao exequente, dependendo dos demais elementos de prova já constantes dos autos ou da matéria que tenha sido alegada nos embargos à execução.

19.1.13 Modelo de embargos à execução

EXCELENTÍSSIMO SENHOR DOUTOR JUIZ DA VARA DO TRABALHO DE SÃO PAULO – SP

(10 cm)

Processo nº _____

CASA DE CARNE NEGRÃO LTDA., já qualificada na reclamação trabalhista, por seu advogado (nome completo), o qual receberá as notificações e intimações no escritório (indicar o endereço completo e telefone), vem, à presença de Vossa Excelência, ingressar com **EMBARGOS À EXECUÇÃO**, com fundamento no art. 884, § 1º e § 3º, da CLT, e art. 525, § 6º, CPC, em face de **FELIPE DAMASCENO FELIZ DOS SANTOS**, já qualificado.

1 RAZÕES DOS EMBARGOS

A Embargante, outrora Reclamada, não se conforma com o processado na execução trabalhista, pretendendo objetivamente a decretação da extinção da execução e o reconhecimento de seu excesso.

---

[24] "Nas ponderadas palavras de Calmon de Passos, 'não poderá o réu executado formular contra o autor pedido cuja tutela reclame o processo de conhecimento; isso porque mesmo vistos os embargos do executado como ação de conhecimento, têm eles um procedimento especial, regulado pelo art. 740 do CPC, procedimento este incompatível quer com o procedimento ordinário, quer com o procedimento sumaríssimo, não sendo lícito ao executado embargante, na espécie, preferir o rito ordinário, porquanto seria opção em desfavor do credor exequente e embargado' [...] Não só pelas razões doutrinárias, que realçam a incompatibilidade do procedimento da reconvenção com o da execução, mas, sobretudo, pela vontade da lei, não se deve consentir que o devedor embargante reconvenha ao credor. Com efeito, o art. 16, § 3º, da Lei 6.830/80 contém um veto peremptório à possibilidade de o devedor contra-atacar o credor, no mesmo processo – norma essa amplamente aplicável ao processo do trabalho, lacunoso nesse ponto" (TEIXEIRA FILHO, Manoel Antonio. Ob. cit., v. 3, p. 2268).

1.1 Preliminar de Nulidade: Ausência de Citação Válida (art. 5º, LIV, CF)

A Embargante não foi regularmente citada para comparecer à audiência realizada em 26-6-2015, logo, não pode ser executada pela quantia de R$ 22.750,00, como fixada na sentença de liquidação de fls. _____.

O mandado de citação (SEED) da Embargante não foi entregue no endereço correto, visto que, desde janeiro de 2015 (alteração contratual anexa), a empresa está domiciliada à Rua Fonte da Vida, 33, Centro, e o mandado de citação foi encaminhado para a Avenida dos Bandeirantes, 130 (fls. _____).

A citação reputa-se um pressuposto processual de existência da relação jurídica processual. A ausência de citação válida implica na própria caracterização da sentença como ato inexistente, o que equivale a um ato jurisdicional destituído da possibilidade de gerar quaisquer efeitos na órbita jurídica.

Atualmente, a falta ou nulidade de citação, se a ação lhe ocorreu à revelia, é matéria admitida em sede de embargos do devedor (arts. 535, I, e 525, I, CPC)

Com a ausência da citação válida, tem-se a nulidade processual, por violação aos princípios constitucionais do devido processo legal (art. 5º, LIV) e amplo direito de defesa (art. 5º, LV) e ao previsto no art. 240, CPC, de modo que deverá ser reconhecida a nulidade de todos os atos processuais a partir da citação, em especial, da audiência de fls. _____, quando a Embargante foi considerada revel e lhe aplicada a pena de confissão (art. 884, CLT).

1.2 Excesso de Execução: Correção Monetária – Época Própria

Não bastasse a nulidade processual alegada, a execução se dá de forma excessiva (arts. 535, IV, 525, V, 917, § 2º, I, CPC), vez que não observa os parâmetros fixados no sistema jurídico em relação à apuração da correção monetária.

O art. 39 da Lei 8.177/91 determina que os débitos trabalhistas de qualquer natureza, quando não satisfeitos pelo empregador, serão atualizados nas épocas próprias definidas em lei, acordo ou convenção coletiva, sentença normativa ou cláusula contratual.

A época própria legal: quando o pagamento houver sido estipulado por mês, deverá ser efetuado, o mais tardar, até o quinto dia útil subsequente ao vencido (art. 459, § 1º, CLT).

Valentin Carrion entende que a época própria legal, para o cômputo da correção monetária, é a partir do primeiro dia do mês seguinte ao vencido para aqueles que recebem salário por mês. Justifica essa posição ao citar o § 1º do art. 1º da Lei 6.899/91, o qual salienta que, nas execuções de títulos de dívida líquida e certa, a correção será calculada a contar do respectivo vencimento (CARRION, Valentin. *Comentários à Consolidação das Leis do Trabalho*. 25. ed. São Paulo: Saraiva, 2000. p. 619).

O TST já pacificou a matéria no sentido que a correção monetária deve ser apurada a partir do primeiro dia do mês subsequente ao vencido (Súm. 381).

No caso concreto, conforme planilha anexa (art. 525, § 4º, CPC), a diferença apurada excedente é de R$ 5.750,00. Em outras palavras, o valor correto da liquidação do título judicial é de R$ 17.000,00 e não o valor definido em sentença de liquidação.

Portanto, espera o reconhecimento do excesso de execução apontado.

1.3 Tutela Provisória: Efeito Suspensivo da Execução

A execução trabalhista está integralmente garantida por depósito em dinheiro feito para a Embargante.

Ocorre que, diante dos fatos e fundamentos jurídicos relevantes (ausência de citação válida e excesso de execução) apresentados pela Embargante, aos presentes embargos deve-se conceder efeito suspensivo, a fim de suspender o processo de execução trabalhista, nos termos do art. 919, CPC.

Certo é que o prosseguimento da execução, além da liberação dos valores em favor do Embargado resultará em dano irreparável ou incerta reparação, pois após a liberação a Embargante não terá como reaver os valores pagos, em virtude de o Embargado estar desempregado e não possuir patrimônio próprio.

Prova disso é a declaração da hipossuficiência econômica e o pedido de assistência judiciária gratuita do Embargado às fls. _____.

Destarte, espera a concessão de efeito suspensivo aos presentes embargos do devedor, a fim de suspender o processo de execução trabalhista.

2 PEDIDOS E REQUERIMENTOS

Ante o exposto, espera o regular processamento dos embargos do devedor, com a citação do Embargado para que integre a lide e apresente suas alegações de defesa no prazo legal.

Considerando os relevantes fundamentos e o risco de lesão irreparável, pleiteia-se a concessão de efeito suspensivo aos embargos do devedor, a fim de suspender a execução trabalhista.

Espera o reconhecimento da nulidade dos atos processuais praticados a partir da citação de fls. _____, vez que não houve citação válida no processo.

Ad cautelam, espera ainda que seja reconhecido o excesso de execução, considerando que não foi aplicada a correção monetária de forma correta, ensejando uma diferença de R$ 5.750,00, conforme planilha anexa.

Pretende-se provar o alegado por todos os meios admitidos em direito (art. 5º, LVI, CF).

Outrossim, requer a condenação do Embargado ao pagamento de honorários advocatícios, bem como de despesas processuais e custas processuais.

Atribui-se à causa o valor de R$ 22.750,00.

Nestes termos,

pede deferimento.

Local e data

Advogado.

OAB nº _____

19.2 IMPUGNAÇÃO À SENTENÇA DE LIQUIDAÇÃO

19.2.1 Fundamento jurídico

A impugnação à sentença de liquidação tem fundamento jurídico no art. 884 e parágrafos da CLT.

19.2.2 Cabimento

Ao lado dos embargos à execução, temos a figura da impugnação à sentença de liquidação (art. 884, *caput* e §§ 3º e 4º, CLT).

A impugnação à sentença de liquidação pode ocorrer pelos credores trabalhista e previdenciário (exequentes) (art. 884, § 3º).

19.2.3 Objeto

O objetivo da impugnação é a discussão da extensão da sentença de liquidação, a qual fixa o crédito e o seu montante, enquanto os embargos do devedor visam desconstituir o título executivo ou os atos da relação processual executiva.

A impugnação à sentença de liquidação não poderá: a) modificar, ou inovar, a sentença liquidanda, nem discutir matéria pertinente à causa principal (art. 879, § 1º); b) impugnar o montante do crédito exequendo, se não tiver impugnado os cálculos (art. 879, §§ 2º e 3º), ante a preclusão. Claro está que as partes deverão ficar cientes dos cálculos na liquidação de sentença.

Para Wagner Giglio,[25] a lei facultou *"ao juiz da execução determinar a antecipação da conta, mas não lhe impôs essa solução, caso contrário não teria sido utilizada a expressão poderá e teria sido revogado o art. 884, § 3º, da CLT. Mantido este, há de se entender que sobreviveu como alternativa de discussão da conta de liquidação, caso não haja opção pela discussão antecipada [...] Optando pela discussão antecipada, o juiz intimará as partes para impugná-la, no prazo de dez dias para cada uma, sucessivamente. Se as partes não oferecerem impugnação, ou aquela que não o fizer, não mais poderá ser utilizado o prazo dos embargos à execução para fazê-lo, porque a impugnação ficará preclusa. A mesma pena de preclusão será aplicada se a impugnação não 'indicar os itens e valores objeto da discordância', em preceito obviamente tendente a coibir manifestações meramente protelatórias. Em qualquer caso, a reabertura da discussão da liquidação somente poderá ser feita através de recurso de agravo de petição".*

Com a Lei 13.467, elaborada conta de liquidação, as partes terão prazo comum de oito dias para se manifestarem e apresentarem impugnada específica (indicação dos itens e valores), sob pena de preclusão (art. 879, § 2º).

Em relação à questão da preclusão, a prudência do juiz é imperiosa. Pode uma das partes apresentar cálculos que não estejam em sintonia com a coisa julgada, contendo erros gravíssimos. Nessa hipótese, mediante a impugnação da sentença de liquidação, tais valores fixados devem ser revisados, adequando-os aos direitos reconhecidos e deferidos pelo título executivo judicial.

19.2.4 Prazo

O prazo para a impugnação é de cinco dias (art. 884, *caput*).[26] Normalmente, após a garantia do juízo (penhora de bens ou o depósito da quantia executada), o devedor, como tem a ciência da própria garantia, começa a ter a fluência do prazo

---

[25] GIGLIO, Wagner; CORRÊA, Claudia Giglio Veltri. *Direito Processual do Trabalho*, 15. ed., p. 588.
[26] O art. 1º-B da Lei 9.494/97, acrescentado pelo art. 4º da MP 2.180-35/01, aumentou o prazo de que trata esse artigo para 30 dias. O entendimento doutrinário e jurisprudencial predominante é que o aumento do prazo somente beneficia a Fazenda Pública.

de cinco dias. A impugnação é matéria dos embargos do devedor com o título de excesso de execução.

Para os credores (trabalhista e previdenciário), a partir do momento em que tomam ciência da garantia do juízo, é que podem discutir a sentença de liquidação (art. 884, § 3º).[27]

Contudo, há varas do trabalho que, após a elaboração da sentença de liquidação, já concedem ao exequente a oportunidade de impugnação à sentença de liquidação, por entenderem que o direito à impugnação por parte dos credores independe da garantia do juízo.

19.2.5 Custas processuais

Por expressa determinação legal, no processo de execução, as custas processuais são de responsabilidade do executado e serão recolhidas ao final (art. 789-A, CLT). No caso de impugnação à sentença de liquidação, o valor das custas processuais é de R$ 55,35 (art. 789-A, VII).

O recolhimento das custas processuais seguirá o procedimento definido na IN 20/02, TST, e no Ato Conjunto 21/10, TST.CSJT.GP.SG.

19.2.6 Efeitos

Apresentada impugnação à sentença de liquidação, a execução somente prossegue após sua solução.

19.2.7 Procedimento

Com a impugnação à sentença de liquidação, abre-se prazo para manifestação da parte contrária.

Se tiverem sido arroladas testemunhas, caso julgue necessário seus depoimentos, o juiz designará audiência para produção da prova no prazo de cinco dias (art. 884, § 2º, CLT).

As impugnações e o embargo de devedor serão julgados na mesma sentença.

Torna-se inexigível o título judicial fundado em lei ou ato normativo declarados inconstitucionais pelo STF ou em aplicação ou interpretação tidas por incompatíveis com a CF (art. 884, § 5º).

O ato pelo qual o juiz analisa a impugnação à sentença de liquidação é uma sentença na execução trabalhista (art. 884, § 4º). Dessa sentença, o agravo de petição é o recurso cabível (art. 897, *a*).

---

[27] "Uma vez homologados os cálculos, após a garantia do Juízo, o executado pode impugnar os cálculos de liquidação, no corpo dos embargos à execução, cabendo ao exequente tal direito no incidente processual denominado impugnação à sentença de liquidação (art. 883, § 3º, CLT)" (SCHIAVI, Mauro. *Manual de Direito Processual do Trabalho*, p. 690).

19.2.8 Estrutura

A impugnação de sentença de liquidação é dirigida ao próprio juiz prolator da decisão de liquidação.

Na impugnação, a parte interessada (impugnante) deverá alegar os motivos de seu descontentamento, sempre de forma fundamentada e, no caso de divergências de cálculos, deverá apresentar os cálculos que entende corretos.

Com o objetivo de provar suas alegações, o impugnante poderá fazer uso de todos os meios de prova, inclusive de testemunhas (indicar rol de testemunhas).

19.2.9 Manifestação da parte contrária

Feita a impugnação à sentença de liquidação, por força dos princípios do contraditório e amplo direito de defesa, a parte contrária deverá ser intimada a se manifestar no prazo de cinco dias.

19.2.10 Modelo de impugnação à sentença de liquidação

EXCELENTÍSSIMO SENHOR DOUTOR JUIZ DA _____
VARA DO TRABALHO DE SÃO PAULO – SP

(10 cm)

Processo n° _____

CRISTOVÃO BUARQUE CIRCENSE, por seu advogado, nos autos da reclamação trabalhista que move em face de **PRISCILA & ELIANE PRESENTES LTDA.**, vem, à presença de Vossa Excelência, não se conformando com a fixação do seu crédito às fls. _____, apresentar *IMPUGNAÇÃO À SENTENÇA DE LIQUIDAÇÃO*, com fundamento no art. 884, § 3°, da CLT, cujas razões seguem.

RAZÕES DA IMPUGNAÇÃO

O Impugnante, outrora Reclamante, não se conformando com a sentença de liquidação de fls. _____, a qual fixou o crédito em R$ 5.000,00, apresenta seu inconformismo, via oposição da impugnação à sentença de liquidação.

De acordo com a memória de cálculos anexa, o valor correto do crédito apresentado é de R$ 7.500,00, na medida em que a Impugnada não incluiu nos seus cálculos o valor relativo às horas extras nos domingos e feriados, as quais foram deferidas com o adicional de 100% e que constam na sentença de mérito.

Como se sabe, de acordo com o art. 879 da CLT, na liquidação não se pode inovar ou discutir matéria exaurida na ação de conhecimento. Em outras palavras, o comando inserido no título executivo, que se liquida, há de ser respeitado por inteiro.

Os cálculos, quando formulados, seja pelo magistrado ou pelas partes, haverá de observar a literalidade do título executivo.

A sentença de liquidação apenas incluiu as horas extras excedentes da oitava e/ou da quadragésima quarta semana, não tendo procedido à inclusão dos domingos e feriados em dobro, os quais também foram deferidos pelo julgado liquidando.

Por tais aspectos, a sentença de liquidação de fls. _____, que fixou o cálculo do crédito do exequente em R$ 5.000,00, há de ser alterada para a elevação do crédito para R$ 7.500,00, consoante os cálculos apresentados e que fazem parte da presente impugnação.

CONCLUSÃO

Ante o exposto, espera que a presente impugnação à sentença de liquidação seja conhecida e acolhida para retificar a sentença de liquidação de fls. _____, para, observando os parâmetros da sentença, fixar o crédito exequendo em R$ 7.500,00, quantia a ser paga com juros e correção monetária até a data do depósito.

Requer a intimação da Impugnada para que apresente a sua manifestação no prazo legal.

Nos exatos termos da lei, as custas processuais são de responsabilidade do executado e deverão ser recolhidas ao final (art. 789-A, *caput*, VII, CLT).

Nestes termos,

pede deferimento.

Local e data

Advogado

OAB nº _____

20

EXPROPRIAÇÃO TRABALHISTA E A IMPUGNAÇÃO À ARREMATAÇÃO E À ADJUDICAÇÃO

20.1 EXPROPRIAÇÃO

20.1.1 Arrematação

Para Manoel Antonio Teixeira Filho,[1] a arrematação pode ser conceituada "*como o ato público de execução, que o Estado pratica por meio do juiz, visando à transferência ao patrimônio de outrem bens penhorados ao devedor, sem o consentimento deste, e a propiciar, com o produto pecuniário dessa transferência, a satisfação do direito do credor*".

20.1.1.1 Edital

A arrematação, como ato estatal da expropriação dos bens penhorados, necessita de publicidade. A forma da sua publicidade é o edital (art. 888, CLT).

O leilão será precedido de publicação de edital, o qual deve conter: (a) a descrição do bem penhorado, com suas características, e, tratando-se de imóvel, sua situação e suas divisas, com remissão à matrícula e aos registros; (b) o valor pelo qual o bem foi avaliado, o preço mínimo pelo qual poderá ser alienado, as condições de pagamento e, se for o caso, a comissão do leiloeiro designado; (c) o lugar onde estiverem os móveis, os veículos e os semoventes e, tratando-se de créditos ou direitos, a identificação dos autos do processo em que foram penhorados; (d) o sítio, na rede mundial de computadores, e o período em que se realizará o leilão, salvo se este se der de modo presencial, hipótese em que serão indicados o local, o dia e a hora de sua realização; (e) a indicação de local, dia e hora de segundo leilão presencial, para a hipótese de não haver interessado no primeiro; (f) menção da existência de ônus, recurso ou processo pendente sobre os bens a serem leiloados (art. 886, CPC).

No caso de títulos da dívida pública e de títulos negociados em bolsa, constará do edital o valor da última cotação.

---

[1] TEIXEIRA FILHO, Manoel Antonio. *Execução no Processo do Trabalho*, 9. ed., p. 523.

Incumbe ao leiloeiro público designado adotar providências para a ampla divulgação da alienação (art. 887, CPC).

A divulgação do edital deve ocorrer pelo menos cinco dias antes da data marcada para o leilão e ainda divulgado na internet, em sítio designado pelo juízo da execução, e conterá descrição detalhada e, sempre que possível, ilustrada dos bens, informando expressamente se o leilão se realizará de forma eletrônica ou presencial.

Caso não seja possível sua divulgação na internet ou, considerando o juiz, em atenção às condições da sede do juízo, que esse modo de divulgação é insuficiente ou inadequado, o edital será afixado em local de costume e publicado, em resumo, pelo menos uma vez em jornal de ampla circulação local.

Atendendo ao valor dos bens e às condições da sede do juízo, o juiz poderá alterar a forma e a frequência da publicidade na imprensa, mandar publicar o edital em local de ampla circulação de pessoas e divulgar avisos em emissora de rádio ou televisão local, bem como em sítios distintos.

Os editais de leilão de imóveis e de veículos automotores serão publicados pela imprensa ou por outros meios de divulgação, preferencialmente na seção ou no local reservados à publicidade dos respectivos negócios.

O juiz poderá determinar a reunião de publicações em listas referentes a mais de uma execução.

Não se realizando o leilão por qualquer motivo, o juiz mandará publicar a transferência.

Serão cientificados da alienação judicial (art. 889, CPC), com pelo menos cinco dias de antecedência: (a) o executado, por meio de seu advogado ou, se não tiver procurador constituído nos autos, por carta registrada, mandado, edital ou outro meio idôneo; (b) o coproprietário de bem indivisível do qual tenha sido penhorada fração ideal; (c) o titular de usufruto, uso, habitação, enfiteuse, direito de superfície, concessão de uso especial para fins de moradia ou concessão de direito real de uso, quando a penhora recair sobre bem gravado com tais direitos reais; (d) o proprietário do terreno submetido ao regime de direito de superfície, enfiteuse, concessão de uso especial para fins de moradia ou concessão de direito real de uso, quando a penhora recair sobre tais direitos reais; (e) o credor pignoratício, hipotecário, anticrético, fiduciário ou com penhora anteriormente averbada, quando a penhora recair sobre bens com tais gravames, caso não seja o credor, de qualquer modo, parte na execução; (f) o promitente comprador, quando a penhora recair sobre bem em relação ao qual haja promessa de compra e venda registrada; (g) o promitente vendedor, quando a penhora recair sobre direito aquisitivo derivado de promessa de compra e venda registrada; (h) a União, o Estado e o Município, no caso de alienação de bem tombado.

Se o executado for revel e não tiver advogado constituído, não constando dos autos seu endereço atual ou, ainda, não sendo ele encontrado no endereço constante do processo, a intimação será considerada feita por meio do próprio edital de leilão.

No processo trabalhista, o edital deve ser afixado na sede do juízo ou tribunal, além de ser publicado no jornal local, com antecedência mínima de 20 dias (art. 888, *caput*). O devedor não pode ser considerado intimado com a publicação do edital, sendo necessária a comunicação da data da alienação judicial – via postal ou por publicação no diário oficial.

Quanto ao conteúdo do edital, no processo do trabalho, assevere-se, deve constar: (a) o nome das partes, o número dos autos, os bens apreendidos, com sua quantidade, qualidade, especificação e outros característicos, além do valor da avaliação e a existência, ou não, de ônus incidentes nos bens, além das eventuais despesas processuais a serem suportadas pelo arrematante; (b) o dia, a hora e o local onde será efetuada a praça; (c) as condições legais relativas ao pagamento do preço oferecido (art. 888, §§ 2º e 4º, CLT); (d) o esclarecimento de que, não havendo licitantes e não requerendo o credor a adjudicação, os bens serão levados a uma "segunda praça".

20.1.1.2 Praça e leilão

Há diferença entre praça e leilão?

Diferentemente do CPC/73, o CPC/15 não trata da "praça".

Na execução trabalhista, de acordo com o art. 888, § 1º, da CLT, os bens são vendidos em face do maior lance dado na realização da praça, a qual é uma só e que ocorre, geralmente, nas dependências do próprio fórum trabalhista.

A prática forense trabalhista indica que os editais são confeccionados com a identificação de datas alusivas à "praça e leilão".

Essa segunda data é uma nova praça, não podendo ter o *nomen iuris* de leilão, o qual pressupõe a existência de um leiloeiro, que não é serventuário da Justiça do Trabalho e sim agente comercial.

A CLT, em seu art. 888, § 3º, afirma que não havendo licitante, e não requerendo o exequente à adjudicação, os bens penhorados poderão ser vendidos por leiloeiro nomeado pelo juiz da execução.

Assim, tem-se: (a) alusão a dois momentos distintos: praça (lanço superior à avaliação) e leilão (qualquer valor para o lanço); (b) o art. 888 da CLT declina que os bens serão vendidos pelo maior valor, sendo que o exequente terá preferência quanto à adjudicação. Os editais costumam indicar duas datas, primeira e segunda praças, as quais são realizadas por serventuário da Justiça do Trabalho. No caso de não haver licitante, e diante da ausência de solicitação da adjudicação, os bens penhorados poderão ser vendidos pelo leiloeiro nomeado pelo juiz (art. 888, § 3º).

20.1.1.3 Credor hipotecário

Em se tratando de bem imóvel, é imperioso que no edital se faça constar a existência do referido ônus sobre o bem penhorado (art. 886, VI, CPC).

O CPC determina que não será efetuada a adjudicação ou alienação do bem do executado sem que da execução seja cientificado, por qualquer meio idôneo e com pelo menos dez dias de antecedência, o credor pignoratício, hipotecário, anticrético, fiduciário ou com penhora anteriormente averbada, quando a penhora recair sobre bens com tais gravames, caso não seja o credor, de qualquer modo, parte na execução (art. 889, V).

20.1.1.4 Aspectos procedimentais da arrematação

A alienação judicial será realizada em dia, hora e no local mencionados no edital.

Licitante é quem concorre, durante a realização da hasta pública, com outros interessados, na aquisição dos bens penhorados. Pode ser licitante todo aquele que esteja na livre administração de seus bens.

O arrematante é o licitante que deu o maior lanço, logo, será a pessoa em relação à qual o juiz, no momento oportuno, passará o domínio quanto aos bens que foram do patrimônio do devedor.

O arrematante deve ter a plena capacidade jurídica.

Pode oferecer lance quem estiver na livre administração de seus bens, com exceção: (a) dos tutores, dos curadores, dos testamenteiros, dos administradores ou dos liquidantes, quanto aos bens confiados à sua guarda e à sua responsabilidade; (b) dos mandatários, quanto aos bens de cuja administração ou alienação estejam encarregados; (c) do juiz, do membro do Ministério Público e da Defensoria Pública, do escrivão, do chefe de secretaria e dos demais servidores e auxiliares da justiça, em relação aos bens e direitos objeto de alienação na localidade onde servirem ou a que se estender a sua autoridade; (d) dos servidores públicos em geral, quanto aos bens ou aos direitos da pessoa jurídica a que servirem ou que estejam sob sua administração direta ou indireta; (e) dos leiloeiros e seus prepostos, quanto aos bens de cuja venda estejam encarregados; (f) dos advogados de qualquer das partes (art. 890, CPC).

Como regra geral, o pagamento deverá ser realizado de imediato pelo arrematante, por depósito judicial ou por meio eletrônico (art. 892).

Contudo, se o exequente arrematar os bens e for o único credor, não estará obrigado a exibir o preço, mas, se o valor dos bens exceder ao seu crédito, depositará, dentro de três dias, a diferença, sob pena de tornar-se sem efeito a arrematação, e, nesse caso, realizar-se-á novo leilão, à custa do exequente. Se houver mais de um pretendente, proceder-se-á entre eles à licitação, e, no caso de igualdade de oferta, terá preferência o cônjuge, o companheiro, o descendente ou o ascendente do executado, nessa ordem.

No caso de leilão de bem tombado, a União, os Estados e os Municípios terão, nessa ordem, o direito de preferência na arrematação, em igualdade de oferta.

Tratando-se de leilão de diversos bens e com mais de um lançador, terá preferência aquele que se propuser a arrematá-los todos, em conjunto, oferecendo, para os bens que não tiverem lance, preço igual ao da avaliação e, para os demais, preço igual ao do maior lance que, na tentativa de arrematação individualizada, tenha sido oferecido para eles.

Quando o imóvel admitir cômoda divisão, o juiz, a requerimento do executado, ordenará a alienação judicial de parte dele, desde que suficiente para o pagamento do exequente e para a satisfação das despesas da execução. Não havendo lançador, será efetuada a alienação do imóvel em sua integridade. A alienação por partes deverá ser requerida a tempo de permitir a avaliação das glebas destacadas e sua inclusão no edital, e, nesse caso, caberá ao executado instruir o requerimento com planta e memorial descritivo subscritos por profissional habilitado (art. 894, CPC).

Sem que ocorra a suspensão do leilão, o interessado em adquirir o bem penhorado em prestações poderá apresentar por escrito: (a) até o início do primeiro leilão, proposta de aquisição do bem por valor não inferior ao da avaliação; (b) até o início do segundo leilão, proposta de aquisição do bem por valor que não seja considerado vil (art. 895).

Em qualquer hipótese, a proposta conterá oferta de pagamento de pelo menos 25% do valor do lance à vista e o restante parcelado em até 30 meses, garantido por caução idônea, quando se tratar de móveis, e por hipoteca do próprio bem, quando se tratar de imóveis.

As propostas para aquisição em prestações indicarão o prazo, a modalidade, o indexador de correção monetária e as condições de pagamento do saldo.

No caso de atraso no pagamento de qualquer das prestações, incidirá multa de 10% sobre a soma da parcela inadimplida com as parcelas vincendas.

O inadimplemento autoriza o exequente a pedir a resolução da arrematação ou promover, em face do arrematante, a execução do valor devido, devendo ambos os pedidos ser formulados nos autos da execução em que se deu a arrematação.

Em caso de várias propostas, a proposta de pagamento do lance à vista sempre prevalecerá sobre as propostas de pagamento parcelado. Em havendo mais de uma proposta de pagamento parcelado: (a) em diferentes condições, o juiz decidirá pela mais vantajosa, assim compreendida, sempre, a de maior valor; (b) em iguais condições, o juiz decidirá pela formulada em primeiro lugar.

No caso de arrematação a prazo, os pagamentos feitos pelo arrematante pertencerão ao exequente até o limite de seu crédito, e os subsequentes, ao executado.

Quando o imóvel de incapaz não alcançar em leilão pelo menos 80% do valor da avaliação, o juiz o confiará à guarda e à administração de depositário idôneo, adiando a alienação por prazo não superior a um ano (art. 896, CPC). Se, durante o adiamento, algum pretendente assegurar, mediante caução idônea, o preço da avaliação, o juiz ordenará a alienação em leilão. Se o pretendente à arrematação se arrepender, o juiz impor-lhe-á multa de 20% sobre o valor da avaliação, em benefício do incapaz, valendo a decisão como título executivo. De qualquer forma, o juiz poderá autorizar a locação do imóvel no prazo do adiamento. Findo o prazo do adiamento, o imóvel será submetido a novo leilão.

Caso o arrematante ou seu fiador não pague o preço no prazo estabelecido, o juiz imporá, em favor do exequente, a perda da caução, voltando os bens a novo leilão, do qual não serão admitidos a participar o arrematante e o fiador remissos (art. 897, CPC). O fiador do arrematante que pagar o valor do lance e a multa poderá requerer que a arrematação lhe seja transferida (art. 898).

A arrematação será suspensa assim que alcançado o valor suficiente para o pagamento do credor e para a satisfação das despesas da execução (art. 899).

Ultrapassado o horário do expediente forense, o leilão prosseguirá no dia útil imediato, à mesma hora em que teve início, independentemente de novo edital (art. 900).

20.1.1.5 *Lanço vil na arrematação trabalhista*

Não será aceito lanço que, em segunda praça ou leilão, ofereça preço vil (art. 891, CPC).

O art. 888, § 1º da CLT dispõe que a arrematação será realizada pelo maior lanço, tendo o exequente a devida preferência quanto à adjudicação.

Pode o juiz recusar o valor do lanço, por entendê-lo vil?

O CPC considera vil o preço inferior ao mínimo estipulado pelo juiz e constante do edital, e, não tendo sido fixado preço mínimo, considera vil o preço inferior a 50% do valor da avaliação.

Assim, a solução deve ser efetuada em função do caso concreto. Não se pode permitir a proliferação da indústria dos arrematantes. O valor, mesmo quando inferior ao da avaliação, deve ser razoável para a satisfação parcial do crédito. Quando isso não é possível, não pode o juiz acatar o valor. Geralmente, é fixado o valor mínimo do lanço em 20% da avaliação dos bens penhorados. Contudo, a melhor solução sempre será o exame acurado do caso concreto pelo magistrado.

20.1.1.6 Auto de arrematação

O auto de arrematação será lavrado de imediato e poderá abranger bens penhorados em mais de uma execução, nele mencionadas as condições nas quais foi alienado o bem (art. 901, CPC).

A carta de arrematação do bem imóvel ou ordem de entrega do bem móvel será expedida depois de efetuado o depósito ou prestadas as garantias pelo arrematante, bem como realizado o pagamento da comissão do leiloeiro e das demais despesas da execução.

No caso de leilão de bem hipotecado, o executado poderá remi-lo até a assinatura do auto de arrematação, oferecendo preço igual ao do maior lance oferecido (art. 902, CPC).

Em caso de falência ou insolvência do devedor hipotecário decretada pelo juiz competente, o direito de remição defere-se à massa ou aos credores em concurso, não podendo o exequente recusar o preço da avaliação do imóvel.

Qualquer que seja a modalidade de leilão, assinado o auto pelo juiz, pelo arrematante e pelo leiloeiro, a arrematação será considerada perfeita, acabada e irretratável, ainda que venham a ser julgados procedentes os embargos do executado ou a ação autônoma, assegurada a possibilidade de reparação pelos prejuízos sofridos.

20.1.1.7 Desfazimento da arrematação

A arrematação pode ser desfeita por decisão judicial ou pela vontade do arrematante, desde que observados os parâmetros legais (art. 903, *caput*, CPC).

Mediante provocação apresentada até 10 dias após a arrematação, o juiz poderá invalidá-la, quando realizada por preço vil ou com outro vício, ou poderá considerá-la ineficaz (art. 804) ou ainda ser resolvida, se não for pago o preço ou se não for prestada a caução. Exaurido o prazo legal para as alegações, será expedida a carta de arrematação e a ordem de entrega ou o mandado de imissão na posse (art. 903, § 1º). Entendemos que o magistrado também poderá desfazer o ato *ex officio*, quando verificar qualquer das irregularidades que podem ser suscitadas pelos interessados.

Por sua vez, o arrematante poderá desistir da arrematação, sendo-lhe imediatamente devolvido o depósito que tiver feito: (a) se provar, nos 10 dias seguintes, a existência de ônus real ou gravame não mencionado no edital; (b) se, antes de expedida a carta de arrematação ou a ordem de entrega, o executado alegar alguma das situações de invalidação, ineficácia ou resolução; (c) uma vez citado para responder à ação autônoma, desde que apresente a desistência no prazo de que dispõe para responder a essa ação.

Considera-se ato atentatório à dignidade da justiça a suscitação infundada de vício com o objetivo de ensejar a desistência do arrematante, devendo o suscitante ser condenado, sem prejuízo da responsabilidade por perdas e danos, ao pagamento de multa, a ser fixada pelo juiz e devida ao exequente, em montante não superior a 20% do valor atualizado do bem.

20.1.1.8 Carta de arrematação

A carta de arrematação conterá a descrição do imóvel, com remissão à sua matrícula ou individuação e aos seus registros, a cópia do auto de arrematação e a prova de pagamento do imposto de transmissão, além da indicação da existência de eventual ônus real ou gravame (art. 901, § 2º, CPC).

20.1.1.9 Consequências da arrematação

A arrematação, como ato jurídico de expropriação dos bens do devedor, acarreta repercussões na esfera jurídica dos envolvidos na relação jurídica processual, como também de terceiros.

As consequências da arrematação são as seguintes:

a) a transferência ao arrematante do domínio dos bens pertencentes ao devedor. A arrematação é uma forma de aquisição do direito de propriedade, inclusive, com os gravames existentes na coisa alienada;

b) o depositário tem a obrigação de transferir ao arrematante a posse dos bens alienados;

c) o arrematante, com a transferência, também tem direito aos frutos pendentes, assumindo a obrigação de cobrir as despesas feitas com eles;

d) a extinção da hipoteca (art. 1.499, VI, CC), pois o ônus adere ao preço, ocorrendo a sub-rogação legal;

e) o preço pago pelo arrematante toma o lugar dos bens penhorados, sendo destinado ao pagamento do crédito exequendo, das contribuições previdenciárias e das demais despesas processuais. O que sobrar do valor arrecadado será entregue ao devedor.

20.1.2 Adjudicação

Pela doutrina, adjudicação é o *"ato judicial por intermédio do qual se transfere ao patrimônio do credor, a requerimento deste de modo coativo, bens penhorados ao devedor e que haviam sido levados à praça ou leilão"*.[2]

---

[2] TEIXEIRA FILHO, Manoel Antonio. Ob. cit., p. 555.

Do ponto de vista legal, a adjudicação representa uma das formas de pagamento ao credor (art. 904, II, CPC).

Na estrutura do processo civil, é lícito ao exequente, oferecendo preço não inferior ao da avaliação, requerer que lhe sejam adjudicados os bens penhorados (art. 876, CPC).

No processo laboral, a adjudicação pode envolver bens móveis ou imóveis, não havendo a necessidade da presença de licitantes e, inclusive, com preferência em relação à arrematação (art. 888, §§ 1º e 3º, CLT).

O art. 24, I e II, da Lei 6.830/80 estabelece que a Fazenda Pública poderá adjudicar os bens penhorados: (a) antes do leilão, pelo preço da avaliação, se a execução não for embargada ou se rejeitados os embargos; (b) findo o leilão: (1) se não houver licitante, pelo preço da avaliação; (2) havendo licitantes, com preferência, em igualdade de condições com a melhor oferta, no prazo de 30 dias.

Se o preço da avaliação ou o valor da melhor oferta for superior ao dos créditos da Fazenda Pública, a adjudicação somente será deferida pelo juiz, se a diferença for depositada, pela exequente, à ordem do juízo, no prazo de 30 dias (art. 24, parágrafo único).

No processo trabalhista, pela adequação do art. 888, §§ 1º e 3º, da CLT, com o art. 24 da Lei 6.830, tem-se: (a) momento – a adjudicação deve ser requerida após a realização da praça; (b) valor – adota-se o maior lanço, no caso de licitantes; caso contrário, o valor da avaliação dos bens alienados; (c) prazo – o prazo é de até 24 horas após a realização da praça. O prazo de 30 dias, como previsto na Lei 6.830/80, é inaplicável ao Processo Laboral, dada a celeridade processual exigível na execução dos créditos trabalhistas.

20.1.2.1 Legitimação para a adjudicação

Além do credor-exequente, tem legitimidade para a adjudicação (art. 876, § 5º, CPC): (a) credores concorrentes que tenham penhorado o mesmo bem; (b) o cônjuge, o companheiro, os descendentes ou os ascendentes do executado; (c) o coproprietário de bem indivisível do qual tenha sido penhorada fração ideal; (d) o titular de usufruto, uso, habitação, enfiteuse, direito de superfície, concessão de uso especial para fins de moradia ou concessão de direito real de uso, quando a penhora recair sobre bem gravado com tais direitos reais; (e) o proprietário do terreno submetido ao regime de direito de superfície, enfiteuse, concessão de uso especial para fins de moradia ou concessão de direito real de uso, quando a penhora recair sobre tais direitos reais; (f) o credor pignoratício, hipotecário, anticrético, fiduciário ou com penhora anteriormente averbada, quando a penhora recair sobre bens com tais gravames, caso não seja o credor, de qualquer modo, parte na execução; (g) o promitente comprador, quando a penhora recair sobre bem em relação ao qual haja promessa de compra e venda registrada; (h) o promitente vendedor, quando a penhora recair sobre direito aquisitivo derivado de promessa de compra e venda registrada; (i) a União, o Estado e o Município, no caso de alienação de bem tombado.

Se houver mais de um pretendente, proceder-se-á a licitação entre eles, tendo preferência, em caso de igualdade de oferta, o cônjuge, o companheiro, o descendente ou o ascendente, nessa ordem.

No caso de penhora de quota social ou de ação de sociedade anônima fechada realizada em favor de exequente alheio à sociedade, esta será intimada, ficando responsável por informar aos sócios a ocorrência da penhora, assegurando-se a estes a preferência.

20.1.2.2 Procedimento

Caso o exequente (art. 876, CPC) tenha requerido a adjudicação, o executado será intimado do pedido: (a) pelo Diário da Justiça, na pessoa de seu advogado constituído nos autos; (b) por carta com aviso de recebimento, quando representado pela Defensoria Pública ou quando não tiver procurador constituído nos autos; (c) por meio eletrônico (art. 246, CPC), quando não tiver procurador constituído nos autos.

Considera-se realizada a intimação quando o executado houver mudado de endereço sem prévia comunicação ao juízo.

Se o executado, citado por edital, não tiver procurador constituído nos autos, é dispensável a intimação.

Se o valor do crédito for: (a) inferior ao dos bens, o requerente da adjudicação depositará de imediato a diferença, que ficará à disposição do executado; (b) superior ao dos bens, a execução prosseguirá pelo saldo remanescente.

Transcorrido o prazo de cinco dias, contado da última intimação, e decididas eventuais questões, o juiz ordenará a lavratura do auto de adjudicação (art. 877, CPC).

Considera-se perfeita e acabada a adjudicação com a lavratura e a assinatura do auto pelo juiz, pelo adjudicatário, pelo escrivão ou chefe de secretaria, e, se estiver presente, pelo executado, expedindo-se: (a) a carta de adjudicação e o mandado de imissão na posse, quando se tratar de bem imóvel; (b) a ordem de entrega ao adjudicatário, quando se tratar de bem móvel.

A carta de adjudicação conterá a descrição do imóvel, com remissão à sua matrícula e aos seus registros, a cópia do auto de adjudicação e a prova de quitação do imposto de transmissão.

Na hipótese de falência ou de insolvência do devedor hipotecário, o direito de remição será deferido à massa ou aos credores em concurso, não podendo o exequente recusar o preço da avaliação do imóvel.

Frustradas as tentativas de alienação do bem, será reaberta oportunidade para requerimento de adjudicação, caso em que também se poderá pleitear a realização de nova avaliação (art. 878, CPC).

O Provimento GP/CR 3/2020 do TRT da 2ª Região disciplina os procedimentos relacionados com a alienação por intermédio de leiloeiros. A sistemática está em sintonia com a legislação trabalhista, visto que o § 3º do art. 888, CLT, permite que o leilão seja levado a efeito por iniciativa particular.

20.1.3 Alienação por iniciativa particular ou em leilão judicial

A alienação se dá por iniciativa particular (iniciativa do exequente) ou em leilão judicial (eletrônico ou presencial) (art. 879, CPC).

Não efetivada a adjudicação, o exequente poderá requerer a alienação por sua própria iniciativa ou por intermédio de corretor ou leiloeiro público credenciado perante o órgão judiciário (art. 880).

Cabe ao magistrado fixar o prazo em que a alienação deve ser efetivada, a forma de publicidade, o preço mínimo, as condições de pagamento, as garantias e, se for o caso, a comissão de corretagem.

A alienação será efetuada em leilão judicial se não efetivada a adjudicação ou a alienação por iniciativa particular (art. 881).

Em regra, o leilão do bem penhorado será realizado por leiloeiro público. Ressalvados os casos de alienação a cargo de corretores de bolsa de valores, todos os demais bens serão alienados em leilão público.

Não sendo possível a sua realização por meio eletrônico, o leilão será presencial (art. 882). A alienação por meio eletrônico será realizada com: (a) observância das garantias processuais das partes, de acordo com regulamentação específica do Conselho Nacional de Justiça (CNJ); (b) o respeito aos requisitos da ampla publicidade, autenticidade e segurança, inclusive, observando-se as regras estabelecidas na legislação sobre certificação digital.

Cabe ainda ao magistrado: (a) indicar o local para a realização do leilão presencial (art. 882, § 3º, CPC); (b) designar o leiloeiro público, o qual poderá ser indicado pelo exequente (art. 883); (c) estabelecer o preço mínimo, as condições de pagamento e as garantias que poderão ser prestadas pelo arrematante (art. 885).

São tarefas do leiloeiro público (art. 884): (a) publicação do edital com o anúncio da alienação; (b) realização do leilão onde se encontrem os bens ou no lugar designado pelo juiz; (c) exposição dos bens ou das amostras das mercadorias aos pretendentes; (d) receber e depositar, dentro de um dia, à ordem do juiz, o produto da alienação; (e) prestação de contas nos dois dias subsequentes ao depósito.

O leiloeiro tem o direito de receber do arrematante a comissão estabelecida em lei ou arbitrada pelo juiz.

A alienação será formalizada com a lavratura de termo nos autos, com as seguintes assinaturas: juiz, exequente, adquirente e, se estiver presente, do executado. Na sequência serão expedidos: (a) a carta de alienação e o mandado de imissão na posse, quando se tratar de bem imóvel; (b) a ordem de entrega ao adquirente, quando se tratar de bem móvel (art. 880, § 2º).

20.1.4 Remição

Remição da execução se dá quando o devedor efetua o pagamento da dívida, com juros e correção monetária, das contribuições previdenciárias e das demais despesas processuais (art. 826, CPC).

Remição de bens era uma forma de *pietatis causa*, concedida ao cônjuge, ascendente ou descendente, para resgatar os bens penhorados, quando o devedor está em situação de insolvência (art. 787, *caput*, CPC/73). Não poderia ser parcial quando havia licitante para todos os bens (art. 787, parágrafo único, CPC/73). A remição de bens foi revogada pela Lei 11.382/06 (art. 7º, I).

Com o CPC/15, no caso de penhora de bem hipotecado, o executado poderá remi-lo até a assinatura do auto de adjudicação, oferecendo preço igual ao da avaliação, se não tiver havido licitantes, ou ao do maior lance oferecido (art. 877, § 3º).

Na Justiça do Trabalho, aplica-se somente a remição da execução (art. 13, Lei 5.584/70), a qual tem preferência em relação à adjudicação e esta quanto à arrematação.

20.2 IMPUGNAÇÃO À ARREMATAÇÃO E À ADJUDICAÇÃO

20.2.1 Fundamento jurídico

No prazo de 10 dias após o aperfeiçoamento da arrematação, qualquer interessado poderá impugnar o ato expropriatório (art. 903, § 2º, CPC).

Em havendo o requerimento de adjudicação, o prazo para sua impugnação é de cinco dias contados da última intimação (art. 877).

20.2.2 Cabimento

O CPC não mais prevê os embargos à expropriação, contudo, estabelece outros mecanismos de defesa para o executado (art. 903).

Pelo CPC, a arrematação poderá ser: (a) invalidada, quando realizada por preço vil ou com outro vício; (b) considerada ineficaz, se não observado o disposto no art. 804, CPC (ausência de intimação do credor pignoratício, hipotecário ou anticrético); (c) resolvida, se não for pago o preço ou se não for prestada a caução.

No CPC, qualquer que seja a situação apontada, o juiz decidirá o incidente, se for provocado em até 10 dias após o aperfeiçoamento da arrematação.

Decorrido o prazo de 10 dias, sem que tenha havido alegação de qualquer das situações previstas, será expedida a carta de arrematação e, conforme o caso, a ordem de entrega ou mandado de imissão na posse.

Após a expedição da carta de arrematação ou da ordem de entrega, a invalidação da arrematação poderá ser pleiteada por ação autônoma, em cujo processo o arrematante figurará como litisconsorte necessário.

No CPC, o arrematante poderá desistir da arrematação, sendo-lhe imediatamente devolvido o depósito que tiver feito: (a) se provar, nos 10 dias seguintes, a existência de ônus real ou gravame não mencionado no edital; (b) se, antes de expedida a carta de arrematação ou a ordem de entrega, o executado alegar: invalidação; ineficácia ou resolução (qualquer das hipóteses do art. 804, § 1º, I a III, CPC); (c) uma vez citado para responder a ação autônoma, desde que apresente a desistência no prazo de que dispõe para responder a essa ação.

Pelo CPC, considera-se ato atentatório à dignidade da justiça a suscitação infundada de vício com o objetivo de ensejar a desistência do arrematante, que será condenado, sem prejuízo da responsabilidade por perdas e danos, ao pagamento de multa, a ser fixada pelo juiz e devida ao exequente, em montante não superior a 20% do valor atualizado do bem.

De acordo com o art. 877, *caput*, CPC, após o transcurso do prazo de cinco dias, contado da última intimação, e após a decisão das eventuais questões, o juiz determinar a lavratura do auto de adjudicação.

Quanto à adjudicação, o art. 876 estabelece um concurso de pessoas, dentre eles, o executado e as demais pessoas mencionadas no § 5º. Após a intimação de todas essas pessoas, bem como do próprio executado, tem-se o decurso do prazo de cinco dias. Nesse prazo, qualquer interessado na adjudicação poderá impugnar as propostas efetuadas. Logo, a impugnação antecede a lavratura do auto de adjudicação.

Pela atual redação da OJ 66, SDI-II, temos que: (a) sob a égide do CPC/73, era incabível o mandado de segurança contra sentença homologatória de adjudicação, uma vez que existia meio próprio para a impugnação do ato judicial (embargos à adjudicação; art. 746, CPC/73); (b) na vigência do CPC/15, também não é cabível o mandado de segurança, devendo o ato ser impugnado por simples petição, em conformidade com a aplicação subsidiária do art. 877, *caput*.

Diante dessa orientação jurisprudencial, não há dúvidas de que a impugnação do CPC é aplicável nas hipóteses de adjudicação e arrematação ocorridas na execução trabalhista.

20.2.3 Custas processuais

Por expressa determinação legal, no processo de execução, as custas processuais são de responsabilidade do executado e serão recolhidas ao final (art. 789-A, CLT). No caso de "embargos à arrematação" (impugnação à arrematação), o valor das custas processuais é de R$ 44,26 (art. 789-A, V).

Informações sobre as guias e o recolhimento das custas processuais, sugerimos consultar o capítulo do recurso ordinário (Capítulo 8, Parte II).

20.2.4 Procedimento

Após a adjudicação, alienação ou arrematação, tem-se a possibilidade de o executado apresentar impugnação, observados os prazos legais.

Da decisão das impugnações à arrematação, à alienação ou à adjudicação é cabível o agravo de petição (art. 897, *a* da CLT).

20.2.5 Estrutura

A impugnação à arrematação ou à adjudicação é dirigida ao juiz da execução, oportunidade na qual o impugnante alega as matérias do art. 903, § 1º, CPC. Além das matérias elencadas no CPC, a impugnação também versa sobre matérias tidas de ordem pública, como vício na realização de alienação por iniciativa particular.

20.2.6 Contraminuta

No mesmo prazo da impugnação (art. 10, CPC), o exequente se manifestará sobre as alegações apresentadas.

Em resposta, o exequente deverá se opor aos fatos e fundamentos jurídicos alegados, sempre apresentando os motivos que justificam a manutenção dos atos expropriatórios.

20.3 MODELO DE IMPUGNAÇÃO À ARREMATAÇÃO

EXCELENTÍSSIMO SENHOR DOUTOR JUIZ DA _____
VARA DO TRABALHO DE SÃO PAULO – SP

(10 cm)

Processo nº _____

ASSESSORIA CONTÁBIL CAVALCANTE JORGE LTDA., por seu advogado, nos autos da reclamação trabalhista movida por **FRANCISCO PESSOA DIAS**, vem, à presença de Vossa Excelência, ante a arrematação de fls. 140 feita por **JOSÉ DE QUADROS** (arrematante), apresentar *sua IMPUGNAÇÃO À ARREMATAÇÃO*, com fundamento no art. 903, § 2º, CPC, art. 769 da CLT e OJ 66 da SDI-II, pelas razões seguem.

RAZÕES DA IMPUGNAÇÃO

O Impugnante não se conforma com a expropriação ocorrida às fls. 140 em hasta pública, em que o bem penhorado foi arrematado pelo valor insignificante de R$ 10.000,00.

O bem levado à hasta pública corresponde a um veículo HONDA CIVIC, ano 2012, modelo 2012, placa ABC 1234, o qual foi avaliado em janeiro de 2016 em R$ 27.000,00.

A expropriação deu-se em hasta pública e cujo lanço foi de R$ 10.000,00.

O valor do lanço é vil, visto que equivale a 37% do valor da avaliação, o que é inadmissível. Tem-se a plena configuração da violação do disposto no art. 891, CPC, de cuja aplicação subsidiária nos valemos em sintonia com o art. 769 da CLT.

A arrematação com lance em preço vil enseja a nulidade do ato expropriatório (art. 903, § 1º, I, CPC).

Esse é o entendimento jurisprudencial:

"ARREMATAÇÃO. LANCE VIL. CRITÉRIOS. Cumpre ao Magistrado trabalhista a análise minudenciada da questão, caso a caso, comparando o valor da avaliação, o valor médio de mercado do bem licitado, o valor do lance, tudo de forma a concluir com segurança acerca da proporcionalidade do preço e da razoabilidade ou conveniência de sua aceitação. Evidenciando-se que a alienação, tal como procedida, é excessivamente gravosa para o executado, há que se anular a arrematação realizada, em face do lanço vil ofertado" (TRT – 3ª R. – 8ª T. – AP 1621-2002-015-03-00-3 – Rel. José Marlon de Freitas – *DJMG* 4-5-2006).

Acrescente-se a isso que a execução há de ser feita de forma menos gravosa ao executado (art. 805, CPC).

Assim, espera o reconhecimento da nulidade da arrematação, pela ocorrência de preço vil.

CONCLUSÃO

Ante o exposto, a presente impugnação deverá ser conhecida e provida para que se tenha a decretação de nulidade da arrematação, pela ocorrência do lance vil.

Requer a intimação da parte contrária e do arrematante para que tomem ciência da presente impugnação e se manifestem no prazo legal.

Pretende-se provar o acima exposto por todos os meios admitidos em Direito (art. 5º, LVI, CF).

Nestes termos,

pede deferimento.

Local e data

Advogado.

OAB nº _____

EMBARGOS DE TERCEIRO

21.1 FUNDAMENTO JURÍDICO

Diante da omissão da CLT, os arts. 674 a 679, CPC, os quais regulam os embargos de terceiro, são aplicáveis ao processo trabalhista.

Considerando o regramento processual civil e a necessidade do TST se posicionar, ainda que não de forma exaustiva, sobre a aplicação de várias regras e de institutos disciplinados pelo CPC ao processo do trabalho, foi editada a IN 39/16.[1]

Além disso, diante da necessidade de se preservar a segurança jurídica e de o TST se posicionar sobre diversos aspectos processuais da Reforma Trabalhista (Lei 13.467), o TST editou a IN 41/18.

21.2 CABIMENTO

Os embargos de terceiro representam o meio processual posto à disposição de quem, não sendo parte no processo, vier a sofrer constrição ou ameaça de constrição sobre bens que possua ou sobre os quais tenha direito incompatível com o ato constritivo, poderá requerer seu desfazimento ou sua inibição (art. 674, CPC).

É uma ação incidental de conhecimento, conexa ao processo principal, onde se teve o esbulho ou a turbação de bens. Os embargos de terceiro[2] podem ser opostos em qualquer tipo processual. Na Justiça do Trabalho, geralmente, os embargos de terceiro são adotados na execução.

---

[1] A IN 39/16, TST, é objeto da ação direta de inconstitucionalidade promovida pela Associação Nacional dos Magistrados da Justiça do Trabalho – ANAMATRA (ADI 5516, Rel. Min. Cármen Lúcia).

[2] Não devem ser confundidos com a oposição (*arts. 682 ss, CPC*). A oposição é uma forma de intervenção de terceiro, a qual ocorre no processo de conhecimento, em que o oponente pretende, no todo ou em parte, a exclusão de uma das partes, declinando que o direito ou a coisa é sua, o que não ocorre com os embargos de terceiro, cujo escopo é a exclusão do bem penhorado ou turbado.

21.3 OBJETO

O conteúdo dos embargos de terceiro versa sobre a defesa do bem, objeto de constrição ou ameaça de constrição, quando na qualidade de terceiro (proprietário, fiduciário ou possuidor), e a não responsabilidade pelo cumprimento da obrigação.

21.4 LEGITIMIDADE

Do ponto de vista processual, quem, não sendo parte no processo, sofrer constrição ou ameaça de constrição sobre bens que possua ou sobre os quais tenha direito incompatível com o ato constritivo, poderá requerer seu desfazimento ou sua inibição por meio de embargos de terceiro. Os embargos podem ser de terceiro proprietário, inclusive fiduciário, ou possuidor (art. 674, *caput* e § 1º, CPC).

Considera-se terceiro (legitimado ativo) para os embargos de terceiro (art. 674, § 2º, CPC):

> a) o cônjuge ou companheiro, quando defende a posse de bens próprios ou de sua meação, ressalvado quando se tratar de penhora sobre bem indivisível (art. 843, CPC);
>
> b) o adquirente de bens cuja constrição decorreu de decisão que declara a ineficácia da alienação realizada em fraude à execução;
>
> c) quem sofre constrição judicial de seus bens por força de desconsideração da personalidade jurídica, de cujo incidente não fez parte;
>
> d) o credor com garantia real para obstar expropriação judicial do objeto de direito real de garantia, caso não tenha sido regularmente intimado dos atos expropriatórios.

Nas palavras de Manoel Antonio Teixeira Filho,[3] terceiro é a *"pessoa que, sendo ou não parte no processo de execução, defende bens que, em decorrência do título aquisitivo ou da qualidade em que os possui, não podem ser objeto de apreensão judicial. O amor à clareza nos conduz a reafirmar que a configuração jurídica do terceiro não deve ser buscada no fato imperfeito de estar o indivíduo fora da relação processual executiva, e sim na particularidade fundamental, de que, embora esteja eventualmente figurando como parte passiva nessa relação, colime praticar aí atos destinados não a opor-se ao título executivo, se não a que liberar bens de indevida constrição judicial – fazendo-o, nesse caso, com fundamento no título de aquisição ou na qualidade pela qual detém a posse dos referidos bens".*

Para Araken de Assis,[4] *"em síntese, encontra-se na singular posição de terceiro, no que tange ao processo executivo, quem, cumulativamente: (a) não estiver indicado no título executivo; (b) não se sujeitar aos efeitos do título; e (c) não integrar a relação processual executiva. Deste modo, se ostentam partes (e jamais terceiros): os sujeitos designados*

---

[3] TEIXEIRA FILHO, Manoel Antonio. *Execução no Processo do Trabalho*, 9. ed., p. 642.
[4] ASSIS, Araken de. *Manual do Processo de Execução*, 4. ed., p. 1060.

no título executivo, aqueles a que a lei processual declara legitimados (p. ex., o fiador judicial, segundo o art. 568, IV); os que tiverem seus bens sujeitos aos atos executórios (p. ex., o adquirente da coisa litigiosa, ex vi do art. 626); e, finalmente, os que, por simples equívoco ou deliberado capricho do credor, tiveram contra si proposta a ação executória. Por outro lado, é realmente terceiro, quem, estranho a quaisquer dessas situações, sofre constrição patrimonial no processo executivo. Fundamentalmente, os embargos do art. 1.046 se admitem quando o bem constrito não pertence ao devedor, nem se sujeita à responsabilidade executiva".

Quando a execução trabalhista é dirigida contra o sócio ou o ex-sócio da pessoa jurídica, ora executada, surgem sérias dúvidas quanto ao remédio processual adequado: será o caso de embargos do devedor ou de embargos de terceiro?

Por regra, se o sócio ou o ex-sócio é citado como devedor, na execução trabalhista, deve adotar os embargos à execução. Além da sua ilegitimidade (arts. 535, III, e 525, § 1º, II, CPC), também poderá alegar outras matérias, as quais somente serão apreciadas, se for acolhida a primeira.

Esse entendimento é razoável, ante o teor da Súmula 184 do ex-TFR: *"Em execução movida contra sociedade por quotas, o sócio-gerente, citado em nome próprio, não tem legitimidade para opor embargos de terceiro, visando livrar da constrição judicial seus bens particulares."*

Contudo, nem sempre é possível ao sócio ou ao ex-sócio ajuizar os embargos à execução. Vale dizer, como os embargos do executado exigem a garantia do juízo (art. 884, *caput*, CLT), pode ser que não tenha condições de discutir a sua legitimidade, na medida em que o seu patrimônio não seja suficiente para esta garantia.

Por outro lado, ressaltamos que, invariavelmente, o sócio ou o ex-sócio são considerados como partes e devedores na execução, sem a mínima oportunidade de discutir o requerimento da desconsideração da personalidade jurídica.

Como então ficará o meio adequado para o sócio ou o ex-sócio discutir a sua legitimidade para a execução?

A possibilidade de conhecimento dos embargos de terceiro nessas condições não só é importante para evitar graves prejuízos ao sócio ou ex-sócio executado, que poderiam advir da eventual escolha equivocada da medida processual cabível, mas, sobretudo, pelo fato de que nem sempre se tem a disponibilidade de bens suficientes para a garantia da execução para fins de oposição de embargos do executado.

Entendimento contrário criaria situação extremamente desfavorável para o executado que, ao ingressar após a formação do título executivo judicial, no estado em que se encontra o processo, ter-lhe tolhida a possibilidade de suspensão da execução por não possuir bens suficientes à garantia do juízo.

Tal hipótese de agravamento desmedido da situação do executado, além de contrariar o teor do art. 805, CPC, afigura-se ofensiva aos princípios da razoabilidade e proporcionalidade.

Some-se a isso que é evidente que o executado tem direito a efetiva e devida prestação jurisdicional.

Portanto, é válida a discussão da sua legitimação, pela qualidade ou não de terceiro, em sede de embargos de terceiro.

No que se refere à legitimidade passiva, será o sujeito a quem o ato de constrição aproveita, assim como o será seu adversário no processo principal quando for sua a indicação do bem para a constrição judicial (art. 677, § 4º, CPC).

No âmbito do incidente de desconsideração da personalidade jurídica (arts. 133 a 137, CPC), na fase de execução, contra a decisão que acolher ou rejeitar o incidente cabe agravo de petição, independentemente da garantia do juízo (art. 855-A, CLT, com a redação dada pela Lei 13.467/17).

21.5 COMPETÊNCIA

A competência para julgar os embargos de terceiro é do juiz que determinou a constrição (art. 676, CPC).

Nos casos de ato de constrição realizado por carta, os embargos serão oferecidos no juízo deprecado, salvo se indicado pelo juízo deprecante o bem constrito ou se já devolvida a carta (art. 676, parágrafo único). Esse já era o entendimento consolidado pela jurisprudência (Súm. 33, ex-TFR; Súm. 419, TST).

21.6 PRAZO

No processo de conhecimento, os embargos de terceiro podem ser opostos a qualquer tempo, enquanto não transitada em julgado a sentença.

No cumprimento de sentença ou no processo de execução, os embargos de terceiro podem ajuizados até cinco dias depois da adjudicação, da alienação por iniciativa particular ou da arrematação, mas sempre antes da assinatura da respectiva carta (art. 1.048, CPC/73; art. 675, CPC/15).

Na visão de Sergio Pinto Martins,[5] *"não se pode dizer que os embargos de terceiro devem ser opostos a contar da intimação da penhora ou do momento em que o terceiro tomou conhecimento da apreensão judicial, diante da expressa determinação do art. 1.048 do CPC. Assinada a carta, os embargos não mais poderão ser opostos, mesmo que dentro dos cinco dias".*

Para Francisco Antonio de Oliveira,[6] *"o art. 1.048 há de ser interpretado de conformidade com a 'teoria do prazo' e, em especial, com o princípio da utilidade do prazo. Os embargos deverão ser interpostos da intimação da penhora (arts. 184, § 2º, e 241, do CPC). Em não tendo sido intimado da penhora, o dies a quo terá início no momento em que tomou conhecimento do ato de apreensão judicial (art. 183, §§ 1º e 2º, do CPC) [...] Entendimento literal do art. 1.048 do CPC levaria ao absurdo de permitir-se o uso da lei para referendar procrastinações, com ofensa ao princípio da legalidade e ao princípio da paridade de trabalho, que impõe 'sejam as partes tratadas no mesmo pé de igualdade, recomenda que a cada uma delas devem ser concedidos prazos idênticos para a prática de idênticos atos processuais. A atos idênticos, prazos idênticos para ambas as partes'".*

---

[5] MARTINS, Sergio Pinto. *Direito Processual do Trabalho*, 20. ed., p. 636.
[6] OLIVEIRA, Francisco Antonio. *A Execução na Justiça do Trabalho*, 3. ed., p. 244.

21.7 CUSTAS PROCESSUAIS

O TST entende que, tratando-se de embargos de terceiro, incidentes em execução, interpostos anteriormente à Lei 10.537/02, incabível o pagamento de custas, por falta de previsão legal (OJ Transitória 53, SDI-I).

Atualmente, pelo art. 789-A, V, da CLT, as custas dos embargos de terceiro na fase de execução importam em R$ 44,26 e são pagas ao final pelo executado.

Durante a fase de conhecimento, a nosso ver, as custas devem ser reguladas pelo art. 789, *caput* e II, sendo calculadas sobre o montante do valor da causa. E, no caso de recurso, as custas serão pagas e comprovadas dentro do prazo recursal (art. 789, § 1º).

Quanto às informações sobre as guias e o recolhimento das custas processuais, sugerimos consultar o capítulo do recurso ordinário (Capítulo 8, Parte II).

21.8 EFEITOS

A decisão que reconhecer suficientemente provado o domínio ou a posse determinará a suspensão das medidas constritivas sobre os bens litigiosos objeto dos embargos, bem como a manutenção ou a reintegração provisória da posse, se o embargante a houver requerido (art. 678, CPC).

O juiz poderá condicionar a ordem de manutenção ou de reintegração provisória de posse à prestação de caução pelo requerente, ressalvada a impossibilidade da parte economicamente hipossuficiente.

21.9 PROCEDIMENTO

Os embargos serão distribuídos por dependência e correrão em autos distintos perante o mesmo juiz que ordenou a constrição (art. 676, CPC).

Se o embargado contestar no prazo legal (15 dias), o juiz designará audiência de instrução e julgamento, havendo prova a ser nela produzida (procedimento comum). Não contestados os fatos alegados, presumir-se-ão aceitos pelo embargado como verdadeiros.

Contra os embargos do credor com garantia real, o embargado somente poderá alegar que: (a) o devedor comum é insolvente; (b) o título é nulo ou não obriga a terceiro; (c) outra é a coisa dada em garantia (art. 680).

Acolhido o pedido inicial, o ato de constrição judicial indevida será cancelado, com o reconhecimento do domínio, da manutenção da posse ou da reintegração definitiva do bem ou do direito ao embargante (art. 681).

Da decisão proferida nos embargos de terceiro cabe agravo de petição (art. 897, *a*, CLT).

21.10 ESTRUTURA

Por se tratar de ação autônoma incidental, o embargante deverá observar o previsto no art. 840, CLT, e no art. 319, CPC. Sugerimos consultar o capítulo que trata da reclamação trabalhista (Capítulo 2, Parte II).

Em regra, os embargos são dirigidos ao juiz que determinou a constrição (art. 676, CPC).

O juízo deprecado, na execução por carta precatória, é o competente para julgar os embargos de terceiro, salvo se o bem apreendido foi indicado pelo juízo deprecante ou se já houve a devolução da carta (art. 676, parágrafo único, CPC; Súm. 33, ex-TFR; Súm. 419, TST).

A qualificação das partes é indispensável.

O advogado deve declarar o endereço físico e eletrônico em que receberá intimações (art. 106, CPC).

É indispensável apresentar os fatos e fundamentos jurídicos.

Ao elaborar a petição inicial, o embargante fará a prova sumária de sua posse ou de seu domínio e a qualidade de terceiro (art. 677, CPC).

É necessário que o embargante faça a prova da constrição.

Também é indispensável que o embargante que junte cópias de peças e documentos existentes nos autos da ação principal, desde que sejam essenciais para a compreensão da discussão.

A prova da posse é facultada em audiência preliminar designada pelo juiz (art. 677, § 1º).

O possuidor direto pode alegar, além da sua posse, domínio alheio (art. 677, § 2º). Após, requerer o regular processamento da ação, com a citação da parte contrária para que integre a lide e apresente sua defesa no prazo legal. Se houver advogado constituído, requerer a citação na pessoa do procurador (art. 677, § 3º).

O pedido deve ser determinado (art. 324).

O embargante também deve indicar os meios de prova pelos quais pretende provar o alegado, oferecendo documentos e rol de testemunhas (art. 677) e o valor da causa.

É imprescindível que o embargante apresente, além de provas de suas alegações, cópia das peças processuais da ação principal, de modo a evidenciar suas alegações de constrição patrimonial ilegal (sugerimos: certidão de distribuição, cópia da peça inicial, procurações e substabelecimentos, sentença, acórdão, certidão de trânsito em julgado, sentença de liquidação, ordem de constrição, certidão da penhora etc.).

21.11 RESPOSTA

Os embargos de terceiro poderão ser contestados no prazo de 15 dias.

Sugerimos a leitura dos capítulos que tratam da resposta da reclamada (capítulos 4 e 5, parte II).

21.12 RECURSO

Da decisão que acolher ou rejeitar os embargos de terceiro, dentro da sistemática processual trabalhista, cabem os seguintes recursos: (a) na fase de conhecimento, o recurso ordinário (art. 895, CLT); (b) na execução, o de agravo de petição (art. 897, *a*, CLT). O prazo é de 8 dias.

Não há obrigatoriedade de depósito recursal, quando garantida integralmente a execução.

21.13 MODELO DE EMBARGOS DE TERCEIRO

EXCELENTÍSSIMO SENHOR DOUTOR JUIZ DA 100ª
VARA DO TRABALHO DE SÃO PAULO – SP

(10 cm)

Processo nº 503.2008.001.02.00-8

FELIPE DIAS (nacionalidade), (estado civil), (profissão), (nº do CPF), (nº do RG e órgão expedidor), (nº da CTPS), (nº do PIS/PASEP ou do NIT), (data de nascimento), (nome da mãe), (endereço físico e eletrônico), por seu advogado subscrito (nome completo), o qual receberá as intimações e notificações (endereço físico e eletrônico) (procuração anexa), vem, à presença de Vossa Excelência, propor a presente *AÇÃO DE EMBARGOS DE TERCEIRO*, em face de **JOSÉ QUADROS PEIXINHO** (nacionalidade), (estado civil), (profissão), (nº do CPF), (nº do RG e órgão expedidor), (nº da CTPS), (nº do PIS/PASEP ou do NIT), (data de nascimento), (nome da mãe), (endereço físico e eletrônico), com fundamento nos arts. 674 e seguintes do CPC, aplicados de forma subsidiária ao processo trabalhista (art. 769, CLT),

1 DISTRIBUIÇÃO POR DEPENDÊNCIA

De acordo com o art. 676, CPC, a presente ação é distribuída por dependência em relação aos autos do Processo nº 503.2008.001.02.00-8 desta Vara, em que José Quadros Peixinho contende com Astra Veículos Ltda.

2 APREENSÃO JUDICIAL (PENHORA)

Em 25-11-2020, houve a penhora do veículo HONDA, modelo CIVIC, ano 2015, placa DMZ 7254, consoante o auto de penhora anexo (doc. 03). O bem foi avaliado em R$ 37.000,00.

Os embargos são opostos em função dessa apreensão judicial em consonância com o disposto no art. 674, CPC.

3 INCABÍVEL A PENHORA SOBRE O BEM DE PROPRIEDADE DO REQUERENTE

O Requerente não é parte e nunca foi parte nos autos 503.2008.001.02.00-8.

A sentença prolatada na referida demanda trabalhista somente vincula as partes (José Quadros Peixinho, Reclamante, e Astra Veículos Ltda., Reclamada), não produzindo nenhum efeito em relação à pessoa do Requerente ou seu patrimônio (arts. 503 e 506, CPC).

Cumpre destacar que, na execução trabalhista, não ocorreu a figura da desconsideração da personalidade jurídica com a imputação do patrimônio de eventual pessoa natural.

Mesmo assim, no dia 25-11-2020, a Oficial de Justiça, Sra. Fátima Judite Vargas, penhorou o veículo de propriedade do Requerente, o que é inadmissível. Ocasião em que o bem foi removido, por determinação de Vossa Excelência.

O Requerente está sendo violado no seu direito de propriedade (art. 5º, XXII, CF), bem como o ato da apreensão judicial está em confronto com o instituto da coisa julgada e seus limites (art. 5º, XXXVI, CF; arts. 503 e 506, CPC).

Consoante o certificado de propriedade em anexo (doc. 04) e a nota fiscal (doc. 05), o Requerente adquiriu o bem penhorado em novembro de 2015 junto à empresa Honda Mix Ltda. na cidade de São Caetano do Sul.

Nesse sentido, é o entendimento dos tribunais:

"EMBARGOS DE TERCEIRO. PENHORA DE VEÍCULO AUTOMOTOR. PROPRIEDADE DE OUTREM. CONSTRIÇÃO INSUBSISTENTE. Não há como subsistir a penhora realizada sobre veículo automotor, cuja documentação atesta que o seu proprietário é terceiro estranho à execução. A propriedade de veículo se presume pela posse, no entanto, se prova pelo registro, que foi devidamente trazido aos autos e se apresenta regularmente em nome da embargante" (TRT – 14ª R. – AP 266.2008.092.14.00-0 – Rel. Des. Vulmar de Araújo Coêlho Junior – DE 20-2-2009).

Portanto, o Requerente requer que seja mantido na posse de seu bem, na medida em que está sofrendo turbação (art. 678, CPC), com o reconhecimento da insubsistência da penhora de fls. _____, expedindo-se imediatamente mandado de restituição.

4 PEDIDO E REQUERIMENTOS

Ante o exposto, requer o regular processamento da presente ação, em caráter incidental e com distribuição por dependência à reclamação trabalhista (em fase de execução) que tramita perante a 1ª Vara do Trabalho de São Paulo, Processo nº 503.2008.001.02.00-8.

Requer ainda a citação do Requerido, na pessoa do seu procurador, para que apresente suas alegações de defesa no prazo legal, sob pena de incorrer nos efeitos da revelia.

No mérito, deverá ser reconhecida a qualidade de terceiro do Requerente e de legítimo proprietário do veículo HONDA CIVIC.

Espera ainda que a penhora de fls. _____ seja decretada insubsistente, com a expedição de mandado de restituição.

Outrossim, deverá o Requerido ser condenado ao pagamento de despesas e custas processuais, bem como em honorários advocatícios (art. 791-A, CLT).

Pretende-se provar o alegado por todos os meios admitidos em Direito (art. 5º, LVI, CF) (documentos, testemunhas, vistorias etc.), em especial, testemunhas, conforme rol anexo.

Além disso, apresenta as seguintes cópias da ação principal: certidão de distribuição, cópia da peça inicial, procurações e substabelecimentos, sentença, acórdão, certidão de trânsito em julgado, sentença de liquidação, ordem de constrição e certidão da penhora.

Dá-se à causa o valor de R$ 37.000,00.

Nestes termos,

pede deferimento.

Local e data

Advogado

OAB nº _____

EXCEÇÃO DE PRÉ-EXECUTIVIDADE

22.1 FUNDAMENTO JURÍDICO

Ante a inexistência de regramento jurídico próprio, a exceção de pré-executividade encontra respaldo no direito constitucional de petição (art. 5º, XXXIV, *a*, CF).

22.2 CABIMENTO

A expressão *pré-executividade* representa a ideia do ato praticado antes da penhora (apreensão judicial dos bens do devedor, uma das etapas mais importantes na ação de execução).

Exceção de pré-executividade é a faculdade dada ao executado para levar ao conhecimento do juiz da execução, sem a necessidade da penhora ou dos embargos, matérias que somente poderiam ser arguidas nos embargos do devedor.

A exceção só pode ser relativa à matéria suscetível de conhecimento *ex officio* (pressupostos processuais e condições da ação) ou originária de nulidade do título.

Não se pode negar a aplicabilidade da exceção de pré-executividade no processo do trabalho.

A prudência recomenda que não se faça uma interpretação ampla quanto às hipóteses de cabimento da exceção de pré-executividade.

As matérias passíveis dessa articulação são as pertinentes às matérias as quais possam ser conhecidas de ofício pelo magistrado e que não necessitam de dilação probatória muito profunda. Com isso, estamos afirmando que a exceção de pré-executividade necessita estar fundada em prova documental, como ocorre com o mandado de segurança, não exigindo do juiz da execução, para apreciação da matéria, grandes indagações (cognição exauriente) para o acolhimento da pretensão.

As matérias que podem ser alegadas em sede de exceção de pré-executividade são:

a) nulidade da execução;
b) pagamento, transação, novação e outras modalidades que impliquem a extinção da execução (essas matérias, apesar de não serem de ordem pública,

pelo seu realce para a ação de execução, podem e devem ser arguidas pelo devedor);

c) prescrição intercorrente;

d) ausência dos pressupostos processuais de existência (petição inicial, jurisdição e a citação);

e) ausência dos pressupostos processuais de validade positivos (petição inicial válida, órgão jurisdicional competente e imparcial e a capacidade);

f) ausência dos pressupostos processuais de validade negativos (litispendência e coisa julgada);

g) condições da ação (legitimidade, interesse processual e a possibilidade jurídica do pedido).

O TST tem admitido a exceção de pré-executividade e o mandado de segurança para atacada a execução de decisão proferida em ação de cumprimento, quando a sentença normativa foi alterada em grau de recurso (Súm. 397).

22.3 PRAZO

Enquanto pendente a fase de execução, a exceção de pré-executividade pode ser apresentada.

22.4 CUSTAS PROCESSUAIS

Por ausência de previsão legal, não existem custas processuais a serem pagas.

22.5 PROCEDIMENTO

Apresentada a exceção de pré-executividade e mostrando-se incabível, a mesma deverá ser rejeitada de plano. Essa decisão é de natureza interlocutória, logo, não comporta recurso de imediato pelo devedor (art. 893, § 1º, CLT).[1] A questão poderá ser objeto de preliminar de embargos à execução.

Admitida a exceção de pré-executividade, a parte contrária deverá ser intimada para se manifestar (princípio do contraditório) no prazo fixado pelo magistrado.

Após a manifestação, cabe ao magistrado a decisão quanto ao mérito da exceção de pré-executividade.

A decisão que acolhe a exceção é uma sentença, atacável por meio do agravo de petição (art. 897, *a*, CLT).

---

[1] "... **3.** Prevalece nesta Corte Superior o entendimento de que a sentença que rejeita a exceção de pré-executividade se reveste de natureza interlocutória, sendo, portanto, irrecorrível de imediato, consoante o disposto no artigo 893, § 1º, da CLT. Nesse contexto, a decisão recorrida está de acordo com a jurisprudência desta Corte. Precedentes. ..." (TST – 3ª T. - AIRR-1340-44.2015.5.10.0003 – Rel. Min. Alexandre Agra Belmonte – j. 11-9-2019).

22.6 ESTRUTURA

A petição da exceção de pré-executividade (do excipiente) é dirigida ao juiz da execução trabalhista.

O conteúdo é limitado às questões de ordem pública ou àquelas que o magistrado deve conhecer de ofício (fatos e fundamento jurídico).

Deve-se requerer o regular processamento da exceção, com a intimação da parte contrária (excepto).

Deve-se pleitear o reconhecimento da nulidade alegada.

Deve-se protestar pelas provas que se pretende produzir.

22.7 CONTRAMINUTA

A parte contrária tem o direito a se manifestar sobre o conteúdo da exceção de pré-executividade (princípio do contraditório, art. 5º, LV, CF).

A manifestação se fará por simples petição ao juiz da execução, oportunidade na qual deverão ser apresentados os argumentos de fato e de direito contrários às alegações do excipiente.

22.8 MODELO DE EXCEÇÃO DE PRÉ-EXECUTIVIDADE

EXCELENTÍSSIMO SENHOR DOUTOR JUIZ DA _____
VARA DO TRABALHO DE SÃO PAULO – SP

(10 cm)

Processo nº _____

CASA DE CARNE NEGRÃO LTDA., por seu advogado, nos autos da reclamação trabalhista movida por **NEIDE CAMINHA SEM FIM**, vem, à presença de Vossa Excelência, apresentar ***EXCEÇÃO DE PRÉ-EXECUTIVIDADE***, com fulcro no direito constitucional de petição (art. 5º, XXXIV, *a*, CF), pelas razões que passa a expor.

CABIMENTO

No direito constitucional de petição (art. 5º, XXIV, *a*, CF), a Excipiente (outrora Reclamada) leva ao conhecimento de V. Exª, sem a necessidade da penhora ou dos embargos, matérias de ordem pública, as quais poderiam ser conhecidas de ofício e independentemente de qualquer questionamento ou alegação das Partes.

Desnecessário dizer que o prosseguimento da execução sem observância dos preceitos legais processuais resultará em sensível prejuízo para as Partes, em especial, com a realização de atos processuais desnecessários e decurso de tempo.

No caso concreto, inexiste a citação válida no processo de conhecimento da Excipiente (art. 884, CLT; arts. 535, I, 917, I, 525, § 1º, I, CPC).

NULIDADE DA EXECUÇÃO: FALTA DE CITAÇÃO

Pela simples análise dos autos, pode-se afirmar que não houve a regular citação do Excipiente no processo de conhecimento.

Ato necessário e indispensável à formação da relação processual válida (art. 240, CPC), até para que sejam observados os princípios constitucionais do devido processo legal e do amplo direito de defesa (art. 5º, LIV e LV, CF).

Não há nos autos a juntada do comprovante do SEED dos Correios aos autos. Em outras palavras, não há a prova de que a citação postal tenha sido entregue no endereço da Excipiente.

A Excipiente diligenciou junto à Secretaria da Vara do Trabalho e, após uma exaustiva pesquisa e levantamento, nada foi encontrado quanto ao comprovante do SEED (certidão da Secretaria da Vara anexa).

Como é de notório saber, nas lides trabalhistas, ao contrário do que ocorre no processo civil, a citação não necessita ser pessoal. Basta a entrega da notificação postal no endereço indicado. A comprovação se faz por meio do recibo de entrega da notificação em poder dos Correios, com a assinatura da pessoa que a recebeu.

No entender do TST, compete ao destinatário comprovar que não recebeu a citação (Súm. 16, TST), contudo, há de ser ressaltado que no mínimo deve haver a comprovação que a correspondência tenha sido entregue pelos Correios no endereço.

Essa comprovação da entrega da correspondência pelos Correios não há nos autos e, muito menos, foi localizada pela Secretaria da Vara.

Nesse sentido, já julgou o TST:

"EMBARGOS. CITAÇÃO. PRESUNÇÃO MITIGADA. AUSÊNCIA NOS AUTOS DO AVISO DE RECEBIMENTO. SÚMULA Nº 16/TST 1. A presunção de citação a que se refere a Súmula nº 16/TST tem por fato constitutivo a efetiva ocorrência da postagem. Assim, nascida a presunção com a demonstração da regular postagem, incumbe ao Réu a demonstração de fato que lhe seja impeditivo. É dizer, comprovada a realização da postagem, cabe ao Réu a prova de que esta não se deu da forma adequada, por erro, culpa, ou mesmo dolo. 2. Na espécie, o Eg. Tribunal Regional consignou inexistir nos autos o aviso de devolução postal, prova necessária à constituição da presunção a que se refere a Súmula nº 16/TST. 3. Assim, ausente demonstração da materialidade da postagem, a adoção da presunção aqui referida importaria em exigência de realização de prova negativa e impossível dirigida contra a mera abstração, a ofender o princípio constitucional da ampla defesa. 4. Precedentes da C. SBDI-1 e do Eg. Superior Tribunal de Justiça. Embargos conhecidos e providos" (TST – SDI-II – E-RR 619.698.2000-2 – Relª Minª Maria Cristina Irigoyen Peduzzi – DJ 25-5-2007).

A citação válida é um pressuposto de existência da relação processual.

Com a ausência de citação válida, todos os demais atos processuais, em especial, a decisão que decretou a revelia da Excipiente e a sentença de fls. _____, são atos jurídicos inexistentes (desprovidos de validade e eficácia).

Esse é o entendimento pacífico no TST:

"RECURSO ORDINÁRIO. MANDADO DE SEGURANÇA. ALEGAÇÃO DE NULIDADE DE CITAÇÃO NO PROCESSO DE CONHECIMENTO. EXISTÊNCIA DE MEDIDA PROCESSUAL PRÓPRIA. ORIENTAÇÃO JURISPRUDENCIAL Nº 92 DO SBDI-2 DO TST. INCIDÊNCIA. A jurisprudência desta Eg. SBDI-2, consubstanciada na O.J. nº 92, está orientada

no sentido de que 'não cabe mandado de segurança contra decisão judicial passível de reforma mediante recurso próprio, ainda que com efeito diferido. A existência de recurso próprio para impugnar o ato apontado como coator, na forma do art. 5º, II, da Lei nº 1.533/51, vigente no momento do manejo do mandamus, afasta o cabimento desse writ *por subsidiariedade, evidenciando a ausência do interesse de agir do postulante'. No caso em exame, para impugnar a tese de regularidade da citação firmada na sentença e confirmada em despacho ulterior, a parte dispunha de recurso ordinário e, após o trânsito em julgado, de exceção de pré-executividade e, uma vez garantido o juízo, seria cabível o manejo de embargos à execução, situação que atrai a incidência da citada O.J. nº 92 da SBDI-2. Recurso ordinário não provido"* (TST – SDI-II – RO 250-18.2013.5.23.0000 – Rel. Min. Emmanoel Pereira – j. 18-8-2015).

Destarte, deverá ser reconhecida a nulidade de todos os atos processuais, a partir da citação, com a determinação de nova citação.

CONCLUSÃO

Ante o exposto, espera o regular processamento da presente exceção de pré-executividade, com a intimação da parte contrária para que se manifeste no prazo fixado por Vossa Excelência.

Após, deverá ser reconhecida a nulidade de todos os atos processuais realizados após a citação, vez que não houve a citação válida da Excipiente.

Com isso, deverá também ser determinada nova citação da Excipiente.

Pretende-se provar o alegado por todos os meios admitidos em Direito (art. 5º, LVI, CF).

Nestes termos,

pede deferimento.

Local e data

Advogado

OAB nº _____

Parte III

AÇÕES CONSTITUCIONAIS NO PROCESSO DO TRABALHO

MANDADO DE SEGURANÇA

23.1 FUNDAMENTO JURÍDICO

Previsto na Constituição Federal (art. 5º, LXIX e LXX), o mandado de segurança não se encontra disciplinado pelo CPC, mas por legislação especial, a Lei do Mandado de Segurança (Lei 12.016/09).

Em 9-6-2021, o STF (ADI 4296) declarou a inconstitucionalidade dos arts. 7º, § 2º, e 22, § 2º, Lei 12.016.

23.2 CABIMENTO E ATOS ATACÁVEIS

Nos termos da CF, o mandado de segurança será concedido *"para proteger direito líquido e certo, não amparado por* habeas corpus *ou* habeas data, *quando o responsável pela ilegalidade ou abuso de poder for autoridade pública ou agente de pessoa jurídica no exercício de atribuições do Poder Público"*.

No âmbito infraconstitucional, o mandado de segurança existe para proteger *"direito líquido e certo, não amparado por* habeas corpus *ou* habeas data, *sempre que, ilegalmente ou com abuso de poder, qualquer pessoa física ou jurídica sofrer violação ou houver justo receio de sofrê-la por parte de autoridade, seja de que categoria for e seja quais forem as funções que exerça"* (art. 1º, Lei 12.016).

Com a EC 45, passou a haver a previsão expressa de seu cabimento no âmbito da Justiça do Trabalho (art. 114, IV, CF). Contudo, mesmo antes da EC 45, não existia qualquer restrição à sua aplicação na Justiça do Trabalho.

No âmbito do TST, o processamento do *writ* é disciplinado a partir do art. 224 (RITST). O RITST prevê a possibilidade de mandado de segurança contra ato do Presidente ou de qualquer dos Ministros (art. 224).

Trata-se de uma ação constitucional, de natureza civil.

Assim, o direito violado que enseja o ajuizamento do *mandamus of writ* não se refere ao direito de liberdade ou ao direito de informação (conhecimento e retificação de dados).

Direito líquido e certo, como leciona Hely Lopes Meirelles,[1] "*é o que se apresenta manifesto na sua existência, delimitado na sua extensão e apto a ser exercitado no momento da impetração. Por outras palavras, o direito invocado, para ser amparável por mandado de segurança, há de vir expresso em norma legal e trazer em si todos os requisitos e condições de sua aplicação ao impetrante: se sua existência for duvidosa; se sua extensão ainda não estiver delimitada; se seu exercício depender de situações e fatos ainda indeterminados, não rende ensejo à segurança, embora possa ser defendido por outros meios judiciais*".

Direito líquido e certo é aquele que não enseja dúvidas sobre sua existência fática,[2] havendo comprovação de plano. Consequentemente, não pode depender de instrução probatória.[3] Tanto é assim que exige prova documental pré-constituída, sendo inaplicável o art. 321, CPC, quando verificada, na petição inicial do *mandamus*, a ausência de documento indispensável ou de sua autenticação (Súm. 415, TST).

O objetivo do mandado de segurança é atacar o ato judicial ou administrativo (ato coator) praticado por autoridade pública ou particular que exerce função delegada do Estado[4] (Súm. 510, STF) que viole direito líquido e certo.

O ato coator pode ser de caráter omissivo ou comissivo.

A inobservância do direito pela autoridade pública pode ocorrer por ilegalidade ou abuso de poder.

O mandado de segurança poderá ser repressivo se o ato já foi praticado, e preventivo, quando há justo receio de que o mesmo venha a ocorrer (ameaça).

Assim, há requisitos essenciais do mandado de segurança: (a) ato omissivo ou comissivo da autoridade pública ou do particular que exercer função delegada; (b) ato

---

[1] MEIRELLES, Hely Lopes. *Mandado de Segurança, ação popular, ação civil pública, mandado de injunção, habeas data.* 19. ed., p. 34.

[2] "Hoje, está pacificado o entendimento de que a liquidez e certeza referem-se aos fatos; estando estes devidamente provados, as dificuldades com relação à interpretação do direito serão resolvidas pelo juiz" (DI PIETRO, Maria Sylvia Zanella. *Direito administrativo*, 18. ed. p. 677).

[3] "Direito líquido e certo é o que resulta de fato certo, ou seja, é aquele capaz de ser comprovado, de plano, por documentação inequívoca. Note-se que o direito é sempre líquido e certo. A caracterização de imprecisão e incerteza recai sobre os fatos, que necessitam de comprovação. Importante notar que está englobado na conceituação de direito líquido e certo o fato que para tornar-se incontroverso necessite somente de adequada interpretação do direito, não havendo possibilidades de o juiz denegá-lo, sob o pretexto de tratar-se de questão de grande complexidade jurídica" (MORAES, Alexandre de. *Direito constitucional*, 19. ed. p. 139).

[4] "A esse propósito, a jurisprudência tem admitido mandado de segurança contra agentes de: 1. estabelecimentos particulares de ensino, embora exerçam funções apenas autorizadas e não delegadas pelo Poder Público (acórdãos *in* RT 496/77, 497/69, 498/84, 502/55); 2. sindicatos, no que diz respeito à cobrança da contribuição sindical; 3. agentes financeiros que executam planos governamentais, sob as normas e a fiscalização do Poder Público, como ocorre com os agentes financeiros do Sistema Financeiro de Habitação; 4. serviços sociais autônomos que, embora de natureza privada, recebem parcela da contribuição arrecadada pela Previdência Social, para, em troca, prestar assistência a determinadas categorias de trabalhadores; é o caso do SESI, SESC, SENAI, Legião Brasileira de Assistência e outras entidades congêneres" (DI PIETRO, Maria Sylvia Zanella. Ob. cit., p. 675-676).

ilegal ou abusivo; (c) lesão ou ameaça de lesão a direito; (d) caráter subsidiário, proteção ao direito líquido e certo não amparado por outras ações constitucionais.

A legislação infraconstitucional exclui o cabimento do mandado de segurança contra atos de gestão comercial praticados pelos administradores de empresas públicas, de sociedade de economia mista e de concessionárias de serviço público (art. 1º, § 2º, Lei 12.016; dispositivo declarado constitucional pelo STF na ADI 4296, julgamento em 9-6-2021). E não será concedida a segurança quando se tratar de: (a) ato do qual caiba recurso administrativo com efeito suspensivo, independentemente de caução; (b) decisão judicial da qual caiba recurso com efeito suspensivo; (c) decisão transitada em julgado (art. 5º).

A segurança será denegada nos casos do art. 485, CPC (art. 6º, § 5º).

Dessa forma, o mandado de segurança não substitui a ação popular (Súm. 101, STF), ação de cobrança (Súm. 269), ação adequada para a declaração do direito à compensação tributária (Súm. 213, STJ) e embargos de terceiros para desconstituir penhora (OJ 54, SDI-II).

Também não se presta o *writ of mandamus* contra ato judicial passível de recurso ou correição (Súm. 267, STF), decisão judicial com trânsito em julgado (Súm. 268, STF, Súm. 33, TST), lei em tese, salvo se de efeito concreto ou autoexecutória (Súm. 266, STF), que envolva exame de prova ou situação funcional complexa (Súm. 270) e atos *interna corporis* de órgãos colegiados.

Para o TST, a existência de recurso próprio, ainda que com efeito diferido, impede o mandado de segurança (OJ 92, SDI-II).

A mera existência de recurso administrativo, com efeito suspensivo, não impede o uso do mandado de segurança contra omissão da autoridade – ato omissivo (Súm. 429, STF).

O art. 5º, I, Lei 12.016, errou ao prever o não cabimento do *writ* contra ato administrativo do qual caiba recurso administrativo com efeito suspensivo, ainda que independentemente de caução. Tal restrição é inconstitucional, por violar ou restringir o princípio da inafastabilidade do controle jurisdicional (art. 5º, XXXV, CF).

O que tem sido inadmissível é a postulação administrativa e judicial simultaneamente, por falta de interesse de agir (necessidade).

O recurso administrativo não se confunde com o pedido de reconsideração, o qual não interrompe o prazo para ajuizamento do *writ* (Súm. 430, STF).

Para o TST, não procede ação rescisória calcada em ofensa à coisa julgada perpetrada por decisão proferida em ação de cumprimento, em face de a sentença normativa, na qual se louvava, ter sido modificada em grau de recurso, porque em dissídio coletivo somente se consubstancia coisa julgada formal. Assim, os meios processuais aptos a atacarem a execução da cláusula reformada são a exceção de pré-executividade e o mandado de segurança, no caso de descumprimento do art. 514, CPC (Súm. 397, TST, OJ 277, SDI-I).

Não há direito líquido e certo, amparado pelo mandado de segurança, quando se escuda em lei cujos efeitos foram anulados por outra declarada constitucional pelo STF (Súm. 474, STF).

A existência de meio judicial adequado para impugnar o ato afasta o cabimento do *writ of mandamus*, de modo que contra sentença homologatória de adjudicação é incabível o remédio constitucional (o meio próprio consiste nos embargos à adjudicação) (OJ 66, SDI-II) ou contra ato judicial que, de ofício, arbitrou novo valor à causa, acarretando a majoração das custas processuais (OJ 88).

No sistema processual vigente, não é possível atribuir ao recurso ordinário trabalhista efeito suspensivo (art. 899, CLT), ainda que a sentença tenha concedido tutela provisória, por ser inaplicável o previsto no art. 1.012, § 1º, V, CPC, ao processo do trabalho (art. 769, CLT; art. 15, CPC). Demonstrando a ausência dos requisitos legais para a concessão da medida ou equívoco em sua concessão, o recorrente deverá solicitar excepcionalmente o efeito suspenso ao recurso ordinário em razões recursais dirigidas diretamente ao Tribunal e requerer em petição, devidamente instruída, o efeito suspensivo ao recurso imediatamente à Corte Regional (incidente de efeito suspensivo) (art. 1.012, § 3º, CPC).

Em abril/17, o TST deu nova redação à Súmula 414, I (pela Resolução 217/17), ao dispor que: *"A tutela provisória concedida na sentença não comporta impugnação pela via do mandado de segurança, por ser impugnável mediante recurso ordinário. É admissível a obtenção de efeito suspensivo ao recurso ordinário mediante requerimento dirigido ao tribunal, ao relator ou ao presidente ou ao vice-presidente do tribunal recorrido, por aplicação subsidiária ao processo do trabalho do art. 1.029, § 3º, do CPC de 2015".*

Pela jurisprudência do TST, o efeito devolutivo ao recurso ordinário deve ser dirigido: (a) ao tribunal respectivo, no período compreendido entre a publicação da decisão de admissão do recurso e sua distribuição, ficando o relator designado para seu exame prevento para julgá-lo; (b) ao relator, se já distribuído o recurso; (c) ao presidente ou ao vice-presidente do tribunal recorrido, no período compreendido entre a interposição do recurso e a publicação da decisão de admissão do recurso, assim como no caso de o recurso ter sido sobrestado (art. 1.037, CPC). Por analogia, se o recurso ordinário for interposto de decisão da Vara do Trabalho, nessa hipótese o pedido de efeito devolutivo deverá ser dirigido ao juiz da Vara do Trabalho.

Tratando-se de requerimento feito no âmbito dos tribunais, a decisão do relator é atacável por agravo interno.

A superveniência da sentença, nos autos originários, faz perder o objeto do mandado de segurança que impugnava a concessão da tutela antecipada (ou liminar) (Súm. 414, III).

Não se admite mandado de segurança para impugnar despacho que acolheu ou indeferiu liminar em outro mandado de segurança (OJ 140, SDI-II).

Se houve determinação de reintegração do empregado em ação cautelar, admite-se o mandado de segurança como forma de atacar a decisão (OJ 63, SDI-II).

Contudo, não há violação de direito líquido e certo na concessão de tutela antecipada para reintegrar empregado protegido por estabilidade provisória decorrente de lei ou norma coletiva (OJ 64), decorrente do exercício da função sindical (OJ 65) ou para obstar a transferência de empregado (OJ 67).

Constitui direito líquido e certo do empregador a suspensão do empregado, ainda que detentor de estabilidade sindical, até a decisão final do inquérito em que se apure a falta grave a ele imputada (art. 494, *caput* e parágrafo único, CLT) (OJ 137).

A homologação de acordo constitui uma faculdade do juiz, inexistindo direito líquido e certo tutelável pela via do mandado de segurança (Súm. 418, TST), de modo que inexiste direito líquido e certo a ser oposto contra ato de juiz que, antecipando a tutela jurisdicional, determina a reintegração do empregado até a decisão final do processo, quando demonstrada a razoabilidade do direito subjetivo material, como nos casos de anistiado pela Lei 8.878/94, aposentado, integrante de comissão de fábrica, dirigente sindical, portador de doença profissional, portador de vírus HIV ou detentor de estabilidade provisória prevista em norma coletiva (OJ 142, SDI-II).

Não fere direito líquido e certo o prosseguimento da execução quanto aos tópicos e valores não especificados no agravo de petição (Súm. 416, TST) ou a penhora em dinheiro do executado para garantir crédito exequendo, pois é prioritária e obedece à gradação prevista no art. 835, CPC (Súm. 417, I).

Também não há direito líquido e certo à execução definitiva na pendência de recurso extraordinário ou de agravo de instrumento visando destrancá-lo (OJ 56, SDI-II).

Em execução definitiva, mesmo havendo discordância do credor, não tem o executado o direito a que os valores penhorados em dinheiro fiquem depositados no próprio banco (Súm. 417, II, TST).

Tratando-se de execução provisória, a partir do CPC/15, não há violação de direito líquido e certo à determinação judicial para a penhora em dinheiro do executado para garantir crédito exequendo, pois é prioritária e obedece à gradação prevista no art. 835, I, § 1º, CPC (Súm. 417, I, TST).

O exaurimento das vias recursais existentes não abre espaço para o mandado de segurança (OJ 99, SDI-II).

A liquidação extrajudicial de sociedade cooperativa não suspende a execução dos créditos trabalhistas existentes contra ela por mandado de segurança (OJ 53, SDI-II).

A decisão do juiz que não aceita carta de fiança bancária como garantia da execução é atacável por *mandamus* (OJ 59).

O ato do juiz que determinar ao INSS o reconhecimento ou averbação de tempo de serviço é atacável por mandado de segurança (OJ 57).

Não sendo a parte beneficiária da assistência judiciária gratuita, inexiste direito líquido e certo à autenticação, pelas secretarias dos tribunais, de peças extraídas do processo principal, para formação do agravo de instrumento (OJ 91).

Nos termos do art. 866, CPC, é admissível mandado de segurança para limitar a penhora sobre a renda mensal ou faturamento de empresa a determinado percentual que não comprometa o desenvolvimento regular da atividade empresarial (OJ 93).

A exigência de depósito prévio para custeio de honorários periciais é ilegal, dada a incompatibilidade com o processo do trabalho, sendo cabível o mandado de segurança visando à realização da perícia, independentemente do depósito (OJ 98, SDI-II). Citada regra foi positivada com a Reforma Trabalhista (Lei 13.467/17) (art. 790-B, § 3º, CLT).

A nova redação do art. 790-B somente é aplicável às ações propostas após 11-11-2017 (art. 5º, IN 41/18, TST).

A decisão que admite a cobrança de honorários advocatícios, pleiteada na forma do art. 24, §§ 1º e 2º, Lei 8.906/94, é passível de mandado de segurança, ante a incompetência da Justiça do Trabalho, em face da natureza civil do contrato de honorários (OJ 138, SDI-II, cancelada em maio/2006).

O mandado de segurança não se presta à obtenção de uma sentença genérica, aplicável a eventos futuros, cuja ocorrência é incerta (OJ 144, SDI-II).

A decisão que determina o bloqueio de numerário existente em conta salário ofende direito líquido e certo, para satisfação de crédito trabalhista, ainda que seja limitado a determinado percentual dos valores recebidos ou a valor revertido para fundo de aplicação ou poupança, visto que o art. 649, IV, CPC/73, contém norma imperativa que não admite interpretação ampliativa. A exceção prevista no art. 649, § 2º, CPC/73, espécie e não gênero de crédito de natureza alimentícia, não engloba o crédito trabalhista (OJ 153, SDI-II).

O CPC/15 mantém a proteção dos salários e outras verbas de natureza salarial, contudo, passou a prever a possibilidade de penhora dos salários (art. 833, IV) e da poupança (art. 833, X) para pagamento de prestação alimentícia, independentemente de sua origem, bem como as importâncias excedentes a cinquenta salários mínimos mensais, respeitando-se as regras previstas no art. 528, § 8º (eventual concessão de efeito suspensivo à impugnação ao cumprimento da decisão por parte do executado não obsta a que o exequente levante mensalmente a importância da prestação) e art. 529, § 3º (o débito objeto da execução pode ser descontado dos rendimentos ou rendas do executado, de forma parcelada, desde que, somado à parcela devida, não ultrapasse 50% dos ganhos líquidos do exequente). Citada inovação é aplicável ao processo trabalhista ante a natureza alimentar do crédito trabalhista (art. 833, § 2º).

A partir da vigência do CPC/15, como a impenhorabilidade é inaplicável à prestação alimentícia, sem qualquer tipo de restrição, nas demandas trabalhistas o salário do executado poderá ser objeto de penhora, visto que os créditos trabalhistas são de natureza salarial.

Nas execuções trabalhistas, em que as penhoras ocorreram após a vigência do CPC/15, é inaplicável o teor da OJ 153, SDI-II. O TST já reconhece esse juízo de valor, pois, ao revisar o conteúdo da OJ em setembro/17, no seu corpo manteve alusão ao CPC/73 (art. 649, IV e § 2º). Em outras palavras, a "impenhorabilidade absoluta" é aplicável para as situações fáticas ocorridas até o início de vigência do CPC/15.

23.3 LEGITIMIDADE ATIVA

23.3.1 *Writ* individual

Tem legitimidade ativa para o mandado de segurança individual o titular do direito líquido e certo, pouco importando tratar-se de pessoa natural ou jurídica, nacional ou estrangeira, domiciliada ou não em território nacional, além dos entes com órgãos despersonalizados como chefia do Poder Executivo, Mesas do Congresso, Senado, Câmara, Assembleia e Ministério Público e universalidades patrimoniais (massa falida e espólio).

Quando o direito ameaçado ou violado couber a várias pessoas, qualquer uma delas poderá requerer o mandado de segurança (art. 1º, § 3º, Lei 12.016).

A legislação específica prevê a possibilidade de o titular de direito líquido e certo decorrente de direito, em condições idênticas, de terceiro, poder impetrar mandado de segurança a favor do direito originário, se o seu titular não o fizer, no prazo de 30 dias, quando notificado judicialmente (art. 3º). Esse é um caso de legitimação extraordinária, em que o impetrante atuará como substituto processual.

23.3.1.1 Capacidade postulatória

O *ius postulandi*, previsto no art. 791, da CLT, limita-se às varas do trabalho e aos TRTs (instâncias ordinárias), não alcançando a ação rescisória, o mandado de segurança e os recursos de competência do TST (Súm. 425, TST).

23.3.2 *Writ* coletivo

O mandado de segurança coletivo pode ser impetrado por: (a) partido político com representação no Congresso Nacional; (b) organização sindical, entidade de classe ou associação legalmente constituída e em funcionamento há pelo menos um ano, em defesa dos interesses de seus membros ou associados (art. 5º, LXX, CF), como substituto processual (art. 8º, III, CF). O art. 21, Lei 12.016, também indica os mesmos legitimados ativos.

23.4 LEGITIMIDADE PASSIVA

O mandado de segurança é cabível contra ato de autoridade pública, seja de que categoria for e sejam quais forem as funções que exerça (art. 1º, Lei 12.016), equiparando-se a ela particulares que desempenhem funções delegadas do Estado.

Autoridade é a pessoa física investida de poder de decisão dentro da esfera de competência atribuída pela lei (autoridade coatora), não envolve todos os agentes públicos, mas apenas aqueles com poder de decisão.

Também são equiparados a autoridade coatora, para efeito do *writ*, os representantes ou órgãos de partidos políticos e os administradores de entidades autárquicas, bem como os dirigentes de pessoas jurídicas ou as pessoas naturais no exercício de atribuições do Poder Público (art. 1º, § 1º, Lei 12.016).

Por previsão expressa da Lei, os atos de gestão comercial praticados pelos administradores de empresas públicas, de sociedade de economia mista e de concessionárias de serviços públicos não podem ser questionados em sede de *writ* (art. 1º, § 2º). A exclusão da Lei é específica para os atos de gestão comercial e não abrange todos os atos praticados.

É de se ressaltar que, quando da impetração do mandado de segurança, deve haver expressa indicação do agente público que praticou o ato (autoridade coatora) e não simplesmente do ente ou órgão público para o qual trabalha. Nos órgãos colegiados, considera-se coator o presidente.

A Lei 12.016 considera federal a autoridade coatora se as consequências de ordem patrimonial do ato contra o qual se requer o mandado houverem de ser suportadas pela União ou entidade por ela controlada.

Trata-se de autoridade coatora, como leciona Hely Lopes Meirelles:[5] "*a pessoa que ordena ou omite a prática do ato impugnado, e não o superior que recomenda ou baixa normas para sua execução. Não há de confundir, entretanto, o simples executor material do ato com a autoridade por ele responsável. Coator é a autoridade superior que pratica ou ordena concreta e especificamente a execução ou inexecução do ato impugnado e responde pelas suas consequências administrativas; executor é o agente subordinado que cumpre a ordem por dever hierárquico, sem se responsabilizar por ela*".

Essa posição também é defendida por Vicente Greco Filho, Ulderico Pires dos Santos, Alfredo de Araújo Lopes da Costa, Sergio Sahione Fadel e Hamilton de Moraes e Barros, entre outros.

Tratando de autoridade coatora, em sede de mandado de segurança, não se pode deixar de observar que a nova lei perdeu a oportunidade de encerrar de maneira clara uma polêmica que perdura há décadas. O que é a autoridade coatora? Ela é a parte passiva? Ela é representante? Qual a sua posição jurídico-processual? Moacyr Amaral Santos e outros apontam que a autoridade coatora é mero substituto processual da pessoa de direito público à qual se acha subordinada. Para estes, portanto, ela seria a ré do mandado de segurança.

Há, ainda, os que consideram que o sujeito passivo do mandado de segurança é a pessoa jurídica de Direito Público. Posição defendida por Sálvio de Figueiredo Teixeira, José de Castro Nunes, José Carlos Barbosa Moreira, Themístocles Brandão Cavalcanti, Miguel Seabra Fagundes, Celso Agrícola Barbi, Carlos Augusto de Assis, Cássio Scarpinella Bueno etc.

Por fim, destacamos aqueles, como Sebastião de Souza, Luis Eulálio de Bueno Vidigal, Alfredo Buzaid, Aguiar Dias etc., que defendem o litisconsórcio necessário passivo entre a autoridade administrativa e a pessoa de direito público.

A nova lei também merecerá reflexão mais aprofundada a respeito do tema, mas, pelo menos num juízo preliminar, parece-nos que a teoria que mais se adequa é a de que a ré do mandado de segurança é a Pessoa Jurídica de Direito Público, sendo a autoridade coatora mera informante. Isso porque a própria lei, de um lado, manda comunicar tanto à Pessoa Jurídica de Direito Público como à autoridade coatora (art. 7º, I e II), mas, de outro, no art. 14, § 2º, estabelece que se *estende à autoridade coatora o direito de recorrer*. Ora, se ela fosse parte, não haveria necessidade desse dispositivo, pois o direito ao recurso derivaria da própria condição de parte. Assim, sem entrar em mais detalhes, tendo em vista que a proposta desse capítulo é de apresentar uma visão panorâmica do mandado de segurança no âmbito trabalhista, temos que o mais correto, segundo a nova legislação, é considerar a pessoa de direito público a ré no mandado de segurança, e não a autoridade coatora.[6]

---

[5] MEIRELLES, Hely Lopes. *Mandado de segurança, ação popular, ação civil pública, mandado de injunção*, habeas data, 19. ed., p. 54.

[6] A nova lei fornece mais argumentos para a tese defendida por Sérgio Ferraz (*Mandado de segurança*. São Paulo: Malheiros, 2006, p. 85-95). Para esse autor, a pessoa jurídica de direito público era a parte passiva no mandado de segurança, e não a autoridade coatora. Entretanto, ao contrário do defendido por Celso Barbi e outros, a autoridade coatora, para Sérgio Ferraz,

A existência de diversos tipos de atos administrativos passíveis de mandado de segurança tem dividido a doutrina e a jurisprudência quanto à identificação da autoridade coatora. A doutrina[7] procura solucionar a questão e identificar a autoridade coatora em cada uma das hipóteses: (a) ato violador baseado em lei: a autoridade coatora será aquela que praticou o ato; (b) ato violador baseado em decisão normativa: o sujeito passivo será o que aplicou a instrução normativa e não o que a elaborou; (c) ato decisório e executório: a autoridade coatora é aquela que determinou a prática do ato; (d) ato complexo: coatoras são todas as que concorreram à elaboração do ato; (e) atos compostos: há divergência sobre a identificação da autoridade coatora, se aquele que praticou o ato principal ou na análise de caso a caso, a depender do grau de participação na realização do ato; (f) órgãos colegiados: aponta a divergência: o presidente ou o próprio órgão colegiado; (g) atos legislativos: descartam a possibilidade de *writ* contra lei formal. É admissível o mandado de segurança quando o ato legislativo tem a forma de lei, contudo, o seu conteúdo é de cunho administrativo. Em caso de lei autoexecutável, a autoridade coatora será a que executar os atos; (h) procedimentos administrativos: autoridade passível de mandado de segurança será a autoridade que preside sua realização; (i) ato praticado por delegação: coator será o agente delegado (Súm. 510, STF); (j) autoridade coatora no mandado de segurança coletivo, reportando-se, como regra geral, aos critérios anteriores.

O critério apontado pela doutrina e jurisprudência é de que é *"autoridade coatora aquela que dispõe de competência para corrigir a ilegalidade apontada".*[8]

Em certa medida, essa regra foi absorvida pela nova Lei, a qual considera *"autoridade coatora aquela que tenha praticado o ato impugnado ou da qual emane a ordem para sua prática"* (art. 6º, § 3º).

Importante destacar que a Administração Pública, quando contrata pelo regime celetista, equipara-se ao empregador comum, despindo-se de suas prerrogativas de Estado, e não praticando atos de cunho administrativo que possam ser atacáveis por mandado de segurança.

O antigo Tribunal Federal de Recursos entendia que o mandado de segurança não é o meio processual idôneo para dirimir litígios trabalhistas (Súm. 195).

Isso não significa que a Administração não esteja presa a regras de Direito Constitucional e de Direito Administrativo quando contrata pelo regime celetista, como exigência de aprovação em concurso público, vedação de acumulação de cargos e empregos públicos, limites de gastos com servidores etc.[9]

A sistemática normativa da CLT é direcionada para a iniciativa privada e quando o Estado a escolhe para reger a relação jurídica de seus servidores acaba por gerar

---

não é representante da pessoa de direito público, mas mera informante. Assim, defende que a Pessoa de Direito Público deve ser citada para, querendo, apresentar defesa. Essa exigência de comunicação à pessoa de direito público hoje consta expressamente da lei.

[7] ASSIS, Carlos Augusto de. *Sujeito passivo no mandado de segurança*, p. 16.
[8] ASSIS, Carlos Augusto de. Ob. cit., p. 20.
[9] Sugerimos consultar o livro CAVALCANTE, Jouberto de Quadros Pessoa; JORGE NETO, Francisco Ferreira. *O empregado público*. 5. ed. São Paulo: LTr, 2016.

inúmeras controvérsias, uma verdadeira zona cinzenta entre o Direito do Trabalho e o Direito Administrativo, tanto nas relações individuais como coletivas de trabalho.

Excluídos os atos da Administração Pública, somente figurarão como autoridade coatora no processo do trabalho: o juiz de direito investido da jurisdição trabalhista, o juiz do trabalho, seja de primeira ou de instância superior, o diretor de secretaria ou, ainda, outro funcionário da Justiça do Trabalho.

A partir da EC 45, podemos incluir nesse rol os atos praticados pela fiscalização das relações de trabalho, sejam eles de multa ou não (art. 114, VII, CF).

23.5 LITISCONSÓRCIO

Na vigência da Lei 1.533, admitiam-se o litisconsórcio e a assistência nos moldes da legislação processual civil (art. 19). Com a Lei 12.016, o ingresso do litisconsorte ativo não será admitido após o despacho da petição inicial (art. 10, § 2º). Aplicam-se ao *writ* os arts. 113 a 118, CPC (art. 24, Lei 12.016).

Para Sebastião de Souza, Luis Eulálio de Bueno Vidigal, Alfredo Buzaid, Aguiar Dias e outros há um litisconsórcio necessário passivo entre a autoridade administrativa e a pessoa de Direito Público.

Caso o impetrante não promova a citação do litisconsorte passivo necessário no prazo determinado, extingue-se o processo de mandado de segurança (Súm. 631, STF).

No âmbito do processo penal, o STF considera indispensável a citação do réu como litisconsorte passivo, quando o Ministério Público impetra mandado de segurança contra decisão (Súm. 701).

23.6 COMPETÊNCIA

Com a ampliação da competência material da Justiça do Trabalho, por força da EC 45, segundo Amador Paes de Almeida,[10] "*a competência originária em mandado de segurança, por certo, não se restringirá ao tribunal regional do trabalho, ou ao Tribunal Superior do Trabalho, estendendo-se, obviamente, às varas do trabalho*".

Na CLT, o mandado de segurança é de competência originária do pleno do TRT (art. 678, I, *b*, 3), caso inexistam turmas ou seção especializada com essa competência.

Após a EC 45, o entendimento dos TRTs é no sentido de que a competência dos tribunais será para os mandados de segurança impetrados contra atos de magistrados trabalhistas, sendo nos demais casos de competência originária das varas.

Mandado de segurança contra ato do presidente do TRT em execução trabalhista é de competência do próprio tribunal (Súm. 433, STF). Até porque o STF não é competente para conhecer de mandado de segurança contra atos dos tribunais de justiça dos Estados (Súm. 330), bem como não tem competência para conhecer originariamente de mandado de segurança contra atos de outros tribunais (Súm. 624).

---

[10] ALMEIDA, Amador Paes. *Curso prático de processo do trabalho*, 17. ed., p. 450.

O STJ também não tem competência para processar e julgar, originariamente, mandado de segurança contra atos de outros tribunais ou dos respectivos órgãos (Súm. 41).

A competência para julgar mandados de segurança conta atos praticados pelo presidente do tribunal ou por qualquer ministro integrante da Seção Especializada em processo de dissídio coletivo é da SDC (art. 2º, I, *d*, Lei 7.701/88).

Conforme previsão do RITST, em matéria judiciária, compete ao Órgão Especial julgar: (a) MS impetrado contra atos do Presidente ou de qualquer Ministro, ressalvada a competência das Seções Especializadas; (b) os recursos interpostos contra decisões dos TRTs em *writ* de interesse de juízes e servidores da Justiça do Trabalho; (c) os recursos ordinários interpostos contra decisões proferidas em MS impetrado contra ato do Presidente de TRT em sede de precatório (art. 76, I, *b*, *c* e *f*).

A SDC tem incumbência de julgar, em última instância, os recursos ordinários interpostos contra decisões proferidas pelos TRTs em ações rescisórias e mandados de segurança pertinentes a dissídios coletivos e em ações anulatórias de acordos e convenções coletivas (art. 77, II, *b*).

Cabe à SDI-II julgar os mandados de segurança contra os atos praticados pelo Presidente, ou por qualquer dos Ministros integrantes da SDI, nos processos de sua competência (art. 78, III, *a*, II).

Ao TST não compete apreciar, originariamente, mandado de segurança impetrado em face de decisão de TRT (OJ 4, TP). Nos casos de competência originária dos tribunais, é atribuição do relator a instrução do processo, sendo assegurada a defesa oral na sessão do julgamento do mérito ou do pedido liminar (art. 16, Lei 12.016, com a alteração da Lei 13.676/18).

23.7 PRAZO PARA AJUIZAMENTO

Apesar das questões envolvendo a constitucionalidade desse prazo legal, o prazo de 120 dias (art. 18, Lei 1.533) foi mantido pelo art. 23, Lei 12.016 (citado dispositivo foi declarado constitucional pelo STF na ADI 4.296, julgada em 9-6-2021).

Trata-se de prazo decadencial e, por conta dessa natureza, não sofre interrupção ou suspensão (art. 207, CC). O TST entende que o prazo da ação rescisória, também de natureza decadencial, se prorroga até o primeiro dia útil imediatamente subsequente (Súm. 100, IX).

Na contagem do prazo decadencial para ajuizamento de mandado de segurança, o efetivo ato coator é o primeiro em que se firmou a tese hostilizada e não aquele que a ratificou (OJ 127, SDI-II).

Nem mesmo o pedido de reconsideração na via administrativa interrompe o prazo para o mandado de segurança (Súm. 430, STF). O pedido de reconsideração não se confunde com recurso na esfera administrativa.

Quanto ao início do prazo (*dies a quo*), como aponta Maria Sylvia Zanella di Pietro,[11] "*é preciso distinguir: 1. Se o mandado é interposto contra ato lesivo já praticado, o prazo*

---

[11] DI PIETRO, Maria Sylvia Zanella. Ob. cit., p. 689.

começa a correr a partir da ciência do ato; nenhuma consequência terá a interposição de recurso administrativo sem efeito suspensivo, porque o ato já está causando lesão e, em consequência, o prazo de decadência já está correndo; mas se o recurso tem efeito suspensivo, o prazo começa a correr quando decidido o último recurso ou quando se esgotar o prazo para recorrer administrativamente; 2. Se o mandado é interposto contra omissão, duas hipóteses devem ser distinguidas: se a Administração está sujeita a prazo para praticar o ato, esgotado esse prazo, começam a correr os 120 dias para impetração da segurança, conforme decisão do STF, in RTJ 53/637; se a Administração não está sujeita a prazo legal para a prática do ato, não se cogita de decadência para o mandado de segurança, por inexistência de um termo a quo; enquanto persistir a omissão, é cabível o mandado; 3. Se o mandado é interposto preventivamente, quando haja ameaça de lesão, também não se cogita de decadência, porque, enquanto persistir a ameaça, há a possibilidade de impetração".

Antes do advento da Lei 12.016, o STF (Súm. 632)[12] e o STJ[13] entenderam que o art. 18, Lei 1.533, foi recepcionado pela CF.

Em se tratando de *writ* impetrado por terceiro em favor do direito originário (art. 3º, Lei 12.016), o prazo de 120 dias conta-se da notificação judicial (art. 3º, parágrafo único).

23.8 MEDIDA LIMINAR

O mandado de segurança comporta pedido de medida liminar quando houver fundamento relevante e do ato impugnado puder resultar a ineficácia da medida, caso seja finalmente deferida, sendo facultado exigir do impetrante caução, fiança ou depósito, com o objetivo de assegurar o ressarcimento à pessoa jurídica (art. 7º, III, Lei 12.016; citado dispositivo foi declarado constitucional pelo STF – ADI 4.296, julgamento em 9-6-2021).

Em outras palavras, mesmo com a Legislação vigente, os requisitos para concessão da medida liminar continuam sendo os mesmos (o relevante fundamento e o perigo da demora ou perigo iminente). Exatamente por terem sido mantidas as expressões de forma idêntica, tende a permanecer a divergência doutrinária sobre quais seriam os pressupostos para a concessão da liminar. Não quanto ao perigo na demora, mas com relação ao grau de convicção exigido para o magistrado conceder a liminar. Alguns falam que bastaria o *fumus boni juris* (à semelhança da natureza cautelar), enquanto outros falam que basta que o juiz vislumbre um direito possível,[14] havendo quem defenda um rigor maior (probabilidade).[15]

---

[12] Súm. 632, STF: "É constitucional lei que fixa o prazo de decadência para a impetração de mandado de segurança".

[13] STJ – 2ª T. – RMS 710-0 – Rel. Min. Américo Luz – j. 18-8-1993 – DJ 20-9-1993.

[14] MACIEL, Adhemar Ferreira. Observações sobre a liminar no mandado de segurança. In: TEIXEIRA, Sálvio de Figueiredo (Coord.). *Mandados de segurança e de injunção*, p. 235.

[15] É o que se pode inferir da lição de Teori Albino Zavascki (Antecipação da tutela, p. 191-192) que, comparando a liminar no mandado de segurança com a antecipação de tutela do art. 273, CPC, equipara a verossimilhança amparada em prova inequívoca (art. 273) com a exigência de prova pré-constituída que acompanha a inicial do *writ*. Como afirma o processualista, "no

A medida liminar é um direito da parte quando preenchidos seus requisitos, não podendo ser negada pelo juiz. Tanto é assim que a controvérsia sobre matéria de direito não impede concessão de mandado de segurança (Súm. 625, STF).

Contudo, é vedada a concessão de medida liminar que tenha por objeto a compensação de créditos tributários, a entrega de mercadorias e bens provenientes do exterior, a reclassificação ou equiparação de servidores públicos e a concessão de aumento ou a extensão de vantagens ou pagamento de qualquer natureza (art. 7º, § 2º, Lei 12.016; citado parágrafo foi declarado inconstitucional pelo STF – ADI 4.296, julgamento em 9-6-2021). Também é vedada a concessão de liminares de natureza antecipatória quando envolver tais questões (art. 7º, § 5º).

No mandado de segurança coletivo, a liminar será concedida, após a audiência do representante judicial da pessoa jurídica de direito público, que deverá se pronunciar no prazo de 72 horas (art. 22, § 2º).

Os efeitos da medida liminar concedida persistirão até a prolação da sentença (art. 7º, § 3º, Lei 12.016), podendo a parte interessada promover a execução provisória da sentença, salvo nos casos em que for vedada a concessão da medida liminar (art. 14, § 3º). A nova lei agiu bem ao eliminar o prazo de eficácia de 90 dias previsto na Lei 4.348/64 (art. 1º), de discutível – para dizer o mínimo – constitucionalidade.

Será decretada a perempção ou caducidade da medida liminar *ex officio* ou a requerimento do Ministério Público quando, concedida a medida, o impetrante criar obstáculos ao normal andamento do processo ou deixar de promover, por mais de 3 dias úteis, os atos e as diligências que lhe cumprirem (art. 8º).

O TST, com base no art. 899 da CLT, entendia que havia impedimento para a execução definitiva do título executório, tanto para as obrigações de pagar quanto para as por obrigação de fazer. Assim, como a obrigação de reintegrar tem caráter definitivo, entendia que a reintegração em caráter definitivo somente poderia ser decretada de forma liminar nas hipóteses legalmente previstas (OJ 87, SDI-II, cancelada em 2005).

Denegada a segurança pelo acórdão do TRT, a liminar concedida fica sem efeito (Súm. 405, STF).

Cassada a liminar concedida ou cessada sua eficácia, a situação volta ao *status quo ante*.

A competência para conceder a medida liminar é do relator do processo.

23.9 RECURSOS CONTRA A DECISÃO LIMINAR

23.9.1 Agravo de instrumento

O cabimento do recurso de agravo de instrumento contra decisão liminar em sede de mandado de segurança já foi muito polêmico.

---

momento de decidir sobre a liminar ('ao despachar a inicial'), supõe-se presente, também no mandado de segurança, 'prova inequívoca' dos fatos alegados". Também no sentido da exigência de probabilidade são as lições de Maria Fátima Vaquero Ramalho de Leyser (*Mandado de segurança*, p. 93). Cássio Scarpinella Bueno entende que a concessão da liminar pressupõe "alta probabilidade" (*Mandado de segurança*, p. 85).

Atualmente, por força da Lei 12.016, contra a decisão liminar, concessiva ou denegatória, cabe o recurso de agravo de instrumento (art. 7º, § 1º), sendo que a interposição do agravo de instrumento não prejudica, nem condiciona o julgamento do pedido de suspensão de liminar dirigida ao presidente do tribunal (art. 15, § 3º).

Apesar disso, face ao cabimento restrito do agravo de instrumento no Processo do Trabalho (art. 897, *b*, CLT), parte expressiva da jurisprudência não tem admitido o agravo de instrumento contra decisão liminar em MS.

Por outro lado, o próprio TST não admite mandado de segurança para impugnar despacho que acolheu ou indeferiu liminar em outro MS (OJ 140, SDI-II).

Entendemos que o recurso correto contra decisão liminar é o agravo de instrumento, isso porque face ao regramento específico do MS, não se aplica as regras da CLT (processo do trabalho), como se denota da própria IN 27/05 (art. 1º)[16] e a Súm. 425, TST. Ou seja, trata-se de um procedimento especial que tramita na Justiça do Trabalho, quando envolver sua competência, mas que deve seguir o regramento processual próprio, por isso exige a figura do advogado.

Nos casos de competência originária dos tribunais, da decisão do relator que conceder ou denegar a medida liminar caberá agravo ao órgão competente do tribunal (art. 16, parágrafo único, Lei 12.016).

No âmbito do TST, os arts. 229, § 4º, e 265, *caput*, RITST preveem expressamente o cabimento do agravo interno contra decisão dos Presidentes do Tribunal e das Turmas, do Vice-Presidente, do Corregedor-Geral da Justiça do Trabalho ou de relator, nos termos da legislação processual, no prazo de oito dias úteis, pela parte que se considerar prejudicada. Ressalvam-se os casos em que haja recurso próprio ou decisão de caráter irrecorrível, nos termos do Regimento ou da lei (art. 265, parágrafo único).

Concedida a medida liminar e sobrevindo a sentença nos autos da ação originária, configura-se a perda superveniente do interesse processual, impondo-se a denegação da segurança (art. 6º, § 5º, Lei 12.016; Súm. 414, III, TST).

23.9.2 Pedido de suspensão dos efeitos da liminar

Concedida a medida liminar, o presidente do tribunal competente para conhecer o recurso, a requerimento da pessoa jurídica de direito público ou do Ministério Público, poderá, em decisão fundamentada, ordenar a suspensão da execução da liminar, para evitar grave lesão à ordem, à saúde, à segurança e à economia pública (art. 15, *caput*, Lei 12.016).[17] Desta decisão caberá agravo, sem efeito suspensivo, no prazo de 5 dias, o qual será levado a julgamento na sessão seguinte à sua interposição.

---

[16] Art. 1º: "As ações ajuizadas na Justiça do Trabalho tramitarão pelo rito ordinário ou sumaríssimo, conforme previsto na Consolidação das Leis do Trabalho, excepcionando-se, apenas, as que, por disciplina legal expressa, estejam sujeitas a rito especial, tais como o mandado de segurança, *habeas corpus*, *habeas data*, ação rescisória, ação cautelar e ação de consignação em pagamento".

[17] A suspensão da execução da liminar já estava prevista no art. 4º, Lei 4.348/64, e era objeto de muita discussão a respeito da sua constitucionalidade, embora, do ponto de vista prático, fosse aplicada normalmente pelos tribunais (BUENO, Cássio Scarpinella. Ob. cit., p. 232).

Cabe ao presidente do tribunal conferir efeito suspensivo ao pedido de suspensão de liminar, quando constatar, em juízo prévio, a plausibilidade do direito invocado e a urgência na concessão da medida (art. 15, § 4º).

Na hipótese de o pedido de suspensão ser indeferido ou caso haja o acolhimento do agravo, caberá novo pedido de suspensão a ser formulado ao presidente do tribunal competente para conhecer de eventual recurso especial ou extraordinário (art. 15, § 1º).

Também é cabível este novo pedido de suspensão (art. 15, § 1º), quando negado provimento a agravo de instrumento (art. 7º, § 1º) interposto contra a liminar (art. 15, § 3º).

Aliás, a interposição de agravo de instrumento contra a liminar nas ações movidas contra o poder público e os seus agentes, diante da redação do art. 15, § 3º, não prejudica bem como não condiciona a solicitação do pedido de suspensão.

As liminares cujo objeto seja idêntico poderão ser suspensas em uma única decisão, podendo o presidente do tribunal estender os efeitos da suspensão a liminares supervenientes, mediante simples aditamento do pedido original (art. 15, § 5º).

A suspensão da liminar em mandado de segurança, salvo determinação em contrário da decisão que a deferir, vigorará até o trânsito em julgado da decisão definitiva de concessão da segurança ou, havendo recurso, até a sua manutenção pelo STF, desde que o objeto da liminar deferida coincida, total ou parcialmente, com o da impetração (Súm. 626, STF).

23.10 DECISÃO

Como esclarece Sérgio Ferraz,[18] a decisão do mandado de segurança *"poderá ser condenatória (como se depreende, por exemplo, do art. 5º, da Lei nº 4.348, de 26-6-64), constitutiva (na maior parte das vezes) e mesmo executória (v. g., § 3º, do art. 1º, da Lei nº 5.021, de 9-6-66). Em todos esses casos, ela ainda será, em maior ou menor grau (mas nunca com exclusividade, à vista da própria dicção da previsão constitucional), declaratória. Cumpre ponderar que não se trata, salvo as exceções já antes focalizadas, de uma carga declaratória aberta, de cunho normativo, invocável como regra regedora para situações administrativas análogas: a força declaratória dirige-se unicamente ao ato coator já praticado, atingindo, no máximo, outros idênticos, já em vias de consumação. Nesses limites, a segurança poderá ter, a um só tempo, feição corretiva e preventiva.*

Acima de tudo, porém, a sentença no writ *é mandamental"*.

Se for o caso de qualquer das hipóteses de resolução sem julgamento de mérito (art. 485, CPC), a segurança será denegada (art. 6º, § 5º, Lei 12.016), sendo que o pedido de mandado de segurança sempre poderá ser renovado, dentro do prazo decadencial, se a decisão denegatória não lhe houver apreciado o mérito (art. 6º, § 6º).

A petição inicial deverá ser indeferida de plano, em decisão fundamentada, quando não for o caso de mandado de segurança ou quando lhe faltar algum dos requisitos legais ou, ainda, quando decorrido o prazo para sua impetração (art. 10).

---

[18] FERRAZ, Sérgio. Ob. cit., p. 175.

A decisão denegatória de mandado de segurança que não fizer coisa julgada material contra o impetrante não impede o uso da ação própria (art. 19, Lei 12.016, Súm. 304, STF).

Ao analisar a Súm. 304, STF, esclarece Paulo Roberto de Figueiredo Dantas:[19] "*Se a decisão concluir apenas pela inexistência de direito líquido e certo (aqui não há exame de mérito), será possível ao impetrante propor posterior ação de conhecimento, para pleitear seus direitos e respectivos efeitos patrimoniais. Caso, contudo, o pedido seja julgado improcedente, e transite em julgado, não poderá propor ação de conhecimento, devendo respeitar a coisa julgada material.*"

Nas decisões proferidas em mandado de segurança e nos respectivos recursos, quando não publicado, no prazo de 30 dias, contados da data do julgamento, o acórdão será substituído pelas respectivas notas taquigráficas, independentemente de revisão (art. 17, Lei 12.016).

No *mandamus* coletivo, a sentença fará coisa julgada limitadamente aos membros do grupo ou categoria substituídos pelo impetrante (art. 22).

O mandado de segurança coletivo não induz a litispendência para as ações individuais, mas os efeitos da coisa julgada não beneficiarão o impetrante a título individual se não requerer a desistência de seu mandado de segurança no prazo de 30 dias, a contar da ciência comprovada da impetração da segurança coletiva (art. 22, § 1º).

É pacífico o entendimento de que a concessão de mandado de segurança não produz efeitos patrimoniais em relação ao período pretérito, os quais devem ser reclamados de forma administrativa ou pela via judicial própria (Súm. 271, STF). Assim, o pagamento de vencimentos e vantagens pecuniárias asseguradas em sentença concessiva de mandado de segurança a servidor público da Administração Pública somente será efetuado relativamente às prestações que se vencerem a contar da data do ajuizamento da inicial (art. 14, § 4º, Lei 12.016), observando o sistema de pagamento por precatórios.

Constitui crime de desobediência o não cumprimento das decisões proferidas em mandado de segurança, sem prejuízo das sanções administrativas (art. 26) e trabalhistas que possam ser aplicadas.

23.11 RECURSOS CONTRA SENTENÇA

A decisão que indeferir a petição inicial pelo juiz de primeiro grau será atacada pelo recurso de apelação. Contudo, quando a competência para o julgamento do *writ* for de competência originária do tribunal, do ato do relator caberá agravo para o órgão competente no tribunal (art. 10, § 1º, Lei 12.016).

Da sentença denegatória ou concessiva da segurança, caberá apelação, sendo que a decisão concessiva de segurança ainda está sujeita ao duplo grau de jurisdição (art. 10).

O TST considera que somente cabe remessa *ex officio* se, na relação processual, figurar pessoa jurídica de direito público como parte prejudicada pela concessão da ordem. Tal situação não ocorre se figurar no feito como impetrante e terceiro interessado pessoa de direito privado, ressalvada a hipótese de matéria administrativa (Súm. 303, IV).

---

[19] DANTAS, Paulo Roberto de Figueiredo. *Direito processual constitucional*, p. 303.

Além do Ente de Direito Público ao qual pertence a autoridade coatora, também poderá recorrer a própria autoridade coatora (art. 14, § 2º). A constitucionalidade do dispositivo legal está sendo questionada perante o STF (ADIn 4.403 – Rel. Min. Ricardo Lewandowski).

Cabe ao STF julgar, em recurso ordinário, *habeas corpus*, mandado de segurança, *habeas data* e mandado de injunção decididos em única instância pelos tribunais superiores, se denegada a decisão (art. 102, II, *a*, CF), sendo que o prazo do recurso ordinário para o STF, em *habeas corpus* ou mandado de segurança, é de 5 dias (Súm. 319).

Da decisão do TRT em mandado de segurança cabe recurso ordinário para o TST no prazo de 8 dias (Súm. 201, TST).

Não cabe recurso ordinário para o TST de decisão proferida pelo TRT em agravo regimental interposto contra despacho que concede ou não liminar em ação cautelar ou em mandado de segurança, uma vez que o processo ainda pende de decisão definitiva do tribunal *a quo* (OJ 100, SDI-II).

A interposição de recurso de revista de decisão definitiva de TRT em ação rescisória ou em mandado de segurança, com fundamento em violação legal e divergência jurisprudencial e remissão expressa ao art. 896, CLT, configura erro grosseiro, insuscetível de autorizar o seu recebimento como recurso ordinário (art. 895, II, CLT) (OJ 152, SDI-II).

Não se aplicam as limitações do valor de alçada em mandado de segurança (Súm. 365, TST).

Na vigência da Lei 1.533, o STF não admitia embargos infringentes de acórdão que em mandado de segurança decidiu, por maioria de votos, a apelação (Súm. 597). Para o STJ, também eram inadmissíveis embargos infringentes no mandado de segurança (Súm. 169). No Processo do Trabalho, inexiste previsão do recurso de embargos infringentes com essa finalidade. Por força dessa construção jurisprudencial, o art. 25, Lei 12.106, vetou expressamente o cabimento do recurso de embargos infringentes em sede de *writ of mandamus*.

O recurso ordinário será recebido com efeito devolutivo, sendo incabível medida cautelar para imprimir efeito suspensivo a recurso interposto, pois ambos visam, em última análise, à sustação do ato atacado. Nesse caso, extingue-se o processo, sem julgamento do mérito, por ausência de interesse de agir, para evitar que decisões judiciais conflitantes e inconciliáveis passem a reger idêntica situação jurídica (OJ 113, SDI-II, cancelada pela Res. 220/17).

No caso de decisão concessiva da segurança, o presidente do tribunal competente para conhecer o recurso, a requerimento da Pessoa Jurídica de Direito Público ou do Ministério Público, poderá, em decisão fundamentada, ordenar a suspensão da execução da sentença, para evitar grave lesão à ordem, à saúde, à segurança e à economia pública (art. 15, *caput*, Lei 12.016).

Cabe ao presidente do tribunal conferir efeito suspensivo ao pedido de suspensão de liminar, quando constatar, em juízo prévio, a plausibilidade do direito invocado e a urgência na concessão da medida (art. 15, § 4º).

As liminares cujo objeto seja idêntico poderão ser suspensas em uma única decisão, podendo o presidente do tribunal estender os efeitos da suspensão a liminares supervenientes, mediante simples aditamento do pedido original (art. 15, § 5º).

Além da disposição legal, o pedido de suspensão dos efeitos da segurança concedida tem previsão regimental (art. 250, RITST).

Recurso ordinário interposto contra despacho monocrático indeferitório da petição inicial de ação rescisória ou de mandado de segurança pode, pelo princípio de fungibilidade recursal, ser recebido como agravo regimental. Hipótese de não conhecimento do recurso pelo TST e devolução dos autos ao TRT, para que aprecie o apelo como agravo regimental (OJ 69, SDI-II).

Das decisões em mandado de segurança proferidas em única instância pelos tribunais cabe recurso especial e extraordinário, nos casos legalmente previstos, e recurso ordinário, quando a ordem for denegada (art. 18, Lei 12.016).

Não existem motivos para a exigência do depósito recursal em sede de mandado de segurança. Contudo, o pagamento de custas processuais não está dispensado (OJ 148, SDI-II).

23.12 HONORÁRIOS ADVOCATÍCIOS

Mesmo antes da Lei 12.016, já era pacífico o entendimento do STF e do STJ no sentido de ser incabível a condenação em honorários de advogado na ação de mandado de segurança (Súm. 512, STF, Súm. 105, STJ). Atualmente, a não condenação em honorários advocatícios está expressa no art. 25, Lei 12.016, sem prejuízo da aplicação de litigância de má-fé (citado dispositivo foi declarado constitucional pelo STF – ADI 4.2.96, julgamento em 9-6-2021).[20]

23.13 PROCESSAMENTO

Em caso de urgência, é permitido, observados os requisitos legais, impetrar mandado de segurança por telegrama, radiograma, fax ou outro meio eletrônico[21] de autenticidade comprovada (art. 4º, Lei 12.016).

Poderá o juiz, em caso de urgência, notificar a autoridade por telegrama, radiograma ou outro meio que assegure a autenticidade do documento e a imediata ciência pela autoridade. Neste caso, o texto original da petição deverá ser apresentado nos 5 dias úteis seguintes.

A petição inicial, que deverá preencher os requisitos estabelecidos pela lei processual, será apresentada em 2 vias com os documentos que instruírem a primeira reproduzidos na segunda e indicará, além da autoridade coatora, a pessoa jurídica que esta integra, à qual se acha vinculada ou da qual exerce atribuições.

---

[20] A jurisprudência majoritária, à época da legislação anterior, admitia a aplicação das penas por litigância de má-fé no mandado de segurança, conforme indicava Luís Otavio Sequeira de Cerqueira (Litigância de má-fé em mandado de segurança). In: BUENO, Cássio Scarpinella; ALVIM, Eduardo Arruda; WAMBIER, Teresa Arruda Alvim (Coord.). *Aspectos polêmicos e atuais do mandado de segurança*.

[21] Em se tratando de documento eletrônico, serão observadas as regras da Infraestrutura de Chaves Públicas Brasileira (ICP) Brasil.

No caso em que o documento necessário à prova do alegado se ache em repartição ou estabelecimento público ou em poder de autoridade que se recuse a fornecê-lo por certidão ou de terceiro, o juiz ordenará, preliminarmente, por ofício, a exibição desse documento em original ou em cópia autêntica e marcará, para o cumprimento da ordem, o prazo de 10 dias. O escrivão extrairá cópias do documento para juntá-las à segunda via da petição.

Se a autoridade que tiver procedido dessa maneira for a própria coatora, a ordem far-se-á no próprio instrumento da notificação.

Ao despachar a inicial, o juiz ordenará que:

> I – se notifique o coator do conteúdo da petição inicial, enviando-lhe a segunda via apresentada com as cópias dos documentos, a fim de que, no prazo de 10 dias, preste as informações;
>
> II – se dê ciência do feito ao órgão de representação judicial da pessoa jurídica interessada, enviando-lhe cópia da inicial sem documentos, para que, querendo, ingresse no feito;
>
> III – se suspenda o ato que deu motivo ao pedido, quando houver fundamento relevante e do ato impugnado puder resultar a ineficácia da medida, caso seja finalmente deferida, sendo facultado exigir do impetrante caução, fiança ou depósito, com o objetivo de assegurar o ressarcimento à pessoa jurídica.

Em caso de deferimento da medida liminar, o processo terá prioridade para julgamento (art. 7º, § 4º), sendo ainda que, nos termos do art. 20, os processos de mandado de segurança e os respectivos recursos terão prioridade sobre todos os atos judiciais, *salvo habeas corpus*.[22]

As autoridades administrativas, no prazo de 48 horas da notificação da medida liminar, remeterão ao Ministério ou órgão a que se acham subordinadas e ao Advogado-Geral da União ou a quem tiver a representação judicial da União, do Estado, do Município ou da entidade apontada como coatora, cópia autenticada do mandado notificatório, assim como indicações e elementos outros necessários às providências a serem tomadas para a eventual suspensão da medida e defesa do ato apontado como ilegal ou abusivo de poder.

Feitas as notificações, o serventuário em cujo cartório corra o feito juntará aos autos cópia autêntica dos ofícios endereçados ao coator e ao órgão de representação judicial da pessoa jurídica interessada, bem como a prova da entrega a estes ou da sua recusa em aceitá-los ou dar recibo e, no caso do art. 4º, Lei 12.016, a comprovação da remessa.

Após, o juiz ouvirá o representante do Ministério Público, que opinará, dentro do prazo improrrogável de 10 dias. Com ou sem o parecer do Ministério Público, os autos serão conclusos ao juiz, para a decisão, a qual deverá ser necessariamente proferida em 30 dias.

---

[22] Na instância superior, deverão ser levados a julgamento na primeira sessão que se seguir à data em que forem conclusos ao relator. O prazo para a conclusão dos autos não poderá exceder de 5 dias.

Concedido o mandado, o juiz transmitirá em ofício, por intermédio do oficial do juízo, ou pelo correio, mediante correspondência com aviso de recebimento, o inteiro teor da sentença à autoridade coatora e à pessoa jurídica interessada.

Em caso de urgência, poderá o juiz observar a utilização de telegrama, radiograma, *fax* ou outro meio eletrônico de autenticidade comprovada.

Da sentença, denegando ou concedendo o mandado, cabe apelação. Concedida a segurança, a sentença estará sujeita obrigatoriamente ao duplo grau de jurisdição.

Pode recorrer também à autoridade coatora. No processo trabalhista, o recurso oponível é o recurso ordinário (Súm. 201, TST). Convém lembrar que a procuração outorgada com poderes específicos para ajuizamento de reclamação trabalhista não autoriza a propositura de ação rescisória e mandado de segurança, constatado, todavia, o defeito de representação processual na fase recursal, cumpre ao relator ou ao tribunal conceder prazo de cinco dias para a regularização, nos termos da Súmula 383, II, TST (OJ 151, SDI-II).

A sentença que conceder o mandado de segurança pode ser executada provisoriamente, salvo nos casos em que for vedada a concessão da medida liminar.

Nas decisões proferidas em mandado de segurança e nos respectivos recursos, quando não publicado, no prazo de 30 dias, contado da data do julgamento, o acórdão será substituído pelas respectivas notas taquigráficas, independentemente de revisão.

Das decisões em mandado de segurança proferidas em única instância pelos tribunais cabe recurso especial e extraordinário, nos casos legalmente previstos, e recurso ordinário, quando a ordem for denegada.

23.14 MODELO DE MANDADO DE SEGURANÇA

EXMO. SR. DR. DESEMBARGADOR PRESIDENTE
DO TRIBUNAL REGIONAL DO TRABALHO DA 2ª REGIÃO

(10 cm)

ABC LTDA., pessoa jurídica de direito privado, CNPJ _____, representada por seus sócios (qualificar) (contrato social anexo), todos domiciliados (endereço físico e eletrônico), por seu advogado, o qual receberá as notificações e intimações à (endereço físico e eletrônico), vem, à presença de Vossa Excelência, impetrar **MANDADO DE SEGURANÇA, COM PEDIDO LIMINAR**, com fundamento no art. 5º, LXIX, da CF, Lei 12.016/09, art. 114, IV, da CF, em face de ato do **JUIZ DO TRABALHO, Dr. FLORIANO DE QUADROS PESSOA**, lotado na **DÉCIMA VARA DO TRABALHO DE SANTO ANDRÉ**, (endereço completo), decisão proferida nos autos da reclamação trabalhista movida por **Olinda Fagundes Cavalcante**, processo nº _____, pelas razões de fato e de direito que passa a expor:

1 DA IMPETRANTE

A Impetrante é pessoa jurídica de direito privado, desempenhando suas atividades na fabricação de tecidos, os quais são vendidos exclusivamente para a empresa XYX Indústria Têxtil Ltda., sendo considerada para efeitos jurídicos como microempresa, nos exatos termos da LC 123/2006.

Encontra-se anexo o contrato de exclusividade na fabricação e venda de tecidos (doc. _____), com valor mensal de R$ 60.000,00 (sessenta mil reais).

2 DO ATO ATACADO

Após o devido processo legal (reclamação trabalhista, proc. nº _____), a Impetrante foi condenada ao pagamento do valor de R$ 80.000,00 (oitenta mil reais), conforme sentença de liquidação e mandando de citação (doc. _____).

Ocorre que quando da citação do processo de execução, nos termos do art. 884 da CLT, a Impetrante não possuía meios ou bens que garantissem a execução, o que foi certificado pelo oficial de justiça.

Diante da certidão negativa de fls. _____, a Autoridade Coatora expediu ordem de penhora nas contas bancárias (BacenJud) da Impetrante no valor correspondente à obrigação trabalhista.

Por força de determinação judicial, na última quarta-feira (26-1-2022), foi penhorado o valor de R$ 60.000,00 (sessenta mil reais) na conta bancária da Impetrante, Banco Argélia, agência 111, conta-corrente 234567, conforme certidão (doc. anexo).

Ocorre que os valores penhorados representam o faturamento bruto mensal integral da empresa Impetrante, sem o qual está impossibilitada de cumprir suas obrigações trabalhistas com os demais empregados, bem como quitar suas demais obrigações com fornecedores de matérias-primas e insumos, prestadores de serviços etc.

Conforme planilha e documentos anexos, a Impetrante tem despesas permanentes equivalentes a R$ 45.000,00 (quarenta e cinco mil reais).

Em outras palavras, o ato judicial representa um verdadeiro obstáculo à continuidade das atividades empresariais desenvolvidas pela Impetrante.

Assim, a decisão judicial de fls. _____ viola frontalmente os princípios da livre iniciativa e da função social da propriedade (art. 170, *caput* e III, CF).

Importante lembrar que a execução se faz da forma menos gravosa para o executado (art. 805, CPC).

Diante disso, é imperiosa a necessidade de limitação da penhora a determinado percentual do faturamento da empresa, como já pacificou o TST (OJ 93, SDI-II).

Nesse sentido, é o entendimento dos demais Tribunais:

"*MANDADO DE SEGURANÇA. PENHORA DE DINHEIRO. O decisório que determina, em substituição dos bens penhorados, o bloqueio da conta bancária do devedor, não padece de qualquer ilegalidade. O bloqueio, no entanto, não pode atingir o total do faturamento da empresa, sob pena de inviabilizar as suas atividades. Segurança parcialmente concedida*" (TRT – 3ª R. – 1ª SDI – MS 480/00 – Rel. Fernando Antônio de Menezes Lopes – *DJMG* 26-4-2001 – p. 10).

Destarte, considerando que se trata de microempresa e a necessidade de manutenção das atividades empresariais, requer a concessão da segurança determinando a limitação da penhora a 10% sobre o faturamento da empresa Impetrante.

3 DA CONCESSÃO DE MEDIDA LIMINAR

No caso concreto, não há dúvidas que a manutenção do ato atacado resultará na ineficiência da segurança futuramente a ser concedida e causará dano irreparável (art. 7º, III, Lei 12.016/09).

De modo que demonstrados os requisitos, requer a concessão de medida liminar para suspender os efeitos do ato atacado, limitando a penhora realizada a 10% sobre o faturamento e determinando a imediata liberação do restante, com a comunicação da medida liminar concedida à Autoridade Impetrada.

3.1 Do Fundamento Jurídico Relevante

Como já se mencionou, a determinação de penhora sobre todo o faturamento da Impetrante ensejará o encerramento de suas atividades, vez que é impossível o cumprimento de suas obrigações trabalhistas e empresariais.

Não bastasse isso, o ato atacado está em confronto direto com o sistema jurídico (art. 805, CPC) e principiológico constitucional (art. 170, *caput* e III, CF), como já reconheceu o próprio TST (OJ 93, SDI-II).

3.2 Do *Periculum In Mora*

A manutenção do ato atacado, ainda que por curto lapso de tempo, tornará ineficaz a concessão da segurança em caráter definitivo, vez que a lesão será irremediável (suspensão da produção, protestos cartorários, reclamações trabalhistas, greves, execuções cíveis etc.).

Não se trata de mera hipótese jurídica, mas de danos concretos.

4 DOS PEDIDOS E DOS REQUERIMENTOS

Ante o exposto, espera o regular processamento da presente ação constitucional, com a citação/intimação da Autoridade Coatora, para que preste suas informações no prazo legal.

Requer a concessão de medida liminar *inaudita altera pars* para limitar os efeitos do ato atacado a 10% do faturamento da Impetrada, com a liberação imediata dos demais valores e imediata comunicação à Autoridade Impetrada para que tome ciência da medida liminar concedida e a faça cumprir.

Outrossim, dê ciência do feito ao órgão de representação judicial da pessoa jurídica interessada, enviando-lhe cópia da inicial sem documentos, para que, querendo, ingresse no feito (art. 7º, II, Lei 12.016).

Requer a intimação do Ministério Público do Trabalho, para que se manifeste no presente *writ*.

No mérito, espera a concessão da segurança de caráter definitivo, com a limitação da penhora em 10% sobre o faturamento da Impetrada, até o cumprimento integral da obrigação trabalhista.

Espera a condenação da Impetrada ao pagamento de custas e demais despesas processuais.

Pretende-se provar o alegado por todos os meios de prova admitidos em Direito, em especial, a prova documental em anexo.

Atribui-se à causa o valor de _____ (...).

Nestes termos,

pede deferimento.

Local e data

Advogado

OAB nº _____

HABEAS CORPUS

24.1 FUNDAMENTO JURÍDICO

O *habeas corpus* tem previsão no art. 5º, LXVIII, da CF, com disciplina nos arts. 647 a 667 do CPP.

24.2 ASPECTOS DO *HABEAS CORPUS*

Nos termos da CF (art. 5º, LXVIII), "*conceder-se-á* habeas corpus *sempre que alguém sofrer ou se achar ameaçado de sofrer violência ou coação em sua liberdade de locomoção, por ilegalidade ou abuso de poder*".

O *habeas corpus* é uma garantia constitucional e individual ao direito de locomoção no território nacional, podendo qualquer pessoa nele entrar, permanecer e sair com seus bens, desde que atendidos os termos da lei (art. 5º, XV, CF). Também se utiliza o termo *writ* para se referir ao *habeas corpus*.

O direito de locomoção se desmembra em quatro situações: (a) direito de acesso e ingresso no território nacional; (b) direito de saída do território nacional; (c) direito de permanência no território nacional; (d) direito de deslocamento dentro do território nacional.

Durante o estado de sítio, pode haver restrições ao direito de locomoção.

Atualmente, o *habeas corpus* é visto como "*meio idôneo para garantir todos os direitos do acusado e do sentenciado relacionados com sua liberdade de locomoção, ainda que pudesse, como salienta Celso de Mello, 'na simples condição de direito-meio, ser afetado apenas de modo reflexo, indireto ou oblíquo'*".[1]

Como remédio constitucional, tem caráter sumaríssimo, de modo que a prova deve ser pré-constituída.

A doutrina, mesmo sem previsão legal expressa, passou a admitir a concessão de medida liminar, desde que demonstrados os *periculum in mora* e o *fumus boni iuris*.

---

[1] MORAES, Alexandre de. *Direito Constitucional*. 19. ed., p. 110.

24.3 CABIMENTO

A competência da Justiça do Trabalho é delineada pela CF, a qual passou a prever, com a EC 45, expressamente a competência para *habeas corpus*, quando o ato questionado envolver matéria sujeita à sua jurisdição (art. 114, IV).

Necessário, no nosso modo de ver, mesmo antes da EC 45, distinguir as situações possíveis de decretação de prisão na Justiça do Trabalho e analisá-las considerando a natureza de prisão: penal ou civil.

Uma primeira situação seria o caso de prisão, seja em flagrante delito ou não, por crime contra funcionário público federal, quando relacionada com o exercício da função, a competência será da Justiça Federal (Súm. 147, STJ). Os casos mais comuns seriam: prisão em flagrante, delito de desacato (art. 331, CP) e falso testemunho ou falsa perícia (art. 342).

O STJ firmou posição no sentido que compete a Justiça Estadual processar e julgar o crime de falsa anotação na CTPS, atribuído a empresa privada (Súm. 62).

Outros crimes também podem ocorrer e serão julgados pela Justiça Federal, ainda que se tenha verificado sua ocorrência durante a tramitação da reclamação trabalhista, como coação no curso do processo (art. 344) e fraude processual (art. 347).

Da mesma forma, será de competência da Justiça Federal o julgamento de crime praticado por funcionário público federal, ainda que integrante da Justiça do Trabalho, que no exercício de suas funções esteja ou não relacionado diretamente à prestação da tutela jurisdicional do Estado, como peculato (art. 312), extravio, sonegação ou inutilização de livro e documento (art. 314), concussão (art. 316); corrupção passiva (art. 317); prevaricação (art. 319) e violência arbitrária (art. 322).

Nesses casos, inegavelmente, a competência para apreciar *habeas corpus* não será da Justiça do Trabalho, até porque com o auto de prisão em flagrante tem-se a instauração do inquérito policial e a comunicação da prisão à autoridade judiciária competente, a qual poderá relaxá-la, converter a prisão em flagrante em prisão preventiva ou conceder liberdade provisória (art. 5º, LXV, CF; art. 310, CPP). A competência será da Justiça Federal.

Em fevereiro/07, o Pleno do STF (Rel. Min. Cézar Peluso), ao analisar o pedido liminar feito na ADIn 3.684, entendeu que atribuir a Justiça do Trabalho competência penal viola o princípio do juiz natural, uma vez que, *"segundo a norma constitucional, cabe à justiça comum, estadual ou federal, dentro de suas respectivas competências, julgar e processar matéria criminal"*. Com isso, por unanimidade, foi deferida a liminar na ADIn, com efeitos *ex tunc*, para atribuir interpretação conforme a CF, aos incisos I, IV e IX de seu art. 114, declarando que, no âmbito da jurisdição da Justiça do Trabalho, não está incluída competência para processar e julgar ações penais. Em maio/20, por maioria de votos, o Plenário do STF julgou o mérito da ADIn 3.684 e afastou a competência da Justiça do Trabalho para ações penais.

A ordem constitucional (EC 45) não estendeu ao Judiciário Trabalhista a ampla competência criminal no exame das situações criminais decorrentes das relações do trabalho ante a ausência de previsão expressa. A matéria encontra-se afeta ao Judiciário Federal (art. 109, VI, CF).

O STF ao analisar o RE 398.041 concluiu que os crimes contra a organização do trabalho devem ser apreciados e solucionados pela Justiça Federal.

No segundo semestre de 2008, o TST entendeu que a Justiça do Trabalho não tem competência para dirimir o *habeas corpus* quando se está diante de um crime de falso testemunho (TST – SDI-II – ROHC 25.500-51.2008.5.15.0000 – Min. Alberto Luiz Bresciani de Fontan Pereira – *DEJT* 17-10-2008).

Uma outra situação é a da prisão determinada no caso do depositário infiel (prisão de natureza civil).

Como se sabe, a Justiça do Trabalho se mostra competente para os litígios que tenham origem no cumprimento de suas próprias sentenças.

O STF pacificou o entendimento de que a prisão do depositário judicial (prisão civil) podia ser decretada no próprio processo em que se constituiu o encargo, independentemente de propositura de ação de depósito (Súm. 619, cancelada).

Atualmente, é ilícita a prisão civil de depositário infiel, qualquer que seja a modalidade do depósito (Súm. Vinculante 25, STF). No mesmo sentido, para o STJ, descabe a prisão civil do depositário judicial infiel (Súm. 419).

O RITST possui uma seção que trata do processamento do *habeas corpus* (arts. 218 ss), inclusive dispondo sobre a possibilidade de expedição de salvo-conduto a favor do paciente, até decisão do feito, se houver grave risco de se consumar a violência (art. 218, IV).

Acrescente-se que o RITST determina o indeferimento liminar do *habeas corpus* quando o pedido for incabível ou manifesta a incompetência originária do TST ou ainda for reiteração de outro com os mesmos fundamentos (art. 223).

Assim, o TST entende que a competência é da Justiça do Trabalho para *habeas corpus* quando a alegada coação for proveniente de juiz do trabalho e possuir natureza civil, como no caso do depositário infiel.[2]

Apesar disso, alguns entendiam incabível *habeas corpus* na Justiça do Trabalho, não porque negam a competência da Justiça Especializada para decidir incidente da fase de execução, mas porque não aceitavam a utilização do remédio constitucional como forma de atacar decisão que decreta prisão civil.

A decisão que decreta a prisão do depositário infiel é de caráter interlocutório, atacável, no Direito Processual Civil, pelo recurso de agravo de instrumento (art. 1.015, parágrafo único, CPC).

Por isso, o *habeas corpus* não se aplicaria aos casos de prisão civil.

Acrescente-se a isso que o procedimento do *habeas corpus* encontra-se previsto nos arts. 647 a 667 do CPP.

É de se destacar, porém, que o STF tem admitido, na falta do recurso de agravo de instrumento com pedido suspensivo, a impetração de *habeas corpus*.

Considerando que a decisão judicial que decreta a prisão do depositário infiel é de natureza interlocutória, não havendo recurso próprio contra essas decisões no Processo do Trabalho e não se admitindo *habeas corpus* contra prisão civil, alguns defendiam

---

[2] Súm. Vinculante 25 do STF – É ilícita a prisão civil de depositário infiel, qualquer que seja a modalidade do depósito.

que o remédio cabível seria mandado de segurança. Essa corrente, no entanto, não tem sido aceita no Direito Processual do Trabalho.[3]

O TST vem admitindo a impetração de *habeas corpus* para liberar passe de jogador atleta profissional (SDI-II – AgR-HC 5451-88.2017.5.00.000 – Rel ª Min ª Delaíde Miranda Arantes – *DJE* 10-8-2017).

Em agosto/2020, a SDI-II do TST admitiu a utilização de *habeas corpus* e concedeu medida liminar para afastar a decisão que determinou medidas executórias atípicas (apreensão de passaporte e carteira de motorista) (TST – SDI-II – RO 8790-04.2018.5.15.0000 – Min. Ministro Luiz Philippe Vieira de Mello Filho – j. 19-8-2020). Por sua vez, o STJ tem admitido excepcionalmente *habeas corpus* contra as medidas executórias atípicas, vez que tem prevalecido as restrições ao uso do remédio constitucional, pela existência de recurso próprio, e ainda a ausência de ilegalidade ou abuso de autoridade que justifique a liberação dos documentos apreendidos.[4]

Por outro lado, é inadequada a utilização do *writ* para garantir a liberdade de exercício profissional, restringido por exemplo por uma cláusula de não concorrência.[5]

---

[3] "MANDADO DE SEGURANÇA. INJUSTIFICÁVEL SUA UTILIZAÇÃO COMO SUCEDÂNEO DO *HABEAS CORPUS*. CONDIÇÕES DA AÇÃO DE SEGURANÇA. ILEGITIMIDADE. O direito de locomoção possui remédio jurídico próprio e específico (art. 5º, inciso LXVIII, da CF), não se justificando a utilização do mandado de segurança (art. 5º, inciso LXIX, da CF) para obter a suspensão da ordem de prisão. Por outro lado, a ação de segurança, mesmo em face de sua especificidade, como ação que é, tem como uma das condições a legitimidade ativa, sendo certo que, em se tratando de pessoa jurídica, no caso uma sociedade por quotas de responsabilidade limitada, a mesma possui personalidade jurídica própria distinta da dos seus membros, consoante art. 20 do CC, embora sendo representada em juízo, a teor do art. 12, inciso VI, do CPC, mas não se confundindo representação com substituição" (TRT – 15ª R. – SE – MS 204/01 (807/01) – Rel. Samuel Corrêa Leite – *DOESP* 24-8-2001 – p. 3).

[4] STJ – 3ª T. – HC 558.313-SP – Rel. Min. Paulo de Tarso Sanseverino – j. 23-6-2020. A constitucionalidade e os limites sistêmicos das medidas atípicas no processo de execução disciplinadas pelo CPC são objetos de discussão na ADI 5941 (Rel. Min. Luiz Fux).

[5] "DIREITO DO TRABALHO. CONTRATO EM QUE PREVISTA CLÁUSULA DE NÃO CONCORRÊNCIA. DEVER DE ABSTENÇÃO. JURIDICIDADE. *HABEAS CORPUS*. TUTELA DA LIBERDADE DE EXERCÍCIO PROFISSIONAL. MATÉRIA AFETA AO ÂMBITO COGNITIVO DO(S) JUÍZOS(S) NATURAL(IS). AUSÊNCIA DE RESTRIÇÃO À LIBERDADE DE LOCOMOÇÃO. INADEQUAÇÃO DA VIA ELEITA. EXTINÇÃO DO PROCESSO SEM RESOLUÇÃO DO MÉRITO. No direito brasileiro, com exceção do período situado entre 1891 e 1926, quando da consagração da denominada 'doutrina brasileira do habeas corpus', a defesa das liberdades públicas fundamentais não ligadas à liberdade física de locomoção (o direito de ir e vir ou permanecer) – entre as quais a de exercício de qualquer trabalho, ofício ou profissão, atendidas as qualificações profissionais que a lei estabelecer (art. 5º, XIII, da CF) – não se legitima pela via do *habeas corpus*, instrumento que compõe a 'jurisdição constitucional das liberdades' e que tem por objeto único e exclusivo a supressão da ameaça de violência ou coação na liberdade de locomoção de qualquer pessoa, por ilegalidade ou abuso de poder (CF, art. 5º, LXVIII). Nesse contexto, a questão da juridicidade ou mesmo da constitucionalidade das denominadas cláusulas contratuais trabalhistas de não concorrência – com as quais se introduzem deveres de abstenção aos trabalhadores, com compensações econômicas equivalentes, durante determinados períodos ou circunstâncias, após extintos os contratos de trabalho – não pode ser objeto de exame na ação constitucional de *habeas corpus*. A defesa da liberdade de exercício profissional nessas hipóteses, à luz dos parâmetros constitucionais e legais, está assegurada amplamente pelas vias ordinárias de acesso à Justiça (CF, art. 5º, XXXV, da CF), inclusive com a possibilidade de dedução de tutelas provisórias de urgência de natureza cautelar e/ou antecipatória (CPC, art. 300 e ss)

24.4 OBJETO

O ato coator se caracteriza pela ilegalidade ou abuso do poder.

O CPP considera ilegal o ato quando: (a) não houver justa causa; (b) alguém estiver preso por mais tempo do que determina a lei; (c) quem ordenar a coação não tiver competência para fazê-lo; (d) houver cessado o motivo que autorizou a coação; (e) não for alguém admitido a prestar fiança, nos casos em que a lei a autoriza; (f) o processo for manifestamente nulo; (g) extinta a punibilidade (art. 648).

É nula a decisão que decretar a prisão sem apresentar motivação (arts. 5º, LIV, 93, IX, CF).

24.5 COMPETÊNCIA FUNCIONAL

Sergio Pinto Martins[6] ensina que o "habeas corpus *deve ser impetrado junto à autoridade imediatamente superior à que praticou a prisão, pois quem tem competência para prender, tem para soltar. Se o coator é o juiz da Vara, a competência é do TRT. Se o coator é o juiz do TRT, a competência é do TST. Se o coator é o juiz do TST, competente será o STF*".

Quando o coator é um particular, a competência originária para o *habeas corpus* é da vara do trabalho do local da ocorrência do ato (art. 651, CLT). Da decisão da vara do trabalho, caberá recurso ordinário para o TRT.

No curso da demanda trabalhista, de competência originária da vara do trabalho, diante da prática de ato que justifique *habeas corpus*, a propositura ocorrerá junto ao TRT onde está situada a vara do trabalho (art. 666, CPP). Da decisão do TRT, caberá recurso ordinário para a SDI-II do TST (art. 78, III, *c*, 1, RITST).

E, por fim, se o coator for juiz do TRT, a competência originária será do TST, devendo a petição ser dirigida para SDI-II (art. 78, III, *a*, 4, RITST). Se a decisão for denegatória, caberá recurso ordinário para o STF (art. 102, II, *a*, CF). Em caso de procedência do *habeas corpus*, o recurso a ser oposto é o extraordinário (art. 102, III, CF).

Constitucionalmente, cabe ao STF a competência originária para julgar *habeas corpus*, sendo pacientes os membros dos tribunais superiores ou o coator seja tribunal superior ou, ainda, quando o coator ou paciente for autoridade ou funcionário cujos atos estejam sujeitos diretamente à jurisdição do STF, ou se trata de crime sujeito à mesma jurisdição em uma única instância (art. 102, I, *d* e *i*).

---

e, eventualmente, com a possibilidade de impugnação autônoma às decisões produzidas nesse âmbito específico de cognição de urgência (Súmula 414 do TST c/c a OJ 92 da SBDI-II/TST). No caso dos autos, o debate jurídico acerca da cláusula de não concorrência está sendo travado nos autos da reclamação trabalhista proposta pelo Paciente em face de sua ex-empregadora, sobrevindo a impetração de segurança perante o TRT da 2ª Região, no qual praticado o ato supostamente coator, que foi inclusive alvejado via agravo interno (CPC, art. 1.021). Logo, a questão jurídica que anima a presente impetração é objeto de discussão regular perante os juízos naturais competentes (CF, art. 5º, LIII) e sem qualquer afronta ao devido processo legal (CF, art. 5º, LIV). A inadequação do *habeas corpus* para a defesa do bem jurídico 'liberdade ao trabalho' é manifesta, na linha da jurisprudência pacífica de todos os tribunais superiores e do STF. *Habeas corpus* não admitido. Processo extinto sem resolução do mérito" (TST – SDI-II – HCCiv 1000288-08.2020.5.00.0000 - Rel. Min. Ministro Douglas Alencar Rodrigues – *DEJT* 5/7/2020).

[6] MARTINS, Sergio Pinto. *Direito Processual do Trabalho*, 26. ed., p. 523.

A CF fixa a competência originária do STJ para os *habeas corpus* quando o coator ou paciente for membro dos TRTs (art. 105, I, *a* e *c*).

Além disso, não compete ao STF conhecer de *habeas corpus* impetrado contra decisão do relator que, em *habeas corpus* requerido a Tribunal Superior, indefere a liminar (Súm. 691). Não se admite *habeas corpus* originário para o tribunal pleno de decisão de turma, ou do plenário, proferida em *habeas corpus* ou no respectivo recurso (Súm. 606).

24.6 LEGITIMIDADE ATIVA

Não se exige na impetração do *habeas corpus* capacidade de estar em juízo ou capacidade postulatória, de modo que pode ser proposta por qualquer pessoa, independentemente da capacidade civil, idade, nacionalidade.

O Estatuto da Ordem dos Advogados do Brasil exclui das atividades privativas da advocacia a impetração do *habeas corpus* (art. 1º, § 1º, Lei 8.906/94).

O *habeas corpus* pode ser impetrado pelo próprio paciente ou por terceiro em seu favor (impetrante). Admite-se inclusive a impetração feita por pessoa jurídica em favor da pessoa natural.

Assim, o *writ* poderá ser impetrado por qualquer pessoa ou mesmo pelo Ministério Público (art. 654, CPP).

24.7 LEGITIMIDADE PASSIVA

O *habeas corpus* deverá ser impetrado contra a autoridade pública ou particular que praticou o ato do coator violador do direito de liberdade de locomoção.

O ato coator da autoridade pública pode decorrer do abuso de poder ou ilegalidade, enquanto do particular reveste-se de ilegalidade.

24.8 PEDIDO LIMINAR

Mesmo inexistindo previsão legal expressa, admite-se o pedido liminar no *habeas corpus*, desde que estejam presentes o *periculum in mora* e o *fumus boni iuris*.

A decisão concessiva de *habeas corpus* será imediatamente comunicada, mediante ofício ou qualquer meio idôneo, às autoridades a quem couber cumpri-la, sem prejuízo da remessa de cópia do acórdão (art. 220, RITST).

Caso o servidor público ou autoridade administrativa cause embaraço ou retarde o encaminhamento do pedido de *habeas corpus* ou as informações sobre a causa da violência, coação ou ameaça, serão multados na forma da lei (art. 221). Em havendo desobediência ou retardamento abusivo ao cumprimento da ordem de *habeas corpus*, o presidente do Tribunal expedirá mandado contra o desobediente e oficiará o Ministério Público para que promova a ação penal (art. 222).

24.9 CUSTAS PROCESSUAIS

A própria CF determina que são gratuitas as ações de *habeas corpus* e *habeas data* e, na forma da lei, os atos necessários ao exercício da cidadania (art. 5º, LXXVII).

24.10 RECURSOS

Cabe agravo interno contra a decisão do ministro relator que indeferir inicial de ação de competência originária do TST no prazo de oito dias (art. 265, RITST).

O RITST prevê a possibilidade de recurso ordinário das decisões dos TRTs em *habeas corpus* (art. 245, VII).

É cabível ajuizamento de *habeas corpus* originário no TST, em substituição de recurso ordinário em *habeas corpus*, de decisão definitiva proferida por TRT, uma vez que o órgão colegiado passa a ser a autoridade coatora quando examina o mérito do *habeas corpus* impetrado no âmbito da Corte local (OJ 156, SDI-II).

24.11 NOMEAÇÃO DO DEPOSITÁRIO

A jurisprudência se divide quanto à possibilidade de atribuir compulsoriamente ao devedor a função de depositário judicial do bem, geralmente, penhorado em execução trabalhista.

A prática forense trabalhista demonstra sucessivas manobras protelatórias dos devedores, os quais, ao não assumirem os encargos de depositários, retardam o andamento da execução trabalhista, com a remoção dos bens penhorados e a busca de outros depositários, geralmente o exequente, que nem sempre têm a condição de zelar pela guarda dos bens penhorados.

Essa recusa injustificada deve ser penalizada como ato atentatório à dignidade da justiça (art. 774, II, CPC), sujeitando-se o devedor à multa em montante não superior a 20% do valor atualizado do débito em execução, a ser revertida ao exequente, sem prejuízo de outras sanções de natureza processual ou material. A multa reverterá em proveito do credor, sendo exigível na própria execução (art. 774, parágrafo único).

Importante lembrar que o depósito dos bens penhorados também pode ser efetuado: (a) no Banco do Brasil, na Caixa Econômica Federal ou em banco do qual o Estado ou o Distrito Federal possua mais da metade do capital social integralizado, ou, na falta desses estabelecimentos, em qualquer instituição de crédito designada pelo juiz; (b) os móveis, os semoventes, os imóveis urbanos e os direitos aquisitivos sobre imóveis urbanos, em poder do depositário judicial; (c) os imóveis rurais, os direitos aquisitivos sobre imóveis rurais, as máquinas, os utensílios e os instrumentos necessários ou úteis à atividade agrícola, mediante caução idônea, em poder do executado (art. 840, I a III, CPC).

A função do depositário é zelar pela guarda e conservação dos bens penhorados, evitando extravios e deteriorações, enquanto se tem o aguardo do ato expropriatório (arrematação), agindo sempre em nome e à ordem do juiz (art. 161, CPC).

Nas hipóteses de penhora da empresa ou estabelecimento (arts. 862 e 863, CPC), o administrador-depositário também tem a obrigação de mantê-la ou torná-la frutífera. Em tais casos, a função do depositário é ativa, consistindo em manter em atividade e produção a empresa ou estabelecimento penhorado. A gestão exige um plano previamente preparado e aprovado pelo juiz da execução.

A recusa do credor quanto à condição do devedor como depositário há de ser fundamentada. A execução deve ser processada da forma menos gravosa ao devedor.

Somente em situações especiais o exequente pode recusar o devedor como depositário, como ocorre, por exemplo, quando há discordância do credor, no curso da execução definitiva, o executado não tem direito líquido e certo a que os valores penhorados em dinheiro fiquem depositados no próprio banco, ainda que atenda aos requisitos do art. 840, I, CPC (Súm. 417, II, TST).

O TST tem entendido que a investidura no encargo de depositário depende de aceitação do nomeado que deve assinar o termo de compromisso do auto de penhora, sem a qual é inadmissível a restrição de seu direito de liberdade, resguardado pelo *habeas corpus* (OJ 89, SDI-II).

O TST fixou o entendimento de que não se caracteriza a condição de depositário infiel quando a penhora recair sobre a coisa futura e incerta, circunstância que, por si só, inviabiliza a materialização do depósito no momento da constituição do paciente em depositário, autorizando-se a concessão de *habeas corpus* diante da prisão ou ameaça de prisão que sofra (OJ 143, SDI-II).

Quanto ao depósito judicial, o STF admitia a decretação da prisão do depositário infiel no próprio processo em que se constituiu o encargo, independentemente da propositura de ação de depósito (Súm. 619, atualmente, cancelada).

Para Humberto Theodoro Júnior,[7] "*o juiz pode usar até mesmo da força pública para reaver a coisa depositada; pode mandar prender o depositário em flagrante de delito pelo crime de desobediência, mas não pode prendê-lo administrativamente sem forma nem figura de juízo, porque não há lei regulando essa forma de punição do subalterno, dentro do sistema processual civil. O Código, a única previsão de prisão de depositário se encontra dentro das normas que regulam a ação de depósito. Logo, pela lei, só há instrumento hábil a impor a pena civil de prisão àquele que se submete à ação de depósito*".

A jurisprudência trabalhista admitia que os procedimentos, quanto à restituição da coisa depositada, não necessitam da ação de depósito. A Justiça do Trabalho tem competência para solucionar as questões decorrentes de suas decisões, além de ser um incidente da execução trabalhista, sem a necessidade de uma ação autônoma.

O STJ considera "*ilegal a decretação da prisão civil daquele que não assume expressamente o encargo de depositário judicial*" (Súm. 304), sendo "*descabida a prisão civil do depositário quando, decretada a falência da empresa, sobrevém a arrecadação do bem pelo síndico*" (Súm. 305).

O depositário poderia ser preso caso não apresentasse o bem. A prisão seria decretada no próprio processo em que se constituiu o encargo, independentemente da propositura da ação de depósito (Súm. 619, STF, revogada).

Atualmente, "*é ilícita a prisão civil de depositário infiel, qualquer que seja a modalidade do depósito*" (Súm. Vinculante 25, STF; Súm. 419, STJ).

---

[7] THEODORO JÚNIOR, Humberto. *Curso de Direito Processual Civil*, v. 2, 39. ed., p. 219.

24.12 MODELO DE *HABEAS CORPUS*

EXMO. SR. DR. DESEMBARGADOR PRESIDENTE
DO TRIBUNAL REGIONAL DO TRABALHO DA 1ª REGIÃO

(10 cm)

RAIMUNDO CAVALCANTE (nacionalidade), (profissão), (estado civil), portador do RG nº _____, inscrito no CPF sob o nº _____, residente e domiciliado (endereço físico e eletrônico), por seu advogado, o qual receberá as notificações e intimações (endereço, com telefone), vem, à presença de Vossa Excelência, impetrar **HABEAS CORPUS, COM PEDIDO LIMINAR**, em face de ato da **JUÍZA DO TRABALHO, Dra. LUCIA DE QUADROS PESSOA**, lotada na 15ª Vara do Trabalho de Osasco, decisão proferida nos autos da reclamação trabalhista nº _____ na qual litigam **GABRIELLY SANTOS CAVALCANTE** (reclamante) e **DEYSE S. & ISABELY S. LTDA.** (reclamada), pelas razões de fato e de direito que passam a expor.

1 DO IMPETRANTE E DA RECLAMAÇÃO TRABALHISTA

O Impetrante é um trabalhador, atualmente, desempregado, o qual, sem ao certo saber o que estava acontecendo, no dia 28-1-2021, assinou o auto de penhora, na qualidade de depositário fiel, do veículo Peugeot 307, placa JKL 6789, de propriedade da empresa Deyse S. & Isabely S. Ltda. (doc. _____).

O Impetrante exerce funções operacionais na empresa Deyse S. & Isabely S. Ltda., não possuindo poderes de representação ou hierárquicos.

A empresa Deyse S. & Isabely S. Ltda. figura como executada/reclamada nos autos da reclamação trabalhista movida pela sra. Gabrielly Santos Cavalcante, a qual tramita perante a 15ª Vara do Trabalho de Osasco (processo nº _____) (doc. _____).

Mesmo após a penhora, inexistindo determinação judicial em contrário, a empresa Deyse S. & Isabely S. Ltda. continuou com a posse direta do bem, utilizando-o regularmente.

Aos 30-8-2021, o Impetrante foi dispensado sem justa causa (doc. _____), sendo que, desde então, não possui qualquer relação fática ou jurídica com o ex-empregador.

2 DO ATO ATACADO

Após a expropriação do bem penhorado, aos 10-10-2021, o Impetrante foi intimado para apresentar o veículo Peugeot em juízo no prazo de cinco dias.

O não cumprimento da ordem judicial (apresentação do bem) foi justificado de forma plausível (doc. _____), no sentido de demonstrar que o Impetrante não trabalhava mais para a empresa executada e não estava na posse direta do bem.

Considerando incabível a justificativa, o Impetrante foi novamente intimado a apresentar o bem no prazo de 24 horas.

Não atendida a determinação judicial, por impossibilidade material de sua realização, determinou-se a prisão do Impetrante (depositário infiel da execução trabalhista), nos termos da decisão judicial (doc. _____).

Teor da decisão: "*Pelo constante dos autos, determino a prisão do depositário de fls. _____ Expeça-se a ordem.*"

Trata-se de uma verdadeira coação ilegal.

3 INSUBSISTÊNCIA JURÍDICA DA ORDEM DE PRISÃO

No caso concreto, a ordem de prisão de ex-empregado operacional, quem de fato nunca chegou a exercer as funções de depositário judicial do bem, ou receber qualquer vantagem por isso, viola o princípio da razoabilidade.

Não bastasse isso, a ordem de prisão civil está em confronto direto com a proteção dos direitos humanos prevista no art. 7º, item 7º, do Pacto de São José da Costa Rica, ratificado pelo Brasil.

Proteção essa consolidada na Súmula Vinculante 25 do STF: "*É ilícita a prisão civil de depositário infiel, qualquer que seja a modalidade do depósito.*"

Desnecessário lembrar o efeito vinculante do entendimento constante da referida Súmula (art. 103-A, CF).

O Superior Tribunal de Justiça também já pacificou a matéria na Súmula 419, *in verbis*: "*Descabe a prisão civil do depositário judicial infiel*".

Portanto, descabida a prisão no caso concreto.

4 NULIDADE DA DECISÃO POR FALTA DE FUNDAMENTAÇÃO

Além da insubsistência jurídica da ordem de prisão frente ao princípio da razoabilidade, à proteção dos direitos humanos e à Súmula Vinculante 25 do STF, a decisão é nula de pleno direito por ausência de motivação (princípio da motivação das decisões judiciais).

Em sua decisão, o magistrado trabalhista simplesmente se esqueceu de apresentar os motivos de fato e de direito que justificam a prisão civil do Impetrante.

Por expressa determinação constitucional, é nula a decisão judicial que decretar a prisão sem apresentar motivação (arts. 5º, LIV, 93, IX, CF).

Nesse sentido, é o entendimento dos Tribunais:

"HABEAS CORPUS. *PRISÃO CIVIL. A ausência de fundamentação do Decreto prisional importa em nulidade absoluta por infringência aos arts. 5º, LIV, e 93, IX, da Constituição Federal*" (TRT - 20ª R. - HC 339-2002-000-20-00-7 (455/02) - Relª Suzane Faillace L. Castelo Branco - j. 25-3-2002).

Destarte, deverá ser decretada a nulidade da ordem de prisão, ante a ausência de motivação.

5 DA MEDIDA LIMINAR

Como se verifica, é inegável que se trata de uma ordem de prisão desprovida de fundamentos e validade no sistema jurídico brasileiro (fundamento relevante).

Não bastasse isso, na hipótese de a ordem se concretizar, a lesão será concreta e irreparável, com o constrangimento moral e físico do Impetrante (*periculum in mora*).

Assim, espera a concessão de medida liminar para suspender os efeitos da ordem ilegal e abuso de prisão.

6 DOS PEDIDOS E DOS REQUERIMENTOS

Ante o exposto, espera o regular processamento da presente ação constitucional, com a citação/intimação da Autoridade Coatora, para que preste suas informações no prazo legal.

Requer a concessão de medida liminar *inaudita altera pars* para determinar a suspensão da ordem de prisão e a expedição de contramandado de prisão, com a imediata comunicação à Autoridade Impetrada para que tome ciência da medida liminar concedida e a faça cumprir.

Requer a intimação do Ministério Público do Trabalho, para que se manifeste no presente *writ*.

No mérito, espera a concessão da ordem de *habeas corpus* em caráter definitivo, ante a insubsistência jurídica da ordem de prisão e sua nulidade por falta de motivação.

Pretende-se provar o alegado por todos os meios de prova admitidos em Direito, em especial, a prova documental em anexo.

Atribui-se à causa o valor de _____ (_____).

Nestes termos,

pede deferimento.

Local e data

Advogado

OAB nº _____

24.13 MODELO DE *HABEAS CORPUS*

EXCELENTÍSSIMO SENHOR DOUTOR DESEMBARGADOR PRESIDENTE DO TRIBUNAL REGIONAL DO TRABALHO DA __ª REGIÃO

(10 cm)

RAIMUNDO CAVALCANTE (nacionalidade), (profissão), (estado civil), portador do RG nº _____, inscrito no CPF sob o nº _____, residente e domiciliado (endereço físico e eletrônico), por seu advogado, o qual receberá as notificações e intimações (endereço, com telefone), vem, à presença de Vossa Excelência, com fulcro no artigo 5º, inciso LXVIII, da Constituição Federal/88 e artigos 647 e 648, do Código de Processo Penal impetrar **HABEAS CORPUS LIBERATÓRIO, COM PEDIDO LIMINAR,** em face de ato da **JUÍZA DO TRABALHO, Dra. LUCIA DE QUADROS PESSOA**, lotada na 2ª Vara do Trabalho de Salvador, decisão proferida nos autos da reclamação trabalhista nº _____ na qual litigam **GABRIELLY SANTOS CAVALCANTE** (reclamante) e **DEYSE S. & ISABELY S. LTDA.** (reclamada), pelas razões de fato e de direito que passam a expor.

1 CABIMENTO DO REMÉDIO CONSTITUCIONAL

O art. 5º, inciso LXVIII, da Carta Política de 1988 enuncia:

"Conceder-se-á *Habeas Corpus* sempre que alguém sofrer ou se achar ameaçado de sofrer violência ou coação em sua liberdade de locomoção por ilegalidade ou abuso de poder."

O *habeas corpus* é uma garantia constitucional e individual ao direito de locomoção no território nacional, podendo qualquer pessoa nele entrar, permanecer e sair com seus bens, desde que atendidos os termos da lei (art. 5º, XV, CF).

O direito de locomoção se desmembra em quatro situações: (a) direito de acesso e ingresso no território nacional; (b) direito de saída do território nacional; (c) direito de permanência no território nacional; (d) direito de deslocamento dentro do território nacional.

No plano infraconstitucional, o CPP, de acordo com o art. 647, aduz que: "Dar-se-á *habeas corpus* sempre que alguém sofrer ou se achar na iminência de sofrer violência ou coação ilegal na sua liberdade de ir e vir, salvo nos casos de punição disciplinar".

A coação sofrida é considerada ilegal quando não houver a justa causa (art. 648, I, CPP).

Por fim, é importante destacar que o TST, pela Subseção II Especializada em Dissídios Individuais (SDI-II), admitiu habeas corpus e concedeu medida liminar para determinar a devolução do seu passaporte, retido pelo juízo da execução de dívidas trabalhistas da empresa (TST – SDI-II – RO 8790-04.2018.5.15.0000 – Min. Ministro Luiz Philippe Vieira de Mello Filho – j. 19-8-2020).

2 ATO ILEGAL ATACADO

Na demanda trabalhista nº _____ na qual litigam **GABRIELLY SANTOS CAVALCANTE** (reclamante) e **DEYSE S. & ISABELY S. LTDA.** (reclamada), o Impetrante foi incluído a execução trabalhista, como devedor subsidiário, em face da sua condição de ex-sócio da demandada, ante o incidente da desconsideração da personalidade jurídica (art. 855-A, CLT; arts. 133 a 137, CPC; art. 10-A, CLT; art. 1.003, CC; art. 28, Lei 8.078/90).

Como forma de aparelhamento da execução processada na citada demanda, houve a determinação judicial para a apreensão do Passaporte e da Carteira Nacional de Habilitação – CNH (doc. __).

Citada determinação foi formulada em face da aplicação do art. 139, IV, CPC.

Não se pretende adentrar, diante dos limites da causa de pedir e do pedido deste remédio, na condição do Impetrante, como legitimado passivo extraordinário superveniente ou derivado, em face do incidente da desconsideração da personalidade jurídica.

Contudo, patente a caracterização do excesso legal, logo, por corolário, também há violação da norma Constitucional quando se determinou a apreensão/suspensão dos documentos do IMPETRANTE, em especial da sua CNH e Passaporte.

Os fundamentos da determinação da apreensão são: (a) encontram-se esgotadas as medidas executórias na execução; (b) o Executado não oferece bens à penhora, como não indica a localização de bens do devedor originário, no caso, a pessoa jurídica; (c) uma medida de compelir a cumprir a obrigação com o adimplemento do crédito trabalhista – R$ 100.000,00, está na impossibilidade de o devedor subsidiário gastar valores com viagens internacionais ou com deslocamentos internos por automóveis.

A medida de apreensão fere o direito de ir e vir do Impetrante, violando o direito à sua liberdade pessoal.

Acrescente-se que, em decorrência da ordem judicial, o Impetrante está impedido de realizar sua atividade profissional atual, que é de motorista de taxi (doc.), e passando por privações econômicas e sem sustento para sua família.

É verdade que o art. 20, VI, Decreto 1.983/96, indica ser condição para a obtenção do passaporte o solicitante não ser procurado pela Justiça nem impedido judicialmente de obter passaporte. Contudo, essa restrição somente é válida para questões criminais, o que não é a hipótese dos autos.

Assevere-se que as hipóteses legais previstas no Código de Trânsito Brasileiro (Lei 9.503/97; arts. 293 a 295), no tocante à suspensão ou a perda do direito de dirigir, não preveem a condenação do condutor ao pagamento de verbas de natureza trabalhista.

Os fundamentos adotados pela determinação judicial, como alicerces da ordem de apreensão, são ilegais e ultrapassam os limites do bom senso e da razoabilidade, caracterizando-se, assim, o caráter arbitrário da medida coercitiva.

A condição de devedor e a sua obrigação de solver as suas obrigações legais não têm e nunca poderão ter o poder de limitar o seu direito de ir e vir e restringir sua atividade profissional.

Recentemente, a Subseção II Especializada em Dissídios Individuais (SDI-II) concedeu medida liminar em sede de habeas corpus para determinar a devolução do seu passaporte, retido pelo juízo da execução de dívidas trabalhistas da empresa (TST – SDI-II – RO 8790-04.2018.5.15.0000 – Min. Ministro Luiz Philippe Vieira de Mello Filho – j. 19-8-2020).

Além disso, a jurisprudência indica:

"AGRAVO DE INSTRUMENTO EM RECURSO DE REVISTA INTERPOSTO PELO EXEQUENTE. EXECUÇÃO DE SENTENÇA. CANCELAMENTO DOS CARTÕES DE CRÉDITO E SUSPENSÃO DA CNH. SÚMULA Nº 266 DO TST. ART. 896, § 2º, DA CLT. 1. Não se divisa ofensa aos arts. 1º, III, e 5º, XXXV e XXXVI, da CF à luz da Súmula nº 266 do TST e do § 2º do art. 896 da CLT, em face da decisão regional que manteve a sentença que indeferiu o pedido de suspensão da CNH e de cancelamento dos cartões de crédito do executado. 2. Com feito, pela sistemática do CPC, nos moldes elencados pelo inciso IV do art. 139, é permitida a atipicidade das medidas executivas em relação à obrigação de pagar quantia, com medidas coercitivas e indutivas para compelir o devedor ao pagamento do débito, ou seja, incumbe ao juiz 'determinar todas as medidas indutivas, coercitivas, mandamentais ou sub-rogatórias necessárias para assegurar o cumprimento de ordem judicial, inclusive nas ações que tenham por objeto prestação pecuniária'. 3. Entretanto, não obstante a lei processual permita ao juiz promover medidas coercitivas para conferir maior efetividade à tutela do direito, por certo que essas medidas deverão observar o ordenamento jurídico como um todo, mormente no que se refere ao respeito ao direito de ir e vir, à dignidade da pessoa humana, à proporcionalidade e à razoabilidade, não sendo a eficiência do processo a única finalidade a ser observada pelo julgador. 4. Por conseguinte, na esteira da diretiva do art. 8º do CPC ('ao aplicar ordenamento jurídico, o juiz atenderá aos fins sociais e às exigências do bem comum, resguardando e promovendo a dignidade da pessoa humana e observando a proporcionalidade, a razoabilidade, a legalidade, a publicidade e a eficiência'), não se olvidando, ainda, a natureza alimentar do crédito – não satisfeito, apesar das numerosas tentativas –, repele-se a aplicação das medidas coercitivas requeridas, sobretudo porque desproporcionais e não razoáveis, considerado o sistema jurídico em sua totalidade. Agravo de instrumento conhecido e não provido" (TST – 8ª T. – AIRR 139000-66.2003.5.18.0007 – Relª Minª Dora Maria da Costa – DEJT 15-5-2020).

3 DA ORDEM LIMINAR

O **IMPETRANTE** está impedido de exercer o seu direito fundamental de se locomover livremente e de exercer regularmente sua atividade profissional, por um ato arbitrário da Autoridade Coatora e, portanto, apontada a ofensa à liberdade de locomoção do paciente em razão de coação ilegal em sua liberdade de ir e vir, encontra-se presente, *in casu*, o *fumus boni iuris*.

No mesmo sentido, verifica-se a ocorrência do *periculum in mora*, pois além do fato de que a liberdade de locomoção do paciente, em hipótese alguma poderia ter sido atingida em razão de dívida contratual de terceiros, da qual não se concorreu ou contraiu, por importar em inaceitável e injusta violação ao seu *status libertatis*, é inegável que tal coação ilegal além de poder causar graves transtornos ao paciente, é também um violento atentado contra a ordem jurídica Constitucional vigente, razão pela qual deve ser cassada com a máxima urgência.

Presentes, portanto, os requisitos autorizadores da medida liminar.

4 DO PEDIDO

Por todo o exposto, demonstrada a ilegalidade da ordem que mantém o **IMPETRANTE** privado da sua liberdade de locomoção e do exercício de sua atividade profissional, requer-se a concessão de **MEDIDA LIMINAR**, determinando a imediata devolução/liberação do seu passaporte e afastando a suspensão/apreensão da Carteira Nacional de Habilitação (CNH) do Paciente, determinando-se destarte, expedição de ofício à Autoridade Coatora para que sejam tomadas as medidas cabíveis, necessárias e urgentes ao desfazimento do ato por ela praticado.

Requer, outrossim, após a oitiva do Douto Ministério Público, na qualidade de fiscal da Lei, seja o presente pedido de *HABEAS CORPUS* julgado **PROCEDENTE**, confirmando-se a decisão liminar.

Por fim, requer seja intimada a Autoridade Coatora a prestar informações, bem como o processamento e deferimento da ordem de Habeas Corpus.

Atribui-se à causa o valor de _____ (_____).

Nestes termos,

Pede deferimento.

Local e data.

Advogado

OAB nº

HABEAS DATA

25.1 FUNDAMENTO JURÍDICO

O *habeas data* encontra amparo na Constituição Federal (art. 5º, LXXII), sendo disciplinado pela Lei 9.507/97. Apesar de não haver previsão expressa, em casos de omissão, o CPC deverá ser utilizado de forma subsidiária, desde que não se conflite com a lei específica. Por sua natureza civil, não é possível a utilização subsidiária da CLT, mesmo nas hipóteses de competência da Justiça do Trabalho.

25.2 CABIMENTO

O *habeas data* é uma ação constitucional (também denominada de remédio constitucional por parte expressiva da doutrina), de caráter civil, conteúdo e rito sumário, a qual tem por finalidade a proteção do direito do impetrante em conhecer as informações relativas à sua pessoa e constantes de registros de repartições públicas ou particulares acessíveis a todos, para, inclusive, retificá-los, se for necessário (art. 5º, LXXII).

Nos termos da CF, será concedido *habeas data*: (a) para assegurar o conhecimento de informações relativas à pessoa do impetrante, constantes de registros ou bancos de dados de entidades governamentais ou de caráter público; (b) para a retificação de dados, quando não se prefira fazê-lo por processo sigiloso, judicial ou administrativo.

Como esclarece José Afonso da Silva,[1] o *habeas data* visa proteger a esfera íntima dos indivíduos contra: (a) usos abusivos de registros de dados pessoais coletados por meios fraudulentos, desleais ou ilícitos; (b) introdução nesses registros de dados sensíveis (assim chamados os de origem racial, opinião política, filosófica ou religiosa, filiação partidária e sindical, orientação sexual etc.); (c) conservação de dados falsos ou com fins diversos dos autorizados em lei.

Além dessas finalidades, uma outra foi prevista no âmbito infraconstitucional, para a anotação nos assentamentos do interessado, de contestação ou explicação sobre dado verdadeiro, mas justificável e que esteja sob pendência judicial ou amigável (art. 7º, III, Lei 9.507/97).

Assim, o *habeas data* possui três finalidades independentes e autônomas: (a) direito de acesso às informações (banco de dados público e banco de dados de caráter

---

[1] SILVA, José Afonso da. *Curso de Direito Constitucional Positivo*, 9. ed., p. 396.

público); (b) direito de retificação (informação inexata, informação ilegal ou inconstitucional, complementação de dados, anotação de pendência sobre fato verdadeiro); (c) complementar informação nos assentamentos.

25.3 O *HABEAS DATA* E A COMPETÊNCIA DA JUSTIÇA DO TRABALHO

Com a EC 45/04, a Justiça do Trabalho passou a ter competência para *habeas data*, quando o ato questionado envolver matéria sujeita à sua jurisdição (art. 114, IV).

O Texto Constitucional prevalece sobre o art. 20 da Lei 9.507, o qual fixa a competência dos órgãos do Poder Judiciário para conhecer e julgar o *habeas data* e traça como a regra geral à competência da Justiça Estadual.

É de se ressaltar que mesmo antes da previsão constitucional expressa, se o questionamento do *habeas data* decorresse da relação de emprego (contrato de trabalho) (art. 114, *caput*, CF, antes da EC 45), a competência seria da Justiça Laboral.[2]

Na seara trabalhista, o *habeas data* poderá ser impetrado tanto por aquele que presta os serviços (*v. g.*, empregado), como por aquele que é o beneficiário dos serviços prestados (*v. g.*, empregador).

Certo é que, no âmbito da Justiça do Trabalho, o *habeas data* é de rara ocorrência e parece-nos cabível para situações, por exemplo, em que a administração pública se recusa a dar conhecimento de informações ou a retificar dados de determinada empresa existentes nos órgãos de fiscalização do trabalho, por força da interpretação que se dá ao art. 114, VII, da CF, ao não se limitar a competência da Justiça do Trabalho apenas às penalidades administrativas decorrentes de órgãos de fiscalização das relações de trabalho, mas a todo ato praticado pela fiscalização, como abuso de autoridade.

Uma outra situação à qual nos parece cabível a ação constitucional ocorreria quando a entidade sindical formasse banco de dados sobre os membros da categoria para consulta de terceiros, visando recolocação profissional, e não permitisse a retificação de informações ali constantes.

Os funcionários da Justiça do Trabalho somente poderão, quando cabível, impetrar *habeas data* na Justiça Federal. Isso porque são regidos pela Lei 8.112/90, de cunho administrativo, e porque o STF afastou toda e qualquer interpretação do art. 114, I, da CF, EC 45, que inclua na competência da Justiça do Trabalho a análise de questões de funcionários públicos estatutários (STF – TP – ADI-MC 3.395-6 – Rel. Min. Cezar Peluso – j. 5-4-2006, confirmada no mérito a liminar concedida pelo Min. Nelson Jobim em 27-1-2005).

Tratando-se de servidor público, regido pela CLT (empregado público), não é cabível *habeas data*, eis que o empregador se equipara ao empregado privado, não podendo figurar no polo passivo de mandado de segurança ou de *habeas data*.

Não cabe *habeas data* contra o mero empregador que se recusa a prestar informações funcionais de ex-empregada, já que não exerce função de banco de informações públicas e por não ser entidade governamental. Nesse sentido, o STF entendeu que "*o Banco do*

---

[2] "*HABEAS DATA*. Sendo o pedido decorrente do contrato de trabalho havido entre as partes, patente é a *competência* desta Justiça Especializada, a teor do disposto no artigo 114 da Constituição Federal de 1988, para dirimir a questão" (TRT – 3ª R. – 5ª T. – RO 12.275/97 – Rel. Roberto Marcos Calvo – *DJMG* 25-7-1998).

Brasil não tem legitimidade passiva para responder ao habeas data, *uma vez que não figura como entidade governamental, e sim como explorador de atividade econômica, nem se enquadra no conceito de registros de caráter público a que se refere o art. 5º, LXXII, da CF, porquanto a ficha funcional de empregado não utilizável por terceiro"* (TP – RE 165.304-MG – Rel. Min. Octávio Gallotti – j. 19-10-2000 – *DJU* 15-12-2000 – *Informativo STF* 208).[3]

De forma divergente, a 1ª Turma do TRT da 2ª Região fixou a tese de que o *habeas data* pode ser utilizado não apenas contra entes públicos e governamentais, mas também contra empregadores privados que possam divulgar dados pessoais e/ou profissionais de seus empregados a terceiros. Um dos fundamentos repousa na assertiva de que o empregado não tem acesso a tais informações que são necessárias para obtenção de nova colocação profissional, ou ainda para instruir processo de acesso a emprego público. Consta, ainda, da fundamentação do acórdão: *"O remédio constitucional está dirigido indistintamente a todo e qualquer cidadão e em razão das relações havidas na sociedade, sem distinção. Se decorrentes de perseguição política, se destinadas à obtenção de crédito ou emprego. Este direito é uma das dimensões do direito à intimidade, direito imaterial previsto na Constituição e que constitui parte do patrimônio do indivíduo. Daí, também, em matéria trabalhista, pode ocorrer a violação desse direito, e que o fato esteja relacionado com o contrato de trabalho"* (TRT – 2ª R. – 1ª T. – RO 00730-00.80.2006.5.02.0086 – Rel. Maria Inês Moura Santos Alves da Cunha).

No final de 2005, o Ministro Oreste Dalazen, extinguiu o *habeas data*, sem resolução de mérito, por litispendência, impetrado pela Agropecuária Pimenta Bueno S.A., no qual requer a exclusão de seu nome do cadastro de empregadores que tenham mantido trabalhadores em condições análogas à de escravo. Embora tenha considerado consistente o argumento da defesa da empresa, o Ministro Dalazen verificou que ainda tramita no TST processo semelhante, relatado e negado pelo Ministro Barros Levenhagen, em que a empresa faz o mesmo pedido (TST – HD 164929/2005-000-00-00.8).

Em outubro de 2014, a 2ª Turma do TST admitiu *habeas data*, com *jus postulandi*, contra empregador público, com o objetivo de conseguir certidão por tempo de serviço (TST – 2ª T. – RR 83800-42.2005.5.17.0101 – Rel. Min. José Roberto Freire Pimenta – j. 15-10-2014).

Guardadas as devidas proporções, o STJ entendeu que o mandado de segurança contra gerente da Caixa Econômica Federal (CEF) para liberação de parcelas do seguro-desemprego é de competência da Justiça Federal.[4] Nessa ótica, a Justiça do Trabalho

---

[3] "*HABEAS DATA*. PROCEDIMENTO ADMINISTRATIVO DO EMPREGADOR PARA APURAÇÃO DA FALTA GRAVE. Incabível a impetração de *habeas data* objetivando acesso de inquérito administrativo para apuração de falta grave, por não se tratar de banco de dados e nem conter caráter público. Justa causa já analisada em sentença ao abrigo do trânsito em julgado, com base em inquérito administrativo, não autoriza revisão de decisão pela via do habeas data" (TRT – 4ª R. – 2ª T. – RO 00519-2008-541-04-00-8 – Relª Vania Mattos – *DJe* 24-9-2009).

[4] "CONFLITO DE COMPETÊNCIA. MANDADO DE SEGURANÇA CONTRA GERENTE DA CAIXA ECONÔMICA FEDERAL. LIBERAÇÃO DE PARCELAS DO SEGURO-DESEMPREGO. RELAÇÃO DE TRABALHO. INEXISTÊNCIA. COMPETÊNCIA DA JUSTIÇA FEDERAL. 1. Ao conferir nova redação ao art. 114 da Carta Magna, a Emenda Constitucional 45/04 alargou a competência da Justiça do Trabalho, estabelecendo a atribuição desta especializada para processar e julgar "[...] os mandados de segurança, *habeas corpus* e *habeas data*, quando o ato questionado envolver matéria sujeita à sua jurisdição" (inciso IV). 2. Como a competência para o julgamento

não seria competente para *habeas data* contra o gerente ou diretor da CEF, até porque não figuram como sujeitos da relação de trabalho (art. 114, I, CF).

Há de ser ressaltado que não cabe *habeas data* para obter informações quanto aos dados colhidos em provas realizadas em concursos públicos. O meio processual adequado é a oposição de mandado de segurança.[5]

No início de janeiro/2020, o TRT da 2ª Região entendeu inadequada a utilização do *habeas data* para garantir o acesso do trabalhador aos seus dados profissionais, com o objetivo de reconhecimento de vínculo de emprego e com posterior aproveitamento junto ao INSS (TRT – 2ª Região – 15ª T. – RO 1000082-80.2019.5.02.0482 – Rel. Juiz Marcos Neves Fava – j. 23-01-2020).

25.4 SUJEITO PASSIVO

O sujeito passivo é a entidade governamental ou de caráter público (art. 5º, LXXII, *a*, CF) que tenha registro ou banco de dados sobre a pessoa, sendo que, segundo Maria Zanella Di Pietro,[6] "*a primeira abrange qualquer órgão do Estado, seja ele do Judiciário, Legislativo ou Executivo, bem como as entidades da Administração Indireta; a segunda, que não pode ser sinônima da primeira (a menos que se queira atribuir ao constituinte emprego de palavras inúteis), abrange entidades que, embora particulares, contenham dados sobre a pessoa, destinados ao conhecimento de terceiros. Não teria sentido proteger a pessoa contra o registro de dados falsos coletados pelo Poder Público e não conceder igual proteção quando esses dados sejam registrados por particulares para uso público*".

Ao acolher a teoria da encampação, o STJ considera parte legítima passiva a autoridade superior hierárquica aos responsáveis pelas informações (STJ – 3ª S. – HD 84-DF – Rel. Min. Maria Thereza de Assis Moura – j. 27-9-2006 – DJ 30-10-2006 – p. 236).

Para Hely Lopes Meirelles, é equivocado o entendimento que resolve a ação sem julgamento de mérito, quando ocorre a indicação errônea da autoridade coatora, por considerar que "*no âmbito administrativo o requerimento deve ser feito 'ao órgão ou entidade depositária do registro ou banco de dados' (Lei nº 9.507/97, art. 3º), o coator deve ser considerado, sempre, este órgão ou entidade, e não uma pessoa que ocupe determinado cargo. Assim, será legitimado passivo para o* habeas data *o próprio órgão ou entidade depositária do registro ou banco de dados, que poderá ter personalidade*

---

de mandado de segurança é estabelecida em razão da função ou da categoria funcional da autoridade indicada como coatora e não existe relação de trabalho entre ela e o impetrante, o feito deve ser processado na Justiça Federal, em razão da resistência da Caixa Econômica Federal em liberar as parcelas do seguro-desemprego. Precedentes da Seção. 3. Conflito conhecido para determinar a competência do Juízo Federal da 1ª Vara de Petrópolis SJ/RJ, o suscitado" (STJ – 1ª S. – CC 77.865-RJ – Rel. Min. Castro Meira – j. 8-8-2007 – DJ 27-8-2007 – p. 177).

[5] STJ – 1ª S. – AgRg-HD 127-DF – Rel. Min. João Otávio de Noronha – *DJU* 14-8-2006; TRF – 4ª R. – 3ª T. – AI 2007.04.00.020472-4 – Rel. Vânia Hack de Almeida – *DJU* 17-10-2007; TJMS – 2ª T. Cív – AC 2007.003556-1/0000-00 – Rel. Horácio Vanderlei Nascimento Pithan – j. 15-5-2007.

[6] PIETRO, Maria Sylvia Zanella Di. *Direito Administrativo*, 18. ed., p. 667-668.

jurídica independente ou não, e que será representado em juízo por quem de direito, de acordo com os seus atos constitutivos, estatutos ou regimentos".[7]

Walter Claudius Rothenburg[8] admite como sujeito passivo tanto um órgão do Poder Público quanto um particular.

A Lei 9.507 considera de caráter público todo registro ou banco de dados contendo informações que sejam ou que possam ser transmitidas a terceiros ou que não sejam de uso privativo do órgão ou entidade produtora ou depositária das informações (art. 1º, parágrafo único).

"HABEAS DATA. *OMISSÃO DE INFORMAÇÕES. CAIXA ECONÔMICA FEDERAL. EMPRESA PÚBLICA. REGISTRO DE CARÁTER PÚBLICO. LEGITIMIDADE. LEI Nº 9.507/97, Arts. 1º, PARÁGRAFO ÚNICO E 7º, I. I – A Caixa Econômica Federal, na qualidade de empresa pública que se sujeita ao controle do Poder Público, tem legitimidade para figurar no polo passivo do* habeas data *com o objetivo de fornecimento de dados sobre descontos efetuados na conta-corrente dos impetrantes (artigo 7º, I, da Lei nº 9.507/97). II – O parágrafo único do artigo 1º da mesma Lei específica como sendo de caráter público todo registro ou banco de dados contendo informações que sejam ou possam ser transmitidas a terceiros, ou que não sejam de uso privativo do órgão ou entidade respectiva, abrangendo, assim, a hipótese dos autos. III – Recurso improvido"* (STJ – 1ª T. – RESP 929381-AL – Rel. Min. Francisco Falcão – j. 4-10-2007 – DJ 25-10-2007 – p. 137).

Paulo Roberto de Figueiredo Dantas[9] afirma que "*os direitos protegidos pelo* habeas data *não se confundem com o direito às informações de interesse particular, ou de interesse coletivo ou geral, ressalvadas aquelas cujo sigilo seja imprescindível à segurança da sociedade e do Estado, nos termos do artigo 5º, inciso XXXIII, da Carta Magna".*

Assim, "*no caso de negativa do Poder Público em fornecer as informações de interesse particular, ou de interesse coletivo ou geral, o remédio constitucional adequado a corrigir tal ilegalidade é o mandado de segurança (e não o* habeas data*), que somente não será concedido no caso de informações 'cujo sigilo seja imprescindível à segurança da sociedade e do Estado'".*

---

[7] MEIRELLES, Hely Lopes. *Mandado de segurança. Ação popular. Ação civil pública. Mandado de injunção. "Habeas data". Ação direta de inconstitucionalidade. Ação declaratória de constitucionalidade. Arguição de descumprimento de preceito fundamental. O controle incidental de normas no direito brasileiro*, atualizado por Arnaldo Wald, Gilmar Ferreira Mendes e Rodrigo Garcia de Fonseca, 26. ed., p. 285.

[8] ROTHENBURG, Walter Claudius. Réquiem para o *Habeas Data* (O *Habeas Data* e a Nova Lei 9.507/97). *Habeas Data*. Coord. de Teresa Arruda Alvim Wambier, p. 374-375.

[9] DANTAS, Paulo Roberto de Figueiredo. *Direito Processual Constitucional*, p. 315.

25.5 CUSTAS PROCESSUAIS

O art. 5º, LXXVII, da CF determina a gratuidade do *habeas corpus* e *habeas data* e, na forma da lei, os atos necessários ao exercício da cidadania. O art. 12 da Lei 9.507 prevê a gratuidade do procedimento administrativo para acesso a informações e retificação de dados e para anotação de justificação, bem como a ação de *habeas data*.

Diante disso, na Justiça do Trabalho, inexistem custas processuais a serem pagas e o depósito recursal está dispensado, porque: (a) a Lei 9.507/97 não possui tal exigência; (b) as regras processuais da CLT são inaplicáveis ao procedimento do *habeas data* (IN 27/05, TST); (c) inexistindo condenação pecuniária, não haverá execução a ser garantida (Súm. 161, TST).

25.6 PROCEDIMENTO

O *habeas data* pode se desenvolver em duas fases, a primeira, representando o direito de acesso às informações do impetrante e, uma segunda, se for necessária, compreendendo o direito de retificação dessas informações.

A Lei 9.507 prevê um procedimento sumário para o *habeas data* e com prioridade sobre todos os atos judiciais, exceto *habeas corpus* e mandado de segurança, sendo que em instância superior deverão ser levados a julgamento na primeira sessão que se seguir à data em que, feita a distribuição, forem conclusos ao relator (art. 19).

Ao despachar a inicial, o juiz ordenará que se notifique o coator do conteúdo da petição, entregando-lhe a segunda via apresentada pelo impetrante, com as cópias dos documentos, a fim de que, no prazo de dez dias, preste as informações que julgar necessárias, sendo que a inicial será desde logo indeferida, quando não for o caso de *habeas data*, ou se lhe faltar algum dos requisitos.[10] Contra o despacho de indeferimento caberá recurso de apelação.

Feita a notificação, o serventuário em cujo cartório corra o feito juntará aos autos cópia autêntica do ofício endereçado ao coator, bem como a prova da sua entrega a este ou da recusa, seja de recebê-lo, seja de dar recibo.

Findo o prazo legal e ouvido o representante do Ministério Público dentro de cinco dias, os autos serão conclusos ao juiz para decisão a ser proferida em cinco dias.

Na decisão, se julgar procedente o pedido, o juiz marcará data e horário para que o coator: (a) apresente ao impetrante as informações a seu respeito, constantes de registros ou bancos de dados; ou (b) apresente em juízo a prova da retificação ou da anotação feita nos assentamentos do impetrante (art. 13).

---

[10] "1- *HABEAS DATA* – OBTENÇÃO DE INFORMAÇÕES – INTERESSE DE AGIR – LEI 9.507/1997 – Na forma do artigo 8º, I, e artigo 10, ambos da Lei 9.507/1997, a petição inicial do *habeas data* deverá ser instruída com prova da recusa ao acesso às informações ou do decurso de mais de dez dias sem decisão, sob pena de ser desde logo indeferida. No caso dos autos, detectado que a inicial fora apresentada de forma deficitária, não obstante a concessão de prazo para o impetrante emendá-la, o vício não restou sanado. Portanto, a extinção prematura do processo, por ausência de interesse de agir, é medida que se impõe. 2- Recurso ordinário conhecido parcialmente e extinção declarada na Origem mantida" (TRT - 10ª R. – RO 0001444-29.2017.5.10.0015 – Rel. Gilberto Augusto Leitão Martins – *DJe* 8-5-2019 – p. 1226).

A decisão será comunicada ao coator, por Correios, com aviso de recebimento, ou por telegrama, radiograma ou telefonema, conforme o requerer o impetrante.

Da sentença que conceder ou negar o *habeas data* cabe apelação, sendo que, quando a sentença conceder o *habeas data*, o recurso terá efeito meramente devolutivo (art. 15).

Quando o *habeas data* for concedido e o presidente do Tribunal ao qual competir o conhecimento do recurso ordenar ao juiz a suspensão da execução da sentença, desse seu ato caberá agravo (art. 16).

Nos casos de competência do STF e dos demais tribunais caberá ao relator a instrução do processo (arts. 17 e 20).

O pedido de *habeas data* poderá ser renovado se a decisão denegatória não lhe houver apreciado o mérito (art. 18, Lei 9.507) e desde que não envolva perempção, litispendência ou coisa julgada (art. 486, CPC).

A decisão de mérito fará coisa julgada nos limites do teor decisório.

O entendimento que prevalece é no sentido de que não há honorários advocatícios.

25.7 ESTRUTURA

Além dos demais requisitos dos arts. 319 a 321, CPC, a petição inicial deverá ser instruída com prova: (a) da recusa ao acesso às informações ou do decurso de mais de dez dias sem decisão; (b) da recusa em fazer-se a retificação ou do decurso de mais de 15 dias sem decisão;[11] (c) da recusa em fazer-se a anotação a que se refere o § 2º do art. 4º ou do decurso de mais de 15 dias sem decisão (art. 8º, Lei 9.507).

No caso do *habeas data* na Justiça do Trabalho (art. 114, IV, CF), a competência originária é do juiz de primeira instância, por inexistir previsão expressa de competência dos tribunais trabalhistas. A competência dos tribunais fica restrita aos recursos.[12]

É necessária a qualificação do impetrante e do impetrado.

Mesmo sem previsão expressa na lei, parece-nos possível a concessão de medida liminar para sustar os efeitos do ato coator, com aplicação subsidiária do art. 7º, III, da Lei 12.016/09 (Lei do Mandado de Segurança; em 9-6-2021, quando do julgamento da ADI 4.296, o STF julgou constitucional o citado dispositivo), quando for relevante o fundamento e o ato impugnado puder resultar na ineficácia da medida, caso seja deferida. Em outras palavras, são requisitos para concessão da medida liminar o *fumus boni iuris* (fumaça do bom direito) e o *periculum in mora* (perigo da demora ou perigo

---

[11] Ausente o pedido administrativo, faltará ao impetrante o interesse de agir, levando à extinção do processo sem julgamento de mérito. Tal exigência é inconstitucional. Primeiro, por restringir o princípio da inafastabilidade da jurisdição estatal (art. 5º, XXXV, CF). Depois, porque o dispositivo constitucional que trata do *habeas data* prevê expressamente seu cabimento *"para a retificação de dados, quando não se prefira fazê-lo por processo sigiloso, judicial ou administrativo"* (art. 5º, LXXII, *b*), ou seja, o interessado pode optar ou não pela via administrativa, não estando obrigado a ela. Por fim, acrescentamos que tal exigência não se faz necessária se o interessado optar por qualquer outra medida judicial, como uma ação ordinária visando a retificar ou anular um registro.

[12] O RITST prevê o cabimento do recurso ordinário contra decisões proferidas em *habeas data* de competência originária dos TRTs (art. 245, VIII).

iminente). Até porque tanto a doutrina, quanto a jurisprudência, passaram a admitir a concessão de medida liminar em *habeas corpus* quando existirem tais requisitos, com aplicação subsidiária da legislação do mandado de segurança.

A petição inicial também será apresentada em duas vias e os documentos que instruírem a primeira serão reproduzidos por cópia na segunda (art. 8º, Lei 9.507).

Não há dilação probatória, exigindo-se a produção da prova pré-constituída.[13]

25.8 MODELO DE *HABEAS DATA*

EXCELENTÍSSIMO SENHOR DOUTOR JUIZ DA _____
VARA DO TRABALHO DE SÃO PAULO – SP

(10 cm)

MARIA ALDENIR CAVALCANTE, (nacionalidade), (estado civil), (profissão), (nº do CPF), (nº do RG e órgão expedidor), (nº da CTPS), (nº do PIS/PASEP ou do NIT), (nome da mãe), (data de nascimento), (domicílio físico e eletrônico), por seu advogado (nome completo), o qual receberá as intimações e notificações à (endereço físico e eletrônico) (procuração anexa), vem, à presença de Vossa Excelência, impetrar **HABEAS DATA, COM PEDIDO LIMINAR**, com fundamento no art. 5º, LXXII, da CF, com a Lei 9.507/97 e aplicação subsidiária do art. 7º, III, da Lei 12.016/09, em face do **SINDICATO DOS TRABALHADORES NA CONSTRUÇÃO CIVIL DE CANOA FURADA**, CNPJ _____, (nº do CEI) domiciliado (endereço completo), pelas razões de fato e de direito que passa a expor.

1 DOS FATOS E FUNDAMENTOS

1.1 O Sindicato como Banco de Dados de Natureza Pública

É inegável que a partir da CF/88, as entidades sindicais passaram a ter uma natureza associativa de direito privado (arts. 5º, XVIII, 8º, CF).

Ocorre que o Sindicado Impetrado, no exercício de suas funções constitucionais e legais, em especial, na defesa dos interesses dos membros da categoria profissional, criou um banco de dados de natureza pública (art. 5º, LXXII, CF) com o cadastro pessoal e profissional dos trabalhadores interessados e integrantes da categoria profissional, visando sua recolocação profissional no mercado de trabalho (doc. anexo).

Em janeiro de 2022, pretendendo mudar de emprego, a Impetrante solicitou a inclusão de suas informações profissionais e pessoais no banco de dados criado pelo Impetrado. O que foi atendido em poucos dias (doc. anexo).

---

[13] "A prova pré-constituída poderá ser extremamente difícil de produzir nas hipóteses de *habeas data* para retificação de dados ou anotações de justificativa de informação. Como se sabe, a prova pré-constituída diz respeito aos fatos da causa, e, dependendo da natureza das informações e do banco de dados, os fatos podem ser altamente complexos. De qualquer forma, tanto as retificações quanto as anotações de justificativas só poderão se fazer sobre fatos concretos, passíveis de prova documental prévia e incontestável" (MEIRELLES, Hely Lopes. Ob. cit., p. 289).

1.2 Das Informações Equivocadas

Ocorre que parte das informações constantes do banco de dados em relação à Impetrante estão equivocadas, o que lhe tem ocasionado convites para participar de entrevistas em empresas que procuram um profissional com conhecimento específico em ambientes automatizados (doc. anexo).

Conforme documento anexo, no banco de dados consta que a Impetrante trabalhou três anos no Japão em empresas de construção civil especializadas em ambientes automatizados, o que não é verdade.

A Impetrante trabalhou sim no Japão por três anos, mas na área da construção civil pesada, com nenhuma relação aos ambientes automatizados. Por conta das informações equivocadas, a Impetrante tem participado de inúmeros processos seletivos e entrevistas e, quando constatado o erro nas informações profissionais, a mesma é imediatamente dispensada, causando-lhe graves constrangimentos pessoais e dispêndio de tempo e dinheiro.

Diante do equívoco, no início do mês de fevereiro de 2022, a Impetrante solicitou administrativamente a retificação das informações (doc. anexo).

Infelizmente, apesar de inúmeros telefonemas, passados praticamente 40 dias da solicitação, ainda não foi atendida.

Diante disso, busca o Poder Judiciário como forma de solucionar o conflito.

1.3 Do Cabimento do *Habeas Data*

Nos termos da CF (art. 5º, LXXVII), será concedido *habeas data*: (a) para assegurar o conhecimento de informações relativas à pessoa do impetrante, constantes de registros ou bancos de dados de entidades governamentais ou de caráter público; (b) para a retificação de dados, quando não se prefira fazê-lo por processo sigiloso, judicial ou administrativo.

Hipóteses também previstas no art. 7º da Lei 9.507/97.

1.4 Pedido Liminar

Diante do equívoco nas informações constantes do banco de dados (*fumus boni iuris*) e da possibilidade dos constrangimentos pessoais e dispêndio de tempo e dinheiro continuarem (*periculum in mora*), com aplicação subsidiária do art. 7º, III, da Lei 12.016/09 (Lei do Mandado de Segurança), requer a concessão de medida liminar para sustar os efeitos do ato coator e determinar a imediata retificação das informações constantes do banco de dados.

2 PEDIDOS E REQUERIMENTOS

Espera o regular processamento da presente ação em caráter de urgência (art. 19, Lei 9.507/97), com a concessão da medida liminar para sustar os efeitos do ato coator e determinar a imediata retificação das informações constantes do banco de dados.

Requer a citação da Impetrada, na pessoa do seu representante legal, para que integre a lide e apresente sua defesa no prazo legal.

Requer ainda a intimação da Impetrada para cumprimento imediato da liminar concedida, sob pena responsabilidade dos responsáveis.

Quando do julgamento de mérito, espera a concessão da ordem em caráter definitivo, determinando a retificação das informações constantes do banco de dados.

Solicita a gratuidade, nos termos do art. 5º, LXXVII, da CF e art. 21 da Lei 9.507/97.

Pretende-se provar o alegado por todos os meios de provas admitidos em Direito, em especial, a prova documental anexa.

Atribui-se à causa o valor de R$ _____ (...).

Nestes termos,

pede deferimento.

Local e data

Advogado

OAB nº _____

DISSÍDIO COLETIVO DE TRABALHO

26.1 FUNDAMENTO JURÍDICO

A ação de dissídio coletivo de trabalho tem previsão constitucional (art. 114, §§ 2º e 3º, CF), com regulamentação na CLT (arts. 856 ss) e na Lei da Greve (art. 8º, Lei 7.783/89).

26.2 CONCEITO E ESPÉCIES

O dissídio coletivo de trabalho é uma ação judicial, onde as partes buscam a solução de um conflito que ultrapasse as relações individuais de trabalho (conflito coletivo).[1]

---

[1] A seara dos conflitos coletivos está relacionada com o universo dos denominados direitos ou interesses metajurídicos ou transindividuais (art. 81, parágrafo único, I a III, Lei 8.078/90), os quais englobam:
a) direitos ou interesses difusos, os quais são transindividuais, de natureza indivisível e cujos titulares sejam pessoas indeterminadas e ligadas por circunstâncias de fato. A doutrina indica que os seus elementos característicos são: indeterminação dos sujeitos; indivisibilidade do objeto; intensa conflituosidade interna e duração efêmera. Exemplos de direitos ou interesses difusos no âmbito do direito material do trabalho: contratação sem a realização de concurso público (art. 37, II, CF); terceirização fraudulenta; violação às normas de proteção ao trabalho da criança e do adolescente; trabalho escravo etc.;
b) interesses ou direitos coletivos também são de cunho transindividuais e de natureza indivisível, contudo, os titulares pertencem a um grupo, categoria ou classe de pessoas ligadas entre si ou com a parte contrária por uma relação jurídica básica. Na seara trabalhista, o enquadramento histórico dos trabalhadores se fez por meio das categorias (econômica e a profissional pela atividade econômica preponderante e a diferenciada, art. 511, CLT). A entidade sindical, como sujeito de direito coletivo, é constituída para a representação de uma categoria econômica ou profissional, não havendo a possibilidade do pluralismo sindical (art. 8º, II, CF). Quando da data-base, as entidades sindicais iniciam o processo da negociação coletiva, visando o estabelecimento das cláusulas sociais e econômicas a ser aplicadas aos contratos individuais de trabalho dos integrantes da categoria profissional. A categoria é composta de milhares de trabalhadores (transindividualidade), os quais são indeterminados e que serão beneficiados de forma indistinta pelas cláusulas sociais e econômicas (indivisibilidade). Há uma relação jurídica, visto que todos os trabalhadores pertencem a uma dada categoria profissional e, por outro lado, cada um dos trabalhadores possui uma relação de trabalho com uma dada empresa integrante da respectiva categoria econômica. Por exemplo: o piso salarial da categoria dos metalúrgicos é aplicável aos trabalhadores que laborem para as empresas metalúrgicas;

A doutrina dominante distingue os dissídios coletivos de natureza jurídica (também denominados de conflitos de direito ou de cunho declaratório) e os de natureza econômica (ou de interesses ou constitutivo).

Distinção essa que tem como referência o objeto do dissídio, acabou sendo acolhida por quase a totalidade dos doutrinários pátrios e pelo TST (art. 241, RITST).

Além de prever os dissídios de natureza jurídica e econômica, o RITST prevê a existência dos dissídios originários, de revisão e de declaração sobre a paralisação do trabalho decorrente de greve dos trabalhadores (art. 241, III a V).

No dissídio coletivo de natureza econômica, os trabalhadores reivindicam novas e melhores condições de trabalho (*"para a instituição de normas e condições de trabalho"*, art. 241, I, RITST). Já no de natureza jurídica, procura-se sanar divergência sobre aplicação ou interpretação de uma norma jurídica existente, que pode ser uma lei de aplicação particular de determinada categoria (não se tem admitido dissídio coletivo para interpretação de norma legal de caráter geral – OJ 7, SDC),[2] uma convenção coletiva, um acordo coletivo, um contrato coletivo, uma sentença normativa, um laudo arbitral ou um ato normativo qualquer.

Na sistemática do Texto Consolidado, o dissídio de natureza econômica pode ser subdividido em: originário (quando inexistir norma coletiva anterior, art. 867, parágrafo único, *a*), revisional (quando pretender a revisão de norma coletiva anterior, arts. 873 a 875) e extensão (quando visar à extensão ao restante da categoria, arts. 868 a 871).

26.2.1 Dissídio de greve

Todas as ações que envolvam o direito de greve são de competência da Justiça do Trabalho (art. 114, II, CF), no aspecto individual ou coletivo, não se limitando a aplicação da Lei 7.783/89 (a qual regulamentou o direito de greve previsto no art. 9º, CF), como a legalidade ou abusividade[3] (formal ou material)[4] do movimento (greve típica),

---

c) os interesses e direitos homogêneos, assim entendidos os decorrentes de origem comum. Nesta categoria de direitos ou interesses transindividuais, apesar de a tutela ser coletiva para todos, tem-se a identificação dos titulares e os direitos são divisíveis. Por exemplo: quando uma determinada empresa não paga o piso salarial da categoria aos seus empregados, a reparação poderá ser solicitada de forma individual (ação individual simples ou plúrima) ou de forma coletiva (pela entidade sindical, como substituto processual; ação de cumprimento, art. 872, parágrafo único, CLT).

[2] OJ 7 da SDC – Dissídio Coletivo. Natureza jurídica. Interpretação de norma de caráter genérico. Inviabilidade. Não se presta o dissídio coletivo de natureza jurídica à interpretação de normas de caráter genérico, a teor do disposto no art. 313, II, do RITST (atual art. 241, II, RITST).

[3] OJ 10 da SDC – Greve abusiva não gera efeitos. É incompatível com a declaração de abusividade de movimento grevista o estabelecimento de quaisquer vantagens ou garantias a seus partícipes, que assumiram os riscos inerentes à utilização do instrumento de pressão máximo.

OJ 11 da SDC – Greve. Imprescindibilidade de tentativa direta e pacífica da solução do conflito. Etapa negocial prévia. É abusiva a greve levada a efeito sem que as partes hajam tentado, direta e pacificamente, solucionar o conflito que lhe constitui o objeto.

OJ 38 da SDC – Greve. Serviços Essenciais. Garantia das necessidades inadiáveis da população usuária. Fator determinante da qualificação jurídica do movimento. É abusiva a greve que se realize em setores que a lei define como sendo essenciais à comunidade, se não é assegurado o atendimento básico das necessidades inadiáveis dos usuários dos serviços, na forma prevista na Lei 7.783/89.

[4] O abuso pode ser formal ou material. É formal quando não se observam as formalidades previstas na lei de greve, como, por exemplo: não realização de assembleia, a inexistência do aviso prévio – 48

mas abrangendo também a atuação dos trabalhadores no que a doutrina denomina de greve atípica (movimentos de não colaboração), como greve rotativa (ou articulada ou por turno), greve trombose (ou nevrálgica ou tampão), greve de solidariedade, greve de zelo, greve de rendimento e outras formas de paralisação ou não colaboração dos trabalhadores em que pese as divergências doutrinárias para se enquadrar essas formas de manifestações como exercício do direito de greve.

A ocupação ou a ameaça de ocupação do local de trabalho pelos empregados como decorrência de movimento grevista ou de outras controvérsias coletivas de trabalho se inserem na competência da Justiça do Trabalho (ações possessórias), ante o fato de que a ocupação é um desdobramento das relações coletivas de trabalho e do próprio exercício do direito de greve.

Apesar das divergências, a Justiça do Trabalho é competente para processar e julgar ação possessória ajuizada em decorrência do exercício do direito de greve pelos trabalhadores da iniciativa privada (Súm. Vinculante 23, STF).

Da mesma forma que as controvérsias envolvendo o exercício do direito de greve, as ações que envolvam controvérsias sobre o *lockout*, ainda que não previstas expressamente na CF, também são de competência da Justiça do Trabalho, porque decorrem das relações coletivas de trabalho.

Nos termos da legislação infraconstitucional, a Justiça do Trabalho decidirá sobre a procedência, total ou parcial, ou improcedência das reivindicações (art. 8º, Lei 7.783) e a abusividade ou não da greve (Súm. 189, TST).

Em caso de greve em atividade essencial, com possibilidade de lesão do interesse público, o Ministério Público do Trabalho poderá ajuizar dissídio coletivo e competindo à Justiça do Trabalho a decisão do conflito (art. 114, § 3º, CF). Não se trata de legitimidade *ad causam* exclusiva do Ministério Público do Trabalho, de modo que o empregador ou sindicato patronal também poderá pedir a instauração do dissídio de greve.

26.3 COMPETÊNCIA JURISDICIONAL

A competência originária do dissídio coletivo é do TST, se a base territorial sindical for superior à da jurisdição de um TRT, e é do TRT quando o dissídio envolver categorias profissionais sob sua jurisdição.

No TST, a competência para julgamento dos dissídios coletivos é da SDC (art. 2º, Lei 7.701/88).

Exceção a essa regra de competência originária do TST é o Estado de São Paulo, o qual comporta os TRTs da 2ª Região e da 15ª Região. Nesse estado da federação, caso o dissídio envolva a jurisdição dos dois Tribunais Regionais, a competência será do TRT da 2ª Região (Lei 7.520/86, art. 12, I, a qual instituiu o TRT da 15ª Região, com a redação dada pela Lei 9.254/96).

Caso o dissídio envolva apenas a jurisdição de um desses TRTs, a competência será do Tribunal Regional.

---

horas (atividades comuns) e 72 horas (atividades ou serviços essenciais). É material, segundo Sergio Pinto Martins, "se a greve se realizasse em atividades proibidas" (*Direito do Trabalho*, 21. ed., p. 865).

Nos TRTs onde não há turma especializada para a solução dos conflitos coletivos, a competência para examinar os dissídios coletivos é do pleno.

Conforme entendimento do TST, é de sua competência os dissídios coletivos de trabalhadores avulsos.

Quando o dissídio ocorrer fora da sede do tribunal, o presidente do Tribunal poderá delegar ao juiz do trabalho local ou ao juiz estadual com essa função a atribuição conciliatória. Havendo a conciliação, a autoridade local encaminhará o processo ao tribunal para homologação, fazendo exposição circunstanciada dos fatos e indicando a solução que lhe parece conveniente (art. 866, CLT).

26.4 PRAZO PARA INSTAURAÇÃO DO DISSÍDIO

Na vigência de convenção, acordo ou sentença normativa em vigor, o dissídio coletivo deverá ser instaurado dentro dos 60 dias anteriores ao respectivo termo final, para que o novo pacto coletivo tenha vigência no dia imediato a esse termo (art. 616, § 3º, CLT; art. 867, parágrafo único, b, CLT).

Na vigência do CPC/73, não havendo encerrado a negociação coletiva antes dos 60 dias anteriores ao respectivo termo final da norma coletiva de trabalho, a IN 4/93 do TST (antes de seu cancelamento pela Res. 116/03, do TP) previa que a entidade interessada poderia formular protesto judicial (arts. 867 ss, CPC/73) em petição escrita dirigida ao presidente do Tribunal do Trabalho, com o objetivo de preservar a data-base da categoria (item II). Com o protesto, a instauração deveria ocorrer no prazo de 30 dias, contados da intimação, sob pena de perda da eficácia do protesto (item III).

Essa mesma sistemática encontra-se no RITST (art. 240, §§ 1º e 2º), ou seja, a possibilidade de formular o protesto judicial para preservar a data-base, com a prorrogação da instauração do dissídio até 30 dias contados da intimação de deferimento da medida, sob pena de perda da eficácia do protesto. O CPC/15 trata da "notificação judicial" (arts. 726 ss), a qual é aplicável ao processo coletivo do trabalho.

Em ambos os casos, o reajuste salarial, as diferenças dele decorrentes e as demais obrigações previstas na decisão normativa seriam devidas a partir do termo final de vigência da convenção, acordo ou sentença normativa anterior (item XXV).

Caso não ocorra a instauração no prazo de 60 dias anteriores ao termo final de vigência da norma coletiva, a decisão passará a valer da data de publicação da sentença normativa (art. 867, parágrafo único, a, CLT).

> "DISSÍDIO COLETIVO. Sindicato rural. Sentença normativa. Início da vigência. 1. Consoante estabelece o art. 867 da CLT, há três hipóteses concebíveis para o termo inicial de vigência de sentença normativa: a) dissídio coletivo de natureza revisional, após o fim da vigência do instrumento normativo revisando – data da publicação da sentença normativa (art. 867, parágrafo único, alínea a, primeira parte, da CLT); b) dissídio coletivo de natureza originária – data do ajuizamento do dissídio coletivo (art. 867, parágrafo único, alínea a, in fine, da CLT); e c) dissídio coletivo de natureza revisional, quando ajuizado dentro do prazo a que se refere o art. 616, § 3º, da CLT – dia imediato ao termo final de vigência do instrumento normativo anterior (art. 867, parágrafo único, alínea b, da CLT).

2. *A livre manifestação no sentido da concordância da preservação da data-base afasta a aplicação do art. 867, parágrafo único, alínea a, da CLT, na medida em que prolonga o prazo a que se refere o art. 616, § 3º, do referido diploma legal. A hipótese passa a ser disciplinada pela alínea b do art. 867 e a vigência inicia-se a partir do termo final do instrumento coletivo anterior. 3. Recurso ordinário interposto pelos sindicatos patronais suscitados a que se nega provimento"* (TST – SDC – RODC 675/2003-000-15-00.8 – Rel. Min. João Oreste Dalazen – *DJU* 16-9-2005).

Em maio/11, o TST fixou o entendimento de que a sentença normativa vigora, desde seu termo inicial até que sentença normativa, convenção coletiva de trabalho ou acordo coletivo de trabalho superveniente produza sua revogação, expressa ou tácita, respeitado, porém, o prazo máximo legal de quatro anos de vigência (PN 120).

26.5 CONDIÇÕES DA AÇÃO

Na sistemática processual vigente, as condições do direito de ação são: legitimidade e o interesse de agir.

Além das condições da ação aplicáveis aos processos judiciais em geral, no dissídio coletivo de trabalho há três condições específicas: autorização da assembleia geral de trabalhadores, negociação prévia frustrada e ajuizamento de "comum acordo".

Quando não houver uma das condições da ação, tem-se a carência da ação (art. 330, III, CPC) e haverá a extinção do processo sem resolução de mérito (art. 485, IV).

26.5.1 Legitimidade

No Direito Coletivo do Trabalho, a titularidade do direito material é da categoria, logo, a legitimidade *ad causam* é da categoria e tem como órgão de representação em juízo o sindicato (art. 8º, III, CF; art. 513, *a*, CLT).[5]

---

[5] No Texto Constitucional, ao sindicato cabe a defesa dos direitos e interesses coletivos ou individuais da categoria, inclusive em questões judiciais ou administrativas (art. 8º, III). Para alguns doutrinadores, a atuação do sindicato no dissídio coletivo ocorre pela substituição processual, onde o sindicato age em nome próprio na defesa de direito alheio. Exemplos: ações de cumprimento (art. 872, parágrafo único, CLT); insalubridade ou periculosidade (art. 195, § 2º, CLT). Outros, contudo, visualizam uma legitimação ordinária na atuação do sindicato, na medida em que a categoria não é pessoa jurídica ou física, não podendo ser sujeita de direito e porque os interesses do sindicato são indissociáveis dos interesses da categoria. Acrescentam ainda que no dissídio de natureza econômica, o sindicato não defende direitos da categoria, que inexistem e cuja criação se postula pelo dissídio. O STF entendeu se tratar de substituição processual autoaplicável o previsto no art. 8º, III, da CF (STF – TP – MI 347-5 – Rel. Néri da Silveira – j. 7/5/1993 – *DJ* 8-4-1994). No mesmo sentido, é o acórdão proferido no RE 213.693-0, em que o Rel. Min. Octávio Gallotti entendeu que a substituição processual prevista nos arts. 8º, III, da CF, e 3º da Lei 8.073 não pode sofrer as limitações inseridas na Súmula 310 do TST. O STF, portanto, diante dos acórdãos mencionados, entendeu que a entidade sindical possui a legitimação processual. O TST, por intermédio da Resolução 121/03, cancelou a Súmula 310, como também a Súmula 359, a qual estabelecia que a substituição processual para o ajuizamento de ação de cumprimento pertence à entidade sindical e não à federação (Súm. 359, TST). Na apreciação do RE 210.029-RS, o Plenário do STF firmou a posição de que o sindicato pode atuar na defesa de todos e quaisquer direitos subjetivos individuais e coletivos dos integrantes da categoria por ele representada.

Por isso, a legitimidade *ad causam* será verificada pela correspondência entre as atividades exercidas pelos setores profissional e econômico envolvidos no conflito (OJ 22, SDC).

O dissídio coletivo será proposto mediante representação escrita ao presidente do Tribunal do Trabalho, pela entidade sindical interessada (art. 114, § 2º, CF; arts. 856, 857 e 874, CLT) ou, em caso de greve em atividade essencial, com lesão ao interesse público, pelo Ministério Público do Trabalho (art. 114, § 3º, e art. 127, CF; art. 83, VIII, LC 75/93; arts. 856 e 874, CLT; art. 8º, Lei 7.783).

Segundo o TST, a comprovação da legitimidade *ad processum* da entidade sindical se faz por seu registro no órgão competente do Ministério do Trabalho, mesmo após a promulgação da CF/88 (OJ 15, SDC).

Inexistindo sindicato representativo da categoria, poderá ser proposto pelas federações e, na falta destas, pelas confederações, sempre no âmbito de sua representação.

A atuação do sindicato sempre depende de autorização da assembleia geral dos associados (art. 859, CLT) e deve haver correspondência entre as atividades exercidas pelos setores profissional e econômico envolvidos no conflito (OJ 22, SDC).

As empresas que não possuem sindicato ou, na hipótese de greve, poderão compor a lide nas ações coletivas. Antes do cancelamento, a IN 4/93 também previa a legitimidade do empregador quando os interesses em conflito fossem particularizados.

Não se tem admitido a legitimidade do sindicato profissional em requerer judicialmente a legalidade de movimento grevista por ele fomentado (OJ 12, SDC, cancelada).

A Lei 7.783 (art. 4º, § 2º, e art. 5º) confere à comissão de trabalhadores legitimidade para participarem do dissídio coletivo em caso de greve e desde que não haja entidade sindical da categoria.

A doutrina, diante da relativa liberdade sindical prevista na CF/88 (art. 8º), não admite a instauração de ofício pelo presidente do Tribunal prevista na CLT (arts. 856 e 874, CLT). Acresce-se a esse argumento o fato de que o art. 8º da Lei 7.783 só prevê a instauração do dissídio pelas próprias partes ou pelo Ministério Público.

Nas ações individuais e coletivas de competência da Justiça do Trabalho, as entidades sindicais que integram a Confederação Nacional das Profissões Liberais terão o mesmo poder de representação dos trabalhadores empregados atribuído, pela legislação em vigor, aos sindicatos representativos das categorias profissionais diferenciadas (art. 1º, Lei 7.316/85).

Importante lembrar que a confederação sindical ou entidade de classe de âmbito nacional pode propor a ação direta de inconstitucionalidade e a ação declaratória de constitucionalidade (art. 103, IV, CF), observando a pertinência temática.

As associações civis e de natureza profissional, como OAB, CRM e CREA, não possuem legitimidade para instaurar dissídio coletivo (em defesa dos seus associados). Isso porque possuem outras finalidades estatutárias, incompatíveis com a defesa dos interesses trabalhistas da categoria (prerrogativa dos sindicatos), e não integram a estrutura sindical vigente.

Também carece de legitimidade ativa o delegado regional do trabalho para instaurar dissídio coletivo, mesmo no caso de greve, pois não está previsto nos arts. 856 e 857 da CLT.

As centrais sindicais são entidades acima das categorias profissionais e que agrupam organizações situadas tanto em nível de sindicatos como de federações ou confederações. Estão amparadas na liberdade associativa constitucional (art. 5º, XVII, XVIII, XIX, XX e XXI, CF). Até recentemente, a central sindical não detinha poderes de representação das categorias econômica ou profissional, bem como não pode assinar documentos em nome das categorias. Vale dizer, a central sindical não tem poderes para participar de negociação coletiva ou propor dissídio coletivo.

Com a Lei 11.648/08, houve o reconhecimento formal da central sindical, a qual tem por características: (a) ser organização de representação geral dos trabalhadores; (b) ter natureza jurídica de associação em âmbito nacional; (c) ser constituída por entidades de categorias profissionais. Pelo prisma legal, a central sindical é uma associação supracategorial de âmbito nacional, integrada por entidades sindicais representativas das categorias profissionais, constituindo-se, assim, em uma organização de representação geral dos trabalhadores.

O registro das entidades sindicais é disciplinado pela Portaria SEPRT 17.593, de 24-7-2020.

26.5.1.1 Deliberação da assembleia

A validade da assembleia que tenha por finalidade pronunciamento sobre relações ou dissídio de trabalho depende de convocação específica para esse fim e do quórum mínimo de metade mais um dos associados quites, em primeira convocação e, com os presentes em segunda convocação, considerando-se aprovadas as deliberações que obtiverem 2/3 dos votos (art. 524, *e*, CLT).

Para a celebração de acordos ou convenções coletivas de trabalho pelos sindicatos se prescinde de autorização da assembleia geral especialmente convocada para esse fim, dependendo a validade da mesma do comparecimento e votação, em primeira convocação, de 2/3 dos associados da entidade (no caso de convenção) ou dos interessados (no caso de acordo) e, em segunda, de 1/3 dos membros (art. 612). O quórum de comparecimento e votação será de 1/8 dos associados em segunda convocação nas entidades sindicais que tenham mais de 5.000 associados (parágrafo único).

Pela CLT, o ajuizamento do dissídio coletivo de trabalho pela entidade sindical está condicionado à aprovação da assembleia geral dos associados interessados na solução do litígio, respeitado o quórum mínimo, ou seja, em primeira convocação, por maioria de 2/3 dos associados interessados e, em segunda convocação, por 2/3 dos presentes (art. 859).

A jurisprudência atual entende que o art. 859 da CLT não foi recepcionado pela nova ordem constitucional (CF/88), ante o cancelamento da Súmula 177 do TST pela Resolução 121/03.

Por outro lado, pela OJ 13, SDC (atualmente cancelada), o TST entendia que, mesmo após a promulgação da CF/88, subordinava-se a validade da assembleia de trabalhadores à observância do quórum estabelecido no art. 612 da CLT.

Portanto, face à liberdade e à autonomia sindicais, bem como diante do cancelamento dos verbetes jurisprudenciais, o quórum a ser observado é o estipulado no estatuto da entidade sindical.[6]

No caso de dissídio contra empresa, a legitimação do sindicado se faz pela autorização dos trabalhadores diretamente envolvidos no conflito (OJ 19, SDC). Por isso, a legitimidade *ad causam* será verificada pela correspondência entre as atividades exercidas pelos setores profissional e econômico envolvidos no conflito (OJ 22).

O TST tem exigido a ampla divulgação do edital de convocação para assembleia geral (OJ 28) e a indicação do total de associados da entidade sindical como forma de apurar se houve o quórum de trabalhadores exigidos pela lei.

A ata da assembleia de trabalhadores que legitima a atuação da entidade sindical deve registrar, obrigatoriamente, a pauta reivindicatória (OJ 8).

O edital de convocação da assembleia geral e a ata da assembleia geral são requisitos essenciais para instauração do dissídio (OJ 29).

No caso de a base sindical ser superior à base mínima constitucional, necessária será a realização de múltiplas assembleias (OJ 14, SDC, atualmente cancelada).

É possível ainda que os estatutos da entidade sindical exijam: quórum qualificado para votação e aprovação de determinadas matérias e prazo mínimo entre a publicação e a realização da assembleia (OJ 35, SDC).

A exigência de aprovação da assembleia é para o dissídio de natureza econômica (OJ 6, SDC, atualmente cancelada).

Frustrada a negociação ou verificada a impossibilidade de recurso via arbitral, é facultada a cessação coletiva do trabalho, mediante prévia deliberação da assembleia geral convocada para tanto. O estatuto da entidade sindical deverá prever as formalidades de convocação e o quórum para a deliberação quanto à deflagração e cessação da greve (arts. 3º e 4º, Lei 7.783).

A falta de autorização prévia da assembleia geral da categoria implica a carência de legitimidade ativa da entidade sindical (*legitimatio ad causam*).

26.5.2 Interesse de agir

Para a propositura da ação, a parte deve despertar o interesse processual, também denominado de interesse de agir. A expressão "interesse" pode ser vista em seu aspecto material, isto é, como sinônimo de pretensão, bem como em seu aspecto processual, que sintetiza a relação de necessidade existente entre um pedido e a atuação do Judiciário. A segunda hipótese retrata o que se chama de interesse processual (ou de agir).

---

[6] "Não se pode desconhecer, porém que o rigor deste quórum da CLT afronta o princípio constitucional da autonomia dos sindicatos. Como insistido neste Curso, a matéria é efetivamente própria à regência dos estatutos sindicais (cujas regras submetem-se, é claro, aos princípios jurídicos da lealdade e transparência nas negociações coletivas, da racionalidade e razoabilidade, da vedação ao abuso do direito). Esclareça-se, a propósito, que o TST, após fase de reverência, iniciada nos anos de 1990, ao quórum do art. 612 da CLT (nesta linha, OJs 13 e 21 da SDC), felizmente alterou sua compreensão, cancelando em 2003 as referidas orientações jurisprudenciais" (DELGADO, Mauricio Godinho. *Curso de Direito do Trabalho*, 11. ed. p. 1403).

Decorre o interesse processual da própria resistência oposta a uma pretensão. Denota-se a necessidade de se solicitar a atuação do Estado na pacificação da lide, pois é vedado à própria parte o exercício arbitrário das próprias razões.

O interesse processual representa uma relação de necessidade e adequação. A necessidade deflui do aspecto de que a tutela jurisdicional invocada seja útil para a reparação do direito lesado. Porém, para que se tenha a devida reparação, a tutela jurisdicional invocada deve ser adequada à própria situação material controvertida.

No dissídio coletivo revisional (art. 873, CLT), o interesse processual surge quando houver alterações nas circunstâncias que ditaram as condições de trabalho fixadas em norma coletiva há mais de um ano em vigor, de modo que tais condições se hajam tornado injustas ou inaplicáveis.

26.5.2.1 Negociação prévia frustrada

A CF prevê a possibilidade do ajuizamento do dissídio coletivo quando houver recusa de qualquer uma das partes à negociação ou à arbitragem. Essa exigência já era feita pela CLT (art. 616, § 2º e § 4º).

Em outras palavras, somente depois de esgotadas as tentativas de solução negociada ou arbitral do conflito é que poderá ser instaurado o dissídio coletivo. A recusa deve ser expressa e não tácita.[7]

Os sindicatos e as empresas não podem recusar-se à negociação coletiva.

Na fase negocial, verificando a recusa, cabe aos sindicatos ou empresas interessadas dar ciência do fato, conforme o caso, ao Departamento Nacional do Trabalho ou aos órgãos regionais do Ministério do Trabalho para convocação compulsória dos sindicatos ou empresas recalcitrantes (art. 616).

A Lei 10.192/01, que dispõe sobre medidas complementares do Plano Real, prevê as soluções de conflitos trabalhistas por negociação direta ou pela mediação.

A Lei 10.101/00, que prevê o sistema de participação dos trabalhadores nos lucros e resultados da empresa, menciona a mediação e a arbitragem de ofertas finais como forma de solução dos impasses.

O Decreto 1.572/95 estabelece uma série de regras sobre a mediação na negociação coletiva dos conflitos trabalhistas. Da mesma forma, a Portaria do Ministério do Trabalho 3.122/88.

A Portaria do Ministério do Trabalho 817/95 estabelece critérios para participação do mediador nos conflitos de negociação coletiva de natureza trabalhista, enquanto a Portaria 818/95 estabelecia critérios para o credenciamento de mediador (revogada pela Portaria SEPRT 1.417/2019).

Como condição da ação específica para os dissídios coletivos, a negociação prévia frustrada é exigida para o ajuizamento dos dissídios de natureza econômica e jurídica, mesmo quando há greve.

---

[7] OJ 24 da SDC – Negociação prévia insuficiente. Realização de mesa-redonda perante a DRT. Art. 114, § 2º, da CF/88. Violação (cancelada em 16-4-2004).

26.5.3 Possibilidade jurídica do pedido

Com o CPC/15, a possibilidade jurídica do pedido deixou de ser considerada uma condição da ação (art. 17), como ocorria no CPC/73.

Na vigência do CPC/73, existia uma corrente doutrinária que entendia a possibilidade jurídica do pedido como sendo a viabilidade jurídica da pretensão deduzida pela parte em face do direito positivo. Para outros estudiosos, o pedido seria juridicamente possível sempre que não houvesse vedação expressa ao que estava sendo pleiteado em juízo. A solução para o impasse estava exatamente em mesclar as duas correntes doutrinárias, adotando-se uma posição eclética: (a) no direito público haverá o pedido juridicamente possível, quando a solicitação em juízo for autorizada pela norma jurídica material; (b) em sede de direito privado, o pedido será possível quando não estiver proibido pela ordem jurídica.

Os ajustamentos de salário fixados em decisões da Justiça do Trabalho, aprovados em julgamento de dissídios coletivos ou em acordos homologados, serão aplicados, automaticamente, nas mesmas condições estabelecidas para os integrantes das categorias profissionais litigantes ou interessadas, aos empregados das próprias entidades suscitantes e suscitadas, observadas as peculiaridades que lhes sejam inerentes (art. 10, Lei 4.725/65). Desse modo, o TST vinha extinguindo, por impossibilidade jurídica do pedido, os dissídios que visavam a regramento próprio para os empregados das entidades sindicais (OJ 37, SDC, atualmente cancelada). Pela Lei 11.295/06, foi acrescido o § 2º ao art. 526 da CLT, que dispõe da aplicação ao empregado de entidade sindical dos preceitos das leis de proteção do trabalho e previdência social, inclusive o direito de associação em sindicato (citada alteração legislativa foi declarada constitucional pelo STF – ADI 3.890, julgada em 10-6-2021).

Considerando que o Texto Constitucional não mencionava entre os direitos dos empregados domésticos o reconhecimento dos acordos e convenções coletivas de trabalho, prejudicando a negociação prévia exigida para o ajuizamento do dissídio coletivo, e que a atividade exercida por esses trabalhadores não pode ser considerada atividade econômica, a doutrina e a jurisprudência vinham entendendo que o dissídio coletivo desses trabalhadores era juridicamente impossível. Essa realidade não mais se coaduna com a EC 72/13, a qual alterou a redação do parágrafo único do art. 7º, CF. Pela nova redação, aos trabalhadores domésticos houve o reconhecimento do direito à negociação coletiva (inciso XXVI: *"reconhecimento das convenções e acordos coletivos de trabalho"*).

O TST vinha considerando juridicamente impossível o dissídio coletivo instaurado pela entidade sindical representante dos empregados públicos (OJ 5, SDC), por entender que a CF assegurou ao servidor público o direito à sindicalização e o direito de greve, mas não lhe reconheceu os acordos e convenções coletivas de trabalho – art. 7º, XXVI (art. 39, § 3º, CF; Súm. 679, STF).

Mesmo para as empresas estatais, o TST considera impossível a homologação de acordo em dissídio coletivo que implique majoração salarial ou concessão de qualquer benefício que implique impacto nos gastos com pessoal, sem que haja autorização prévia do Comitê de Coordenação de Empresas Estatais (Decreto 908/93).

É possível a instauração do dissídio coletivo de natureza econômica e jurídica pelo sindicado representante dos empregados públicos envolvendo as empresas públicas e sociedades de economia mista e a instauração do dissídio de natureza jurídica, e apenas esse, em face da administração pública direta, autárquica e fundacional.

Em setembro de 2012, por meio da Resolução 186, o TST alterou a redação da OJ 5 da SDC, que dispõe a respeito do cabimento de dissídio coletivo contra pessoa jurídica de direito público que mantenha empregados, contudo, somente para fins de apreciação de cláusulas sociais (aplicação da inteligência da Convenção 151 da OIT, ratificada pelo Decreto Legislativo 206/10).

A doutrina aponta outras três hipóteses de impossibilidade jurídica do pedido em dissídio coletivo; são elas: (a) dissídio coletivo de natureza jurídica postulando interpretação de norma legal de caráter geral; (b) fixação de condições menos benéficas do que as previstas em lei; (c) estabelecimento, para empregados de entidades sindicais, de condições de trabalho distintas daquelas às quais estão sujeitos os integrantes da categoria representada pelos seus empregadores.

26.5.4 Ajuizamento de "comum acordo"

A partir da EC 45, o ajuizamento do dissídio coletivo de trabalho de natureza econômica, após a recusa de qualquer das partes à negociação coletiva ou à arbitragem, somente pode ocorrer de "comum acordo" pelas partes (art. 114, § 2º) que, por sua vontade, indicarão ao Judiciário quais são exatamente as questões divergentes e limitando a prestação jurisdicional.

Segundo Amauri Mascaro Nascimento,[8] a origem histórica dessa exigência constitucional para o dissídio coletivo resulta de uma sugestão do Comitê de Liberdade Sindical da OIT. Por ocasião da greve dos petroleiros e da dispensa de 50 dirigentes sindicais em 1995, a CUT apresentou uma queixa na OIT, contra o Governo brasileiro. A queixa foi apreciada pelo Comitê de Liberdade Sindical da OIT, que encaminhou ao Brasil as seguintes sugestões: (a) reintegração dos dirigentes sindicais despedidos; (b) transformação do nosso sistema de solução dos conflitos coletivos com a adoção da arbitragem, quando solicitado pelas duas partes; (c) manutenção do dissídio coletivo apenas nos casos de greve em atividades essenciais. Com isso, caminhou-se para a supressão do dissídio coletivo. Cogitou-se a transformação do dissídio coletivo em arbitragem pelos tribunais do trabalho, o que não foi aceito.

Enoque Ribeiro dos Santos[9] elenca as diversas teses jurídicas que dizem respeito ao "comum acordo" do art. 114, § 2º: (a) extinção do poder normativo dos Tribunais, privilegiando a negociação coletiva de trabalho; (b) mitigação do poder normativo, passando a ter um cunho arbitral – pública estatal prestada pelo Poder Judiciário; (c)

---

[8] NASCIMENTO, Amauri Mascaro. "A Questão do Dissídio Coletivo de Comum Acordo". *Revista LTr*, v. 70, nº 6, p. 650-651.

[9] SANTOS, Enoque Ribeiro. "Dissídio Coletivo e Emenda Constitucional nº 45/2004 – Considerações sobre as teses jurídicas da existência do 'comum acordo'", *Revista Justiça do Trabalho*, nº 264, dez. 2005, p. 16.

manutenção do poder normativo nos demais tipos de dissídios coletivos (natureza jurídica, revisão, originário e declaração); (d) teria cunho facultativo; (e) inconstitucionalidade da exigência, por afronta ao princípio constitucional da inafastabilidade do Judiciário.

Amauri Mascaro Nascimento considera que a exigência do "comum acordo" para o ajuizamento do dissídio coletivo de natureza econômica é inconstitucional, por violação ao princípio da inafastabilidade da jurisdição.[10]

Em seminário realizado pela Escola da Magistratura do TRT da 15ª Região (2005), entre outras conclusões, apontou-se que a expressão de *comum acordo* para o ingresso do dissídio coletivo de natureza econômica constante no § 2º do art. 114 da CF afronta o princípio da inafastabilidade do controle jurisdicional, insculpido no art. 5º, XXXV, que trata de cláusula pétrea (art. 60, § 4º, IV). Tal questão encontrava-se pendente no STF (ADIN 3.392, Rel. Min. Cezar Peluso), sendo que o seu julgamento ocorreu em 29-5-2020.[11]

O TST tem entendido que o comum acordo é um pressuposto processual, contudo, não se tem a obrigatoriedade do seu preenchimento no ato do ajuizamento do dissídio coletivo.[12] Desta forma, se a entidade suscitada alegar a ausência de comum acordo, a SDC do TST extingue o dissídio coletivo de natureza econômica sem resolução de mérito (art. 485, IV, CPC). Tal exigência não se aplica ao dissídio coletivo de natureza jurídica ou de greve.

O TRT da 2ª Região entende que a expressão "comum acordo" não representa um empecilho intransponível para a atuação do Poder Normativo da Justiça do Trabalho.[13]

---

[10] NASCIMENTO, Amauri Mascaro. Ob. cit., p. 655-656.

[11] "1. Ação Direta de Inconstitucionalidade. 2. Art. 1º, da Emenda Constitucional nº 45/2004, na parte em que deu nova redação ao art. 114, §§ 2º e 3º, da Constituição Federal. 3. Necessidade de 'mútuo acordo' para ajuizamento do dissídio coletivo. 4. Legitimidade do MPT para ajuizar dissídio coletivo em caso de greve em atividade essencial. 5. Ofensa aos artigos 5º, XXXV, LV e LXXVIII, e 60, § 4º, IV, da Constituição Federal. Inocorrência. 6. Condição da ação estabelecida pela Constituição. Estímulo às formas alternativas de resolução de conflito. 7. Limitação do poder normativo da justiça do trabalho. Violação aos artigos 7º, XXVI, e 8º, III, e ao princípio da razoabilidade. Inexistência. 8. Recomendação do Comitê de Liberdade Sindical da Organização Internacional do Trabalho. Indevida intervenção do Estado nas relações coletivas do trabalho. Dissídio coletivo não impositivo. Reforma do Poder Judiciário (EC 45) que visa dar celeridade processual e privilegiar a autocomposição. 9. Importância dos acordos coletivos como instrumento de negociação dos conflitos. Mútuo consentimento. Precedentes. 10. Ação direta de inconstitucionalidade julgada improcedente" (TP – ADI 3.392/DF – Rel. Ministro Gilmar Mendes – DJE 18-6-2020).

[12] TST – SDC – RO 28.100.44.2009.5.03.0000 – Rel. Min. Dora Maria da Costa – *DEJT* 28-10-2010. TST – SDC – RO 28300.51.2009.5.03.0000 – Rel. Min. Fernando Eizo Ono – *DEJT* 28-10-2010. TST – SDC – RO 2018900.40.2008.5.02.0000 – Rel. Min. Walmir Oliveira da Costa – *DEJT* 28-10-2010.

[13] TRT – 2ª R. – SDC – DC 20138-2009-000-02-00-0 – Relª Ivani Contini Bramante – *DOE*/SP 4-11-2010. TRT – 2ª R. – SDC – DC 20030-2010-000-02-00-1 – Rel. Odette Silveira Moraes – *DOE*/SP 11-11-2010. TRT – 2ª R. – SDC – DC 20185-2009-000-02-00-4 – Rel. Vania Paranhos – *DOE*/SP 15-1-2010.

A exigência do comum acordo para a propositura do dissídio coletivo por parte das empresas ou das entidades sindicais equivale ao abuso de direito.

Abuso de direito e a boa-fé são institutos que se completam. Enquanto o art. 186 do Código Civil exige, para fins de conceituação de ato ilícito, a violação frontal dos pressupostos lógico-formais da norma jurídica, já no abuso de direito, o legislador civil não exige o desrespeito à estrutura formal e sim a ofensa a sua valoração.

A entidade sindical, a qual invoca o aspecto formal do "comum acordo", sem qualquer conteúdo valorativo no exercício deste direito, equivale a dizer que também está agindo em violação ao princípio da boa-fé. Quem invoca o "comum acordo", sem qualquer conteúdo fático e jurídico consistente, está, simultaneamente: (a) opondo resistência injustificada ao andamento processual; (b) agindo de forma temerária, na medida em que cria um incidente, sem a menor razoabilidade; (c) provocando incidentes manifestamente infundados. É imperiosa que a atuação da Justiça do Trabalho estabeleça mecanismos de evidenciar a má-fé do responsável pela alegação do "comum acordo".

Recomenda-se, então, quando da realização da audiência de conciliação nos dissídios coletivos, que questões sejam discutidas ou indagadas aos suscitados, os quais invocam o "comum acordo", como forma de evidenciar que esta alegação não tem a devida consistência fática e jurídica.

Ao analisar a matéria, o STF entendeu que a exigência do "comum acordo" (ou "mútuo acordo") está em consonância com a ordem constitucional, por considerar que não viola os princípios da inafastabilidade jurisdicional e do contraditório e possui claro objetivo de prestigiar a autocomposição em conflitos coletivos de trabalho, como defendido pela própria OIT (Convenção 154, negociação coletiva de trabalho) (STF – TP – ADI 3423 – Rel. Min. Gilmar Mendes – j. 29-5-2020).

26.6 PROCEDIMENTO

26.6.1 Instauração do dissídio coletivo

A instauração do dissídio coletivo de trabalho se dará mediante petição escrita (art. 856, CLT) ao TST – Seção de Dissídios Coletivos (SDC), se a base territorial sindical for superior à da jurisdição do TRT, e ao TRT, quando o dissídio envolver categorias profissionais sob sua jurisdição.

O dissídio coletivo será proposto mediante representação escrita ao presidente do TRT, pela entidade sindical interessada (art. 114, § 2º, CF; EC 45; arts. 856, 857 e 874, CLT) (OJ 15, SDC). No conflito de natureza econômica, após a recusa de qualquer das partes à negociação coletiva ou à arbitragem, o dissídio será instaurado de comum acordo, podendo a Justiça do Trabalho decidir o conflito, respeitadas as disposições mínimas legais de proteção ao trabalho, bem como as convencionadas anteriormente.

Em se tratando de dissídio de greve em atividade essencial, com possibilidade de lesão do interesse público, o Ministério Público do Trabalho poderá ajuizar dissídio coletivo, competindo à Justiça do Trabalho decidir o conflito (art. 114, § 3º, CF; EC 45; art. 127, CF; art. 83, VIII, LC 75/93; arts. 856 e 874, CLT; art. 8º, Lei 7.783/89). Não se trata de legitimidade *ad causam* exclusiva do Ministério Público do Trabalho, mas concorrente com o empregador ou entidade sindical patronal.

Inexistindo sindicato representativo da categoria, poderá ser proposto pelas federações e, na falta destas, pelas confederações, sempre no âmbito de sua representação.

A legitimidade da entidade sindical para instaurar o dissídio coletivo depende de autorização da assembleia geral dos associados (art. 859, CLT), bem como de uma relação de correspondência entre as atividades exercidas pelos setores (profissional e econômico) envolvidos no conflito (OJ 22, SDC).

As empresas que não possuem sindicato, ou na hipótese de greve, poderão compor a lide nas ações coletivas. A IN 4/93, antes do seu cancelamento pela Res. 116/03, do Pleno do TST, também previa a legitimidade do empregador quando os interesses em conflito fossem particularizados.

Denomina-se suscitante quem faz o pedido de instauração, que pode ser o presidente do Tribunal, o Ministério Público do Trabalho, sindicato ou empresa, e suscitado contra quem se instaura (sindicato ou empresa ou comissão de trabalhadores – art. 5º, Lei 7.783).

Parte expressiva da doutrina, diante da relativa liberdade sindical prevista na CF/88 (art. 8º), não admite a instauração de ofício pelo presidente do TRT (arts. 856 e 874, CLT). Além disso, o art. 8º da Lei 7.783 só prevê a instauração do dissídio pelas próprias partes ou pelo Ministério Público.

26.6.1.1 Dissídio de extensão

No dissídio coletivo de extensão se pretende que a decisão normativa que reconheceu novas condições de trabalho alcance todos os empregados da mesma categoria profissional compreendida na jurisdição do tribunal.

A competência jurisdicional para julgar o dissídio de extensão é do tribunal que reconheceu novas condições de trabalho.

Nos termos da CLT, a instauração do dissídio por extensão poderia ocorrer por solicitação de um ou mais empregadores ou dos seus sindicatos; de um ou mais sindicatos de empregados; *ex officio* pelo tribunal ou, ainda, por solicitação da Procuradoria do Trabalho (art. 869, CLT).

Contudo, para que a extensão da decisão normativa ocorra será necessário que 3/4 dos empregadores e 3/4 dos empregados ou dos respectivos sindicatos concordem com a extensão da decisão (art. 870),[14] os quais se manifestarão no prazo não inferior a 30 e nem superior a 60 dias.

Após a manifestação dos interessados e parecer do Ministério Público do Trabalho, o dissídio de extensão será julgado.

---

[14] OJ 2 da SDC – Acordo homologado. Extensão a partes não subscreventes. Inviabilidade. É inviável aplicar condições constantes de acordo homologado nos autos de dissídio coletivo, extensivamente, às partes que não o subscreveram, exceto se observado o procedimento previsto nos arts. 868 ss. da CLT.

26.6.1.2 Dissídio de revisão

O dissídio de revisão[15] da sentença normativa que fixou condições de trabalho somente será possível quando decorrido mais de um ano de sua vigência e se houver alteração das circunstâncias que a ensejaram, de modo que tais condições tenham se tomadas injustas ou inaplicáveis (art. 873, CLT; art. 241, IV, RITST).

A competência jurisdicional é do tribunal que proferiu a decisão que se pretende a revisão.

Nos termos da CLT, o dissídio de revisão poderá ser instaurado por iniciativa do tribunal que julgou o dissídio, do Ministério Público do Trabalho, dos sindicatos interessados no cumprimento da decisão (art. 874).

Caso o pedido de revisão se dê por iniciativa do tribunal ou do Ministério Público do Trabalho, os sindicatos interessados serão ouvidos no prazo de 30 dias. Se a iniciativa for de uma das partes interessadas, as demais serão ouvidas também no prazo de 30 dias (art. 874, parágrafo único).

Depois do parecer do Ministério Público, haverá a decisão que, em reconhecendo por relevantes os fatos e motivos do pedido de revisão, fixará normas de trabalho compatíveis com a nova realidade.

O entendimento atual é de que a iniciativa do tribunal para instauração do dissídio de revisão não foi recepcionada pela CF. O MPT só pode instaurar dissídio coletivo em caso de greve em atividades essenciais, com possibilidade de lesão ao interesse público (art. 114, § 3º, CF).

---

[15] Existem relações jurídicas de efeito continuado, são as relações jurídicas continuativas, que se projetam no tempo e sofrem mutações pela alteração do estado das coisas, mesmo depois do reconhecimento do direito pelo Estado. Na seara do direito do trabalho, encontram-se casos de relações jurídicas continuadas, v. g., quanto à obrigação do empregador de pagar o adicional de insalubridade ao trabalhador, o qual pode variar de grau (mínimo, médio e máximo) uma época para outra, chegando inclusive a deixar de existir caso os agentes químicos e biológicos sejam eliminados. Assim, ainda, que o trabalhador tenha o direito à percepção do adicional de insalubridade reconhecido por uma decisão transitada em julgado, os efeitos da decisão podem sofrer variações no tempo (na vigência do contrato de trabalho). A influência da situação fática nos efeitos da coisa julgada decorre da teoria da imprevisão (*rebus sic stantibus*), a qual se expressa da seguinte forma: enquanto as coisas permanecem como estão, enquanto houver a permanência dos requisitos que lhe deram causa. A possibilidade de revisão dos efeitos da coisa julgada nas relações jurídicas continuativas pela modificação no estado de fato ou de direito se dá pela ação revisional (art. 505, CPC). Importante dizer que não se trata de uma ação que vise desconstituir a coisa julgada, o que somente é possível por ação rescisória, mas à adequação do julgado à nova realidade. Trata-se de uma ação trabalhista autônoma em relação à que reconheceu o direito, sendo aconselhável à distribuição por dependência a essa. Em regra geral, a ação revisional pode ser proposta pelo empregado, como pelo empregador. No que tange aos adicionais de insalubridade e periculosidade, tem-se admitido a substituição processual pelo sindicato (art. 195, § 2º, CLT). Assim, também o sindicato pode ingressar com a ação revisional substituindo os trabalhadores. Após a distribuição da ação, segue-se o procedimento trabalhista, sendo que no caso de adicional de insalubridade ou mesmo periculosidade, a realização de nova prova pericial se mostra indispensável. Até porque o direito do empregado ao adicional cessará com a eliminação do risco à sua saúde ou integridade física (art. 194, CLT), o que será constatado por uma nova perícia técnica. Trata-se de uma ação de natureza constitutiva, com efeito *ex nunc*.

26.6.2 Pedido de instauração

Na vigência de convenção, acordo ou sentença normativa em vigor, o dissídio coletivo deverá ser instaurado dentro dos 60 dias anteriores ao respectivo termo final, para que o novo pacto coletivo tenha vigência no dia imediato a este termo (art. 616, § 3º, art. 867, parágrafo único, *b*, CLT).

Não tendo encerrado a negociação coletiva antes dos 60 dias anteriores ao respectivo termo final da norma coletiva de trabalho, a IN 4/93, TST (antes de seu cancelamento pela Resolução 116/03, do TP), previa que a entidade interessada poderia formular protesto judicial em petição escrita dirigida ao presidente do tribunal do trabalho, com o objetivo de preservar a data-base da categoria (item II). Com o protesto, a instauração deveria ocorrer no prazo de 30 dias, contados da intimação, sob pena de perda da eficácia do protesto (item III).

Essa mesma sistemática encontra-se no RITST (art. 240), ou seja, a possibilidade de formular o protesto judicial (art. 726, CPC) para preservar a data-base, com a possibilidade da instauração do dissídio no prazo de 30 dias contados da intimação de deferimento da medida, sob pena de perda da eficácia do protesto.

Em ambos os casos, o reajuste salarial, as diferenças dele decorrentes e as demais obrigações previstas na decisão normativa seriam devidas a partir do termo final de vigência da convenção, acordo ou sentença normativa anterior (item XXV, IN 4/93).

Caso não ocorra a instauração no prazo de 60 dias anteriores ao termo final de vigência da norma coletiva, a decisão passará a valer da data de publicação da sentença normativa (art. 867, parágrafo único, *a*, CLT).

Em maio de 2011, o TST fixou o entendimento de que a sentença normativa vigora, desde seu termo inicial até que sentença normativa, convenção coletiva de trabalho ou acordo coletivo de trabalho superveniente produza sua revogação, expressa ou tácita, respeitado, porém, o prazo máximo legal de quatro anos de vigência (PN 120).

São requisitos intrínsecos da petição inicial:

a) de acordo com o art. 858, I, CLT, a petição inicial deverá conter a designação e qualificação dos suscitantes e dos suscitados, além da natureza do estabelecimento ou do serviço. Esta indicação é uma forma de se ter elementos para fins de aferição das categorias envolvidas no conflito e o âmbito da respectiva representação, além das respectivas notificações dos atos processuais e solução a respeito de eventual conflito de representação. O art. 12, *caput*, Lei 10.192, indica que no ajuizamento do dissídio coletivo, as partes deverão apresentar, de forma fundamentada, suas propostas finais, as quais serão objeto de conciliação ou deliberação judicial, quando da prolação da sentença normativa;

b) pelo art. 858, II, da CLT, a petição inicial deverá indicar os motivos do dissídio e as bases da conciliação. Por bases da conciliação, entenda-se a proposta do sindicato profissional das cláusulas sociais e econômicas. É o rol de reivindicações. Quanto aos motivos do dissídio, compreendam-se as fundamentações (fática, social e econômica) da cláusula apresentada na pauta de reivindicações. A OJ 32, SDC, indica que: *"É pressuposto indispensável à constituição válida e regular da ação coletiva a apresentação em forma clausulada e fundamentada das reivindicações da categoria, conforme orientação do item VI, letra e, da IN 04/93".* É comum, no exame do caso concreto, visualizar-se essa condição com ressalvas. É inegável que a suscitada tem plena ciência dos motivos de cada uma das cláusulas apresentadas na pauta das reivindicações. Geralmente, esta assertiva é corroborada pelas sucessivas reuniões ocorridas no curso da negociação coletiva. E, por fim, a defesa, quando apresentada em juízo, ao contestar o mérito de cada cláusula, tem o condão de ratificar que havia os fundamentos necessários.

São requisitos extrínsecos da petição inicial, ou seja, os documentos que devem ser juntados aos autos, com o objetivo da plena demonstração do preenchimento das condições da ação e dos pressupostos processuais:

a) edital de convocação da assembleia geral da categoria (OJ 28 e 29, SDC);
b) ata da assembleia geral. O quórum a ser observado é o fixado no estatuto da entidade sindical, visto que a Súmula 177 foi cancelada pela TST, logo, podemos afirmar que o art. 859 da CLT não foi recepcionado pela nova ordem constitucional (art. 8º, I, CF);
c) lista de presença da assembleia geral;
d) certidão da Superintendência Regional do Trabalho e Emprego (SRTE, antiga DRT) de que houve as tentativas de negociação coletiva ou qualquer outro documento que comprove a recusa na negociação coletiva (art. 114, § 2º, CF; OJ 11, SDC);
e) norma coletiva anterior (acordo, convenção ou sentença), se o dissídio é de natureza revisional;
f) quando subscrita a petição inicial por advogado, a procuração passada pelo presidente da entidade suscitante ao advogado que a subscreve.

O magistrado trabalhista (presidente do tribunal ou o magistrado competente na forma do regimento interno), ao tomar conhecimento do conteúdo da demanda, e, após o seu exame, constatar a sua inépcia ou que apresenta defeitos e irregularidades capazes de dificultar o julgamento do mérito, deverá utilizar o art. 321, CPC (Súm. 263, TST), concedendo à parte o prazo de 15 dias para a emenda, sob pena do indeferimento da petição inicial.

A CF prevê a possibilidade do ajuizamento do dissídio coletivo, quando houver recusa de qualquer uma das partes à negociação ou à arbitragem. Essa exigência já era feita pela CLT (art. 616, §§ 2º e 4º).

Em outras palavras, somente depois de esgotadas as tentativas de solução negociada ou arbitral do conflito é que poderá ser instaurado o dissídio coletivo. A recusa deve ser expressa e não tácita.

Como condição da ação específica para os dissídios coletivos, a negociação prévia frustrada é exigida para o ajuizamento dos dissídios de natureza econômica, mesmo quando há greve.

A validade da assembleia que tenha por finalidade pronunciamento sobre relações ou dissídio de trabalho depende de convocação específica para esse fim e o quórum mínimo de metade mais um dos associados quites, em primeira convocação, e, com os presentes em segunda convocação, considerando-se aprovadas as deliberações que obtiverem 2/3 dos votos (art. 524, *e*, CLT).

A celebração de acordos ou convenções coletivas de trabalho pelos sindicatos prescinde de autorização da assembleia geral especialmente convocada para esse fim, dependendo a validade da mesma do comparecimento e da votação, em primeira convocação, de 2/3 dos associados da entidade (no caso de convenção) ou dos interessados (no caso de acordo), e, em segunda, 1/3 dos membros (art. 612). O quórum de comparecimento e votação será de 1/8 dos associados em segunda convocação nas entidades sindicais que tenham mais de 5.000 associados (parágrafo único).

Pela CLT, o ajuizamento do dissídio coletivo de trabalho pela entidade sindical está condicionado à aprovação da assembleia geral dos associados interessados na solução do litígio, respeitado o quórum mínimo, ou seja, em primeira convocação, por maioria de 2/3 dos associados interessados e, em segunda convocação, por 2/3 dos presentes (art. 859).

A jurisprudência atual entende que o art. 859 da CLT não foi recepcionado pela nova ordem constitucional (CF/88), ante o cancelamento da Súmula 177 do TST pela Resolução 121/03.

Por outro lado, pela OJ 13, SDC (atualmente cancelada), o TST entendia que, mesmo após a promulgação da CF/88, subordinava-se a validade da assembleia de trabalhadores à observância do quórum estabelecido no art. 612 da CLT.

Portanto, face à liberdade e a autonomia sindicais, caberá ao estatuto da entidade sindical deliberar a respeito das formalidades para expedição de edital, elaboração de ata de assembleia, forma de votação, vista de presença, quórum etc.

Pela Lei de Greve (art. 4º, *caput*, § 1º, Lei 7.783), caberá à entidade sindical profissional convocar, na forma do seu estatuto, assembleia geral que definirá as reivindicações da categoria e deliberará sobre a paralisação coletiva. O Estatuto deverá prever as formalidades de convocação e o quórum para a deliberação (deflagração e cessação da greve).

No caso de dissídio contra empresa, a legitimação do sindicato se faz pela autorização dos trabalhadores da suscitada diretamente envolvidos no conflito (OJ 19, SDC). Por isso, a legitimidade *ad causam* será verificada pela necessária correspondência entre as atividades exercidas pelos setores profissional e econômico envolvidos no conflito (OJ 22).

O TST tem exigido a ampla divulgação do edital de convocação para assembleia geral (OJ 28) e a indicação do total de associados da entidade sindical como forma de apurar se houve o quórum de trabalhadores exigidos pela lei.

A ata da assembleia de trabalhadores que legitima a atuação da entidade sindical deve registrar, obrigatoriamente, a pauta reivindicatória (OJ 8).

O edital de convocação da assembleia geral e a ata da assembleia geral são requisitos essenciais para instauração do dissídio (OJ 29).

No caso de a base sindical ser superior à base mínima constitucional, era necessária a realização de múltiplas assembleias (OJ 14, SDC, atualmente cancelada).

É possível ainda que os estatutos da entidade sindical exijam, entre outros, quórum qualificado para votação e aprovação de determinadas matérias e prazo mínimo entre a publicação e a realização da assembleia (OJ 35, SDC).

A exigência de aprovação da assembleia é para o dissídio de natureza econômica.

Frustrada a negociação ou verificada a impossibilidade de recurso via arbitral, é facultada a cessação coletiva do trabalho, mediante prévia deliberação da assembleia geral convocada para tanto. O estatuto da entidade sindical deverá prever as formalidades de convocação e o quórum para a deliberação quanto à deflagração e cessação da greve (arts. 3º e 4º, Lei 7.783).

A falta de autorização prévia da assembleia geral da categoria implica a carência de legitimidade ativa da entidade sindical (*legitimatio ad causam*).

26.6.2.1 Custas processuais

Por falta de previsão legal, não há custas processuais iniciais.

As custas processuais trabalhistas correspondem a 2% sobre o valor arbitrado na sentença normativa (art. 789, § 4º, CLT), sendo o valor mínimo de R$ 10,64. As partes responderão solidariamente pelo pagamento das custas. Com a Lei 13.467/17, o "teto das custas processuais" é o valor equivalente a quatro vezes o limite máximo dos benefícios do Regime Geral de Previdência Social.

A respeito das informações sobre as guias e o recolhimento das custas processuais, sugerimos consultar o capítulo do recurso ordinário (Capítulo 8, Parte II).

O não recolhimento das custas processuais enseja a deserção do recurso, contudo, para o recolhimento insuficiente, somente haverá deserção, se, concedido o prazo de cinco dias (art. 1.007, § 2º, CPC; OJ 140, SDI-I), o recorrente não complementar e comprovar o valor devido.

26.6.2.2 Depósito recursal

Interpretando o § 3º do art. 40 da Lei 8.542/92, o TST não exige depósito para recurso ordinário interposto em dissídio coletivo, eis que a regra aludida atribui apenas valor ao recurso, com efeitos limitados, portanto, ao cálculo das custas processuais (item V, IN 3/93, TST).

26.6.3 Audiência

Recebido o pedido de instauração de dissídio devidamente autuado, o presidente do tribunal designará audiência de conciliação no prazo de 10 dias, determinando, se for o caso, a citação dos suscitados (art. 860, CLT).

Caso a petição inicial não preencha os requisitos legais, é razoável a concessão de um prazo (art. 321, CPC), para que a parte proceda a regularização da petição, pena de arquivamento (Súm. 263, TST).

A citação será feita pelo correio, sendo também possível por oficial de justiça ou mesmo pelo telefone quando houver urgência, como no caso de greve.

A audiência deverá ser realizada no prazo mínimo de cinco dias (art. 841, CLT).

Após a CF/88, não há mais a instauração de ofício. Em se tratando de dissídio de greve em atividade essencial, com possibilidade de lesão do interesse público, o MPT poderá ajuizar dissídio coletivo, competindo à Justiça do Trabalho decidir o conflito (arts. 114, § 3º, e 127, CF; art. 83, VIII, LC 75/93; arts. 856 e 874, CLT; art. 8º, Lei 7.783). Não se trata de legitimidade *ad causam* exclusiva do MPT, mas concorrente com o empregador ou entidades sindicais (patronal ou profissional).

Para os dissídios coletivos de greve, considerando-se a paralisação dos serviços, além do atendimento às necessidades inadiáveis da sociedade, nas atividades e/ou serviços essenciais, deve se ter maior agilidade quanto à solução do conflito coletivo, daí ser necessária que a audiência ocorra dentro do prazo mais breve possível.

É importante a fase de conciliação nos dissídios coletivos, como forma de obtenção da composição amigável do conflito coletivo.

Apesar de não ser obrigatória, pode ocorrer a instrução processual, observadas as peculiaridades do caso concreto, com a tomada de depoimentos pessoais e testemunhais, juntada de documentos e a realização de perícias (obtenção de índices de reajustes, de produtividade etc.). É comum, nos dissídios coletivos de greve, as diligências realizadas por oficiais de justiça visando obter informações quanto a manutenção dos serviços e atividades essenciais.

Nos termos do art. 861, CLT, é facultado ao empregador fazer-se representar na audiência pelo gerente, ou por qualquer outro preposto que tenha conhecimento do dissídio, e por cujas declarações será sempre responsável.

Por regra, o empregador, como pessoa jurídica, é representado pela pessoa designada pelo estatuto, ou, em caso de não se ter essa designação, pelo seu diretor (art. 75, VIII, CPC).

A pessoa jurídica estrangeira será representada pelo gerente, representante ou administrador de sua filial, agência ou sucursal aberta ou instalada no Brasil (art. 75, X).

O gerente da filial ou agência presume-se autorizado, pela pessoa jurídica estrangeira, a receber citação inicial para o processo de conhecimento, de execução, cautelar e especial (art. 75, § 3º).

Como pessoa natural, o empregador poderá comparecer à audiência.

Contudo, o empregador tem a faculdade da sua representação por um preposto. Apesar do texto legal não indicar que o preposto seja, necessariamente, empregado, por aplicação da inteligência da Súmula 377, TST, recomenda que a indicação recaia em um empregado. Com a Lei 13.467/17, não se exige mais que o preposto seja empregado (art. 843, § 3º, CLT).

As declarações do preposto obrigarão o empregador.

Na audiência de conciliação, diante do comparecimento das partes ou de seus representantes, a quem competir a direção da audiência (presidente do tribunal ou o juiz conciliador) incumbirá a obrigação de propor as bases da conciliação, objetivando, assim, a solução autocompositiva do conflito.

A conciliação é a melhor essência para a solução dos conflitos trabalhistas, sejam individuais ou coletivos (art. 764, CLT), evitando-se, assim, o julgamento do dissídio coletivo.

Como desdobramento da autonomia privada coletiva (art. 7º, XXVI, CF), no curso do dissídio coletivo, as partes podem celebrar um acordo (art. 863, CLT).

Se o acordo for celebrado entre as partes, sem a homologação da Justiça do Trabalho, mesmo após o ajuizamento do dissídio coletivo, implicará a extinção da demanda sem resolução de mérito (art. 485, VI, CPC; OJ 34, SDC). Evidente a perda do interesse processual na decisão judicial.

Contudo, se as partes optarem pelo crivo da homologação judicial do acordo, após ser ouvido, de forma obrigatória, o MPT (art. 11, Lei 7.701), caberá ao Tribunal, ao examinar o conteúdo do ajuste, verificar se as cláusulas propostas estão contrárias à Constituição, à lei, ou aos precedentes normativos da própria corte ou do TST. Cláusulas em dissonância com as normas mínimas de proteção ao trabalhador não devem ser homologadas. Com a homologação total ou parcial, tem-se a extinção do processo com resolução de mérito (art. 487, III, *b*, CPC).

Formalizado o acordo pelas partes e homologado pelo Tribunal, não caberá qualquer recurso, salvo por parte do MPT (art. 7º, § 5º, Lei 7.701). Apesar do rigor legal, caberá o recurso ordinário por qualquer das partes, diante da não homologação de alguma cláusula do acordo.

Caso seja infrutífera a conciliação ou não se tenha o comparecimento das partes ou de uma delas, a sequência natural do procedimento será o julgamento do dissídio coletivo (art. 864, CLT).

Antes do julgamento, o MPT deverá apresentar seu parecer escrito ou oralmente em audiência (art. 11, Lei 7.701).

Nos dissídios coletivos de trabalho, a decisão, homologatória de acordo ou não, é conhecida como sentença normativa.

Como as demais decisões judiciais, a sentença normativa necessita da fundamentação (art. 91, IX, CF). Na fundamentação da decisão, serão analisados os argumentos jurídicos apresentados, a legalidade e a constitucionalidade dos pedidos. Os pedidos serão postos em forma de cláusulas que serão julgadas individualmente pelo colegiado.

26.6.4 Resposta

Do ponto de vista técnico, a defesa ou resposta do suscitado decorrente do princípio constitucional do amplo direito de defesa (art. 5º, LV) pode ser dividida em contestação, reconvenção e exceção.

A formulação da resposta não é uma obrigação por parte do reclamado. Trata-se de um ônus. A resposta é um desdobramento do amplo direito de defesa.

A revelia é uma situação processual decorrente da omissão do réu em não contestar a ação (art. 344, CPC; art. 844, CLT, Lei 13.467).

A revelia gera a presunção de veracidade dos fatos articulados pelo autor na fundamentação da petição inicial, contudo, não se confunde com a confissão *ficta*.

Revelia é a ausência de defesa ante a inércia do reclamado (réu). É uma situação jurídica. A confissão *ficta* é a consequência advinda dessa situação jurídica (a presunção de veracidade quanto à matéria fática), a qual também ocorre quando a parte não comparece para prestar depoimento pessoal (Súm. 74, I, TST).

A inércia na apresentação da defesa no dissídio coletivo torna a parte revel, porém, sem os seus efeitos, na medida em que o julgamento será realizado com base no Direito e na equidade (conveniência e oportunidade).

O objetivo do dissídio coletivo não é a imposição de uma sentença condenatória e sim de um provimento jurisdicional, o qual estabeleça as cláusulas normativas e obrigacionais, respeitadas as disposições mínimas legais de proteção ao trabalho e as convencionadas anteriormente.

Assim, o não comparecimento do suscitado em audiência apenas compromete a possível conciliação entre as partes, impondo a solução do dissídio pela sentença normativa.

Sugerimos consultar os capítulos que tratam de resposta da reclamada (Capítulos 4 e 5).

26.6.4.1 Contestação

Do ponto de vista técnico, a defesa ou resposta do suscitado decorrente do princípio constitucional do amplo direito de defesa (art. 5º, LV) pode ser dividida em contestação, reconvenção e exceção.

Nos dissídios coletivos de natureza econômica, instaurados de comum acordo pelas partes, não haverá a necessidade de resposta, sendo que, frustrada a conciliação em audiência, após a manifestação do Ministério Público, haverá a sentença normativa.

A contestação será apresentada na audiência designada para conciliação, a qual deve conter as matérias pertinentes às questões de direito processual e as relativas ao mérito do conflito coletivo de trabalho.

As questões de natureza processual (competência material e/ou hierárquica; legitimação processual das partes; comum acordo para a instauração da instância; inexistência de litispendência; negociação coletiva prévia; inexistência de norma coletiva em vigor; observância da época própria para ajuizamento; elementos intrínsecos e extrínsecos da petição inicial; dissídio coletivo e as condições da ação; autorização da assembleia geral; interesse processual) devem estar mencionadas na contestação em forma de tópico preliminar.

No mérito, o conteúdo dependerá de quem seja o suscitado ou da natureza jurídica do conflito:

   a) econômico: (1) a justificação quanto ao cabimento das reivindicações apresentadas em juízo pela categoria profissional; (2) pela categoria econômica, a proposta de conciliação amigável, fundamentada nas circunstâncias fáticas e jurídicas que recomendariam sua adoção, destacando, em relação às cláusulas que importem em elevações salariais, as condições financeiras das empresas e a situação econômica do respectivo setor de atividades;

b) greve: (1) quando suscitado pela empresa, categoria econômica ou pelo MPT, a entidade sindical profissional, como suscitado, deverá justificar os motivos que ensejaram a paralisação coletiva de trabalho, como forma de evidenciar a não abusividade do movimento, além da procedência quanto às reivindicações apresentadas; (2) no caso de ser a empresa ou a categoria econômica a entidade suscitada, quando da formulação da contestação, deverá pugnar pela abusividade do movimento, além de motivar os argumentos e fundamentos quanto à improcedência das cláusulas normativas e obrigacionais inseridas na pauta de reivindicações;

c) jurídico: além da indicação da norma jurídica, a qual é objeto de análise, qual é ou quais são as interpretações mais adequadas de acordo com a ótica do suscitado.

26.6.4.2 Reconvenção

Reconvenção é a ação proposta pelo réu contra o autor no bojo da ação em que está sendo demandado (art. 343, CPC). Com o CPC/15, a reconvenção deve ser feita com matéria da contestação e não mais em peça autônoma.

A aceitação da reconvenção no dissídio coletivo tem sido objeto de divergência pelos doutrinadores.

Ives Gandra Martins Filho[16] admite a reconvenção no dissídio coletivo, "[...] *por se tratar de um Juízo de Equidade instituidor de norma jurídica, também o suscitado poderá ter interesse na fixação de novas condições de trabalho*", em duas hipóteses: (a) proposta patronal de cláusulas suplementares; (b) reivindicações dos trabalhadores em dissídio de greve.

Em sentido contrário, Raimundo Simão de Melo[17] defende sua incompatibilidade com o dissídio e a natureza dúplice deste, de modo que o suscitado estaria autorizado a apresentar no bojo da contestação seus pedidos.

Segundo decisão da SDC, "[...] *I – Não obstante o processo coletivo se distinga do processo individual, na medida em que aqui se aplica direito preexistente e lá se constitui direito novo, ambos se identificam como instrumentos de atuação jurisdicional do Estado, pelo que não se divisa nenhum óbice à aplicação subsidiária do art. 315 do CPC. II – Mesmo porque o processo do trabalho, quer o seja coletivo, quer o seja individual, singulariza-se pela ênfase dada à celeridade e simplicidade processuais, que igualmente ilustram a finalidade da reconvenção, de sorte que há sobejas razões jurídicas para sua aplicação incondicional no dissídio coletivo, mesmo que o seja de greve. III – Isso por ser norma do art. 8º da Lei nº 7.783/89 cabe a Justiça do Trabalho, ao examinar a legalidade ou abusividade do exercício do direito de greve, deliberar, por iniciativa de qualquer das partes ou do Ministério Público, sobre a procedência, total ou parcial, ou improcedência das reivindicações. IV – Significa dizer que o sindicato patronal, ao suscitar o dissídio de greve a fim de que o Judiciário examine a higidez jurídico-material do movimento, há*

---

[16] MARTINS FILHO, Ives Gandra da Silva. *Processo Coletivo do Trabalho*, 3. ed., p. 144-145.
[17] MELO, Raimundo Simão de. *Dissídio Coletivo de Trabalho*, p. 100.

de deduzir pretensão referente às condições de trabalho, a permitir que o sindicato profissional, opondo-se à declaração de abusividade da greve, ofereça reconvenção na qual deduza pretensão relativa a outras condições de trabalho, tendo em conta o concurso do pressuposto do art. 315 do CPC, relativo indiferentemente à conexão com a ação principal e com o fundamento da defesa. Preliminar rejeitada. [...]" (TST – SDC – RODC 82/2005-000-23-00 – Rel. Min. Barros Levenhagen – j. 29-6-2006 – *DJ* 18-8-2006).

26.6.4.3 Exceção

Semelhantemente ao dissídio individual de trabalho, nos dissídios coletivos também se têm as exceções de incompetência, suspeição e impedimento do julgador nos termos da legislação processual civil e das regras constantes da CLT.

26.6.5 Diligências necessárias

A CLT não prevê expressamente a realização de instrução do dissídio, mas a realização de diligências necessárias (art. 864), de modo que o presidente do Tribunal poderá determinar a produção das provas que julgar essenciais para o julgamento, como a realização de estudos econômicos por especialistas, perícia ou inspeção judicial nos locais de trabalho, oitivas das partes (art. 861) e testemunhas.

A CLT autoriza ao presidente delegar ao juiz da localidade do dissídio, quando este ocorrer fora da sede do tribunal, as atribuições conciliatórias, mas não a realização de diligências (art. 866). Trata-se de competência delegada. O presidente tem a faculdade de atribuir a tentativa conciliatória e a instrução do dissídio coletivo ao juiz do trabalho da vara onde as partes exercem a sua representação (base territorial de atuação), desde que o local não coincida com a sede do tribunal. Caso a jurisdição trabalhista seja exercida por juiz de direito (art. 668, CLT), a ele caberá a incumbência de ser a autoridade delegada. A autoridade delegada não pode homologar o acordo ou julgar a demanda coletiva. O acordo deverá ser homologado pelo TRT. Após o exaurimento das atribuições delegadas, caso não tenha ocorrido a conciliação, remeterá os autos para o TRT, com a exposição dos fatos ocorridos e a indicação da solução que lhe pareça conveniente.

A perturbação da ordem pode ocorrer não só durante a audiência de conciliação e julgamento, como também durante a tramitação do dissídio coletivo, em especial, durante as greves em serviços ou atividades essenciais. A ordem e a tranquilidade são vitais na realização das audiências, devendo os juízes ordenar medidas para a manutenção do respeito por parte dos espectadores, inclusive requisitando a força pública se necessário, fazendo prender e autuar os desobedientes, evacuar a sala, interromper os trabalhos e tomar outras medidas que sejam convenientes. Compete-lhe manter a ordem e o decoro, ordenando, se necessário, que se retirem da sala de audiência os que se comportarem de forma inconveniente (arts. 816 e 865, CLT; art. 360, CPC).

Antes do julgamento, o Ministério Público deverá apresentar seu parecer escrito ou oralmente em audiência (art. 11, Lei 7.701).

Noticiada nos autos do dissídio a paralisação do trabalho em decorrência de greve em serviços ou atividades essenciais, o Poder Público assegurará a prestação dos serviços indispensáveis (art. 12, Lei 7.783).

Nos serviços e atividades não considerados essenciais, durante a greve, o sindicato ou a comissão de negociação, mediante acordo com a entidade patronal ou diretamente com o empregador, manterá em atividade equipes de empregados com o propósito de assegurar os serviços cuja paralisação resulte em prejuízo irreparável, pela deterioração irreversível de bens, máquinas e equipamentos, bem como a manutenção daqueles essenciais à retomada das atividades da empresa quando da cessação do movimento.

Não havendo acordo nesse sentido, é assegurado ao empregador, enquanto perdurar a greve, o direito de contratar diretamente os serviços necessários para evitar prejuízo irreparável, pela deterioração irreversível de bens, máquinas e equipamentos, bem como a manutenção daqueles essenciais à retomada das atividades da empresa quando da cessação do movimento.

26.6.6 Sentença normativa

Nos dissídios coletivos de trabalho, a decisão, homologatória de acordo ou não, é conhecida como sentença normativa.

Como as demais decisões judiciais, a sentença normativa não prescinde da fundamentação (art. 91, IX, CF; arts. 11 e 489, CPC). Na fundamentação da decisão, serão analisados os argumentos jurídicos apresentados, a legalidade e constitucionalidade dos pedidos. Os pedidos serão postos em forma de cláusulas e serão julgados individualmente pelo colegiado.

A Lei 10.192/01, que converteu em lei a MP que instituiu o Plano Real, estabelece que: (a) no ajuizamento do dissídio coletivo, as partes deverão apresentar, fundamentadamente, suas propostas finais, que serão objeto de conciliação ou deliberação do tribunal, na sentença normativa; (b) a decisão que puser fim ao dissídio será fundamentada, sob pena de nulidade, e deverá traduzir, em seu conjunto, a justa composição do conflito de interesses das partes, e guardar adequação com o interesse da coletividade; (c) no acordo ou convenção e no dissídio coletivo, é vedada a estipulação ou fixação de cláusula de reajuste ou correção salarial automática vinculada a índices de preços; (d) nas revisões salariais na data-base anual, serão deduzidas as antecipações concedidas no período anterior à revisão; (e) qualquer concessão de aumento salarial a título de produtividade deverá estar amparada em indicadores objetivos (arts. 12 e 13).

A decisão de conceder aumento salarial deveria explicitar, se pertinentes, as compensações a serem observadas, ressalvadas as situações decorrentes de término de aprendizagem, promoção por merecimento e antiguidade, transferência de cargo, função, estabelecimento ou de localidade, bem assim de equiparação salarial determinada por sentença transitada em julgado (item XXI, IN 4, cancelada).

A sentença normativa poderia determinar que as diferenças salariais resultantes do decidido sejam devidas a contar da data do ajuizamento do dissídio coletivo, quando proposto após a data-base ou o originário, a fim de se evitarem distorções decorrentes do período de tramitação do processo (XXII, IN 4, cancelada).

Para garantir os efeitos da sentença normativa e desde que o empregador não possua quadro de pessoal organizado em carreira, poderia ser fixado salário normativo para a categoria profissional ou parte dela, hipótese em que, na sua vigência, o empregado admitido para função de outro dispensado sem justa causa teria garantido salário igual ao do empregado de menor salário na função, sem considerar vantagens pessoais (XXIII, IN 4, cancelada). Na hipótese de o empregado ser admitido após a data-base ou de empresa constituída e em funcionamento depois da data-base, o reajuste seria calculado de forma proporcional em relação à data de admissão e com preservação da hierarquia salarial (XXIV).

Se durante a tramitação do dissídio for requerida a homologação de acordo, antes ou depois do julgamento, da apresentação de recursos ou da publicação do acórdão, será adotado o seguinte procedimento: (a) o pedido de homologação de acordo será apreciado pelo relator originário ou pelo redator designado para lavrar o acórdão do julgamento já realizado, se for o caso; (b) o processo será redistribuído a um dos membros do Colegiado, se ausente, por qualquer motivo, o relator; e (c) o pedido de homologação de acordo será apreciado, independentemente de publicação de pauta, cabendo ao relator apresentar os autos em Mesa, na primeira sessão ordinária subsequente à formulação do pedido, ou em sessão extraordinária designada para esse fim, sendo de igual modo dispensada a prévia inclusão em pauta, quando o pedido ingressar antes do julgamento do recurso ordinário (art. 243, RITST).

É desnecessária a homologação, por tribunal trabalhista, do acordo extrajudicialmente celebrado, sendo suficiente, para que surta efeitos, sua formalização perante o Ministério do Trabalho (art. 614, CLT; art. 7º, XXVI, CF) (OJ 34, SDC).

A homologação do acordo não poderá envolver as cláusulas que sejam atentatórias à ordem pública, como por exemplo: (a) desconto assistencial; (b) contribuição assistencial patronal ao sindicato da categoria econômica; (c) eleição de foro.

Mesmo que haja a exclusão de algumas cláusulas do acordo pelo tribunal, não será possível apresentação de termo aditivo pelas partes, na medida em que a prestação jurisdicional já foi feita.

Em não havendo acordo entre as partes e concluído o julgamento, é proclamada a decisão, e o relator lavrará o acórdão, que será imediatamente publicado. O acórdão deverá ser lavrado no prazo de dez dias (art. 7º, § 1º, Lei 7.701). A decisão deverá ser publicada no prazo de 15 dias da decisão do tribunal (art. 12, § 2º, Lei 10.192).

A decisão atinge todas as organizações sindicais que participaram do dissídio coletivo e seus integrantes, desde que representados no processo de dissídio. A sentença normativa alcança todos da categoria – efeito *erga omnes*.[18]

Na ocorrência ou iminência de paralisação dos trabalhadores, o processo será incluído em pauta de julgamento preferencial. Na hipótese de greve em serviços ou atividades essenciais, poderá o presidente do Tribunal, justificando a urgência, dispensar a inclusão do processo em pauta, convocar sessão para julgamento do dissídio coletivo, notificando as partes, por meio de seus patronos, e cientificando o MPT, tudo com antecedência de, pelo menos, 12 horas (art. 242, RITST).

Em caso de dissídio de greve, a Justiça do Trabalho, em sua decisão, deverá estabelecer os critérios quanto ao pagamento dos salários e demais direitos durante o período da paralisação, inclusive quanto ao momento de retorno dos grevistas ao trabalho. Se

---

[18] OJ 23 da SDC – *Legitimidade ad causam*. Sindicato representativo de segmento profissional ou patronal. Impossibilidade. A representação sindical abrange toda a categoria, não comportando separação fundada na maior ou menor dimensão de cada ramo ou empresa.

for o caso, ainda, poderá fixar penalidades aos empregados ou aos empregadores no caso de descumprimento da decisão.

A decisão do tribunal deverá solucionar a questão da greve e das reivindicações dos trabalhadores. Trata-se de uma sentença única, devendo, de forma preliminar, haver a análise sobre a greve, pronunciando-se sobre a sua ocorrência e a verificação da abusividade ou não.

Constata-se a existência ou não do abuso do direito de greve quando se tem a inobservância das normas contidas na Lei 7.783, bem como a manutenção da paralisação após a celebração de acordo, convenção ou decisão da Justiça (art. 14).

Posteriormente, deve adentrar o mérito das reivindicações, estabelecendo as condições aceitas ou não, em função das ponderações das partes e de acordo com a pauta deliberada em assembleia. O acolhimento das deliberações contidas na pauta pode ser parcial ou total. A decisão, no seu todo, pode concluir pela abusividade da greve e, mesmo assim, acolher o elenco das reivindicações de forma parcial ou total. Por outro lado, a solução pode ser pela não abusividade quanto ao exercício do direito de greve, mas com o indeferimento das pretensões dos trabalhadores.[19]

Entre outras cláusulas, o TST tem rejeitado as seguintes: (a) determinação de adiantamento salarial; (b) adicional de insalubridade sobre o salário profissional ou em percentual distinto do legal; (c) fixação do adicional de penosidade; (d) adicional de periculosidade com percentual distinto do legal; (e) adicional noturno com percentual distinto do legal; (f) obrigatoriedade de assistência jurídica aos empregados indiciados em inquéritos policiais ou processados judicialmente por atos praticados em defesa do patrimônio da empresa; (g) proteção contra automação; (h) fixação do dia da categoria; (i) aplicação das condições mais benéficas a todos os empregados em caso de fusão de empresas; (j) habilitação de jornalista como requisito para contratação; (k) gratuidade de ensino aos dependentes dos professores; (l) cobrança de taxas de homologação de rescisão contratual; (m) cláusulas de impedimento à terceirização.

Duas são as considerações sobre o prazo de vigência da decisão normativa: (a) termo inicial; (b) prazo de duração.

Em relação ao termo inicial: (a) da data do ajuizamento do dissídio, quando for o primeiro da categoria (art. 867, parágrafo único, *a*, CLT); (b) no dia imediato ao termo do acordo, convenção ou sentença normativa vigente, se o dissídio coletivo for instaurado dentro dos 60 dias anteriores ao respectivo termo final (art. 616, § 3º); (c) a partir da publicação da sentença, se o dissídio não for instaurado nos 60 dias anteriores à data-base da categoria.

A IN 4 determinava que o reajuste salarial, as diferenças dele decorrentes e as demais obrigações previstas na decisão normativa seriam devidas a partir do termo final de vigência da convenção, acordo ou sentença normativa anterior (item XXV, cancelado).

---

[19] OJ 38 da SDC – Greve. Serviços essenciais. Garantia das necessidades inadiáveis da população usuária. Fator determinante da qualificação jurídica do movimento. É abusiva a greve que se realiza em setores que a lei define como sendo essenciais à comunidade, se não é assegurado o atendimento básico das necessidades inadiáveis dos usuários do serviço, na forma prevista na Lei 7.783/89.

No que diz respeito ao prazo de duração, o mesmo será fixado na decisão e não poderá ser superior a quatro anos (art. 868, parágrafo único, CLT). Via de regra, os tribunais fixam o prazo de um ano de vigência, o que acaba por impossibilitar o dissídio de revisão (art. 873).

Nos dissídios coletivos, as partes vencidas respondem solidariamente pelo pagamento das custas, calculadas sobre o valor arbitrado na decisão, ou pelo presidente do Tribunal (art. 789, § 4º), não sendo permitido o rateio, devendo o pagamento ser feito no valor integral das custas (item IX, IN 20/02).

O preparo de recurso da competência do STF será feito no prazo e na forma do disposto no Regimento Interno daquela Corte e segundo a sua "Tabela de Custas" (item XII, IN 20).

A decisão normativa pode ser objeto de ação de cumprimento a partir do vigésimo dia subsequente ao do julgamento, fundada no acórdão ou na certidão de julgamento, salvo se concedido efeito suspensivo pelo presidente do TST (art. 7º, § 6º, Lei 7.701).

A publicação da decisão será na íntegra (art. 166, RITST).

A Lei 7.701 faculta às partes interessadas a possibilidade de recorrerem ou de ajuizarem ação de cumprimento a partir do 20º dia subsequente ao julgamento, apenas com base na certidão de julgamento, se não publicado o acórdão.

26.6.6.1 A coisa julgada da sentença normativa

Ao se referir expressamente à ação de cumprimento, o legislador trabalhista exige o acordo celebrado ou o trânsito em julgado da decisão (sentença normativa) (art. 872, *caput*, CLT). Com a Lei 7.701, a ação de cumprimento pode ser proposta a partir do vigésimo dia subsequente ao julgamento, fundada no acórdão ou na certidão de julgamento, quando não publicado o acórdão (art. 7º, § 6º).

A Lei 7.701, em seu art. 2º, I, *c*, prevê a competência da SDC para julgar ações rescisórias propostas contra suas decisões, as quais geralmente dizem respeito a questões de natureza coletiva.

Na visão do TST, é dispensável o trânsito em julgado da sentença normativa para a propositura da ação de cumprimento (Súm. 246).

A sentença normativa poderá vir a ser modificada no curso de sua vigência por ação revisional (processo de relação continuada) ou pela exclusão de sua aplicação em face de lei nova que regulamente a matéria, ainda que de índole salarial (Súm. 375, TST).

O TST não tem admitido ação rescisória calcada em ofensa à coisa julgada perpetrada por decisão proferida em ação de cumprimento, em face de a sentença normativa, na qual se louvava, ter sido modificada em grau de recurso, porque em dissídio coletivo somente se consubstancia coisa julgada formal. Assim, os meios processuais aptos a atacarem a execução da cláusula reformada são a exceção de pré-executividade e o mandado de segurança, no caso de descumprimento do art. 514, CPC (Súm. 397).

Segundo o TST, não ocorre a coisa julgada material na sentença normativa, mas apenas a coisa julgada formal, quando esgotadas as vias recursais ou a preclusão do prazo recursal, sendo incabível, consequentemente, ação rescisória contra esse tipo de decisão (art. 966, CPC).

Por expressa determinação legal (art. 6º, § 3º, Lei 4.725/65), os pagamentos efetuados pelo empregador com base em sentença normativa regional não podem ser objeto de repetição de indébito se houver reforma da decisão pelo TST.

26.6.7 Recursos cabíveis

Como qualquer outra decisão judicial, a sentença normativa que apresente omissão ou contradição (art. 897-A, CLT), obscuridade ou erro material (art. 1.022, I a III, CPC) enseja o recurso de embargos de declaração no prazo de cinco dias.

O recurso ordinário contra a decisão normativa deverá ser apresentado no prazo de oito dias (art. 895, *b*, CLT; art. 2º, II, Lei 7.701). Em caso de acordo homologado das partes, o Ministério Público (art. 7º, Lei 7.701) e o terceiro interessado poderão interpor recurso ordinário.

Concluído o julgamento e proclamada a decisão, o acórdão deverá ser lavrado no prazo de dez dias (art. 7º, § 1º, Lei 7.701) e a decisão, publicada no prazo de 15 dias da decisão do tribunal (art. 12, § 2º, Lei 10.192).

Caso a decisão não seja publicada no prazo de 20 dias subsequentes ao julgamento, é facultado às partes e ao MPT interpor recurso ordinário fundado apenas na certidão de julgamento (art. 7º, § 2º, Lei 7.701). Nesse caso, publicado o acórdão, abre-se o prazo para aditamento do recurso interposto.

No caso do recurso ordinário, o recorrente deverá recolher as custas judiciais. O depósito recursal prévio não tem sido exigido pelo TST, por entender que o valor do recurso previsto no art. 8º, § 3º, da Lei 8.542/92 diz respeito apenas ao cálculo das custas processuais (item V, IN 3/93).

Para Raimundo Simão de Melo[20] o depósito recursal é exigível nos dissídios coletivos: *"Contudo, pecou a Corte Superior, primeiro porque não lhe cabe 'regulamentar' uma lei, como o fez; depois, porque o objetivo da referida norma legal foi mesmo de desmistificar a natureza jurídica do depósito prévio, passando a considerá-lo não somente como garantia da execução, mas também como taxa processual, com a finalidade de desmotivar a corrida recursal procrastinatória e, com isso, agilizar a prestação jurisdicional".*

Em sentido contrário, Ives Gandra Martins Filho[21] ensina que: *"No caso do preparo do RO-DC ele inclui apenas as custas processuais. A questão do depósito recursal em dissídio coletivo, previsto no art. 8º, § 3º da Lei nº 8.542/1992, restou sepultada diante da orientação adotada pelo TST, na IN nº 3/1993, item V, quando definiu não ser devido nessa espécie de processo, dada a inexistência de sentença condenatória. Seria, no caso, impossível ao TST regulamentar dispositivo legal que introduzia inovação incompatível com a sistemática existente, sem definir como e onde se faria o depósito e a favor de quem".*

O provimento do recurso não importará na restituição dos salários ou vantagens pagas em execução da sentença normativa (art. 6º, § 3º, Lei 4.725/65).

O dissídio coletivo ainda comporta os recursos: (a) ordinário adesivo (Súm. 283, TST; art. 997, § 2º, CPC); (b) agravo de instrumento, contra decisão denegatória do

---

[20] MELO, Raimundo Simão de. *Processo coletivo do trabalho*, p. 179.
[21] MARTINS FILHO, Ives Gandra. *Processo coletivo do trabalho*, 4. ed. p. 209.

processamento de recurso (art. 897, *b*); (c) agravo regimental, conforme previsão dos Regimentos Internos dos Tribunais; (d) embargos infringentes, contra as decisões coletivas originárias do TST, não unânimes e que não estejam em consonância com precedente jurisprudencial ou súmula de sua jurisprudência predominante (art. 2º, II, *c*; Lei 7.7.01); (e) extraordinário, quando houver violação direta à CF (art. 102, III, *a*, CF; art. 26, Lei 8.038/90); (f) as hipóteses de omissão, contradição, obscuridade ou erro material (art. 1.022, CPC; art. 897-A, CLT) ensejam o recurso de embargos de declaração no prazo de 5 dias.

26.6.7.1 Efeito suspensivo do recurso ordinário

Na vigência do art. 6º da Lei 4.725/65, os recursos das decisões proferidas nos dissídios coletivos tinham efeito meramente devolutivo, sendo que o presidente do TST poderia dar efeito suspensivo ao recurso ordinário, a requerimento do recorrente em petição fundamentada. A lei era expressa no sentido de que o provimento do recurso não importará na restituição dos salários ou vantagens pagas em execução do julgado.

Com efeito suspensivo o recurso interposto pela União era recebido quanto à parte que exceder o índice fixado pela política salarial do governo (art. 8º, Lei 5.584/70).

A Lei 7.701, em seu art. 9º, limitou o período de eficácia do efeito suspensivo no recurso em dissídio coletivo ao lapso de 120 dias contados da publicação do despacho.

Por sua vez, o art. 7º da Lei 7.788, a qual tratava de política salarial do governo, estabeleceu que em qualquer circunstância não se dará efeito suspensivo aos recursos interpostos em processo de dissídio coletivo. A Lei 7.788 foi integralmente revogada pelo art. 14 da Lei 8.030/90 (Plano Collor).

Nesse período, para evitar o pagamento de salários que possivelmente seriam tidos como indevidos posteriormente, o TST passou a aceitar ações cautelares com pedido liminar para dar efeito suspensivo ao recurso ordinário.

Com a Lei 10.192, a qual converteu em lei a MP que disciplinava o Plano Real (MP 2.074-73), mantiveram-se as disposições desse instrumento legal que dão ao recurso ordinário em dissídio coletivo o efeito suspensivo na medida e extensão conferidas em despacho do presidente do TST (art. 14).

O pedido de efeitos suspensivos é feito diretamente ao presidente do TST (arts. 267 e 268, RITST) e deve ser instruído com as seguintes peças: decisão normativa recorrida, petição de recurso ordinário, prova de sua tempestividade e respectivo despacho de admissibilidade, guia de recolhimento de custas (se houver), procuração conferindo poderes ao subscritor da medida, e outras que o requerente reputar úteis para o exame da solicitação.

26.7 MODELO DE DISSÍDIO COLETIVO DE NATUREZA ECONÔMICA

EXCELENTÍSSIMO SENHOR DOUTOR JUIZ PRESIDENTE
DO EGRÉGIO TRIBUNAL REGIONAL DO TRABALHO DA 2ª REGIÃO

(10 cm)

O **SINDICATO DOS EMPREGADOS EM EMPRESAS METALÚRGICAS E DE MATERIAL ELÉTRICO DA TRANSILVÂNIA** (nº do CNPJ), (nº do CEI), (endereço físico e eletrônico), representado por seus diretores, conforme ata de eleição anexa, por seu advogado (nome completo), o qual receberá as intimações e notificações (endereço físico e eletrônico), (procuração anexa), vem, à presença de Vossa Excelência, propor **DISSÍDIO COLETIVO DE NATUREZA ECONÔMICA**, com fulcro nos arts. 114, § 2º, da CF e 856 ss. da CLT, em face de **NDFJ PRÉ-MOLDADOS METALÚRGICOS LTDA.** (nº do CNPJ), (nº do CEI), (endereço físico e eletrônico), pelos fundamentos de fato e de direito abaixo expostos.

1 DO SINDICATO SUSCITANTE

A Suscitada tem sua atividade econômica preponderante no ramo da metalurgia (contrato social e alterações, docs. _____), sendo que os seus empregados são representados pela entidade sindical Suscitante (OJs 22 e 23, SDC), conforme o registro sindical (OJ 15) (doc. _____).

2 RECUSA DE NEGOCIAÇÃO COLETIVA

É público e notório que o Suscitante e a Suscitada, em diversas outras negociações coletivas, chegaram a um consenso, celebrando acordos coletivos de trabalho (art. 611, § 1º, CLT).

A data-base da categoria profissional é 1º de novembro de 2021.

A Suscitada foi convidada pela entidade sindical para uma reunião nas suas dependências no dia 21-10-2021 (doc. _____), a qual foi realizada e na qual foi apresentada a pauta de reivindicações da categoria profissional para o período de 2021/2022.

Diante da pauta de reivindicações, a Suscitada solicitou um prazo de três dias para o exame, contudo, até o presente momento, não houve nenhuma manifestação expressa.

O Suscitante solicitou a realização de uma mesa-redonda, contudo, a Suscitada não se fez presente (certidão da Superintendência Regional do Trabalho, doc. _____).

A Suscitante é a responsável exclusiva e direta pelo malogro em todo o processo de negociação coletiva.

No uso de suas prerrogativas, competente à entidade sindical suscitante o ajuizamento do presente dissídio coletivo econômico (art. 616, § 2º, CLT; art. 114, § 2º, CF).

3 DA ASSEMBLEIA E DA PAUTA DE REIVINDICAÇÕES

O Suscitante, observados os prazos previstos no seu regimento, providenciou um edital de convocação dos empregados da Suscitada, para a realização da assembleia nas dependências da entidade sindical no dia 10-10-2021 (edital de convocação, doc. _____).

O edital de convocação foi publicado e divulgado na imprensa local (recorte de jornal, docs. _____; OJ 28, SDC).

No dia 10-10-2021, o Suscitante realizou a assembleia geral com os trabalhadores da empresa (ata da assembleia, docs. _____; OJ 19, SDC).

Nessa assembleia, os trabalhadores, após uma discussão exaustiva, elaboraram a pauta de reivindicações, a qual foi apresentada à empresa.

A pauta de reivindicações está registrada na ata da assembleia (OJ 8, SDC) e acompanha a presente petição inicial de dissídio coletivo (OJ 29, SDC).

4 ASSEMBLEIA PARA PROPOSITURA DO DISSÍDIO COLETIVO

Diante da recusa da Suscitada no processo da negociação coletiva, o Suscitante realizou uma assembleia com a participação de empregados da empresa, a qual deliberou pelo ajuizamento da ação de dissídio coletivo (doc. _____).

5 IMPOSSIBILIDADE DO AJUIZAMENTO DE COMUM ACORDO

Não é possível o ajuizamento do presente dissídio coletivo de "comum acordo" ante o total desinteresse da Suscitada em participar previamente do processo dialético da negociação coletiva.

O ajuizamento do "comum acordo" não é condição para o exercício do direito de ação ou até mesmo de formulação legal de um pressuposto processual.

Nesse sentido:

"DISSÍDIO COLETIVO. COMUM ACORDO. PRESSUPOSTO PROCESSUAL. NÃO CARACTERIZAÇÃO. MERA FACULDADE. A expressão comum acordo contida no § 2º do art. 114 da CF não constitui pressuposto processual para o ajuizamento de dissídio coletivo, mas mera faculdade das partes. Interpretação diversa implicaria admitir que a intenção do legislador, ao elaborar a norma, foi a de induzir a categoria econômica interessada ao inevitável exercício do direito de greve, com a finalidade de forçar a concordância da categoria econômica com o ajuizamento do dissídio, a fim de possibilitar a apreciação de suas reivindicações pelo Poder Judiciário. Tal conclusão, evidentemente, contraria a lógica do razoável e comezinhos princípios de Direito. Por outro lado, a interpretação da norma constitucional deve ter como diretriz os princípios da máxima efetividade e da força normativa da Constituição (CANOTILHO). Admitir a impossibilidade do ajuizamento do dissídio coletivo em razão de mero capricho de uma das partes implica, sem dúvida, negar vigência ao disposto no art. 8º, III, da CF, que assegura ao sindicato a defesa dos direitos e interesses coletivos da categoria, prerrogativa essa que não pode simplesmente ficar submetida ao puro arbítrio da parte contrária, como autêntica condição potestativa, sob pena de restar frustrada sua eficácia. Não bastasse isso, por se tratar de mero parágrafo, o disposto no aludido § 2º não pode restringir a aplicação da norma contida no caput e incisos do art. 114, da Carta Magna, os quais estabelecem a competência da Justiça do Trabalho para o julgamento de qualquer pretensão decorrente de um conflito de interesses de natureza econômica e social. Aliás, o próprio § 2º em comento reforça tal conclusão, quando assinala caber a esta Justiça Especializada decidir o conflito. Não se trata, pois, de mera arbitragem. Assim, a análise interpretativa do mencionado dispositivo constitucional revela que a expressão comum acordo *constitui mera faculdade das partes, não um pressuposto processual, sendo que a sua ausência não impede o ajuizamento de dissídio coletivo visando à composição de conflito de interesses entre as categorias profissional e econômica interessadas. Preliminar rejeitada"* (TRT – 15ª R. – SDC – DC 2018-2005-000-15-00-7 – Rel. Fernando da Silva Borges – DOESP 1º-11-2006 – p. 60).

6 PAUTA DE REIVINDICAÇÕES

O Suscitante apresenta as bases da conciliação (art. 858, CLT), as quais decorrem da própria pauta de reivindicações, com a manutenção de condições de trabalho fixadas em instrumentos normativos anteriores e a criação de novas condições (doc. _____) (pauta anexa e instrumentos normativos anteriores):

1) REAJUSTE SALARIAL DE 10%;
2) PRODUTIVIDADE DE 5%;

3) PISO SALARIAL: correção do piso salarial preexistente no mesmo percentual concedido a título de reajuste salarial;

4) PISO SALARIAL: igual aumento aos empregados admitidos após a data-base, respeitando-se o limite dos empregados mais antigos na função;

5) SALÁRIO DO ADMITIDO EM LUGAR DE OUTRO: GARANTIA AO EMPREGADO ADMITIDO PARA A FUNÇÃO DE OUTRO. DISPENSADO SEM JUSTA CAUSA, DE IGUAL SALÁRIO AO DO EMPREGADO DE MENOR SALÁRIO NA FUNÇÃO, SEM CONSIDERAR VANTAGENS PESSOAIS;

6) SALÁRIO SUBSTITUIÇÃO: GARANTIA AO EMPREGADO SUBSTITUTO DO MESMO SALÁRIO PERCEBIDO PELO EMPREGADO SUBSTITUÍDO;

7) CARTA-AVISO: entrega ao empregado de carta-aviso com os motivos da dispensa, com alegação de prática de falta grave, sob pena de gerar presunção de dispensa imotivada;

8) ADICIONAL NOTURNO: pagamento de 50% de adicional para o trabalho prestado entre 22:00 e 5:00 horas;

9) AVISO PRÉVIO: concessão, além do prazo legal, de aviso prévio de cinco dias por ano de serviço prestado à empresa;

10) AVISO PRÉVIO: aos empregados que contarem com mais de 45 anos de idade será assegurado um aviso prévio de 60 dias, independentemente da vantagem concedida na cláusula 9ª;

11) CRECHES: as empresas que não possuírem creches próprias pagarão a seus empregados um auxílio-creche equivalente a 20% do salário normativo, por mês e por filho até seis anos de idade;

12) GESTANTE: estabilidade provisória à empregada gestante, desde o início da gravidez, até 60 dias após o término da licença compulsória;

13) ESTABILIDADE PRÉ-APOSENTADORIA: garantia de emprego e salário aos empregados que estejam a menos de dois anos da aposentadoria, sendo que adquirido o direito, cessa a estabilidade;

14) ESTABILIDADE – SERVIÇO MILITAR: estabilidade provisória ao empregado em idade de prestação do serviço militar, desde o alistamento até 30 dias após o desligamento;

15) ESTABILIDADE – ACIDENTE DO TRABALHO: estabilidade ao empregado vitimado por acidente do trabalho, por prazo igual ao afastamento, até 60 dias após a alta e sem prejuízo das garantias legais previstas no art. 118 da Lei 8.213/91;

16) UNIFORMES: fornecimento obrigatório de uniformes aos empregados quando exigidos pelas empresas na prestação de serviços ou quando exigido pela própria natureza do serviço;

17) ATESTADOS: reconhecimento pelas empresas de atestados médicos e odontológicos passados pelos facultativos do sindicato suscitante;

18) COMPROVANTES DE PAGAMENTO: fornecimento obrigatório de comprovante de pagamento, com a discriminação das importâncias pagas e descontos efetuados, contendo a identificação da empresa e os recolhimentos do FGTS;

19) QUADRO DE AVISOS: afixação de quadro de avisos no local da prestação de serviços;

20) MULTA – MORA SALARIAL: a inobservância do prazo legal para pagamento dos salários acarretará multa diária de 5% do valor do salário em favor da parte prejudicada;

21) HORAS EXTRAS: 100% de adicional para as horas extras prestadas;

22) MULTA: 5% do salário normativo, por empregado, em caso de descumprimento de quaisquer das cláusulas contidas na norma coletiva, revertendo o seu benefício em favor da parte prejudicada;

23) FORMA DE PAGAMENTO DOS SALÁRIOS: as empresas que não efetuarem o pagamento dos salários e vales em moeda corrente deverão proporcionar aos empregados: tempo hábil para o recebimento no banco ou posto bancário, dentro da jornada de trabalho, quando coincidente com o horário bancário e excluindo-se os horários de refeição;

24) ESTABILIDADE DO AFASTADO POR DOENÇA: o empregado afastado do trabalho por doença tem estabilidade provisória, por igual prazo do afastamento, até 60 dias após a alta;

25) EMPREGADO ACIDENTADO. GARANTIA DE FUNÇÃO: será garantido ao empregado vítima de acidente de trabalho a permanência na empresa em função compatível com seu estado físico, sem prejuízo na remuneração antes percebida, desde que, após o acidente, apresente, cumulativamente, redução da capacidade laboral atestada pelo órgão oficial e que tenha se tornado incapaz de exercer a função que anteriormente exercia. fica obrigado o trabalhador nessa situação a participar de processo de readaptação e reabilitação profissional. prazo da garantia: até o prazo mínimo da aposentadoria;

26) TRABALHO NO DESCANSO SEMANAL REMUNERADO E FERIADO: será pago em dobro, independentemente da remuneração desse dia já devida ao empregado por força de lei;

27) VALE (ADIANTAMENTO SALARIAL): as empresas concederão quinzenal e automaticamente adiantamento de, no mínimo, 40% do salário mensal bruto do empregado;

28) AUXÍLIO AO FILHO EXCEPCIONAL: as empresas pagarão aos seus empregados que tenham filhos excepcionais um auxílio mensal equivalente a 20% do salário normativo, por filho nessa condição;

29) COMPLEMENTAÇÃO DE AUXÍLIO PREVIDENCIÁRIO: as empresas concederão ao empregado afastado do serviço por motivo de saúde (doença ou acidente) a complementação do auxílio previdenciário para que perceba a mesma remuneração que receberia em atividade, durante o prazo de 90 dias;

30) AUXÍLIO ALIMENTAÇÃO: os empregadores fornecerão ticket-refeição, em número de 22 unidades ao mês, inclusive nas férias e demais interrupções do contrato de trabalho, no valor unitário de R$ 15,00 (quinze reais);

31) ESTABILIDADE PROVISÓRIA: na data-base será assegurada estabilidade provisória de 90 dias a toda a categoria profissional representada, a partir do julgamento do dissídio coletivo;

32) ABONO DE FALTA PARA LEVAR FILHO AO MÉDICO: assegura-se o direito à ausência remunerada de um dia por semestre ao empregado, para levar ao médico filho menor ou dependente previdenciário de até seis anos de idade, mediante comprovação no prazo de 48 horas;

33) TERCEIRIZAÇÃO: obrigação de não fazer pela empresa no sentido da não contratação de trabalhadores de empresas terceirizadas para atividade meio;

34) CURSOS DE RECICLAGEM: as empresas custearão e promoverão cursos de reciclagem para os trabalhadores dispensados;

35) FRETAMENTO: fornecimento de transporte gratuito, do tipo fretamento, duas linhas básicas de trajeto para os empregados da empresa.

7 PEDIDOS E REQUERIMENTOS

Ante o exposto, espera o regular processamento da presente ação, com a citação e intimação da Suscitada para que compareça à audiência de conciliação a ser designada por Vossa Excelência (art. 862, CLT) e apresente sua defesa, sob pena de incorrer nos efeitos da revelia.

Espera a procedência da presente ação, de modo que sejam mantidas as condições de trabalho fixadas em instrumentos normativos anteriores e que sejam criadas condições novas, nos termos da pauta de reivindicação aprovada em assembleia geral.

Outrossim, espera a condenação da Suscitada ao pagamento de honorários advocatícios (Súm. 219, III, TST; art. 791-A, CLT), bem como de despesas processuais e custas processuais.

Pretende-se provar o alegado por todos os meios de prova admitidos em direito.

Dá-se à causa o valor de _____ (...).

Nestes termos,

pede deferimento.

Local e data

Advogado

OAB nº _____

26.8 MODELO DE DISSÍDIO COLETIVO DE GREVE

EXCELENTÍSSIMO SENHOR DOUTOR JUIZ PRESIDENTE DO
EGRÉGIO TRIBUNAL REGIONAL DO TRABALHO DA 2ª REGIÃO

(10 cm)

NDFJ PRÉ-MOLDADOS METALÚRGICOS LTDA. (nº do CNPJ), (nº CEI), (endereço físico e eletrônico), representada por seus diretores (doc. _____), por seu advogado (nome completo), o qual receberá as intimações e notificações (endereço físico e eletrônico), (procuração anexa), vem, à presença de Vossa Excelência, propor **DISSÍDIO COLETIVO DE GREVE**, com fulcro nos arts. 114, § 2º, da CF e 856 ss. da CLT, na Lei 7.783/89, em face do **SINDICATO DOS EMPREGADOS EM EMPRESAS METALÚRGICAS E DE MATERIAL ELÉTRICO DA TRANSILVÂNIA** (nº do CNPJ), (nº do CEI), (endereço físico e eletrônico), pelos fundamentos de fato e de direito abaixo expostos.

1 DO SINDICATO SUSCITADO

A Suscitante tem sua atividade econômica preponderante no ramo da metalurgia (contrato social e alterações, docs. _____), sendo que os seus empregados são representados pela entidade sindical Suscitada (OJs 22 e 23, SDC), conforme o registro sindical junto ao Ministério do Trabalho e Emprego (OJ 15) (doc. _____).

2 DA NEGOCIAÇÃO COLETIVA

É público e notório que o Suscitante e a Suscitada, em diversas outras negociações coletivas, chegaram a um consenso, celebrando acordos coletivos de trabalho (art. 611, § 1º, CLT).

A data-base da categoria profissional é 1º de novembro de 2021.

A Suscitada foi convidada pela entidade sindical para uma reunião nas suas dependências no dia 21-10-2021 (doc. _____), a qual foi realizada e na qual foi apresentada a pauta de reivindicações da categoria profissional para o período de 2021/2022.

Dentre as principais reivindicações, a categoria profissional pretende: (a) reposição das perdas salariais em 10%; (b) aumento pela produtividade de 5%; (c) estabilidade no emprego por 120 dias após a celebração do acordo coletivo; (d) PLR variável de dois a três salários mensais, a ser pago em três parcelas durante os doze meses relativos ao período de 2021 a 2022 (doc. _____).

A Suscitante solicitou um prazo de três dias para o exame da proposta.

Mesmo antes do vencimento do prazo solicitado e sem que houvesse uma posição clara da Suscitante ou até mesmo uma contraproposta, os trabalhadores entraram em greve (23-10-2021).

3 PARALISAÇÃO DOS SERVIÇOS

Os empregados da Suscitante estão em greve desde o dia 23-10-2021, contudo, não se teve a plena exaustão do processo de negociação coletiva entre a empresa e a entidade sindical suscitada.

A fim de comprovar a eclosão e a paralisação dos trabalhadores, a Suscitante junta os seguintes documentos comprobatórios:

a) panfleto da entidade sindical convocando os trabalhadores para a greve (doc. _____);

b) jornais da região noticiando a greve dos trabalhadores (doc. _____);

c) fotos batidas pela segurança da empresa e que demonstram a presença do caminhão de som do sindicato (conhecido por METAL PESADO) na frente do portão principal da empresa, proibindo o acesso de trabalhadores, clientes e colaboradores junto às dependências da Suscitante (docs. _____);

d) fotos batidas pela segurança da empresa que demonstram o momento em que os trabalhadores decidiram pela greve (docs. _____).

Em desrespeito ao previsto na Lei de Greve, a Suscitante não foi pré-avisada de que os trabalhadores iriam fazer greve a partir do dia 23-10-2021.

4 DA ABUSIVIDADE DA GREVE

O direito constitucional de greve não é absoluto (art. 9º, CF).

A lei infraconstitucional deve prever as hipóteses de atendimento das necessidades inadiáveis da comunidade quanto aos serviços e às atividades essenciais, bem como de abusos cometidos e da responsabilização dos envolvidos.

Para que a greve não seja considerada abusiva, é necessário que a entidade sindical observe (Lei 7.783/89) alguns requisitos legais.

A greve, como cessação coletiva de trabalho, só pode ser tida como não abusiva após as tentativas necessárias para a negociação coletiva ou na impossibilidade da arbitragem coletiva (art. 3º, *caput*).

Como dito, o processo de negociação não foi exaurido (OJ 11, SDC).

Nesse sentido, é o entendimento do TST.

"DISSÍDIO COLETIVO. GREVE. ABUSIVIDADE. 1. A greve, embora constitua direito da categoria profissional, revela-se o instrumento máximo de pressão na relação coletiva do trabalho e, como tal, deve ser relegado a situações em que resulte cabalmente – frustrada a negociação – (art. 3º da Lei 7.783/89). 2. Ressentindo-se os autos de qualquer elemento de prova sobre a tentativa prévia de composição consensual para o conflito de interesses, insta declarar a abusividade da greve. Pertinência da Orientação Jurisprudencial 11 da Seção de Dissídios Coletivos do Tribunal Superior do Trabalho. 3. Recurso ordinário interposto pelo Sindicato profissional Suscitado a que se nega provimento" (TST – SDC – RODC 584/2003-000-15-00.2 – Relator Ministro: João Oreste Dalazen – *DJ* 13-8-2004).

Compete à entidade sindical convocar, na forma de seu estatuto, a assembleia geral, a qual irá definir as reivindicações da categoria, bem como deliberará sobre a paralisação coletiva da prestação de serviços (art. 4º, *caput*, Lei 7.783/89). Não houve a convocação para a assembleia para deliberar sobre a greve. Requisito indispensável:

"AÇÃO DECLARATÓRIA. RECURSO ORDINÁRIO. MOVIMENTO PAREDISTA. NÃO COMPROVAÇÃO DE REALIZAÇÃO DA ASSEMBLEIA GERAL DOS TRABALHADORES. ABUSIVIDADE. O Regional declarou a abusividade da greve dos trabalhadores metalúrgicos da Empresa Alcoa Alumínio S.A., em face da inexistência, nos autos, da ata da assembleia, na qual se deliberou pela deflagração do movimento, bem como das respectivas listas de presença. Não sendo observados todos os ditames da Lei 7.783/1989, considera-se abusivo o movimento paredista, motivo pelo qual se mantém a decisão a quo. Recurso ordinário não provido" (TST – SDC – ROAD 220/2005-000-16-00.9 – Relatora Ministra: Dora Maria da Costa – *DEJT* 6-2-2009).

A greve, para ser iniciada, necessita da concessão de uma pré-comunicação de 48 horas para a entidade sindical patronal ou os empregadores interessados (art. 3º, parágrafo único, Lei 7.783/89). Não houve a concessão desse aviso prévio.

Ante o exposto, a Suscitante espera o reconhecimento da abusividade do movimento paredista e a autorização para que se tenha o desconto dos dias parados dos trabalhadores (art. 8º, Lei 7.783/89).

5 PEDIDO E REQUERIMENTOS

Por todo o exposto, espera o regular processamento da presente ação, com a citação e intimação da Suscitada para que compareça à audiência de conciliação a ser designada por Vossa Excelência em caráter de urgência e apresente sua defesa, sob pena de incorrer nos efeitos da revelia.

Espera a procedência da presente ação, para declarar abusiva a greve dos trabalhadores e autorizar o desconto dos dias parados (faltas injustificadas).

Outrossim, espera a condenação da Suscitada ao pagamento de honorários advocatícios (Súm. 219, III, TST; art. 791-A, CLT), bem como de despesas processuais e custas processuais.

Pretende-se provar o alegado por todos os meios de prova admitidos em direito.

Dá-se à causa o valor de _____ (_____).

Nestes termos,

pede deferimento.

Local e data

Advogado

OAB nº _____

Parte IV

AÇÕES DE PROCEDIMENTO ESPECIAL NO PROCESSO DO TRABALHO

INQUÉRITO DE APURAÇÃO DE FALTA GRAVE

27.1 FUNDAMENTO JURÍDICO

A ação judicial denominado inquérito de apuração de falta grave tem previsão na própria CLT (arts. 494, 495, 496), com procedimento delineado nos arts. 853 ss da CLT.

27.2 CABIMENTO

O inquérito para apuração de falta grave é a ação trabalhista que, diante da falta grave do empregado estável, permite ao juiz a rescisão motivada do contrato de trabalho.

A ação é proposta pelo empregador (requerente) contra o empregado estável (requerido).

O ajuizamento do inquérito para apuração de falta grave exige que o empregado seja portador de estabilidade, sob pena de ser decretada a extinção da demanda por carência de ação (falta de interesse processual, art. 485, VI, CPC).[1]

---

[1] "INQUÉRITO PARA APURAÇÃO DE FALTA GRAVE. CARÊNCIA DE AÇÃO. O direito de ação se subordina às regras processuais e, para que o processo alcance sua finalidade, com o exame do mérito da pretensão deduzida em juízo, é mister que o autor demonstre as condições da ação, entre elas o interesse processual de agir, sob pena de inviabilizar o resultado que pretende obter. A empresa pretende a apuração de conduta praticada pelo empregado, para fins de dispensa motivada. Contudo, considerando que o empregado não é detentor de qualquer garantia de emprego que a lei exija a necessidade de uma ação para autorizar a sua dispensa, não há interesse processual de agir. E em consequência, deve ser improvido o recurso do requerido que pretende seja reformada a sentença e afastada a carência de ação para reconhecer que é titular de estabilidade provisória" (TRT – 8ª R. – RO 0000645-28.2012.5.08.0108 – Rel. Des. Fed. Elizabeth Fátima Martins Newman – *DJe* 21-10-2013 – p. 27).
"RECURSO ORDINÁRIO. CONDIÇÕES DA AÇÃO. As condições da ação são requisitos indispensáveis à própria atuação do poder jurisdicional, cuja análise pode ser feita de ofício e em qualquer grau de jurisdição. INQUÉRITO PARA APURAÇÃO DE FALTA GRAVE. INTERESSE PROCESSUAL. Inexiste interesse processual no ajuizamento da ação de inquérito para apuração de falta grave descrita no art. 853 da CLT, quando o empregado não é destinatário de estabilidade. Recurso conhecido e não provido" (TRT – 16ª R. – RO 118900-80.2008.5.16.0004 – Rel. Des. Gerson de Oliveira Costa Filho – *DJe* 22-5-2012 – p. 11).

Atualmente, o inquérito judicial é utilizado para apuração de falta grave àqueles empregados que detenham estabilidade: (a) estabilidade decenal (arts. 492, 494 e 853, CLT); (b) dirigente sindical (Súm. 197, STF; Súm. 379, TST); (c) empregado eleito para o cargo de diretor em sociedade cooperativa também goza de estabilidade (art. 55, Lei 5.764/71); (d) representante no Conselho Curador do FGTS (art. 3º, § 9º, Lei 8.036/90); (e) representante no Conselho Nacional de Previdência Social (art. 3º, § 7º, Lei 8.213/91); (f) membro do Conselho deliberativo das entidades fechadas de previdência complementar (art. 12, *caput* e § 1º, LC 108/01); (g) empregado público estável (art. 19, ADCT), sendo que, nesse caso, apesar do entendimento doutrinário e jurisprudencial, o TST se posicionou no sentido de que não se tem tal exigência (SDI-I – ED-RR 481730-84.1998.5.09.5555 – Rel. Min. Aloysio Corrêa da Veiga – *DJ* 8-6-2007); (h) empregado público estável (art. 41, CF, antes da EC 19/98, Súm. 390, TST); (i) membro da Comissão de Conciliação Prévia (art. 625-B, § 1º, CLT).

O empregado público estável pela aplicação do art. 41 da CF, antes da EC 19, também poderá ser dispensado motivadamente por apuração em processo administrativo, onde seja garantido o amplo direito de defesa (Súm. 20, STF). Nem mesmo a dispensa durante o estágio probatório poderia dispensar a apuração da falta cometida, com aplicação analógica da Súmula 21 do STF.

27.3 PRAZO

Na ocorrência de falta grave por empregado estável, é facultado ao empregador suspender o empregado até a decisão final do processo, sendo que sua dispensa somente se tornará efetiva com a decisão do inquérito que reconheça a falta grave (art. 494, CLT).

A partir da data em que ocorreu a suspensão do empregado, o empregador tem o prazo de 30 dias para ingressar com o inquérito (art. 853), respondendo pelos salários devidos no período do afastamento até o ajuizamento (art. 855).

O prazo de 30 dias para instauração de inquérito judicial de empregado estável para apuração de falta grave é de decadência, a contar da suspensão (Súm. 403, STF; Súm. 62, TST).

Não havendo a suspensão do empregado, não se pode falar em decadência do direito de ajuizar inquérito, ante a ausência de marco inicial do prazo para ingresso da ação desconstitutiva.

Nesse caso, o ajuizamento do inquérito não pode tardar, o que implicará o perdão tácito da empresa, porque caso o empregado não fosse estável e o empregador quisesse rescindir motivadamente o contrato, quando da falta grave, a aplicação da pena de demissão teria que ser imediata.

27.4 DESPESAS PROCESSUAIS E HONORÁRIOS ADVOCATÍCIOS

As custas processuais serão pagas quando da interposição do recurso ou ao final do processo (arts. 789 ss, CLT), de modo que não existem custas processuais no momento da distribuição da ação.

Também por falta de amparo legal, não existem despesas de juntada do instrumento do mandato e diligência de oficial de justiça.

Com a Lei 13.467/17, a parte sucumbente será condenada em honorários advocatícios (art. 791-A, CLT).

27.5 PROCEDIMENTO

O inquérito de apuração de falta grave seguirá o mesmo procedimento da reclamação trabalhista, no procedimento ordinário. Apenas com duas particularidades: (a) número de testemunhas: até seis para cada parte (art. 821, CLT); (b) considerando a alegação, a prova da falta grave cabe ao empregador (art. 818, CLT; art. 373, CPC).

Quando do julgamento, caso se tenha provado a falta grave cometida, se houve a suspensão do empregado, a extinção retroage à data da suspensão, data em que o empregador teria demitido o empregado, se pudesse. Em não havendo a suspensão e o empregado continue trabalhando até a decisão judicial, a decisão judicial extingue o contrato de trabalho na data do ajuizamento da ação e o período posterior passa a constituir um novo contrato.

Julgado improcedente o inquérito, nada se altera no contrato de trabalho. Caso tenha ocorrido a suspensão do contrato de trabalho, o empregado será reintegrado e terá direito aos salários e outras vantagens pecuniárias do período de afastamento.

O empregador que deixar de cumprir decisão transitada em julgado de reintegração de empregado incorrerá em multa de 1/5 a 1 valor de referência regional por dia (art. 729). A multa *"agora é de 3/5 (três quintos) a 3 (três) valores de referência regionais. A multa será devida até a data anterior à reintegração. A multa é diária e não por mês".*[2]

O valor de referência foi extinto pelo art. 3º, III, Lei 8.177/91, deixando de existir os parâmetros legais para a fixação da multa diária (*astreintes*). Com isso, parece-nos que a solução é a aplicação dos arts. 536, § 1º, 537, CPC, de forma subsidiária, o qual traça como parâmetros para a fixação de multa diária, se for o caso, *"se for suficiente ou compatível com a obrigação"*, podendo alterá-la caso verifique que *"se tornou insuficiente ou excessiva".*

Quando a reintegração do empregado se mostrar desaconselhável, como consequência da incompatibilidade criada pela circunstância fática ou/e pelo processo judicial, principalmente, quando o empregador for pessoa natural, o juiz poderá converter a reintegração em indenização (art. 496, CLT; Súm. 28, TST). A decisão será desconstitutiva e condenatória.

No caso de estabilidade decenal, a indenização será em dobro (art. 497), salvo na ocorrência de força maior, quando a indenização será simples (art. 502, I).

27.6 ESTRUTURA

A estrutura do inquérito de apuração de falta grave observará os requisitos previstos no art. 840 da CLT e no art. 319, CPC.

Assim, sugerimos a leitura do capítulo referente à reclamação trabalhista (Capítulo 2).

---

[2] MARTINS, Sergio Pinto. *Comentários à CLT*, 10. ed., p. 780.

27.7 MODELO DE INQUÉRITO DE APURAÇÃO DE FALTA GRAVE

EXCELENTÍSSIMO SENHOR DOUTOR JUIZ DA _____
VARA DO TRABALHO DE _____

(10 cm)

NOLETO & NOLETO FUNDIÇÃO DE METAIS LTDA. (nº do CNPJ), (nº do CEI), (endereço físico e eletrônico), por seu advogado (nome completo), o qual receberá as intimações e notificações (endereço físico e eletrônico), vem, à presença de Vossa Excelência, propor o presente *INQUÉRITO DE APURAÇÃO DE FALTA GRAVE*, com respaldo nos arts. 853 e seguintes da CLT e nas Súmulas 197 do STF e 379 do TST, em face de **TÍCIO ALENCAR** (nacionalidade), (estado civil), (profissão), (nº do CPF), (nº do RG e órgão expedidor), (nº da CTPS), (nº do PIS/PASEP ou do NIT), (data de nascimento), (nome da mãe), (endereço físico e eletrônico), pelas razões de fato e direito que passa a expor.

1 O CONTRATO DE TRABALHO E A ESTABILIDADE SINDICAL

O Requerido passou a trabalhar para a Requerente aos 28-1-1986, na função de ajudante geral.

Posteriormente, foi promovido para a função de torneiro mecânico, sendo responsável pela confecção dos moldes para fundição (atividade da Requerente) até o início do mês de fevereiro de 2013.

Em novembro de 2019, o Requerido foi eleito para o cargo de diretor do Sindicato dos Empregados em Indústria de Fundição da Região do Vale do Ribeira (doc. anexo).

Com a posse em 30-11-2019, passou a ser detentor da estabilidade constitucional sindical (art. 8º, VIII, CF; art. 543, § 3º, CLT). A Requerida foi devidamente comunicada pela Entidade Sindical.

2 A FALTA GRAVE E SEU AFASTAMENTO

O Requerido tem sido negligente e não cumpridor de suas obrigações contratuais de natureza trabalhista.

Em 21-12-2021, durante a festa de confraternização dos empregados que se realizou na própria empresa, o Requerido, mesmo estando de férias, compareceu, juntamente com esposa e filhos. Ocorre que por volta das 18:00 horas, já visivelmente alterado pelo álcool, o Requerido começou a ofender os seus superiores hierárquicos presentes na festa. Por conta da gravidade da falta cometida (art. 482, *f* e *k*, CLT), o Requerido foi suspenso por cinco dias, a contar do dia 15-1-2022 (retorno das férias) (doc. anexo).

Em janeiro de 2022, o Requerido, após o término do período de férias, por sua conta e risco, sem prévia comunicação ou qualquer justificativa, prorrogou o descanso anual por uma semana, não retornando ao trabalho no dia 15 de janeiro (segunda-feira), mas somente compareceu ao trabalho no dia 22 de janeiro (segunda-feira).

Por conta disso, já considerando a suspensão anterior e a gravidade da segunda falta (art. 482, *e*, CLT), o Requerido foi afastado de suas funções no dia 23-1-2022, nos termos do art. 494 da CLT, aplicado subsidiariamente ao caso concreto (doc. anexo).

3 CABIMENTO DO INQUÉRITO DE APURAÇÃO DE FALTA GRAVE

Por força do entendimento consolidado dos Tribunais Superiores (Súm. 197, STF; Súm. 379, TST), o Requerente faz uso da presente ação visando o reconhecimento da falta cometida e a extinção motivada do contrato de trabalho, a partir da data do afastamento do empregado.

4 PEDIDOS E REQUERIMENTOS

Ante o exposto, espera o regular processamento da presente ação, com a designação de audiência e a citação do Requerido para que integre a lide e apresente sua defesa no prazo legal, sob pena de incorrer nos efeitos da revelia.

Ao final, aguarda a procedência do pedido de reconhecimento da falta grave cometida (art. 482, *e*, CLT) e a extinção do contrato de trabalho na data do afastamento (23-1-2022).

Outrossim, requer a condenação do Requerido ao pagamento de honorários advocatícios (art. 791-A, CLT), bem como de despesas processuais e custas processuais.

Pretende-se provar o alegado por todos os meios admitidos em Direito, em especial, prova documental, depoimento pessoal (Súm. 74, TST) e testemunhal.

Dá-se à causa o valor de R$ _____ (...).

Nestes termos,

pede deferimento.

Local e data

Advogado

OAB nº _____

Obs. Acompanhada da planilha de cálculos em arquivo PDF (preferencialmente, extraída do PJe-calc).

AÇÃO DE CUMPRIMENTO

28.1 FUNDAMENTO JURÍDICO

A ação de cumprimento está disciplinada pelo art. 872, CLT, e pela Lei 8.984/95.

28.2 CABIMENTO

Celebrado o acordo ou transitada em julgado a decisão, a CLT prevê que, quando os empregadores deixarem de satisfazer o pagamento de salários decorrentes da sentença normativa, os empregados poderão apresentar reclamação trabalhista (art. 872). Trata-se da ação de cumprimento.

Apesar de a CLT mencionar apenas o pagamento de salários, também cabe ação de cumprimento de decisão normativa envolvendo outras obrigações decorrentes do acordo celebrado ou da sentença normativa proferida nos autos do dissídio coletivo de trabalho.

A CLT, art. 872, apenas contempla a ação de cumprimento para os acordos homologados judicialmente e as decisões normativas, por terem essas decisões natureza condenatória.

Com o advento da Lei 8.984/95, a Justiça do Trabalho passou a ter competência para conciliar e julgar os dissídios que tenham origem no cumprimento de acordos e convenções coletivos de trabalho, mesmo quando ocorram entre sindicatos ou entre sindicato de trabalhadores e empregador (art. 1º).

Com isso, passou a existir no sistema positivado a possibilidade de ação de cumprimento de acordos e convenções coletivos de trabalho e a reconhecer-se a legitimidade da entidade sindical para ação de cumprimento de acordo ou convenção coletiva de trabalho (Súm. 286, TST).

A ação de cumprimento é uma reclamação trabalhista individual, embora possa ser formada por um litisconsórcio ativo, quando promovida por vários trabalhadores. Trata-se de uma ação de procedimento especial.

A decisão normativa não permite a execução direta nos próprios autos, isso porque ela tem natureza constitutiva, ou dispositiva, como preferem alguns doutrinadores, se se tratar de dissídio de natureza econômica, e declaratória, se for de natureza jurídica. Não há verdadeiramente condenação, com exceção das despesas processuais do próprio dissídio coletivo.

Dessa forma, o cumprimento da decisão normativa dependerá de uma fase cognitiva, em que o reclamado poderá usar do seu amplo direito de defesa, para posteriormente ensejar um processo de execução.

A ação de cumprimento é uma ação autônoma em relação ao dissídio coletivo que proferiu a sentença normativa, não representando mera forma de execução da decisão normativa primeiro, porque se assim fosse se processaria nos autos do dissídio normativo e, depois, não dependeria de uma fase cognitiva entre as partes. Acrescente-se que também pode ter por objeto o cumprimento das cláusulas constantes dos instrumentos normativos e não apenas decisões judiciais.

28.3 NATUREZA JURÍDICA

A ação de cumprimento tem natureza condenatória, pois busca o cumprimento do determinado na decisão normativa (decisão normativa genérica) ao caso concreto.

A autonomia da vontade das entidades sindicais e empregadores espelhada nos acordos e convenções coletivos de trabalho cria obrigações para as partes e seus substituídos, podendo ser exigíveis por ação de cumprimento de natureza condenatória.

28.4 COMPETÊNCIA

Diferentemente do que possa parecer no primeiro momento, a competência jurisdicional para ação de cumprimento não é do tribunal prolator da sentença normativa, mas sim da vara do trabalho ou do juiz de direito investido de jurisdição trabalhista, observando os critérios para fixação de competência do art. 651, da CLT.

Após a EC 45, a Justiça do Trabalho se mostra competente para apreciar ação de cumprimento em que figurem o sindicato patronal e a respectiva categoria econômica, objetivando cobrar a contribuição assistencial.

28.5 LEGITIMIDADE

A ação de cumprimento pode ser proposta individualmente pelo trabalhador ou por um grupo de trabalhadores ou, ainda, pela entidade sindical (substituição processual) (art. 8º, III, CF), superada a ideia de que a legitimidade sindical se limita aos associados (art. 872, parágrafo único, CLT, Súm. 310, TST, cancelada pela Res. 119/03).

O TST tem entendido que as federações não têm legitimidade para ajuizar ação de cumprimento em nome dos trabalhadores.

Com a Lei 8.984/95, art. 1º, a qual admitiu a ação de cumprimento dos acordos e convenções coletivos, é que os sindicatos passaram a ter legitimidade para ações de cumprimento dos dispositivos constantes desses diplomas (Súm. 286, TST).

A ação de cumprimento terá no polo passivo o empregador.

28.6 AJUIZAMENTO

Apesar de o art. 872, CLT, prever a ação de cumprimento após a celebração do acordo ou do trânsito em julgado da decisão, o art. 7, § 6º, da Lei 7.701/88 autoriza o ajuizamento da ação a partir do vigésimo dia subsequente ao julgamento, fundada no acórdão ou na certidão de julgamento, quando não publicado o acórdão (Súm. 246, TST).

Não importa se se trata de dissídio de natureza econômica ou jurídica (art. 10, Lei 7.701).

A ação de cumprimento somente poderá ser proposta se não houver sido concedido efeito suspensivo ao recurso ordinário no dissídio coletivo, o qual atualmente é disciplinado pela Lei 10.192/01, que permite o efeito suspensivo ao recurso ordinário na medida e extensão conferidas em despacho do presidente do TST (art. 14).

Obrigatoriamente a ação de cumprimento deverá ser instruída com a certidão da decisão normativa (art. 872, CLT). A não apresentação da certidão enseja o julgamento do processo sem resolução de mérito (art. 485, I, CPC).

Caso a certidão de julgamento não acompanhe a ação de cumprimento, o juiz poderá determinar que se apresente a mesma no prazo de quinze dias (art. 321, CPC).

Concluído o julgamento e proclamada a decisão, o acórdão deverá ser lavrado no prazo de 10 dias (art. 7º, § 1º, Lei 7.701) e a decisão publicada no prazo de 15 dias da decisão do tribunal (art. 12, § 2º, Lei 10.192).

28.7 PRAZO PRESCRICIONAL

O entendimento do TST é de que "*o prazo de prescrição com relação à ação de cumprimento de decisão normativa flui apenas a partir da data de seu trânsito em julgado*" (Súm. 350).

A execução da sentença normativa, por intermédio da ação de cumprimento, antes do trânsito em julgado, é uma faculdade, de modo que o prazo prescricional começa a fluir do trânsito em julgado da decisão.

Até porque, pela Súm. 246, o TST exarou o entendimento de que é dispensável o trânsito em julgado da sentença normativa para propositura da ação de cumprimento.

28.8 EFEITOS DA ALTERAÇÃO DA SENTENÇA NORMATIVA NA AÇÃO DE CUMPRIMENTO

O TST tem admitido mandado de segurança e exceção de pré-executividade para extinguir a execução fundada em sentença proferida em ação de cumprimento, quando excluída da sentença normativa a cláusula que lhe serviu de sustentáculo. Isso porque a sentença normativa depende da exaustão do processo coletivo (art. 514, CPC) e a sentença da ação de cumprimento perde sua eficácia executória com a reforma da sentença normativa em instância recursal (Súm. 397).

A coisa julgada produzida na ação de cumprimento, segundo o entendimento do TST, é atípica, pois depende de condição resolutiva (OJ 277, SDI-I).

Além disso, no TST não tem sido admitida a ação rescisória, por violação da coisa julgada, da sentença na ação de cumprimento, com a alteração da sentença normativa em instância superior, porque no dissídio coletivo somente se consubstancia coisa julgada formal (Súm. 397).

O STF, nos autos RE 394.051 AgR/SP, julgado em março/14, concluiu que a superveniente extinção do processo de dissídio coletivo, sem julgamento de mérito, implica a perda de eficácia da sentença normativa, tornando insubsistente o prosseguimento da ação de cumprimento, não havendo, assim, a existência de ofensa à coisa julgada.

28.9 ESTRUTURA

A estrutura deve observar os requisitos previstos no art. 840, CLT, e no art. 319, CPC.

Assim, sugerimos a leitura do Capítulo referente à reclamação trabalhista (Capítulo 2).

28.10 MODELO DE AÇÃO DE CUMPRIMENTO

EXCELENTÍSSIMO SENHOR DOUTOR JUIZ DA _____
VARA DO TRABALHO DE _____

(10 cm)

SINDICATO DOS TRABALHADORES DO MUNICÍPIO DE SÃO PAULO, (nº do CNPJ), (nº do CEI), (endereço físico e eletrônico), por seu advogado (nome completo), o qual receberá as intimações e notificações (endereço físico e eletrônico) (procuração anexa), vem, à presença de Vossa Excelência, com fulcro no artigo 8º, III, CF, no artigo 872, da CLT, Lei 8.984/95, propor a presente **AÇÃO DE CUMPRIMENTO DE CONVENÇÃO COLETIVA DE TRABALHO, COM PEDIDO DE TUTELA DE URGÊNCIA**, contra **CAVALCANTE E OLIVEIRA LTDA.**, (nº do CNPJ), (nº do CEI), (endereço físico e eletrônico), pelos fundamentos de fato e de direito abaixo expostos:

1 LEGITIMIDADE ATIVA DA ENTIDADE SINDICAL

O Sindicato dos Trabalhadores do Município de São Paulo, nos termos do art. 8º, III, CF, possui legitimidade para representar e defender os interesses dos trabalhadores vinculados à Empresa Reclamada.

2 DOS FATOS E FUNDAMENTOS

2.1 Reajuste salarial e fornecimento de cesta básica

Nessa última década, os Sindicatos representantes das categorias profissional e econômica vêm celebrando convenções coletivas de trabalho e disciplinando em caráter complementar as relações de emprego envolvendo os integrantes das categorias.

Desde 2011, as convenções coletivas de trabalho preveem a concessão de reajustes normativos (de 6%, cláusula 4ª, CCT/2015; de 6%, cláusula 3ª, CCT/2016, CCT/2017; de 5%, cláusula 3ª, CCT/2018, CCT/2019 e CCT/2020) e o fornecimento de cestas básicas mensais (nos valores de R$ 35,00, cláusula 35ª, CCT/2015; R$ 40,00, cláusula 37ª, CCT/2016; R$ 45,00, cláusula 38ª, CCT/2017, CCT/2018, R$ 60,00, cláusula 38ª, CCT/2019 e CCT/2020), dentre outros direitos (docs. anexos).

Contudo, a Empresa Reclamada não vem cumprindo suas obrigações legais.

Nesse período, a Reclamada não concedeu os reajustes normativos e deixou de fornecer as cestas básicas previstas em normas coletivas de trabalho.

Destarte, espera a condenação da Reclamada ao pagamento retroativo dos valores devidos desde novembro/2016, inclusive para os empregados que se desligaram da empresa nesse período.

2.2 Multa normativa

Considerando a violação das cláusulas normativas, também espera a condenação da Reclamada ao pagamento da multa normativa em favor de cada empregado (10% sobre o piso normativo por cada infração e para cada trabalhador, cláusulas 42ª, 43ª e 45ª, CCT) (docs. anexos).

2.3 Tutela de urgência

Com fundamento nos arts. 294 e seguintes do CPC, o Reclamante requer a concessão de tutela provisória de urgência, determinando o cumprimento imediato das cláusulas convencionais mencionadas, com a implementação dos reajustes na folha de pagamento e o regular fornecimento das cestas básicas, no prazo de 10 dias, sob pena de multa diária a ser fixada por V. Exa., em favor dos trabalhadores vitimados. Requer, desde já, que a multa diária seja fixada no valor de R$ 100,00 para cada trabalhador.

2.4 Exibição de documentos

Outrossim, requer a intimação da Reclamada para que exiba a RAIS da empresa a partir de 2016, com o objetivo de se identificar todos os empregados atuais e que tiveram seus contratos extintos no período, nos termos dos arts. 396 e seguintes, CPC.

Segundo informações dos trabalhadores, nesse período, a Reclamada contratou aproximadamente 50 empregados.

3 PEDIDOS E REQUERIMENTOS

Ante o exposto, espera o regular processamento da presente reclamação trabalhista, com a citação da Reclamada no endereço indicado, para que compareça em Juízo, em audiência designada por Vossa Excelência e apresente sua defesa em audiência, sob pena de incorrer nos efeitos da revelia.

Requer a **concessão de tutela provisória de urgência**, determinando o cumprimento imediato das cláusulas convencionais mencionadas, com a implementação dos reajustes na folha de pagamento e o regular fornecimento das cestas básicas, no prazo de 10 dias, sob pena de multa diária a ser fixada por V. Exa., em favor dos trabalhadores vitimados. Requer, desde já, que a multa diária seja fixada no valor de R$ 100,00 para cada trabalhador.

O Reclamante espera a procedência dos pedidos para condenar a Reclamada ao pagamento:

a) Reajustes salariais desde novembro/2016, nos termos dos instrumentos normativos, R$ ...;

b) Das cestas básicas desde novembro/2016, nos termos dos instrumentos normativos, R$ ...;

c) Multas normativas em favor dos trabalhadores, R$ ...

Outrossim, espera a condenação da Reclamada ao pagamento de honorários advocatícios (Súm. 219, III, TST; art. 791-A), bem como de despesas processuais e custas processuais.

Requer-se a concessão dos benefícios da assistência judiciária.

Pretende-se provar o alegado por todos os meios em Direito permitidos (art. 5º, LVI, CF) (documentos, testemunhas, vistorias etc.), em especial, para o depoimento da Reclamada, sob pena de confissão (Súm. 74, TST).

Requer ainda que a Reclamada seja intimada para que exiba a RAIS da empresa a partir de 2011, nos termos dos arts. 396 e seguintes do CPC.

Dá-se à causa o valor de R$ _____ (...)

Nestes termos,

pede deferimento.

Local e data

Advogado.

OAB nº _____

Obs. Acompanhada da planilha de cálculos em arquivo PDF (preferencialmente, extraída do PJe-calc).

AÇÃO DE CONSIGNAÇÃO DE PAGAMENTO

29.1 FUNDAMENTO JURÍDICO

A ação de consignação em pagamento tem previsão nos arts. 539 ss do CPC.

29.2 CABIMENTO

A ação de consignação de pagamento é cabível quando: (a) o credor não puder ou, sem justa causa, se recusar a receber o pagamento ou dar quitação (dívida portável); (b) o credor não for, nem mandar receber a coisa, no lugar, tempo e condição devidos (dívida quesível); (c) o credor for incapaz de receber, for desconhecido, declarado ausente, ou residir em lugar incerto ou de acesso perigoso ou difícil; (d) ocorrer dúvida sobre quem deva legitimamente receber o objeto do pagamento; (e) pender litígio sobre o objeto de pagamento (art. 335, CC).

O legislador considera a consignação como pagamento e extingue a obrigação (art. 334, CC), podendo a coisa devida ser depositada judicialmente ou em estabelecimento bancário, no caso de dinheiro – consignação extrajudicial (art. 539, § 1º, CPC).

A utilização da ação de consignação da Justiça do Trabalho somente pode envolver os créditos decorrentes da relação de trabalho, observados os parâmetros previstos na CF (art. 114).

Normalmente, na seara trabalhista, a ação de consignação é utilizada pelo empregador para colocar à disposição do ex-empregado as verbas rescisórias do contrato de trabalho, quando este não mais comparece à empresa ou quando vem a falecer. Vale dizer, a ação de consignação não pode ser vista como uma via processual para o simples pedido de homologação da rescisão contratual.

> "AÇÃO DE CONSIGNAÇÃO EM PAGAMENTO. A ação de consignação em pagamento é um procedimento especial que possibilita a quitação de uma obrigação por parte do devedor, seja pela quitação de valores, seja pelo depósito da coisa devida (artigo 539 do CPC). Ainda, para o cabimento da ação de consignação, é necessário a prova da recusa do credor, dúvida sobre a sua legitimidade ou a existência de litígio sobre o objeto do pagamento, conforme dispõe o art. 335 do

Código Civil" (TRT – 2ª R. – 3ª T. – RO 1000375-78.2019.5.02.0602 – Rel. Des. Mércia Tomazinho – publ. 25-8-2020).

"Ação de consignação em pagamento. Contribuições sindicais. Dúvida quanto à legitimidade de representação. Ação pendente de julgamento. Havendo dúvida fundamentada acerca de quem possui legitimidade para o recebimento do pagamento, o recurso da autora merece ser provido, para que seja julgada procedente a ação de consignação em pagamento, extinguindo a ação, com resolução de mérito, para que a parte possa realizar os depósitos que entenda devidos, liberando a consignante de futuras cobranças pelo sindicato réu quanto às importâncias consignadas. Recurso Ordinário da autora provido" (TRT – 2ª R. – 14ª T. – RO 1001522-46.2016.5.02.0473 – Rel. Des. Davi Furtado Meirelles – publ. 20-5-2019).

Além do pagamento das verbas trabalhistas, também tem se admitido a entrega de documentos pertinentes à ruptura do pacto laboral (obrigação de dar) no bojo da ação de consignação em pagamento.

"AÇÃO DE CONSIGNAÇÃO EM PAGAMENTO. INTERESSE DE AGIR. A consignação em pagamento tem por objeto, além da consignação do pagamento das verbas trabalhistas devidas, o cumprimento de obrigação de dar, consistente na entrega dos documentos rescisórios, o que acarreta, via de consequência, a formalização da rescisão contratual, nos termos do art. 539 c/c art. art. 335, II do CPC/2015" (TRT – 3ª R. – 1ª T. – RO 0010151-06.2020.5.03.0005 – Rel. Juíza Adriana Goulart de Sena Orsini – j. 6-8-2020).

"AÇÃO DE CONSIGNAÇÃO EM PAGAMENTO. CABIMENTO. Com a alteração na redação do art. 477, § 6º, da CLT, pelo advento da Lei 13.467/2017, o acerto rescisório passou a ser ato complexo, em que o empregador deve proceder a entrega de documentos e o pagamento das verbas rescisórias. O art. 539, caput, do CPC, a seu turno, dispõe que cabe ação de consignação da quantia ou da coisa devida. E, ainda, o art. 334 do Código Civil estatui que 'Considera-se pagamento, e extingue a obrigação, o depósito judicial ou em estabelecimento bancário da coisa devida, nos casos e forma legais.' (destaques acrescidos). Neste diapasão, a ação de consignação em pagamento é cabível não só para o devedor desonerar-se do pagamento, mas também da obrigação de entrega da coisa devida que, na hipótese, são os documentos rescisórios" (TRT – 3ª R. – 8ª T – RO 0010396-42.2020.5.03.0029 – Rel. Des. Márcio Flávio Salem Vidigal – j. 13-8-2020).

A liberação do pagamento da multa legal (art. 477, CLT), pelo ajuizamento da ação de consignação em pagamento, é controvertida, sendo aceita por alguns apenas se a ação é proposta no prazo (dentro do prazo) legal para pagamento das verbas rescisórias.

"MULTA DO ART. 477, § 8º, DA CLT. Extinto o vínculo empregatício sem o tempestivo adimplemento das verbas rescisórias, resta devido o pagamento

da multa do art. 477, § 8º, da CLT, não havendo que se cogitar em culpa dos herdeiros do autor. Consoante devidamente ressaltado na origem, o ordenamento jurídico pátrio prevê meios para que não se incorra em mora no cumprimento das obrigações, citando-se, dentre elas, a consignação em pagamento. Recurso ordinário da reclamada a que se nega provimento, no particular" (TRT – 2ª R. – 3ª T. –RO 1000061-30.2018.5.02.0712 – Rel. Juiz Paulo Eduardo Vieira de Oliveira – publ. 25-9-2019).

29.3 CONSIGNAÇÃO EXTRAJUDICIAL

Além da ação de consignação, o CPC prevê a consignação em pagamento de forma extrajudicial (art. 539, § 1º).

Nesse caso, o valor do depósito extrajudicial (exclusivamente prestação pecuniária) poderá ser depositado em estabelecimento bancário, oficial onde houver, situado no lugar do pagamento, cientificando o credor por carta com aviso de recebimento,[1] assinado o prazo de 10 dias para a manifestação de recusa. Decorrido esse prazo sem manifestação de recusa do credor, o devedor está liberado da obrigação.

Ocorrendo a recusa do credor por escrito junto ao estabelecimento bancário, o devedor ou terceiro poderá propor a ação de consignação, instruindo-a com a prova do depósito e a recusa do credor, no prazo de um mês, sob pena de o depósito perder seu efeito, podendo ser inclusive levantado.

Inexistindo estabelecimento bancário oficial na localidade, o devedor poderá se socorrer de banco particular.

A jurisprudência e a doutrina se dividem quanto à possibilidade da consignação extrajudicial dos direitos trabalhistas.

29.4 DESPESAS PROCESSUAIS E HONORÁRIOS ADVOCATÍCIOS

Tramitando perante a Justiça do Trabalho, as custas processuais seguirão as regras da CLT (IN 27/05, TST).

As custas processuais serão pagas quando da interposição do recurso ou ao final do processo (arts. 789 ss do CLT), de modo que não existem custas processuais no momento da distribuição da ação.

Também por falta de amparo legal, não existem despesas de juntada do instrumento do mandato e diligência de oficial de justiça.

Com a Lei 13.467/17, a parte sucumbente será condenada em honorários advocatícios (art. 791-A, CLT).

29.5 PROCEDIMENTO

A ação de consignação poderá ser proposta pelo devedor ou terceiro (art. 539, CPC), havendo certa controvérsia na doutrina apenas se o terceiro interessado

---

[1] Sugerimos que a comunicação seja feita por telegrama, com cópia e aviso de recebimento.

juridicamente na extinção da obrigação tivesse legitimidade para a consignação ou também o terceiro sem interesse.

Para que a consignação tenha força de pagamento, será necessário que concorram, em relação às pessoas, ao objeto, modo e tempo, todos os requisitos sem os quais não é válido o pagamento (art. 336, CC).

Na hipótese de o devedor da obrigação litigiosa pagar a qualquer dos pretendidos credores, tendo conhecimento do litígio, assume os riscos do pagamento. O que não ocorre com a consignação de pagamento que o exonera da obrigação.

Salvo se for julgado improcedente, o depósito cessa o cômputo dos juros da dívida e os riscos (art. 337, CC; art. 540, CPC).

Enquanto o credor não declarar que aceita o depósito ou não o impugnar, o devedor poderá requerer o levantamento dos valores depositados, desde que pague as despesas. Nesse caso, a obrigação do devedor continua a existir.

O credor que, depois de contestar a lide ou aceitar o depósito, aquiescer no levantamento, perderá a preferência e a garantia que lhe competiam com respeito à coisa consignada, ficando desobrigados os codevedores e fiadores que não tenham anuído.

Tido como revel ou comparecendo em juízo o credor para receber e dar quitação, a ação será julgada procedente com a declaração de extinção da obrigação e a condenação do requerido pelas despesas processuais.

Nessas hipóteses, ou quando a decisão julga procedente a consignação e a consignação for das verbas rescisórias, a decisão judicial acaba por reconhecer como corretos os valores oferecidos para a extinção do contrato de trabalho.

Além das questões processuais, na contestação, o requerido poderá alegar que: (a) não houve recusa ou mora em receber a quantia ou coisa devida; (b) foi justa a recusa; (c) o depósito não se efetuou no prazo ou no lugar do pagamento; (d) o depósito não é integral, devendo indicar os valores que entenda devidos.

Caso a contestação alegue que o depósito não corresponde ao montante da obrigação, poderá o autor complementá-lo no prazo de dez dias, salvo em se tratando de prestação cujo inadimplemento acarrete rescisão do contrato.

Além da contestação, admitem-se as exceções de suspeição e impedimento, além da exceção de incompetência territorial. Na própria contestação, é possível a reconvenção, desde que conexa com a ação principal ou com os fundamentos da defesa (art. 343, CPC).

Porém, é de se ressalvar que não haveria interesse processual na reconvenção quando o requerido alegar na contestação insuficiência do depósito, pois, nesse caso, a decisão da própria consignação determinará o pagamento da diferença (art. 545, § 2º, CPC). Nesse caso, a doutrina tem reconhecido o caráter dúplice da ação de consignação. Contudo, não se admite pedido contraposto envolvendo outras questões.

O não comparecimento do autor em audiência importa o arquivamento da ação de consignação, enquanto o requerido, à revelia e seus efeitos.

A defesa será apresentada de forma escrita ou oral no prazo de 20 minutos, seguindo as regras da CLT (art. 847 e parágrafo único), salvo a exceção de incompetência territorial (art. 800, CLT, Lei 13.467).

Quando a dívida se fundar em dúvida sobre quem deva legitimamente receber, não comparecendo nenhum pretendente, converter-se-á o depósito em arrecadação de bens de ausentes.

Feito o depósito e tendo comparecido mais de um pretendente, o juiz declarará extinta a obrigação e o processo continuará entre os pretendentes.

Acordo celebrado e homologado na ação de consignação é decisão irrecorrível (art. 831, CLT), somente atacável por ação rescisória (Súm. 259, TST).

Se a decisão judicial concluir pela insuficiência do depósito, determinará, sempre que possível, o montante devido, sendo facultado ao credor promover-lhe a execução nos mesmos autos.

29.6 ESTRUTURA

A estrutura da ação em consignação em pagamento deve observar os requisitos previstos nos arts. 840, CLT, e 319, CPC.

Assim, sugerimos a leitura do capítulo referente à reclamação trabalhista (Capítulo 2).

A ação de consignação será proposta segundo os critérios de competência territorial da CLT (art. 651), tendo como regra geral o local da prestação de serviços.

Na ação de consignação, caso a coisa devida seja imóvel ou deva ser entregue no mesmo lugar onde está, poderá o devedor citar o credor para vir ou mandar recebê-la. No segundo caso, não comparecendo o credor, a coisa será depositada (art. 341, CC).

Na petição de consignação, o autor requererá o depósito da quantia ou coisa devida a ser efetuado no prazo de cinco dias do deferimento.

Se a escolha da coisa indeterminada competir ao credor, será ele citado para exercer o direito no prazo de cinco dias, se outro prazo não constar da lei ou do contrato, sob cominação de perder o direito e de ser depositada a coisa que o devedor escolher.

Se a dívida vencer durante o litígio entre os credores, qualquer um deles poderá requerer a consignação.

Tratando-se de prestações periódicas, consignada a primeira prestação, as demais serão consignadas no mesmo processo, desde que o depósito seja efetuado até cinco dias da data do vencimento. Trata-se de uma faculdade do autor.

29.7 MODELO DE AÇÃO DE CONSIGNAÇÃO EM PAGAMENTO

EXCELENTÍSSIMO SENHOR DOUTOR JUIZ DA _____
VARA DO TRABALHO DE _____

(10 cm)

CAVALCANTE & NOLETO FUNDIÇÃO DE METAIS LTDA. (nº do CNPJ), (nº do CEI), (endereço físico e eletrônico), por seu advogado (nome completo), o qual receberá as intimações e notificações (endereço físico e eletrônico), vem, à presença de Vossa Excelência, propor a presente *AÇÃO DE CONSIGNAÇÃO EM PAGAMENTO*, com respaldo nos arts. 539 e seguintes do CPC, em face de **SILVANO RUBRONEGRO** (nacionalidade), (estado civil), (profissão), (nº do CPF), (nº do RG e órgão expedidor), (nº da CTPS), (nº do PIS/PASEP ou do NIT), (data de nascimento), (nome da mãe), (endereço físico e eletrônico), pelas razões de fato e direito que passa a expor.

FATOS E FUNDAMENTOS JURÍDICOS

O Requerido passou a trabalhar para a Requerente aos 10-11-2021, na função de perfurador de placas, tendo sido contratado pelo período de experiência de 60 dias (doc. anexo), com salário mensal de R$ 1.200,00.

Faltando dois dias para o final do prazo de experiência, o Requerido foi comunicado que o contrato de trabalho não seria prorrogado (doc. anexo).

Após o comunicado, o Requerido não retornou mais ao local de trabalho, sendo ele credor das verbas rescisórias (cinco dias de saldo de salário; décimo-terceiro salário proporcional e férias, acrescidas de 1/3, proporcionais), e ainda tem o direito de retirar as guias de saque do FGTS e seguro-desemprego.

A Requerente, pretendendo quitar suas obrigações trabalhistas, já telefonou para a residência do Requerido e deixou dois recados (apontar os dias e horários, com a Sra. Miriam Tadeu) e ainda enviou um telegrama com cópia e aviso de recebimento (doc. anexo).

Contudo, o Requerido não demonstrou qualquer interesse em receber seus créditos, pois sequer retornou as convocações.

Visando à quitação dos valores e à não aplicação da multa do art. 477, § 8º, da CLT, ingressa com a presente ação no último dia do prazo para pagamento das verbas rescisórias.

PEDIDOS E REQUERIMENTOS

Ante o exposto, espera o regular processamento da presente ação, com o deferimento do prazo de cinco dias para depósito da quantia devida e a designação de audiência, a citação do Requerido para que integre a lide e levante os valores e retire as guias de saque do FGTS e seguro-desemprego ou apresente sua defesa no prazo legal, sob pena de incorrer nos efeitos da revelia.

Ao final, acolha a pretensão inicial, liberando a Requerente de suas obrigações trabalhistas.

Outrossim, requer a condenação do Requerido ao pagamento de honorários advocatícios (art. 791-A, CLT), bem como de despesas processuais e custas processuais.

Pretende-se provar o alegado por todos os meios admitidos em Direito, em especial, prova documental, depoimento pessoal (Súm. 74, TST) e testemunhal.

Dá-se à causa o valor de R$ _____ (...).

Nestes termos,

pede deferimento.

Local e data

Advogado

OAB nº _____

Obs. Acompanhada da planilha de cálculos em arquivo PDF (preferencialmente, extraída do PJe-calc).

AÇÃO DE EXIGIR CONTAS

30.1 FUNDAMENTO JURÍDICO

A ação de exigir contas está disciplinada pelos arts. 550 ss do CPC.

30.2 CABIMENTO

Aquele que afirmar ser titular de um direito poderá exigir contas (art. 550, CPC).

Contudo, a competência da Justiça do Trabalho é limitada às ações de exigir contas que decorram da relação de trabalho (art. 114, CF; EC 45),[1] como o caso da empresa que exige a prestação de contas do empregado viajante ou do empregado comissionista que deseja verificar se a comissão recebida corresponde ao montante de vendas efetuadas no período, isso porque determinadas pessoas, às quais houver sido confiada a administração ou a gestão de bens ou de interesses alheios, têm a obrigação de prestar contas, quando solicitadas, ou de dá-las voluntariamente, se necessário.

30.3 DESPESAS PROCESSUAIS E HONORÁRIOS ADVOCATÍCIOS

Tramitando perante a Justiça do Trabalho, as custas processuais seguirão as regras da CLT (IN 27/05, TST).

As custas processuais serão pagas quando da interposição do recurso ou ao final do processo (arts. 789 ss, CLT), de modo que não existem custas processuais no momento da distribuição da ação.

Também por falta de amparo legal, não existem despesas de juntada do instrumento do mandato e diligência de oficial de justiça.

Com a Lei 13.467/17, a parte sucumbente será condenada em honorários advocatícios (art. 791-A, CLT).

---

[1] "COMPETÊNCIA DA JUSTIÇA DO TRABALHO NA AÇÃO DE PRESTAÇÃO DE CONTAS: As provas coligidas nos presentes autos, tanto de natureza oral como documental, não deixam dúvidas de que a relação contratual havida entre as partes litigantes sucedeu sob a égide do artigo 3º consolidado. Desta forma, inarredável a manutenção do r. julgado de origem que entendeu pela competência desta Justiça do Trabalho para dirimir a presente questão. Aplicação do artigo 114 da CF. Recurso ordinário dos autores improvido pelo Colegiado Julgador" (TRT – 2ª R. – 11ª T. – RO 1001099-94.2017.5.02.0071 – Rel. Des. Ricardo Verta Luduvice – publ. 17-9-2019).

30.4 PROCEDIMENTO

O procedimento da ação de exigir contas proposta por quem tem interesse em exigi-las divide-se em duas fases. Na primeira fase, verifica-se se o requerente tem ou não o direito de exigir a prestação de contas e, na segunda, que apenas tem início se na primeira fase ficar reconhecido o direito à prestação e visa à verificação das contas e apuração de eventual saldo existente em favor de uma das partes.

Citado, o requerido poderá prestar as contas em 15 dias (art. 550, CPC), o que se equivalerá ao reconhecimento do direito do requerente. Poderá o requerido ainda manter-se inerte, sofrendo os efeitos da revelia, ou contestar o direito do autor, fazendo-a acompanhar das contas ou não. No Processo do Trabalho, será designada audiência para tentativa conciliatória e apresentação da defesa.

Quanto às demais hipóteses de resposta, a exceção é plenamente cabível, o que não se pode dizer da reconvenção, ante o caráter dúplice da ação de prestação de contas.

A primeira fase se encerra com uma decisão jurisdicional que reconhece ou não o direito do requerente à prestação de contas.

No Processo do Trabalho, além do recurso de embargos de declaração no prazo de cinco dias, contra essa decisão cabe recurso ordinário no prazo de oito dias.

Superada a primeira fase, inicia-se a segunda, com a apresentação de contas e apuração de diferenças.

A decisão, ao reconhecer o direito do requerente à prestação de contas, condenará o requerido a prestá-la no prazo de 15 dias, sob pena de não lhe ser lícito impugnar as contas que o requerente apresente (art. 550, §§ 4º e 5º, CPC). A decisão tem natureza condenatória.

Caso o requerido não apresente as contas, o autor será intimado a apresentá-las no prazo de 15 dias, podendo o magistrado determinar a realização de exame pericial, se julgar necessário (art. 550, § 6º).

As contas devem ser prestadas, por qualquer das partes, de forma adequada, especificando-se as receitas, a aplicação das despesas, os investimentos e saldo (art. 551, *caput* e § 2º).

Apresentadas as contas, o requerente terá o prazo de 15 dias para se manifestar.

A impugnação das contas apresentadas pelo réu deverá ser fundamentada e específica, com referência expressa ao lançamento questionado. Diante da impugnação, o juiz estabelecerá prazo razoável para que o réu apresente os documentos justificativos dos lançamentos individualmente impugnados.

A decisão que julgar as contas encerra a segunda fase e declarará a conta como certa ou certeza quanto ao saldo devedor em favor de uma das partes (trata-se de título executivo judicial).

30.5 ESTRUTURA

Na peça inicial, o autor especificará, detalhadamente, as razões pelas quais exige as contas, instruindo-a com documentos comprobatórios dessa necessidade, se existirem (art. 550, § 1º, CPC).

A estrutura da ação de prestação de contas deve observar os requisitos previstos no art. 319, CPC, e no art. 840, CLT.

Assim, sugerimos a leitura do capítulo referente à reclamação trabalhista (Capítulo 2).

30.6 MODELO DE AÇÃO DE PRESTAÇÃO DE CONTAS

EXCELENTÍSSIMO SENHOR DOUTOR JUIZ DA _____ VARA DO TRABALHO DE _____

(10 cm)

CAVALCANTE & NOLETO COMÉRCIO DE TECIDOS LTDA. (nº do CNPJ), (nº do CEI), (endereço físico e eletrônico), por seu advogado (nome completo), o qual receberá as intimações e notificações (endereço físico e eletrônico), vem, à presença de Vossa Excelência, propor a presente **AÇÃO DE EXIGIR CONTAS**, com respaldo nos arts. 550 e seguintes do CPC, cumulado com o art. 114, I, da CF, em face de **ISABELLY SANTOS CAVALCANTE** (nacionalidade), (estado civil), (profissão), (nº do CPF), (nº do RG e órgão expedidor), (nº da CTPS), (nº do PIS/PASEP ou do NIT), (data de nascimento), (nome da mãe), (endereço físico e eletrônico), pelas razões de fato e direito que passa a expor.

DO CONTRATO DE TRABALHO E O DEVER DE PRESTAR CONTAS

A Requerida trabalhou para o Requerente na qualidade de vendedora externa no período de 1º-8-2000 a 30-9-2021 (doc. anexo), com o salário mensal de R$ 2.000,00, mais comissões de 4% sobre as vendas realizadas.

O contrato de trabalho foi extinto por iniciativa da Requerida (pedido de demissão).

Atualmente, o Requerente está domiciliado em São José dos Campos, São Paulo.

Na função de vendedora externa, a Requerida era responsável pelo atendimento dos clientes da região de Botucatu e Bauru, interior do Estado de São Paulo, celebrando contratos comerciais de fornecimento de tecidos em nome do Requerente, realizando vendas e recebendo os valores correspondentes, mediante recibos por ela mesma assinados (docs. anexos).

Nos termos das cláusulas contratuais, a Requerida tinha o dever de prestar contas mensalmente de suas transações comerciais, por relatório escrito, e fazer os depósitos de valores recebidos no prazo de 24 horas da data do recebimento na conta corrente da Requerente.

Tais atribuições constam expressamente em seu contrato de trabalho (doc. anexo).

DA NECESSIDADE DE PRESTAÇÃO DE CONTAS

Ocorre que nos últimos meses (desde novembro 2020), o Requerente tem recebido reclamações dos clientes atendidos pela Requerida, no que se refere à não entrega de mercadorias já quitadas e pendências de parcelas pagas (docs. anexos).

A situação, inclusive, tem ocasionado problemas de credibilidade comercial, como no caso do cliente Tico e Teco Armarinhos Ltda., o qual sofreu o protesto indevido de duplicata e ingressou contra a Requerente com uma ação de reparação civil e apresentou o recibo de quitação assinado pela Requerida, levando o Requerente a pagar o valor de R$ 15.000,00 pelo protesto indevido (1ª Vara Cível de Bauru, proc., doc. anexo).

O cliente Tico e Teco Armarinhos Ltda. era um dos clientes atendidos pela Requerida.

DO CABIMENTO DA AÇÃO DE PRESTAÇÃO DE CONTAS

Por força do art. 550, CPC, a ação de exigir contas é cabível por quem tem o direito de exigi-la.

No caso concreto, é inegável que o Empregador tem o direito de exigir prestação de contas dos seus empregados que detenham poderes de representação comercial e ainda possam receber valores e dar quitação em seu nome.

Tratando-se de uma relação de empregado e de cláusula expressa do contrato de trabalho, a competência para a presente ação é da Justiça do Trabalho (art. 114, I, CF).

PEDIDOS E REQUERIMENTOS

Ante o exposto, espera o regular processamento da presente ação, com a designação de audiência e a citação da Requerida para que integre a lide e apresente as contas, do período de janeiro/2016 até setembro/2021, no prazo de 15 dias, ou ainda apresente sua defesa no prazo legal, sob pena de incorrer nos efeitos da revelia.

Após o devido processo legal, espera o reconhecimento do direito do Requerente à prestação de contas, até por forças das cláusulas contratuais, para que a prestação de contas se dê no prazo de 15 dias.

Com a apuração de diferenças em favor do Requerente a ser declarada em sentença, requer sua execução judicial, com medidas coercitivas, se necessárias.

Outrossim, requer a condenação da Requerida ao pagamento de honorários advocatícios (art. 791-A, CLT), bem como de despesas processuais e custas processuais.

Pretende-se provar o alegado por todos os meios admitidos em Direito, em especial, prova documental, depoimento pessoal (Súm. 74, TST), testemunhal e pericial.

Dá-se à causa o valor de R$ _____ (...).

Nestes termos,

pede deferimento.

Local e data

Advogado

OAB nº _____

Obs. Acompanhada da planilha de cálculos em arquivo PDF (preferencialmente, extraída do PJe-calc).

AÇÃO REVISIONAL

31.1 FUNDAMENTO JURÍDICO

A teoria da imprevisão[1] (*rebus sic stantibus*) do Direito Civil e os arts. 478, CC, e 505, I, CPC justificam o pedido de revisão judicial das relações continuadas quando houver modificação no estado de fato ou de direito.

31.2 CABIMENTO

Existem relações jurídicas de efeito continuado, são as relações jurídicas continuadas, que se projetam no tempo e sofrem mutações pela alteração do estado das coisas, mesmo depois do reconhecimento do direito pelo Estado.

Na seara do Direito do Trabalho, encontram-se casos de relações jurídicas continuadas, *v. g.*, quanto à obrigação do empregador de pagar o adicional de insalubridade ao trabalhador, o qual pode variar de grau (mínimo, médio e máximo) de uma época para outra, chegando inclusive a deixar de existir caso os agentes químicos e biológicos sejam eliminados.

Assim, ainda, que o trabalhador tenha o direito à percepção do adicional de insalubridade reconhecido por uma decisão transitada em julgado, os efeitos da decisão podem sofrer variações no tempo (na vigência do contrato de trabalho).

Com a ampliação da competência da Justiça do Trabalho (EC 45), também se verifica a possibilidade de ação revisional de decisões condenatórias, transitadas em julgado, ao pagamento de pensões vitalícias decorrentes de acidente ou doença do trabalho (ilícito civil).

---

[1] Nas lições de Maria Helena Diniz: "Imprevisão. 1. Direito civil e direito administrativo. Teoria que admite a possibilidade de revisão dos contratos, em casos graves, quando a superveniência de acontecimentos extraordinários e imprevisíveis, por ocasião da formação dos pactos, torna sumamente onerosas as relações contratuais assumidas, gerando a impossibilidade subjetiva de execução desses contratos. Tal doutrina tempera o princípio absoluto da imutabilidade contratual, aditando à regra *pacta sunt servanda* a cláusula *rebus sic stantibus*, que se inspira na equidade e no princípio do justo equilíbrio entre os contratantes, como ensinam Nicola e Francesco Stolfi. 2. Nas linguagens comuns e jurídicas: (a) negligência, (b) falta de previsão, (c) falta de análise prévia dos efeitos decorrentes de certo ato" (*Dicionário Jurídico*, v. 2, p. 788).

A influência da situação fática nos efeitos da coisa julgada decorre da teoria da imprevisão (*rebus sic stantibus*), a qual se expressa da seguinte forma: enquanto as coisas permanecem como estão, enquanto houver a permanência dos requisitos que lhe deram causa.

A possibilidade de revisão dos efeitos da coisa julgada nas relações jurídicas continuativas pela modificação no estado de fato ou de direito se dá pela ação revisional (art. 505, I, CPC).

Importante dizer que não se trata de uma ação que vise desconstituir a coisa julgada, o que somente é possível por ação rescisória, mas a adequação do julgado à nova realidade.

Trata-se de uma ação trabalhista autônoma em relação à que reconheceu o direito, sendo aconselhável a distribuição por dependência a essa.

Em regra geral, a ação revisional pode ser proposta tanto pelo empregado, como pelo empregador. No que tange aos adicionais de insalubridade e periculosidade, tem-se admitido a substituição processual pelo sindicato (art. 195, § 2º, CLT; Súm. 271, TST, cancelada pela Res. 121/03). Assim, também o sindicato pode ingressar com a ação revisional, substituindo os trabalhadores.

Após a distribuição da ação, segue-se o procedimento trabalhista, sendo que no caso de adicional de insalubridade ou mesmo periculosidade, a realização de nova prova pericial se mostra indispensável. Até porque o direito do empregado ao adicional cessará com a eliminação do risco à sua saúde ou integridade física (art. 194, CLT), o que será constatado por uma nova perícia técnica.

> "AÇÃO REVISIONAL. HIPÓTESE E EFEITOS. *Para supressão do pagamento do adicional de insalubridade, cujo direito foi reconhecido em sentença, é imprescindível recorrer às normas subsidiárias do Código de Processo Civil, uma vez que a CLT não dispõe de norma própria, de modo que, quando sobrevier modificação no estado de fato, a parte interessada deve ajuizar ação revisional, em processo distinto, pleiteando a cessação dos efeitos da coisa julgada anterior, como prevê o art. 505, inciso I, do novel CPC. Levando em consideração que a sentença que julga procedente o pedido em ação revisional é de natureza declaratória e constitutiva, e que não comporta execução, seus efeitos não podem ser outros senão ex nunc, somente podendo se projetar no tempo e espaço após o trânsito em julgado, uma vez que anteriormente estava vigente a decisão que determinou o pagamento do adicional de insalubridade. Recurso ordinário interposto pelas partes aos quais se nega provimento"* (TRT – 2ª R. – 13ª T. – RO 001037-35.2014.5.02.0467 – Rel. Des. Cintia Taffari – publ. 21-9-2016).

Também se mostra cabível a ação revisional, por exemplo, quando se verificar alteração do grau de incapacidade do trabalhador, para fins de cálculo de pensionamento vitalício decorrente de acidente ou doença do trabalho.

> "AÇÃO DE REVISÃO DE PAGAMENTO DE PENSÃO DECORRENTE DE DOENÇA OCUPACIONAL. INALTERABILIDADE DAS CONDIÇÕES QUE ENSEJARAM A CONDENAÇÃO. *Admitida a pretensão revisional com espeque no artigo 505 do Código de Processo Civil, se faz necessária a prova da 'modificação no estado de fato ou de direito'. A prova pericial produzida nos presentes autos*

confirmou persistente a incapacidade parcial, ressalvando apenas a hipótese de recolocação do autor em função compatível com a sua incapacidade. Revela-se, portanto, prematura a interposição da Ação Revisional, pois persistente a doença ocupacional já definida pela res judicata, da qual não restou demonstrada a alteração das condições constatadas no feito em que foi deferido o pensionamento mensal, capaz de exonerar a empresa do pagamento da pensão mensal lá fixada. Recurso Ordinário que se nega provimento" (TRT – 2ª R. – 8ª T. – RO 1001179-18.2016.5.02.0031 – Rel. Des. Persio Luis Teixeira de Carvalho – publ. 21-8-2019).

Trata-se de uma ação de natureza constitutiva, com efeito *ex nunc*.

31.3 DESPESAS PROCESSUAIS E HONORÁRIOS ADVOCATÍCIOS

Tramitando perante a Justiça do Trabalho, as custas processuais seguirão as regras da CLT (IN 27/05, TST).

As custas processuais serão pagas quando da interposição do recurso ou ao final do processo (arts. 789 ss., CLT), de modo que não existem custas processuais no momento da distribuição da ação.

Também por falta de amparo legal, não existem despesas de juntada do instrumento do mandato e diligência de oficial de justiça.

Com a Lei 13.467/17, a parte sucumbente será condenada em honorários advocatícios (art. 791-A, CLT).

31.4 PROCEDIMENTO

A ação revisional tramitará seguindo os procedimentos trabalhistas (sumário, sumaríssimo e ordinário), fixados pelo critério valor da causa.[2]

Não se trata de uma ação acessória, por isso, não há prevenção do juízo que julgou a ação anterior.

"CONFLITO NEGATIVO DE COMPETÊNCIA. AÇÃO REVISIONAL. INEXISTÊNCIA DE PREVENÇÃO. A distribuição por dependência, nos termos do artigo 286 do CPC, tem pertinência quando o feito se relacionar com outro, anteriormente ajuizado, em razão de conexão ou continência, e nas demais hipóteses lá previstas, as quais não incluem a ação revisional de que trata o art. 505, I, do CPC. A ação revisional não se qualifica como acessória, eis que não se destina a complementar a ação principal, mas possui autonomia, subsistência própria que se funda na modificação dos fatos ou do direito, daí a sua natureza modificativa. Ademais, como já proferida decisão transitada em julgado no primeiro processo, impossível o julgamento simultâneo, conforme art. 55, § 1º, do CPC e Súmulas 59 e 235 do STJ" (TRT – 2ª R. – SDI-6 – CC 1003329-94.2018.5.02.0000 – Rel. Des. Manoel Antonio Arino – publ. 11-9-2019).

---

[2] Sobre os procedimentos, sugerimos consultar *Direito Processual do Trabalho*, de Francisco Ferreira Jorge Neto e Jouberto de Quadros Pessoa Cavalcante. São Paulo: Atlas, 8. ed. 2019.

31.5 ESTRUTURA

A estrutura da ação revisional deve observar os requisitos previstos no art. 319, CPC, e no art. 840, CLT. Assim, sugerimos a leitura do capítulo referente à reclamação trabalhista (Capítulo 2).

31.6 MODELO DE AÇÃO REVISIONAL

EXCELENTÍSSIMO SENHOR DOUTOR JUIZ DA _____
VARA DO TRABALHO DE _____

(10 cm)

RITA DE CÁSSIA REZENDE (nacionalidade), (estado civil), (profissão), (nº do CPF), (nº do RG e órgão expedidor), (nº da CTPS), (nº do PIS/PASEP ou do NIT), (data de nascimento), (nome da mãe), (endereço físico e eletrônico), e **MARIA VITÓRIA CAVALCANTE** (nacionalidade), (estado civil), (profissão), (nº do CPF), (nº do RG e órgão expedidor), (nº da CTPS), (nº do PIS/PASEP ou do NIT), (data de nascimento), (nome da mãe), (endereço físico e eletrônico), por seu advogado (nome completo), o qual receberá as intimações e notificações (endereço físico e eletrônico), vem, à presença de Vossa Excelência, propor a presente ***AÇÃO REVISIONAL DO ADICIONAL DE INSALUBRIDADE***, nos termos do art. 505, I, CPC, em face de **PAULO & PEDRO HOSPITAL LTDA.** (nº do CNPJ), (nº do CEI), (endereço físico e eletrônico), pelas razões de fato e direito que passa a expor.

1 CONTRATO DE TRABALHO

A Requerente Rita de Cássia passou a trabalhar para o Requerido aos 5-3-2000, na função de enfermeira no setor de pediatria. Atualmente, recebe o salário mensal de R$ 2.000,00, acrescido do adicional de insalubridade em grau médio.

Já a Requerente Maria Vitória firmou contrato de trabalho com o Requerido em 1º-9-2002, exercendo a função de enfermeira no setor de pediatria. Por força do contrato, recebe mensalmente o salário de R$ 2.000,00, acrescido do adicional de insalubridade em grau médio.

As Requerentes trabalham em regime de escala, seis dias por semana, das 7 às 14 horas, com intervalo de 25 minutos.

2 ALTERAÇÃO DAS CONDIÇÕES DE TRABALHO

Recentemente (1º-12-2020), as Requerentes tiveram sensível alteração nas condições de trabalho, quando passaram a trabalhar no setor de Unidade de Terapia Intensiva (UTI), também conhecido na área médica como setor fechado.

A alteração das condições de trabalho agravou o grau de exposição das Requerentes a agentes químicos e biológicos, passando a fazer jus ao adicional de insalubridade em grau máximo (art. 192, CLT; NR 15, anexo 14).

Assim, espera o reconhecimento das alterações do contrato de trabalho e de suas circunstâncias e ainda o direito das Requerentes ao recebimento do adicional de insalubridade em grau máximo, como será apurado em perícia, a partir da data de alteração do contrato de trabalho e por todo o período de vigência.

PEDIDOS E REQUERIMENTOS

Ante o exposto, espera o regular processamento da presente ação, com a designação de audiência e a citação do Requerido para que integre a lide e apresente sua defesa no prazo legal, sob pena de incorrer nos efeitos da revelia.

Após o devido processo legal, espera a procedência dos pedidos para reconhecer a alteração do contrato de trabalho e de suas circunstâncias e ainda o direito das Requerentes ao recebimento do adicional de insalubridade em grau máximo a partir da data de alteração do contrato de trabalho e por todo o período de vigência.

Outrossim, requer a condenação do Requerido ao pagamento de honorários advocatícios (art. 791-A, CLT, Lei 13.467/17), bem como de despesas processuais e custas processuais.

Pretende-se provar o alegado por todos os meios admitidos em Direito, em especial, prova documental, depoimento pessoal (Súm. 74, TST), testemunhal e pericial.

Dá-se à causa o valor de R$ _____ (_____).

Nestes termos,

pede deferimento.

Local e data

Advogado

OAB nº _____

Obs. Acompanhada da planilha de cálculos em arquivo PDF (preferencialmente, extraída do PJe-calc).

HABILITAÇÃO INCIDENTAL

32.1 FUNDAMENTO JURÍDICO

A habilitação incidental está prevista nos arts. 687 a 692, CPC.

32.2 CABIMENTO

A habilitação incidental ocorre quando, por falecimento de qualquer uma das partes, os interessados houverem de lhe suceder no processo (art. 687, CPC). É um procedimento pelo qual os sucessores da parte ingressam em juízo para recompor a relação processual afetada pelo evento morte que atingiu uma das partes do processo.

O evento morte pode ser de qualquer uma das partes (requerente ou requerido, esse último quando se tratar de pessoa natural), porque a morte do sócio da pessoa jurídica não reflete nas obrigações desta para com o trabalhador (arts. 10 e 448, CLT).

Importante dizer que, no caso de morte de uma das partes do processo no qual era intransmissível a posição jurídica por ela ocupada, v. g., quando morre o devedor de obrigação personalíssima, opera-se a extinção do processo sem julgamento de mérito (art. 485, IX, CPC).[1]

Com a morte do empregado ou empregador pessoa natural antes do ingresso do processo, não se tem a habilitação, mas sim a representação do espólio pelo inventariante nomeado no processo de inventário ou, quando inexistindo bem a ser inventariado, diretamente, pelos herdeiros.

Em alguns julgados trabalhistas, tem-se entendido que a representação não ocorrerá nos moldes da lei civil e sim pelos dependentes na forma da lei previdenciária (art. 1º, Lei 6.858/80).

"*Processo do trabalho. Falecimento do autor no curso do processo. Habilitação. Dependentes e herdeiros. A teor do art. 1º da Lei 6.858/80, regra de caráter*

---

[1] "Na verdade, a causa de extinção do processo é da intransmissibilidade do direito material posto em juízo e não da ação. Quando falecer a parte (autor e réu) e o direito feito valer na ação for intransmissível por expressa disposição legal, o processo deve ser extinto sem julgamento de mérito. Exemplo: falecendo o réu em ação de divórcio, extingue-se o processo por intransmissibilidade do direito" (NERY JUNIOR, Nelson; NERY, Rosa Maria de Andrade. *Código de Processo Civil Comentado*, 9. ed., p. 437).

especial, tem-se que a sucessão processual deve ser realizada, de forma incidental, diretamente pelos dependentes habilitados perante a Previdência Social e, apenas na falta destes, é que deverá ser observada a ordem estabelecida pelo direito civil" (TRT – 2ª R. – 17ª T. – RO 1000161-15.2015.5.02.0251 – Rel. Des. Flavio Villani Macedo – publ. 13-7-2017).

No caso da morte de uma das partes no curso do processo, o mesmo fica suspenso até que ocorra a habilitação do espólio ou de seus sucessores.

Assim, a habilitação incidental só terá lugar se ocorrer o evento morte no curso do processo. Se ocorrer antes do ajuizamento da ação, a representação em juízo se fará pelo inventariante ou sucessores legais.

Considerando que há interesse das partes na solução do conflito principal, a habilitação pode ser requerida pela parte adversa, em relação aos sucessores do falecido, ou pelos próprios sucessores do falecido (art. 688, CPC).

32.3 COMPETÊNCIA

A competência para o processo de habilitação é do juízo da causa principal (art. 61, CPC). Se o processo encontrar-se no tribunal (competência originária ou recursal), a habilitação será processada perante o relator, sendo julgada na forma prevista no regimento interno. O julgamento será do colegiado.

Se o pedido de habilitação ocorrer após a prolação da sentença, ainda que o processo se encontre em primeira instância, parece-nos que a competência para a habilitação será do juiz relator no tribunal e não mais do juiz singular, como entendem alguns, que haveria competência residual.

32.4 DESPESAS PROCESSUAIS E HONORÁRIOS ADVOCATÍCIOS

Tratando-se de um mero requerimento de habilitação (habilitação direta), não haverá custas processuais (iniciais ou finais).

No caso de uma ação incidental, tem-se uma relação processual contenciosa e, nesse caso, tramitando perante a Justiça do Trabalho, as custas processuais seguirão as regras da CLT (IN 27/05, TST).

As custas processuais serão pagas quando da interposição do recurso ou ao final do processo (arts. 789 ss, CLT), de modo que não existem custas processuais no momento da distribuição da ação.

Também por falta de amparo legal, não existem despesas de juntada do instrumento do mandato e diligência de oficial de justiça.

Com a Lei 13.467/17, a parte sucumbente será condenada em honorários advocatícios (art. 791-A, CLT).

32.5 PROCEDIMENTO

Dois são os procedimentos da habilitação incidental: (a) ação incidental (art. 690, CPC); (b) habilitação direta (requerimento de habilitação) nos autos da causa principal (art. 689).

No primeiro, há um procedimento contencioso, com a citação dos requeridos, resposta, instrução e julgamento (art. 691).

A citação será pessoal se a parte não tiver procurador constituído no processo e a resposta, contestação e exceção serão ofertadas no prazo de cinco dias. É incabível a reconvenção.

No outro procedimento (muito comum na prática forense trabalhista), há uma simplificação, o ingresso se dá sem a ocorrência de contencioso, no bojo do processo principal, com uma decisão interlocutória do juiz a admitindo.

Inexistindo bens a serem inventariados na Justiça Comum, na Justiça do Trabalho, tem-se admitido o pedido de habilitação feito pelos dependentes, desde que provem essa condição perante a Previdência Social ou apresentem certidões de casamento e nascimento.

Enquanto se processa a habilitação, nenhum ato processual será praticado, salvo para evitar dano irreparável (art. 314, CPC), retomando o curso o processo depois de decidida a questão (transitada em julgado a decisão, art. 692).

32.6 ESTRUTURA

A estrutura da ação de habilitação incidental deve observar os requisitos previstos no art. 319, CPC, e no art. 840, CLT.

Assim, sugerimos a leitura do capítulo referente à reclamação trabalhista (Capítulo 2).

No caso de mero pedido de habilitação incidental, é suficiente um requerimento direto ao juiz da ação, relatando os fatos (evento morte e a relação de sucessão), com a apresentação dos documentos.

32.7 MODELO DE REQUERIMENTO DE HABILITAÇÃO INCIDENTAL

EXMO. SR. DR. JUIZ DA 25ª VARA DO TRABALHO DE GUARULHOS

(10 cm)

Processo nº _____

MARIO TORRES JUNIOR (nacionalidade), (estado civil), (profissão), (nº do CPF), (nº do RG e órgão expedidor), (nº da CTPS), (nº do PIS/PASEP ou do NIT), (data de nascimento), (nome da mãe), (endereço físico e eletrônico), e **MARIANA TORRES NASCIMENTO** (nacionalidade), (estado civil), (profissão), (nº do CPF), (nº do RG e órgão expedidor), (nº da CTPS), (nº do PIS/PASEP ou do NIT), (data de nascimento), (nome da mãe), (endereço físico e eletrônico), por seu advogado (nome completo), o qual receberá as intimações e notificações (endereço físico e eletrônico), vêm, à presença de Vossa Excelência, nos autos da reclamação trabalhista entre **MARIO TORRES (*de cujus*)** e **ABC LTDA.**, requerer sua ***HABILITAÇÃO INCIDENTAL***, nos termos dos arts. 687 e seguintes do CPC, pelos fatos e fundamentos que passa a expor.

Aos 10-1-2022, por volta das 20 horas, o Reclamante Mario Torres veio a falecer em um acidente de trânsito, após ter sido atropelado por motorista alcoolizado, quando caminhava pela calçada da Rua Dom Pedro I, altura do número 100 (boletim de ocorrência e certidão de óbito anexos).

Conforme consta na certidão de óbito, o óbito foi em decorrência de múltiplas lesões sofridas em decorrência de atropelamento.

Ocorre que o *de cujus* não possui bens que possam ensejar a instauração de um inventário judicial.

Em virtude disso, seus filhos e únicos herdeiros (certidão de nascimento e RG anexos), devidamente inscritos perante a Previdência Social (doc. anexo) (art. 1º, Lei 6.858/80), requerem sua habilitação incidental no processo trabalhista, nos termos dos arts. 687 e seguintes do CPC, com aplicação subsidiária (art. 769, CLT).

Lembram que o Reclamante, como consta da própria petição inicial, era viúvo.

Assim, após a manifestação da parte contrária, espera o deferimento da presente habilitação incidental dos herdeiros, de modo que sejam considerados sucessores *causa mortis*.

Nestes termos,

pede deferimento.

Local e data

Advogado

OAB nº _____

AÇÃO RESCISÓRIA

33.1 FUNDAMENTO JURÍDICO

A ação rescisória está disciplinada nos arts. 966 ss, CPC e no art. 836 da CLT.

Considerando o novo regramento processual civil e a necessidade do TST se posicionar, ainda que não de forma exaustiva, sobre a aplicação de várias regras e de institutos disciplinados pelo CPC ao processo do trabalho, foi editada a IN 39/16.[1]

Além disso, diante da necessidade de se preservar a segurança jurídica e de o TST se posicionar sobre diversos aspectos processuais da Reforma Trabalhista (Lei 13.467), o TST editou a IN 41/18.

Nesse aspecto, o TST entende que os arts. 966 a 975, CPC, são aplicáveis ao processo do trabalho (art. 3º, XXVI, IN 39).

33.2 ASPECTOS DA AÇÃO RESCISÓRIA

A ação rescisória é uma ação que tem por objeto reconhecer a nulidade da decisão que transitou em julgado (*iudicium rescindens*) e, se for o caso, proferir novo julgamento (*iudicium rescissorium*).

Pelo CPC, a ação rescisória pode ter por objeto apenas um capítulo da decisão (art. 966, § 3º).

A rescisória é uma "ação autônoma de impugnação", de natureza constitutiva negativa (desconstitutiva) quanto ao juízo rescindendo, dando ensejo à instauração de uma nova relação processual e distinta daquela em que foi proferida a decisão rescindenda.

Não são todas as decisões judiciais que podem ser atacadas por ação rescisória.

O CPC separa os pronunciamentos do juiz em: sentenças, decisões interlocutórias e despachos (art. 203, CPC).

---

[1] A IN 39/16, TST, é objeto da ação direta de inconstitucionalidade promovida pela Associação Nacional dos Magistrados da Justiça do Trabalho – ANAMATRA (ADI 5516, Rel. Min. Cármen Lúcia).

Denomina-se sentença o pronunciamento por meio do qual o juiz põe fim à fase cognitiva do procedimento comum, bem como extingue a execução, com ou sem resolução de mérito (arts. 485, 487 e 203, § 1º).

As sentenças são terminativas ou definitivas (= mérito). São terminativas as sentenças que põem fim ao processo, porém, sem julgar o mérito (art. 485). Exemplos: as que acolhem as exceções de coisa julgada e de litispendência.

As definitivas decidem o mérito, acolhendo ou rejeitando a pretensão. Têm como escopo a decisão da própria situação jurídica controvertida. São as sentenças finais por excelência (art. 487).

Vários são os efeitos que surgem da sentença.

O primeiro é que faz coisa julgada (*res iudicata*) que pode ser formal, quando a sentença coloca termo ao processo sem apreciar o mérito. Logo, as sentenças terminativas fazem coisa julgada formal.

O segundo é no sentido de que também faz coisa julgada material, ou seja, quando a sentença coloca termo ao processo apreciando o mérito. Tal efeito é peculiar às sentenças definitivas.

As sentenças definitivas fazem coisa julgada material, isto é, são reputadas e repelidas todas as alegações e defesas que as partes poderiam aduzir quanto à pretensão posta em juízo (art. 508).

Nas relações jurídicas continuativas (art. 505, I), a possibilidade de revisão dos efeitos da coisa julgada se dá pela modificação no estado de fato ou de direito e ocorrerá em ação revisional.

A ação rescisória somente poderá rescindir decisão transitada em julgado (Súm. 299, I e III, TST), em outras palavras, as sentenças definitivas, devendo a propositura de ação rescisória contra sentença terminativa ser considerada juridicamente impossível.

Também é juridicamente impossível o pedido de desconstituição da decisão impugnada quando substituída pelo acórdão regional (art. 1.008, CPC) (Súm. 192, III).

A decisão que não conhece de recurso de embargos ou de revista, analisando arguição de violação de dispositivo de lei material ou decidindo em consonância com súmula de direito material ou com iterativa, notória e atual jurisprudência de direito material da Seção de Dissídios Individuais (Súm. 333), examina o mérito da causa, cabendo ação rescisória da competência do TST (Súm. 192, II). O que não ocorre com a decisão que não conhece recurso de revista, com base em divergência jurisprudencial (Súm. 413).

Não é de mérito decisão homologatória de adjudicação e de arrematação (Súm. 399, I).

A decisão homologatória de cálculos apenas comporta rescisão quando enfrentar as questões envolvidas na elaboração da conta de liquidação, quer solvendo a controvérsia das partes, quer explicitando, de ofício, os motivos pelos quais acolheu os cálculos oferecidos por uma das partes ou pelo setor de cálculos e não contestados pela outra (Súm. 399, II).

A decisão que conclui estar preclusa a oportunidade de impugnação da sentença de liquidação, por ensejar tão somente a formação da coisa julgada formal, não é suscetível de rescindibilidade (OJ 134, SDI-II).

Se a decisão recorrida, em agravo regimental, aprecia a matéria na fundamentação, sob o enfoque das Súmulas 83 do TST e 343 do STF, constitui sentença de mérito, ainda que haja resultado no indeferimento da petição inicial e na extinção do processo sem julgamento do mérito. Sujeita-se, assim, à reforma pelo TST, a decisão do tribunal que, invocando controvérsia na interpretação da lei, indefere a petição inicial de ação rescisória (Súm. 411).

Sob a égide do CPC/73, admitia-se que uma "questão processual" fosse objeto de rescisão desde que consistisse em pressuposto de validade de uma sentença de mérito (Súm. 412).

Importante dizer que é cabível a ação rescisória contra sentença transitada em julgado ainda que contra ela não se tenham esgotado todos os recursos (Súm. 514, STF) ou apresentado embargos de declaração contra a decisão que é *citra petita* (OJ 41, SDI-II).

A própria decisão de mérito da ação rescisória pode ser objeto de nova ação rescisória (Súm. 400, TST), quando o vício apontado deve nascer na decisão rescindenda, não se admitindo a rediscussão do acerto do julgamento da rescisória anterior.

O pretenso vício de intimação, posterior à decisão que se pretende rescindir, se efetivamente ocorrido, não permite a formação da coisa julgada material. Assim, a ação rescisória deve ser julgada extinta, sem julgamento do mérito, por carência de ação, por inexistir decisão transitada em julgado a ser rescindida (Súm. 299, IV).

Não se admite, por impossibilidade jurídica do pedido na vigência do CPC/73, o pedido de rescisão do julgado proferido em agravo de instrumento, que, se limitando a aferir o eventual desacerto do juízo negativo de admissibilidade do recurso de revista, não substitui o acórdão regional (art. 512, CPC/73) (Súm. 192, IV).

Tem-se admitido ação rescisória para corrigir contradição entre a parte dispositiva do acórdão rescindendo e sua fundamentação, por erro de fato na retração do que foi decidido (OJ 103, SDI-II). Da mesma forma, embora não haja atividade cognitiva, a decisão que declara extinta a execução, nos termos dos arts. 924 e 925, CPC, extingue a relação processual e a obrigacional, sendo passível de rescisão (OJ 107). A decisão proferida pela SDI, em sede de agravo regimental, calcada na Súmula 333, substitui acórdão de turma do TST, porque emite juízo de mérito, comportando, em tese, o corte rescisório (Súm. 192, V).

Reputa-se juridicamente impossível o pedido de corte rescisório de decisão que, reconhecendo a configuração de coisa julgada, nos termos do art. 485, V, CPC, extingue o processo sem resolução de mérito, o que, ante o seu conteúdo meramente processual, a torna insuscetível de produzir a coisa julgada material (OJ 150, SDI-II).

De acordo com o art. 831, parágrafo único, CLT, no caso de conciliação, o termo que for lavrado valerá como decisão irrecorrível, salvo para a Previdência Social quanto às contribuições que lhe forem devidas. Só por ação rescisória é impugnável o termo de conciliação (Súm. 259, TST).

Em caráter excepcional, o CPC prevê a possibilidade de ação rescisória contra decisão transitada em julgado que, embora não seja de mérito, impeça (art. 966, § 2º):

(a) nova propositura de demanda (hipóteses relacionadas com o art. 486, § 1º, CPC, ou seja: (1) litispendência; (2) indeferimento da petição inicial; (3) ausência de pressupostos de constituição e de desenvolvimento válido e regular do processo; (4) ausência de legitimidade ou de interesse processual; (5) acolhimento da alegação de existência de convenção de arbitragem ou quando o juiz arbitral reconhecer sua competência. A rigor, a parte pode ajuizar nova demanda, contudo, pode discutir o teor da decisão, a qual tenha extinta a demanda por qualquer das hipóteses acima mencionadas, por meio de ação rescisória;

(b) admissibilidade do recurso correspondente, isto é, quando o tribunal, ao analisar um recurso interposto de uma sentença de mérito, não venha a conhecê-lo, como são as hipóteses de deserção, intempestividade etc.

33.3 CABIMENTO

As hipóteses de cabimento da ação rescisória estão elencadas no art. 966, CPC.

33.3.1 Prevaricação, concussão ou corrupção do juiz

A primeira hipótese de ação rescisória prevista em lei diz respeito à pessoa do juiz, quando o mesmo agir com prevaricação (art. 319, CP), concussão (art. 316) ou corrupção passiva (art. 317). São tipos do Direito Penal.

Prevaricar significa retardar ou deixar de praticar, indevidamente, ato de ofício, ou praticá-lo contra disposição expressa de lei, para satisfazer interesse ou sentimento pessoal.

Concussão é exigir, para si ou para outrem, direta ou indiretamente, ainda que fora da função, ou antes de assumir a função, mas em razão dela, vantagem indevida.

Enquanto corrupção passiva se configura ao solicitar ou receber, para si ou para outrem, direta ou indiretamente, ainda que fora da função ou antes de assumi-la, mas em razão dela, vantagem indevida, ou aceitar promessa de tal vantagem.

33.3.2 Impedimento ou incompetência absoluta do juiz

No sistema processual, a imparcialidade do magistrado é um dos pressupostos de validade do processo, logo, a decisão prolatada por autoridade impedida enseja a sua rescisão.

No desempenho de suas atribuições o magistrado deve atuar com isenção de ânimo, lisura e probidade. Portanto, a plena capacidade subjetiva do juiz é um dos pressupostos processuais.

Quando não se tem a plena capacidade subjetiva do juiz, a parte pode e deve denunciá-la. A denúncia ocorre por meio da exceção de impedimento ou suspeição (arts. 144 a 148, CPC; arts. 801 e 802, CLT).

Ao contrário do que ocorre com o processo civil, a CLT não efetua uma diferenciação explícita quanto aos motivos de impedimento ou suspeição em relação ao magistrado.

As hipóteses legais quanto ao impedimento estabelecem uma presunção absoluta quanto à parcialidade do magistrado. O que não ocorre com a suspeição.

No nosso sistema processual, a competência jurisdicional pode ser relativa ou absoluta.

A competência em razão do valor da causa e territorial é relativa, deixando de existir se não questionada no momento processual adequado por meio de preliminar de contestação (art. 336, CPC). Não pode ser declarada de ofício (Súm. 33, STJ).

A incompetência absoluta ocorre quando se têm os critérios relativos à matéria e à hierarquia. Esses critérios não podem ser derrogados, mesmo pela vontade das partes (art. 62, CPC), podendo a incompetência absoluta ser reconhecida de ofício e podendo ser alegada em qualquer tempo ou grau de jurisdição (art. 64, § 1º). A incompetência do juiz capaz de ensejar a ação rescisória é a absoluta, a qual prescinde de prequestionamento (OJ 124, SDI-II).

33.3.3 Dolo ou coação da parte vencedora em detrimento da parte vencida ou, ainda, de simulação ou colusão entre as partes, a fim de fraudar a lei

Ocorre dolo quando a parte vencedora, faltando com seu dever de lealdade e boa-fé, impeça ou dificulte a atuação processual da outra parte, como de produção de provas, reduzindo-lhe a capacidade de defesa e afastando o juiz de uma decisão de acordo com a verdade.

As partes, seus procuradores e todos aqueles que participarem do processo devem proceder com lealdade e boa-fé, de modo a: (a) expor os fatos em juízo conforme a verdade; (b) não formular pretensão ou de apresentar defesa quando cientes de que são destituídas de fundamento; (c) não produzir provas e não praticar atos inúteis ou desnecessários à declaração ou à defesa do direito; (d) cumprir com exatidão as decisões jurisdicionais, de natureza provisória ou final, e não criar embaraços à sua efetivação; (e) declinar, no primeiro momento que lhes couber falar nos autos, o endereço residencial ou profissional onde receberão intimações, atualizando essa informação sempre que ocorrer qualquer modificação temporária ou definitiva; (f) não praticar inovação ilegal no estado de fato de bem ou direito litigioso (art. 77, CPC). De modo que se considera litigante de má-fé aquele que: (a) deduzir pretensão ou defesa contra texto expresso de lei ou fato incontroverso; (b) alterar a verdade dos fatos; (c) usar do processo para conseguir objetivo ilegal; (d) opuser resistência injustificada ao andamento do processo; (e) proceder de modo temerário em qualquer incidente ou ato do processo; (f) provocar incidente manifestamente infundado; (g) interpuser recurso com intuito manifestamente protelatório (art. 80, CPC; art. 793-B, CLT).

Por coação compreende-se a pressão física ou moral exercida sobre alguém para induzi-lo à prática de um ato.

Na coação física, tem-se o constrangimento corporal. Como não há a devida e livre manifestação de vontade, denota a nulidade absoluta do ato jurídico.

Na moral, a vontade não está completamente eliminada, como ocorre no caso de emprego da violência física. A vítima conserva relativa liberdade. Tem a escolha de praticar o ato exigido ou sofrer o dano. A manifestação de vontade ocorre, apesar de os resultados não serem os desejados pelo emissor.

Os requisitos da coação: (a) causa determinante do ato; (b) deve incutir ao paciente um temor justificado; (c) esse temor deve dizer respeito a dano iminente e que seja considerável; (d) o dano pode envolver tanto a pessoa da vítima ou de seus familiares ou de seus bens (arts. 151 a 155 do CC).

Simulação é a declaração enganosa da vontade, com o intuito de produzir efeito diverso do aparentemente indicado. É o desacordo intencional entre a vontade interna e a declarada. Tem-se a realização de um ato jurídico aparente, com a devida ocultação do ato efetivamente desejado.

Os seus requisitos são: (a) como regra – uma declaração bilateral da vontade; (b) é sempre fruto da combinação com a outra parte que participa da relação jurídica ou das pessoas que participam da relação jurídica; (c) o ato emanado da simulação não reflete a real intenção das partes e tem o escopo de prejudicar ou iludir a terceiros.

Em geral, a simulação nos atos jurídicos ocorre quando: (a) aparentar conferir ou transmitir direitos a pessoas diversas daquelas a quem realmente se confere ou transmite; (b) contiver declaração, confissão, condição ou cláusula não verdadeira; (c) os instrumentos particulares foram antedatados ou pós-datados (art. 167, § 1°, I a III, CC).

Ficam ressalvados os direitos de terceiros de boa-fé em face dos contraentes do ato jurídico simulado (art. 167, § 2°).

Pela Lei Civil, o negócio jurídico simulado deverá subsistir, se for válido na sua substância e forma, consoante o disposto no art. 167, *caput*. Essa disposição é aplicável ao Direito do Trabalho, notadamente pela aplicação do princípio da primazia da realidade.

Por fim, colusão é o *"conluio secreto das partes, que, simulando um litígio, visam enganar o magistrado, com o intuito de prejudicar terceiro, fraudando, assim, a lei, ao conseguir ato por ela proibido".*[2]

O juiz, diante das circunstâncias da causa, convencido de que autor e réu se serviram do processo para praticar ato simulado ou conseguir fim proibido por lei, proferirá sentença que obste aos objetivos das partes, aplicando, de ofício, as penalidades da litigância de má-fé (art. 142, CPC; OJ 94, SDI-II).

Contudo, nem sempre é possível a constatação de uma colusão em determinada ação, a qual passará a ter os efeitos da coisa julgada. Por exemplo: uma demanda trabalhista, onde houve um acordo fraudulento não cumprido. Na execução, com a arrematação ou a adjudicação, tem-se a transferência dos bens da pessoa jurídica, ora executada, para terceiro ou para o autor. Assim, com o desfalque no seu patrimônio, a pessoa jurídica evitará futuras constrições legais sobre os seus bens. Entendemos que a coisa julgada em uma ação na qual se tem a colusão haverá de ser desconsiderada pelo magistrado, sob pena de se perpetuar a ofensa ao Judiciário e ao próprio ideal da Justiça. Portanto, em outras execuções contra a mesma pessoa jurídica, o juiz deverá afastar a alienação judicial ou a adjudicação, imputando-se tais bens.

"AÇÃO RESCISÓRIA. DESCONSTITUIÇÃO DE SENTENÇA HOMOLOGATÓRIA DE ACORDO. LIDE SIMULADA. Havendo prova contundente de que o réu da ação matriz indicou ao reclamante advogado, com a finalidade de simular uma reclamação trabalhista, para obtenção de homologação de acordo previamente entabulado, como forma de garantir a quitação do extinto contrato de trabalho, prática também conhecida como "casadinha", cabível o corte rescisó-

---

[2] DINIZ, Maria Helena. *Dicionário Jurídico*, v. 1, p. 651.

rio, com fundamento no artigo 966, inciso III, do CPC. Ação Rescisória julgada procedente" (TRT – 2ª R. – SDI-3 – AR 1000665-27.2017.5.02.0000 – Rel. Des. Nelson Nazar – j. 26-9-2017).

Se a decisão rescindenda é homologatória de acordo, não há parte vencedora ou vencida, razão pela qual não é possível a sua desconstituição calcada *"dolo da parte vencedora em detrimento da vencida"* (art. 485, III, CPC/73), pois constitui fundamento de rescindibilidade que supõe solução jurisdicional para a lide (Súm. 403, II, TST).

Importante lembrar que o acordo celebrado e homologado judicialmente, em que o empregado dá plena e ampla quitação, sem qualquer ressalva, alcança não só o objeto da inicial, como também todas as demais parcelas referentes ao extinto contrato de trabalho, violando a coisa julgada, a propositura de nova reclamação trabalhista (OJ 132, SDI-II).

Não caracteriza "*dolo processual*" (art. 485, III, do CPC/73) o simples fato de a parte vencedora haver silenciado a respeito de fatos contrários a ela, porque o procedimento, por si só, não constitui ardil do qual resulte cerceamento de defesa e, em consequência, desvie o juiz de uma sentença não condizente com a verdade (Súm. 403, I).

A sentença homologatória de acordo prévio ao ajuizamento de reclamação trabalhista, no qual foi conferida quitação geral do extinto contrato, sujeita-se ao corte rescisório tão somente se verificada a existência de fraude ou vício de consentimento (OJ 154, SDI-II). Nos termos da Súm. 298, IV, a sentença meramente homologatória, que silencia sobre os motivos de convencimento do juiz, não se mostra rescindível, por ausência de pronunciamento explícito.

A declaração de nulidade de decisão homologatória de acordo, em razão da colusão entre as partes, é sanção suficiente em relação ao procedimento adotado, não havendo que ser aplicada a multa por litigância de má-fé (OJ 158, SDI-II).

Segundo entendimento firmando no TST, ao tratar do fundamento para invalidar a confissão como hipótese de rescindibilidade da decisão judicial, refere-se à confissão real, fruto de erro, dolo ou coação, e não à confissão ficta resultante de revelia (Súm. 404).

33.3.4 Ofensa à coisa julgada

Coisa julgada é o caráter de que se reveste a decisão judicial, a qual não está mais sujeita a recurso, tornando-se imutável e indiscutível (art. 502, CPC).

A coisa julgada faz lei entre as partes, na medida em que a questão não poderá ser objeto de outra demanda ou ser discutida no mesmo processo.

O CPC reconhece a coisa julgada à questão prejudicial, quando decidida e expressa, e incidentalmente no processo, se: (a) dessa resolução depender o julgamento do mérito; (b) a seu respeito tiver havido contraditório prévio e efetivo, não se aplicando no caso de revelia; (c) o juízo tiver competência em razão da matéria e da pessoa para resolvê-la como questão principal. Contudo, tal regra não se aplica, se no processo houver restrições probatórias ou limitações à cognição que impeçam o aprofundamento da análise da questão prejudicial (art. 503, §§ 1º e 2º).

De modo que a ofensa à coisa julgada se daria pela decisão que volta a decidir a mesma questão.

Até para que se respeite a CF, a decisão que viola direito adquirido, ato jurídico perfeito e a coisa julgada (art. 5º, XXXVI, CF) é rescindível.

A ofensa à coisa julgada supõe dissonância patente entre as decisões exequenda e rescindenda, o que não se verifica quando se faz necessária a interpretação do título executivo judicial para se concluir pela lesão à coisa julgada (OJ 123, SDI-II).

Para viabilizar a desconstituição do julgado pela causa de rescindibilidade do inciso IV do art. 966, IV, CPC, é necessário que a decisão rescindenda tenha enfrentado as questões ventiladas na ação rescisória, sob pena de inviabilizar o cotejo com o título executivo judicial tido por desrespeitado, de modo a se poder concluir pela ofensa à coisa julgada (OJ 101, SDI-II).

É de se destacar, porém, que não há ofensa à coisa julgada se a segunda decisão apenas contraria os fundamentos da primeira.

Se a decisão exequenda é omissa quanto aos descontos previdenciários e fiscais, não haverá violação à coisa julgada se os descontos se derem no juízo executório, dado o caráter de ordem pública das normas que os regem. A violação, contudo, ocorrerá se a decisão judicial exequenda expressamente afasta a possibilidade de descontos legais (Súm. 401, TST).

Também não se verificará violação à coisa julgada a limitação à data-base da categoria, na fase executória, da condenação ao pagamento de diferenças salariais decorrentes de planos econômicos, quando a decisão exequenda for omissa. Apenas quando a sentença exequenda houver expressamente afastado a limitação à data-base é que poderá ocorrer ofensa à coisa julgada (OJ 35, SDI-II).

Não é viável ação rescisória calcada em ofensa à coisa julgada perpetrada por decisão proferida em ação de cumprimento, em face de a sentença normativa, na qual se louvara, ter sido modificada em grau de recurso, porque em dissídio coletivo somente se consubstancia coisa julgada formal (Súm. 397, TST; OJ 277, SDI-I). Segundo o TST, a exceção de pré-executividade e o mandado de segurança seriam os meios aptos a atacarem a execução de cláusula normativa (decisão normativa) reformada.

A ofensa à coisa julgada de que trata o art. 966, IV, CPC, refere-se apenas às relações processuais distintas. A invocação de desrespeito à coisa julgada formada no processo de conhecimento, na correspondente fase de execução, somente é possível com base na violação do art. 5º, XXXVI, CF (OJ 157, SDI-II).

33.3.5 Violar manifestamente norma jurídica

A legislação processual civil prevê a possibilidade de rescisão do julgado se este "*violar manifestamente norma jurídica*" (art. 966, V, CPC/15). A doutrina criticava o CPC/73 por restringir a hipótese legal à violação de "literal disposição de lei". Nesse aspecto, o CPC/15 é mais amplo, pois, ao prever "norma jurídica", acaba por permitir a rescisão do julgado que violar a lei e os princípios, como, por exemplo, uma decisão que violar o princípio da igualdade.

Ocorre violação de direito em tese quando a decisão afronta o direito positivo, e não apenas a lei. O TST, contudo, não tem acolhido pedido de rescisão do julgado, quando se aponta violação à norma de acordo e convenção coletiva de trabalho, bem como de portaria do Poder Executivo, regulamento de empresa e súmula, ou orientação jurisprudencial de tribunal (OJ 25, SDI-II).

A ação rescisória calcada em violação de lei não admite reexame de fatos e provas do processo que originou a decisão rescindenda (Súm. 410, TST).

Para que a violação da lei dê causa à rescisão de decisão de mérito alicerçada em duplo fundamento, é necessário que o autor da ação rescisória invoque causas de rescindibilidade que, em tese, possa infirmar a motivação dúplice da decisão rescindenda (OJ 112, SDI-II).

A violação ao Texto Constitucional permite a rescisão do julgado. Exemplo de violação direta à CF é o julgado que considerou válido o contrato de trabalho de empregado público sem aprovação em concurso público após a CF/88 (OJ 10, SDI-II; OJ 335, SDI-I; Súm. 363, TST). Nem mesmo a assunção de professor-adjunto ao cargo de professor titular de universidade pública dispensa aprovação em concurso público (OJ 38, SDI-II).

Outro exemplo de violação à CF é a decisão que defere a correção automática do salário pelo reajuste do salário mínimo (OJ 71, SDI-II), sendo que a mera estipulação do salário profissional em múltiplos do salário mínimo não afronta a CF (art. 7º, IV).

No que se refere ao certame público posteriormente anulado, equivale à contratação realizada sem a observância da exigência contida no art. 37, II, da CF, sendo-lhe aplicável a Súm. 363 do TST (OJ 128).

A ação rescisória calcada em violação do art. 37, *caput*, da CF, por desrespeito ao princípio da legalidade administrativa exige que ao menos o princípio constitucional tenha sido prequestionado na decisão (OJ 135).

Por outro lado, não ofende o princípio do duplo grau de jurisdição, decisão que afasta a decadência acolhida em instância inferior e aprecia o mérito, se houver condições de imediato julgamento (Súm. 100, VII, TST). O legislador processual civil admite que nos casos de resolução do processo sem mérito, o tribunal pode julgar desde logo a lide, se a causa versar questão exclusivamente de direito e estiver em condições de imediato julgamento (art. 1.013, § 3º, CPC).

Segundo entendimento do TST, a decisão judicial que determina a apuração do adicional de insalubridade, considerando a base de cálculo não o salário mínimo, mas a remuneração do trabalho, viola dispositivo expresso de lei (art. 192, CLT) (OJ 2, SDI-II).

Decisão que reconhece estabilidade provisória e determina a reintegração do empregado, depois de exaurido o período de estabilidade, viola a lei, cabendo ação rescisória para restringir a condenação ao pagamento da remuneração do período (Súm. 396, II, TST; OJ 24, SDI-II).

Nem mesmo a vontade das partes espelhada na norma coletiva de trabalho prevalece frente à legislação superveniente de política salarial (Súm. 375, TST). Nos demais casos, a norma superveniente tratando da mesma matéria, há de se aplicar o princípio da norma mais favorável ao trabalhador.

O pedido genérico e não fundamentado de violação aos princípios da legalidade, do devido processo legal, do contraditório e da ampla defesa não servem de fundamento para desconstituição da coisa julgada (OJ 97, SDI-II). É indispensável a expressa indicação da norma jurídica manifestamente violada (Súm. 408, TST).

Sérgio Rizzi[3] declina que o "*art. 485, V, do Código, portanto, não cuida da violação do direito em tese que não conste de nenhuma norma escrita*". Haveria, para Sérgio Rizzi, violação quando a decisão: (a) nega validade a uma lei evidentemente válida; (b) dá validade a uma lei que não vale; (c) nega vigência a uma lei que ainda vige; (d) admite a vigência de uma lei que ainda não vige ou já não vige; (e) nega aplicação a uma lei reguladora da espécie; (f) aplica uma lei não reguladora da espécie; (g) interpreta tão erroneamente a lei que, "*sob a cor de interpretar, é a lei trateada ainda no seu sentido literal*".

O mesmo não ocorreria, esclarece o autor, quando a decisão judicial: (a) afirma ocorrido ou não ocorrido um fato; (b) rende ensejo a simples injustiça, aprecia erroneamente a prova ou interpreta com erronia o contrato, porque "*a má apreciação da prova consiste em má solução de* quaestio facti *ou de* quaestioni facti"; (c) viola a lei, mas a violação não está "*em relação de causalidade com a decisão de modo que o declarar-se a violação tenha efeito prático*".

A Lei 13.256/16 incluiu os §§ 5º e 6º ao art. 966, dispondo que cabe ação rescisória, por violação manifesta à norma jurídica, contra decisão baseada em enunciado de súmula ou acórdão proferido em julgamento de casos repetitivos que não tenha considerado a existência de distinção entre a questão discutida no processo e o padrão de decisão que lhe deu fundamento. Nessa hipótese, sob pena de inépcia, o autor deverá demonstrar que se trata de situação particularizada por hipótese fática distinta ou de questão jurídica não examinada, a impor outra solução jurídica.

No âmbito do processo trabalhista, o prequestionamento também é exigido para a ação rescisória (Súm. 298), sendo que o entendimento jurisprudencial considera: (a) a conclusão acerca da ocorrência de violação literal à disposição de lei pressupõe pronunciamento explícito, na sentença rescindenda, sobre a matéria veiculada; (b) o pronunciamento explícito exigido em ação rescisória diz respeito à matéria e ao enfoque específico da tese debatida na ação, e não, necessariamente, ao dispositivo legal tido por violado. Basta que o conteúdo da norma reputada violada haja sido abordado na decisão rescindenda para que se considere preenchido o pressuposto; (c) para efeito de ação rescisória, considera-se pronunciada explicitamente a matéria tratada na sentença quando, examinando remessa de ofício, o Tribunal simplesmente a confirma; (d) a sentença meramente homologatória, que silencia sobre os motivos de convencimento do juiz, não se mostra rescindível, por ausência de pronunciamento explícito. Esse entendimento deve ser analisado em conjunto com a Súm. 100, V, e a Súm. 259, TST; (e) não é absoluta a exigência de pronunciamento explícito na ação rescisória, ainda que esta tenha por fundamento violação de dispositivo de lei. Assim, prescindível o pronunciamento explícito quando o vício nasce no próprio julgamento, como se dá com a sentença *extra*, *citra* e *ultra petita*.

Sobre o controle de constitucionalidade concentrado e a ação rescisória há duas questões: (a) a decisão judicial transitada em julgado fundada em lei posteriormente declarada inconstitucional pode ser rescindível? (b) como fica a ação trabalhista em tramitação, cujo pedido se baseie em lei declarada inconstitucional, pelo STF?

---

[3] RIZZI, Sérgio. *Ação Rescisória*, p. 106.

O STF, como guardião da Constituição, é competente para processar e julgar, de forma originária, a ação direta de inconstitucionalidade, bem como a ação declaratória de constitucionalidade de lei ou ato normativo federal (art. 102, I, *a*, CF).

Trata-se de um controle de constitucionalidade concentrado, logo, a decisão tem efeito *ex tunc*, sendo, em tese, rescindível, pois, a sentença que tenha sido prolatada com base em uma lei julgada inconstitucional.

Problemas poderiam surgir quanto ao cabimento da ação rescisória se o STF, tendo em vista razões de segurança jurídica ou de excepcional interesse social, por maioria de dois terços dos seus membros, restringir os efeitos da declaração de inconstitucionalidade ou decidir que ela só tenha eficácia a partir de seu trânsito em julgado ou de outro momento que venha a ser fixado (art. 27, Lei 9.868/99).

Em ambas as hipóteses, o cabimento da ação rescisória ficaria condicionado à observância obrigatória dos limites impostos pela decisão do STF.

É inexigível o título judicial fundado em: (a) lei ou ato normativo declarado inconstitucional pelo STF; (b) aplicação ou interpretação da lei ou ato normativo tidas pelo STF como incompatíveis com a Constituição Federal (arts. 525, § 12, e 535, § 5º, CPC; art. 884, § 5º, CLT).[4] A ação rescisória não é necessária quando a decisão do STF ocorrer antes do trânsito em julgado da decisão exequenda (art. 525, § 12, CPC). Caso a decisão do STF ocorra após o trânsito em julgado em relação à decisão exequenda, caberá ação rescisória, cujo prazo será computado do trânsito em julgado da decisão proferida pelo STF (art. 525, § 15, CPC).[5,6]

---

[4] O parágrafo único do art. 741 do CPC não se aplica às sentenças transitadas em julgado em data anterior à da sua vigência (Súm. 487, STJ).

[5] Sob a égide do CPC/73, no RE 730.462/SP (Tema 733), o STF firmou a seguinte tese de repercussão geral: "A decisão do Supremo Tribunal Federal declarando a constitucionalidade ou a inconstitucionalidade de preceito normativo não produz a automática reforma ou rescisão das sentenças anteriores que tenham adotado entendimento diferente; para que tal ocorra, será indispensável a interposição do recurso próprio ou, se for o caso, a propositura da ação rescisória própria, nos termos do art. 485, V, do CPC, observado o respectivo prazo decadencial (CPC, art. 495). Ressalva-se desse entendimento, quanto à indispensabilidade da ação rescisória, a questão relacionada à execução de efeitos futuros da sentença proferida em caso concreto sobre relações jurídicas de trato continuado".

[6] No RE 611.503/SP (Tema 360), o STF firmou a seguinte tese de repercussão geral: "1. São constitucionais as disposições normativas do parágrafo único do art. 741 do CPC, do § 1º do art. 475-L, ambos do CPC/73, bem como os correspondentes dispositivos do CPC/15, o art. 525, § 1º, III e §§ 12 e 14, o art. 535, § 5º. 2. Os dispositivos questionados buscam harmonizar a garantia da coisa julgada com o primado da Constituição, agregando ao sistema processual brasileiro, um mecanismo com eficácia rescisória de sentenças revestidas de vício de inconstitucionalidade qualificado. 3. São consideradas decisões com vícios de inconstitucionalidade qualificados: (a) a sentença exequenda fundada em norma reconhecidamente inconstitucional, seja por aplicar norma inconstitucional, seja por aplicar norma em situação ou com sentido inconstitucionais; (b) a sentença exequenda que tenha deixado de aplicar norma reconhecidamente constitucional. 4. Para o reconhecimento do vício de inconstitucionalidade qualificado exige-se que o julgamento do STF, que declara a norma constitucional ou inconstitucional, tenha sido realizado em data anterior ao trânsito em julgado da sentença exequenda. 5. Recurso extraordinário a que se nega provimento".

No segundo caso, o efeito *erga omnes* da decisão vincula aos órgãos jurisdicionais, de modo não poderá haver decisão de conteúdo diverso, logo dispensando a ação rescisória.

O STF não tem admitido ação rescisória por ofensa a literal disposição de lei quando a decisão rescindenda se tiver baseado em texto legal de interpretação controvertida (Súm. 343). Essa era a posição do extinto Tribunal Federal de Recursos (Súm. 134) e atual do TST (Súm. 83, I; OJ 39, SDI-II).

Parte da doutrina diverge dessa posição, por entender que há violação do princípio da legalidade, pois a partir do momento em que deixa de ser controvertida, pode revelar decisões com trânsito em julgado que violentem a exata interpretação do texto legal, logo, seria injusta a sua manutenção, abrindo espaço para a ação rescisória.

Tal fato ocorreu com as Súmulas 316 e 317 do TST, ambas canceladas, que reconheciam o direito do trabalhador ao reajuste salarial de junho/87 (correspondente a 26,06%) e a correção salarial de fevereiro/89 (equivalente a 26,05%), sendo que, posteriormente, o STF, adotando outro posicionamento, não reconheceu o direito dos trabalhadores a tais diferenças.

Haveria, nesse caso, violação expressa do art. 5º, XXXVI, da CF, permitindo ação rescisória contra as decisões judiciais que reconheceram o direito dos trabalhadores ao reajuste salarial de junho/87 e à correção salarial de fevereiro/89. Esse é o posicionamento do TST (OJ 34, SDI-II).

As limitações impostas pelas Súmulas 343 do STF e 83, I, do TST não se aplicam se a matéria for de natureza constitucional (OJ 29, SDI-II, atualmente cancelada). Isso abre a possibilidade de ação rescisória para reintegrar empregado público estável (Súm. 390, I, TST), para reconhecer a estabilidade de membro suplente da CIPA (OJ 6, SDI-II) e discussão quanto ao prazo prescricional constitucional (OJ 37, SDI-II, atualmente cancelada).

Em relação à matéria prescricional, não procede rescisória calcada em violação do art. 7º, XXIX, da CF, quando a questão envolve discussão sobre a espécie de prazo prescricional aplicável ao crédito trabalhista, se total ou parcial, porque a matéria tem índole infraconstitucional, construída no plano jurisprudencial (Súm. 409, TST).

A data da inclusão da matéria discutida na ação rescisória, na Orientação Jurisprudencial do TST, é o divisor de águas quanto a ser, ou não, controvertida nos tribunais a interpretação dos dispositivos legais citados na ação rescisória (Súm. 83, II).

Pela aplicação desse entendimento e das Súmulas 343 do STF e 83 do TST, não se tem admitido ação rescisória para desconstituir decisão judicial que determinou a incidência do imposto de renda sobre parcela paga pelo empregador a título de desligamento incentivado (OJ 19, SDI-II), ainda que atualmente não exista mais controvérsia sobre a questão (OJ 207, SDI-I; Súm. 215, STJ).

Isso também ocorre com as decisões que não reconheceram a estabilidade do empregado público no período pré-eleitoral antes da sua pacificação pelo TST pela OJ 51 da SDI-I (OJ 23, SDI-II).

Da mesma forma, não se rescinde julgado que impôs condenação ao pagamento da multa acessória sem limitá-la à obrigação principal (art. 412, CC) antes que a matéria fosse pacificada pela OJ 54 da SDI-I. Em execução, rejeita-se limitação da condenação ao pagamento de multa, por inexistência de violação literal (OJ 30, "a" e "b", SDI-II).

33.3.6 Falsidade da prova

Contenta-se o dispositivo legal com o fato de a sentença fundar-se na prova falsa (art. 966, VI, CPC), sendo que a falsidade pode ter sido apurada em processo criminal ou será demonstrada na própria rescisória.

Nessas situações, "*o que importa é averiguar se a conclusão a que chegou o órgão judicial, ao sentenciar, se sustentaria ou não sem a base que lhe ministrara a prova falsa. A sentença não será rescindível se havia outro fundamento bastante para a conclusão*".[7]

Pouco importa se a falsidade da prova é material ou ideológica. Importante dizer que se a falsidade da prova foi apurada em outro processo, civil ou trabalhista, a mesma não será suficiente para que se declare a rescisão do julgado; necessário será prová-la na rescisória. A decisão que reconhece a falsidade funcionará como meio de prova.

33.3.7 Prova nova

Se a parte tiver em suas mãos um documento ou outro tipo de prova, existente à época dos fatos, porém, que desconhecia ou de cujo uso não pode fazê-lo, poderá justificar a rescisão do julgado. Trata-se de uma "prova nova".

Para fundamentar a rescisória, a prova nova terá que ser de relevante significação para a solução da controvérsia. Sua existência, por si só, deve ser suficiente para assegurar ao autor da rescisória um pronunciamento diverso daquele contido na sentença impugnada e que, naturalmente, lhe seja favorável.

Note-se que apenas a prova é que deve ser nova e não os fatos. Não é ilícito ao vencido, a pretexto de exibição de documento novo ou outro tipo de prova, inovar a *causa petendi* em que se baseou a sentença.

Para efeito de ação rescisória (art. 966, VII, CPC), considera-se prova nova a cronologicamente velha, já existente ao tempo do trânsito em julgado da decisão rescindenda, mas ignorada pelo interessado ou de impossível utilização, à época, no processo (Súm. 402, I, TST).

Nas ações rescisórias de decisão proferida em dissídio coletivo de trabalho, não tem sido considerado novo: (a) sentença normativa proferida ou transitada em julgado posteriormente à sentença rescindenda; (b) sentença normativa preexistente à sentença rescindenda, mas não exibida no processo principal, em virtude de negligência da parte, quando podia e deveria louvar-se de documento já existente e não ignorado quando emitida a decisão rescindenda (Súm. 402, II).

O "documento novo" não se confunde com "fato novo" (art. 493, CPC). O *ius superveniens* consiste no advento de fato ou direito que possa influir no julgamento da lide e deverá ser considerado, de ofício ou a requerimento, quando do julgamento, pouco importando de quem possa beneficiar.

---

[7] BARBOSA MOREIRA, José Carlos. *Comentários ao Código de Processo Civil, Lei nº 5.869, de 11 de janeiro de 1973, arts. 476 a 565*, 7. ed. p. 131.

33.3.8 Erro de fato verificável do exame dos autos

A decisão pode ser rescindida quando estiver fundada em erro de fato verificável do exame dos autos, o qual pode ser resultante de atos ou de documentos da causa. Erro de fato ocorre quando a sentença admitir um fato inexistente, ou quando considerar inexistente um fato efetivamente ocorrido. Porém, nas duas hipóteses, é necessário que não tenha havido controvérsia sobre o fato nem pronunciamento judicial sobre o fato.

A caracterização do erro de fato como causa de rescindibilidade de decisão judicial transitada em julgado supõe a afirmação categórica e indiscutida de um fato, na decisão rescindenda, que não corresponde à realidade dos autos. O fato afirmado pelo julgador, que pode ensejar ação rescisória calcada no inciso VIII do art. 966 do CPC, é apenas aquele que se coloca como premissa fática indiscutida de um silogismo argumentativo, não aquele que se apresenta ao final desse mesmo silogismo, como conclusão decorrente das premissas que especificaram as provas oferecidas, para se concluir pela existência do fato. Esta última hipótese é afastada pelo § 1º do art. 966, ao exigir que não tenha havido controvérsia sobre o fato e pronunciamento judicial esmiuçando as provas (OJ 136, SDI-II).

33.3.9 Confissão, desistência ou transação

O art. 485, VIII, CPC/73 previa a ação rescisória quando houvesse fundamento para invalidar confissão, desistência ou transação, em que se baseou a decisão.

Segundo entendimento firmado no TST, o art. 485, VIII, CPC/73, ao tratar do fundamento para invalidar a confissão como hipótese de rescindibilidade da decisão judicial, refere-se à confissão real, fruto de erro, dolo ou coação, e não à confissão ficta resultante de revelia (Súm. 404).

A desistência não é a prevista no art. 267, VIII, do CPC/73 (art. 485, VIII, CPC/15), porém, funda-se na renúncia ao direito no qual se funda a ação, ou seja, a própria renúncia ao direito material controvertido. Isso porque a mera desistência, sem implicação no direito material, leva à extinção do processo sem julgamento de mérito (decisão terminativa), a qual não pode ser rescindível.

A transação, como negócio jurídico representativo de autocomposição da lide, para justificar a rescisória, deve ser formalizada em feito contencioso (art. 487, III, b, CPC/15).

O CPC/15 não prevê essa hipótese (art. 485, VIII, CPC/73) de forma explícita, contudo, entendemos que estão acobertadas pelo art. 966, § 4º, o qual prevê a ação anulatória.

Nesse sentido, Manoel Antonio Teixeira Filho[8] pondera: *"Uma conclusão necessária: como afirmamos no início deste item, o NCPC em vigor não incluiu a confissão, a desistência e a transação como causas de rescindibilidade da sentença e do acórdão. Diante disso, e considerando: 1) ser absolutamente indispensável que subsistam essas causas; 2)*

---

[8] TEIXEIRA FILHO, Manoel Antonio. *Comentários ao novo código de processo civil sob a perspectiva do processo do trabalho: (Lei n. 13.105, 16 de março de 2015)*. São Paulo: LTr, 2015. p. 966).

que, mesmo no caso de confissão, esta não pode ser desfeita por ação anulatória quando contida em sentença ou acórdão transitados em julgado; 3) que a sentença homologatória de transação, no processo do trabalho, por ser ontologicamente irrecorrível, não pode ser objeto de ação anulatória, a doutrina e a jurisprudência trabalhistas deverão adotar uma destas atitudes: a) entender que o CPC atual recepcionou o inciso VIII do art. 485 do CPC revogado; b) entender que a confissão, a desistência e a transação estão abrangidas pelo § 4º, do art. 966, do atual CPC, de tal modo que deverão ser objeto de ação anulatória, e não, de ação rescisória".

No direito processual civil, ação anulatória é o instrumento para atacar atos de disposição de direitos, praticados pelas partes ou por outros participantes do processo e homologados pelo juízo, bem como os atos homologatórios praticados no curso da execução (art. 966, § 4º, CPC).

Esse, contudo, não é o entendimento predominante na seara do Direito Processual do Trabalho. O TST entende que só por ação rescisória é atacável o termo de conciliação previsto no parágrafo único do art. 831 da CLT (Súm. 259). Essa posição entende que a homologação judicial tem natureza de sentença, pois o próprio CPC determina a resolução do processo com mérito no caso de transação (art. 487, III, *b*, CPC).

Contudo, quando a sentença for meramente homologatória (silencia sobre os motivos de convencimento do juiz), não se mostra rescindível, por ausência de pronunciamento explícito (Súm. 298, IV, TST).

Importante lembrar que o acordo celebrado e homologado judicialmente, em que o empregado dá plena e ampla quitação, sem qualquer ressalva, alcança não só o objeto da inicial, como também todas as demais parcelas referentes ao extinto contrato de trabalho, violando a coisa julgada, a propositura de nova reclamação trabalhista (OJ 132, SDI-II).

A sentença homologatória de acordo prévio ao ajuizamento de reclamação trabalhista, no qual foi conferida quitação geral do extinto contrato, sujeita-se ao corte rescisório tão somente se verificada a existência de fraude ou vício de consentimento (OJ 154, SDI-II).

Não se aplica esse entendimento às conciliações realizadas perante as Comissões de Conciliação Prévia, as quais podem ser desconstituídas no curso da ação trabalhista se assim for necessário, quando houver, por exemplo, um defeito do negócio jurídico (erro ou ignorância, dolo, coação, estado de perigo, lesão e fraude contra credores – arts. 138 a 165, CC) ou, ainda, houver nulidade, como ocorre quando celebrado por pessoa absolutamente incapaz, for ilícito, impossível ou indeterminável o seu objeto, tiver por objetivo fraudar lei imperativa, simulado etc. (arts. 166 e 167).

33.4 PRAZO DE AJUIZAMENTO

O direito de propor ação rescisória se extingue em dois anos, sendo que a contagem deste lapso temporal se inicia no dia seguinte ao trânsito em julgado da decisão da última decisão do processo (art. 975, CPC).

Como é uma ação de natureza desconstitutiva, com prazo previsto em lei, o mesmo é de natureza decadencial, não havendo as possibilidades de interrupção ou suspensão.

No Processo Civil, o STJ firmou posição no sentido que o prazo para a ação rescisória de natureza decadencial só se inicia quando não for cabível qualquer recurso do último pronunciamento judicial (Súm. 401).

No Processo do Trabalho, o prazo de decadência, na ação rescisória, conta-se do dia imediatamente subsequente ao trânsito em julgado da última decisão proferida na causa, seja de mérito ou não (Súm. 100, I, TST). Em havendo recurso parcial no processo principal, o trânsito em julgado dá-se em momentos e em tribunais diferentes, contando-se o prazo decadencial para a ação rescisória do trânsito em julgado de cada decisão, salvo se o recurso tratar de preliminar ou prejudicial que possa tornar insubsistente a decisão recorrida, hipótese em que flui a decadência a partir do trânsito em julgado da decisão que julgar o recurso parcial (Súm. 100, II). Se houver dúvida razoável, a interposição de recurso intempestivo ou a interposição de recurso incabível não protrai o termo inicial do prazo decadencial (Súm. 100, III).

O não conhecimento do recurso por deserção não antecipa o *dies a quo* do prazo decadencial para o ajuizamento da ação rescisória, atraindo, na contagem do prazo (OJ 80, SDI-II).

O juízo rescindente não está subordinado à certidão de trânsito em julgado juntada com a ação rescisória, podendo formar sua convicção por meio de outros elementos dos autos quanto à antecipação ou postergação do *dies a quo* do prazo decadencial (Súm. 100, IV).

Segundo entendimento do TST, na hipótese de colusão das partes, o prazo decadencial da ação rescisória somente começa a fluir para o Ministério Público que não interveio no processo principal a partir do momento em que tem ciência da fraude (Súm. 100, VI).

A exceção de incompetência, ainda que oposta no prazo recursal, sem ter sido aviado o recurso próprio, não tem o condão de afastar a consumação da coisa julgada e, assim, postergar o termo inicial do prazo decadencial para a ação rescisória (Súm. 100, VIII).

O acordo homologado judicialmente tem força de decisão irrecorrível, na forma do art. 831 da CLT. Assim sendo, o termo conciliatório transita em julgado na data da sua homologação judicial (Súm. 100, V).

Apesar da controvérsia que envolve o tema, o TST considera prorrogado o prazo decadencial, até o primeiro dia útil, imediatamente subsequente, para ajuizamento de ação rescisória quando expira em férias forenses, feriados, finais de semana ou em dia em que não houver expediente forense, por aplicação do art. 775 da CLT (Súm. 100, IX).

Conta-se o prazo decadencial da ação rescisória, após o decurso do prazo legal previsto para a interposição do recurso extraordinário, apenas quando esgotadas todas as vias recursais ordinárias (Súm. 100, X).

É o que se tem denominado de "obstáculo judicial" e "obstáculo legal", como exemplos: (a) obstáculo legal: a coincidência do último dia da prescrição com o dia destinado ao feriado; (b) obstáculo judicial: a eventual paralisação dos serviços forenses, o que poderá prejudicar o exercício da defesa do direito por seu titular.

Necessário se faz alertar que as figuras denominadas de "obstáculo judicial" e "obstáculo legal" não são reconhecidas de forma absoluta pela jurisprudência e doutrina.

Não se tem admitido a prorrogação do prazo prescricional e mesmo decadencial porque esses prazos não possuem natureza jurídica de prazo processual, mas sim de fato jurídico de direito material, de modo que o previsto no art. 775 da CLT e no art. 224, CPC são inaplicáveis, por se destinarem especificamente aos prazos processuais.

Também não seria o caso de aplicação do art. 132 do CC, que possui destinação específica, estando inserido no Livro III, Título I, Capítulo III, que trata da condição, do termo e do encargo do negócio jurídico.

Não suspenderá a execução da sentença rescindenda a propositura da ação rescisória, ressalvada a concessão, caso imprescindível e sob os pressupostos previstos em lei, de medidas de natureza cautelar ou antecipatória de tutela (art. 969, CPC).

Absorvendo a experiência do processo do trabalho, o CPC prevê a possibilidade da ação rescisória contra uma parte da sentença – capítulos da sentença (art. 966, § 3º).

Além disso, na contagem do prazo decadencial, tem-se a seguintes regras (art. 975, §§ 1º a 3º):

(a) prorroga-se até o primeiro dia útil imediatamente subsequente o prazo a que se refere o *caput*, quando expirar durante férias forenses, recesso, feriados ou em dia em que não houver expediente forense;

(b) se fundada a ação em "prova nova", o termo inicial do prazo será a data de sua descoberta, observado o prazo máximo de cinco anos, contado do trânsito em julgado da última decisão proferida no processo;

(c) nas hipóteses de simulação ou de colusão das partes, o prazo começa a contar, para o terceiro prejudicado e para o Ministério Público, que não interveio no processo, a partir do momento em que têm ciência da simulação ou da colusão.

De acordo com o art. 525, § 12, CPC, é inexigível a obrigação reconhecida em título executivo judicial fundado em lei ou ato normativo considerado inconstitucional pelo STF, ou fundado em aplicação ou interpretação da lei ou ato normativo tido pelo STF como incompatível com a Constituição Federal, em controle de constitucionalidade concentrado ou difuso. Contudo, para que a matéria possa ser objeto da impugnação ao cumprimento da decisão (art. 525, § 1º, III), é necessário que a decisão do STF seja anterior ao trânsito em julgado da decisão exequenda (art. 525, § 14). Caso contrário, caberá ação rescisória, cujo prazo (dois anos) será contado do trânsito em julgado da decisão proferida pelo STF (art. 525, § 15). Idênticas regras são aplicáveis à execução contra a Fazenda Pública (art. 535, III, §§ 5º, 7º e 8º).

33.5 LEGITIMIDADE

Tem legitimidade para propor a ação rescisória quem foi parte no processo ou o seu sucessor a título universal ou singular, o terceiro juridicamente interessado, o Ministério Público e aquele que não foi ouvido no processo em que lhe era obrigatória a intervenção (art. 967, CPC).

A legitimidade do Ministério Público fica restrita às hipóteses em que: (a) não foi ouvido no processo, nas quais era obrigatória a intervenção; (b) quando a decisão rescindenda é o efeito de simulação ou de colusão das partes, a fim de fraudar a lei; (c) em outros casos em que se imponha sua atuação.

O TST tem entendido que hipóteses legais são exemplificativas, não limitando a atuação do Ministério Público do Trabalho (Súm. 407).

Tem-se se admitido legítimo o terceiro que não participou do processo em que deveria ter atuado na condição de litisconsorte necessário.

Terão legitimidade passiva todos os que foram parte no processo e não figuram no polo ativo da ação rescisória, de modo que se a ação é proposta pelo Ministério Público, aqueles que atuaram como autores e réus na demanda da qual se busca a rescisão do julgado (processo original) estarão no polo passivo da ação rescisória. Trata-se de litisconsórcio necessário.

Para o TST, o litisconsórcio é necessário em relação ao polo passivo da demanda, porque supõe uma comunidade de direitos ou de obrigações que não admite solução díspar para os litisconsortes, em face da indivisibilidade do objeto. Já em relação ao polo ativo, o litisconsórcio é facultativo, uma vez que a aglutinação de autores se faz por conveniência, e não pela necessidade decorrente da natureza do litígio, pois não se pode condicionar o exercício do direito individual de um dos litigantes no processo originário à anuência dos demais para retomar a lide (Súm. 406, I).

O sindicato, substituto processual e autor da reclamação trabalhista (em cujos autos fora proferida a decisão rescindenda) possui legitimidade para figurar como réu na ação rescisória, sendo descabida a exigência de citação de todos os empregados substituídos, porquanto inexistente litisconsórcio passivo necessário (Súm. 406, II).

33.6 COMPETÊNCIA JURISDICIONAL

A competência jurisdicional originária para a ação rescisória da sentença do juiz do trabalho, do juiz de direito investido na jurisdição trabalhista e do acórdão regional é do TRT (art. 678, I, c; 2º, CLT), ainda que existam recursos de revista e embargos não conhecidos (Súm. 192, I, TST).

O acórdão rescindendo do TST que não conhece de recurso de embargos ou de revista, analisando arguição de violação de dispositivo de lei material ou decidindo em consonância com súmula de direito material ou com iterativa, notória e atual jurisprudência de direito material da Seção de Dissídios Individuais (Súm. 333), examina o mérito da causa, cabendo ação rescisória da competência do TST (Súm. 192, II).

Quando inexistir turma especial nos TRTs para essa finalidade, a competência será do pleno do TRT.

Ações rescisórias das decisões do TST são de competência originária da Seção de Dissídios Individuais, sejam elas das turmas ou da própria Seção, inclusive as anteriores à especialização em seções (art. 3º, I, a; Lei 7.701/88).

Tratando-se de ação contra sentenças normativas do TST, a competência será da Seção de Dissídios Coletivos (art. 2º, I, c, Lei 7.701).

O STF é competente para as ações rescisórias de seus julgados (art. 102, I, j, CF), contudo, não o será quando a questão federal apreciada no recurso extraordinário ou no agravo de instrumento seja diversa da que foi suscitada no pedido rescisório (Súm. 515).

Na ação rescisória, não estão impedidos juízes que participaram do julgamento rescindendo (Súm. 252, STF).

Importa na extinção da ação sem julgamento de mérito, por impossibilidade jurídica do pedido, quando o tribunal tiver incompetência funcional para a desconstituição da decisão que se busca a rescisão (OJ 70, SDI-II).

33.7 NATUREZA JURÍDICA DA DECISÃO

A decisão proferida pelo *iudicium rescindens* é de índole constitutiva, na medida em que modifica a relação jurídica estabelecida entre as partes. Será constitutivo propriamente dito quando acolher o pedido do autor e constitutivo-negativo, quando o rejeitar.

Entretanto, quando o acórdão entender que a ação rescisória é incabível, a sua natureza será declaratória, pois estará afirmando (= declarando) a falta de adequação da *res in iudicio deducta* com as normas legais disciplinadoras da ação rescisória.

A decisão emanada do *iudicium rescissorium*, contudo, pode ser declaratória, constitutiva ou condenatória, tudo a depender da pretensão formulada na petição inicial.

33.8 VALOR DA CAUSA

No âmbito da Justiça do Trabalho, o valor da causa na ação rescisória segue os parâmetros fixados na IN 31/07, TST: (a) na fase de conhecimento, o valor da causa corresponderá, no caso de improcedência, ao valor dado à causa do processo originário ou aquele que for fixado pelo juiz. No caso de procedência, total ou parcial, ao respectivo valor arbitrado à condenação. (b) na fase de execução, o valor corresponderá ao valor apurado em liquidação de sentença (arts. 2º e 3º, IN 31).

O valor da causa da ação rescisória, quer objetive desconstituir decisão da fase de conhecimento ou decisão da fase de execução, será reajustado pela variação cumulada do INPC do IBGE até a data do seu ajuizamento (art. 4º, IN 31).

33.9 CUSTAS PROCESSUAIS E HONORÁRIOS SUCUMBENCIAIS

Tramitando perante a Justiça do Trabalho, as custas processuais seguirão as regras da CLT (IN 27/05, TST).

Como regra, não há despesas processuais realizadas antes da postulação judicial, por falta de previsão legal.

As custas processuais serão pagas quando da interposição do recurso ou ao final do processo (arts. 789 ss., CLT), de modo que não existem custas processuais no momento da distribuição da ação.

Também por falta de amparo legal, não existem despesas de juntada do instrumento do mandato e diligência de oficial de justiça.

Com a Lei 13.467/17, a parte sucumbente será condenada em honorários advocatícios (art. 791-A, CLT).

33.10 DEPÓSITO PRÉVIO

No âmbito da Justiça do Trabalho, o depósito de 5% sobre o valor da causa não era exigido para as ações rescisórias (art. 968, II, CPC) (art. 836, CLT; Súm. 194, TST).

A Lei 11.495/07 alterou isso, aduzindo nova redação ao art. 836 da CLT, a qual passou a prever a obrigatoriedade do depósito prévio à base de 20% do valor da causa, salvo prova de miserabilidade jurídica do requerente.

O recolhimento do depósito prévio na ação rescisória é regulado pela IN 31/07 do TST, a qual determina que o depósito bancário será realizado junto ao Banco do Brasil S.A. ou à Caixa Econômica Federal.

Estão dispensados do depósito legal a União, os Estados, o Distrito Federal, os Municípios, as suas respectivas autarquias e fundações de direito público, o Ministério Público, a Defensoria Pública e os que tenham obtido o benefício de gratuidade da justiça.

No caso de a decisão judicial declarar inadmissível ou improcedente a ação rescisória, a importância do depósito reverterá a favor do réu (art. 974, CPC).

33.10.1 Modelo de guia de depósito prévio

Vias 1ª, 2ª, 3ª e 4ª

33.11 PROCEDIMENTO

Ao receber a petição inicial da ação rescisória, verificando o relator a falta de documento essencial, intimará a parte para que o apresente em 15 dias, sob pena de indeferimento (Súmulas 263 e 299, II, TST).

Se a ausência da decisão rescindenda ou da certidão se verificar apenas em fase recursal, cumpre ao relator do recurso ordinário, verificada a ausência de qualquer delas, conceder o prazo de cinco dias ao recorrente para que seja complementada a documentação exigível, nos termos do art. 922, parágrafo único, CPC (OJ 84, SDI-II).

A petição inicial poderá ser indeferida quando (art. 968, § 3º, CPC): (a) ocorrer ausência do depósito legal; (b) houver inépcia da inicial (faltar pedido ou causa de pedir; o pedido for indeterminado, ressalvadas as hipóteses legais em que se permite o pedido genérico; da narração dos fatos não decorrer logicamente a conclusão; contiver pedidos incompatíveis entre si); (c) ocorrer ilegitimidade de parte; (d) o autor carecer de interesse processual; (e) diante da não regularização da petição inicial (art. 321, CPC) ou do não fornecimento do endereço e do número da OAB (quando o advogado postula em causa própria; art. 106, CPC).

Não padece de inépcia a petição inicial de ação rescisória apenas porque omite a subsunção do fundamento de rescindibilidade no art. 966, CPC ou o capitula erroneamente em um de seus incisos. Contanto que não se afaste dos fatos e fundamentos invocados como causa de pedir, ao tribunal é lícito emprestar-lhes a adequada qualificação jurídica (*iura novit curia*). No entanto, fundando-se a ação rescisória no art. 966, V, é indispensável expressa indicação, na petição inicial da ação rescisória, da norma jurídica manifestamente violada, por se tratar de causa de pedir da rescisória, não se aplicando, no caso, o princípio *iura novit curia* (Súm. 408).

Indeferida a petição inicial, cabe agravo interno no TST (art. 265, RITST).

A procuração outorgada com poderes específicos para ajuizamento de reclamação trabalhista não autoriza a propositura de ação rescisória e de mandado de segurança. Constatado, todavia, o defeito de representação processual na fase recursal, cumpre ao relator ou ao tribunal conceder prazo de cinco dias para a regularização, nos termos da Súmula 383, II, TST (OJ 151, SDI-II).

O recurso ordinário interposto contra despacho monocrático indeferitório da petição inicial de ação rescisória ou de mandado de segurança pode, pelo princípio de fungibilidade recursal, ser recebido como agravo regimental (OJ 69, SDI-II).

Distribuída a ação rescisória, o relator mandará citar o réu, fixando-lhe o prazo para resposta entre 15 e 30 dias (art. 970, CPC).

A contestação apresentada em sede de ação rescisória obedece à regra relativa à contagem de prazo constante do art. 774 da CLT, sendo inaplicável o art. 231, CPC (OJ 146, SDI-II).

Considerando a existência da coisa julgada (questão de ordem pública), a revelia não produz a confissão na ação rescisória (Súm. 398, TST).

É possível o julgamento liminar da ação, independentemente da citação do réu, com a sua improcedência, quando (art. 332, CPC): (a) enunciado de súmula do STF e STJ; (b) acórdão proferido pelo STF e STJ em julgamento de recursos repetitivos; (c) entendimento firmado em incidente de resolução de demandas repetitivas ou de assunção de competência; (d) enunciado de súmula de tribunal de justiça sobre direito local; (e) na ocorrência de decadência ou de prescrição.

No processo do trabalho, as hipóteses do art. 332, CPC, são extensivas às súmulas e às decisões do TST e dos TRTs.

Se os fatos alegados pelas partes dependerem de prova, o relator delegará a competência ao juiz do trabalho ou ao juiz de direito da comarca onde deva ser produzida, fixando-lhe prazo para devolução, de um a três meses para devolução dos autos.

Encerrada a fase instrutória, autor e réu terão o prazo sucessivo de dez dias para apresentar razões finais. Após, se dará o julgamento.

Na ação rescisória, devolvidos os autos pelo relator, a secretaria do tribunal expedirá cópias do relatório e as distribuirá entre os juízes que compuserem o órgão competente para o julgamento. A escolha de relator recairá, sempre que possível, em juiz que não haja participado do julgamento rescindendo (art. 971, CPC).

Em maio de 2011, o TST sumulou o entendimento de que é cabível a condenação ao pagamento de honorários advocatícios em ação rescisória no processo trabalhista (Súm. 219, II).

Da decisão do TRT, além do recurso de embargos de declaração, cabe recurso ordinário para o TST (art. 245, parágrafo único, V, RITST; Súm. 158, TST). No caso do recurso em ação rescisória, exige-se o depósito recursal (R$ 21.973,60, Ato SEGJUD. GP 175/21).

O recurso ordinário apresentado pelo empregador contra decisão condenatória deve vir acompanhado do depósito recursal quando houver o acolhimento do pedido e a imposição de condenação em pecúnia (Súm. 99).

A IN 3/93 do TST determina que se julgada procedente ação rescisória e imposta condenação em pecúnia, será exigido um único depósito recursal, dispensando novo depósito para os recursos subsequentes (item III).

O depósito será efetivado pela parte recorrente vencida, mediante guia de depósito judicial expedida pela secretaria judiciária. Com o trânsito em julgado da decisão, se condenatória, o valor depositado e seus acréscimos serão considerados na execução; se absolutória, será liberado o levantamento do valor do depositado e seus acréscimos (item III, *a* e *b*).

Não se aplicam as limitações recursais do processo sumário (valor de alçada) previstas pela Lei 5.584 às ações rescisórias (Súm. 365, TST).

Os entes de direito público possuem prazo recursal em dobro, estando dispensados do depósito recursal e isentos do pagamento de custas processuais (art. 790-A, CLT).

Há ainda a remessa *ex officio* para as decisões contrárias a entes de direito público (Súm. 303, II).

A interposição de recurso de revista de decisão definitiva de TRT em ação rescisória ou em mandado de segurança, com fundamento em violação legal e divergência jurisprudencial e remissão expressa ao art. 896 da CLT, configura erro grosseiro, não autorizando o seu recebimento como recurso ordinário, em face do disposto no art. 895, *b*, da CLT (OJ 152, SDI-II).

No âmbito do TRT da 2ª Região, o procedimento da ação rescisória é disciplinado pelos arts. 150 a 154 do Regimento Interno.

33.12 ESTRUTURA

A estrutura da ação rescisória deve observar os requisitos previstos no art. 319, CPC e no art. 840, CLT.

Assim, sugerimos a leitura do capítulo referente à reclamação trabalhista (Capítulo 2, Parte II).

Além da decisão que se procura rescindir e demais documentos necessários para demonstrar a nulidade apontada, é indispensável a prova do trânsito em julgado da decisão.

A petição inicial deverá ser acompanhada de tantas cópias quantos forem os réus. Além do pedido de rescisão do julgado, quando for o caso, também se faz necessário o pedido de novo julgamento.

Reconhecida a incompetência do tribunal para julgar a ação rescisória, o autor será intimado para emendar a petição inicial, a fim de adequar o objeto da ação rescisória, quando a decisão apontada como rescindenda (art. 968, §§ 5º e 6º, CPC): (a) não tiver apreciado o mérito e não se enquadrar na situação prevista no § 2º do art. 966, CPC; (b) tiver sido substituída por decisão posterior.

Após a emenda da petição inicial, será permitido ao réu complementar os fundamentos de defesa, e, em seguida, os autos serão remetidos ao tribunal competente.

33.12.1 Tutela provisória na ação rescisória

Em regra, o ajuizamento da ação rescisória não impede o cumprimento da decisão rescindenda. Contudo, atendidos os requisitos legais, é possível a concessão de tutela provisória, de modo a restringir ou mesmo suspender os efeitos da decisão acatada (art. 969, CPC).

A tutela provisória na ação rescisória se mostra incabível para, em um juízo *prima facie*, antecipar os efeitos de uma decisão judicial futura e afastar os efeitos de uma decisão acobertada pela coisa julgada material (Súm. 405, TST).

Por outro lado, o juiz pode se socorrer de medidas acautelatórias (Súm. 405, I) para determinar as medidas provisórias que julgar adequadas, quando houver fundado receio de que uma parte, antes do julgamento da lide, cause ao direito da outra lesão grave e de difícil reparação.

33.12.2 Os pedidos da ação rescisória

A lei processual prevê a formulação dos pedidos de rescisão do julgado (*iudicium rescindens*) e de novo julgamento do processo (*iudicium rescissorium*) (art. 968, CPC).

No geral, a ação rescisória provoca o chamamento dos dois juízos, como se dá quando ela se funda nos incisos I (prevaricação, concussão ou corrupção do juiz), II (impedimento ou incompetência absoluta), III (dolo ou coação da parte vencedora em detrimento da vencida, ainda, de simulação ou colusão entre elas com o objetivo de fraudar a lei), VI (falsidade do documento em que se baseou a sentença rescindenda), VII (obtenção de prova nova), VIII (erro de fato verificável do exame dos autos), embora os casos enumerados comportem exceções.

Contudo, quando o tribunal acolhe a rescisória para fazer desaparecer a sentença que houvera interpretado ofensa à coisa julgada (IV), a atuação é exclusiva do *iudicium rescindens*, cuja tarefa consiste em restabelecer o império e a autoridade da *res iudicata*, que estavam sendo afrontados pela sentença rescindida. O mesmo se diga quanto à rescisória calcada em violação à literal disposição de lei, a despeito de essa causa de rescindibilidade dos julgados não impedir, em certas situações, a participação do *indicium rescissorium*.

O TST, até pelo princípio da economia processual, tem admitido o ajuizamento de uma única ação rescisória contendo mais de um pedido, em ordem sucessiva, de rescisão da sentença e do acórdão. Sendo inviável a tutela jurisdicional de um deles, o julgador está obrigado a apreciar os demais, sob pena de negativa de prestação jurisdicional (OJ 78, SDI-II). Isso pode ocorrer quando parte da sentença transita em julgado porque o recurso ordinário não envolveu todas as questões debatidas na decisão singular e, ao término do processo, constata-se que a sentença e o acórdão proferidos apresentam irregularidades capazes de ensejar uma ação rescisória.

Na ação rescisória, não era possível pleitear a condenação relativa à devolução dos valores pagos ao trabalhador pela execução da decisão rescindenda (OJ 28, SDI-II), o que somente será possível pelo ajuizamento de uma nova ação trabalhista. Com o cancelamento da OJ 28 (Resolução 149/08 do TST), os valores pagos por uma decisão judicial, a qual, posteriormente, venha a ser rescindida por meio de uma ação rescisória, serão executados (= devolução) no curso da própria demanda onde o valor foi pago (art. 836, parágrafo único, CLT).

33.13 MODELO DE AÇÃO RESCISÓRIA

EXCELENTÍSSIMO SENHOR DOUTOR DESEMBARGADOR
PRESIDENTE DO TRIBUNAL REGIONAL DO TRABALHO DA _____ REGIÃO

(10 cm)

ESTADO DO RIO DE JANEIRO, ente de Direito Público (endereço físico e eletrônico), por seu procurador (nome completo), o qual receberá as intimações e notificações (endereço físico e eletrônico) (procuração anexa), vem, à presença de Vossa Excelência, propor **AÇÃO RESCISÓRIA COM PEDIDO DE TUTELA PROVISÓRIA**, com fundamento no art. 966, V, CPC, art. 114, CF, em face de **AMANDA CAVALCANTE** (nacionalidade), (estado civil), (profissão), (nº do CPF), (nº do RG e órgão expedidor), (nº da CTPS), (nº do PIS/PASEP ou do NIT), (data de nascimento), (nome da mãe), (endereço físico e eletrônico), e contra decisão proferida pela 1ª Turma do Tribunal Regional do Trabalho do Estado da Guanabara, nos autos do processo nº _____ (origem 1ª Vara de Canoa Furada), pelas razões de fato e de direito que passa a expor.

1 DA RECLAMAÇÃO TRABALHISTA E DA DECISÃO ATACADA

No exercício do direito de ação, a Requerida, outrora Reclamante, ingressou em juízo requerendo o reconhecimento da relação de emprego existente entre a mesma e o Estado do Rio de Janeiro, bem como a anotação da CTPS e o pagamento de direitos trabalhistas decorrentes dessa relação jurídica (férias, acrescidas de 1/3, depósitos fundiários e reintegração e verbas rescisórias).

A Requerida afirmou que foi contratada pela diretora da escola estadual, sra. Maria Flores, aos 1º-2-1995, para exercer a função de caseira da Escola Estadual Pequeno Príncipe, no bairro da Lapa, e que pela função exercida recebia mensalmente o valor de R$ 600,00 e que ainda poderia dormir em um quarto na própria escola (salário *in natura*).

Afirmou ainda que foi desligada da escola em 10-1-2015, sem ter recebido seus créditos trabalhistas.

Após o devido processo legal, a 1ª Turma do TRT, confirmando a decisão de 1ª Instância, apesar de inexistir aprovação em concurso público, reconheceu o vínculo de emprego entre as partes e determinou o pagamento das verbas trabalhistas decorrentes do contrato de trabalho (doc. anexo).

Pela simples leitura da decisão rescindenda, verifica-se que a mesma se fundamenta no valor social do trabalho (arts. 1º e 6º, CF), bem como no princípio da primazia da realidade.

Atualmente, o crédito trabalhista é de R$ 5.700,00 (decisão de liquidação anexa).

2 VIOLAÇÃO LITERAL E EXPRESSA DA CONSTITUIÇÃO FEDERAL

A decisão do TRT que reconheceu a validade da relação de emprego com o Estado da Guanabara, sem a aprovação em concurso público, viola frontalmente o previsto no art. 37, II e § 2º, da CF, bem como os princípios da moralidade, impessoalidade e eficiência da Administração Pública (art. 37, *caput*, CF).

O próprio TST admite ação rescisória por violação ao art. 37, II e § 2º, da CF (OJ 10, SDI-II).

3 A EXIGÊNCIA DE APROVAÇÃO EM CONCURSO PÚBLICO PELA CONSTITUIÇÃO

O concurso público de provas ou de provas e títulos é fator denotador da exigência da moralidade, da impessoalidade e da eficiência, sendo requisito indispensável para a investidura em cargo ou emprego público, excetuando-se as hipóteses de cargo de provimento em comissão.

Além disso, com o concurso público, o Constituinte pretendeu assegurar a igualdade entre os participantes e garantir que os aprovados sejam pessoas capazes e competentes. Para isso, dois requisitos são indispensáveis: (a) o concurso é público, não podendo ser restringido a determinado grupo, como quando apenas aqueles que já são servidores podem participar (concursos internos); (b) o resultado deve ser obtido de modo objetivo, com critérios claros, para que não haja dúvida sobre a aprovação de alguns e reprovação de outros.

A exigência do concurso público envolve tanto os cargos como os empregos públicos, de acordo com a natureza e a complexidade do cargo ou emprego (art. 37, II, CF). O ingresso no serviço público sem aprovação em concurso público implica nulidade do ato e punição da autoridade responsável (art. 37, II e § 2º), por ato de improbidade administrativa, nas esferas civil, administrativa e penal.

Como já decidiu o próprio STF:

"Concurso público: não mais restrita a sua exigência ao primeiro provimento de cargo público, reputa-se ofensiva do art. 37, II, CF, toda modalidade de ascensão de cargo de uma carreira ao de outra, a exemplo do 'aproveitamento' e 'acesso' de que cogitam as normas impugnadas (§§ 1º e 2º do art. 7º do ADCT do Estado do Maranhão, acrescentado pela EC 3/90)" (STF – TP – ADI nº 637 – Rel. Min. Sepúlveda Pertence – j. 25-8-2004 – DJ 1º-10-2004).

"Conforme sedimentada jurisprudência deste Supremo Tribunal, a vigente ordem constitucional não mais tolera a transferência ou o aproveitamento como formas de investidura que importem no ingresso de cargo ou emprego público sem a devida realização de concurso público de provas ou de provas e títulos" (STF – TP – ADI nº 2.689 – Rel. Min. Ellen Gracie – j. 9-10-2003 – DJ 21-11-2003).

O ingresso no serviço público, por aprovação em concurso, é uma imposição que procura dar transparência à gestão da administração pública, visando evitar favorecimentos e prejuízo dos serviços públicos.

A imposição do concurso público deve ser observada como forma de acesso ao serviço público, tanto para a administração pública direta como a indireta, inclusive em todas as esferas políticas (União, Estados, Distrito Federal e Municípios).

4 A EXIGÊNCIA DE CONCURSO PÚBLICO NA VISÃO DO STF E TST

Não bastasse o ordenamento jurídico vigente, o STF editou a Súmula Vinculante 43, *in verbis*: *"é inconstitucional toda modalidade de provimento que propicie ao servidor investir-se, sem prévia aprovação em concurso público destinado ao seu provimento, em cargo que não integra a carreira na qual anteriormente investido".*

Anteriormente à Súmula Vinculante, o STF já havia consolidado o entendimento que é inconstitucional toda modalidade de provimento que propicie ao servidor investir-se, sem prévia aprovação em concurso público destinado ao seu provimento, em cargo que não integra a carreira na qual anteriormente investido (Súm. 685).

Ao analisar o tema, o TST entendeu pela nulidade da contratação (OJ 85, SDI-I).

A jurisprudência dominante consolidou-se na Súmula 363: "*A contratação de servidor público, após a Constituição Federal de 1988, sem prévia aprovação em concurso público, encontra óbice no seu art. 37, II e § 2º, somente conferindo-lhe direito ao pagamento dos dias efetivamente trabalhados segundo a contraprestação pactuada".*

Em situação equivalente, o TST entende proceder ao pedido de rescisão do julgado quando a assunção do professor-adjunto ao cargo de professor-titular de universidade pública ocorre sem prévia aprovação em concurso público (OJ 38, SDI-II).

Em abril de 2002, o TST reviu a redação da Súmula 363: "*A contratação de servidor público, após a Constituição de 1988, sem prévia aprovação em concurso público, encontra óbice no seu art. 37, II e § 2º, somente conferindo-lhe direito ao pagamento da contraprestação pactuada, em relação ao número de horas trabalhadas, respeitado o salário mínimo/hora".*

No final de 2003, a Súmula 363 passou a ter a seguinte redação: "*A contratação de servidor público, após a CF/1988, sem prévia aprovação em concurso público, encontra óbice no respectivo art. 37, II e § 2º, somente lhe conferindo direito ao pagamento da contraprestação pactuada, em relação ao número de horas trabalhadas, respeitado o valor da hora do salário mínimo, e dos valores referentes aos depósitos do FGTS".*

Com isso, o TST reafirmou a sua posição de nulidade do contrato de trabalho com a Administração Pública quando ausente a aprovação em concurso público, garantindo apenas o pagamento das horas efetivamente trabalhadas, de modo a excluir os descansos semanais remunerados, adicionais, afastamentos e licenças remuneradas, mas garantiu o pagamento do salário mínimo/hora e os depósitos do fundo de garantia por tempo de serviço. Naquelas situações em que o salário mensal era inferior ao salário mínimo nacional, o entendimento de que o salário mínimo/hora deve ser observado tenta garantir um mínimo de dignidade ao trabalhador.

A última alteração da Súmula 363 decorre de imposição legal que reconheceu o direito do trabalho aos depósitos do FGTS mesmo havendo a nulidade do contrato de trabalho por ausência de concurso público (MP 2.164-41/01, a qual inseriu o art. 19-A na Lei 8.036/90, convalidada pela EC 32, art. 2º).

Da mesma forma, ainda que desvirtuada a finalidade do contrato de estágio celebrado na vigência da CF/88, é inviável o reconhecimento do vínculo empregatício com Ente da Administração Pública direta ou indireta, por força do art. 37, II, da CF, bem como o deferimento de indenização pecuniária, exceto em relação às parcelas previstas na Súmula 363, se requeridas (OJ 366, SDI-I).

5 TUTELA PROVISÓRIA

Nos termos dos arts. 969 e 294 e seguintes, CPC, considerando o fundamento relevante do alegado (ausência de concurso público) e a possibilidade de lesão irreparável ao erário público (execução por precatório de pequeno valor), requer a concessão de tutela provisória para determinar a suspensão da execução trabalhista.

6 PEDIDOS E REQUERIMENTOS

Ante o exposto, espera o regular processamento da presente ação, com a concessão de tutela provisória, determinando a suspensão imediata da execução trabalhista, com a citação da Requerida para que integre a lide e apresente sua defesa no prazo fixado por Vossa Excelência.

Requer a intimação do Juízo da 1ª Vara do Trabalho de Canoa Furada, processo nº _____, para que cumpra a liminar concedida, suspendendo todos e quaisquer atos de execução.

No mérito, deverá ser rescindida a decisão proferida em violação do sistema constitucional (art. 966, V, CPC) e a realização de novo julgamento em consonância obrigatória com o sistema jurídico vigente, em especial, a exigência constitucional de aprovação em concurso público a partir da CF/88 (art. 37, II e § 2º, CF; Súmula Vinculante 43, STF; Súm. 685, STF; Súm. 363, TST).

Outrossim, requer a intimação do Ministério Público, para que se manifeste nos autos.

Deixa de realizar o depósito prévio (art. 836, CLT), considerando o previsto no art. 968, § 1º, CPC.

Outrossim, requer a condenação do Requerido ao pagamento de honorários advocatícios (art. 791-A, CLT), bem como de despesas processuais e custas processuais.

Pretende-se provar o alegado por todos os meios admitidos em Direito, em especial, prova documental.

Dá-se à causa o valor de R$ _____ (...).

Nestes termos,

pede deferimento.

Local e data

Advogado

OAB nº _____

AÇÃO ANULATÓRIA

34.1 FUNDAMENTO JURÍDICO

A nulidade e anulabilidade do negócio jurídico são previstas pelo CC (arts. 166 e 171), sendo que a ação de nulidade de ato judicial tem respaldo no art. 966, § 4º, CPC.

Considerando o regramento processual civil e a necessidade do TST se posicionar, ainda que não de forma exaustiva, sobre a aplicação de várias regras e de institutos disciplinados pelo CPC ao processo do trabalho, foi editada a IN 39/16.

Além disso, diante da necessidade de se preservar a segurança jurídica e de o TST se posicionar sobre diversos aspectos processuais da Reforma Trabalhista (Lei 13.467), o TST editou a IN 41/18.

34.2 CABIMENTO

A ação anulatória é a ação de declaração de nulidade (objeto da ação) de um negócio jurídico ou ato judicial.

Os requisitos de validade do negócio jurídico são: (a) agente capaz; (b) objeto lícito, possível, determinado ou determinável; (c) forma prescrita e não defesa em lei (art. 104, CC).

O negócio jurídico é nulo quando: (a) celebrado por pessoa absolutamente incapaz; (b) for ilícito, impossível ou indeterminável o seu objeto; (c) for lícito o motivo determinante comum a ambas as partes; (d) não revestir a forma prescrita em lei; (e) for preterida alguma solenidade que a lei considere essencial para a sua validade; (f) tiver por objeto fraudar lei imperativa; (g) a lei taxativamente o declarar nulo, ou proíbe-lhe a prática, sem cominar sanção (art. 166, CC).

Além disso, o negócio jurídico é anulável por: (a) incapacidade relativa do agente; (b) vício resultante de erro, dolo, coação, estado de perigo, lesão ou simulação ou fraude contra credores (art. 171). Outras normas específicas poderão prever a anulabilidade do negócio jurídico.

Normalmente, o pedido de nulidade do negócio jurídico está inserido na reclamação trabalhista (ações individuais) ao lado de outros pedidos, como remuneração de férias, horas extras etc.

Tratando-se de atos judiciais, a ação anulatória terá cabimento contra aqueles atos praticados pelas partes ou por outros participantes do processo e homologados pelo juízo. Os atos homologatórios praticados no curso da execução também estão sujeitos à anulação (art. 966, § 4º, CPC).

34.3 AÇÃO ANULATÓRIA DE NEGÓCIO OU ATO JUDICIAL

No Processo do Trabalho, admite-se o ingresso da ação anulatória para anular negócio jurídico entre as partes ou ato judicial que não tenha natureza de sentença definitiva, a qual somente é atacável por ação rescisória.

De modo que é possível o ajuizamento de ação trabalhista objetivando declarar nulo contrato de trabalho ou cláusulas dos contratos quando visem fraudar a lei, tenha ocorrido manifestação de vontade das partes viciadas, procurem fraudar credores etc.

Questão que enseja controvérsia doutrinária até os dias atuais é o cabimento da ação anulatória contra decisão homologatória de acordo judicial trabalhista. O TST pacificou o entendimento no sentido de que só por ação rescisória é atacável o termo de conciliação firmado em juízo (Súm. 259), isso porque, no caso de conciliação, o termo que for lavrado valerá como decisão irrecorrível (art. 831, parágrafo único, CLT), tratando-se, segundo o TST, de decisão definitiva, atacável apenas por ação rescisória. Contudo, a sentença meramente homologatória, que silencia sobre os motivos de convencimento do juiz, não se mostra atacável por ação rescisória, por ausência de pronunciamento explícito (Súm. 298, IV, TST), abrindo espaço para a ação anulatória.

Diante de irregularidades ou vícios de legalidade, é possível uma ação anulatória de auto de infração lavrado pelo auditor-fiscal do trabalho.

> "RECURSO ORDINÁRIO. AÇÃO ANULATÓRIA DE AUTO DE INFRAÇÃO. *Os autos de infração lavrados pelos Auditores-Fiscais do Trabalho gozam de presunção de legalidade e veracidade, incumbindo à parte autuada o ônus de comprovar que os auditores não agiram diligentemente, ou a insubsistência dos fatos neles registrados, conforme determinam os artigos 373, II, do CPC e 818 da CLT. No caso dos autos, como a autora logrou êxito em comprovar a existência de motivos ensejadores à insubsistência do auto de infração, afigura-se correta a decisão de origem que o desconstituiu"* (TRT – 3ª R. – 11ª T. – RO 0010327-86.2019.5.03.0112 – Rel. Rosemary de O. Pires – j. 1º-9-2020).

34.4 AÇÃO ANULATÓRIA DE CLÁUSULA CONVENCIONAL

Com procedimento especial, a ação anulatória tem-se mostrado instrumento processual adequado à defesa das liberdades individuais e coletivas, bem como dos direitos indisponíveis dos trabalhadores, com destaque para a atuação do Ministério Público do Trabalho na defesa dos interesses dos trabalhadores.

Infelizmente, por vezes, nota-se que a atuação das entidades sindicais na celebração de normas coletivas de trabalho viola preceitos de ordem pública de proteção aos trabalhadores, como: a liberdade individual, a liberdade coletiva e os direitos individuais indisponíveis dos trabalhadores.

Nos termos do art. 614, § 3º, da CLT, é de dois anos o prazo máximo de vigência dos acordos e convenções coletivas de trabalho, sendo inválida, naquilo que ultrapassar esse prazo, a cláusula de termo aditivo que prorroga a vigência do instrumento coletivo originário por prazo indeterminado (OJ 322, SDI-I).

Além disso, não raro têm-se encontrado cláusulas convencionais que estabelecem descontos a título de contribuição confederativa ou contribuição assistencial em detrimento da liberdade individual e coletiva e dos direitos indisponíveis dos trabalhadores.

Considerando a posição acolhida pelo TST no sentido de que a competência jurisdicional para a ação anulatória é dos tribunais do trabalho, e as normas do sistema processual que atribuem a competência da ação de pretensão individual para a devolução dos descontos efetuados à vara do trabalho, o TST não admite a ação anulatória da cláusula convencional cumulada com a devolução dos descontos realizados por impossibilidade de cumulação de pedidos de procedimentos distintos (art. 327, CPC), ocasionando a extinção do pedido incompatível com o procedimento sem julgamento de mérito (arts. 330, I, § 1º, IV, 485, I, CPC).

Com a Lei 13.467/17 (Reforma Trabalhista), os sindicatos subscritores de convenção coletiva ou de acordo coletivo de trabalho, na qualidade de litisconsortes necessários, devem integrar a lide em ação individual ou coletiva que tenha como objeto a anulação de cláusulas desses instrumentos (art. 611-A, § 5º, CLT). O art. 3º, IN 41/18, TST, prevê a aplicação de tal regra para os processos iniciados a partir de 11-11-2017 (início de vigência da Lei 13.467).

Em caso de procedência de ação anulatória de cláusula de convenção, quando houver a cláusula compensatória, esta deverá ser igualmente anulada, sem repetição do indébito (art. 611-A, § 4º, CLT).

34.5 AÇÃO ANULATÓRIA DE DÉBITO FISCAL

A Lei 6.830/80 prevê que a discussão judicial da dívida ativa da Fazenda Pública pode ser discutida em execução, como em sede de mandado de segurança, ação de repetição do indébito ou ação anulatória do ato declarativo da dívida (art. 38).

Atualmente, a competência da Justiça do Trabalho alcança inúmeras questões de ordem tributária (art. 114, VIII, CF, Lei 11.457/07) e se estende para as penalidades administrativas impostas aos empregadores pelo Órgão de fiscalização das relações de trabalho (art. 114, VII, CF).

34.6 PRAZO

Considerando a natureza desconstitutiva da ação anulatória, tem-se o prazo decadencial de dois anos para seu ajuizamento, a contar da data de conclusão do ato (art. 179, CC).

34.7 LEGITIMIDADE ATIVA

No âmbito das relações individuais, o empregado e o empregador possuem legitimidade ativa (*legitimatio ad causam*) para o ajuizamento da ação trabalhista visando à nulidade do negócio jurídico, como as cláusulas abusivas que possam existir no contrato de trabalho ou, ainda, ato judicial que não dependa de sentença (art. 966, § 4º, CPC).

Admite-se a legitimidade ativa do terceiro juridicamente interessado e do Ministério Público quando a violação for de normas de natureza absoluta.

No caso de ato judicial, além das partes do processo, também podem propor a ação anulatória o terceiro juridicamente interessado, o Ministério Público e aquele que não foi ouvido no processo em que lhe era obrigatória a intervenção (art. 967, CPC).

No CPC/73, a legitimidade do Ministério Público para a ação anulatória de ato judicial estava restrita às hipóteses em que não foi ouvido no processo e nas quais era obrigatória a intervenção, ou quando a sentença é o efeito de colusão das partes, a fim de fraudar a lei (art. 487, III). O TST tem entendido que tais hipóteses são exemplificativas, não limitando a atuação do MPT (Súm. 407). Além de manter as hipóteses do CPC/73, o CPC/15 incluiu: (a) simulação das partes; (b) em outros casos em que se imponha sua atuação (art. 967, III, *a* a *c*).

O art. 83, IV, da LC 75/93, confere legitimidade ativa ao MPT para propor ações cabíveis para declaração de nulidade de cláusula (contrato, acordo coletivo ou convenção coletiva) que viole as liberdades individuais ou coletivas ou os direitos indisponíveis dos trabalhadores (ação anulatória de cláusula convencional).

O trabalhador lesado e as partes convenentes também possuem legitimidade para propor a ação anulatória de cláusula convencional.

O TST já reconheceu, excepcionalmente, a legitimidade de sindicato terceiro, ou seja, de entidade sindical que não participou da norma coletiva questionada, quando a categoria representada sofre efeito jurídico da norma coletiva celebrada.[1]

O trabalhador e o empregador que tenham sido lesados por uma cláusula normativa possuem legitimidade para propor a ação anulatória de cláusula convencional. Normalmente, a discussão é efetuada em uma demanda trabalhista comum, em que a nulidade da cláusula é requerida de forma incidental. No polo passivo da ação deverão constar os signatários do instrumento normativo (sindicatos, categoria profissional e econômica, se for convenção coletiva; no caso de acordo coletivo, o sindicato da categoria profissional e a empresa ou empresas signatárias do instrumento normativo.

É razoável que se tenha um litisconsórcio ativo facultativo, quando vários trabalhadores pretendem a nulidade da cláusula normativa.[2]

---

[1] TST – SDC – RO-121-39.2014.5.10.0000 – Rel. Min. Maurício Godinho Delgado – j. 14-12-2015.

[2] "O trabalhador que se declarar lesado por uma cláusula de convenção ou acordo coletivo, bem como do contrato individual de trabalho, também poderá propor a ação anulatória da cláusula respectiva em face do empregador e do sindicato profissional (litisconsortes unitários). Só que, neste caso, a ação será processada como reclamação trabalhista comum, admitindo-se a formação de litisconsórcio facultativo entre os trabalhadores atingidos (dissídio individual plúrimo). A competência funcional aqui é da Vara do Trabalho. No polo passivo da relação jurídica processual figurarão as partes que firmaram o acordo coletivo ou convenção coletiva de trabalho, pois a extinção da relação jurídica material atinge, por óbvio, os seus sujeitos. Há, neste caso, formação de um litisconsórcio necessário (CPC, art. 47), já que, em razão da natureza da relação jurídica material deduzida, o juiz deverá decidir de modo uniforme para todas as partes.

As associações também podem ajuizar ação anulatória de cláusulas convencionais, visto que tem legitimidade para representar seus filiados judicial ou extrajudicialmente (art. 5º, XXI, CF). Nessa hipótese, a legitimação não seria para discutir direitos coletivos e sim os direitos individuais homogêneos de seus associados.[3]

34.8 COMPETÊNCIA

O TST entende que, em se tratando de ação anulatória contra ato judicial, a competência originária se dá no mesmo juízo em que praticado o ato supostamente eivado de vício (OJ 129, SDI-II).

Tratando-se de ação anulatória contra negócio jurídico ou cláusula do contrato individual do trabalho, a competência será da primeira instância trabalhista.

Em relação às ações anulatórias de cláusula de acordo ou convenção coletiva de trabalho, a competência da Justiça do Trabalho encontra-se prevista no art. 1º da Lei 8.984/95, o qual fixou a competência da Justiça Especializada para conciliar e julgar os dissídios que tenham origem no cumprimento de convenção coletiva de trabalho ou acordo coletivo de trabalho mesmo quando ocorram entre sindicatos ou entre sindicato de trabalhadores e empregador.

No que tange à competência hierárquica dentro dos órgãos da Justiça do Trabalho, diferentemente do que ocorreria com a ação anulatória do negócio jurídico individual, considerando a natureza coletiva da ação, tem-se firmado a posição que no caso da ação anulatória de cláusula convencional a competência será do TRT ou do próprio TST por envolver interesses coletivos da categoria.

34.9 DESPESAS PROCESSUAIS E HONORÁRIOS ADVOCATÍCIOS

Tramitando perante a Justiça do Trabalho, as custas processuais seguirão as regras da CLT (IN 27/05, TST).

O mesmo raciocínio se aplica na hipótese de reclamação trabalhista ajuizada diretamente pelo empregado atingido, isto é, também haverá formação litisconsorcial necessária entre o empregador e o sindicato destinatário do desconto perpetrado" (LEITE, Carlos Henrique. *Curso de Direito Processual do Trabalho*, 8. ed. p. 1258).

[3] "A nosso ver, a Associação não está defendendo direito coletivo, pois, diante do imperativo do art. 8º, III, da CF, a defesa desse interesse cabe ao Sindicato. Entretanto, perfeitamente possível se mostra a defesa de direitos individuais homogêneos dos filiados à Associação, pois o próprio art. 8º, *caput*, da CF reconhece não só o direito a associação sindical mas também à profissional. Ao invés de cada empregado ou empregador prejudicado pela norma coletiva ingressar individualmente, a Associação ingressará com uma única ação coletiva, defendendo os interesses individuais homogêneos de seus associados e os efeitos dessa ação somente abrangerão os referidos associados, uma vez que, em se tratando de direitos individuais homogêneos, os titulares do direito discutido são determinados. De outro lado, as Associações, na maioria das vezes, detêm maior representatividade e refletem melhor a vontade de seus filiados do que o Sindicato da categoria, vez que defendem apenas os interesses de seus associados e não de toda a categoria profissional ou econômica (SCHIAVI, Mauro. *Manual de Direito Processual do Trabalho*, 4. ed. p. 1231).

As custas processuais serão pagas quando da interposição do recurso ou ao final do processo (arts. 789 ss, CLT), de modo que não existem custas processuais no momento da distribuição da ação.

Também por falta de amparo legal, não existem despesas de juntada do instrumento do mandato e diligência de oficial de justiça.

Com a Lei 13.467/17, a parte sucumbente será condenada em honorários advocatícios (art. 791-A, CLT).

34.10 PROCEDIMENTO

A ação anulatória tramitará seguindo os procedimentos trabalhistas (sumário, sumaríssimo e ordinário), fixados pelo critério valor da causa.[4]

34.11 ESTRUTURA

A estrutura da ação anulatória deve observar os requisitos previstos no art. 319, CPC, e no art. 840, CLT.

Assim, sugerimos a leitura do capítulo referente à reclamação trabalhista (Capítulo 2).

34.12 MODELO DE AÇÃO ANULATÓRIA

EXCELENTÍSSIMO SENHOR DOUTOR JUIZ DA _____
VARA DO TRABALHO DE _____

(10 cm)

PEDRO BARRETO (nacionalidade), (estado civil), (profissão), (nº do CPF), (nº do RG e órgão expedidor), (nº da CTPS), (nº do PIS/PASEP ou do NIT), (data de nascimento), (nome da mãe), (endereço físico e eletrônico), por seu advogado (nome completo), o qual receberá as intimações e notificações (endereço físico e eletrônico), vem, à presença de Vossa Excelência, propor a presente **AÇÃO ANULATÓRIA DE CLÁUSULA CONTRATUAL**, nos termos do art. 171 do CC, com aplicação subsidiária do art. 966, § 4º, CPC, em face de **DIÁRIO DE BAURU LTDA.** (nº do CNPJ), (nº do CEI), (endereço físico e eletrônico), pelas razões de fato e direito que passa a expor.

1 DO CONTRATO DE TRABALHO E A CLÁUSULA CONTRATUAL

O Requerente passou a trabalhar na Requerida aos 28-1-2000, na função de redator chefe (doc. anexo).

Pela função exercida, o Requerente recebe mensalmente o valor de R$ 4.000,00.

O contrato de trabalho encontra-se vigente.

---

[4] Sobre os procedimentos, sugerimos consultar *Direito Processual do Trabalho*, de Francisco Ferreira Jorge Neto e Jouberto de Quadros Pessoa Cavalcante. São Paulo: Atlas, 8. ed., 2019.

Ocorre que no dia 20-5-2021, o Requerente foi coagido pelo Empregador a assinar um compromisso arbitral (art. 3º, Lei 9.307/97), firmando previamente que as partes fazem a opção pela via arbitral em caso de conflito (doc. anexo).

Como se verifica pela simples leitura do termo firmado (compromisso arbitral), o termo adere ao contrato de trabalho vigente entre as Partes.

2 DA NULIDADE DO COMPROMISSO ARBITRAL

O compromisso arbitral firmado pelas Partes é anulável, por ter sido firmado em conflito com o sistema jurídico vigente civil e trabalhista.

Primeiramente, porque o Requerente foi coagido a firmar a convenção arbitral (vício de vontade), sob pena de ser dispensado sem justa causa (coação irresistível, art. 171, II, CC).

Importante lembrar que na relação de emprego, as partes não estão no mesmo patamar de igualdade, havendo uma relação de dependência econômica e hierárquica do empregado. Assim, a arbitragem é uma forma alternativa de solução de conflito mais adequada aos conflitos empresariais, civis etc., onde há razoável equivalência de poder entre as partes envolvidas, que podem livre e espontaneamente submeter seus conflitos à arbitragem.

Como bem já destacou o TST:

"AGRAVO DE INSTRUMENTO. RECURSO DE REVISTA. ARBITRAGEM. RELAÇÕES INDIVIDUAIS DE TRABALHO. INAPLICABILIDADE. Demonstrado que o recurso de revista preenchia os requisitos do art. 896 da CLT, quanto ao tema relativo à jornada de trabalho, impõe-se o provimento do agravo de instrumento ante a constatação de violação, em tese, do art. 9º da CLT. Agravo de instrumento provido. RECURSO DE REVISTA. ARBITRAGEM. RELAÇÕES INDIVIDUAIS DE TRABALHO. INAPLICABILIDADE. As fórmulas de solução de conflitos, no âmbito do Direito Individual do Trabalho, submetem-se, é claro, aos princípios nucleares desse segmento especial do Direito, sob pena de a mesma ordem jurídica ter criado mecanismo de invalidação de todo um estuário jurídico-cultural tido como fundamental por ela mesma. Nessa linha, é desnecessário relembrar a absoluta prevalência que a Carta Magna confere à pessoa humana, à sua dignidade no plano social, em que se insere o trabalho, e a absoluta preponderância deste no quadro de valores, princípios e regras imantados pela mesma Constituição. Assim, a arbitragem é instituto pertinente e recomendável para outros campos normativos (Direito Empresarial, Civil, Internacional, etc.), em que há razoável equivalência de poder entre as partes envolvidas, mostrando-se, contudo, sem adequação, segurança, proporcionalidade e razoabilidade, além de conveniência, no que diz respeito ao âmbito das relações individuais laborativas. Recurso de revista provido, no aspecto" (TST – 6ª T. – RR 8952000-45.2003.5.02.0900 – Rel. Mauricio Godinho Delgado – j. 10-2-2010 – *DEJT* 19-2-2010).

Não bastasse isso, a arbitragem é incompatível com o princípio da indisponibilidade dos direitos individuais trabalhistas (arts. 9º e 468, CLT).

O art. 1º da Lei 9.307 exclui expressamente de sua aplicação os direitos indisponíveis.

Destarte, é nula de pleno direito a convenção arbitral firmada, por envolver objeto vedado expressamente para essa forma de solução de conflito (art. 104, CC).

Essa nulidade já foi reconhecida pelo TST:

"RECURSO DE REVISTA. 1. NULIDADE. CERCEAMENTO DE DEFESA. A determinação ou o indeferimento da produção de prova constituem prerrogativas do Juízo, com esteio nos arts. 130 e 131 do CPC e 765 da CLT. Logo, não há nulidade a ser declarada, com base no art. 5º, LV, da Constituição Federal, quando o indeferimento de prova encontra lastro no estado instrutório dos

autos. Recurso de revista não conhecido. 2. ARBITRAGEM. INAPLICABILIDADE AO DIREITO INDIVIDUAL DO TRABALHO. 2.1. Não há dúvidas, diante da expressa dicção constitucional (CF, art. 114, §§ 1º e 2º), de que a arbitragem é aplicável na esfera do Direito Coletivo do Trabalho. O instituto encontra, nesse universo, a atuação das partes em conflito valorizada pelo agregamento sindical. 2.2. Na esfera do Direito Individual do Trabalho, contudo, outro será o ambiente: aqui, os partícipes da relação de emprego, empregados e empregadores, em regra, não dispõem de igual poder para a manifestação da própria vontade, exsurgindo a hipossuficiência do trabalhador (bastante destacada quando se divisam em conjunção a globalização e tempo de crise). 2.3. Esta constatação medra já nos esboços do que viria a ser o Direito do Trabalho e deu gestação aos princípios que orientam o ramo jurídico. O soerguer de desigualdade favorável ao trabalhador compõe a essência dos princípios protetivo e da irrenunciabilidade, aqui se inserindo a indisponibilidade que gravará a maioria dos direitos – inscritos, quase sempre, em normas de ordem pública – que amparam a classe trabalhadora. 2.4. A Lei nº 9.307/96 garante a arbitragem como veículo para se dirimir – litígios relativos a direitos patrimoniais disponíveis – (art. 1º). A essência do instituto está adstrita à composição que envolva direitos patrimoniais disponíveis, já aí se inserindo óbice ao seu manejo no Direito Individual do Trabalho (cabendo rememorar-se que a Constituição Federal a ele reservou apenas o espaço do Direito Coletivo do Trabalho). 2.5. A desigualdade que se insere na etiologia das relações de trabalho subordinado, reguladas pela CLT, condena até mesmo a possibilidade de livre eleição da arbitragem (e, depois, de árbitro), como forma de composição dos litígios trabalhistas, em confronto com o acesso ao Judiciário Trabalhista, garantido pelo art. 5º, XXXV, do Texto Maior. 2.6. A vocação protetiva que dá suporte às normas trabalhistas e ao processo que as instrumentaliza, a imanente indisponibilidade desses direitos e a garantia constitucional de acesso a ramo judiciário especializado erigem sólido anteparo à utilização da arbitragem no Direito Individual do Trabalho. Recurso de revista conhecido e desprovido" (TST – 3ª T. – RR 159900-98.2005.5.02.0022 – Rel. Min. Alberto Luiz Bresciani de Fontan Pereira – j. 16-9-2009 – DEJT 2-10-2009).

Assim, deverá ser declarada nula de pleno direito a convenção de arbitragem firmada pelas partes.

3 PEDIDOS E REQUERIMENTOS

Ante o exposto, espera o regular processamento da presente ação anulatória, com a citação do Requerido no endereço citado, para que compareça em Juízo, em audiência designada por Vossa Excelência, e apresente sua defesa em audiência sob pena de incorrer nos efeitos da revelia.

No mérito, deverá ser declarada nula de pleno direito a conversão de arbitragem firmada entre as partes, ante a existência de vício de consentimento e objeto proibido pela Lei de Arbitragem.

Outrossim, requer a condenação do Requerido ao pagamento de honorários advocatícios (art. 791-A, CLT), bem como de despesas processuais e custas processuais.

Pretende-se provar o alegado por todos os meios em Direito permitidos (art. 5º, LVI, CF) (documentos, testemunhas, vistorias etc.).

Dá-se à causa o valor de R$ _____ (...).

Nestes termos,

pede deferimento.

Local e data

Advogado

OAB nº _____

BIBLIOGRAFIA

ACQUAVIVA, Marcus Cláudio. *Dicionário Jurídico Brasileiro*. 12. ed. São Paulo: Jurídica Brasileira, 2004 e 13. ed., 2006.

ALMEIDA, Amador Paes de. *CLT Comentada*. 1. ed. São Paulo: Saraiva, 2003; 3. ed., 2005.

ALMEIDA, Amador Paes de. *Curso Prático de Processo do Trabalho*. 9. ed. São Paulo: Saraiva, 1996; 17. ed., 2006; 19. ed., 2008.

ALMEIDA, Amador Paes de. *O Procedimento Sumaríssimo na Justiça do Trabalho e Comissão de Conciliação Prévia*. 2. ed. São Paulo: Saraiva, 2002.

ALVES, Vilson Rodrigues. *Da prescrição e da decadência no Código Civil de 2002*. 4. ed. Campinas: Servanda Editora, 2008.

ASSIS, Araken de. *Manual do Processo de Execução*. 4. ed. São Paulo: Revista dos Tribunais, 1997.

ASSIS, Carlos Augusto de. *Sujeito Passivo no Mandado de Segurança*. São Paulo: Malheiros, 1997.

BARROS, Alice Monteiro de. *Curso de Direito do Trabalho*. 1. ed. São Paulo: LTr, 2005; 3. ed., 2007.

BATALHA, Wilson de Souza Campos. *Tratado de Direito Judiciário do Trabalho*. 3. ed.; São Paulo: LTr, 1995. v. 1 e 2.

BATOCHIO, José Roberto. Código de Ética e Disciplina da Ordem dos Advogados do Brasil. *Diário da Justiça da União*, 1º mar. 1995.

BEBBER, Júlio Cesar. Prequestionamento (Súmula nº 297 do TST). *Revista LTr*, v. 68, nº 4.

BRANCO, Tales Castelo. *Prisão em Flagrante*. 4. ed. São Paulo: Saraiva, 1988.

BUENO, Cássio Scarpinella. *Mandado de Segurança*. 3. ed. São Paulo: Saraiva, 2007.

CÂMARA, Alexandre Freitas. *A Nova Execução de Sentença*. 3. ed. Rio de Janeiro: Lumen Juris, 2007.

CÂMARA, Alexandre Freitas. *Lições de direito processual civil*. Rio de Janeiro: Lumen Juris, 2008. v. 1, 18. ed.; v. 2, 16. ed.; v. 3, 14. ed.

CÂMARA, Alexandre Freitas. *O Novo Processo Civil Brasileiro*. São Paulo: Atlas, 2015.

CARACIOLA, Andrea Boari. *Princípio da Congruência no Código de Processo Civil*. São Paulo: LTr, 2010.

CARRION, Valentin. *Comentários à Consolidação das Leis do Trabalho*. Atualizada por Eduardo Carrion. 25. ed. São Paulo: Saraiva, 2000; 28. ed., 2003; 31. ed., 2006; 34. ed. 2009.

CARVALHO, Milton Paulo de (Coord.); CARACIOLA, Andrea Boari; ASSIS, Carlos Augusto de; DELLORE, Luiz. *Teoria Geral do Processo Civil*. Rio de Janeiro: Elsevier, 2010.

CATHARINO, José Martins. *Compêndio Universitário de Direito do Trabalho*. São Paulo: Editora Jurídica e Universitária, 1972. v. 2.

CAVALCANTE, Jouberto de Quadros Pessoa; JORGE NETO, Francisco Ferreira. *O empregado público*. 5. ed. São Paulo: LTr, 2016.

CAVALCANTE, Jouberto de Quadros Pessoa; JORGE NETO, Francisco Ferreira; ASSIS, Carlos Augusto. A Nova Sistemática Legal do Mandado de Segurança (Lei nº 12/016/09) e sua Aplicação ao Processo do Trabalho. *Revista Zênite de Direito Administrativo e LRF – IDAF*, nº 100, nov. 2009; *Revista Bonijuris* nº 554, jan. 2010.

CERQUEIRA, Luís Otavio Sequeira de. Litigância de Má-fé em Mandado de Segurança. In: BUENO, Cássio Scarpinella; ALVIM, Eduardo Arruda; WAMBIER, Teresa Arruda Alvim (Coord.). *Aspectos Polêmicos e Atuais do Mandado de Segurança*. São Paulo: Revista dos Tribunais, 2002.

COELHO, Fabio Ulhoa. *Curso de Direito Comercial*. São Paulo: Saraiva, 1999. v. 1 e 2.

DANTAS, Paulo Roberto de Figueiredo. *Direito Processual Constitucional*. São Paulo: Atlas, 2009.

DELGADO, Maurício Godinho. *Curso de Direito do Trabalho*. 8. ed. e 11. ed. São Paulo: LTr, 2009 e 2012.

DIDIER JR., Fredie. *Curso de Direito Processual Civil*. 14. ed. Salvador: JusPodivm, 2012. v. 1.

DINIZ, Maria Helena. *Dicionário Jurídico*. São Paulo: Saraiva, 1998. v. 1 e 2.

DI PIETRO, Maria Sylvia Zanella. *Direito Administrativo*. 13. ed. São Paulo: Atlas, 2001; 16. ed., 2003; 18. ed., 2005.

DONIZETTI, Elpídio. *Curso Didático de Direito Processual Civil*. 14. ed. São Paulo: Atlas, 2010.

DONIZETTI, Elpídio; JORGE NETO, Francisco Ferreira; CAVALCANTE, Jouberto de Quadros Pessoa. *Redigindo a sentença trabalhista*. 3. ed. São Paulo: Atlas, 2015.

FEÓLA, Luis Fernando. *Prática Jurídica no PJe/JT* – Processo Judicial Eletrônico da Justiça do Trabalho. São Paulo: LTr, 2014.

FERNANDEZ, Cláudio F. Penna. O termo inicial da prescrição na ação de cumprimento. *Revista LTr*, v. 60, nº 4.

FERRAZ, Sérgio. *Mandado de Segurança*: Individual e Coletivo. Aspectos Polêmicos. 3. ed. São Paulo: Malheiros, 1996.

GARCIA, Gustavo Filipe Barbosa. Lei nº 11.232/2005: Reforma da Execução Civil e Direito Processual do Trabalho. *Revista Justiça do Trabalho*, ano 23, nº 274, out. 2006.

GIGLIO, Wagner; CORRÊA, Claudia Giglio Veltri. *Direito Processual do Trabalho*. 15. ed. São Paulo: Saraiva, 2005.

GONÇALVES, Emílio. *Exceção, Contestação e Reconvenção no Processo Trabalhista*: Teoria e Prática. 3. ed. São Paulo: LTr, 1996.

HOUAISS, Antônio; VILLAR, Mauro de Salles; FRANCO, Francisco Manoel de Mello. *Dicionário Houaiss da Língua Portuguesa*. Rio de Janeiro: Objetiva, 2004.

JORGE NETO, Francisco Ferreira. CAVALCANTE, Jouberto de Quadros Pessoa. *Direito do Trabalho*. 9. ed. São Paulo: Atlas, 2019.

JORGE NETO, Francisco Ferreira. CAVALCANTE, Jouberto de Quadros Pessoa. *Direito Processual do Trabalho*. 8. ed. São Paulo: Atlas, 2019.

JORGE NETO, Francisco Ferreira. CAVALCANTE, Jouberto de Quadros Pessoa; WENZEL, Letícia Costa Mota. *Prática da Reclamação Trabalhista*. 3. ed. São Paulo: Atlas, 2019.

LEITE, Carlos Henrique Bezerra. *Curso de Direito Processual do Trabalho*. 4. ed. São Paulo: LTr, 2006; 8. ed., 2010.

LEYSER, Maria Fátima Vaquero Ramalho de. *Mandado de Segurança*. São Paulo: WVC, 2002.

LINDOSO, Alexandre Simões. O Recurso de Revista e os Embargos de Divergência à Luz da Lei 13.015/2014 – Primeiras Reflexões. *Revista LTr*, v. 78, nº 9.

MACHADO, Antônio Cláudio da Costa. *Código de Processo Civil Interpretado*: Artigo por Artigo, Parágrafo por Parágrafo. 4. ed. Barueri: Manole, 2005; 5. ed., 2006.

MACIEL, Adhemar Ferreira. Observações sobre a Liminar no Mandado de Segurança. In: TEIXEIRA, Sálvio de Figueiredo (Coord.). *Mandados de Segurança e de Injunção*. São Paulo: Saraiva, 1990.

MAIOR, Jorge Luiz Souto. Reflexos das Alterações do Código de Processo Civil no Processo do Trabalho. *Revista da Escola da Magistratura do TRT da 2ª Região – São Paulo*, nº 1, set. 2006.

MALLET, Estêvão. O Processo do Trabalho e as Recentes Modificações do Código de Processo Civil. *Revista da Escola da Magistratura do TRT da 2ª Região – São Paulo*, nº 1, set. 2006.

MALTA, Christovão Piragibe Tostes. *Prática do Processo Trabalhista*. 30. ed. São Paulo: LTr, 2000.

MANCUSO, Rodolfo de Camargo. *Recurso Extraordinário e Recurso Especial*. 5. ed. São Paulo: Revista dos Tribunais, 1998.

MARINONI, Luiz Guilherme; ARENHART, Sérgio Cruz. *Curso de Processo Civil*. 2. ed. São Paulo: Revista dos Tribunais, 2008, v. 2 e v. 3.

MARTINS, Sergio Pinto. *Comentários a CLT*. 3. ed. São Paulo: Atlas, 2000; 10. ed., 2006.

MARTINS, Sergio Pinto. *Direito do Trabalho*. 13. ed. São Paulo: Atlas, 2001; 18. ed., 2003; 21. ed., 2005.

MARTINS, Sergio Pinto. *Direito Processual do Trabalho*. 4. ed. São Paulo: Atlas, 1997; 15. ed., 2001; 19. ed., 2002; 20. ed., 2003; 21. ed., 2004; 26. ed., 2006; 27. ed., 2007; 29. ed., 2009.

MARTINS FILHO, Ives Gandra da Silva. Critérios de Transcedência no Recurso de Revista – Projeto de Lei nº 3.267/00. *Revista LTr*, v. 65, nº 8.

MARTINS FILHO, Ives Gandra da Silva. *Processo Coletivo do Trabalho*. 2. ed. São Paulo: LTr, 1996; 3. ed., 2003, 4. ed. 2009.

MARTINS FILHO, Ives Gandra da Silva. Recursos de Natureza Extraordinária no Processo do Trabalho. *Revista LTr*, v. 56, nº 8.

MEIRELLES, Hely Lopes. *Mandado de Segurança, Ação Popular, Ação Civil Pública, Mandado de Injunção, Habeas Data*. 19. ed. São Paulo: Malheiros, 1997.

MEIRELLES, Hely Lopes. *Mandando de Segurança. Ação Popular. Ação Civil Pública. Mandando de Injunção.* Habeas Data. *Ação Direta de Insconstucionalidade. Ação Declaratória de Constitucionalidade. Arguição de Descumprimento de Preceito Fundamental. O Controle Incidental de Normas no Direito Brasileiro.* 26. ed. Atualizado por Arnoldo Wald, Gilmar Ferreira Mendes e Rodrigo Garcia de Fonseca. São Paulo: Malheiros, 2003.

MELO, Raimundo Simão de. *Dissídio Coletivo de Trabalho*. São Paulo: LTr, 2002.

MELO, Raimundo Simão de. *Processo Coletivo do Trabalho*. São Paulo: LTr, 2009.

MONTENEGRO FILHO, Misael. *Processo Civil*: Técnicas e Procedimentos. 3. ed. São Paulo: Atlas, 2008.

MORAES, Alexandre de. *Constituição do Brasil Interpretada e Legislação Constitucional*. São Paulo: Atlas, 2002.

MORAES, Alexandre de. *Direito Constitucional*. 19. ed. São Paulo: Atlas, 2006.

MORAES FILHO, Evaristo de. *Sucessão nas Obrigações e a Teoria da Empresa*. Rio de Janeiro: Forense, 1960. v. 1.

MOREIRA, José Carlos Barbosa. *Comentários ao Código de Processo Civil, Lei nº 5.869, de 11 de janeiro de 1973, arts. 476 a 565*. 7. ed. Rio de Janeiro: Forense, 1998.

NAHAS, Thereza Christina. *Curso de Direito Processual do Trabalho*: Processo Cautelas, Procedimento Especial. São Paulo: Escola da Magistratura do Trabalho 2ª Região, 1999.

NASCIMENTO, Amauri Mascaro. A Questão do Dissídio Coletivo de Comum Acordo. *Revista LTr*, v. 70, nº 6.

NASCIMENTO, Amauri Mascaro. *Compêndio de Direito Sindical*. 3. ed. São Paulo: LTr, 2003.

NASCIMENTO, Amauri Mascaro. *Curso de Direito Processual do Trabalho*. 12. ed. São Paulo: Saraiva, 1990; 20. ed., 2001; 21. ed., 2002; 27. ed. 2012.

NERY JUNIOR, Nelson; Nery, Rosa Maria de Andrade. *Código de Processo Civil Comentado*. São Paulo: Revista dos Tribunais, 3. ed., 1997, e 9. ed., 2006.

OLIVEIRA, Francisco Antonio de. *A Execução na Justiça do Trabalho*. 3. ed. São Paulo: Revista dos Tribunais, 1995.

OLIVEIRA, Francisco Antonio de. *Comentários à Consolidação das Leis do Trabalho*. 3. ed. São Paulo: Revista dos Tribunais, 2005.

OLIVEIRA, Francisco Antonio de. *Comentários aos Enunciados do Tribunal Superior do Trabalho*. 3. ed. São Paulo: Revista dos Tribunais, 1996; 4. ed., 1997.

OLIVEIRA, Francisco Antonio de. *Comentários aos Precedentes Normativos e Individuais do TST*. 1. ed. São Paulo: Revista dos Tribunais, 1999; 2. ed., 2004.

OLIVEIRA, Francisco Antonio de. *Manual de Audiências Trabalhistas*. São Paulo: Revista dos Tribunais, 1994.

OLIVEIRA, Francisco Antonio de. *Medidas Cautelares, Procedimentos Especiais, Mandado de Segurança, Ação Rescisória e Ação Anulatória no Processo Trabalhista*. 3. ed. São Paulo: Revista dos Tribunais, 1994.

OROTAVO NETO, Fernando; ROHR, Joaquim Pedro. *Dos Recursos Cíveis*: dos Recursos em Espécie. 2. ed. Rio de Janeiro: Lumen Juris, 2006.

PINTO, José Augusto Rodrigues. *Execução Trabalhista*. 11. ed. São Paulo: LTr, 2006.

PINTO, José Augusto Rodrigues. *Processo Trabalhista de Conhecimento*. 2. ed. São Paulo: LTr, 1993; 5. ed., 2000.

RIZZI, Sérgio. *Ação Rescisória*. São Paulo: Revista dos Tribunais, 1979.

ROMITA, Arion Sayão. *Competência da Justiça do Trabalho*. Curitiba: Genesis, 2005.

ROTHENBURG, Walter Claudius. Réquiem para o *Habeas Data* (O *Habeas Data* e a Nova Lei 9.507/97). In: WAMBIER, Teresa Arruda Alvim (Coord.). *Habeas Data*. São Paulo: Revista dos Tribunais, 1998.

RUSSOMANO, Mozart Victor. *Comentários à Consolidação das Leis do Trabalho*. 11. ed. Rio de Janeiro: Forense, 1985.

SANTOS, Aloysio. *Recurso de Revista: o Recurso Extraordinário Trabalhista: Doutrina e Práxis do Recurso de Revista*. Rio de Janeiro: Forense, 2006.

SANTOS, Enoque Ribeiro. Dissídio Coletivo e Emenda Constitucional nº 45/2004: Considerações sobre as Teses Jurídicas da Existência do "Comum Acordo". *Revista Justiça do Trabalho*, nº 264, dez. 2005.

SANTOS, Jorge Sincorá dos. *Prática Forense Civil*. 7. ed. Rio de Janeiro: Lumen Juris, 2007.

SANTOS, Moacyr Amaral. *Primeiras Linhas de Direito Processual Civil*. 9. ed. São Paulo: Saraiva, 1981. v. 1 a 3.

SARAIVA, Renato. *Curso de Direito Processual do Trabalho*. 5. ed. São Paulo: Método, 2008; 6. ed., 2009.

SCHIAVI, Mauro. *Manual de Direito Processual do Trabalho*. 1. ed. São Paulo: LTr, 2008; 3. ed., 2010; 4. ed., 2011.

SILVA, Antônio Álvares. *A Transcendência no Recurso de Revista*. São Paulo: LTr, 2002.

SILVA, Antônio Álvares. *O Novo Recurso de Revista na Justiça do Trabalho*. São Paulo: LTr, 1999.

SILVA, Homero Batista Mateus. *Curso de direito do trabalho aplicado*. v. 10 – Execução Trabalhista. 2. ed., São Paulo: Revista dos Tribunais, 2015.

SILVA, José Afonso da. *Curso de Direito Constitucional Positivo*. 9. ed. São Paulo: Malheiros, 1993; 15. ed., 1998; 18. ed., 2000.

SILVA, Ovídio A. Batista da Silva. *Curso de Processo Civil*. São Paulo: Revista dos Tribunais, 2008. v. 1, 4. ed.; v. 2, 3. ed.; v. 3, 2. ed.

SOUZA, André Pagani de; CARACIOLA, Andrea Boari; ASSIS, Carlos Augusto de; FERNANDES, Luis Eduardo Simardi; DELLORE, Luiz. *Teoria Geral do Processo Contemporâneo*. São Paulo: Atlas, 2016.

SÜSSEKIND, Arnaldo; MARANHÃO, Délio; VIANNA, Segadas; TEIXEIRA, Lima. *A Prova no Processo do Trabalho*. 5. ed. São Paulo: LTr, 1991.

SÜSSEKIND, Arnaldo. *Instituições de Direito do Trabalho*. 19. ed. São Paulo: LTr, 2000; 22. ed., 2005.

TEIXEIRA FILHO, Manoel Antonio. A Justiça do Trabalho e a Emenda Constitucional nº 45/2004. *Revista LTr*, v. 69, nº 1.

TEIXEIRA FILHO, Manoel Antonio. *Ação Rescisória no Processo do Trabalho*. São Paulo: LTr, 1991.

TEIXEIRA FILHO, Manoel Antonio. *As Ações Cautelares no Processo do Trabalho*. 4. ed. São Paulo: LTr, 1996.

TEIXEIRA FILHO, Manoel Antonio. As Novas Leis Alterantes do Processo Civil e sua Repercussão no Processo do Trabalho. *Revista LTr* v. 70, nº 3.

TEIXEIRA FILHO, Manoel Antonio. *Breves Comentários à Reforma do Poder Judiciário (com Ênfase à Justiça do Trabalho)*: Emenda Constitucional nº 45/2004. São Paulo: LTr, 2005.

TEIXEIRA FILHO, Manoel Antonio. *Comentários ao Novo Código de Processo Civil sob a Perspectiva do Processo do Trabalho: (Lei n. 13.105, 16 de março de 2015)*. São Paulo: LTr, 2015.

TEIXEIRA FILHO, Manoel Antonio. *Curso de Direito Processual do Trabalho*. São Paulo: LTr, 2009, v. 2 e v. 3.

TEIXEIRA FILHO, Manoel Antonio. *Curso de Processo do Trabalho*: Perguntas e Respostas sobre Assuntos Polêmicos em Opúsculos Específicos – nº 24: Dissídio Coletivo. São Paulo: LTr, 1998.

TEIXEIRA FILHO, Manoel Antonio. *Execução no Processo do Trabalho*. 9. ed. São Paulo: LTr, 2005.

TEIXEIRA FILHO, Manoel Antonio. *Liquidação da Sentença no Processo do Trabalho*. 3. ed. São Paulo: LTr, 1992.

TEIXEIRA FILHO, Manoel Antonio. *Litisconsórcio, Assistência e Intervenção de Terceiros no Processo do Trabalho*. São Paulo: LTr, 1992.

TEIXEIRA FILHO, Manoel Antonio. *Mandado de Injunção e Direitos Sociais*: Direito do Trabalho e a Nova Constituição. Curitiba: Juruá, 1989.

TEIXEIRA FILHO, Manoel Antonio. Novas Alterações no CPC e suas Implicações no Processo do Trabalho (Lei nº 10.444/2002). *Suplemento Trabalhista LTr*, nº 87, 2002.

TEIXEIRA FILHO, Manoel Antonio. *O Procedimento Sumaríssimo no Processo do Trabalho*: comentários à Lei nº 9.957/2000. São Paulo: LTr, 2000.

TEIXEIRA FILHO, Manoel Antonio. Recursos Trabalhistas – Comentários à Lei 13.015/2014. *Revista LTr*, v. 78, nº 8.

TEIXEIRA FILHO, Manoel Antonio. *Sistema dos Recursos Trabalhistas*. 5. ed. São Paulo: LTr, 1991; 10. ed., 2003.

THEODORO JÚNIOR, Humberto. *Curso de Direito Processual Civil*. 25. ed. Rio de Janeiro: Forense, 1998; 39. ed., 2006; 44. ed., 2006, v. 1 a 3.

THEODORO JÚNIOR, Humberto. *Processo Cautelar*. 21. ed. São Paulo: Leud, 2004.

WAMBIER, Luiz Rodrigues; ALMEIDA, Flávio Renato Correia de; TALAMINI, Eduardo. *Curso Avançado de Processo Civil*. 8. ed. São Paulo: Revista dos Tribunais, 2006. v. 1 a 3.

ZANGRANDO, Carlos. *Processo do trabalho*: processo de conhecimento. São Paulo: LTr, 2009. t. 1 e 2.

ZAVASCKI, Teori Albino. *Antecipação da Tutela*. São Paulo: Saraiva, 1997.